A Holistic Approach to Ship Design

Volume 1: Optimisation of Ship Design and Operation for Life Cycle

船舶设计整体方法

第一卷：优化船舶设计和全周期营运

［希腊］阿波斯托洛斯·帕帕尼古拉乌（Apostolos Papanikolaou）　主编

中国造船工程学会　译

上海交通大学出版社

内容提要

　　本书论述了全方位优化船舶设计和营运全寿命周期（HOLISHIP）方案和相关的设计综合模型。该模型遵循现代计算机辅助工程（CAE）程序，集成了技术经济数据库、计算和优化模块和软件工具，以及一个虚拟船舶框架形式（VVF）完整的虚拟模型，可以使新船在建造前进行虚拟测试。本书来源于 HOLISHIP 项目第一阶段获得的成果，旨在促进相关专业课程的改进，并着重阐述船舶设计这一重要课题，让读者了解将整体方法整合到船舶设计过程中的基本原理和细节。本书适用于船舶行业的工程技术人员和专业人士，也能为造船、海洋工程和海上运输项目的研究人员和相关专业的研究生提供参考。

图书在版编目（CIP）数据

船舶设计整体方法. 第一卷，优化船舶设计和全周期营运 / （希）阿波斯托洛斯·帕帕尼古拉乌主编；中国造船工程学会译. --上海：上海交通大学出版社，2021.9
ISBN 978-7-313-25382-8

Ⅰ.①船… Ⅱ.①阿… ②中… Ⅲ.①船舶设计 Ⅳ.①U662

中国版本图书馆 CIP 数据核字（2021）第 180825 号

First published in English under the title

A Holistic Approach to Ship Design：Volume 1：Optimisation of Ship Design and Operation for Life Cycle

edited by Apostolos Papanikolaou，edition：1

Copyright © Springer Nature Switzerland AG，2019

This edition has been translated and published under licence from Springer Nature Switzerland AG.

Springer Nature Switzerland AG takes no responsibility and shall not be made liable for the accuracy of the translation.

上海市版权局著作权合同登记号：图字 09-2019-503

船舶设计整体方法 第一卷：优化船舶设计和全周期营运

CHUANBOSHEJI ZHENGTI FANGFA：DIYIJUAN：YOUHUA CHUANBOSHEJI HE QUANZHOUQI YINGYUN

主　　编：	〔希〕阿波斯托洛斯·帕帕尼古拉乌	译　　者：	中国造船工程学会
出版发行：	上海交通大学出版社	地　　址：	上海市番禺路 951 号
邮政编码：	200030	电　　话：	021-64071208
印　　刷：	上海万卷印刷股份有限公司	经　　销：	全国新华书店
开　　本：	787mm×1092mm　1/16	印　　张：	25.5
字　　数：	596 千字		
版　　次：	2021 年 9 月第 1 版	印　　次：	2021 年 9 月第 1 次印刷
书　　号：	ISBN 978-7-313-25382-8		
定　　价：	385.00 元		

出　　品：船海书局

网　　址：www.ship-press.com

告 读 者：如发现本书有印装质量问题请与印刷厂质量科联系

服务热线：021-56928178

《船舶设计整体方法》（中文版）
编译出版委员会

主任委员

李国安

副主任委员（以姓氏笔画为序）

王刚毅　王俊利　占金锋　伍朝晖　张桂勇　张锦岚　陈　实
陈映秋　胡贤甫　莫中华　黄　焱

委　　员（以姓氏笔画为序）

王忠畅　王海荣　叶　茂　刘文民　刘亚东　纪永波　严　勇
李　炜　李存军　杨启武　肖友洪　肖曙明　何炎平　余　杨
汪　骥　陈　兵　罗文臣　金向军　周宏根　袁红良　翁震平
黄文焘　黄谆茫　谌志新　董小伟　蒋志勇　程　鹏　雷　林
解　德　窦培林　颜　开

《船舶设计整体方法》（中文版）
编译工作组

主　审

梁启康

编译人员

王　露　贺明鸣　丁　悦　江齐锋　鲁　鼎　高金军

谢旭晨　杨　勇　牟德志　赵玫佳　刘　蕾　梁冠军

张　祎　侯思微　贡天媛

审校人员

刘剑军　徐宏伟　左芳琪

出版策划

赵玫佳　周长江

编务人员

周　龙　杜广松　杨　娜　石金龙　杨旭天

前　　言

船舶设计的面貌正在发生变化。高附加值船舶和海上结构物的日益复杂以及越来越多规则、规范的发布,需要人们在短时间内提出新的船舶产品设计和试验理念。为了应对这一挑战,一个有着 40 家欧洲船舶企业和研究单位的队伍,响应"欧盟委员会地平线 2020 运输研究计划"(MG4.3-2015)的呼吁,成立了全方位优化船舶设计和营运全寿命周期(HOLISHIP)项目,并获得了开发下一代欧洲船舶工业的船舶设计系统的资金。

HOLISHIP 着手解决当今船舶设计和营运中的关键问题,通过开发能够应对未来挑战的船舶设计整体方法,专注于未来的需求。大多数船舶产品通常与大规模投资密不可分,因而很少会大批量建造。相比得益于批量生产的经济性和其他运输方式,船舶产品的情况却并非如此。这些船舶产品的设计通常是为了进一步满足船东的需求,而这些需求正日益由以具有竞争力的价格实现高效率、灵活性和环境友好的需要所决定。因此船舶产品设计取决于传统桎梏(船东需求、技术要求和成本)和新要求(全寿命周期、环境影响和规范)之间的全球性权衡。最重要的设计目标之一是在船舶产品的营运全寿命周期内将总成本降至最低,同时考虑维护、改装、更新、人员配备、回收、环境污染等因素。所有这些因素之间的权衡必须在设计过程的第一步就根据客户/船东的技术规格书进行评审。

HOLISHIP 方案在先进的参数化建模工具和集成软件平台的保障下,将所有与船舶产品设计相关的主要学科结合在一起,从而实现船舶产品的参数化、多目标化和多学科化。该方案包括对市场分析以及需求、经济和效率的考量、船型设计、结构设计以及主机和舾装的选择。它们共同构成了任务需求,并能对船舶产品模型在其全寿命周期的生存能力进行合理的前瞻性分析。它考虑了传统的"船舶设计螺旋方式"的所有基本步骤。然而这些步骤在今天通过系统的、并行的处理方式更好地得以实现,而不是一个循序渐进的过程。

本书论述了 HOLISHIP 方案和相关的设计综合模型。该模型遵循现代计算机辅助工程(CAE)程序,集成了技术经济数据库、计算和优化模块和软件工具,以及一个虚拟船舶框架形式(VVF)完整的虚拟模型,可以使新船在建造前进行虚拟测试。现代的图形用户界面和信息交换系统将探索比当今更为巨大的设计空间,这将带来新的视野和更好的设计方案。船舶系统的覆盖范围不仅局限于概念设计,还延伸到船上相关的主要系统和部件。他们对全寿命周期性能的评估有望形成合理的舾装细节,这对于欧洲船厂的舾装密集型产品有高度的相关性。

本书来源于 HOLISHIP 项目第一阶段的成果。该项目是"欧盟委员会 H2020 运输研究计划"下的一个大型项目(合同号 689074),于 2016 年 9 月启动,将于 2020 年 8 月完成。

第2篇将补充已开发的方法和工具及在 HOLISHIP 项目第二阶段进行的一系列案例研究中的应用。

本书第1章由德国汉堡船模试验水池（Hamburgische Schiffbau Versuchsanstalt GmbH，HSVA）项目经理乔钦·马齐（Jochen Marzi）博士，对全方位优化船舶设计和营运全寿命同期（HOLISHIP）项目的介绍作为概述。第2章由阿波斯特洛斯·帕帕尼古拉乌（Apostolos Papanikolaou）教授（德国汉堡船模试验水池和希腊雅典国立技术大学，HSVA&NTUA）介绍整体船舶设计优化、相关概念和油船应用案例研究。第3章由柏林技术大学的霍斯特·诺瓦奇（Horst Nowacki）名誉教授阐述船舶全寿命周期设计。安蒂·耶里亚宁（Anti Yrjänäinen）先生（Elomatic 公司）在第4章中概述了船舶市场条件、任务要求和营运概况的影响。在第5章中，艾伦·圭根（Alan Guagan）先生（Sienna 公司）及其合著者贝诺瓦伊特·拉芬（Benoit Rafine）和纳内娜（Romain Le Nena）（均来自 DCNS 海军集团）阐述了船舶设计的系统方法。乔钦·玛齐（Jochen Marzi）博士德国汉堡船模试验水池和里卡多·布罗格利亚（Ricardo Broglia）博士意大利罗马水池在第6章详述了船舶设计和实用的水动力方法及软件工具。概念设计和初步设计的参数优化在第7章由乔治·萨拉芬蒂斯（George Zaraphontis）教授国立雅典理工大学、安德烈亚斯·克劳斯（Andreas Kraus）教授和格雷戈尔·谢尔（Gregor Schellenberger）教授（不来梅应用科学大学）阐述。第8章由斯蒂芬·哈里斯（Stefan Harries）博士和克劳斯·阿布特（Claus Abt）先生（均来自 Friendship Systems 公司）介绍用于过程集成和设计优化的 CAESES HOLISHIP 平台。第9章由菲利普·理戈（Philippe Rigo）教授、阿巴斯·巴亚特法尔（Abbas Bayatfar）（均来自列日大学）和让·戴维·卡普拉斯（Jean-David Caprace）（里约热内卢联邦大学）合作论述结构设计优化工具和方法。第10章由斯坦·奥夫·埃里克斯塔德（Stein Ove Erikstad）教授（挪威科技大学，特隆赫姆分校）撰写，讨论模块化设计。第11章的可靠性、可用性和维护（RAM）原则及工具在船舶设计中的应用由来自法国船级社（Bureau Veritas）的菲利普·科里格南（Philippe Corrignan）博士带领的一个团队与文森特·勒·迪角（Vincent Le Diagon）、李宁祥（Ningxiang Li）和洛伊·克莱因（Loic Klein）合著。第12章的全寿命周期性能评估的方法和工具由保拉·古拉尼（Paola Gualeni）教授和玛特奥·马格冈卡尔达（Matteo Maggioncalda）（均来自热那亚大学）、基亚拉·诺塔罗（Chiara Notaro）基亚拉公证员和卡罗·考（Carlo Cau）（均来自 CETENA）、马科斯·博纳佐恩塔斯（Markos Bonazuntas）教授、斯巴罗斯·斯塔马蒂斯（Spyros Stamatis）和瓦西里基·帕拉（Vasiliki Palla）（均来自厄普斯隆国际 Epsilon International）组成的团队阐述。第13章由斯维尔·托本（Sverre Torben）先生和马丁·德·琼（Martijn de Jongh）先生（均来自 Rolls Royce）介绍主要机械和动力系统的建模与优化。第14章由乔治·迪莫普洛斯（George Dimopoulos）博士和查拉·格奥尔格普洛（Chara Georgopoulou）女士（均来自 DNV GL.）介绍船舶机械的建模和仿真工具。第15章由马丁·弗里克凯玛（Maarten Flikkema）、马丁·范·希斯（Martin van Hees）、蒂莫·维沃斯特（Timo Verwoest）和阿诺·邦斯（Arno Bons）先生（均来自 MARIN）概述用于虚拟船舶仿真的 HOLISPEC/RCE 平台。本书最后补充了词汇表/缩略语和参考文献清单。本书的责任编辑是阿波斯特洛斯·帕帕尼古拉乌教授德国汉堡船模试验水池，由艾米莉亚（Aimilia Alissafaki）女士国立雅典理工大学协助。

　　本书并不是研究生学习的教科书，因为对这一主题的研究仍在不断开展，需要一段时间才能完全成熟。然而，由于目前大学课程中几乎没有关于整体船舶设计优化的课题，因此本书旨在促进学术课程的必要改进，并致力于船舶行业的这一重要课题。本书的目的是让读者了解将整体方法整合到船舶设计过程中的基本原理和细节，这将有利于把"HOLISHIP"项目研究中的成果推广到更广泛的船舶界，并促进了从全寿命周期的角度处理整体船舶设计和优化的科学方法在业界的应用。

　　本书的主要目标读者群是船舶行业的工程技术人员和专业人员以及开设造船、海洋工程和海上建筑物等专业的高等院校科研人员和研究生。这本书填补了国际文献的空白，因为在当今的主题领域中，尚没有其他书籍能全面涵盖整体船舶设计和多目标船舶全寿命周期优化这一复杂主题。

　　该学科的复杂性和不断发展的特点需要许多活跃在该领域专家的贡献。对本书取材除了来自 HOLISHIP 联合会的专家外，还有从 HOLISHIP 项目以外的一些著名的专家。作为这本书的编辑，我感谢所有的作者，他们在各自章节中反映了他们在这一领域的长期研究和专长。此外还感谢整个 HOLISHIP 伙伴合伙人对本书的贡献以及欧洲委员会（DG Research）的资助。

阿波斯托洛斯·帕帕尼古拉乌

德国汉堡船模试验水池（HSVA）高级科学顾问

希腊雅典国立技术大学教授

2018 年 6 月

《船舶设计整体方法》

主编简介

　　工学博士阿波斯托洛斯·帕帕尼古拉乌教授毕业于德国技术大学造船和海洋工程专业。他曾任希腊雅典国立技术大学(NTUA)教授以及船舶设计实验室的负责人长达30多年。如今他是德国汉堡船模试验水池的高级科学顾问、NTUA的名誉教授以及英国斯特拉斯克莱德大学客座教授。他主持了多个资助研究项目,著作/合著超过600部,研究方向包括常规和非常规船舶的设计和优化、静水力性能和海道中船舶性能的水动力分析与评估、基于逻辑基础的船舶设计、船舶稳性和安全性以及国际海事组织相关规范的沿革。他因在船舶流体动力学、创新船舶设计和安全评估方面的研究工作和科学贡献而获得了各种国际奖项,在过去10年中他曾获得劳氏船级社名录2009年希腊航运技术创新奖(与德国劳氏船级社联合获得),著名的美国造船与轮机工程师学会(SNAME)2010年船舶研究杰出贡献的 Dr. K. Davidson 奖,2014年水上运输高级研究人员欧洲冠军杯一等奖。他是英国皇家造船工程师学会(RINA)的成员,美国造船与轮机工程师协会(SNAME)的研究员,德国船舶技术协会(STG)的研究员,日本造船和海洋工程师协会(JASNAOE)的杰出外籍成员以及美国造船与轮机工程师协会(SNAME)的国际副总裁。

缩 略 语

v-Shallo® nonlinear potential flow 3-D panel code for wave resistance analysis of ships in calm water by HSVA Germany 德国汉堡船模试验水池(HSVA)静水中船舶兴波阻力分析非线性势流三维面元程序

2-D two dimensional 二维

3-D three dimensional 三维

A attained subdivision index (SOLAS damage ship stability) 达到的分舱因数(SOLAS破舱稳性)

AAB average annual benefit 年平均效益

AAC average annual cost 年平均成本

AC application case；also alternating current 应用案例/交流电

AFE active front end 主动前端

AFIS Association Française d'Ingénierie Système 法国系统工程协会

AI artificial intelligence 人工智能

AIS automatic information system 自动信息系统

AMFM adaptive multi-fidelity meta-model 自适应多保真元模型

ANN artificial neural networks 人工神经网络

API application programming interface 应用程序接口

ASCII american standard code for information interchange 美国信息交换标准程序

BEM boundary element method 边界元法

BHD bulkhead 舱壁

BIEM boundary integral equation method 边界积分方程法

BLD building cost 建造成本

BOG boil-off gas 蒸发气

BRep boundary representation 边界表示法

BuDa bubble diagram tool 气泡图工具

BV Bureau Veritas (Classification Society) 法国船级社

BVP boundary value problem 边界值问题

CAD computer-aided design 计算机辅助设计

CAE computer-aided engineering 计算机辅助工程

CAESES® computer-aided engineering system empowering simulation by Friendship Systems AG，Germany 德国友谊系统公司的计算机辅助工程系统增强仿真

CAPEX capital expenditure 投资数(额)

CASD computer-aided ship design 计算机辅助船舶设计

CA$_x$ acronym for various computer-aided solutions for design,simulation,engineering, etc 各种计算机辅助设计、仿真、工程等解决方案的缩写

CED cumulated energy demand 累计能源需求

CEM concept exploration model 概念探索模型

CER cost estimation relationship 成本估算关系

CFD computational fluid dynamics 计算流体力学

CHAPMAN viscous flow analysis code integrated in CAESES 集成在 CAESES 中的黏性流分析程序

COSSMOS® complex ship systems modelling and simulation code by DNV GL 挪威 德国劳氏船级社的复杂船舶系统建模和仿真程序

COT cargo oil tank 货油舱

CPACS common parametric aircraft configuration schema 通用参数船舶配置方案

CRF capital recovery factor 投资回收率

CSG constructive solid geometry 实体构造几何

CSR common structural rules 结构共同规范

CVM concept variation model 概念变化模型

DBB design building block 设计建造模块

DE double-ended (ferry) 首尾同型（渡船）

DES design space exploration 设计空间探索

DFMO derivative-free multi-objective 无导数的多目标

DIRECT dividing rectangles 分隔的矩形

DLR German Aerospace Research Center 德国航空航天研究中心

DNV GL DNV GL (Classification Society) 挪威 德国劳氏船级社

DoE design of experiment 实验设计

DoF degree of freedom 自由度

DP dynamic positioning 动力定位

DPSO deterministic particle swarm optimization 确定性粒子群优化

DWT deadweight 载重量

DXF drawing interchange format (file) 工程图纸交换格式（文件）

EBITDA earnings before interests,tax,depreciation and amortization 扣除利息、税收、折旧和摊销前的收益

ECA emission control area 排放控制区

ECMRF european Centre for Medium Range Weather Forecasts 欧洲中期天气预报中心

EEDI energy efficiency design index,a MARPOL measure of CO_2 emission per unit of transport in [gr CO_2/(ton mile)] 能效设计指数,MARPOL 对每运输单位 CO_2 排放量的测量[单位为:克(CO_2)/(吨·海里)]

EFD experimental fluid dynamics 实验流体动力学

EOS equations of state 状态方程

EPD　environmental product declaration　环保产品声明

FANTASTIC　functional design and optimization of ship hulls，European Union FP5 framework project　欧盟 FP5 框架项目——船体性能设计和优化

FEA　finite element analysis　有限元分析

FEM　finite element method　有限元法

FFD　free-form deformation　自由变形

FFW　friendship framework（CAESES）　友谊构架（CAESES）

FMEA　failure modes and effects analysis　故障模式和影响分析

FMECA　failure modes，effects and criticality analysis　故障模式、影响和危害程度分析

FMI　functional mock-up interface　实体功能模型接口

FMU　functional mock-up units　功能模型单元

FOWT　floating offshore wind turbines　浮式海上风力发电机

FPI　foreign process interface　外部流程接口

FPM　fully-parametric modelling/fully-parametric model　全参数建模/全参数模型

FS　friendship systems　友谊系统

GA　genetic algorithm　遗传算法

GBSD　goal-based ship design　基于目标的船舶设计

GES　general energy systems　通用能源系统

GHG　greenhouse gas　温室气体

GM　metacentric height（SOLAS ship stability）　稳心高度（SOLAS 船舶稳性）

GRIP　green retrofit through improved propulsion，European Union FP7 framework project　欧盟 FP7 框架项目——通过改进推进系统进行绿色改造

GUI　graphical user interface　图形用户界面

HF　high fidelity　高保真度

HIL　hardware in the loop　硬件循环

HOLISHIP　holistic optimization of ship design and operation for life cycle，European Union Horizon 2020 project　欧盟"水平线 2020"项目——全寿命周期的船舶设计和运行的整体优化

HOLISPEC-RCE　HOLISHIP virtual vessel framework　HOLISHIP 虚拟容器框架

HPC　high-performance computing　高性能计算

HSG　hybrid shaft generator　混合动力轴带发电机

Html　hypertext Mark-up Language　超文本标记语言

HT-PEM　high-temperature proton exchange membrane fuel cell　高温质子交换膜燃料电池

IEC　International Electrotechnical Commission　国际电工委员会

IEEE　Institute of Electrical and Electronics Engineers　（国际）电气电子工程师学会

IGA　Intelligent general arrangement　智能化总体布置

IGES(igs)　Initial graphics exchange specification file is a vendor-neutralfile format for the exchange of information data（geometry）among CAD systems　初始图形交换规范文

件是一种与供应商无关的文件格式,用于在 CAD 系统之间交换信息数据(几何图形)

IMCA　International Marine Contractors Association　国际海运承包商协会

IMDC　International Marine Design Conference　国际船舶设计会议

IMO　International Maritime Organization　国际海事组织

INCOSE　International Council on Systems Engineering　国际系统工程委员会

IoT　internet of things　物联网

IPR　intellectual property rights　知识产权

ISO　International Organization for Standardization　国际标准化组织

ISP　ideal ship price　理想船价

IT　information technology　信息技术

ITTC　International Towing Tank Conference　国际拖曳水池会议

JOULES　joint operation for ultra low emission shipping, European Union FP7 framework project　欧盟 FP7 框架项目——超低排放航运联合营运

KLE　karhunen-Loève expansion　karhunen-Loève 扩张[用卡里·卡胡宁(Kari Karhunen)和米歇尔·洛夫(Michel Loève)两人名字命名]

KML　keyhole markup language; also, height of longitudinal meta-center above ship's keel (SOLAS ship stability)　锁孔标记语言/船舶龙骨以上纵稳心的高度(SOLAS 船舶稳性)

KPI　key performance indicator　关键性能指标

LCA　life-cycle assessment　全寿命周期评估

LCC　life-cycle cost　全寿命成本

LCPA　life-cycle performance assessment　全寿命周期性能评估

LF　low fidelity　低保真度

LNG　liquefied natural gas　液化天然气

LOA　length overall　总长

LPP　length between perpendiculars　两柱间长

M&R　maintenance and repair　维护和修理

MARNET　computational fluid dynamics for the marine industry, European Union FP4 framework thematic network project　欧盟 FP4 框架主题网络项目——船舶工业的计算流体动力学

MARPOL　international convention for the prevention of marine pollution from ships (IMO)　国际防止船舶污染海洋公约(IMO)

MAS　modular adaptable ship　模块化适应性强的船舶

MBSE　model-based systems engineering　基于模型的系统工程

MCFC　molten carbonate fuel cell　熔融碳酸盐燃料电池

MGO　marine gas oil　船用轻质柴油

MID　modularity in design　设计中的模块化

MIP　modularity in production　生产中的模块化

MIU　modularity in use　使用中的模块化

MODHA　multi-objective deterministic global/local hybrid algorithm　多目标确定性全局/局部混合算法

MODPSO　multi-objective deterministic PSO　多目标确定性粒子群算法(PSO)

MOGA　multi-objective genetic algorithm for design space exploration and identification of optimal solutions　设计空间探索的多目标遗传算法和确定最佳解决方案

MOWT　mono-pile offshore wind turbine　单桩海上风力发电机组

MPOV　multi-purpose offshore vessel　多用途近海船舶

MQ　message queue　信息列队

MTBF　mean time between failures　平均故障间隔时间

MTTR　mean time to repair　平均修理时间

NAPA®　naval architecture package for ship design by NAPA Oy，Finland　芬兰 NAPA 公司的船舶设计用的军用舰船设计软件包

NEWDRIFT®　potential flow 3-D panel code for seakeeping analysis of ships and offshore structures by the Ship Design Laboratory-NTUA Greece　希腊 NTUA 船舶设计实验室用于船舶和海洋工程结构物耐波性分析的势流 3D 面板程序

NLP　nonlinear programming　非线性规划

NO_x　nitrogen oxides　氮氧化物

NPV　net present value　净现值

NSGA-Ⅱ　non-sorting genetic algorithm Ⅱ（also NSGA 2）　非排序遗传算法Ⅱ/NSGA-2)

NURBS　non-uniform rational B-spline curve/surface　非均匀有理 B 样条曲线/曲面

OOI　oil outflow index（MARPOL，tanker ships）　石油流出指数（MARPOL，油船）

OPEX　operational expenditures-operating cost　营运支出-营运成本

OSV　offshore support vessel　海上供应船

PAX　passengers　旅客

PCB　polychlorinated biphenyl　多氯联苯

PDAE　partial differential algebraic equations　比例微积分代数方程

PDT　parametric design tool　参数设计工具

PFC　power flow control　功率流控制

PFD　process flow diagram　工艺流程图

PID　partial-integral-differential　比例积分微分

PIDO　process integration and design optimization platform assembly of disparate systems and tools that are integrated in order to communicate and interact with each other　为相互通信和交互而集成的流程和设计优化平台的不同的系统和工具的组合

PLM　product life-cycle management　产品全寿命周期管理

PM　particulate matter；also permanent magnet　颗粒物/永磁体

PMS　power management system　电力管理系统

PNG　portable network graphics（file）　便携式网络图形（文件）

PPM　partially parametric modelling/Partially parametric model　部分参数化建模/部分

参数化模型

PSD   Pareto-supported decision-making   帕累托支持的决策

PSO   particle swarm optimization   粒子群优化

PSS   pre-swirl stator   预旋定子

PSV   platform support vessel   平台供应船

PTI   power take-in   功率输入

PTO   power take-off   功率输出

QRA   quantitative risk analysis   定量风险分析

R   required subdivision index（SOLAS，ship damage stability）   要求的分舱因数（SO-LAS，船舶破舱稳性）

R&D   research and development   研发

RAM   reliability，availability and maintainability   可靠性、可用性和可维修性

RANSE   reynolds-averaged Navier-Stokes equations   雷诺数平均的纳维尔-斯托克斯（Navier-Stokes）方程

RBD   reliability block diagram；also risk-based design   可靠性框图/基于风险的设计

RBR   radial basis function(s)   径向基函数

RCE   remote components environment   远程组件环境

RFR   required freight rate   所需运费

RHIB   rigid hull inflatable boat   刚性充气艇

ROIC   return on investment capital   投资资本回报率

Ro-PAX   Ro-Ro passenger ship ferry with roll-on/roll-off cargo（mainly trucks and cars）（滚装货物主要是卡车和汽车）的滚装客渡船

Ro-Ro   Roll-on/Roll-off   滚装

RSM   response surface model/method   响应面模型/方法

R T   total resistance   总阻力

RTD   research and technology development   研究与技术开发

SAR   system architecture and requirement tool   系统架构和需求工具

SBD   simulation-based design   基于仿真的设计

SBS   ship breakdown structure   船舶分解结构

SBT   segregated ballast tanks   专用压载舱

SCR   selective catalytic reactors   选择性催化还原系统

SDD   simulation-driven design   仿真驱动设计

SE   systems engineering   系统工程

SETAC   Society of Environmental Toxicology and Chemistry   环境毒理学和化学学会

Ship X®   package for hydrodynamic analysis of ships by SINTEF（Ocean，Norway）   挪威SINTEF 海洋工程公司的船舶水动力分析软件包

SIL   software in the loop   循环使用的软件

SLP   sequential linear programming Sobol quasi-random design of experiment，aiming at evenly populating a design space   顺序线性编程 Sobol 准随机实验设计，旨在均匀填充

设计空间

SOC　state of charge　充电状态

SOLAS　international Convention for the Safety of Life at Sea（IMO）　国际海上人命安全公约

SO_X　sulphur oxides　硫氧化物

SS　sea state　海况

STEP　standard for the exchange of product model data　产品模型数据交换标准

STL　stereo lithography file for exchange of geometry data by means of tri-meshes　三网格交换几何数据的立体光刻文件

SWATH　small water plane-area twin hull　小水线面双体船

TARGETS　targeted advanced research for global efficiency of transportation shipping，European Union FP7 framework project　欧盟 FP7 框架项目——针对全球船舶运输效率的高级研究

UAV　unmanned aerial vehicle　无人驾驶的航行器

UID　unique Identifier　唯一标识符

USV　unmanned surface vehicle　无人水上航行器

UUV　unmanned underwater vehicle　无人水下航行器

VHF　very high frequency　甚高频

VIRTUE　the virtual tank utility in Europe，European Union FP6 framework project　欧盟 FP6 框架项目——欧洲的虚拟水池实用程序

VTK　visualization toolkit　可视化工具包

VVF　virtual vessel framework　虚拟船舶框架

WARP　wave resistance program　兴波阻力程序

WET　weight estimator tool　重量估算工具

WP　work package　工具包

XMF　extensible modelling framework　可扩展的建模框架

XML　extensible markup language　可扩展标记语言

XPAN　potential flow code integrated in CAESES　集成在 CAESES 中的势流程序

XSD　XML schema definition　可扩展的建模框架（XML）模式定义

目　　录

第1章　全方位优化船舶设计和营运全寿命周期（HOLISHIP）概述 …………………… 1

1.1　HOLISHIP 发展历程 ……………………………………………………………… 1

1.2　HOLISHIP 项目介绍 ……………………………………………………………… 3

参考文献 …………………………………………………………………………………… 5

第2章　船舶整体设计优化 ……………………………………………………………… 7

2.1　船舶整体设计优化简介 …………………………………………………………… 7

2.2　船舶整体设计优化演变历程 ……………………………………………………… 9

2.3　船舶设计优化的一般性问题 ……………………………………………………… 10

2.4　油船设计优化 ……………………………………………………………………… 12

2.4.1　AFRAMAX 油船多目标设计 ……………………………………………… 13

2.4.2　设计方法 …………………………………………………………………… 13

2.4.3　油舱布置设计 ……………………………………………………………… 17

2.4.4　结构模型 …………………………………………………………………… 18

2.4.5　设计分析和模拟 …………………………………………………………… 18

2.5　结果讨论 …………………………………………………………………………… 21

2.5.1　探索 ………………………………………………………………………… 21

2.5.2　网格划分 …………………………………………………………………… 23

2.5.3　敏感性参数 ………………………………………………………………… 24

2.5.4　RFR-OOI 综合敏感性分析 ……………………………………………… 25

2.6　结论 ………………………………………………………………………………… 26

参考文献 …………………………………………………………………………………… 26

第3章　船舶全生命周期设计的发展历程 ……………………………………………… 33

3.1　引言 ………………………………………………………………………………… 33

3.2　船舶设计模型 ……………………………………………………………………… 34

3.2.1　船舶优化设计 ……………………………………………………………… 34

3.2.2　船舶设计流程 ……………………………………………………………… 34

3.2.3　船舶设计常规模型 ………………………………………………………… 35

3.3　船舶设计优化研究的具体案例 …………………………………………………… 35

3.3.1　船型建模 …………………………………………………………………… 35

3.3.2　综合模型 ·· 37

3.3.3　多目标模型 ·· 38

3.3.4　整体设计模型 ·· 44

3.3.5　基于风险的设计模型 ·· 48

3.4　结论 ··· 53

参考文献 ··· 53

第4章　市场条件、任务要求和营运概况 ······························· 57

4.1　简介 ··· 57

4.1.1　客滚船 ··· 58

4.1.2　首尾同型渡船 ·· 58

4.1.3　海上支援船 ·· 59

4.2　客滚船细分的市场分析 ·· 60

4.2.1　简介 ··· 60

4.2.2　客滚船细分 ·· 60

4.2.3　首尾同型渡船市场细分 ·· 63

4.2.4　客滚船部分(包括首尾同型渡船)未来发展的结论 ············· 65

4.3　任务要求 ··· 65

4.3.1　运输任务 ·· 65

4.3.2　定义船舶 ·· 66

4.4　初始规模 ··· 66

4.4.1　概念设计的定义 ·· 66

4.4.2　回归分析 ·· 67

4.4.3　其他利益相关方及其影响 ·· 68

4.5　营运概况 ··· 68

4.5.1　其他利益相关方及其影响 ·· 69

4.5.2　营运分析工具——输入 ·· 70

4.5.3　营运概况工具——模拟 ·· 70

4.5.4　营运概况工具——结果:客滚船应用案例 ······················· 71

4.5.5　营运分析工具——结果:首尾同型渡船应用案例 ················· 73

4.5.6　营运分析工具——结果:海上支援船应用案例 ··················· 76

4.5.7　营运概况工具——讨论 ·· 79

4.6　利用智能总布置图设计给定任务的船舶概念 ···························· 79

4.6.1　设计工具要求 ·· 80

4.6.2　概念设计阶段的三维总布置图 ···································· 80

4.6.3　智能化总体布置工具 ·· 81

4.6.4　内部模块 ·· 82

4.6.5　连接模块 ·· 84

4.6.6　优化平台集成 ·· 84

参考文献 ……………………………………………………………………………… 85

第5章　船舶设计的系统方法 …………………………………………………… 87

5.1　由营运方案驱动的船舶设计 …………………………………………… 87

5.1.1　作为技术要求补充的营运方案 …………………………………… 87

5.1.2　技术要求 …………………………………………………………… 87

5.1.3　从需求推断营运方案 ……………………………………………… 89

5.2　船舶系统结构建模 ……………………………………………………… 89

5.2.1　多层次的体系结构模型 …………………………………………… 90

5.2.2　结构分析——电路和网络、功能链 ……………………………… 91

5.2.3　系统结构作为性能的基础和可靠性、可用性和可维修性(RAM)分析的
　　　　基础 …………………………………………………………………… 91

5.3　以"利益共同体"管理设计流程 ………………………………………… 92

5.3.1　船舶设计:一个协作设计流程 …………………………………… 92

5.3.2　协作软件结构 ……………………………………………………… 93

5.3.3　SAR 工具的结构 …………………………………………………… 93

5.3.4　以人为中心的设计过程 …………………………………………… 94

参考文献 ……………………………………………………………………………… 95

第6章　船舶设计中的流体动力学工具 ……………………………………… 97

6.1　船舶设计中的水动力挑战 ……………………………………………… 97

6.1.1　船舶阻力 …………………………………………………………… 98

6.1.2　推进 ………………………………………………………………… 103

6.1.3　适航性 ……………………………………………………………… 104

6.1.4　操纵性 ……………………………………………………………… 105

6.2　不同类型的流体动力工具 ……………………………………………… 106

6.2.1　基本注意事项 ……………………………………………………… 107

6.2.2　验证工具 …………………………………………………………… 108

6.2.3　势流量代码 ………………………………………………………… 109

6.2.3　螺旋桨代码 ………………………………………………………… 116

6.2.4　黏性流代码 ………………………………………………………… 117

6.3　基于仿真的设计优化和自适应多保真元模型 ………………………… 125

6.3.1　确定性无导数全局算法的局部混合 ……………………………… 126

6.3.2　自适应多保真元模型 ……………………………………………… 130

6.4　HOLISHIP 集成概念(适用于 CFD 代码),滚装渡船(RoPAX)的水动力
　　　性能优化 …………………………………………………………………… 135

6.4.1　流体力学 …………………………………………………………… 136

6.4.2　船型 ………………………………………………………………… 137

6.4.3　组织计算 …………………………………………………………… 138

6.4.4 结语 ··· 138

6.4.5 讨论 ··· 141

6.5 结论 ··· 142

参考文献 ·· 143

第 7 章 概念和合同前船舶设计阶段的参数优化 ················ 150

7.1 介绍 ··· 150

7.2 参数化概念设计优化 ··· 151

7.2.1 优化方法 ·· 151

7.2.2 早期概念设计问题的形成 ·································· 152

7.2.3 工具的适用性 ··· 154

7.2.4 应用范例 ·· 165

7.3 合同前期参数化船舶设计与优化 ······························ 166

7.3.1 船型参数化建模与水密分舱 ······························ 167

7.3.2 评估工具 ·· 169

7.3.3 参数化模型 ··· 169

7.3.4 样本优化的公式化 ··· 171

7.3.5 结论及讨论 ··· 173

参考文献 ·· 176

第 8 章 CAESES——流程集成及设计优化的 HOLISHIP 平台 ·· 180

8.1 介绍及动机 ··· 180

8.2 流程集成与设计优化 ··· 181

8.2.1 概述 ·· 181

8.2.2 背景 ·· 182

8.2.3 CASES 内在功能概述 ·· 182

8.2.4 HOLISHIP 中采用的基于 CAESES 的集成方法 ······ 183

8.2.5 集成工具 ·· 185

8.3 变量几何 ··· 187

8.3.1 几何模型 ·· 187

8.3.2 以一艘滚装渡船为例的完全参数化模型 ·············· 188

8.3.3 以一艘平台供应船为例的部分参数化模型 ··········· 191

8.4 数据管理 ··· 193

8.4.1 层次模型 ·· 193

8.4.2 参数与自由变量 ·· 195

8.4.3 自下而上的集成方法 ·· 196

8.4.4 数据的变换和充实 ··· 196

8.5 软件连接 ··· 197

8.5.1 软件连接器 ··· 197

8.5.2 单一工具的集成 ·································· 199

8.5.3 多个工具的集成 ·································· 199

8.5.4 与其他框架的连接 ······························· 200

8.6 优化 ·· 201

8.6.1 概述 ·· 201

8.6.2 探索 ·· 202

8.6.3 开发 ·· 203

8.6.4 评估 ·· 204

8.7 直接模拟与代理模型 ································· 206

8.7.1 代理建模思想 ································· 206

8.7.2 典型的代理模型 ································· 206

8.7.3 使用代理模型 ································· 208

8.8 应用方案 ··· 209

8.8.1 手动与自动设计 ································· 209

8.8.2 通过网络应用提供 ······························· 210

8.9 前景 ··· 211

8.9.1 元项目 ·· 211

8.9.2 供应商、顾问和用户共同体 ······················· 212

8.10 结论 ·· 212

参考文献 ·· 213

第9章 结构设计优化—工具以及方法 ······················· 216

9.1 引言 ··· 216

9.2 优化方法的趋势 ····································· 218

9.3 优化工具 ··· 220

9.4 帕累托解的质量评估 ································· 220

9.5 LBR-5:最低成本的结构优化方法 ······················· 222

9.6 BESST 项目 ··· 224

9.6.1 项目背景动机 ································· 224

9.6.2 研究模型 ······································· 226

9.6.3 优化工作流程描述 ······························· 226

9.6.4 结果与讨论 ····································· 228

9.7 HOLISHIP 项目 ······································· 229

9.7.1 介绍 ·· 229

9.7.2 方法 ·· 230

9.7.3 概念设计阶段 ································· 230

9.7.4 合同设计阶段 ································· 232

9.8 碰撞工况下船舶和海上结构物的高效优化工具 ··············· 232

9.8.1 概述 ·· 232

9.8.2　响应面法（RSM）　…………………………………………………　233

9.8.3　分析方法　………………………………………………………………　234

9.8.4　优化工具的未来　………………………………………………………　236

9.9　结论　………………………………………………………………………　236

参考文献　…………………………………………………………………………　237

第 10 章　模块化设计　…………………………………………………………………　242

10.1　模块化设计导论　…………………………………………………………　242

10.2　定义和界定模块性　………………………………………………………　242

10.2.1　模块化产品架构还是整体产品架构　………………………………　243

10.2.2　相关的概念　……………………………………………………………　244

10.2.3　模块化类型　……………………………………………………………　245

10.3　设计阶段的模块化　………………………………………………………　247

10.3.1　支持产品平台策略　……………………………………………………　247

10.3.2　基于模块化配置的设计效率　………………………………………　247

10.3.3　模块化支持设计探索和创新　………………………………………　250

10.3.4　总结——船舶设计中的模块化　……………………………………　252

10.4　船舶生产中的模块化　……………………………………………………　253

10.4.1　对船舶建造价值链的影响　…………………………………………　253

10.4.2　早期装备　………………………………………………………………　253

10.5　模块化操作　………………………………………………………………　255

10.5.1　模块化的操作灵活性　………………………………………………　256

10.5.2　便于改造和现代化的模块　…………………………………………　257

10.5.3　营运中模块化适应的设计方法　……………………………………　258

10.6　结论　………………………………………………………………………　260

参考文献　…………………………………………………………………………　260

第 11 章　船舶设计的应用可靠性、可用性和维护原则　…………………………　263

11.1　RAM 目标和方法的描述　………………………………………………　263

11.1.1　RAM 目标　……………………………………………………………　263

11.1.2　RAM 方法　……………………………………………………………　263

11.2　RAM 应用程序　…………………………………………………………　264

11.2.1　飞机制造工业　…………………………………………………………　264

11.2.2　铁路行业　………………………………………………………………　264

11.2.3　石油和天然气/海上工业　……………………………………………　264

11.2.4　国防工业　………………………………………………………………　264

11.2.5　能源行业　………………………………………………………………　265

11.2.6　加工工业　………………………………………………………………　265

11.3　船舶设计中 RAM 分析的动机　…………………………………………　265

11.3.1　现状与发展趋势 ··· 265

11.3.2　船舶设计初期 RAM 的预期效益 ······························· 266

11.3.3　用于 RAM 分析的主要目标船型 ······························· 266

11.4　从 RAM 分析的角度看船舶设计的特殊性 ···························· 266

11.5　自航船系统的 RAM 分析 ·· 267

11.6　RAM 研究 ·· 268

11.6.1　RAM 研究过程 ·· 268

11.6.2　临界性分析 ··· 268

11.6.3　可靠性数据收集 ··· 269

11.6.4　RAM 假设 ·· 269

11.6.5　RAM 建模、模拟和计算 ······································ 269

11.6.6　结果 ··· 269

11.7　RAM 建模 ·· 270

11.7.1　布尔(Boolean)形式 ··· 270

11.7.2　状态/转换式 ·· 271

11.7.3　基于模型的模型 ··· 272

11.7.4　最适合船舶设计的建模 ······································· 273

11.8　RAM 工具的主要功能 ··· 274

11.8.1　逐步分析验证 ··· 274

11.8.2　类型的计算 ··· 274

11.8.3　结论 ··· 275

11.8.4　敏感性 ··· 275

11.8.5　生命周期成本(LCC)计算 ···································· 275

11.9　AM 分析的可靠性数据 ·· 276

11.10　结论 ··· 277

参考文献 ·· 277

第 12 章　生命周期绩效评估(LCPA)工具 ····························· 280

12.1　介绍 ·· 280

12.2　评估方法 ·· 281

12.2.1　生命周期成本法 ··· 281

12.2.2　生命周期评估 ··· 281

12.2.3　海运行业的 LCC 和 LCA ····································· 282

12.2.4　成本估算方法和 KPI 的采用 ·································· 283

12.3　报废阶段 ·· 284

12.3.1　生命结束阶段的替代方案 ····································· 284

12.3.2　报废评估的 KPI 输入 ·· 285

12.3.3　报废评估所需的数据 ··· 285

12.3.4　报废程序的能源经济评价 ····································· 287

12.3.5 国际规则 ·· 287

12.4 整体方法选择 KPI ·· 288

12.5 整体方法的方法论 ·· 291

12.6 LCPA 和 KPI 的计算 ·· 293

12.7 考虑不确定因素 ·· 296

12.8 应用案例的结论和意见 ······································ 297

参考文献 ··· 298

第 13 章 机械和动力系统的建模与优化 ···························· 301

13.1 介绍 ··· 301

13.2 机械和动力系统的定义/组成 ································· 302

13.3 动力系统建模的整体方法 ···································· 304

13.4 动力系统概念设计的优化与验证 ······························ 307

13.5 应用案例 ··· 313

13.6 结论 ··· 313

参考文献 ··· 313

第 14 章 先进的船舶轮机建模和模拟 ····························· 316

14.1 船舶能源系统:需要集成的方法 ······························ 316

14.2 过程建模与模拟 ·· 317

14.2.1 问题类型及应用领域 ·································· 317

14.2.2 一般问题描述/工作流 ································· 318

14.3 过程建模框架的数学表达式 ·································· 319

14.3.1 守恒方程与物理现象 ································· 319

14.3.2 连通性方程 ·· 321

14.3.3 热物理性质 ·· 321

14.4 单个组件模型和流程库 ······································ 321

14.4.1 模型库 ·· 321

14.4.2 一次能源转换器 ····································· 322

14.4.3 二次能源转换器 ····································· 323

14.4.4 流体输送设备 ······································· 323

14.4.5 热交换与相位分离 ··································· 323

14.4.6 电气系统组件 ······································· 324

14.4.7 控制和自动化 ······································· 324

14.4.8 动力流 ·· 324

14.4.9 质量分离和(生物)化学反应器 ························ 324

14.5 与其他软件平台的集成 ······································ 324

14.5.1 目的 ·· 324

14.5.2 建立具有交换和协同模拟能力的模型 ·················· 325

14.6　说明性应用 ··· 325

14.6.1　混合电力推进系统 ·· 325

14.6.2　脱硫洗涤塔 ·· 328

14.6.3　新造液化天然气(LNG)运输船配置替代方案 ················ 330

14.6.4　COSSMOS 在 Holiship 项目集成平台下的使用 ············· 331

14.7　结论 ·· 335

参考文献 ··· 336

第 15 章　HOLISPEC/RCE:虚拟船舶仿真 ································· 339

15.1　引言 ·· 339

15.2　为什么需要耦合模拟 ·· 340

15.3　概念设计中的模拟 ··· 342

15.3.1　引言 ··· 342

15.3.2　数据表示和交换 ·· 343

15.4　设计验证中的模拟 ··· 343

15.5　可用的工具和框架 ··· 344

15.5.1　远程组件环境(RCE)和通用参数船舶配置方案(CPACS) ····· 344

15.5.2　虚拟船舶框架(Holispec) ·· 345

15.6　应用与案例研究 ·· 348

15.6.1　概念测试 ·· 348

15.6.2　虚拟海上试验 ··· 349

15.6.3　耦合模拟 ·· 350

15.6.4　概念设计中的模拟:案例研究 ······································ 350

15.7　结论和展望 ·· 353

参考文献 ··· 354

一些重要术语的释义 ··· 355

参考文献 ··· 357

第1章 全方位优化船舶设计和营运全寿命周期(HOLISHIP)概述

乔钦·马齐(Jochen Marzi)

摘 要 HOLISHIP(2016—2020 年)项目是对船舶设计和营运的全寿命周期进行整体优化,该项目作为欧盟"H2020 计划"的科研项目,旨在大幅度推进船舶设计的相关研究,实现 21 世纪船舶设计概念的重大改革。基于这种创新的设计方法,研究者推出集成化船舶设计软件平台,综合考虑船舶设计的能效、安全性、环境兼容性、建造和营运等全寿命周期的成本等问题。本章将简要回顾该项目的发展历程,并对该项目的研究目标、研究方法和预期成果进行概述。本书的后续章节详细阐述了船舶设计的整体方法以及 HOLISHIP 设计平台的软件开发与集成。本书的第 2 卷内容主要涵盖项目的应用研究,预计在 2020 年项目结束后发布。

关键词 船舶整体设计;多目标优化设计软件平台;全寿命周期评估

1.1 HOLISHIP 发展历程

2016 年 9 月 HOLISHIP 项目的启动,是综合考虑多目标的船舶设计系统研发领域一个重要的里程碑。追溯到船舶设计的早期探索阶段,在至少 20 年的时间里,关键学科的基础科研均源于欧洲及其他国家的研究项目,所有这些项目都是从某些特定的方面进行船舶设计。流体力学作为船舶设计的关键技术之一,已经迈出了坚实的一步,例如在欧盟 5 号项目FANTASTIC 中,就利用先进的计算流体力学(CFD)软件模拟研究船体的水动力性能,从而进行船型优化。尽管当时的优化理念和软件应用技术已属先进,但项目最终得出的结论认为,其数值模拟的结果不够理想,推广至实际应用为时尚早。基于此项研究结论,并结合MARNET-CFD 项目中的相关研究工作,在后续的科研项目(FP6)中(特别是 VIRTUE 项目)增加了相关需求规范,旨在提高 CFD 软件的模拟水平。由于 VIRTUE 项目对 CFD 软件在模拟质量和适用性方面实现了重大突破,后续的 7 号科研项目得以在船舶推进性能、能效和安全性能等方面实现 CFD 的专项应用。图 1.1 为欧盟资助科研项目的演变历程示意图。

由上文可知,水动力性能是船舶设计的核心要素之一。然而在船舶设计中涉及许多其他的方面和性能,要想形成一个真正全面的船舶设计系统,就必须对其加以考虑(Papaniko-laou. 2010),如船舶稳性、安全性、效率、环境污染和结构设计等(Sames et al. 2011;Marzi and Mermiris. 2012;Papanikolaou 等. 2013—2014)。一旦具备了这些重要的组成部分,就可以实现船舶整体设计系统的应用,以一种综合性高、可操作性强、最重要的是可靠性高的

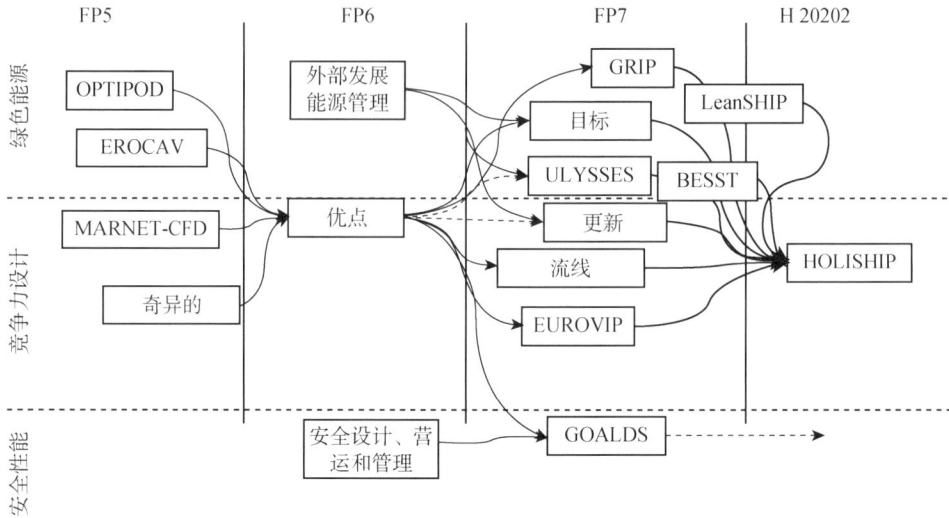

图 1.1　船舶设计不同问题的欧盟科研项目发展历程示意图

方式将所有相关设计要素与设计软件相结合。在"地平线 2020"（即欧盟"H2020 计划"）开展伊始，运用首个整体设计优化系统的先决条件已经具备，可以开始进行系统的研发工作。

　　船舶的建造和船舶设计本身就有着悠久的历史，但初期的研究是比较简单（起点是比较低）的，直到 18 世纪才开始对船舶的稳性和水动力性能等基本方面进行系统的、科学的研究和分析，从而形成由传统学习为主向系统设计的转变，开辟了一条新道路，不仅对当时的设计进行改进，而且对新概念和新观点进行探索。19 世纪上半叶，英国开始使用新型材料造船，如由设计师布鲁内尔设计的"大不列颠"号和"大东方"号。随着材料技术的改进，锻铁很快被钢铁所取代，船舶的规模或吨位也在不断增大。早在蒸汽机问世之前，船舶就已经能够抵抗风力的影响，船舶的设计也发生了根本性的变化。能源（如煤或石油）储运的需求对大型船舶的运输能力提出了更高的要求。与此同时由于它们必须满足不同的营运要求，使问题变得更加复杂。因此从 19 世纪开始尝试对船舶进行专项分类。在此之前一艘海船几乎可以运送乘客、货物以及其他所有东西，而且经常被征用为海军舰艇。但是到了 19 世纪下半叶，客船、军舰和货船有了明确的区分，甚至进一步分为油船或干货船等。新的要求需要新的技术解决方案，进而需要新的船舶设计方法。用一种通用的方法将必要的设计步骤规范化花了相当长的时间，这种通用的方法被称为船舶设计螺旋线（design spiral，见图 1.2），最初是由 Evans 在 1959 年提出的。随着时间的推移，对该方法进行了一些修改，如纳入了经济方面的内容等，并且随着计算机软、硬件的发展，设计螺旋线的各个步骤中所使用的一些工具和方法得以改进，直到目前为止该方法依然是船舶设计的标准。设计螺旋线根据最基本的初步数据信息（如船舶主尺度），通过逐步迭代近似的方法，对整个设计过程进行螺旋式深化估算，以便为生产做好准备。设计螺旋线的设计核心是以实船为依据，并且在初步设计阶段尽可能地缩小所有的不确定性。在该方法的初期，大部分的设计步骤均需要通过人工估算。现在随着科技的发展，多种 IT 系统（如 CAD、CAE 等）开始用于设计螺旋线的迭代估算。

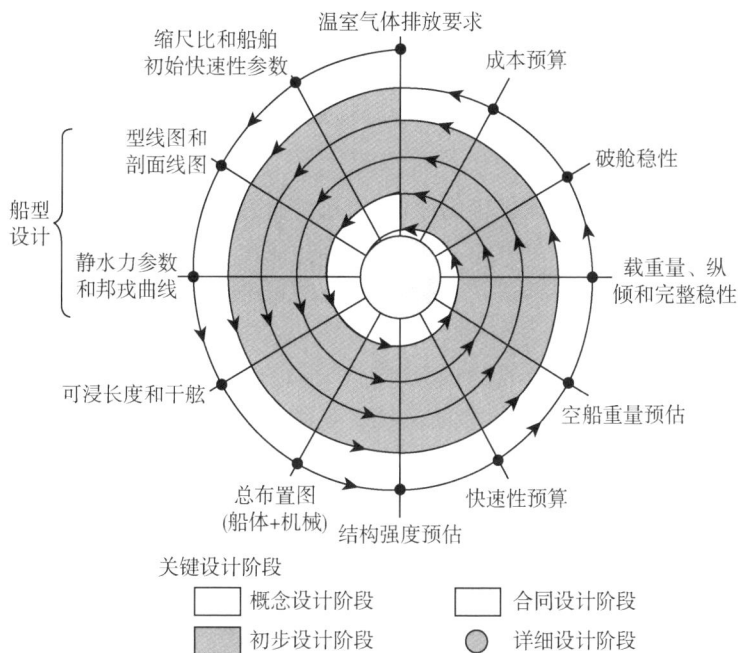

图 1.2　船舶设计螺旋线示意图（Evans, 1959）

与 20 世纪相比，今天海运贸易和货物运输业的发展变化速度达到了新的高度，对船舶的灵活性提出了更高的要求。在船舶的整个营运周期中，它们需要适应不断变化的客户和市场需求、货运量，以及越来越严格的有关船上人员安全和温室气体排放的管理规定。此外，能源效率意识的提高、燃料成本和未来海洋燃料类型的普遍不确定性，对船舶设计提出了额外的挑战。这就要求在船舶设计（和营运）方面有重大突破和进展，从而满足这种不断变化的要求。

1.2　HOLISHIP 项目介绍

作为欧盟"H2020 计划"的科研项目之一的 HOLISHIP（2016—2020 年）项目，是对船舶设计和营运的全寿命周期进行整体优化，这得益于 40 家欧洲海事 RTD 利益攸关方的共同参与，以提出综合整体设计的概念，为 21 世纪的船舶设计提供新方法和新途径。该项目旨在为船舶设计过程提供一个全局控制系统，该系统可以将其中一个子系统的设计技术要求和变更信息传递给系统中所有相关子系统，从而确保所有的约束条件符合相关技术要求。

40 家欧洲海事组织包括：德国汉堡船模试验水池（HSVA）（担任协调员），ALS Marine，AVEVA，BALance，Bureau Veritas，Cetena，Center of Maritime Technologies，Consiglio Nazionale delle Ricerche，Damen，Danaos，DCNS，DLR，DNV-GL，Elomatic，Epsilon，Fraunhofer-AGP，Fincantieri，Friendship Systems，Hochschule Bremen，IRT SystemX，Institute of Shipping and Logistics，Lloyd's Register，MARIN，SINTEF，Meyer Werft，Navantia，National Technical University of Athens，Rolls Royce，Sirehna，

SMILE FEM，Starbulk，TNO，TRITEC，Uljanik，Univ. Genoa，Univ. Liege，Univ. Strathclyde，van der Velden，http：//www. holiship. eu.

本书第 2 章和第 8 章对 HOLISHIP 项目中所采用的整合方法进行了详细的介绍。

这种新型先进的设计理念和方法在集成化软件平台中得以应用，详见第 8 章。现阶段，软件平台可以综合考虑船舶设计的所有能效、安全性、环境兼容性、建造和营运等全寿命周期的成本等相关问题。通过整体优化设计，为未来波谲云诡的海上运输业提供适用的船舶。HOLISHIP 设计平台基于最先进的工艺集成和设计优化环境，利用 Friendship Systems 公司研发推出的 CAESES 平台，集成了与船舶设计相关的各个学科的前沿原理分析软件工具和流体力学、结构分析、发动机仿真，并将它们与先进的多目标优化方法相结合。该平台以一系列设计目标和用户需求作为目标函数，支持船舶从概念设计到合同设计再到营运分析等不同阶段的所有设计。并且其专用的成本模型则可以实现对资本和营运支出的永久控制。与传统的设计方法相比，HOLISHIP 平台将所有设计模块进行整合形成一个综合设计模型，大大节省了运行内存，从而确保在更短的时间内获得更优的设计方案。图 1.3 为 HO-LISHIP 项目的设计理念，展示了 HOLISHIP 项目平台所应用的设计原则。本篇第 8 章详细介绍了 HOLISHIP 项目的核心——船舶整体设计优化；其他章节则针对不同方面的设计原则对应的软件模块进行了介绍。

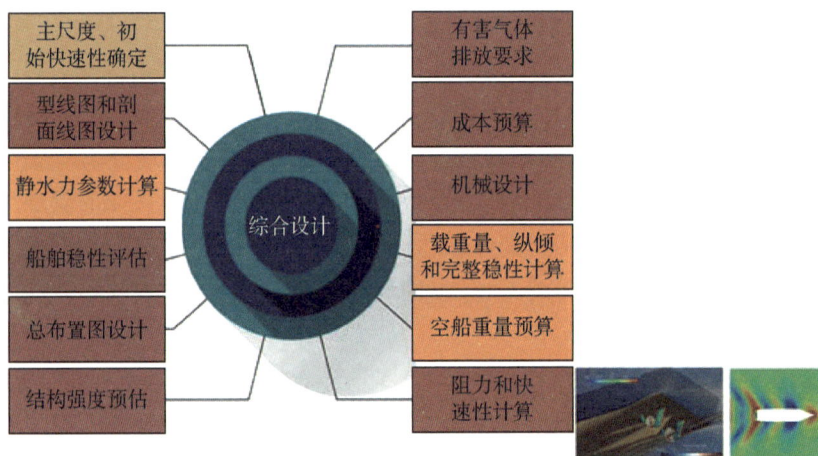

图 1.3　HOLISHIP 设计方法

HOLISHIP 研发项目的前提条件是：

（1）先进的科技和软件开发，以及与设计系统的兼容性；

（2）多软件集成化设计平台的开发；

（3）该平台整合了船舶设计各个方面的问题，并对涵盖船舶设计全寿命周期或各阶段的内容，以实例的形式进行展示。

因此该项目分为三大研发项目板块：

（1）工具（算法和软件）研发：针对每个设计问题进行算法和软件的研发，并为后续软件平台整合进行适应性研究。

（2）软件整合：将项目 1 所研发的软件整合到 HOLISHIP 设计平台（CAESES）和 HO-

LISHIP 船舶仿真设计模块（HOLISPEC-RCE® of DLR）。

（3）应用案例：应用集成化软件平台对船舶等海事项目的设计和营运阶段进行模拟，并对其适用性和优越性进行验证。

图 1.4 展示了整个项目的结构框架，通过项目后半段的案例应用（详见本书第 2 篇），软件研发（项目 1）与平台整合（项目 2）之间建立了紧密的联系。

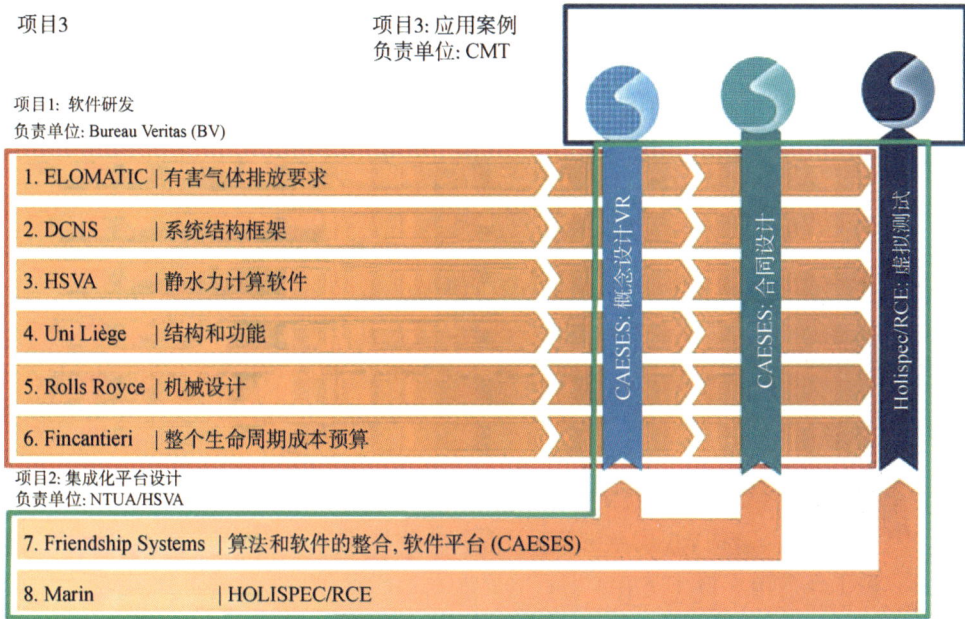

图 1.4　HOLISHIP 项目的结构框架图

本篇的后续章节将重点讲述针对不同设计原则的软件研发（项目 1）和集成化平台设计（项目 2）所考虑的的方法和特殊问题。

HOLISHIP 项目介绍了整体设计方法的用法，并以集成化软件平台和一系列适用于不同船型的设计分析工具为基础，对整体设计法的实际应用进行了介绍。相关船型主要包括客船、货船、远洋船、渡船以及近海钻探平台等。

该项目的宣传工作做得丰富多样，包括开设官网 www. holiship. eu，定期为有关船舶设计和海事类会议提供资料（捐款）。在项目开始之后的 18 个月时间内，共发布了 21 份新闻稿和专业期刊论文，编写了 29 份会议论文等科学出版物。其中部分资源可在项目官网的"出版物"模块下载。

声明：HOLISHIP 项目资金来源于"H2020"计划的欧盟委员会。

参考文献

Evans J（1959）Basic design concepts. Naval Eng J 71(4)：671-678.

Harries S，Cau C，Marzi J，Kraus A，Papanikolaou A，Zaraphonitis G（2017）Software platform for the holistic design and optimisation of ships. In：Transactions of the annual meeting of the Schiffbautechnische

Gesellschaft (STG).

Marzi J, Mermiris G (2012) TARGETS improves energy efficiency of seaborne transportation. In: 11th International marine design conference, (IMDC), Glasgow.

Papanikolaou A (2010) Holistic ship design optimization. J Comput Aided Des (Elsevier) 42(11): 1028-1044.

Papanikolaou A, Hamann R, Lee BS, Mains C, Olufsen O, Tvedt E, Vassalos D, Zaraphonitis G(2013) GOALDS—Goal based damage stability of passenger ships. In: Trans SNAME, vol 121, pp 251-293 (SNAME Archival Paper).

Sames PC, Papanikolaou A, Harries S, Coyne KP, Zaraphonitis G, Tillig F (2011) BEST plus—better economics with safer tankers. In: Proceedings of SNAME annual meeting and expo, Houston, Texas, USA, Nov 2011.

乔钦·马齐(Jochen Marzi)博士于 1985 年毕业于汉堡大学，获副学士学位，1988 年在德国汉堡哈堡科技大学获得博士学位。此后，他在德国不来梅港的一家造船厂的研究机构工作，首次接触欧盟科研项目。1996 年，Jochen Marzi 博士（HSVA），担任 CFD 高级工程师和项目经理，从事研究和咨询工作，主管了几个大型欧洲项目，如 FP 6 项目中的 VIRTUE IP 项目以及当前正在开展的"H2020 计划"的项目 HOLISHIP。他现在是 CFD 部门的负责人，负责协调 HSVA 的欧洲研究，并积极参与几个有关 CFD、船舶设计和能效的研发项目。Jochen Marzi 博士从 2007 年开始代表 HSVA 加入欧洲海事应用研发理事会（ECMAR），并于 2009 年至 2011 年期间担任董事长。

第 2 章　船舶整体设计优化

阿波斯特洛斯·帕帕尼古拉乌(Apostolos Papanikolaou)

摘　要　本章对船舶整体设计优化的方法及其发展历程进行了简要概述,对船舶设计优化的常规问题进行了定义,并且通过阿芙拉最大型(AFRAMAX)油船多目标、多约束优化项目,对整体优化设计方法的应用进行了介绍。优化结果表明,设计得到了显著改善,创新了部分功能,提高了载货能力和运输效率,降低了所需的动力和燃油消耗,并且提高了海洋和大气环境的安全性(环境友好性)。

关键词　船舶整体设计;多目标优化;油船设计;效率;海洋污染

2.1　船舶整体设计优化简介

过去船舶设计更像艺术而非科学,因此船舶设计高度依赖于经验丰富的船舶工程师,他们在各种基础学科和专业学科领域具有的良好知识背景。传统设计领域的探索是通过直观或启发的方法进行的,即实践出真知,这需要经过长达数十年的反复试错验证而获得。与设计过程内在耦合的是设计优化,即从众多可行方案中选择最佳方案。在传统的舰船建造中,优化方案系指从 2~3 个可行方案中选取最佳方案,由设计师根据自己在评估流程和适用性决策标准(或准则)方面的经验来决定。当然可行的设计方案是很多的,相关的评估标准也是众多而复杂的,设计约束条件也是如此,而评估流程必须是合理的而非主观的,因此要根据当前的发展状况,这就要求对舰船设计过程进行改革。在船舶设计的系统方法中,船舶是一个复杂的系统,它集成了各种子系统及其组成部分,以货船为例,其子系统包括:货物存储和装卸子系统、能源/发电和船舶推进子系统、船员/乘客住宿和船舶航行子系统等,均可实现船舶既定的各种功能,以实现(服务于)既定的船舶承载能力。船舶的功能参数(或功能)可分为载重量和空船重量两大类(见图 2.1)。对货船而言,载重量与货舱、货物装卸和货物处理设备有关;船舶的空船重量系指包括上层建筑在内的空船重量以及为保证推进性能所需的主机/推进装置以及一定量的燃料。但是对于客船而言,载重量一般不包括乘客住宿和公共处所(Papanikolaou,2014b)。

船舶的设计和营运受一系列国家和国际安全条例的制约,包括国际公认的船级社建造和操作规则的技术标准,如确保船上人员安全的 SOLAS 公约(IMO 国际海上人命安全公约:SOLAS)、确保海空环境安全的 MARPOL 公约(IMO 国际防止船舶污染公约:MARPOL)、确保货物运输以及船舶本身的安全性的公约等。

现代系统的船舶设计方法以模块化的方式考虑船舶的整个系统,即一系列模块的组合,

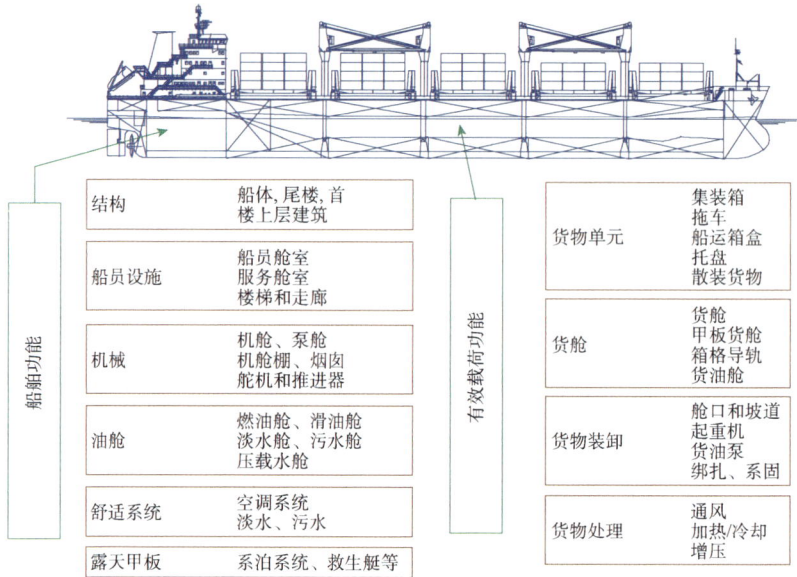

	结构	船体、尾楼、首楼上层建筑	货物单元	集装箱 拖车 船运箱盒 托盘 散装货物
	船员设施	船员舱室 服务舱室 楼梯和走廊	货舱	货舱 甲板货舱 箱格导轨 货油舱
船舶功能	机械	机舱、泵舱 机舱棚、烟囱 舵机和推进器	货物装卸	舱口和坡道 起重机 货油泵 绑扎、系固
	油舱	燃油舱、滑油舱 淡水舱、污水舱 压载水舱	货物处理	通风 加热/冷却 增压
	舒适系统	空调系统 淡水、污水		
	露天甲板	系泊系统、救生艇等		

图 2.1　船舶的功能参数[摘自 Levander (2003)]

在船舶的全寿命周期中,这些模块可以被其他模块替代,以服务于不同的运输/营运工况,此外还可通过改造运输服务的安全性。该模块化方法最近在舰船和多用途船设计中得到了更广泛的应用,如著名的"船舶的模块化设计"或"船舶的整合设计"方法(Parsons and Singer.1999;Pahl et al. 2007;Singer et al. 2009;Simpson et al. 2014;Guégan et al. 2017;Choi et al. 2017)。

在考虑船舶全寿命周期的设计时,我们将设计过程分为不同的阶段,这些阶段通常包括概念/初步设计、合同和详细设计、生产设计、船舶建造/制造过程,以及船舶的营运,包括可能的改装和最终报废/回收("从摇篮到坟墓")。很明显,对于船舶的全寿命周期而言,船舶的最优方案是在其全寿命周期内对上述船舶系统进行整体优化的结果。值得注意的是,从数学上讲上述定义的船舶全寿命周期系统的每个组成部分显然都是一个复杂的非线性优化问题,对于相应的设计变量,需要对各种约束条件和准则/目标函数进行综合考虑优化。即使是船舶设计过程中最简单的部分,即第一阶段(概念/初步设计),也是相当复杂的,因此在具体实践中往往需要做简化处理。

船舶设计优化的内在矛盾是设计约束条件和优化标准(优点或目标函数)之间的矛盾,这反映了各种船舶设计利益相关方的利益:船东/经营商、造船厂、船级社/海岸警卫队、监管机构、保险公司、货主/货代和港口营运商等。假设有一套具体的要求(典型的商船船东要求或军用舰艇的任务说明),一艘船需要根据成本效益、最高作业效率或最低要求的运费(RFR)、乘客/船员的最高安全和舒适度、令人满意的货物保护和船舶本身作为硬件进行优化;并且特别是对于在发生事故时会对海洋造成污染的油船以及由于高速辐射波对海岸造成冲刷影响的高速船舶而言,需要对船舶进行优化,使其对环境影响程度降至最低。最近根据能效设计指数(EEDI)(见 IMO MEPC 2009,2014)要求,在优化船舶设计和运行时,还需要考虑船舶发动机排放和空气污染方面的问题。这些要求中有许多是相互矛盾的,需要做出合理的取舍,从而确定船舶设计的最佳方案。

由于事情变得更加复杂但更接近现实,因此尽管一系列关于船型、货运量、航速、航程等设计要求的说明往往并不简单,但仍需要再次优化,除了船东的需要外,还需要考虑到海运物流链和国际市场上所有利益攸关方的利益。实际上最初的一套船舶设计要求应该是船舶设计/造船厂和船东/营运商/最终用户方经验丰富的决策者之间深入讨论的结果,例如欧盟资助的 LOGBASED 项目,就是基于物流的船舶设计,该项目提出了一种对船舶规格进行合理讨论并加以巩固的方法(Brett et al. 2006;Boulougouris et al. 2012)。这是由所谓的基于场景的设计进一步推动的最新工作(Choi et al. 2015)以及类似的方法。

综上所述,本章在简要介绍了船舶设计优化的整体方法及其发展历程之后,给出了一般常规船舶设计优化问题的定义、利用遗传算法和相关设计技术解决该问题的方法,以及最佳方案的选取由决策者(船舶设计师)决定;本章根据一个典型的多目标船舶设计优化问题,讨论了所提出的整体船舶设计优化方法,即提高效率和减少环境污染的阿芙拉最大型(AFRAMAX)油船的优化问题;此外,本项目在其他船型上的应用可查阅有关的参考文献,如客滚船和邮轮(Zaraphonitis et al. 2003a;Skoupas et al. 2009;Papanikolaou. 2011;Zaraphonitis et al. 2012,2013;Harries et al. 2017)、集装箱船(Koutroukis et al. 2013;Koepke et al. 2014;Papanikolaou. 2014a;Priftis et al. 2016)。

2.2　船舶整体设计优化演变历程

多年来,船舶设计优化的整体方法是如何演变的,它是关于什么的?

最初船舶设计优化只涉及船舶设计的一部分,涉及个别船舶特性和工程学科,如船舶流体力学和船舶结构力学。自 20 世纪 60 年代中期以来,随着计算机、硬件和软件的不断进步,越来越多的设计过程被计算机所取代,特别是计算量大的部分,以及后来的船舶设计制图部分。与此同时第一个计算机辅助设计软件工具的引入,可以通过使用船舶主尺度的参数模型和经验/简化公式来评估船舶在特定经济标准下的性能。

类似开创性的工作,按时间先后顺序排列如下:

(1) 通过 Murphy 等(1965)概述的半自动计算机程序,对货船的主尺度和特性进行"最低建造成本"参数优化;

(2) Mandel 和 Leopold(1966)对船舶概念设计的随机搜索优化方法进行标准化,首次在优化过程中引入了设计参数和多目标等不确定性问题;

(3) Nowacki 等 (1970)提出的基于梯度的以最低要求运费率(RFR)为目标的优化技术对油船的主尺度和特性进行了计算机辅助设计(CAD)优化。

上述方法主要涉及船舶的概念设计和最佳主尺度的确定,而船舶的性能,如水动力性能(阻力和推进)或强度(结构和重量),则需要多学科方法。考虑采用与船舶主尺度和形状参数有关的经验公式,上述方法可被视为解决船舶设计优化问题的第一种"整体"自上而下的方法,尽管它们仅限于某些特定船型的概念设计,并在很大程度上依赖于近似的经验公式来评估船舶的性能。

在船舶设计的组成基础学科方面也有类似的发展。船舶船型的水动力优化有着悠久的历史,而采用一种合理的科学方法,特别是将兴波阻力降到最低,则归功于 Weinblum

(1959)。随着计算兴波阻力和黏性阻力的计算程序的不断发展改进,计算机辅助研究船型优化以获得最小的静水阻力和优越的耐波性能(水动力设计优化)及求解船舶在航道中的响应(耐波性)在很大程度上得以实现。

20 世纪 70 年代末和 80 年代末关于静水阻力计算的代表作包括:Dawson(介绍了第一个兴波阻力平板程序,1977);Jensen 等(介绍了三维 Rankine 源抗波方法,1986);Nagamatsu 等(介绍了黏性阻力最小化,1983);Larsson 等(介绍了最大限度地减少总的静水阻力,1992),Papanikolaou 等(介绍了高速排水型单、双壳体船舶的水动力性能优化,1989,1991,1996,1997 年;Zaraphontis et al. 2003b);在耐波领域,Salvesen 等(引入了条形理论,1970)的研究工作是耐波性研究领域的一个里程碑;而三维面源法,1985 年、1992 年由 Papanikolaou 等提出。在优化船舶的中剖面/结构设计以获得最小的钢重量(结构设计优化)方面也有类似的发展(见 E. G. Hughes et al. 1980);休斯(1983)和里戈(2001)。近年来,以上水动力分析和结构分析软件得到进一步发展,随着计算机硬件的发展,计算流体力学(CFD)和有限元分析(FEA)方法得以发展应用,并被引入军用舰船领域。随后,随着软件开发趋于成熟,进而满足航海业的需要。相关具有代表性的项目包括:Peri 等(2001)、Campana 等(2006)通过 CFD 软件计算进行穿行优化;Zanic 等(2013)、Ehlers 等(2015)通过有限元分析(FEA)软件进行结构设计优化。Nowacki(2010)对计算机辅助船舶设计的发展历程进行了一次非常有意义的回顾。

随着计算机硬件和软件工具的进一步和更快的发展,随着应用软件工具与强大的硬件和设计软件平台的集成,是时候从设计、建造和营运阶段开始,全面地看待船舶设计优化问题,即同时处理和优化船舶全寿命的各个方面(或船舶全寿命周期系统的所有要素);在整体的船舶设计优化中,我们应该理解详尽的、多目标的、多学科的、多约束条件的船舶设计优化程序,即使是在船舶全寿命的各个阶段(例如概念设计),也要从整体考虑简化问题。根据Papanikolaou 等(2009)、Andrews 和 Erikstad(2015)的最新报告,最近盛行在"X 设计"的总框架内引入了具体科学学科,如:"安全设计"和"基于风险的设计"(见 Vassalos. 2007;Papanikolaou. 2008;SAFEDOR(2005—2009);Papanikolaou. 2009;Brenholt et al(2012));"效率设计"(Boulouguis and Papanikolaou. 2009)、"生产设计"(Okumoto et al. 2006;Singer et al. 2009;Simpson et al. 2014)、"北极作业的设计"(Riska. 2009)指出,需要采用新的科学方法,并提供成熟的方法和计算/软件工具,以全面解决船舶设计优化问题。

2.3　船舶设计优化的一般性问题

在船舶的整体设计优化中,我们可以从数学原理上理解详尽的多目标和多约束条件的优化过程,并尽可能将整个设计中的实际问题降至最少。图 2.2 定义了船舶设计优化的一般性问题及其基本要素,图 2.3 概述了解决该问题的常规方法(Papanikolaou. 2010)。

本章将多目标遗传算法(MOGA)与基于梯度的搜索技术相结合,并结合实用函数技术进行设计评价,作为一种通用型优化技术,通过有效探索大规模、非线性设计空间和多种评价标准,生成和识别优化设计(Sen and Yang. 1998)。近年来许多作者和研究团队对这种通用的、多目标的船舶设计优化方法在特定船型设计中的应用进行了研究。本章着重介绍了利用 NTUA 船舶设计实验室的设计软件平台研究的一些实例。该软件平台将成熟的海船

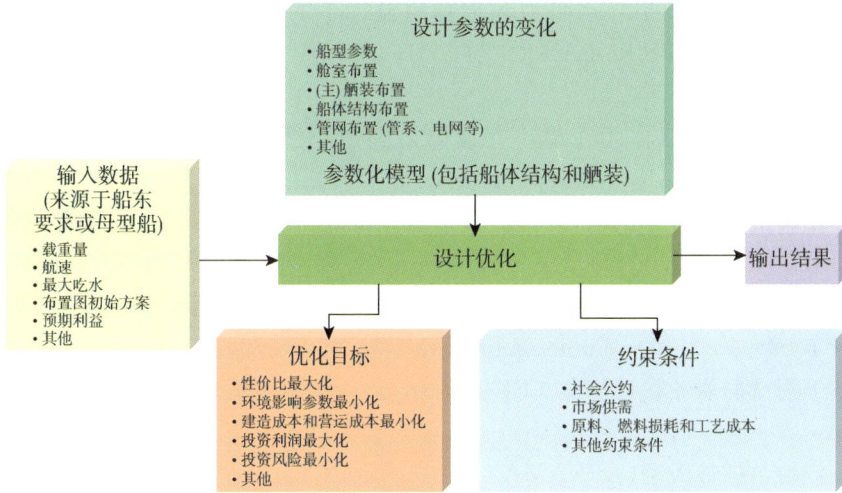

图 2.2　船舶设计优化的常规问题

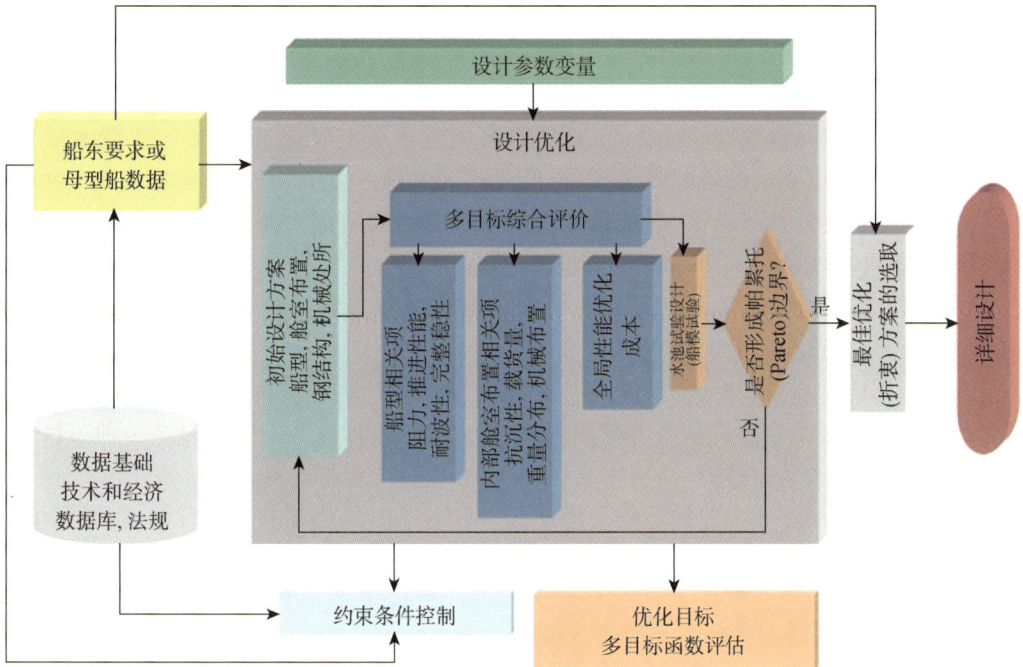

图 2.3　船舶设计优化常规流程

船型和优化软件包(如 NAPA、CAESES、Mode Frontier)与各种应用方法和软件工具集成在一起,用于生成船体线型和总体布置、评估船舶的完整性和破舱稳性、阻力、推进和操纵性、耐波性、结构完整性和全寿命周期经济性。相关案例详解请查阅有关参考文献。本篇仅重点介绍几个实例:

(1) 高速单体船和双体船在最小静水阻力下的船型优化(Papanikolaou et al. 1991,1996,1998);

（2）高速单体船在最小静水阻力和最佳耐波性下的船型优化（欧盟基金会项目（EU funded project）VRSHIPS-ROPAX2000（2001—2004）；Boulougouris and Papanikolaou. 2006）；

（3）高速单体船或双体船在最小兴波阻力和最小波浪冲击作用下的船型优化（EU funded project FLOWMART，Zaraphonitis et al. 2003a）；

（4）优化客滚船的舱室结构，以提高破舱稳性和生存能力，减少结构重量（EU funded project ROROPROB（2000—2003），Zaraphonitis et al. 2003b）；

（5）液化天然气浮式码头的优化设计，以减少码头背风侧的运动和波衰减（EU funded project GIFT（2005—2007），Boulougouris and Papanikolaou. 2008）；

（6）基于物流的船舶设计优化（EU-funded project LOGBASED 2003—2006，Brett et al. 2006）；

（7）一艘阿芙拉最大型（AFRAMAX）油船基于风险的设计优化，以提高货运量和减少对环境的影响（EU funded project SAFEDOR，Papanikolaou et al. 2007）；

（8）客滚船和邮轮的参数化设计优化，最大限度地减少潜在的生命损失和经济损失（EU funded project GOALDS（2009—2012），Zaraphonitis et al. 2012，2013）；

（9）油船的参数化设计优化，以获得最佳的经济性和环境影响（Joint Industry Project GL-NTUA BEST，Papanikolaou et al. 2010；Sames et al. 2011a，b）；

（10）集装箱船的参数设计优化，旨在获得最大的甲板上载箱量，最小的压载水量和能耗（Joint Industry Project GLNTUA CONTIOPT（2012—2013）；Koepke et al. 2014）；

（11）油船的参数设计优化，以获得最小的静水阻力和附加兴波阻力（EU funded project SHOPERA，Bolbot and Papanikolaou. 2016）；

（12）基于波浪最小动力的 EEDI 及操纵性的船舶参数设计优化（EU funded project SHOPERA，Papanikolaou et al. 2015；Zaraphonitis et al. 2016）。

在 HOLISHIP 项目（2016—2020 年）中，最主要的设计软件平台是 Friendship Systems 研发的 CAESES，该平台正在整合各种军用舰船造船软件包（如 NAPA），以及各种项目合作伙伴用于评估船舶水动力性能、结构完整性、能源管理和全寿命周期成本的软件包。

这个平台和应用于客滚船的设计的早期例子在本书的其他章节中进行阐述（详见 Harries et al. 2017）。然而，我们将在以后文件中概述阿芙拉最大型（AFRAMAX）油船设计的应用程序，这是早先在最佳项目（2008—2011 年）、德国劳氏船级社联合工业项目（现为 DNV-GL）和 NTUA 船舶设计实验室的框架内开发的，得到了 Friendship 系统公司的支持。

2.4　油船设计优化

最近一段时间，航运业的主要生态关注点更多地指向能源效率/燃料消耗以及有关温室气体排放的相关法规。这是长期以来人们对意外的石油污染，特别是大型原油运输公司造成的意外石油污染的担忧。2012 年 1 月 1 日起新船能效设计指标（EEDI）计算方法指南，2013 年通过采用一系列计算各类船舶能效指数的规范，在执行《船舶能效条例》（IMO-MEPC 2011 年 MEPC.203(62)号决议）方面迈出了重大的一步。EEDI 规则可以理解为船舶设计和营运中的一个重要的新约束条件，特别是对油船而言，因此迫切需要从整体上审视船舶设计和营运环境,并在油船设计中实施多目标优化程序。优化船舶能效指数(EEDI),确保船舶安全运行,兼顾船舶效率与经济性、安全性和绿色性是近期完成的项目 SHOPERA(2013—2016 年)。

关于油船营运意外油污的安全性,主要参考是由 IMO 讨论和批准的欧盟资助的项目 SAFEDER 进行的油船正式安全评估(IMO-MEPC 2008;IMO-MSC 2012)。最近对包括大型油船在内的各类船舶的事故风险进行的一项更全面的研究表明,油船事故造成的潜在石油污染继续以搁浅和碰撞事件为主,其次是火灾和爆炸(Eliopoulou et al. 2016)。如 Papanikolaou 等所述,增大双船体宽度和双底高度、加强货油舱划分和改变货油舱尺寸可以改善环境保护,而不会损害船舶的效率(2007)。

虽然目前的船油运力似乎超过了石油运输的预期需求,但旧船的老化可能需要新造船进行更新换代。因此有必要寻找新的油船安全设计方案,但目前还不清楚主要的驱动力是什么,即:

(1) 在发生事故的情况下,通过控制或减少石油泄漏来提高运输的安全性;

(2) 通过降低每吨货物的油耗和温室气体排放量,实现更环保的营运;

(3) 通过降低投入产出比(更高的载货量和更低的油耗)实现更智能的业务营运。

根据利益相关方的具体情况和偏好对上述因素进行合理组合是恰当的。获取的设计数据质量越高,就越容易把握相关负面影响,从而做出正确的判断,并在合理的基础上选择最佳的折中方案。以下简单列举详细的研究范围。

2.4.1　AFRAMAX 油船多目标设计

在不影响 CAESES 设计平台和集成应用软件包适用性的前提下,本节对在加勒比海的一艘 AFRAMAX 油船的多目标设计优化进行了演示(详见 BEST 项目,Sames et al. 2011a,b)。这不仅可以验证所设想的 CAESES 综合优化设计方法,而且对于设计和技术都相对成熟的船型,可以从商业吸引力的角度对其进行设计特性验证。所选的范例和相关的优化受到一系列与油船设计和具体作业区域有关的监管限制和约束条件,既要为美国海湾海岸线上的主要港口设施提供服务,又要遵循美国的船舶排放控制区实施方案(ECA)。这意味着对油船的最大长度、宽度和吃水的限制,以及对运输船用轻质柴油(MGO)的油舱的额外需求。因此这将对船长、船宽和吃水等船舶主尺度选取提出限制要求,同时对船用轻质柴油(MGO)的货油舱提出了额外的要求。此外船舶设计需要考虑船舶营运者的需求,即更高的航速(最好高于 15 节)、更低的卸货时间。本节以常规的 6×2 油舱(COT)布置为基础,如图 2.4 所示;然而值得注意的是,当综合考虑油卸放指数、最大舱容和最小钢结构重量等因素进行优化,6×3 的油舱布局设计对于 AFRAMAX 油船而言也是比较合理的,[见图 2.5 和图 2.6,Papanikolaou et al(2010)]。然而本项目的挑战是,要在不偏离常规做法[即保留传统的 6×2 油舱(COT)布置]的前提下,对原有设计进行重大改进。

2.4.2　设计方法

设计过程或程序建立在 FFW/CAESES-Framework 中,并应用于 HOLISHIP 项目中。目前 CAESES 中集成的应用软件包括:德国劳氏船级社的结构设计软件 POSEIDON、军用舰船设计软件包 NAPA 及 CFD 水阻力计算软件 SHIPFLOW。接下来将介绍主要测量参

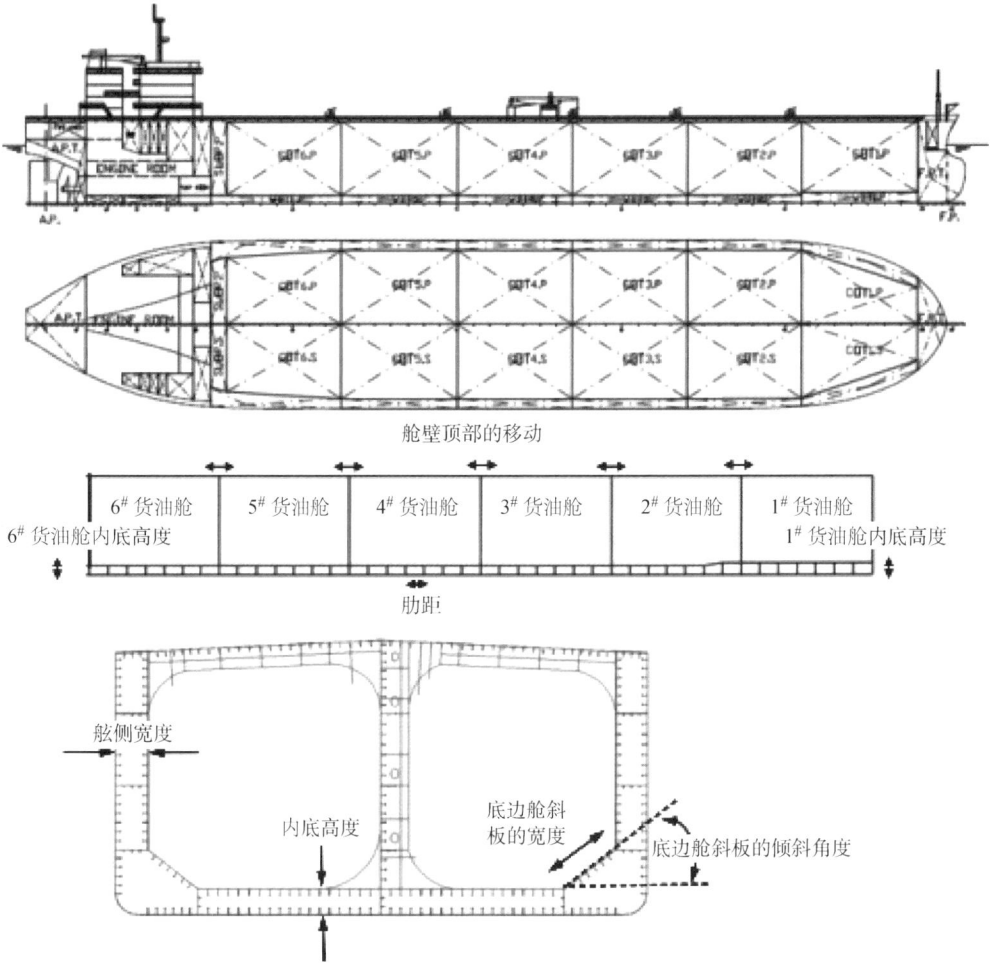

舱壁顶部的移动

6# 货油舱　5# 货油舱　4# 货油舱　3# 货油舱　2# 货油舱　1# 货油舱

6# 货油舱内底高度　　　　　　　　　　　　　　　　　　1# 货油舱内底高度

肋距

舷侧宽度

内底高度　　底边舱斜板的宽度　　底边舱斜板的倾斜角度

图 2.4　总布置图(油舱布置和设定的自由变量)

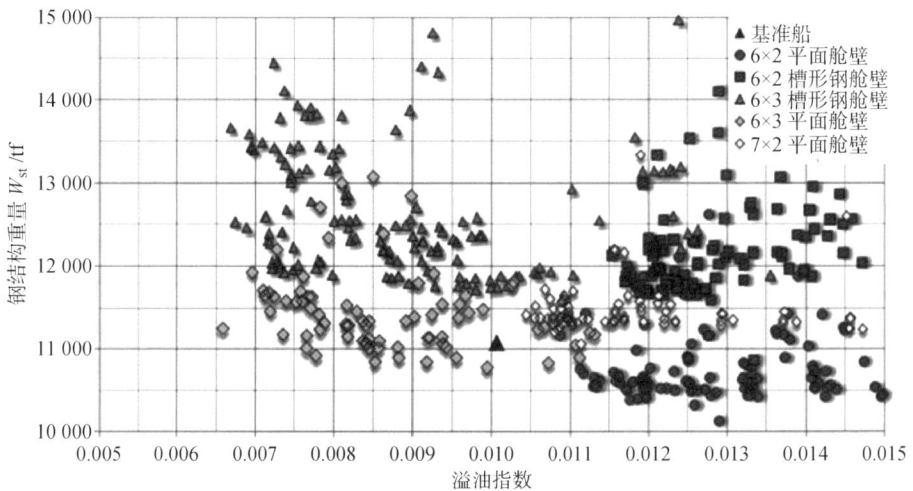

图 2.5　不同货油舱和舱壁布局下的船舶溢油指数与钢结构重量(对应货油舱区域)的关系图
(Papanikolaou et al. 2010)

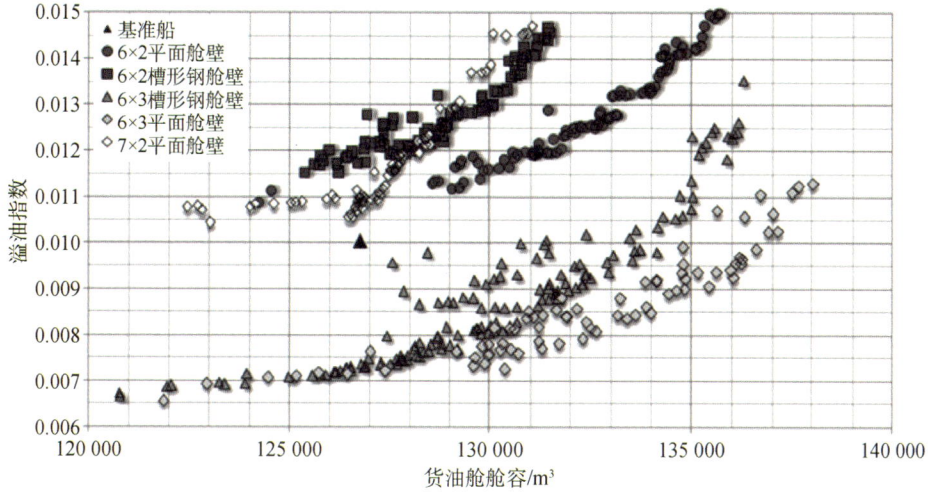

图 2.6　不同的货油舱和舱壁布局下的船舶溢油指数与货油舱舱容的关系示意图(Papanikolaou 等.2010)

数的计算过程:

(1) 满载和设计负载条件下的货油舱舱容;

(2) 货舱区域的钢结构重量;

(3) 设计吃水、压载吃水和结构吃水对应的最大船舶速度;

(4) 根据国际海事组织的溢油指数衡量的事故发生时的溢油概率(OOI)。

设计过程的一般流程如图 2.7 所示。对于每个变量值,FFW 都会生成一个船型和对应的舱容布置。然后根据双体油船共同结构规范(CSR),运用 POSEIDON 软件确定货舱区域的结构设计。根据 CFD 软件 SHIPFLOW 建立的响应面模型(RSM),结合势流分析模块(XPAN)和黏流分析模块(chapman)来确定设计方案的水动力性能。然后利用 NAPA 软件的批处理模块计算船舶稳性和纵倾特性,并根据由 IMO-MARPOL 规定生成的油舱布置和

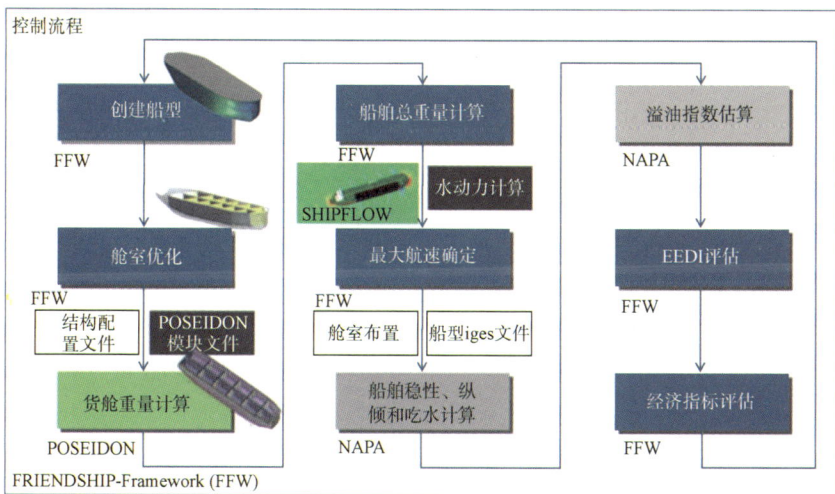

图 2.7　CAESES-NAPA-POSEIDON 油船整体分析流程示意图(Papanikolaou et al. 2011 年)

船体形状的替代方案确定溢油概率(IMO-MEPC 2004 a)。FRIENDSHIP-Framework 的一些附加功能对这一过程进行了补充完善,使我们能够收集、综合并分析所有外部模拟的各种结果(Abt and Harries. 2007a,b; Abt et al. 2009)。

从货油舱容量、钢重量和航速的确定值出发,引入有关生态和经济的两个综合性能指标:

(1)根据 IMO 的能效设计指数(EEDI)测量发动机功率、载重量和航速的运行影响;

(2)以所需运费(RFR)衡量的经济吸引力,将通过资本、燃料和其他业务费用的年度运输成本、每年往返次数以及货物重量的乘积计算得到。

整个优化过程中的自由变量是有关船体形状、油舱布局和结构的相关参数,如表 2.1 和图 2.8 所示。

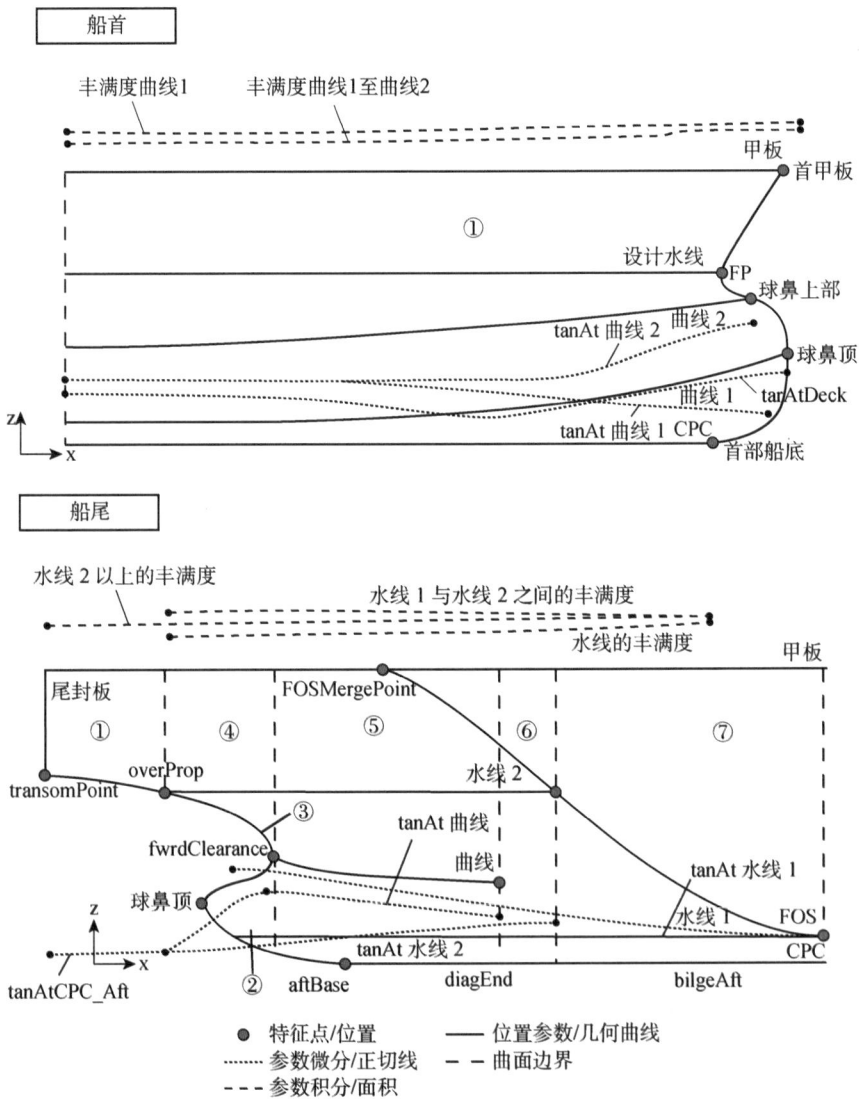

图 2.8 参数化建模示意图(Harries et al. 2011)

表 2.1 全局优化的自由变量及边界条件

自由变量	下限值	上限值	主要因变量
船长 LOA/m	242	250	船型
船宽/m	42	44	船型
浮心纵向位移	$-0.008\,L_{PP}$	$0.008\,L_{PP}$	船型
方形系数	0.800	0.885	船型
型深/m	20.5	23	油舱几何形状
(2♯~6♯)左右油舱内底高度/m	2.0	2.7	油舱几何形状
(1♯)左右油舱内底升高/m	0	1.5	油舱几何形状
舷侧宽度/m	2.0	2.7	油舱几何形状
底边舱斜板倾角/(°)	30	60	油舱几何形状
底边舱斜板宽度/m	4.8	5.8	油舱几何形状
舱壁(肋距 s)	$-1s$	$+1s$	内部结构
货油舱的肋位数	7	8	内部结构

在确定了最有利的主尺度、货油舱布置和货油舱对之后,对船尾根据尾流质量和总阻力性能的全局优化进行了微调。此外还进行了系统的改变,以研究选定的评价指标对具体参数(敏感性研究)的依赖性,例如通过进一步增加最前面的油舱的双层底高度来提高溢油效率。

2.4.3 油舱布置设计

CAESES FFW 运用特征参数生成了油舱布置(Brenner et al. 2009),生成的货油舱可以保证货油舱与船体外板之间的最小距离(2 m),从而实现了舱容最大化的目标,如图 2.9 所示。输入参数包括船型、货油舱与船体外板的最小间距以及机舱的纵向位置。防撞舱壁的位置是根据 IMO 规则计算确定的。

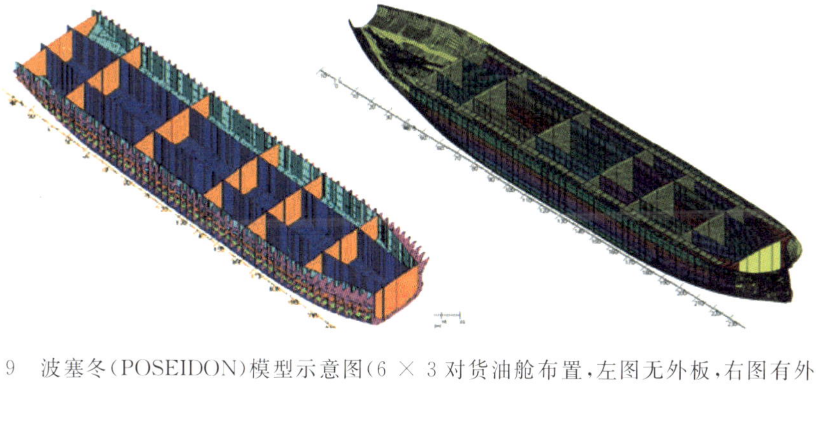

图 2.9 波塞冬(POSEIDON)模型示意图(6 × 3 对货油舱布置,左图无外板,右图有外板)

在全局优化中,改变的参数是双重舷侧在甲板高度处的宽度、船中双层底的高度、底边舱斜板的宽度和倾角、船底至最前面货油舱的距离等。舱壁位置根据肋位离散地移动。肋位总数受每一货油舱所占肋位数影响。1♯货油舱和6♯货油舱的长度比较灵活,允许舱壁前后移动1个肋距。在友谊框架(FFW)中,与特定设计变量相关的货油舱可用平面构件表示,如图2.10所示,通过输入舱壁和底边舱斜板的边界条件在NAPA程序中构建模型。

图2.10　通过(FFW)参数化生成布置6×2对货油舱的船型

2.4.4　结构模型

在结构设计和强度评估中,需要包含双舷侧船油船IACS共同结构规则(CSR)的计算模型。该模型必须包括有关船舶主尺度、主要和次要构件的板分布和加强筋布置、油舱布置和荷载定义的相关信息。这是通过德国劳氏船级社的波塞冬(POSEIDON)软件在外部完成的结构设计。对于该软件的调用接口,开发了一个模板数据库,它考虑了与钢结构自由变量有关的模板。该模板数据库规定了阿芙拉最大型(AFRAMAX)油船货舱区域的钢结构布置,其布局为6×2对货油舱,钢板布置和加强筋分布符合常规设计,如图2.11所示。

（1）带有横梁及垂向加强筋的横舱壁;

（2）主甲板纵向加强、舷部板、内船体、内底、桁条甲板、纵梁;

（3）设有横梁加强的纵舱壁;

（4）T梁的腹板和面板;

（5）主甲板支承横梁。

使用Python接口访问POSEIDON的数据库,模板模型将根据每个生成的设计特征点不断更新。FFW提供了一个ASCII文件,其中包括适用于POSEIDON的特殊偏移格式的船型,实际的油舱划分和内部结构的自由变量,如每个舱室所占的肋位数。

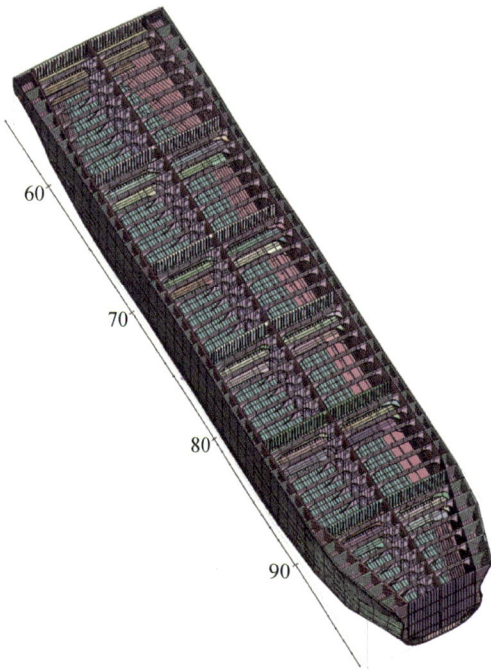

图2.11　波塞冬(POSEIDON)船舶结构模型(为展示内部构造,未设主甲板)

2.4.5　设计分析和模拟

2.4.5.1　结构强度分析

为评估所生成的结构设计方案,采用了双壳油船通用结构规则(CSR),并对其进行了不同等级的评估(详见 IACS-CSR

2012,2015 年修订）。CSR 首先应用基于梁理论的规范规则,然后对主要构件和次要构件进行有限元分析(FEA),最后对结构细节进行详细的有限元疲劳评估。

这里仅采用了 CSR 中的部分规范要求进行结构强度计算,并以此为基础确定钢结构的重量。因此需要对初步方案不断地进行验证和微调,从而使设计方案能够完全符合 CSR 规则,同时进行优化以获得最小的结构重量。每个设计变量都是根据满足强度要求所需的钢材质量进行测量的。钢结构重量计算是运用 POSEIDON 的自动平面尺寸测量能力对船体横剖面进行测量得到的。为测量整个货油舱区域的钢结构重量,需要选用特征肋位横剖面,如主骨架或横舱壁等,如图 2.12 所示。需要注意的是,假设优化过程中船舶其他部分(船首、船尾和机舱等)重量保持不变,则结构设计参数仅与货油舱区域有关。

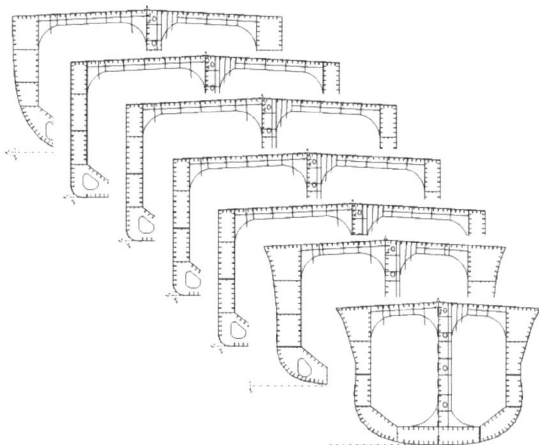

图 2.12　软件生成的设计剖面示意图

2.4.5.2　水动力分析

由于计算流体力学(CFD)的模拟结果是进行设计分析的数据基础,因此需要采用响应面模型(RSM)来对不同航速和吃水对应的阻力以及推进特性进行模拟预测。换言之,在总体优化过程中,不推荐对每个变量进行非常耗时的完整的 CFD 全参数化模拟,而是预先进行水动力分析,运用其结果进行模型甄选。然后替换为合适的模型(所谓的替代模型)。

进行水动力分析共需要四个自由设计变量,分别是船长 LOA、最大船宽、浮心位置纵向变化 XCB 以及排水体积。表 2.2 给出了这些变量的许用变化范围,其变化范围的设定依据是一般限制条件(墨西哥湾的相关港口设施)、单纯的水动力计算要素以及排水体积的要求。

表 2.2　水动力计算 RSM 模型对应的自由变量和限值统计表

自由变量	下限值	上限值
船长 LOA/m	242	250
船宽/m	42	44
浮心位置纵向变化 XCB/%	−0.90	0.90
排水体积/m³	126 075	136 325

图 2.8 为油船的全参数化模型,其水动力分析共选用了三个吃水,分别是:设计吃水(静水时龙骨处为 13.7 m)、结构吃水(平板龙骨处为 14.8 m)和压载吃水(首吃水 6 m、尾吃水 8 m)。

SHIPFLOW 水动力计算软件采用纬向流量求解(ZONAL)方法进行势流和黏流计算,包括一系列计算模块:如不考虑自由液面的全船势流计算(XPAN 模块)、船首采用薄边界层原理进行计算(XBOUND 模块)、船尾采用基于 RANS 方法的 CHAPMAN 黏流模块。此外

SHIPFLOW 可以通过对螺旋桨进行理想化建模（圆盘模型）来进行计算。所有的黏流计算采用实船尺度的雷诺数，并且假设模型自由升沉摇荡。对于每一个有效变量，黏流计算均可以得到摩擦阻力、黏性阻力以及螺旋桨盘面的伴流场。此外通过考虑自由液面处的非线性边界条件的势流计算可以得到波形图等。

对于势流计算的网格划分，船体采用 1 150 个面网格，自由液面采用 7 175 个面网格单元。而黏流计算的体积网格数将高达 170 万，尤其在船尾轴区域需要进行网格细化。为使计算结果收敛，基于 RANSE 的黏流计算采用全局变化参数，迭代次数上限设为 3 000 次数。一个包含势流计算和黏流计算的综合计算通常在 4 核×3.0 GHz 的内存空间的条件下，需要耗时 8 小时。因此通过水动力优化确定了局部变量的变化范围，后续计算仅在此范围内进行，并且迭代次数仅需要 800 次，耗时约为 2.5 小时，大大缩减了计算时间。

最终建立了三个响应面，每个加载条件下一个假定速度与功率属于三次方关系。对于阿芙拉最大型（AFRAMAX）油船，在固定功率为 13 560 kW 的情况下，确定了可达到的航速，其对应的主机型号为 MAN 6S60MC-C，转速为 100 r/min，传送效率为 85%，航海裕度为 10%。需要说明的是，根据对兴波附加阻力的研究，对于加勒比海海域应采用 95% 的传送效率。

响应面的建立采用克里格（Kriging）的各向异性变分函数（Harries. 2010）。克里格算法在避免 RSM 振荡的同时保证了样本点的插值处理。插值是基于方差图使用所有样本的加权来计算的。利用这三种响应面，可以不用进行 CFD 迭代，就可以直接估算压载吃水、设计吃水和结构吃水对应的航速。相较于 CFD 全局分析动辄耗时一两天的情况，每次响应面分析仅耗时约一分钟。

2.4.5.3 稳性和意外溢油性能分析

根据 FRIENDSHIP-Framework 所提供的货油舱形状和船体形状，运用 NAPA 的软件计算判断是否符合稳性和意外溢油的相关法规要求（IMO-MEPC2004b，Resolution MEPC.117(52)）。首先船型参数通过 IGES 文件形式导入 NAPA 软件；此外还需要输入一组参数，用于重建精确的船体内部形状以及水密分区模型；通过合适的 NAPA 宏程序，可以计算船舶的平均溢油指数，评估完整稳性、破舱稳性以及各种荷载条件下的纵倾和吃水是否满足要求。

采用 MEEP 117(52)（IMO-MEPC 2004 4B）作为设计变量评价的调控依据。第 18、19、23、27 和 28 条规定了隔离压载舱容量、双壳布置、意外溢油以及完整稳性和破舱稳性的相关要求。例如对于载重量为 20 000 吨[①]的原油船，第 18 条规则要求有足够容量的隔离压载舱（SBT），以便船舶可在压载条件下安全操作，而无须使用液货舱进行压载。隔离压载舱（SBT）的容量至少应使船舶在任何压载条件（包括仅有隔离压载水的情况）下，船舶的吃水和纵倾均能满足以下三项限制条件：船中吃水 $\geq 2.0 + 0.02 L$；尾倾吃水 $\leq 0.015 L$；尾吃水（T_{aft}）总是使螺旋桨完全浸没。第 19 条对压载舱（或装载油的液舱以外的舱室）做出额外规定，可以有效地保护具有各种小尺寸的货油舱。

2010 年 1 月 1 日或以后交付的 5 000 吨及以上油船的意外溢油性能，根据该规则第 23

---

① 行业习惯称船舶载重量为××吨，此处的"吨"实际上应为"吨重"。

条的规定,运用所谓的无量纲溢油参数或溢油指数(OOI)进行评估。平均溢油量的上限值取决于货油舱总容量。尤其是对于满载的货油舱容量(98%)少于 200 000 m³ 的船舶,如阿芙拉最大型(AFRAMAX)油船,其溢油指数(OOI)要求不超过 0.015,即总溢油量不超过货油舱总容量的 1.5%。

溢油量的计算是将破损边舱和底舱分开进行,然后整合成无量纲形式。计算破损边底舱的平均溢油量需要采用概率方法,并且将边底舱的破损概率分布作为输入条件。规则第 27 条以同样的形式对完整稳性准则进行了规定,以便适用于大多数船型。此外在修正自由液面影响后,船舶靠港后的稳性高 GM 不大于 0.15 m,以确保装卸货物时的最小稳性。第 28 条对底边舱的最大损伤程度以及在损坏情况下相应的稳性要求做出了规定。所有这些规则都是在 NAPA 软件的批处理模式下执行的,使它们成为优化中模拟的一部分(Harries等.2011)。

2.5 结果讨论

2.5.1 探索

本次项目优化过程中,对大约 2 500 个变化方案进行了评估分析。首先进行 SOBOL 设计实验(DOE)全局设计空间的探索,产生一个具有所有相关仿真输出结果的数据库和关键度量标准,即所需运费(RFR)、溢油指数(OOI)和能效设计指数(EEDI)。优选过程的基准方案是现行的传统阿芙拉最大型(AFRAMAX)油船的设计方案,表 2.3 列出了该方案的相关参数,并对其进行了无量纲化处理。绘制设计方案对比图,其横坐标为主要和次要设计参数(例如,垂线间长、船宽、吃水、双舷侧宽度和高度),纵坐标为设计目标(例如,不同吃水深度下的航速、EEDI、载货量、溢油指数),并改进下一轮 DoE 的设计重点。最终生成大约 400 个设计方案,如图 2.13 所示,通过观察设计变量与设计目标之间的散点关系图,可以确定优选变量和帕累托(Pareto)最优解。

表 2.3 优选方案与基准方案的主要参数对比表

设 计 参 数	基准方案	优选方案
船长 LOA/m	250	250
船宽/m	44	44
型深/m	21	21.5
设计吃水/m	13.7	13.7
浮心纵向移动	$-0.008\ L_{PP}$	$0.008\ L_{PP}$
方形系数	0.83	0.85
(2#～6#)左右舷货油舱内底高度/m	2.50	2.10
(1#)左右舷货油舱内底高度/m	2.50	2.75
舷侧宽度/m	2.50	2.65

（续表）

设 计 参 数	基准方案	优选方案
底边舱斜边宽度/m	5.25	5.20
底边舱斜边倾角/(°)	50	37
肋距/m	3.780	4.400
舱壁移动(肋距)/m	0	0
载重量 DWT/t	111 436	114 923
最大舱容/m³	124 230	129 644
溢油指数(OOI)/最大许用值	0.013 8/0.015 0	0.014 2/0.015 0
航速(设计吃水)/kn	15.1	15.6
航速(压载吃水)/kn	15.9	16.8
能效设计指数(EEDI)/最大许用值/ g(CO₂)/(t·mm)	3.541/4.197[a]	3.281/4.135[b]

a 根据国际海事组织 IMO MEPC.203(62)决议第 20、21 条规定，本设计符合 Phase Ⅰ阶段对新造船和等效船的要求（2015 年 1 月 1 日至 2019 年 12 月 31 日），但不满足 Phase Ⅱ阶段(2020 年 1 月 1 日至 2024 年 12 月 31 日)和 Phase Ⅲ阶段(2025 年 1 月 1 日后)的要求；与 Phase 0 阶段(2013 年 1 月 1 日至 2014 年 12 月 31 日)对应的 EEDI 基准要求相比，IMO-MEPC 决议通过的 MARPOL 修正案对 EEDI 许用标准进行修正，Phase Ⅰ阶段降低 10%、Phase Ⅱ阶段降低 20%、Phase Ⅲ阶段降低 30%。

b 不考虑 Phase Ⅲ阶段的要求。

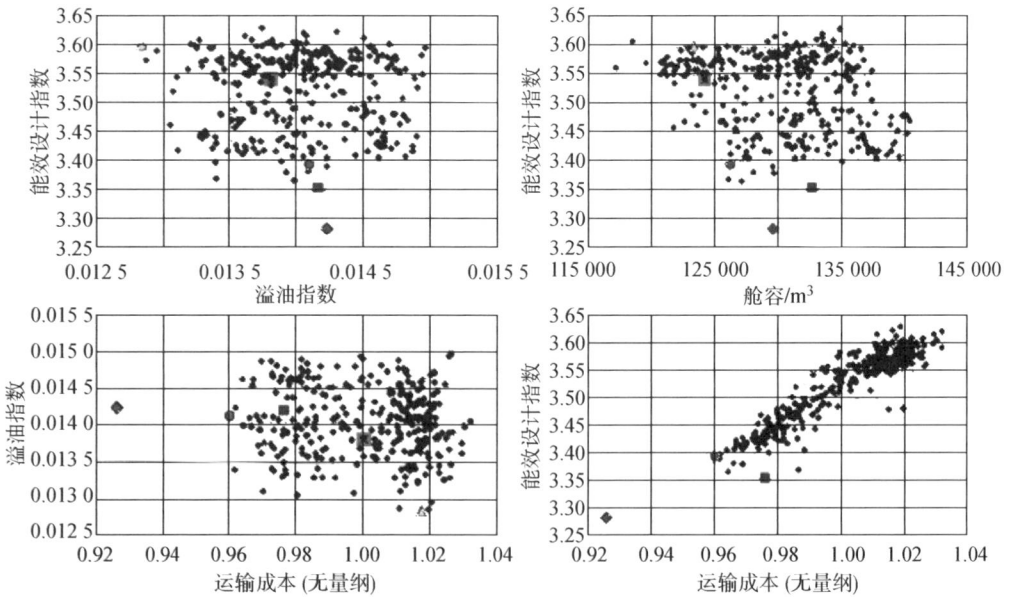

图 2.13 船舶设计关键参数与优化目标关系散点图

最后通过对比，确定最有价值的设计变量，用于下一阶段的优化，通过切线搜索优化方法，进行下一步精细化方案优选，在此阶段需要特别关注水动力性能的改善，以提高达到的航速。如图 2.14 所示，最后的优化阶段需要考虑的因素包括：运输成本、年度总成本与年度运输货量的比值以及含有规定运费 RFR 的年度收入等。由图 2.14 可知，RFR 值已依据基准设计方案的相关值进行了无量纲化处理。基准设计方案是现有的一个阿芙拉最大型（AFRAMAX）油船设计方案，推出于 CSR 生效之前，并且从舱容和溢油指数等指标来看，该设计方案是一个理想的方案。在图 2.14 中综合考虑了 OOI、EEDI 和运输成本等因素的帕累托（Pareto）最优解已经明确标出。由图可知仅考虑目标函数 EEDI 的最佳方案对应的载重吨（DWT）是比较大的，这是因为大型船舶的 EEDI 通常比较理想；然而当仅把溢油指数作为目标函数进行优选时，由于溢油指数要求双层底具有较大的间隙，因此此时选取的最佳方案则具有较小的载重吨（DWT）、较高的运输成本以及较低的 RFR。

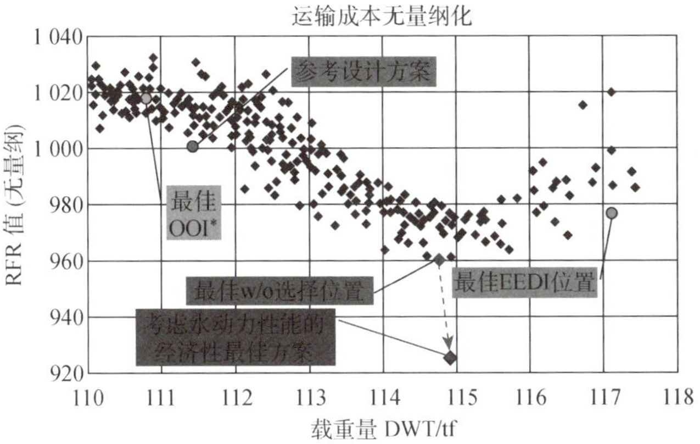

图 2.14　船舶设计关键参数与优化目标关系散点图

2.5.2　网格划分

由图 2.14 可知，在众多设计方案中，许多方案的 RFR 值几乎相同，无法进行比较，因此从中选取具有最佳溢油指数（OOI）的设计方案用于后续进一步优化。水动力优化采用局部优化的方式，即只对船舶尾部进行水动力分析，并设定伴流场的质量为目标函数。由于船尾局部优化需要对其形状做出改变，因此为了简化分析，假设先前在全局优化中选取的舱室布置不受船尾形状变化的影响。通过水动力性能优化分析结果表明，优化方案的最大航速得以提升：15.6 kn（设计吃水）、16.8 kn（压载吃水）。该优化方案的主要特征参数详见表 2.3，其相关船型如图 2.15 所示，其型线直接来源于 FFW 中的相关参数化模型。图 2.16 为最佳优化方案与 IHS 基准船型方案的 EEDI 对比图。

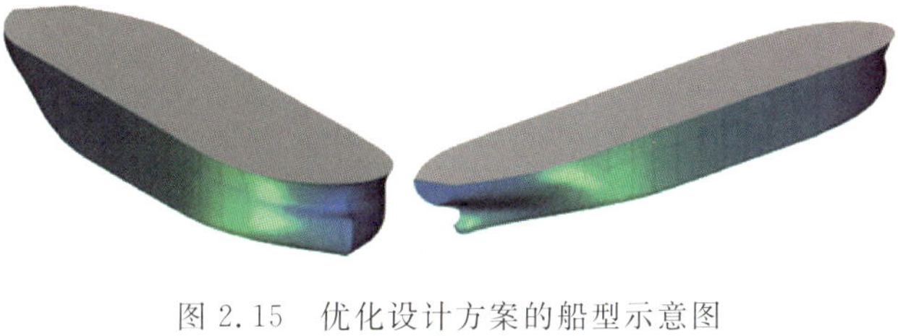

图 2.15　优化设计方案的船型示意图

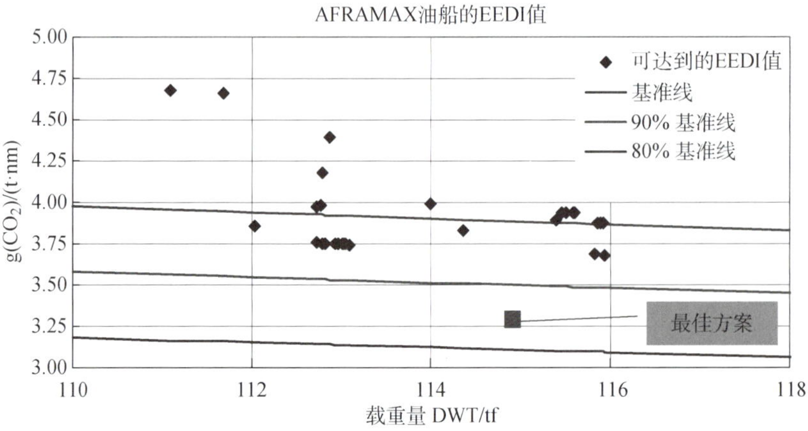

图 2.16　优化方案的 EEDI 曲线示意图

2.5.3　敏感性参数

最后,为了考查优选方案设计参数的鲁棒性,需要进行敏感性分析。将自由变量的变化率设定为优选方案相关参数的±1%,从而形成大约 150 个算例,其相关计算结果如图 2.17 所示,自上而下三行图表的研究对象分别为 RFR、OOI 和 EEDI。通过对比分析发现,相较于 RFR,OOI 与 EEDI 对参数扰动的敏感性较低,因此最佳设计方案应主要考查 RFR 值。

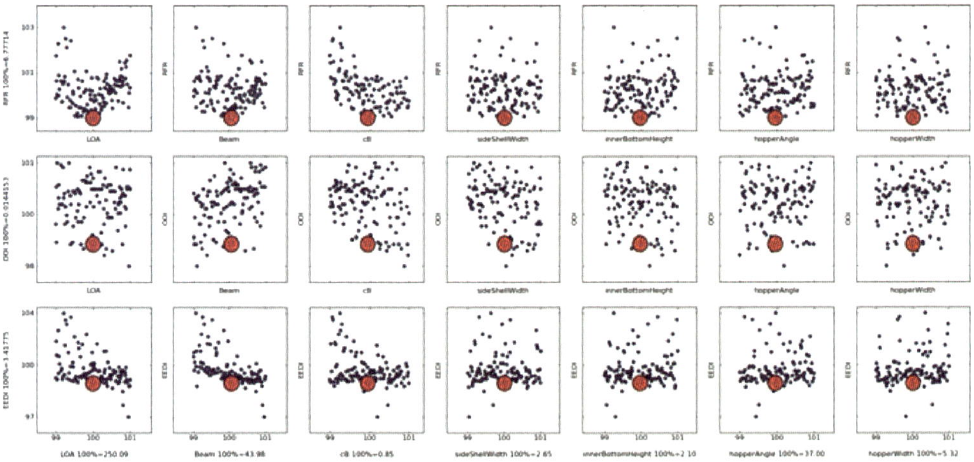

图 2.17　RFR 敏感性分析示意图(红色标记为优选结果,选取范围为最优解的±1%)

一般情况下,参数的敏感性十分有限,因此仅考虑一种优化准则的单目标优选方案并不一定是最佳方案。

船舶全寿命周期设计采用一种随机的方法,其中考虑了某些主要设计参数和运行参数的不确定性,如船舶的航速、燃油成本甚至天气条件的不确定性,这些不确定性最初由 Pelasas 和 Papanikolaou(2015)提出,并由 Pelasas 等(2018)进一步阐述。

2.5.4 RFR-OOI 综合敏感性分析

RFR 与 OOI 的关系通过 FFW 进行进一步分析。以上文得到的 RFR 优选设计方案为基础，仅通过在一定范围内改变内底高度、舷侧宽度以及底边舱斜底板的形状来改变船型，其他变量保持不变。图 2.18 给出了经济性与安全性之间的关系图，由该图可知，意外溢油指数越小（即安全性越高）运输成本和 RFR 越高，这并不令人意外。但该图量化了运营商为超出 MARPOL 规定监管限制的安全裕度需要支付的费用。将 RFR 取值由 0.961 放宽至 0.966，即所取的比较结果由原来的 3.9％降至 3.4％，从而使 OOI 值由 0.015 降至 0.012。如图 2.18 所示，RFR 最佳设计方案已重点标出。显然在综合考虑经济性能和环境安全性能的情况下，该优化方案是一个理想的方案。图 2.19 为最终选定方案船型的综合展示图。

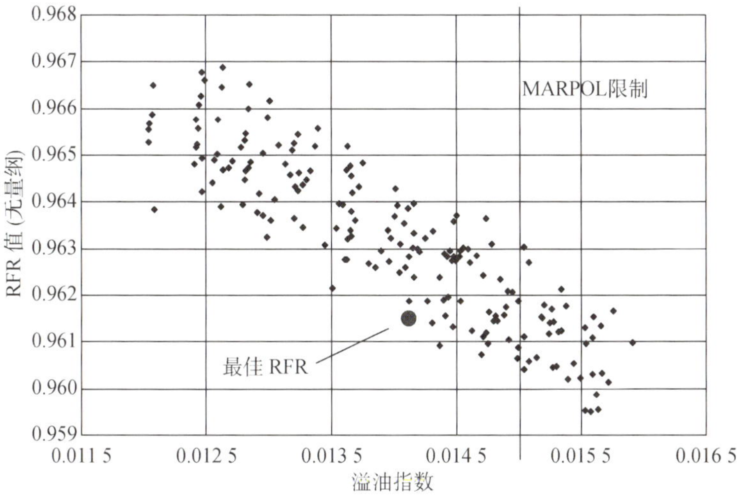

图 2.18 AFRAMAX 油船设计的经济性与环境安全性的关系示意图

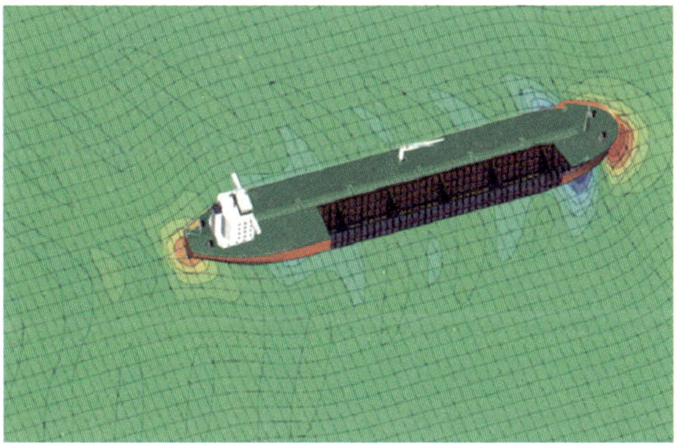

图 2.19 6×2 列货油舱的 AFRAMAX 油船的波形图和剖视图（以便展示内部结构）

2.6　结论

本章对船舶设计和优化的整合分析方法及其发展历程进行了简要介绍,对船舶设计优化的常规问题及其解决方法(遗传算法)以及相关设计优化流程和参数化建模进行了讲解。本章所介绍的整体设计方法涵盖了船舶设计的多个方面,包括主尺度的选取、船型设计、水动力和快速性评估、结构设计和强度评价、重量估算、船舶安全性评价(包括完整稳性和破舱稳性)、环境影响评价(主要考虑油污染和温室气体排放等问题)、经济性评价以及相关规则要求的符合情况等。基于此,本章引入了实际应用案例:AFRAMAX 油船的设计优化,主要优化目标是:提高环境安全性(降低溢油指数)、提高能效(降低 EEDI)和经济性(降低RFR)。通过标准的探索研究方法,按某一特定方向对众多设计方案进行优选分析。通过对参数化模型进行 CFD 计算,共得到大约 2 500 个方案中的优选设计方案,每种方案对应一个独立的船型、舱室布置和内部钢结构设计。

本章所采用的软件系统将众多复杂的设计软件进行整合,用于对船舶设计性能和特征参数进行模拟分析。具有挑战性的问题,如耗时的 CFD 水动力模拟,可以通过系统的数值序列和合适的响应面模型(RSM)来简化处理。这不仅使研究所需的时间缩短了几个数量级,而且还降低了 CFD 分析的复杂性,因此可以在优化设计的早期阶段采用这些分析方法。

通过本案例分析,我们发现只要获得了一系列变量的数据包,就可以快捷方便地找到最佳的组合方案。方案的选择原则不一,可以根据各因素之间的平衡,选择一种相对保守的折中方案;也可以将某一方面作为考查目标,选择一种相对极端的针对性较强的方案,重点突出某方面的优良性能。只要建立起完整的 CAE 模拟环境,就可以轻松地完成后续的其他研究,例如研究经济性与安全性之间的关系,或研究优选方案的鲁棒性。

当然这种船舶综合设计优化方法的实施需要一定的专业知识和足够的时间。CAESES 作为船舶设计优化分析所必须的软件平台,其可行性已在项目 HOLISHIP 中得以验证。船舶设计优化分析的前提条件是船型的参数化建模,从而实现设计流程的自动化。近期这个问题已有多个研究团队予以解决,其研究成果未来可期。实践证明,即使与实际的设计方案仍有一定的偏差,但却可以在短时间内实现设计的显著改进,这是军用舰船设计研究过程中的一次重大变革。

声明:HOLISHIP 项目资金来源于"H2020 计划"的欧盟委员会。

感谢 NTUA 船舶设计实验室(NTUA-SDL)的工作人员对上述工作的持续支持,并感谢 NTUA 合作研究项目中的众多同事对该项目所作的长期贡献。特别感谢最优秀的项目团队成员,即 Pierre Sames 博士(DNV-GL,负责本项目发起和协调)、Stefan Harries 博士(Friendship Systems)、George Zaraphonitis 教授(NTUA-SDL)、E. Boulougouris 博士(前NTUA-SDL,现在斯特拉斯克莱德大学)。

参考文献

Abt C, Harries S (2007a) A new approach to integration of CAD and CFD for naval architects. In: Proceedings of the 6th international conference on computer applications and information technology in the maritime industries COMPIT，Cortona，Italy.

Abt C，Harries S（2007b）Hull variation and improvement using the generalised Lackenby method of the FRIENDSHIP-FRAMEWORK. J Naval Architect.

Abt C，Harries S，Wunderlich S，Zeitz B（2009）Flexible tool integration for simulation-driven design using XML，Generic and COM interfaces. In：Proceedings of the 8th international conference on computer applications and information technology in the maritime industries COMPIT，Budapest，Hungary.

Andrews D，Erikstad SO（2015）State of the art report on design methodology. In：Proceedings of the 12th international marine design conference—IMDC 2015. Tokyo，Japan.

BEST（2008-2011）Better economics with safer tankers，bilateral Joint Industry Project（JIP）of Germanischer Lloyd and NTUA（Ship Design Laboratory）.

Bolbot V，Papanikolaou A（2016）Parametric，multi-objective optimisation of ship's bow for the added resistance in waves. J Ship Technol Res（Taylor & Francis Group）.

Boulougouris E，Papanikolaou A（2006）Hull Form optimization of a high-speed wave piercing monohull. In：Proceedings of the 9th international marine design conference—IMDC06，Ann Arbor-Michigan，USA.

Boulougouris E，Papanikolaou A（2008）Multi-objective optimization of a floating LNG terminal. J Ocean Eng（Elsevier Publishers）.

Boulougouris E，Papanikolaou A（2009）Energy efficiency parametric design tool in the frame of holistic ship design optimization. In：Proceedings of 10th international marine design conference，IMDC09，Trondheim，Norway.

Boulougouris E，Papanikolaou A，Ostvik I，Brett P-O，Konovessis D（2012）Logistics based design as an approach to ship and business development. J Procedia—Soc Behav Sci 48：2241-2250（Elsevier）.

Breinholt C，Ehrke K-C，Papanikolaou A，Sames P，Skjong R，Strang T，Vassalos D，Witolla T（2012）SAFEDOR-The implementation of risk-based ship design and approval. Procedia—Soc Behav Sci 48：753-764. https：//doi. org/10. 1016/j. sbspro. 2012. 06. 1053 Elsevier.

Brenner M，Abt C，Harries S（2009）Feature modelling and simulation-driven design for faster processes and greener products. In：Proceedings ICCAS，Shanghai，China.

Brett PO，Boulougouris E，Horgen R，Konovessis D，Oestvik I，Mermiris G，Papanikolaou A，Vassalos D（2006），A methodology for the logistics-based ship design. In：Proceedings of the 9th international marine design conference-IMDC06，Ann Arbor-Michigan，May 2006. https：//doi. org/10. 1080/09377255. 2016. 1246099

CAESES，by Friendship Systems，https：//www. caeses. com/products/caeses/

Campana E，Peri D，Tahara Y，Stern F（2006）Shape optimization in ship hydrodynamics using computational fluid dynamics. Comput. Methods Appl. Mech. Engrg. 196：634-651.

Choi M，Erikstad SO，Ehlers S（2015）Mission based ship design under uncertain Arctic sea ice conditions. In：Proceedings 34th international conference on Ocean，Offshore and Arctic Engineering，ASME.

Choi M，Rehn CF，Erikstad SO（2017）A hybrid method for a module configuration problem in modular adaptable ship design. J Ships Offshore Struct.

Cohen SM（2016）Aristotle's Metaphysics. In：Edward NZ（ed）The Stanford Encyclopedia of Philosophy，Winter 2016 edn.

CONTIOPT（2012-2013）Formal safety assessment and optimization of containerships，Funding：Germanischer Lloyd（Germany）.

Dawson CW（1977）A practical computer method for solving ship-wave problems. In：2nd International conference on numerical ship hydrodynamics，Berkeley，USA.

Ehlers S, Remes H, Klanac A, Naar H (2015) A multi-objective optimisation-based structural design procedure for the concept stage—a chemical product tanker case study. J Ship Technol Res 57: 182-196.

Eliopoulou E, Papanikolaou A, Voulgarellis M (2016) Statistical analysis of ship accidents and review of safety level. J Saf Sci 15: 282-292. https://doi.org/10.1016/j.ssci.2016.02.001

GIFT (2005-2007) LNG import floating terminal, Funding: European Commission—FP6-STREP Programme.

GOALDS (2009-2012) Goal based damage stability, Funding: DG Research—FP7 2nd call, Project Leader: NTUA-SDL (Greece).

Guégan A, Rafine B, Descombes L, Fadiaw H, Marty P, Corrignan P (2017) A systems engineering approach to ship design. In: Proceedings 8th international conference on complex systems design & management.

Harries S (2010) Investigating multi-dimensional design spaces using first principle methods. In: Proceedings of the 7th international conference high-performance marine vehicles (HIPER), Melbourne, Australia.

Harries S, Papanikolaou A, Marzi J, Cau C, Kraus A, Zaraphonitis G (2017) Software platform for the Holistic design and optimization of ships. In: Proceedings annual general meeting of the German society of marine technology (Schiffbautechnische Gesellschaft, STG), Potsdam, Germany.

Harries S, Tillig F, Wilken M, Zaraphonitis G (2011) An integrated approach to simulation in the early design of a tanker. In: Proceedings of the international conference on computer and IT applications in the maritime industries, COMPIT 2011, Berlin, Germany.

HOLISHIP (2016-2020) Holistic optimisation of ship design and operation for life cycle, Project funded by the European Commission, H2020- DG Research, Grant Agreement 689074, http://www.holiship.eu

Hughes O (1983) Ship structural design: a rationally-based, computer-aided optimization approach, 1st edn. Wiley-Interscience. ISBN-13: 978-0471032410.

Hughes O, Mistree F, Zanic V (1980) A practical method for the rational design of ship structures. J Ship Res 24(2): 101-113.

IACS (2012) Common structural rules (CSR) for bulk carriers and oil tankers, as amended in 2015, http://www.iacs.org.uk/publications/common-structural-rules/csr-for-bulk-carriers-and-oil-tankers/

IMO MEPC (2003) Resolution MEPC.110(49), Revised interim guidelines for the approval of alternative methods of design and construction of oil tankers under regulation 13F(5) of Annex I of MARPOL 73/78.

IMO MEPC (2004a) Resolution MEPC.122(52), Explanatory notes on matters related to the accidental oil outflow performance under regulation 23 of the Revised MARPOL Annex I.

IMO MEPC (2004b) Resolution MEPC.117(52), Amendments to the annex of the protocol of 1978 relating to the international conventions for the prevention of pollution from ships (Revised Annex I of MARPOL 73/78).

IMO MEPC (2008) Resolution MEPC 58/17/2- Formal safety assessment—crude oil tanker.

IMO MEPC (2009) MEPC.1/Circ.681, Interim guidelines on the method of calculation of the energy efficiency design index for new ships.

IMO MEPC (2011) Resolution MEPC.203(62), Amendments to the annex of the protocol of 1997 to amend the international convention for the prevention of pollution from ships, 1973, as Modified by the Protocol of 1978 Relating Thereto.

IMO MEPC (2012a) MEPC 64/4/13, Consideration of the energy efficiency design index for new ships—minimum propulsion power to maintain the manoeuvrability in adverse conditions, submitted by IACS,

BIMCO、INTERCARGO、INTERTANKO and OCIMF.

IMO MEPC (2012b) MEPC 64/INF. 7, Background information to document MEPC 64/4/13, submitted by IACS.

IMO MEPC (2014) Resolution MEPC 245(66), 2014 Guidelines on the method of calculation of the attained energy efficiency design index (EEDI) for new ships.

IMO MSC (2012) MSC 90/19/4, Results of reanalysis of FSA study on crude oil tankers based on environmental risk evaluation criteria (EREC) and latest casualty data, submitted by Japan.

IMO MSC-MEPC (2012) MSC-MEPC. 2/Circ. 11, Interim guidelines for determining minimum propulsion power to maintain the manoeuvrability of ships in adverse conditions.

Jensen G, Söding H, Mi ZX (1986) Rankine source methods for numerical solutions of the steady wave resistance problem. In: Proceedings of the 16th symposium naval hydrodynamics, Berkeley, USA.

Koepke M, Papanikolaou A, Harries S, Nikolopoulos L, Sames P (2014) CONTiOPT—Holistic optimization of high efficiency and low emission containership. In: Proceedings of the 5th con-ference on transport solutions: from research to deployment, European Transport Research Arena, TRA2014, Paris, France, 14-17 Apr.

Koutroukis G, Papanikolaou A, Nikolopoulos L, Sames P, Koepke M (2013) Multi-objective optimization of containership design. In: Proceedings of the 15th international congress of the international maritime association of the Mediterranean (IMAM 2013), A Coruna, Spain.

Larsson L, Kim K-J, Esping B, Holm D (1992) Hydrodynamic optimization using SHIPFLOW. In: Proceedings PRADS '82 conference, Newcastle, UK.

Levander K (2003) Innovative ship design—can innovative ships be designed in a methodological way. In: Proceedings of the 8th international marine design conference—IMDC03, Athens, Greece.

LOGBASED (2003-2006) Logistics based design, funding: European Commission, DG Research, FP6-STREP.

Mandel P, Leopold R (1966) Optimization methods applied to ship design. Trans SNAME 74 modeFRONTIER, by ESTECO, www. esteco. com/modefrontier Software mode Frontier.

Murphy RD, Sabat DJ, Taylor RJ (1965) Least cost ship characteristics by computer techniques. J Mar Technol 2(2).

Nagamatsu T, Sakamoto T, Baba E (1983) Study on the minimization of ship viscous resistance. Soc. Naval Arch, Japan.

NAPA, Solutions for design and operation of ships, https://www. napa. fi/

Nowacki H (2010) Five decades of computer-aided ship design. Comput Aided Des 42: 956-969.

Nowacki H, Brusis F, Swift PM (1970) Tanker preliminary design—an optimization problem with constraints. Trans SNAME 78.

Okumoto Y, Hiyoku K, Uesugi N (2006) Simulation-based ship production using three dimensional CAD. J Ship Prod 22(3): 155-159.

Pahl G, Beitz W, Feldhusen J, Grote KH (2007) Engineering design—a systematic approach. Springer, London.

Papanikolaou A (1985) On integral-equation-methods for the evaluation of motions and loads of arbitrary bodies in waves. J Ing Archiv 55: 17-29.

Papanikolaou A (2008) Holistic ship design optimization: risk-based optimization of tanker design. Kolloquium Schiffsentwurf: Vergangenheit und Zukunft, to the honor of the 75th birthday of Professor Horst Nowacki, ILS-Tech. University Berlin, Germany.

Papanikolaou A (ed) (2009) Risk-based ship design—methods. Springer Publishers, Tools and Applications. ISBN 987-3-540-89041-6.

Papanikolaou A (2010) Holistic ship design optimization. J Comput Aided Des (Elsevier) 42(11): 1028-1044.

Papanikolaou A (2011) Holistic design and optimisation of high speed marine vehicles. Invited Key-note paper. In: Proceeding of 9th symposium on high speed marine vehicles, HSMV2011, Naples, Italy.

Papanikolaou A (2014a) Multi-objective optimization of containerships for high efficiency and low environmental footprint. In: Spring meeting of the Japanese society of naval architects and ocean engineers, Sendai, Japan.

Papanikolaou A (2014b) Ship design—methodologies of preliminary design, p 628, 575 illus, Springer Publishers, e-book ISBN 978-94-017-8751-2, Hardcover ISBN 978-94-017-8750-5.

Papanikolaou A, Androulakakis M (1991) Hydrodynamic optimization of high-speed SWATH. In: Proceedings of 1st FAST'91 conference, Trondheim, Norway.

Papanikolaou A, Daphnias N (1997) Hydrodynamic optimization and design of a fast displacement Catamaran Ferry. In: Proceeding of 6th international marine design conference, IMDC'97, Newcastle, UK.

Papanikolaou A, Daphnias N (1998) Re-optimisation of the hull form of a fast displacement Catamaran Ferry. J Schiffstechnik—Ship Technol Res (Hamburg, Germany).

Papanikolaou A, Schellin Th (1992) Three-dimensional panel method for motions and loads of ships with forward speed. J Schiffstechnik—Ship Technol Res 39(4): 147-156.

Papanikolaou A, Nowacki H et al (1989) Concept design and optimization of a SWATH Passenger/Car Ferry. In: Proceeding of IMAS-89 international conference on applications of new technology in shipping, Athens, Greece.

Papanikolaou A, Kaklis P, Koskinas C, Spanos D (1996) Hydrodynamic optimization of fast displacement Catamarans. In: Proceeding of 21st international symposium on naval hydrodynamics, ONR '96, Trondheim, Norway.

Papanikolaou A, Tuzcu C, Tsichlis P, Eliopoulou E (2007) Risk-based optimization of tanker design. In: Proceeding of 3rd design for safety conference, San Francisco-Berkeley, USA.

Papanikolaou A, Andersen P, Kristensen HO, Levander K, Riska K, Singer D, Vassalos D (2009) State of the art design for X. In: Proceeding of 10th international marine design conference-IMDC09, Trondheim, Norway.

Papanikolaou A, Zaraphonitis G, Boulougouris E, Langbecker U, Matho S, Sames P (2010) Optimization of an AFRAMAX oil tanker design. J Marine Sci Technol.

Papanikolaou A, Harries S, Wilken M, Zaraphonitis G (2011) Integrated design and multi-objective optimization approach to ship design. In: Proceeding of ICCAS 2011, Trieste, Italy.

Papanikolaou A, Zaraphonitis G, Bitner-Gregersen E, Shigunov V, El Moctar O, Guedes Soares C, Devalapalli R, Sprenger F (2015) Energy efficient safe ship operation (SHOPERA). In: Proceeding of 4th World maritime technology conference (WMTC 2015), Society of naval architects and marine engineers (SNAME), Providence Rhode Island, USA.

Parsons M, Singer D (1999) A hybrid agent approach for set-based conceptual ship design. In: Proceeding of international conference on computer applications in shipbuilding, Cambridge, MA, 7-11 June.

Peri D, Rossetti M, Campana EF (2001) Design optimization of ship hulls via CFD techniques. J Ship Res 45: 140-149.

Plessas T, Papanikolaou A (2015) Stochastic life cycle ship design optimization. In: 6th International conference on computational methods in marine engineering，ECCOMAS Thematic conference，MARINE 2015，15-17 June，Rome，Italy，publisher International Center for Numerical Methods in Engineering (CIMNE)，Barcelona，Spain，ISBN：978-84-943928-6-3.

Plessas T，Papanikolaou A，Liu S，Adamopoulos N (2018) Optimization of ship design for life cycle operation with uncertainties. In：Proceeding of 13th international marine design conference(IMDC2018)，Helsinki，June 2018.

POSEIDON，Germanischer Lloyd，now DNV-GL，https：//www. dnvgl. com/services/strength-assessment-of-hull-structures-poseidon-18518.

Priftis A，Papanikolaou A，Plessas T (2016) Parametric design & multi-objective optimization of containerships. J Ship Prod Des，SNAME.

PYTHON，https：//www. python. org/

Rigo P (2001) Least cost structural optimization oriented preliminary design. J Ship Prod 17(4)：202-215 SNAME Publication.

Riska K (2009) Design for arctic operation. In：Papanikolaou A et al (eds) State of the art design for X. Proceedings of the 10th international marine design conference-IMDC09，Trondheim，Norway.

ROROPROB (2000-2003) Probabilistic rules-based optimal design of Ro-Ro passenger ships，EU FP5 Project，Contract Number G3RD-CT-2000-00030.

SAFEDOR (2005-2009) Design，operation and regulation for safety. EU project. Contract number 516278，http：//www. SAFEDOR. org.

Salvesen N，Tuck EO，Faltinsen O (1970) Ship motions and sea loads. Trans SNAME 78(8)：250-287 Sames P，Papanikolaou A，Harries S，Coyne P (2011a) BEST- Better economics with safer tankers. In：Proceedings of the RINA international conference on design and operation of tankers，Athens，Greece.

Sames P，Papanikolaou A，Harries S，Coyne P，Zaraphonitis G，Tillig F (2011b) BEST Plus—better economics with safer tankers. In：Proceedings of 2011 annual conference of the society of naval architect and marine engineers (SNAME).

Sen P，Yang JB (1998) Multiple criteria decision support in engineering design. Springer-Verlag，London Limited.

SHIPFLOW，FLOWTECH International，https：//www. flowtech. se/

SHOPERA (2013-2016) Energy efficient safe SHip OPERAtion，FP7-SST-2013-RTD-1，http：//www. shopera. org

Simpson TW，Jiao J，Siddique Z，Hölttä-Otto K (2014) Advances in product family and product platform design. Springer，New York.

Singer DJ，Doerry N，Buckley ME (2009) What is set based design Naval Eng J 121(4)：31-43.

Skoupas S，Zaraphonitis G，Papanikolaou A (2009) Parametric design and optimization of highspeed，Twin-Hull Ro-Ro Passenger Vessels. In：Proceedings of the 10th international marine design conference，IMDC09，Trondheim，Norway.

Software Friendship Systems，https：//www. friendship-systems. com/

Vassalos D (2007) Risk-based design：passenger ships. In：Proceeding of SAFEDOR midterm conference，Brussels，Belgium.

VRSHIPS—ROPAX 2000 (2001-2004) A virtual environment for life-cycle design of ship systems，Funding：DG VII—Technology Platform—FP5.

Weinblum G (1959) Applications of wave resistance theory to problems of ship design. Schriftenreihe Schiffbau，TU Hamburg-Harburg，p 58.

Zanic V，Andric J，Prebeg P（2013）Design synthesis of complex ship structures. Ships Offshore Struct 8（3-4）：383-403. https://doi.org/10.1080/17445302.2013.783455

Zaraphonitis G，Boulougouris E，Papanikolaou A（2003a）An integrated optimisation procedure for the design of Ro-Ro passenger ships of enhanced safety and efficiency. In：Proceedings of the 8th international marine design conference—IMDC03，Athens，Greece.

Zaraphonitis G，Papanikolaou A，Mourkoyiannis D（2003b）Hull form optimization of high speed vessels with respect to wash and powering. In：Proceedings of the 8th international marine design conference-IMDC03，Athens，Greece.

Zaraphonitis G，Boulougouris E，Papanikolaou A（2013）Multi-objective optimization of cruise ships considering the SOLAS 2009 and GOALDS damage stability formulations. In：Proceedings of the 5th international maritime conference on design for safety，Shanghai，25-27 Nov.

Zaraphonitis G，Skoupas S，Papanikolaou A，Cardinale M（2012）Multi-objective optimization of watertight subdivision of ROPAX ships considering the SOLAS 2009 and GOALDS factor formulations. In：Proceedings of the 11th international conference on the stability of ships and ocean vehicles，Athens，Greece.

Zaraphonitis G，Kanellopoulou A，Papanikolaou A，Shigunov V（2016）Ship optimization for effi-ciency and manoeuvrability in adverse sea conditions. In：Proceeding of 6th international maritime conference on design for safety，Hamburg，Germany.

阿波斯特洛斯·帕帕尼古拉乌(Apostolos Papanikolaou)毕业于德国柏林工业大学船舶与海洋工程专业，担任希腊雅典国家技术大学(NTUA)船舶设计实验室的教授和主任职务长达 30 余年。他现在是德国汉堡船模试验水池(HSVA)高级科学顾问、NTUA 名誉教授和联合王国斯特拉斯克莱德大学客座教授。他主持了 75 多个研究资助项目，编写了 600 多部科学出版物，这些出版物涉及常规船和特种船舶的设计和优化、水动力分析和静水力性能的评价、船舶在海上的性能、以物流为基础的船舶设计、船舶的稳性和安全性评估以及国际海事组织相关规则制度的研究。他因其在船舶流体力学、创新船舶设计和安全评估方面的研究工作和科学贡献而获得各种国际奖项，其中在过去 10 年中，他获得了 2009 年《英国劳氏船级社名录》希腊船舶技术创新奖(与德国劳氏船级社联合颁发)。著名的 K.戴维森博士奖章/2010 年 SNAME 船舶研究杰出成就奖和 2014 年欧洲水运高级研究人员一等奖。他是英国皇家造船学会(RINA)会员、美国造船与轮机工程师协会(SNAME)外籍会员、Schiffbautechnicsche Gesellschaft(STG)会员、日本船舶设计师和海洋工程师学会(JAS-NAOE)外籍会员。

第3章 船舶全生命周期设计的发展历程

霍斯特·诺瓦奇(Horst Nowacki)

摘 要 在两次世界大战后的历史上,海运在全球经济发展中发挥着越来越重要的作用。与此同时,世界各国已经意识到,海洋运输技术所涉及的风险越来越大,其中包括一些航运灾害、灾难性损失和对海洋环境的破坏。海事界通过加强研发来应对这些挑战。新的船型、新的设计方法以及更严格的安全标准和条例已经出台并正在进一步发展。本章论述了新形势下船舶设计的动力,介绍了船舶设计方法学在安全、清洁、经济方面的新成就和发展趋势。

关键词 船舶全寿命周期设计的建模;船舶整体设计;多目标优化;遗传算法

3.1 引言

设计,实际上是一个决策过程,其目的是在一系列可能的替代方案中找到解决方案。这个过程可能是无标准可查找的、无规律可循的简单的迭代过程。然而现代的理性设计通常是基于一定的标准化建模完成的,这些模型通常是根据现代决策理论进行建模的(Chernoff and Moses, 1986)。

如果采用特定的设计模式,设计过程可以通过数学建模和计算机计算而转变为一个决策过程。一个比较通用的范例通过以下元素对设计过程进行建模,如图 3.1 所示。图中:

$D=$ 设计变量、自由决策变量;

$P=$ 参数,设计工况变量、自由变量函数,不受设计者的控制;

$M=M(D, P)=$ 评价函数(目标函数),由设计者决定,一个设计可以有多个目标;

$C=C(D, P)=$ 约束函数。设计的状态变量通常受到多方面限制(平等或不平等类型),如功能、技术、物理、规章、安全、环境、美学和其他方面,通过定义设计中允许的变化范围,从而找到可行的方案。

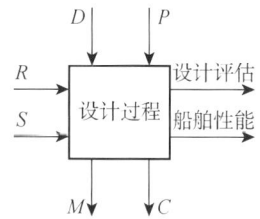

图 3.1 设计过程元素(Nowacki, 2009)

准则 M 和 C 的定义中可能包含概率元素,因此整个模型可能具有概率结果的分布,例如不同寿命周期阶段对应的结构不同,这些不确定性的影响将根据其发生的概率进行统计考虑。

元素 R 和 S 包含设计过程的输入信息,而输出的是有关设计评价和船舶性能的变量。其中:

R 包含船东和当局监管部门的相关设计要求;

S 表示变量搜索范围的边界条件；

它还包括燃料和材料成本数据库以及关于市场的其他信息。

输出结果包括根据所选标准评估船舶所需的所有信息，还包含许多其他设计特征，这些特征将用于辅助评估船舶子系统，从而有助于船舶性能的评估。

本章将从早期的手工设计阶段开始，回顾设计决策模型的发展历程，但主要介绍使详细的全寿命周期评估变得可行的计算机时代。这说明，随着时间的推移，船舶设计过程中越来越多的有关设计、建造和操作决策过程的相关要素被纳入船舶全寿命周期。

3.2 船舶设计模型

3.2.1 船舶优化设计

图 3.1 描述了设计过程的要素和系统分析，两者是决策过程的特例。

系统分析系指在给定的约束条件下，在一组可行的备选系统中寻找最优解的任务。系统可以是特定时间的产品，也可以是依赖于时间的过程。系统的量化特性指标使系统优化成为可能。

船舶设计，就是对船舶特性、造船过程和船舶营运过程的设计，实际上是有关船舶全寿命周期阶段的一种特殊的系统分析。相应地，设计任务也被建模为带约束的优化问题。早在 1968 年，Woodward 等就认识到了这一点。

这类建模应用的共同点的本质说明了以下问题：

在约束条件 $C(D,P)$ 下，求解系统的目标函数 $M(D,P)$ 的极值（最大值或最小值），表达式为：等式 $h = h(D,P) = 0$ 和不等式 $g = g(D,P) \geqslant 0$。

如果至少有一个约束函数和目标函数是自由设计变量的非线性函数（这在船舶设计中是常见的），则这类问题称为"非线性规划（NLP）"（Fiaco and McCormick. 1968）。因此，船舶整体设计问题和各种船舶设计子问题都可以看作具有约束的非线性优化问题（NLP）。

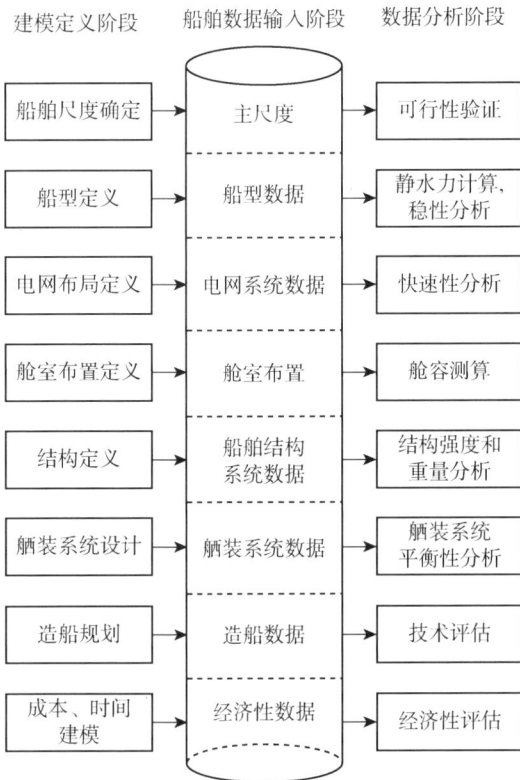

图 3.2　船舶设计建模流程示意图（Nowacki. 2009）

建模定义阶段　船舶数据输入阶段　数据分析阶段

建模定义阶段	船舶数据输入阶段	数据分析阶段
船舶尺度确定	主尺度	可行性验证
船型定义	船型数据	静水力计算，稳性分析
电网布局定义	电网系统数据	快速性分析
舱室布置定义	舱室布置	舱容测算
结构定义	船舶结构系统数据	结构强度和重量分析
舾装系统设计	舾装系统数据	舾装系统平衡性分析
造船规划	造船数据	技术评估
成本、时间建模	经济性数据	经济性评估

3.2.2 船舶设计流程

船舶产品模型的开发，即对整个船舶及其所有特征和系统的描述，经历了许多决策阶段，如图 3.2 所示。

船舶设计包括以下几个阶段：

（1）主尺度；

（2）船型；

（3）航速和快速性；

（4）舱室布置；

（5）结构设计（强度和重量）；

（6）静水力性能和稳性；

（7）舾装；

（8）破舱稳性控制；

（9）船舶安全性；

（10）船舶的环境影响力；

（11）成本和时间。

产品模型的每个部分都是由其需求和约束条件的综合步骤导出的，然后通过分析步骤检查是否符合需求和约束条件。报告总是存在可行和不可行的解决方案，必要时需予以纠正。这是一个迭代过程，因为某些阶段的结果会影响其他阶段。步骤的顺序无须规定，灵活但依赖于问题。最后当过程收敛且满足所有约束条件时，至少可以得到阶段性许用结果的最优解。为了最终优化所有阶段，必须应用一个整体的全局目标函数作为价值衡量标准。注意，整体优化的最优解不一定是各阶段最优解的整合。

虽然在过去，阶段优化是普遍的做法，但目前的趋势是对所有相关阶段的综合优化。

3.2.3　船舶设计常规模型

对于船舶设计，其优化模型的要素如下（Nowacki，2009）：

$D=$ 设计变量、自由设计变量：船型主尺度（L，L/B，B/T，L/D，C_b）、自由航速、自由舱室布置、结构变量和舾装变量等；

$P=$ 参数，因变量，即不受设计者控制的工况变量：船东的功能要求、许用吃水和船宽、限制航速、天气和航道条件、港口和货物装卸条件、环境条件、安全条件等；

$M=M（D，P）=$ 目标函数，根据利益相关方（船厂、运营商、安全和环境管理局、公众）的利益，衡量设计质量的一个或多个指标；

$C=C（D，P）=$ 约束条件（许用条件），根据船型和功能要求制定的有关尺度和航速、安全性和环境危害、设计和工况变量的限制（上、下限）。

NLP 模式实际上可以包含这些建模元素的任何组合或子集。根据实际设计优化研究的目的和利益相关者的利益要求，大多数设计研究只针对这种通用船舶设计模型的特殊情况，实例详见第 3.3 节。

3.3　船舶设计优化研究的具体案例

3.3.1　船型建模

船舶设计优化的历史从最初的简单模式发展到越来越精细化的模式，发展速度迅猛。

这在很大程度上是由船舶安全和环境条例建模方面的进展推动的。表 3.1 显示了计算机辅助工程(CAE)在船舶设计研究中一系列设计方法的应用。

基于物理学原理和数学模型的工程设计优化已经有了相当长的历史,也有一些著名的科学家参与其中。对于船舶流体力学和后来的船舶设计,流体动力学和结构优化方面的先驱包括:Newton (1726),Bouguer (1746),Euler (1749),Chapman (1775),J. S. Russell and I. Brunel(分别是 1858 年著名的"SS 大东方号"的建造者和设计师),Froude (1868,见 Duckworth 1955),Michell (1898),Weinblum (1932),Wigley (1935),Taylor (1943)。然而这些早期的船舶设计优化先驱们仅将研究局限于船舶设计的特殊性质,如动力要求或结构重量。在早期设计阶段,手工计算船舶性能的工作太过困难,无法对整个设计进行全局分析,而且缺少必要的数据。为应对早期船舶设计的全局复杂性而进行的认真尝试,虽然可能带来了许多好处,但在计算机设计技术和系统设计分析技术推广之前,这种做法不可行。船舶产品和营运的全寿命周期评估是工程设计和船舶设计的首要要求。

根据调研判断,这种设计应用较为合适的开始时间是在 1960 年前后。将船舶设计范围扩大到全寿命周期对船舶设计过程具有重要的价值和意义。如果不考虑船舶从早期详细设计阶段到船舶最终处置阶段的全寿命周期的成本和效益,就无法进行经济分析,从而验证船舶投资的合理性。

这种观点必须考虑到船舶全寿命周期所涉及的各方利益,即建造者和经营者的目标和标准,以及供应商、船级社、法律当局、保险公司和作为乘客和货物运输客户的一般公众的目标和标准。船舶的安全性和环境友好性也是公众普遍关心的问题。所有这些要素都属于一个全新设计的寿命周期评估体系,它正在不断扩大现代设计研究的范围。当然结果并不是独一无二的,而是取决于各方看问题的角度和观点。

自 1960 年以来的几十年中,船舶设计全寿命周期评价的范围和深度有了系统的发展,人们可以认识到四代不同的全寿命周期船舶设计模型,如表 3.1 所示。

表 3.1　历代船舶模型统计表

模型种类	船型	设计变量	目标函数数量	约束条件数量	优化方法	评估衡准	参考文献	时间
综合模型	油船、散货船、常规货船	主尺度、船型规模、航速	1	很少	NPL:penalty Fct,梯度法、SLP、直接搜索	LCC RFR NPV CRF	Murphy et al(1965),Mandel and Leopold (1966),Kuniyasu (1968), Nowacki et al (1970),Söding and Poulsen (1974), Nowacki and Lessenich (1976), Nowacki et al (1990)	1965—1990 年
多目标评价模型	油船等其他船型	主尺度、船型规模、航速	多目标、概率函数	很多	NPL:Pareto 优化、实用程序 Fcts、图形可视化	经济性、安全性和环境友好性等	Papanikolaou (2011),Papanikolaou (2010b)	2010年至今

（续表）

模型种类	船型	设计变量	目标函数数量	约束条件数量	优化方法	评估衡准	参考文献	时间
整体设计模型	商船、军船	几何形状、安全性和环境友好性等	多目标、概率函数	很多	NPL：Pareto 优化、实用程序 Fcts、图形可视化	经济性、安全性和环境友好性、船舶标准等	Papanikolaou（2011a），Papanikolaou（2010a），Boulougouris et al（2011），Köpke et al（2014）	2010年至今
基于风险分析的设计模型	邮轮、客滚船、油船、散货船等	几何形状、安全性和环境友好性等	多目标、概率函数	很多	NPL：Pareto 优化、实用程序 Fcts、图形可视化	经济性、安全性和环境友好性、船舶标准等	Boulougouris et al（2004），Vassalos（2009），Papanikolaou（2009a，2009b）	2004年至今

NLP：非线性化项目；NPV：净现值；LCC：全寿命周期成本；RFR：所需运费；CRF：投资回收率；SLP：顺序线性编程序列项目。

3.3.2　综合模型

综合模型（见表 3.2）是第一代设计模型，它假定单一的目标函数是有关设计经济性的度量（如全寿命周期成本、所需运费、净现值、成本效益比），所有其他的设计要求都可视为约束条件（如船东的要求、法律和各类法规要求），特别是所有有关安全性的要求（如船舶稳性、干舷、消防、碰撞和电接地等）将通过可行方案与不可行方案之间的边界条件按不等关系进行表示。

因此，设计过程的目标是找到经济性最佳的设计，这并不违反任何约束条件，这种优选结果通常是唯一的，除非一些设计具有相同的评估衡准。

表 3.2　综合模型明细表

作者	时间	船型	评估衡准	方法	参考文献
Murphy，Sabat，Taylor	1965	常规货船	全寿命周期成本	系统变量、插值分析	Murphy et al（1965）
Mandel，Leopold	1966	油船、常规货船	全寿命周期成本（NPV）	无约束化指数随机搜索	Mandel and Leopold（1966）
Kuniyasu	1968	油船、散货船	投资回收率	参数化分析	Kuniyasu（1968）
Nowacki，Brusis，Swift	1970	油船	所需运费（RFR）	NPL：penalty Fct，直接搜索	Nowacki et al（1970）

（续表）

作者	时间	船型	评估衡准	方法	参考文献
Söding，Poulsen	1974	散货船	年平均成本	NPL 松弛因子	Söding，Poulsen（1974）
Nowacki，Lessenich	1976	油船、散货船、常规货船	RFR	NPL：penalty Fct，可行性分析	Nowacki、Lessenich（1976）
Nowacki，Papanikolaou，Holbach，Zaraphonitis	1990	小水线面双体（SWATH）渡船	RFR，NPV	NPL：penalty Fct，可行性分析	Nowacki et al（1990）

以一个早期的研究项目为例，一艘 1970 年建造的超大型油船，由 Nowacki 等（1970）设计。该船设计用于从波斯湾沿好望角到鹿特丹的原油运输，其进出鹿特丹港的吃水限制为 $T_{max} \leqslant 20.0$ m。出于强度和刚度的要求，进一步限定 $l/d_{max} \leqslant 14.0$；由于水动力性能的原因，$C_b \leqslant 0.84$；对于完整稳性，$GM \geqslant 0.4B$。通常假设原油运输行业对货物和满载许用航速不做限制要求。对于其他风险，如破舱稳性、环境损害、火灾、碰撞和搁浅，没做进一步的限制。这是因为本案例是在安全和环境规则生效之前设计的。这种情况下，船舶的最大许用尺度往往取决于吃水限制和方形系数 C_b 限制，而经济航速则取决于燃油价格。

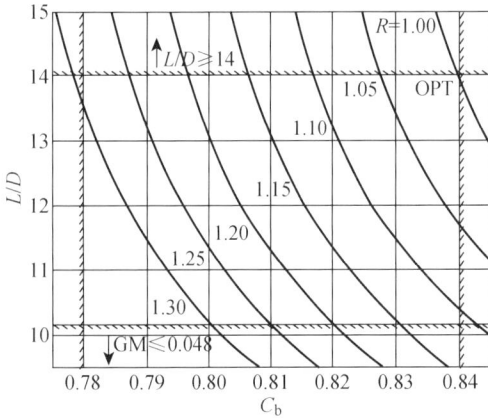

图 3.3 油船多目标设计要素平面关系分布图〔横坐标：方形系数 C_b，纵坐标：L/D，无量纲 RFR 为两者的函数，优化变量为 T、B/T、L/B、dwt 和航速（Nowacki 等.1970）〕

船舶优化问题属于非线性问题。该解决方案受两个以上约束条件制约，约束条件包括 T_{max}、GM、C_b 和 l/D_{max}。图 3.3 绘制了多维设计空间的平面交叉点。该综合模型的最优解是唯一的。这些约束是设计变量的线性函数。这里单个最优值位于可行空间的一角。

综合模型比较适用于单目标船舶设计优化，少数限制条件占主导地位（见表 3.2）。值得注意的是，在 1965 年及之前的早期优化研究中出现了衡量全寿命周期价值（全寿命周期成本）的经济性分析趋势，其研究细节在随后的发展汇总变得更加精细。然而随着设计应用的日益复杂，约束条件的数量也在增加，因此这些需求正式列入约束条件，成为独立、等效的设计目标。

3.3.3 多目标模型

纵观船舶的全寿命周期，通常不止有一个目标需要考虑，因此船舶设计必须考虑船舶寿命中可能出现的所有潜在目的和问题。船舶寿命各阶段的功能和目标必须向设计师明确，通常记录在建造合同和所有相关的法律法规中。

许多不同的原因可以导致多个目标的出现，设计师的责任是确保对所有问题做出回应。

1）多任务

船舶执行的任务可能是多种多样的，如两个航站之间的阶段性航程以及不同贸易情况下的连续航程等。OBSs 船（矿石船/散货船/油船）就是一个典型的例子。

2）多相关方

一个船舶设计项目涉及几个不同的利益相关方，他们的目标不尽相同：设计师、建造者、船东/经营者、用户/客户、公众、营运代理人等。许多其他各方和机构也发挥了作用：船级社、海岸警卫队、法律当局、保险公司、银行、港务局、船用设备供应商、分包商等。设计决策通常需要在利益相关方矛盾中采取折中的方案。但是在解决矛盾前，必须先明确矛盾的实质内容。

3）基本评价指标

在船舶设计中，至少有三个基本设计指标是必须考虑的：

（1）经济效率（货币单位）；

（2）安全性（风险的可能性和程度）；

（3）环境影响（环境危害的可能性和影响程度）。

这三个指标的单位不同，因此不能通过简单的转换和叠加法将它们集成到一个标准中，这就是建立多目标模型的必要性。

4）数量级

在比较船舶设计、合同谈判和优化研究时，需要所有人都理解的度量标准。在国际立法中，国际海事组织在确定这些标准方面发挥了主导作用。以下是常用的一些最主要的标准。

（1）经济效益：

RFR＝所需运费 ＝年平均运输成本/年货物运输吨位（美元/t）；

NPV＝投资净现值＝截至投资日的所有现金流入和流出，按当前和未来利率折现的总和（美元）；

EEDI＝能效设计指数 ＝船舶单位运输量（货运量）所产生的 CO_2 排放，单位 $gr(CO_2)/t \cdot mile$。

注：1 gr（格令）＝0.0648 克；1 mile（英里）＝1.609344 km。

（2）安全性：

是否符合国际海上人命安全公约（SOLAS）。

（3）环境保护：

OOI（溢油指数），为船舶意外溢油性能、溢油概率和/或溢油频率是否符合 MARPOL 公约；

EEDI（能效设计指数），为根据 MARPOL 公约测得的船舶单位运输量（货运量）所产生的 CO_2 排放量 单位：$gr(CO_2)/t \cdot mile$。

5）发展历史

经济性和安全性一直是船舶设计中必须考虑的要素。通过几个世纪的研究发展，船舶相关技术水平已得到明显提高，技术更趋于成熟，已形成相关国际规则和法规：如完整稳性和破舱稳性规则、载重线规定、救生设备规则和海洋环境保护规则等。新规则的通过生效是一个缓慢的过程，原因之一是由于两次世界大战的战时延误导致的。因此由 1913 年的"泰坦尼克"号海难衍生的有关船舶破舱进水危害的国际规则，直到 1948 年的 SOLAS 公约中才正式得以通过并实施生效。

第二次世界大战后，海洋石油运输业的发展迅猛，与此同时油船的悲惨事故频发，造成海洋和海岸的严重石油污染，使人们越来越关注海洋环境中的石油污染威胁，从而促成 1983 年 IMO MARPOL73/78 公约的实施生效。

为了限制油船因碰撞或搁浅受损时发生溢油事故的可能性，《MARPOL 防污公约》规定，所有载重量超过 20 000 吨的新油船必须在关键保护位置设置隔离压载舱（或清洁压载舱），从而对油舱实现隔离保护。根据该公约要求，双层底油船的舱室布置发生较大的变化，在船舶舷侧和底部将设有一定数量的清洁压载舱，这种做法将导致两个结果，一方面由于空舱数量的增加，船舶的储备浮力得以提升；另一方面可以有效地利用未开发的船舶处所。

如何更好地利用这一储备浮力一直是讨论和优化研究的主题。"双层底"的概念对于不太严重的碰撞和搁浅破舱损坏问题起到"安全带"的作用，根据 SOLAS 90 公约（20 世纪 80 年代末生效）对客船破舱稳性的明确要求，这一概念也被应用于客滚船的设计中。然而在不到 20 年后，SOLAS 90 公约被 SOLAS 2009 公约所取代，该公约以概率问题衡量破舱稳性问题，并且碰撞损害的程度不再局限于船舶某一确定的范围（如船宽的 20%），从而导致了船舶设计实践上的新变化，因此目前大多数客滚船都是以单壳和双层底的形式设计和建造的。尽管如此，通过研究客船的生存能力发现，作为一种优雅和安全的解决方案，双层船壳的布置是必要的，这可能是超大型邮轮在浅水发生碰撞损坏时能够生存的必要条件。

6）解决方案

多目标设计问题需要有自己的求解过程才能得到具体的解，尽管问题的表述并不是唯一的。原则上通常选择两种方法：

（1）效用函数法；

（2）通过识别可行设计方案中的的 Pareto 最优解，实现设计方案的可视化。

通常这两种方法是结合在一起的。

效用函数法：

对于这种多目标系统问题，假设 M_1、M_2、M_3 是三个不同的目标，从而形成组合目标函数（效用函数），如式（3.1）所示：

$$M_{系统} = f_1 M_1 + f_2 M_2 + f_3 M_3 \tag{3.1}$$

其中，f_1、f_2、f_3 是由人为选取的任意权重因子，将度量 M_1、M_2、M_3（通常是不同的单位）组合成单位一致的联合测度，对于三个以上目标的问题，其处理方法同上。

这样做的另一个好处是，可以选择分别查看 M_1、M_2、M_3 中的每个客观度量，通过权衡分析度量的相对权重，能够透明地把握度量的相对影响，进而使利益相关方能够进行公开讨论。

每个影响的度量可以根据需要和合适的情况建模。最近的研究经常选择：

M_1（船舶经济效益的衡量），为净现值或投资回收率，其中：

NPV 为投资（P）的净现值（或 NPVI＝NPV/P）；

RFR（所需运价）为年平均运输成本/年运输货物吨位；

M_2 为能效设计指数（IMO 要求的），EEDI 为船舶单位运输量（货运量）所产生的 CO_2 排放量，单位：$gr(CO_2)/t \cdot mile$；

M_3（OOI）溢油指数为船舶意外溢油流动性能的概率计算（IMO 要求的）。

指标权重的引入，使得问题分析更加科学合理，有助于避免过度强调的问题。

通过识别可行设计方案中的的 Pareto 最优解，实现设计方案的可视化。

在优化初始候选集并消除所有不可行设计并最终保留最有希望的可行设计之后，绘制散点图，选取三个指标中的两个作为横纵坐标，另外一个指标作为衡量基准，如图 3.4 所示，其中横纵坐标分别是 DWT 和 RFR，此外再利用第三个指标作为衡量参数（如 OOI、EEDI等）。然后可以据此构造包络曲线或曲面，从而实现只有可行的设计位于包络一侧的目的，如图 3.5 所示。完全位于包络线上的设计称为 Pareto 最优设计；它们至少是其中一个衡准的最佳设计。类似地我们可以找到其他衡准的 Pareto 最优值，如图 3.5 所示。我们可以查看任意一对多指标的曲线图，从而确定 Pareto 最优曲线或曲面，并在这些曲线或曲面上确定每个指标的最优点。用户现在必须设置优先级并选择任意 Pareto 最优值或它们之间的折中值。它们都是可行的设计。接下来举例说明相关技术（详见表 3.3）。

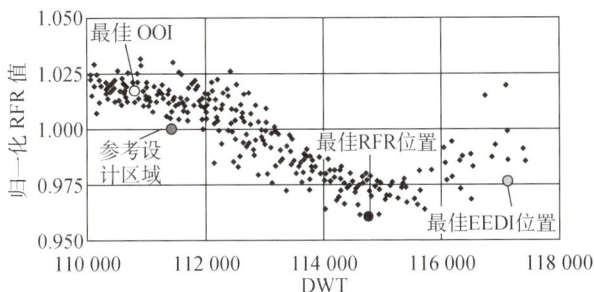

图 3.4　油船设计 DWT-RFR 散点图（参考衡准：RFR、EEDI 或 OOI 的最优解）

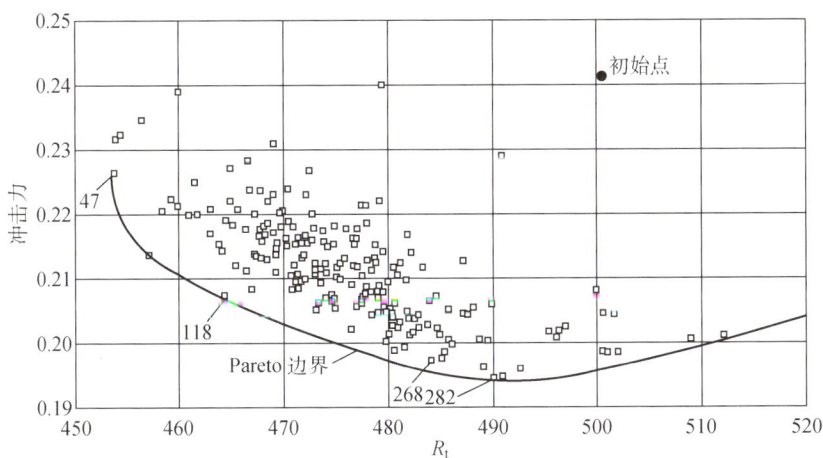

图 3.5　总阻力 R_t 和冲击力 W 双目标可行性设计散点图（Papanikolaou，2010a，2011a）

Pareto 最优解位于可行方案的下包络线上

表 3.3　多目标模型

作者	时间	船型	度量衡准	方法	参考文献
Papanikolaou，Harries，Wilken，Zaraphonitis	2010	Aframax油船	RFR，EEDI，OOI，航速	多目标优化 POSEIDON IMO 准则	Papanikolaou et al (2011)
Papanikolaou，Zaraphonitis，Skoupas，Boulougouris	2010	客滚船	几何性质，稳性，航线，NPV	GA：连续和离散混合设计变量，TRIBON 结构设计软件	Papanikolaou et al (2010b)

示例 1　AFRMAX 油船(Papanikolaou et al，2011)

在本设计案例研究中,追溯到 2010 年,AFRMAX 油船从马拉开波地区到美国墨西哥湾沿岸的圣·尤斯塔修斯(St. Eustacius)的美国排放控制区,单程约 1 600 英里(mi),其设计应符合现行的 IMO-MARPOL 加勒比海贸易航线规则;并且该设计应遵守所有相关的国家和国际法规,特别是 MEPC.177(52)号决议的法规和专用压载舱(SBT)的容量要求。

注:1 mi＝1.609 344 km。

这些设计将按关键目标 RFR、EEDI 和 OOI 进行排序,从而按经济性和环境安全性进行排序,而 MARPOL 规则则将安全性作为约束条件。

分析软件以模块化的形式细分为船舶设计平台和优化模块。在大多数与欧盟支持的项目有关的案例研究中,使用随机搜索优化软件进行优化,以避免遗漏可行空间的任何部分,即 FRONTIER 模式下的多目标遗传算法(MOGA)软件。

船舶设计平台是为每个应用量身定做的。在 AFRMAX 油船的设计研究中,在 FRIENDSHIP Framework 平台中综合调用了一下船舶设计软件系统:NAPA、POSEIDON 和 SHIPFLOW 等。为了达到优化的目的,这些软件系统必须重新配置和链接,以便可以通过参数化自由设计变量来解决这些问题。除了目标函数和约束条件外,本套设计计算模块还计算了以下关键问题:

(1) 满载工况和设计压载工况下的货舱容量;

(2) 货舱区域的钢结构重量;

(3) 设计吃水、压载吃水和结构吃水对应的最大航速;

(4) 发生意外事故时发生漏油的可能性。

在本研究中,船形定义总共需要约 50 个形状参数,但在形状优化过程中仅需要 12 个自由变量。货油舱布置采用常规的 6×2 模式。假设内舱壁与外板的距离是一个自由变量(≥2 m)。POSEIDON 软件根据结构共同规则(CSR)的规定,建立了货物区域钢结构的参数化模型,通过初步尺寸标注,进行钢结构重量的估算。

通过 CFD 求解软件(如 SHIPFLOW 的 XPAN、XBOUND 和 CHAPMAN)进行油船的水动力性能计算,通过运用响应面将原始数据进行拟合,以便在优化运行过程中为最耗时的计算节省大量的时间。选取 Pareto 最优解的衡准依据由设计师决定。由图 3.4 所示,相较于参考船型,RFR 的最优解对应的 DWT 高约 3 000 t,EEDI 最优解对应的 DWT 也较大,但 OOI 最优解对应的 DWT 较小。因此选取不同的目标衡准,优选方案是明显不一样的。

图 3.4 显示,在基准船上方 3 000 吨载重吨的情况下,实现了最佳 RFR 设计,而最佳 EEDI 设计比基准船更大,最佳 OOI 船比参考船小一些。但由于该船在 RFR 和 EEDI 中的损失很小,研究小组倾向于最好的 OOI 船。不同标准之间可能的取舍是显而易见的。

示例 2 客滚船(Papanikolaou et al. 2010b)

本项研究由国家海洋运输局在 Elefsis 船厂的支持下开展,共研发了 3 艘单体客滚船以供研究分析。这些目标船舶的船舶尺寸如下:

船型 1:载客量 500 名,货舱数 9 个,航速 $V_S = 18$ kn;

船型 2:载客量 590 名,货舱数 12 个,航速 $V_S = 19.5$ kn;

船型 3:载客量 1 300 名,货舱数 35 个,航速 $V_S = 23.5$ kn。

计划航线:在爱奥尼亚海的基里尼、伯罗奔尼撒西部和扎肯索斯之间,航程 21 海里(n mile,1 n mile=1.852 km)。选择 NPV 为唯一的目标函数。其他要求(如船东的偏好等)都作为约束条件处理。这包括许多其他设计计算,例如:根据船型参数定义进行初步建模、油舱布置参数化建模、使用德国劳氏船级社波塞冬(POSEIDON)软件进行结构设计、使用有限元分析软件(FEA)进行结构分析,利用 SHIPFLOW 进行水动力性能评估,进行完整稳性和破舱稳性评估,有关 OOI 和 EEDI 的 MARPOL 规则分析。这些数据为设计的系统提供了丰富的信息。

该优化由概率多目标优化软件 MOGA 完成,MOGA 软件是 FRONTIER 模式中的一个可用模块。优化步骤如下。

第一步:最初,计算任务的规模必须受到限制。从探索性出发,阶段优化按照图 3.2 所示的阶段流程进行,每个阶段的自由变量都是在合理的实际情况下选择的,但取值相对宽泛,每个阶段都由模式 FRONTIER 的优化软件 MOGA 随机抽样,以便为每个目标寻找有希望的候选设计,并消除不可行的设计。MOGA 的随机抽样避免了在决策空间的偏远角落遗漏候选对象。第一代 MOGA 只提供了八个初步可行的候选方案。

第二步:随着遗传算法 MOGA 相关技术的更新换代,围绕临时候选方案的搜索程度进一步改善,从相对单一的抽样方式转为颇具选择性的抽样方式,从而使成功找到符合目标值的可行方案的概率大大增加。在这里大约有 100 个样品,改进程度越来越小。

第三步:最终的最佳设计方案需要利用设计软件对全寿命周期的所有阶段进行充分的分析验证,从而使其达到合同和规范的要求。

本项目所使用的造船软件平台通过对参数化建模软件进行整合从而实现客滚船的参数化设计,例如,进行船型建模和舱室布置的 NAPA 模块、半经验水动力性能分析模块、船舶内部布局模板、基于 DNV 入级规则的初步结构设计模块、直接计算钢材重量、其他有关重量计算的经验公式,基于 SOLAS 90 公约的完整稳性和破舱稳性分析(NAPA),逐项对经济性进行评价。

多目标公式和模块化参数化软件的优点是用户可以根据需要选择适当的目标函数,如全寿命周期成本最小化、年收入最大化或基于净现值或投资回收率的全面经济分析。其他性能标准,如稳性裕度、海上运动性能和舒适性等,可作为目标函数或约束条件。

Elefsis 船厂使用 TRIBON 船体软件进行了进一步的优化设计,从而满足了合同和造船规范的要求。

3.3.4 整体设计模型

整体设计模型(见表3.4)的目的是通过单独的指标同时考虑所有经济和非经济措施,特别是与安全相关和与环境影响相关的标准,最初是用非经济术语表示的。因此这些模型是船舶全寿命周期的多目标、多约束条件模型。

用于全面的全寿命周期评估的指标分为三大类,分别是经济性、安全性和对环境造成影响指数。船舶的经济性能可以用能效设计指数(EEDI)来衡量,IMO 在其《MARPOL 规则》中把 EEDI 定义为衡量船舶尺度和燃料消耗的一项临时措施,从而间接地衡量 CO_2 对空气的污染。但未考虑到主机效率和推进效率。它们可能被添加到目标列表中,但可以使用更传统的 RFR 或 NPV 来代替或补充。

虽然,安全性和环境保护无法直接用货币单位进行衡量,但是必须考虑这些指标,并收集各指标在全寿命周期内的情况,然后将各指标求和,并结合经济指标,作为单独的指标列入优化设计的多目标中,其目标分析方式与上文所述一样,即通过显示 Pareto 空间图或其他可视化辅助工具(散点图)等完成优化分析。因此整体优化的结果可以由三个(或更多)独立的指标组成,并根据参与设计各方的需求确定各指标权重进而进行优化判断。有关整体设计研究法的相关概述详见表3.4。

顾名思义"整体设计(Holistic)",要求在设计研究中考虑所有的影响因素。相较于这种过于绝对的定义,在工程实践中推荐采用一个更折中的定义:"一个全面的研究需要考虑所有与正在调查的问题相关的影响"。即在现代船舶设计环境中,每一个设计问题都会对船舶的总体经济、安全和/或环境性能产生影响。因此明确这三个要素应是进行船舶整体设计分析的最低要求。本节的示例正印证了这种定义。

表 3.4　整体设计模型

作　者	年份	船型	度量衡准	方法	参考文献
Papanikolaou	2011	高速客船、客滚船(单体船、双体船)	总阻力 R_t、波浪冲击安全性	遗传算法(GA)、Pareto 分散图	Papanikolaou (2011a)
Boulougouris, Papanikolaou, Pavlou	2011	集装箱船	EEDI、ISP、排水量、航速	NAPA、傅里叶变换、参数化设计工具	Boulougouris 等(2011)
Papanikolaou	2012	商船和舰船	RFR、安全性、环境影响分析	GA:直接搜索,PDT、NAPA、PO-SEIDON、SHIP-FLOW	Papanikolaou (2011b)
Köpke, Papanikolaou, Harries, Nikolopoulos, Sames	2014	支线集装箱船	RFR、EEDI、舱容、低排放、低船重	FFW 多目标设计	Köpke 等.(2014)

示例 3　高速单体客船(Papanikolaou. 2010a,2011a)

本示例与示例 2 的研究团队和合作团队是一样的,只是场景和船型有所不同,对爱琴海群岛和希腊大陆之间的各种客滚船的服务路线进行了研究。航线在 20~80 海里。目标航速为 30 节以上。本示例与示例 2 的假设类似,只是设计建模方法有所不同。采用了反映船东观点的一个关键目标 NPV 作为评价衡准,而场景中的所有其他需求都被设为约束条件用于建模。这在方法上同样有效、证明了这种方法的合理性。

本探索性案例研究主要涉及高速单体船的设计,其目的是要在希腊大陆(拉夫里昂港)和爱琴海岛屿之间提供渡船服务,例如单程 75 海里的来科洛斯(Mykonos)岛;航速高达 30 节以上,属高速运输。

然而,对于设计阶段的建模,设计软件包中的精细化程度得到了很大的扩展,同样对于阶段初始化过程也使用了类似的分解方式。这里提供的工具包括:NAPA、SHIPFLOW 和 ITTC 1957 年摩擦阻力经验公式或 NTUA 的回归公式、内部布局拓扑模块、DNV 结构入级规范、用于完整稳性和破舱稳性分析的 NAPA 软件、详细的成本评估模块等。通过综合调用这些软件,从而组合成一个完整的设计评估系统。在此基础上,结合设计变更、设计评估和设计优化等模块,建立了每一个设计方案对应的综合设计评价系统。利用傅里叶变换和遗传算法的优化软件适用于这种模式,在多目标情况下也是如此。在计算过程中确定了每艘船的约束条件。本书以高速单体船为例进行讲解。

对基准船进行参数化建模,从而可以通过改变相关参数变量(如点的坐标或角度)来实现船型的变换。基准船的船型采用参数化建模,以便根据参数改变(点和角度)实现船型变化。定义网格和曲面区域需要进行插值和光顺处理。现在可以使用 NAPA 宏语言对船体形状进行参数化建模,并确保其是否符合几何约束条件。然后通过 SHIPFLOW 软件对船舶水动力性能进行分析,并用半经验黏流公式完善数据。

通过水动力性能分析,确定了一组良好的水动力性能特性数据,并将其作为优化的输入值。

虽然船东主要对净现值(NPV)感兴趣,但本文的优化方法是多目标的。这里追求的两个目标是:总阻力 R_t,作为水动力性能有效性的度量;波浪冲击影响,作为沿距离中心平面一定距离($0.25\,L$ 或 $0.5\,L$)处纵向波浪的平均波高。第二个目标被用于衡量狭窄航道中对船舶环境造成的潜在损害。虽然这是一个非常粗糙的双目标优化模型,但也对整个决策过程进行了确切的说明。

使用的模块化优化软件仍然是示例 2 中介绍的 FRONTIER 模式下的随机搜索系统(MOGA)的逐步方法。图 3.5 说明了搜索和设计决策过程的结果。散点图将最终候选的可行方案的结果与两个目标(R_t)和 W 进行对比。通过实线拟合,以便所有可行的采样点都位于该线的上方,而不是下方,因为这些方案是不可行的。可行域的边界是 Pareto 边界。位于该边界上方的设计就是 Pareto 最优设计。它们的特点是至少完全满足一个目标。在此 47 号、118 号和 282 号设计是 Pareto 最优解。

用户现在可以从次要考虑因素中进行选择。折中的方向是中等阻力的最小冲刷,因此选择 282 号设计方案。相较于原始参考设计(已建造的船舶),最佳设计有显著改进,抗波浪冲击能力提升 28%,R_t 高达 10%。所有 Pareto 最优结果都比原始设计有所改进。

按照示例 2 中描述的逐步模式执行多级多目标优化,得到以下结果(Papanikolaou 2010a,2011a)(见表 3.5,图 3.6),其中 R_t 为总阻力,W 为波高,H_{max} 为中心平面外纵向波浪 $L_{PP}/2$ 的最大波幅。

表 3.5　Pareto 优化方案性能对比表

	R_t/kN	W/m	$Hmax$/m
原始船型	500.5	0.205	1.0515
47 号船型	449.3	0.173	0.8840
118 号船型	464.3	0.160	0.7890
282 号船型	494.4	0.155	0.7473

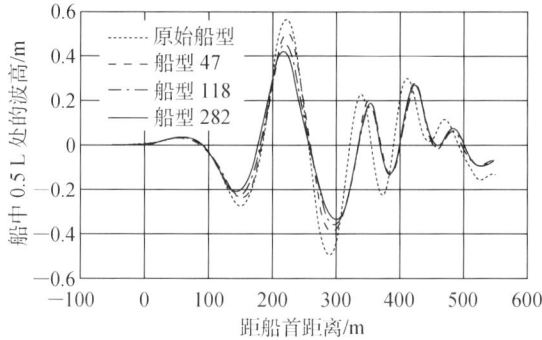

图 3.6　纵向波切平面图(原始船型与优化船型对比图)

对于两个以上的目标,决策过程的逻辑必须采用多维优化,每对目标都有散点分布图,且具有多维 Pareto 边界曲面和 Pareto 最优解。ModeFrontier 中的软件实用工具有助于确定这些对象。随着局部随机搜索密度的增加,经过多次迭代,便可得到接近 Pareto 最优集的最终结果。如图 3.4 所示,在 Pareto 最优集的基础上,通过进行标准优化对照,便可得到最终的最优方案。

实例研究表明,多目标优化方法是一种很有价值的船舶设计方法,与以往的基于规则的 MARPOL 规则不同的是,多目标优化方法能够提高新设计相对于现有船舶的经济性和技术性能,同时符合安全和环保要求。

示例 4　双体客滚船(Papanikolaou. 2011a)

在(Papanikolaou. 2011a)中处理的第二个例子涉及双体船类型的高速双壳客滚船的设计,如示例 3 所示,其目的是希腊大陆(拉夫里昂港)和爱琴海岛屿之间提供渡船服务,理想航速保持在 30 节。

接下来进行一系列全面的设计计算,包括:

(1) 船型建模(23 个船型参数,但其中只有 5 个为自变量);

(2) 阻力和推进估算(SHIPFLOW 和半经验公式);

(3) 开发内部布局(使用 NAPA,由船型 s 参数控制);

(4) 初步结构设计(DNV 入级规范,适用于铝/钢,12 个自变量);

(5) 重量估计(多种类型);

(6) 完整稳性和破舱稳性(实际 GM 与相关装载工况下所需的 GM);

(7) 耐波性(如果需要,包括船员舒适性和货物安全);

(8) 经济绩效评估(主要是净现值 NPV,但也包括 RFR、EEDI、OOI)。

随后,运用优化软件 MOGA 模块,通过自变量的随机变化进行优化。如上述的例子所示,这些自变量包含连续变量和一些离散变量。

虽然示例 3 和示例 4 的结果都是假设的近似结果,但结果仍是可靠的,并不会影响方案间的对比结果,因此该整体优化方法的运用仍然是具有很大的成功意义的。

示例 5 油船和集装箱船(Boulougouris et al. 2011)

本研究项目隶属于欧盟项目 LOGBASED,主要研究船舶全寿命周期内的市场环境变化问题。对于现在正在设计的船舶而言,在未来几十年里减少温室气体排放(如水蒸气、二氧化碳、氮氧化物、硫氧化物等)对于减缓全球平均温度的升高将具有越来越重要的意义。船舶设计需要具备足够的灵活性以适应不断变化的情景、标准和规则。如何使现在的设计方法满足要求?答案在于对一组时间变量集进行整体设计。该方法可应用于单艘新船的设计,也可应用于当前和未来整批船舶的设计和管理。

欧盟项目 LOGBASED 建立了一个经验数据库,其中包含与油船和集装箱船相关的全部适用数据,其中 EEDI 为多目标设计的准则。数据库中还收集了许多其他属性。此数据库用于新船设计的初始优化运行。这些运行是由采用遗传算法 MOGA 和 modeFRON-TIER 随机搜索软件进行的。该模型对每种船型使用适当的约束条件,例如对于阿芙拉最大型(AFRAMAX)油船的载重量确定采用《MARPOL 防污公约》规定标准作为约束条件。本项目的目标函数是 EEDI 和理想的船价(ISPI)。同样的目标也被用于为集装箱船降低航速。在多代运行中,大约有 4000 个样本。通过对比分析,将最有前途的子集进行排序,以进行最终优化和细化。

综上所述,这项研究为逐渐或突然变化的经济和技术环境中的船舶设计提出了建议。

示例 6 商船和军用舰艇(Papanikolaou, 2011b; Boulougouris and Papanikolaou, 2013)

本书着重讨论了商船和军用舰艇全寿命周期整体优化设计的基本相似性。这两个设计任务都可以在整体设计的范畴内处理,尽管技术评估有很大不同。商船主要关注船东的要求,而军用舰船则需要关注海军的技术和战术任务的要求。对这两种船型来说,内部分舱意义重大。为了安全起见,这两种船型都设置了双层底。边舱的布置和双层底的高度是设计变量,目的是探索当舷侧或底部外壳受到碰撞或搁浅而损坏时的储备浮力。事实证明如果初稳心(GM)的高度足够高,那么即使船舶发生破损仍然是安全的。纵舱壁和双层底的位置必须距离外壳足够远,以防止穿透。通过提高干舷从而增大有效舱容,进而可以弥补损失的舱容量。对于军用舰船来说,同样的措施可以提高整体的生存能力。

对于基准商船,边舱的宽度和双层底的高度与外壳板的距离为 2.5 m,而《MARPOL 防污公约》规定要求仅为 2.0 m。这就需要相应增加干舷。目标函数是货舱容量和溢油指数。货油舱的配置模式可为 6×2,6×3 或 7×2。在溢油性能方面,6×3 布局具有较好的溢油性能;6×2 布局则有助于降低钢结构质量。

对于军用舰船,许多要求需要参照海军舰船规范(NSC 2000)。将 TRIBON,PARA-MARINE、CATIA、NAPA 等软件集成,为参数化设计工具(PDT)进行初步的全局优化提供了平台。设计目标包括船舶的经济性、载货能力、安全性、生存性、舒适性、所需动力、环境保护、战斗力等。

该项目证明了早期多目标整体设计研究对各种船型和营运方案的适用性。后期的设计和营运阶段需要用更多的软件来评估。

示例 7　支线集装箱船(Köpke et al. 2014)

本研究探讨亚洲内部港口的吃水限止对支线集装箱船主尺度的影响。由于航道水深较浅,这些船舶往往船宽较大、吃水较小。设计航速是通过分析不同的亚洲航线得出的;中转时间取决于在港口的停留时间。高速航行对应的港口效率是本研究的目标之一,为了尽量减少货物装卸延误,因此有了减小船长的趋势。

在试验阶段的初步设计中,对现有的船舶进行了分析,并收集到一个经验数据库中。在示例 6 或 7 中,船宽方向的集装箱数量是一个整数量,导致箱与箱之间出现间隙。解决方案可以再次基于整体设计,选定随时间而变化的目标函数。这些方法可以应用于单艘新船的设计,也可以应用于当前和未来船舶寿命期内整个船队的管理。

本示例所提出的方法已集成到 FFW 设计软件平台中,可以自动生成具有优越设计价值的集装箱船设计方案。所得结果表明,对 IMO EEDI 有显著改善,RFR 大幅降低,并提高了本文定义的港口效率。另一个进步是在保证均载集装箱的重量几乎不变(约 12~15 吨)的情况下,减少近 40% 的压载水和压载物,增加集装箱数量,从而满足稳性的要求。这就意味着,在集装箱船装载时,船舶可以不用专门压载,但出于对纵倾性能的改进,会在船舶首、尾尖舱进行适度压载。基于前文的研究,通过提高港口装卸效率,在保证整体贸易供应效率的前提下,可以适当降低设计航速的要求。这一举措对燃料成本、温室气体排放量和效率都是有益的,同时又不会牺牲船舶的竞争力(每年的在航率)。

3.3.5　基于风险的设计模型

复杂系统的设计在危险条件下运行,并在灾难性故障发生时受到巨大损害,已成为一门专门的学科,现在通常称为基于风险的设计。几十年来,这种方法在核工业中是必不可少的,在航空航天设计和其他具有巨大公共和经济风险的工业中也普遍采用。在航运领域,海洋石油工业,首先在对航运系统进行风险分析的基础上通过立法引入了这种方法,例如 1986 年在挪威、1992 年在英国。就船舶而言,海事组织目前在制定新的安全标准(Sames. 2009;Skjong. 2009)时,正紧跟着推行以风险为基础的船舶设计的强劲趋势。

基于风险的分析需要一些系统元素:

未来的标准和一些现行的试验性法规将逐步替代传统的规则,该方法在技术上详细描述了如何通过基于目标标准实现安全设计,该标准规定不管目标实现难易程度如何都必须设立安全目标。这就需要进行定量风险评估分析。基于目标的船舶设计(GBSD)旨在为船舶的整体安全性提供一个最优的解决方案,该优化方案将体现成本效益的优越性。

每种危险操作场景的风险将以概率的方式定义,即危险事件预计发生的概率与造成的经济损失的乘积。所有损害,无论是对公众、船东还是对个人的损害都应包括在内,通过综合所有场景的风险来评估总风险。总风险将与可接受风险进行比较,许用风险标准选用现有 IMO 规则或基于即将出台的海事组织 IMO 新的风险许用标准(Sames. 2009)。

当综合考虑经济性和安全性进行优化设计时,安全不再仅仅被视为基于规则的约束条件而是一个设计目标。毕竟船东和客户的利益依赖于经济性和安全性。风险分析将可比单元的安全性量化为功能性的经济指标。

埃克森-瓦尔迪兹(EXXON Valdez)公司 2009 年在阿拉斯加威廉王子湾发生的历史性事故导致美国水域首次禁止使用单体单底油船(OPA 90),后来国际海事组织(IMO-MARPOL)在国际上禁止使用新建的单壳单底的油船。由油船事故造成溢油风险应尽可能降低。欧盟已经资助了几个关于现代设计问题的项目,特别是 SAFEDOR 项目和目前的 HOLISHIP 项目。

基于风险的设计模型实际上与全寿命周期约束条件下多目标建模的整体模型一样,只是不确定的安全风险被不同地量化为概率风险。然后,累积风险将作为一个安全术语用于价值衡量。这就为基于目标的安全性能验证打开了大门。因此如果能证明基于目标的设计方法与基于规则的设计方法的等价性,就可以提高船舶的整体安全性。与基于规则的规定性设计相比,这种方法可能产生更安全/更经济的解决方案。Papanikolaou(2009a)编辑的《基于风险的船舶设计》一书对这种方法进行了详细概述,该书总结了欧盟资助的 SAFEDOR 项目的主要成果。

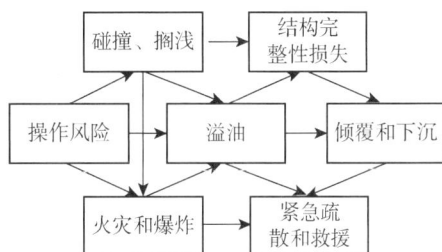

图 3.7　船舶定量风险分析流程示意图 (Vassalos. 2009)

图 3.7(Vassalos. 2009)给出了包括所有危险事件在内的船舶定量风险分析流程示例,该图是当前 IMO SOLAS 规范标准化作业的依据。

示例 8　基于风险评估的阿芙拉最大型(AFRAMAX)油船 (Papanikolaou. 2010b)

所述基于风险的研究项目(见表 3.6 中的前两项)的主要目标是通过优化货油舱布置减少意外漏油的风险,同时考虑钢结构重量最小化和舱容最大化等目标。针对目前的优化问题,采用 NTUA-SDL 开发的通用优化模块,增加了结构设计和溢油概率评估的方法和软件工具。设计目标函数集是该优化模块的核心,它是基于参数化的船舶设计和设计参数的系统变化。该方法允许集成任意数量的目标函数和约束条件(即多约束条件多目标优化)。整个过程是根据船东的要求从技术数据库中启动的。优化过程通过集成以下软件工具来实现:

NAPA(船型几何建模、船舶工程计算);

POSEIDON(结构设计和分析关键,GL 研发);

modeFRONTIER(通用的目标优化软件,Esteco 研发)。

本研究中的参考设计采用了较高的双层底和较宽的边舱(各 2.5 m),而 MARPOL 要求各为 2.0 m(完工船)。货油舱布置采用 6×2 模式,并与 6×3 和 7×2 两种货油舱布置模式进行了比较,主要考虑舱容和溢油性能。图 3.8 显示了几种货油舱布置方案的对比结果。6×3 的货油舱布置方案占据优势主导地位,该方案采用平面舱壁,而非槽形舱壁,但相较于钢结构重量 6×2 的平面舱室布置方案,6×3 方案的钢结构重量更大舱容更小,因此 6×3 方案附加的钢结构重量降低了该方案的优越性。因此,"6×2"方案似乎是最实用的选择,因为其舱容更大。图 3.8 增加了一些关于舱容与溢油损失的信息。

表 3.6　基于风险的分析模型

作　者	时间	船型	度量衡准	方法	参考文献
Papanikolaou	2009	油船:Afra-max GL	平均溢油指数、货油舱区域钢结构重量、舱容	遗传算法(GA) Pareto 分散图	Papanikolaou (2011b)
Papanikolaou、Zarapho-nitis、Boulougouris、Langbecker、Sames	2010	Aframax 优化油船、军用舰艇	舱容、载重量、溢油指数	GA 直接搜索 NAPA, POSEIDON, modeFrontier	Papanikolaou 等. (2010a)
Vassalos	2009	客船	经济性、火灾风险、碰撞、搁浅、破舱稳性	GA:经济性和安全性	Vassalos (2009)、GENESIS 项目、Vassalos 和 Papanikolaou (2015)
Plessas、Papanikolaou	2015	散货船	RFR	随机的生命周期设计,六个设计变量	Plessas、Papanikolaou (2015)

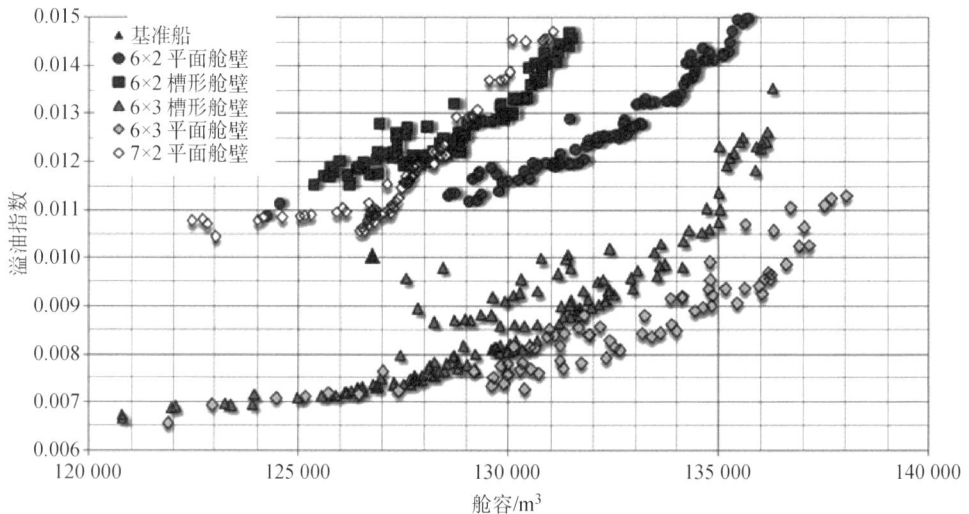

图 3.8　阿芙拉最大型 Aframax 油船的溢油指数和舱容关系散点图(优化船型、多种货油舱布置方案、平面舱壁和槽型舱壁,Papanikolaou et al. 2010b)

表 3.7　GENESIS 项目主尺度（Vassalos，2009）

船长	361 m
船宽（水线处）	47 m
吃水	9.15 m
型深	22.55 m
船高（基于水线）	72 m
总吨位	225 000（计费吨）
乘客人数	5 400
船员人数	2 166
LSA 舱容	8 460
客舱数	16
航速	22.6 节
推进功率	3×20 MW

示例 9　客船（Vassalos，2009；Vassalos and Guarin，2009；Vassalos and Papanikolaou，2015）

《Vassalos and Papanikolaou，2015 参考》是 2015 年 5 月 Dracos Vassalos 和 Apostolos Papanikolaou 向在东京举行的第十二届国际海洋设计会议提交的关于"安全设计、基于风险的设计、全寿命周期风险管理"的最新报告。它不是对任何特定设计项目的描述。但它解释了海事组织 IMO 和有关机构在评估和管理船舶全寿命周期内存在的风险方面采用的常规做法。这将设计阶段的被动风险控制措施与以预防/降低风险为设计目标、通过全寿命周期风险管理在营运阶段的主动控制相结合。因此基于安全约束条件的设计思路正在被基于安全设计目标的设计思路所取代。

尽管如此，本节从两个角度描述了一些特定的全寿命周期风险管理项目的船舶安全研究进展，即欧盟安全与健康执行局介绍的有关欧盟安全与发展项目 EU SAFEDOR 和全寿命周期风险管理的观点。SAFEDOR 属于造船欧盟邮轮项目 GENESIS 并发的子项目，如表 3.7 和图 3.9 所示，原型"海洋绿洲"号是有史以来建造的最大的邮轮，2009 年交付使用。

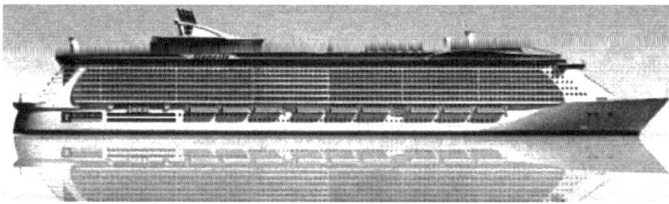

图 3.9　GENESIS 项目邮轮效果图

在设计阶段，对图 3.7 所示的所有危害进行综合风险评估。使用统计数据和充分模拟，将风险量化为发生概率乘以事件造成的损失值。价值包括对公众、船东或个人造成的所有损害。项目成因调查仅涉及 342 个碰撞场景的逐例显式动态洪水模拟(见表 3.6 中的第 3 项研究)。

对于营运风险而言,如何管理每一个设计在船舶全寿命期间内所具有的剩余风险是主要研究问题。除了利用计算机等工具对船上安全系统提供支持和监视,对船上传感器的货油舱液位、舱口状态、进水警报、风浪等进行持续监测外,还必须建立船员所必须的风险意识和危机管理准备。针对该问题,目前已经存在结构化行动计划,并且正在进一步研发,以供船员进行全寿命周期风险管理。国际海事组织(IMO)通过系统性检查提高安全意识的相关培训,是全寿命周期风险管理持续进展的一个关键因素。

示例 10　随时间变化量的随机优化(Plessas and Papanikolaou, 2015)

设计模型中的某些参数总是不确定的,其中包括船舶全寿命期内的燃料价格。本研究探讨可变的燃料价格对设计的影响。它研究了假设燃料价格随时间变化时,对油船主尺度的影响(见表 3.6 中的第 4 项研究)。

燃料价格的变化是在平均值附近按一定概率分布,而不是按照固定的比率变化。参考设计是一艘航速为 14.5 节、平均燃油价格为 500 美元每吨的油船。以主尺度为设计变量,对比固定燃料价格优化产生的确定性优化设计方案和燃料价格的随机建模产生随机优化设计方案,如表 3.8 所示。

表 3.8　燃油价格确定性设计方案与随机优化方案数据对比统计表

主尺度优化	确定性设计方案(方案 1)	随机优化方案(方案 2)
平均油价(美元/吨)	500	264
设计航速/kn	14.5[a]	10.9(油价 500 美元/t)
船长/m	232.8	223.6
型宽/m	38.8	37.3
吃水/m	16.0	16.0
型深/m	21.8	21.8
方形系数/C_b	0.79	0.85
RFR/(美元/t)	22.68[b]	20.65

a:方案 1 的航速根据假设的燃油价格进行优化,优化结果为最小 RFR 对应的航速为 11.25 kn

b:当设计航速为 11.25 kn 时,RFR 可以降低到 21.04(美元/t)。

因此,无论市场如何预计燃料价格会(平均)下降,都应该持怀疑态度,订购一艘更小、更丰满的船来避险。

重要的是,如果事先充分了解船舶全寿命周期中的各种财务环境,在规划和设计船舶的生命周期时,就可以较充分地考虑到这些环境。

3.4 结论

航运业通过不断发展,特别是在两次世界大战之后,已经成为世界经济发展中不可或缺的因素,有助于在一个越来越全球化的世界中确保我们的福利和繁荣。作为一种交通工具,世界船队的规模比以往任何时候都要庞大。

与此同时,随着船队规模的不断扩大和航运技术复杂性的不断升级,海上运输的风险也在逐步增长。公众越来越意识到,船舶和海岸、世界自然海洋环境以及陆地和海洋上的人类生命有可能受到损害。埃克森-瓦尔迪兹泄油事件和爱沙尼亚油船沉没事件等重大灾难造成了灾难性的船舶损失,这些灾难极大地提高了公众对海上安全的重视和认知。

在过去几十年中,各国和国际当局和机构在加强海上安全方面展开了大量工作。在国际海事组织(IMO)的领导下,国际海事界应对这一挑战颁布了新的现代安全规则和标准,这些规则和标准正在逐步生效。本章试图概述最重要的发展情况。同样重要的是,在船舶营运过程中,安全意识必须要不断增强。定期实践和检查船员的培训是全寿命周期海上安全的一个关键要素。

近年来,船舶设计和研究界在基于风险的船舶设计目标的基础上进行的研发项目比较普遍并且成绩显著,接下来将在许多细节上继续下去。目前这些研究为设计更安全、更清洁、更经济有效的船舶提供了可靠的方法。

参考文献

Bouguer P (1746) Traité du Navire, de sa Construction et de ses Mouvemens, Jombert, Paris.

Boulougouris V, Papanikolaou A, Zaraphonitis G (2004) Optimization of arrangements of Ro-Ro passenger ships with genetic algorithms. J Ship Technol Res 51(3): 99.

Boulougouris E, Papanikolaou A, Pavlou A (2011) Energy efficiency parametric design tool in the framework of holistic ship design optimization. In: Proceedings of IMechE, vol 225, Part M: Journal of Engineering for the Maritime Environment.

Boulougouris E, Papanikolaou A (2013) Risk-based design of naval combatants. J Ocean Eng 65: 9-61.

Chapman FH (1775) Traktat om Skeppsbyggeriet ("Treatise on Shipbuilding"), Stockholm.

Chernoff H, Moses LE (1986) Elementary decision theory. Dover Publications, New York.

Duckworth AD (ed) (1955) The papers of William Froude, 1810-1879. RINA, London.

Euler L (1749) Scientia Navalis seu Tractatus de Construendis ac Dirigendis Navibus, 2 vols., St. Petersburg, 1749. Reprinted in Euler's Opera Omnia, Series II, Vols. 10 and 19, Zurich and Basel, 1967 and 1972.

Fiacco AV, McCormick GP (1968) Nonlinear programming: sequential unconstrained minimization techniques for nonlinear programming. Wiley, New York.

HOLISHIP (2016-2020) Holistic optimisation of ship design and operation for life cycle, Project funded by the European Commission, H2020- DG Research, Grant Agreement 689074, http://www.holiship.eu

International Maritime Organization (2004) Resolution MEPC.117(52), Revised Annex I of MARPOL 73/78.

International Maritime Organization (2007) ResolutionMEPC.141(54), Amendments to Regulation 1, addition to regulation 12A, consequential amendments to the IOPP Certificate and amendments to regulation 21 of the Revised Annex I of MARPOL 73/78.

Köpke M, Papanikolaou A, Harries S., Nikolopoulos L, Sames P (2014) CONTIOPT—holistic optimization of a high efficiency and low emission containership. In: Proc. Transport Research Arena, Paris.

Kuniyasu T (1968) Application of computer to optimization of principal dimensions of ships by parametric study. Jpn Shipbuild Mar Eng.

LOGBASED (2004) Logistics based design, EU FP6 project, Contract number TST3-CT-2003-001708, 2004-2007.

Mandel P, Leopold R (1966) Optimization methods applied to ship design, Trans. SNAME, Vol. 74 Michell JH (1898) The wave resistance of a ship. Phil Mag 45: 106-123.

Murphy RD, Sabat DJ, Taylor RJ (1965) Least cost ship characteristics by computer techniques. Mar Technol 2.

Newton I (1726) Philosophiae naturalis principia mathematica, 1st ed., Cambridge, 1687, 2nd ed., Cambridge, 1713, 3rd ed., London (1727).

Nowacki H (2009) Developments in marine design methodology: roots, results and future trends. In: Proceedings of 10th international marine design conference, Trondheim, May 26-29 2009, Stein Ove Erikstad (Ed.), IMDC09 & Tapir Academic Press, ISBN 978-82-519-2438-2.

Nowacki H, Lessenich J (1976) Synthesis models for preliminary ship design, in German, Jahrbuch Schiffbautechnische Gesellschaft (STG), vol 70.

Nowacki H, Brusis F, Swift PM (1970) Tanker preliminary design—an optimization problem with constraints. Trans. SNAME, vol 78.

Nowacki H, Papanikolaou A, Holbach G, Zaraphonitis G (1990) Concept and hydrodynamic design of a fast SWATH Ferry for the Mediterranean Sea, in German, Jahrbuch Schiffbautechnische Gesellschaft (STG), vol 84.

Papanikolaou A (ed) (2009a) Risk-based ship design: methods, tools and applications. Springer, Berlin. ISBN 978-3-540-89041-6.

Papanikolaou A (2009b) RBD application-AFRAMAX tanker design), Chap. 6. In: Papanikolaou A (ed) Risk-based ship design—methods, tools and applications. Springer, Berlin, ISBN 978-3-540-89041-6.

Papanikolaou A (2010a) Holistic ship design optimization, computer aided design. Elsevier Ltd., Dordrecht.

Papanikolaou A (2010b) Risk-based tanker design. Japan Society of Naval Architects and Ocean Engineers, Tokyo.

Papanikolaou A, Zaraphonitis G, Boulougouris E, Langbecker U, Matho S, Sames P (2010a) Multi-objective optimization of oil-tanker design. JMarine Sci Technol. https://doi.org/10.1007/s00773-010-0097-7

Papanikolaou A, Zaraphonitis G, Skoupas S, Boulougouris E (2010b) An integrated methodology for the design of Ro-Ro passenger ships. Ship Technol Res Schiffstechnik 57(1).

Papanikolaou A (2011a) Holistic design and optimization of high-speed marine vehicles. In: High speed marine vehicles (HSMV 2011) Proceedings, Naples, Italy.

Papanikolaou A (2011b) Holistic ship design optimization: merchant and naval ships. Ship Sci Technol J 5 (9): 9-26. https://doi.org/10.25043/19098642.48.

Papanikolaou A, Harries S, Wilken M, Zaraphonitis G (2011) Integrated design and multiobjective optimization approach to ship design. In: Proceedings of ICCAS, Trieste.

Plessas T, Papanikolaou A (2015) Stochastic life cycle ship design optimization, MARINE 2015. In: Salvatore F，Broglia R，Muscari R（eds）Proceedings of 6th international conference on computational methods in marine engineering，Rome.

SAFEDOR（2005-2009）Design，operation and regulation for safety. EU project. Contract number 516278. http://www. SAFEDOR. org

Sames P（2009）Introduction to risk-based approaches in the maritime industry. In：Papanikolaou A（ed）Risk-based ship design：methods，tools and applications（Chap. 1）. Springer，Berlin，ISBN 978-3-540-89041-6.

Skjong R（February 2009）Regulatory framework. In：Papanikolaou A（ed）Risk-based ship design：methods，tools and applications（Chap. 3）. Springer，Berlin，ISBN 978-3-540-89041-6.

Söding H，Poulsen I（1974）Methods of programming for tasks of ship design，in German，Jahrbuch Schiffbautechnische Gesellschaft（STG），vol 68.

Software CATIA：computer-aided three-dimensional interactive application，multi-platform software suite for computer-aided design（CAD），computer-aided manufacturing（CAM），computer-aided engineering（CAE），PLM and 3D，developed by the French company Dassault Systèmes. https://www. 3ds. com/products-services/catia/products/

Software friendship systems. https://www. friendship-systems. com/

Software mode. FRONTIER，a general purpose optimization software by ESTECO. www. esteco. com/modefrontier

Software NAPA solutions for design and operation of ships. https://www. napa. fi/

Software PARAMARINE，integrated naval architecture software. http：//www. qinetiq-emea. com/home_grc. html

Software POSEIDON，DNVGL integrated software for the strength assessment of ship hull structures. https://www. dnvgl. com/services/strength-assessment-of-hull-structures-poseidon-18518

Software SHIPFLOW，FLOWTECH International. https://www. flowtech. se/

Software TRIBON Hull，now substituted by AVEVA，Integrated Suite Naval Software. http：//www. aveva. com/en/solutions/product_finder/aveva_marine/

Taylor DW（1943）The speed and power of ships，3rd ed，U. S. Maritime Commission. U. S. Govt. Printing Office，Washington，D. C.

Vassalos D（February 2009）Risk-based ship design. In：Papanikolaou A（ed）Risk-based ship design：methods，tools and applications（Chap. 2）. Springer，Berlin，ISBN 978-3-540-89041-6.

Vassalos D，Guarin L（2009）Designing for damage stability and survivability-contemporary developments and Implementation. Ship Sci Technol Glasgow.

Vassalos D，Papanikolaou A（2015）State of the art report on design for safety，risk-based design，life-cycle risk management. In：12th international marine design conference，Tokyo，11-14 May.

Weinblum G（1932）Hull form and wave resistance，in German，Jahrbuch Schiffbautechnische Gesellschaft（STG），vol 33.

Wigley C（1935）Ship wave resistance，progress since 1930，Trans. Royal Institute of Naval Architects（RINA），vol 77.

Woodward III JB，Nowacki H，Benford H（1968）Systems analysis in marine transport，The Society of Naval Architects and Marine Engineers，1968 Diamond Jubilee Meeting，Philadelphia.

霍斯特·诺瓦奇(Horst Nowacki),1933年生于柏林,1951年至1958年在德国柏林技术大学学习船舶与海洋工程专业,并获得了工学文凭(1958年)和博士学位(1964年)。他在杜伊斯堡(Duisburg)的船模试验水池(1958—1959)工作了一段时间;在柏林技术大学(1959—1964)担任教学和研究助理;在密歇根大学(1964—1974)担任教授十年;在柏林技术大学(1974—1998)担任教授24年,从事船舶设计和计算机辅助设计的教学和研究。主要研究领域包括船舶流体力学和动力学、水弹性力学、计算机辅助设计、船舶产品和过程数据建模等。他发表了200多篇文章和出版5部著作。

第4章 市场条件、任务要求和营运概况

安蒂·耶里亚宁(Antti Yrjänäinen),特隆德·约翰森(Trond Johnsen),
乔恩·德伦(Jon S Daehlen),霍尔格·克莱默(Holger Kramer),
赖因哈德·蒙登(Reihard Monden)

摘　要　本章是从经验丰富的欧洲船舶设计与工程办公室,即 Elomatic Oy 的一个角度来论述现代船舶设计的。当船东看到有机会可以通过扩大业务或更换现有船舶以提高船队营运效率时,就开始考虑订造新船。这些新造的船是基于船东的经验,但也可能包含创新的解决方案,例如使用新型机械装置和新颖的货物装卸系统。日益严格的环境保护规则和法规也影响着新船的设计。感兴趣的船东需要首先分析航运环境及其发展趋势。此分析涵盖市场中其他参与方的活动和各种各样的影响参数。航运市场分析是通过收集与应用案例相似的船舶数据进行的。该数据用于识别初始尺度的关系和重要设计因素。也需要收集价格数据。基于收集的数据和导出的方程,可创建船舶概念。收集的所有数据都支持对概念进行全局优化。船东还需要确定运输任务和/或其他需要完成的任务。这定义了运输业务的任务需求。在分析了外部参数后,还需要定义船舶本身及其操作。参数模型允许设计人员处理和阐述船舶概念。这有助于造船工程师针对既定目的优化概念。由于 HOLISHIP 项目的主要议题是优化,因此参数模型的连通性非常重要。本文通过引入智能总体布置软件工具(IGA)来实现此功能,其工具的开发在下文中详述。

关键词　市场分析;任务要求;营运概况;通用智能配置;优化平台

4.1　简介

当船东看到扩大业务或更换现有船舶以提高船队的生产力时,新造船舶就会被考虑在内。这些新造船舶是基于船东的经验,但也可能包含新的解决方案,如新型的机械装置和新颖的货物处理系统。不断出台的新规则和法规对船舶提出了新的要求。

感兴趣的船东需要首先分析航运环境及其发展情况。此分析涵盖市场中其他参与方的活动,以及各种影响参数。航运市场分析是通过收集与应用案例相似的船舶数据进行的。此数据用于识别初始尺度的关系和重要设计因素。还需要收集价格数据。基于收集的数据和导出的方程,可以创建船舶概念。收集的所有数据都支持对概念进行全局优化。这在第4.2节中讨论。

船东还需要确定运输任务和/或其他需要完成的任务。这定义了航运业务的任务要求,第4.3节对此进行了讨论。在分析了外部参数后,还需要定义船舶本身及其操作。第4.4节讨论了船体本身,其初始尺度和营运概况在第4.5节中呈现。

一个参数模型允许设计人员处理和阐述船舶概念。这有助于造船工程师针对既定目标优化概念。由于 HOLISHIP 项目的主题是优化,因此参数模型的连通性非常重要。第 4.6 节提出了智能总体布置(IGA)的原则。引入的三维总体布置在 HOLISHIP 中通过优化平台上的首尾同型的渡船应用案例进行了演示。

本章重点介绍的船舶类型将在下一节中定义。滚装船型的首尾同型渡船和海上救援船为 HOLISHIP 和概念设计提供了最全面的应用案例。应用案例定义了船舶的操作环境和运输任务。其营运概况是根据海上救援船进行说明的。关于应用案例和优化工作流程的更详细的描述将包含在本书的第 2 卷中。

4.1.1 客滚船

客滚船在货物、车辆和乘客的运输中起着重要的作用。欧洲地区是最活跃的客滚船市场之一。超过 60% 的滚装船队(按船舶容量)在欧洲市场营运,主要集中在地中海、北欧和波罗的海地区。实际上很难准确去定义客滚船市场,因为它包括一个相当多样化的船舶子类型组。相对于纯客运渡船和纯滚装货运渡船,客滚船通常在短途航线上运输乘客、货物和车辆。客滚船细分包括所有载客超过 12 名乘客的汽车甲板的船舶。一般客滚船的设计很复杂,专为特定航线和特殊需求(货运或客用,夜间航行,包括餐厅、拱廊)而设计。它们在固定港口之间提供常规服务。因此船舶主尺度和配置都相当多样化,这使得很难直接比较这些船舶或其营运区域(见图 4.1)。

图 4.1 机动客滚船["彩色超速 2"号],2008 年交付,这是一艘为日间旅客提供客舱的高速渡船。载客量:1928 名乘客和 2034 米车道(http://wwwfak-taomfartyg. se/superspeed_2_2008. htm)

4.1.2 首尾同型渡船

首尾同型渡船通常非常小,但却是多功能的船舶。除了普通的船舶系统和处所外,它们还包括汽车和乘客处所,就像在渡船上能找到的处所。双向操作还对布置、船体形状和推进方式提出特殊的要求。因此它形成了一个有趣的平台,用于展示如何在专用平台上设计和优化参数化船舶。

从希腊群岛到北欧国家,首尾同型渡船在欧洲水域广泛使用,在那里它们有着连接河流和海上较短路线的悠久传统。因此其营运区域以及对船舶的要求和营运概况差别很大。

在 HOLISHIP 项目中，首尾同型渡船被分为三个大小不同的等级。这些大小等级用作进一步开发的初始设计。它们经过参数化，也可以进行拓扑修改，具有不同的功能，如汽车车型的选择和公共处所作为选项。

首尾同型渡船的一个特殊特征是提供各种可用的动力系统的选项。目前混合动力系统和全系列电气解决方案被广泛认为是新型船舶的选择。那些在短途航线上，允许在航次之间定期充电的情况尤其适用（见图 4.2）。

图 4.2　冰上公路渡船"冥瑾"号，一种首尾同型渡船（新城市泰文公司）

4.1.3　海上支援船

海上支援船（OSV）专门执行海上平台所需的各种运输任务。在 HOLISHIP 中，它用作电力系统配置的应用案例。OSV 具有多个不同的操作模式，因此电力系统的设置非常复杂。特别是北海的环境条件可能很恶劣，会影响船舶的营运。对于海上平台的货物操作，船舶处于动力定位模式。待命是船舶职责的一部分。

从营运概况的角度来看，多功能操作使海上支援船成为一个有用的主题。在本书中 4.5 章节部分（见图 4.3），营运概况工具是基于海上支援船演示的。

图 4.3　典型的海上支援船（OSV）RR UT 776 型的［机动船秃鹰岛号］，2014 年交付，4700 DWT (https://www.islandoffshore.com/fleet/fleet-overview/psv)

4.2 客滚船细分的市场分析

4.2.1 简介

HOLISHIP 内的市场分析侧重于欧洲海运业感兴趣的船舶类型,这些船舶是项目内最全面地应用案例的基础;即除其他外,客滚船和首尾同型渡船作为 HOLISHIP 平台基于市场的信息输入,可以清楚地了解两种船舶当前和未来的发展趋势。

客滚船在货物、车辆和乘客的运输中起着重要的作用。是欧洲地区最活跃的客滚船市场之一。超过 60% 的客滚船队(按船舶容量)在欧洲市场营运,主要集中在地中海、北欧和波罗的海地区。然而明确定义客滚船市场是非常困难的,因为它包括一个相当多样化的子类型组。与纯粹的客船和客滚货运渡船相比,客滚船能够运送乘客、货物和车辆,通常在海上短途航行,而客滚船航段包括所有带有汽车甲板和载客超过 12 名乘客的船舶。客滚船通常设计复杂,专为特定航线和特殊需求(货运或客型、夜间航行,包括餐厅、游乐场)。因此船舶主尺度和配置是相当多样化的,这反过来又使得比较这些船舶或它们直接营运的通道更具有挑战性。

因此市场分析包括客滚船的结构,其基于相关船舶参数的主尺度、容量、航速等,如相关应用案例和船舶营运的通道中所定义的。

4.2.2 客滚船细分

遵循由 HOLISHIP 定义的最具特色的船舶参数,分析了从 2000 年开始建造的欧洲拥有的客滚船船队,其船长范围为 140～220 米。

在 2017 年初,欧洲拥有的船队由 267 艘船组成,共计 480 万总吨位和 290 000 米车道,其中 116 艘船在相应的 140～220 米范围内。就船长等级而言,大多数船只属于 <140 米(46 米是最短的船长)的长度等级(143 艘船),超过 220 米的船舶仅有 8 艘,全部在 2015 年之前交付了。自 2015 年以来交付的 16 艘客滚船中,只有 5 艘在 140～220 米范围内(见表 4.1)。

表 4.1 欧洲拥有的客滚船船队(2000 年开始建造),2017 年 1 月(全球滚装船专业论坛 2017)

建造年份	船舶长度/米			总计
	<140	140～220	>220	
2000—2004	47	58	1	106
2005—2009	46	36	4	86
2010—2014	39	17	3	59
2015—	11	5[a]	—	16[a]
总计	143	116	8	267

a 包括客滚渡船"巨星"号,建于 2017 年 1 月

考虑到自 2010 年以来的新船交付,在 75 艘船中,只有 22 艘船在 140～220 米的船长范

围内,确认了欧洲营运商订购的尺寸小于 140 米的小型船舶已在 2016 年中断,随着 9 115 总吨位和平均 794 名乘客的尺寸增加(见表 4.2)。值得注意的是塔林最新的液化天然气渡船"巨星"号,这是波罗的海最现代化的客滚船(49 000 总吨位,2 800 载客量),于 2017 年 1 月开始营运。

在客滚船造船业,一些不同类型的较小规模船厂很活跃,因为营运者或船东往往青睐当地或本国船厂。例如当前 14 艘渡船都是在日本船厂建造,并且都是由日本船东订购。2017 年初,欧洲船东订购了客滚船订单仅有 31 艘(见表 4.3),但有几艘创新的船舶。在船长为 140～220 米的区段中,只有 8 艘客滚船正在被订购(见表 4.3),而大多数订购的船舶的尺寸等级＜140 米。然而所有新造船订单和船队交付的平均规模一直在下降。按总吨计算,订购船舶的平均规模为 13 200 总吨位(相比现有船队的 18 000 总吨位)。虽然未来两年交付的船舶甚至更小,约为 7 600 总吨位,但在接下来的几年中,平均规模将增加到 39 000 总吨位。

表 4.2　欧洲船东自 2010 年以来交付的客滚船队（全球滚装船专业论坛 2017）

交付年份	船舶长度/米			总计	平均总吨位	平均载客数/p
	＜140	140～220	＞220			
2010	11	5	3	19	18 758	885
2011	6	6	—	12	18 217	1 037
2012	9	2	—	11	9 224	734
2013	5	3	—	8	13 329	830
2014	8	1	—	9	6 426	578
2015	5	—	—	5	2 598	275
2016	6	4	—	10	9 115	794
2017	—	1	—	1	49 000	2 800
总计	50	22	3	75	13 250	803

表 4.3　欧洲船东订购的客滚船（全球滚装船专业论坛 2017）

预测完成年份	船舶长度/米			总计	平均总吨位
	＜140	140～220	＞220		
2017	9	2	—	11	6 792
2018	13	2	—	15	7 040
2019	—	2	1	3	38 300
2010—	—	2	—	2	40 000
总计	22	8	1	31	12 106

据报道,在 2012—2016 年,38 艘欧洲拥有的客滚船,共计 464 000 总吨位被出售给零售商的船舶平均约为 8 艘。客滚船的平均经济寿命约为 38 年,是迄今为止与其他船舶类型的

世界商船队相比,在废弃之前达到的最高年限。报废船舶的平均规模大于那些交付的船舶。2016 年报废客滚船的平均规模为 14 700 总吨位(见表 4.4),而 2016 年交付的新造船的平均规模仅为 9 100 总吨位。

被送去拆解的客滚船平均寿命约为 38 年,例如在 21 至 51 年之间(见表 4.4)。观察确定的船舶尺寸段,活跃客滚船船队的平均寿命约为 11 年。因此该部分的第一批船舶将在约 20 年内达到(预期)拆解年限。

在营运市场方面,欧洲客滚船服务集中在三个地区,即北海、波罗的海和地中海地区。其中大约一半的船队在地中海营运(53 艘船)。按数量计算,该船队的大部分在西地中海(33%)和波罗的海(27%)营运。总共有大约 80 条单独航线,有 45 条中继航线。主要船舶营运商斯特航运公司(11 艘船)经营了 7 条航线,布列塔尼渡船公司经营了 6 条航线(6 艘船),而联合轮渡公司和塔林公司各经营 4 条航线。

表 4.5 显示了根据交易区域观察到的船队的平均值。按数量上看,观察到的船舶大部分份额在西地中海(33%)和波罗的海(27%)营运。船舶平均大小在 36 000 总吨位(欧洲大陆-英国)和大约 27 000 总吨位(地中海东部)之间变化。平均乘客容量为 1 506 人,平均车道约为 2 000 米。

表 4.4 欧洲船东报废的客滚船 2012—2016(全球滚装船专业论坛 2017)

报废年份	船舶长度/米			总计	平均总吨位	平均寿命
	<140	140~220	>220			
2012	7	4	—	11	8 300	40.9
2013	1	8	—	9	17 400	32.8
2014	3	2	—	5	11 045	39.9
2015	4	2	—	6	9 770	41.6
2016	3	4	—	7	14 670	35.8
总计	18	20		38	12 300	38.1

表 4.5 欧洲客滚船队:某些航线的平均主尺度(全球滚装船专业论坛 2017)

通 道	船舶数量/艘	平均总吨位	平均服务速度/节	平均载客量/人	平均车道/米	平均载车量/辆
波罗的海/斯堪的纳维亚	31	34 007	23.4	1 610	1 835	494
欧洲大陆-英国	18	36 119	23.6	1 257	2 550	445
英国内部岛屿	7	35 033	23.3	1 131	2 483	566
地中海西部	39	30 410	25.9	1 597	1 854	437
地中海东部	14	26 838	27.8	1 627	1 720	481
其他	7	23 426	25.0	1 313	1 510	329
总计	116	31 684	24.9	1 506	1 958	460

4.2.3　首尾同型渡船市场细分

如第 4.2.2 节所述,客滚船在运输车辆、卡车和乘客方面发挥着至关重要的作用。在这里小型的首尾同型渡船构成一种特定类型的客滚船,通常在短距离、国内航线和浅水航道中运行。首尾同型渡船在船首和船尾设有侧向坡道,便于快速装载,允许它们在码头之间来回穿梭,而无需调头。这种类型的渡船被广泛用于斯堪的纳维亚水域——大多数挪威峡湾渡船是首尾同型的——在所有欧洲水域,特别是在希腊岛屿之间。首尾同型渡船的相关船舶特性已经在 HOLISHIP 中被定义如下:

(1) 船长在 80～120 米的首尾同型渡船;

(2) 最小载客量 100 人;

(3) 最小车道长度 100 米;

(4) 欧洲航线。

2017 年初,相关联的首尾同型渡船船队由 114 艘船组成。这些数据包括订购的三艘希腊船(新船),这些船将很快进入现役船队。由于通常航程较短,电力推进系统已成为渡船行业的现实情形。首尾同型渡船船队包括两艘在挪威和芬兰营运的电动渡船。在 114 艘船中,至少有 102 艘是在欧盟造船厂建造的。

船队的平均规模为 3 180 总吨位,平均载客量为 620 人,平均车载容量为 142 辆。大部分船的船长在 80～100 米范围内,而只有一艘船长小于 90 米的船舶是 2012 年加入船队的。船队的平均年龄为 17.0 年。114 艘船中有 10 艘是在国际航行中营运的(海上人命安全公约要求),例如丹麦和德国以及丹麦和瑞典之间。所有其他首尾同型渡船的航线都位于同一个国家。这些 114 艘渡船中有四分之一是在 1992 年之前建造的,过去十年中约有三分之一的首尾同型渡船船队交付。

从 2012 年至 2016 年的交付情况来看,欧洲的船队中仅增加了 14 艘,2016 年有 9 艘。如上所述,经营者或船东往往倾向于由当地或本国船厂建造;例如在过去五年交付的 14 艘渡船中,有 12 艘是在欧洲船厂建造的。大多数新船的船长在 90～110 米。船队交付的平均总吨位规模为 1 860 总吨,而当前船队的平均总吨位为 3 100。值得注意的是,汽车容量[汽车容量:小型(S)为最多 100,中型(M)为 100～150,大型(L)为 150 及以上]是定义船舶主尺度的主要影响参数。值得一提的是,即使是小型的首尾同型渡船,汽车容量高达 100,也能够容纳超过 800 名乘客。至于航速方面,渡船船队内的差异非常大,原因是有特定的时间表或营运需要——在指定的首尾同型渡船服务范围内,平均服务速度为 13.5 km,介乎 8.0～22.0 km。

关于市场营运,欧洲首尾同型渡船船队主要集中在两个地区:地中海和斯堪的纳维亚半岛,特别是挪威。"国际航线"包括德国与丹麦、瑞典和丹麦、塞浦路斯和土耳其之间的联系,而国际航线并不一定意味着长途旅行(如普特加德-罗比)。其他航线包括俄罗斯/乌克兰(黑海)、德国、爱沙尼亚和英国的国内服务。

在数量、总吨位和汽车容量方面,地中海的船队交易数量超过其他地区。大约一半的船队被认为在地中海(51 艘船)中营运,另有 39 艘船在斯堪的纳维亚半岛营运。斯堪的纳维亚内部航线的很大一部分发生在挪威水域(35 艘船)。10 艘船在国际航线中营运。纳入分析的船队包括世界上第一艘电动首尾同型渡船"安培"号。这艘渡船于 2014 年 10 月交付,在挪威的拉维克和奥珀达尔之间横跨松恩峡湾。第二艘电动混合动力首尾同型渡船"艾丽卡"号于 2017 年 6 月进入现役船队，在芬兰的帕莱宁和诺沃之间营运。"艾丽卡"号长 97.92 米，宽 15.20 米，可容纳 95 辆汽车，373 名乘客。

表 4.6 概述了不同贸易区域的船舶主尺度。当然，国际（较长）航线上的首尾同型渡船表现出最高的平均规模，即 6 155 总吨位、387 米车道和 173 辆汽车。最大船舶规模在 11 000 总吨位和约 940 总吨位之间。两个最重要区域（地中海和斯堪的纳维亚）之间的比较表明，地中海的船舶在汽车和乘客方面具有更高的容量。

表 4.6 可以看出，在贸易区域之间的船舶特定大小方面没有具体的差别。一般来说，大型渡船主要在国际长距离航线中营运。有两艘"国际航线"德国渡船，其汽车运载能力不到 100 辆，在德国和丹麦（普特加德-罗比和利斯特-杭讷比/罗马）之间进行短途航行。

一般而言，在挪威峡湾运营的首尾同型渡船较小，而较大型（＞150 辆）在地中海较为常见（见表 4.7）。

表 4.6　2017 年初不同交易区的首尾同型渡轮船队（基于 2017 年全球滚装船专业论坛的 Elomatic）

贸易区	船舶数量/艘	平均车道/米	平均载客量/人	平均载车量/辆	平均总吨位
国际贸易	10	387	702	173	6 155
挪威斯堪的纳维亚半岛	39	195	392	115	2 907
	35	171	375	114	2 824
意大利的地中海	51	275	733	146	2 575
	15	296	627	141	3 241
希腊	11	400	723	178	2 225
克罗地亚	11	261	958	142	2 822
土耳其	13	258	680	129	1 718
其他（东欧、黑海）	14	210	783	190	4 010
总计	114	272	620	142	3 180

表 4.7　2017 年初不同贸易区和船舶规模的首尾同型渡船船队（Elomatic 基于全球滚装船专业论坛 2017）

贸易区	船舶尺度[a]			总计/艘
	小型（S）	中型（M）	大型（L）	
国际贸易	2	—	8	10
挪威斯堪的纳维亚半岛	12	22	5	39
	11	19	5	35
意大利的地中海	8	24	19	51
	2	9	4	15
希腊	—	2	9	11

（续表）

贸易区	船舶尺度[a]			总计/艘
	小型(S)	中型(M)	大型(L)	
克罗地亚	—	9	2	11
土耳其	5	4	4	13
其他(东欧、黑海)	—	3	11	14
总计	22	49	43	114

a汽车容量：小型(S)＝最多100，中型(M)＝100到150之间，大型(L)＝150及以上

4.2.4　客滚船部分（包括首尾同型渡船）未来发展的结论

2017年初，欧洲订购了82艘客滚船（包括首尾同型渡船）。如上所述，在不同航线（区域）上营运的渡船显示出不同的特征，例如在船舶规模上，从1 000总吨位到最高50 000总吨位，乘客容量从200人到2 800人，车道长度从100米到高达3 300米。鉴于目前的情况，今天的客滚船业务更加以货运为主。虽然近年来新船订单的平均规模越来越小，但船舶规模将从2019年起再次提升。新船建造可能会加强，以满足当前和未来排放控制区（ECAs）的要求。因此订单会包含几类创新的船舶，包括液化天然气动力和电池动力的船舶，但值得一提的是，具有替代推进系统的渡船数量明显低于初始预测的数量。因此符合环境法规的船舶设计变得越来越重要。目前为欧洲船东订购的大多数客滚船将会是双燃料（液化天然气）动力，混合动力或电动。

根据当前和未来的技术和立法发展，假设如下：

(1) 更严格的环境保护法规将继续在航运中执行得更加严格，因此将来也会在客滚船部分变得更加严格，例如能效设计指数（EEDI）的规定；

(2) 液化天然气和电池系统将越来越受欢迎；

(3) 破舱稳性将会是未来的另一个重要主题。该研究更多地关注要求"永不沉没的船"（2017年6月，IMO海上安全委员会对渡船和客船采用了新的破舱稳性要求）。

必须指出的是，客滚船市场是整个航运业的一个非常特殊的部分。船舶运营商经常集中在国内地区旨在优化航线，船队实现最佳的规模经济。在这里通常客滚船的设计非常复杂，并根据操作员的要求专门设计用于特定航线和特殊特征（例如航线长短，专注于货物或乘客等）。因此船舶的主尺度和配置是相当多样化的，这使得对直接营运中的船舶进行比较是很困难的。然而新船建造活动将得到加强以满足环境保护要求，因此节能、低成本、环境友好型工程是客滚船新的关键领域之一。

4.3　任务要求

船舶设计过程始于概念探索阶段，其中任务和营运要求（例如要求的航速、耐波性、货物容量）由利益相关方决定。

4.3.1　运输任务

该船将为完成一项专门任务而设计。根据当前情况，它可以是一个非常明确和长期的

任务,根据过去的现状和经验,对未来的交通有一个明确的愿景。它是一个非常明确的长期责任,基于当前情形和过往经验,对未来交通具有的愿景。由于远期可分析所需的运输和成本,因此可对船舶进行很好的优化。这种优化可以在船舶的全寿命周期中长时间执行。当然也存在显著的不确定的成本要素,例如燃料成本开发。对于一艘指定航线和时间表的客滚船将是这种情况的一个很好的例子。

另一方面是货运量和运输需求变化,这会影响运费。油船和散货船市场是这种运输环境的例子。在这样的环境中,优化视角较短,因为新造船必须在交付时与现有船队竞争。

如上所述,HOLISHIP 的主要焦点是欧洲造船业感兴趣的船舶,其中包括客滚船和首尾同型渡船。运输任务、航线和营运情景由随后的应用案例进行定义,将在本书第 2 卷中详细阐述。

4.3.2 定义船舶

船东或船舶经营人(如果不是同一人)来定义船舶的运输工作和任务。但是他们通常代表向船舶市场供应船舶及其运输能力(或任何其他要执行的任务)的一方。对于具有不同组织角色的人来说,不同观点也很明显。技术人员必须确信任务的可行性和船舶的功能以及安全因素。还必须考虑海员的观点。对于一种新设计的不同观点可归纳如下:

(1) 船舶的一般功能;

(2) 营运特点;

(3) 处理货物装卸和其他船舶操作的方式;

(4) 船舶处所;货物区域、技术区域、服务区域和住宿区域;主要安排这些区域;

(5) 航运市场的竞争力;

(6) 不断变化的监管环境下的安全问题。

4.4 初始规模

船舶设计的第一步是确定新设计的主要特征,为船舶概念创造可行的价值。通常有一个起点、一艘基准船、为未来的任务进行详细阐述。这是评估设计中需要考虑的许多方面的一个基础。可用的参考资料越多,新概念就评估得越好,可以从参考数据库导出不同的无量纲比率和有意义的图表。

有效载荷效率是衡量船舶设计质量的指标。雅典国立技术大学(NTUA)对客滚船和首尾同型渡船舱容进行了广泛的研究,目标就是研究有效载荷效率。

4.4.1 概念设计的定义

一个概念可能指一个设计的保真度阶段,这是非常不同的。它也可以参考一张简单的草图,展示一种新颖船舶的解决方案,或者阐述一个全面的设计方案。早期设计涉及可行性研究、概念设计、初步设计、早期设计、初步设计和合同设计,所有这些都在基本设计阶段之前。对这些活动的范围没有一个通用的理解。本书我们将概念阶段视为第一个设计阶段。检查可行性以及优化主要细节都是在这个设计阶段。概念阶段包括总布置图(GA)和其他主要图纸,以及定义主要构件的概要说明书。概念阶段仅占所有设计和工程工作量的 1%。

然而对设计的影响是全局性的，因此至关重要。

概念设计阶段之后是基本设计，即概念设计被微调的阶段。在生成相关技术文件时，还会执行以下任务：

（1）入级图纸；

（2）所有处所的安排；

（3）根据技术供应商提供的文件要求计算的系统图表和操作说明；

（4）完整的技术规格书；

（5）作为详细设计基础的所有数据。

在某些情况下，船舶合同仅依据概念设计文件进行签订，但也可能包含基本设计阶段中的一些内容。这在不同的造船厂和船舶类型之间有所不同。因此设计合同的内容可能会有所不同，并不一定与设计资料包的内容完全匹配。

4.4.2　回归分析

最初的规模传统上是基于现有船舶的比较数据和设计者将这些数据应用于未来项目的经验。基准船舶用作进一步修改的起点，以满足指定的任务和其他要求。项目很少从无到有地完成。其原因是船东（及其背后的融资机构）需要经过有效信息验证过的设计来展示项目的现金流量分析。因此新颖的解决方案很少实施。在许多情况下，真正的新概念需要一种融资工具来弥补创新或研发的固有风险。

在 HOLISHIP 项目中，客滚船和首尾同型渡船应用案例是概念设计阶段的主题，即主要特定优化的主题。因此这些船舶类型的参数被投入研究。然而这些数据仅用作参考，通过数据得出比率和因子。

对于首尾同型渡船，设置以下限制来收集参考资料：

（1）船长在 80～120 米；

（2）车道超过 100 米长度，载客量超过 100 人；

（3）在欧洲航线上营运。

参考资料包括 118 艘船舶，其中只有 10 艘在符合国际海上人命安全公约的规定在国际航线上营运。在此分析的基础上绘制了几条回归线，形成了首尾同型渡船初始规模的基础。生产了三种不同规模的渡船。这些船舶的运输能力以及与参考数据的比较如图 4.4 所示。

此外，我们亦收集所有有意义的主要资料，并将其处理成方程式和比率，以界定初步的主要资料，并将所产生的初步概念与现有同类船舶的船队进行比较。为目前提出的三种首尾同型渡船定义了以下基于回归的初始主要特征参数：L、B、T、H、Dwt、GT。这三个最初定义的主要

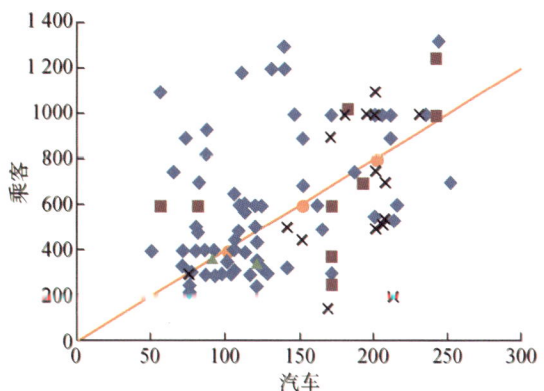

图 4.4　首尾同型渡船的运输能力。有国际海上人命安全公约的渡船标为红色，非国际海上人命安全公约的渡船标为蓝色。电动/混合渡船标为绿色。另外，希腊制造的渡船标有黑色十字架。现在提议的首尾同型渡船的数据标为橙色

特定集合作为详细设计的起点，将在本书第 2 卷中阐述。它将对指定的营运环境、运输任务和营运概况进行优化。

由于优化过程，所有的主要细节参数都会有变化。每项优化任务/方案都假定一般布局和主要装备拓扑相同，例如推进器的数目没有变化，但所需的功率可能会根据船舶的阻力而变化。如果需要可以单独优化变化项。在拓扑上可以将不同的解决方案相互比较，以找到最佳解决方案。

对于客滚船应用案例，还对主要细节进行了全面研究，以便对现有船队进行比较和评估。这将在本书的其他章节和第 2 卷中详细阐述。

4.4.3 其他利益相关方及其影响

在早期设计阶段，各方参与者从不同的角度研究船舶概念。因此所有所需的信息都必须以准确和最新的设计资料为基础，这是总体布局的基础。同样重要的是，所有文件都必须是基于相同的信息、算法和图纸，并且不存在矛盾。主要利益相关方是船东或营运商（如果不同），也可能是船舶经营人的客户，以及船级社和船旗国授权等机构（见图 4.5）。

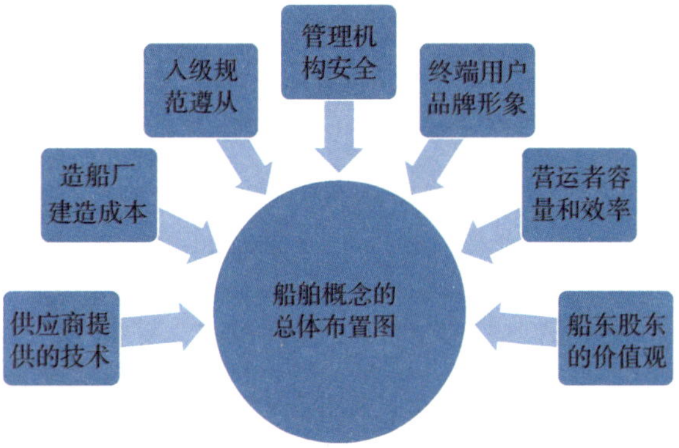

图 4.5 对船舶概念发展有重要影响的总体布局要求和不同的利益相关方及其主导观点。造船工程师确认，所有相关要求都应该在船舶概念中被考虑到。

图 4.5　总体布置要求和具有重大影响力的不同利益相关方关于船舶概念的发展及其主导观点。船舶设计师确认船舶概念中考虑了所有相关的要求

作为建造者，造船厂需要总布置图（GA）和其他概念设计阶段的文件作为后续设计阶段的基础。该概念设计将根据造船厂自身的经验进行验证和确认，同时可能会加以详细说明。这构成了船舶建造过程成本估算的基础。因此重要的是，影响成本的所有参数都是固定的，用于成本估算。此外必须指出，船舶的性能需要进行验证。影响船舶建造过程的因素不包含在概念设计中。

需要考虑所有船级社和船旗国管理机构的要求。然而此项任务的目标是完成船舶营运人的运输任务，而其他方的要求是对概念的限制。良好的设计在航运市场上得到很好的优化和竞争，也满足所有相关方的要求。

4.5　营运概况

营运概况分析是对船舶执行的任务进行研究，或者是由尚未实现的概念工艺执行的任务。这种研究的输入数据通常是航线、沿着该航线的天气、货物量和航速。结合这些数据可以指示工作量，从而指示船舶的边距，或者给出新概念设计的指导。营运概况提供有关船舶如何完成任务的信息。这些任务可以是航行、使用动力定位（DP）船位保持、拖曳等。根据

环境或经济因素,可以以若干方式(模式)完成任务,例如不同可能性的功率设置、航速选择、不同数量的发电机运行和航向选择。该模式结合营运限制和船舶的效率,结果是使用不同的时间来完成同一项任务。

4.5.1 其他利益相关方及其影响

创建营运概况的任务正在迅速增加,因为它的数据量正在增加,并且考虑到将货物负载和天气结合起来估算沿某一航线的航速损失,这可能是一项范围广泛的工作。因此开发一个专用的软件包是获得详细且准确的营运分析的一种很好的途径。

这类工具应根据以下信息导出营运概况:

(1)基于统计数据的船舶水动力性能;

(2)来自各种数字数据服务的天气数据(例如,海洋数据);

(3)航行模式数据;

  — 基于航路点组成的地理路线;

  — 使命、包括任务和模式(例如航线,港口呼叫,动力定位(DP)等)。

操作分析工具的输出应该是一个或多个能够表明船舶在特定任务上整体表现的关键性能指标(KPI),这使得人们可以对相互竞争的设计和船舶进行比较。这些关键性能指标可能是:

(1)耗费在不同任务上的时间;

(2)耗电量;

(3)用于完成任务的模式;

(4)环境和经济足迹。

软件包分为船舶、场景、天气和模拟模块。图 4.6 显示了模块之间的数据流。

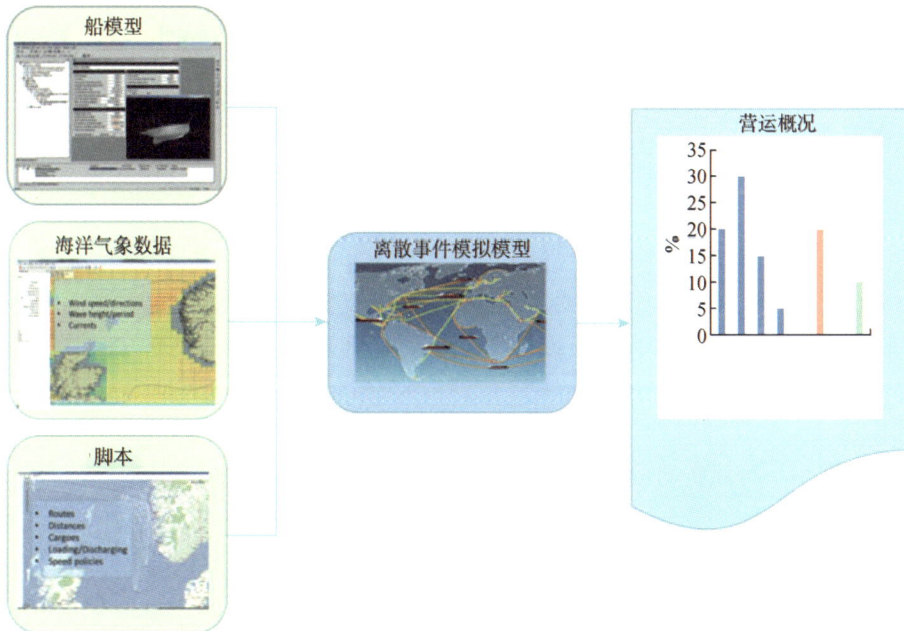

图 4.6 挪威科技工业研究院用于分析工具的不同模块间的信息流

4.5.2　营运分析工具——输入

4.5.2.1　船舶模型/数据

用于解决任务设置中定义的船舶模型可能具有不同的细节。在最基本的情况下，可以假设船舶无关于功率和流体动力性能的信息，只需以所要求的速度在指定的航线上航行。在这种情况下，营运性能分析将减少到天气分析，因为没有功耗在输出中可用，所有任务将在预定义的时间内完成。

另一方面，船舶模型可以考虑水动力性能，根据天气状况给出变化的阻力，推进器反映机械动力转化为推力的效率，以及计算产生动力所需燃料的机械模型。

船舶模型详细程度的选择将根据营运分析所要求的输出以及由设计过程不同阶段的详细模型的可用性来决定。

4.5.2.2　历史天气（海洋气象）数据

相关地区风浪的历史统计数据可能来自各种来源的开放后置模型，也可能来自用户定义的天气概况。

对于在 HOLISHIP 项目中进行的营运分析，使用了欧洲中期气象中心的"时代-临时"和"时代5"天气事后回顾模型（ECMWF）。该模型基于在离散点处的现实世界天气观测，以给出各种天气条件下的一个全局估计，例如在任何指定时间和位置的海洋的状态。

4.5.2.3　场景设置

船舶在营运地理区域的地理信息是从历史轨迹记录中提取的，例如从自动信息系统（AIS），或者从锁孔标记语言（KML）文件导入的路线提取。无论哪种方式，这些信息都将指定静态位置，如港口、离岸安装或备用点作为纬度/经度组，以及这些地方之间的可能航线作为路径点列表。

此外，地理信息应用于任务建立、定义船舶的任务，并在一定程度上用于完成任务。用于自动选择模式和处理操作限制的一些逻辑是可用的，例如如果天气变得严重则会中断动力定位，并且如果在没有足够的推进功率的状况下，会降低航速。

最终是一个由一组任务组成的工作，这些工作将由讨论的船舶一次或多次重复执行。

4.5.3　营运概况工具——模拟

通过在指定场景期间模拟船舶来完成操作分析。然而由于这个营运概况可能需要反映几年的营运情况，还需要考虑多个模拟策略组合。第一，可以通过偏微分方程的解对船舶的运动/运动进行动态模拟，这些模拟应该接近物理范畴。然而这种类型的模拟通常非常耗时，因此不适合于这样的时间框架，而它们处理离散事件的能力很差（Siprelle and Phelps，1997 年）。第二，还有速率离散模拟，通常通过求解每个离散事件的微分方程将离散事件与连续模组合（Béchard and Cété，2013）。第三，包括离散事件模拟，其中由于一些事件，模拟时钟在不相等的相对大的步骤中前进。选择后一种方法，因为避免在模拟过程中求解微分方程，有可能使时间消耗保持在最小值。

离散事件仿真的一个子集是基于智能体的仿真。该子集适用于项目之间存在交互或涉及某些计划的问题（Bonabeau，2002）。当模拟时钟前进时，这里被称为智能体的所有项目被唤醒并且能够响应被改变的情况。每个智能体都通过请求下一次采样并进入睡眠状态来完成其循环的。

为营运概况而执行的模拟至少包括气象智能体系和船舶智能体系。假定当前的模拟是在时间 t_i，天气智能体系将在下一次提交天气数据改变的时间为 t_{i+1}^w，而船舶智能体系提交数据时间为当船舶将到达下一个航点的时间 t_{i+1}^v，而模拟器将选择最接近于 t_i 的时间，并且通过使用时间的模拟状态对所有智能体系进行采样，将模拟推进到 t_{i+1}，图 4.7 说明了这个概念。

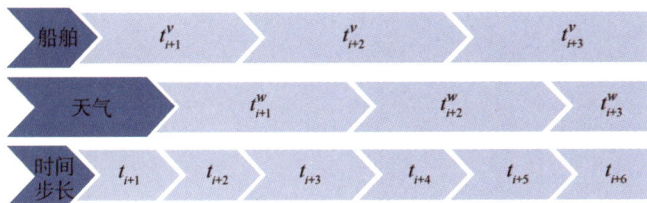

图 4.7　基于智能体系建模的离散事件仿真

模拟的结果是时间序列，通常具有几个小时长度的时间步长。每个时间步长之间记录的模拟状态被认为是恒定的，代表一个状态的统计描述，例如明显的波高和平均航速。

4.5.4　营运概况工具——结果：客滚船应用案例

为了证实这个"工具"有生成天气概况的能力，分析了使用开上开下的客滚船（客滚船）的应用案例（见图 4.8 所示的船）。这个特殊的案例是由乌尔贾尼克造船厂设计建造的，总长 217 米，10 000 吨载重量。该船拟在巴塞罗那和伊比扎之间航行。图 4.9 显示了导入营运分析工具的路线。

从设计者那里得知，在上午 10 点离开巴塞罗那，估计船将经过 8.5 小时到达伊比扎，在上午 11 时 30 分离开时，返回巴塞罗那需要 6.5 小时，分别以 19 和 24 节的航速航行。此外估计在每个港口停泊 1 小时。然而在分析中忽略了这一点，因为泊位操作是在海滨区执行的。图 4.10 显示了这个应用案例中营运分析工具中的任务设置页。注意，"在港"事件设置为等待一

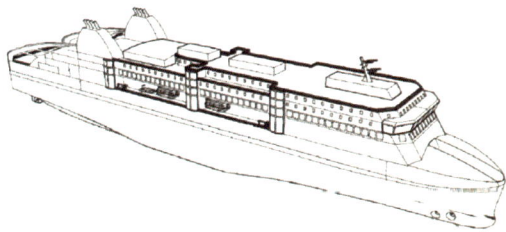

图 4.8　乌尔贾尼克造船厂建造的客滚船草图

天中的某个时间，以反映船舶将提供服务的时间表。如图 4.11 所示，模拟从 2017 年 1 月 1 日开始，并在 2018 年 1 月 1 日结束。巴塞罗那 10 点的开始时间和巴塞罗那的初始位置符合上述时间表。从欧洲中期天气预报中心"时代 5"天气模型中检索天气数据。

由于营运概况工具中没有可用的船舶动态模型，因此使用了一个简单的模型，无论天气如何，都能保持所需的航向和速度。这对于在重复航线上的天气分析是有效的，任何由于天气而导致的延迟可能会通过缩短港口停留时间来补偿。但是该模型中没有可用的功耗。

营运概况工具后处理器可以产生显示在不同任务上耗费的相对时间的直方图，如

图 4.12 所示。由于船舶模型的简单性,预测在港口停留的相对时间与航行时间相比是微不足道的,分别为 37.5% 和 62.5%,表明这个在工具中复制时间表的策略是按预期奏效的。

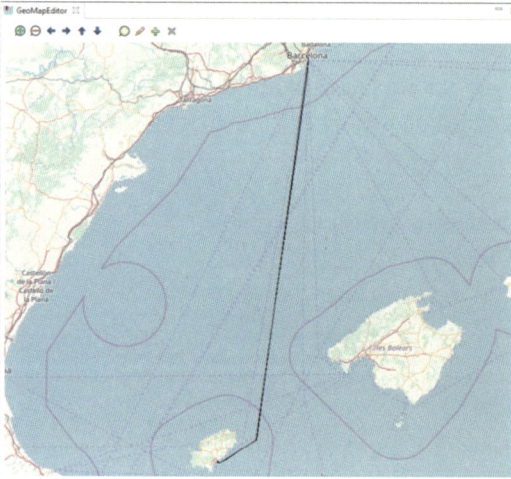

图 4.9　客滚船应用案例中使用的航线

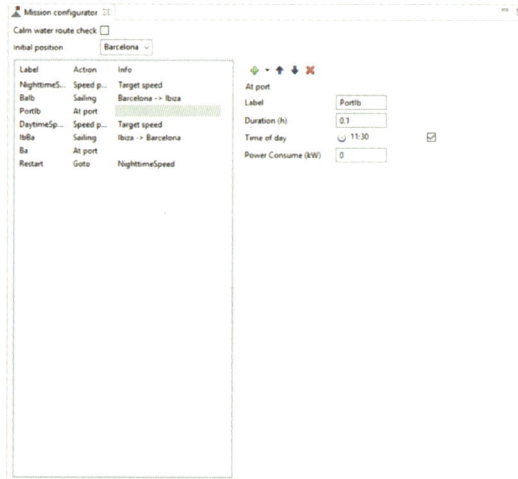

图 4.10　客滚船应用案例中工具设置的屏幕截图,显示任务配置屏幕

图 4.11　在客滚船应用案例中的工具设置屏幕截图,显示了带有开始和结束时间的模拟配置屏幕

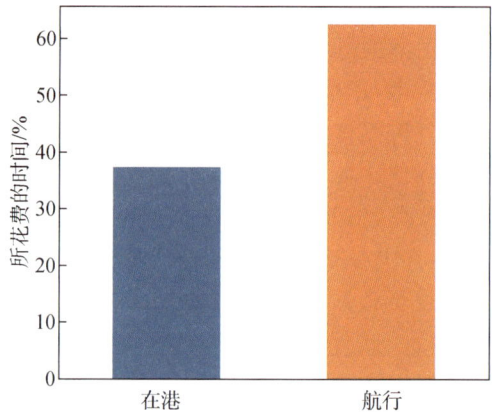

图 4.12　在客滚船应用案例中航行时间与港口时间直方图

对时间序列进行后处理,可以为模拟船舶在营运过程中遇到的环境提供有价值的统计信息。图 4.13 显示提取的有效波高直方图,图 4.14 显示了平均风速。这些清楚地表明有效波高通常为 0~1 m,很少超过 2 m。这些统计数据在优化船舶的流体力学性能方面是有用的,因为它提供了天气的指示信息,在解决当前的任务时,天气将是最相关的一个方面。当优化船舶的流体动力学性能时,这样的统计可能是有用的,因为它给出了在解决当前任务时最相关的天气指示。

为了进一步了解海洋的行为,可以生成散点图。例如,比较有效的波浪高度和风速时,可以很好地说明它们之间的关系,见图 4.15。

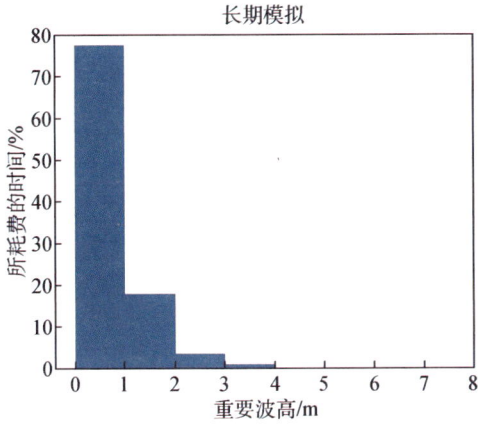

图 4.13　客滚船案例中不同海况下的时间直方图

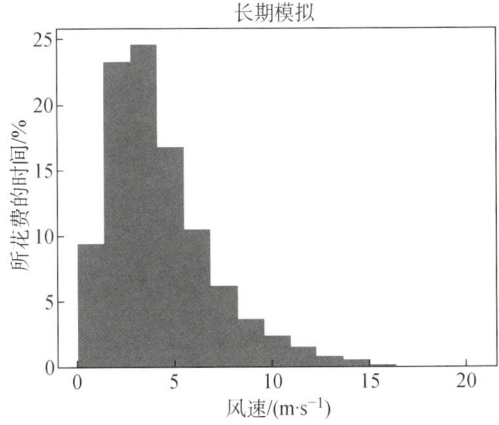

图 4.14　客滚船应用案例中在各种风速下所耗费时间的直方图

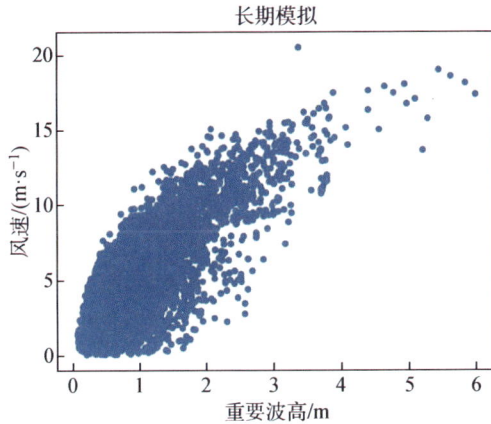

图 4.15　在客滚船应用案例中相关有效波高和风速的散点图

4.5.5　营运分析工具——结果:首尾同型渡船应用案例

对于一个具有高水平调度的应用案例,首尾同型渡船是一个有意义的船舶。它们搭载的乘客和车辆,通常比规模相当的客滚船数量相对小些,服务于相对较短的航线。这些类型的船舶在欧洲被广泛使用,从隐蔽的内陆水域到北海海岸线上更为恶劣的条件(Yrjänäinen and Florean, 2018)。这使得营运概况非常重要,以揭示新概念船舶航行区域的预期条件。

对于参考场景,Yrjänäinen 和 Florean(2018 年)建议一条往返长度为 10 海里的航线,每天 15 次往返,每次持续 1 小时。此外码头停留时间估计为 2 分钟,每辆装载/卸载的汽车可额外停留 3 秒。一条合适的航线是芬兰的科波-霍茨卡尔路线,如图 4.16 所示,往返距离接近 10 海里。这条航线由两艘能够运载 27 辆和 65 辆汽车的渡船营运(芬兰国有渡船运营商:芬兰群岛航运,2018);因此在 Yrjänäinen 和 Florean(2018)选择一艘能够搭载 100 辆汽车的"小型"渡船似乎是合适的。这意味着预计装载/卸载时间为 12 分钟。保持每次往返 1h,考虑到装载/卸货所需的时间,船舶必须保持平均航速为 15.9 节。为简单起见,选择从每天上午 7 点开始,重复往返 15 次,晚上 10 点结束当天的服务。该船随后在港口停留到第二天早上 7 点。图 4.17 说明了如何在营运分析工具中模拟计划,图 4.18 显示了营运分析工具中生成的任务设置页。

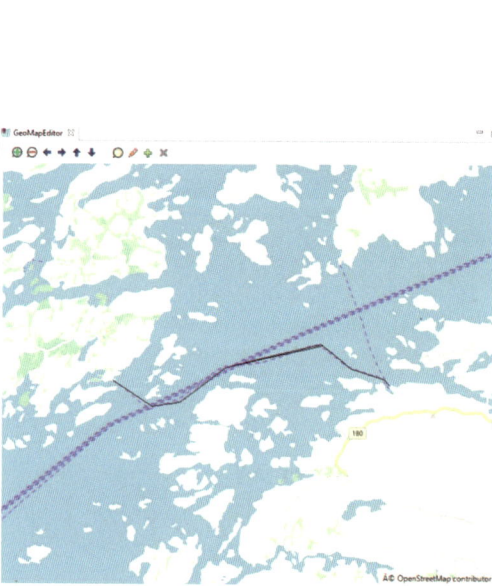

图 4.16 用于首尾同型渡船的应用案例的芬兰科尔波至霍茨卡尔之间的航线

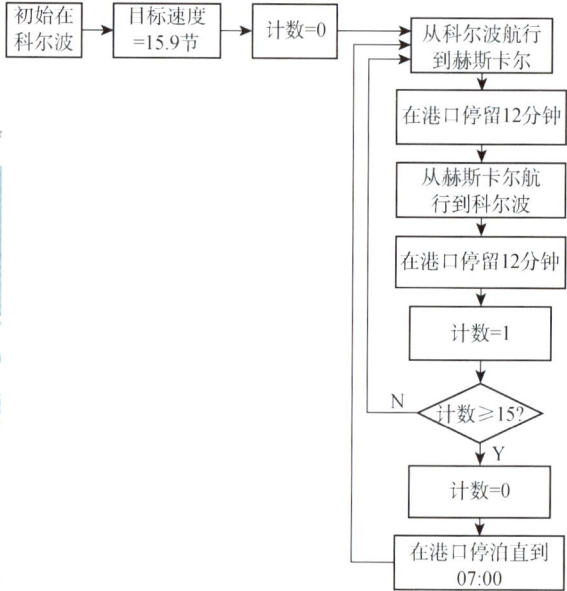

图 4.17 说明首尾同型渡船的应用案例中的任务设置的流程图

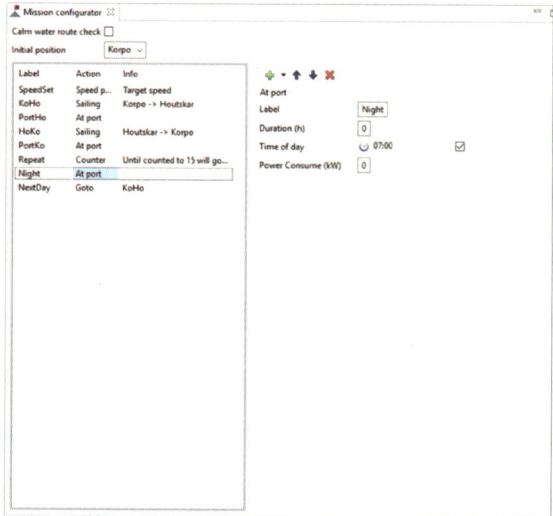

图 4.18 首尾同型渡船应用案例操作分析工具中的任务设置页

与第 4.5.4 节一样,没有可用的动态模型,因此选择了简化模型。该模型仍将遵循航线和时间表;但是由于恶劣天气条件和可变的功率消耗造成的任何延迟不会在模拟中考虑。考虑到在港和航行的固定时间,图 4.19 显示了港口和航行的时间分布分别为 37.5% 和 62.5%。

图 4.20 和图 4.21 分别显示了有效波高和风速的分布情况。有效波高在大约 90% 的时候都是低于 1 m 的,这应该是船舶设计的重要输入。在设计船舶的上层建筑时,也可以使用风速的分布,给出应该考虑多少空气动力学性能的指导方针。

图 4.19　首尾同型渡船应用案例的航行时间分布与在港口停留时间的直方图

图 4.20　首尾同型渡船应用案例中船舶在各种有效波高时耗费的总相对时间分布的直方图

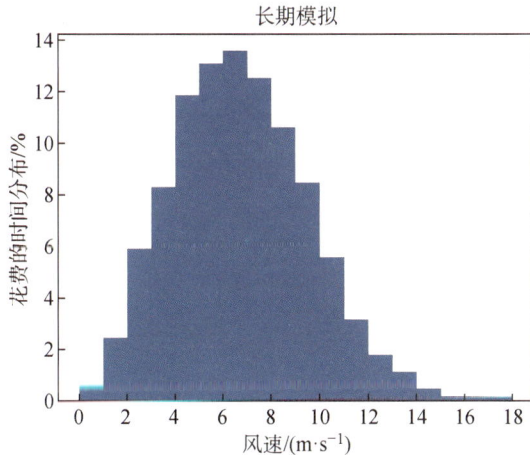

图 4.21　首尾同型渡船应用案例中船舶在各种风速下耗费相对时间分布的直方图

为了更深入地了解波高和风速是如何在模拟过程中分布的,可以在每月的基础上找到它们的平均值,如图 4.22 所示。这表明预料的冬季的天气更加恶劣。如果船舶的航期在一年中发生变化,则这些信息可用于评估图 4.20 和图 4.21 的含意。此外图 4.23 显示了在客滚船应用案例中,有限波高和风速之间的相关性明显高于同等分析,这一点值得注意。由于两个应用案例都来自同一来源(欧洲中期天气预报中心)的天气数据。对此的解释可能是渡船在相对遮蔽的水域营运,周围的陆地群减少了来自波罗的海的涌涌,而客滚船应用案例中的航线则更容易受到地中海天气的影响。在任何情况下,这种风浪之间的相关性可能被利用在渡船的设计阶段,以确定船舶必须处理最坏的天气,从而导致一个不那么保守和更有效的设计。

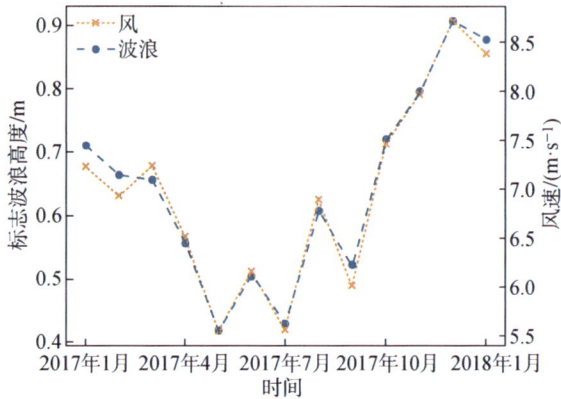

图 4.22　首尾同船应用案例中每月平均浪高和风速

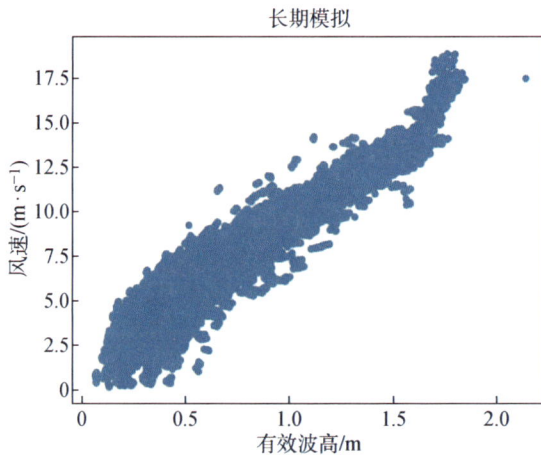

图 4.23　首尾同型渡船应用案例中有效波高与风速的散射图

4.5.6　营运分析工具——结果:海上支援船应用案例

选择了海上支援船(OSV)作为营运分析工具的一个应用示例(见图 4.24)。海上支援船是用于将货物运送到海上相对固定的平台和从海上相对固定的平台运输货物,例如石油钻井平台。它通常具有大型货油舱,并且能够在装载到平台和从平台卸载时使用动力定位(DP)对船舶进行船位保持。

由于这类船舶通常具有相对长的航行时间,但仍然是可重复和可预测的航行模式,因此非常适合营运分析。

劳斯莱斯 UT 776 工作数据包是一个大型海上补给船,适合用于港口调用、航行和动力定位操作。

图 4.25 所示,创建了一条从阿戈特内斯港到埃科菲斯克油田的虚拟而现实的航线。该任务包括以 12 节航速从阿戈内斯航行到埃科夫斯克,在动力定位模式下停留 8 小时,再从埃科菲斯克航行到阿戈特内斯港,该船将在港口停留

图 4.24 用于此应用案例的海上支援船的示例图

24 小时。在航行期间,施加 4 400 千瓦的功率限制,因此如果所需的功率超过这个功率,航行速度将降低以满足这一限制。然后重新启动任务。

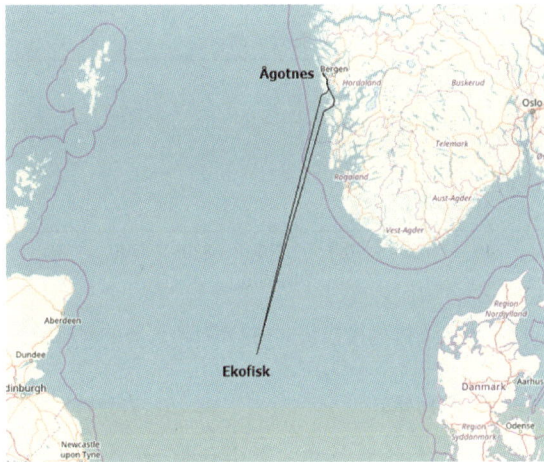

图 4.25 海上支援船应用案例中使用的地理路径

随着仿真的进行,不同的因素将影响船舶在每项任务中停留的时间;例如所达到的航速将决定航行一条指定航线所需的时间。停留在港口和动力定位的时间在任务设置中是预先确定的。但是恶劣的天气条件可能会迫使动力定位操作提前终止。因此一个基础和有意义的分析是完成每个任务所耗费的相对时间,如图 4.26 所示。

仿真输出是由模拟状态样本组成的时间序列。然而与传统的时域模拟相比,序列中的变量代表了样本点之间的船舶和环境的平均状态。图 4.27 显示了 8 747 小时仿真中的 160 小时片段。如图 4.27 所示,在模拟时间大约 800 小时左右,当波高

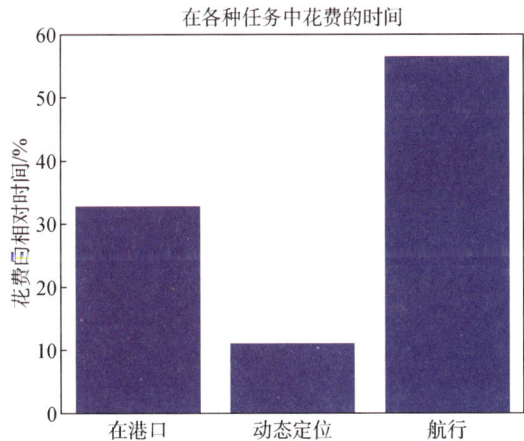

图 4.26 海上支援船在每个任务中花费的相对时间的直方图

变得严重时,没有足够的功率来维持 12 节。因此,速度必须降低。此外在这些任务中,当船舶速度变为零时,可以看到船舶港口停留 24 小时和站位 8 小时保持重复进行。

时间序列的后处理可以提供模拟船舶在操作过程中遇到的有价值的环境统计信息。图 4.28 显示了在时间步长中有效波高和平均风速的直方图。这些统计数据可能有助于优化船只的流体动力学,因为它会给出在解决手头任务时最相关的天气指示。

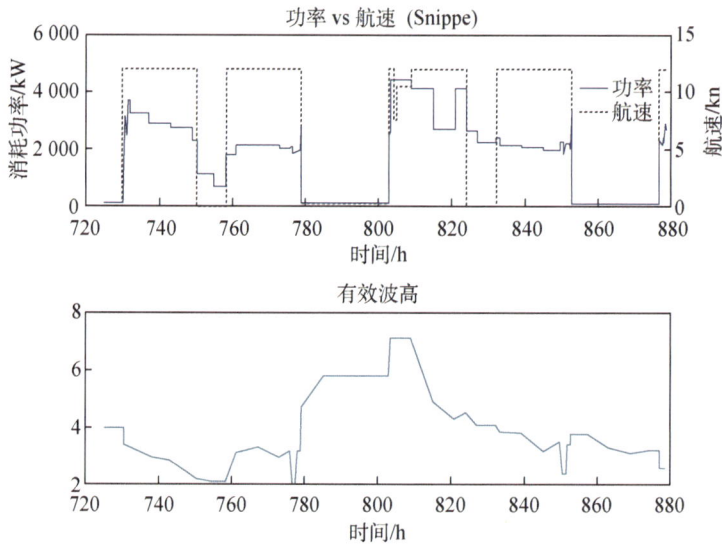

图 4.27　海上支援船操作仿真的功率、速度和波高时域输出

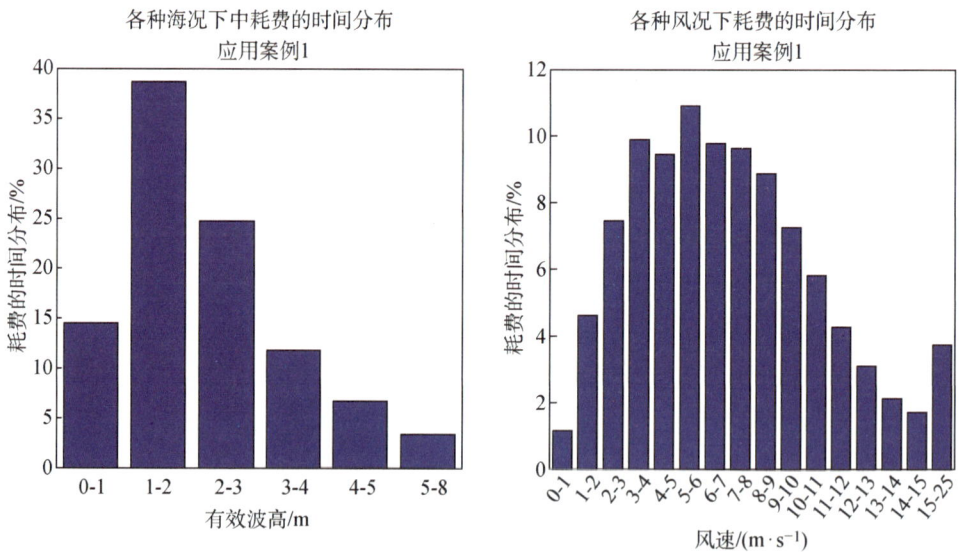

图 4.28　海上支援船仿真期间有效波高和风速的直方图

时间序列的后处理可以给出模拟船舶在营运期间遇到的环境有价值的统计信息,参见图 4.29。此图表可能与船舶的不同功率模式相关联,并且通常会给出船舶的发电机是否处于最佳状态的指示。在设计阶段,它可能为重新考虑发电机的规格或类型提供依据,以确保

有效运行。

请注意,直方图中有两个峰值,与波高和风速的单峰有悖常理。这是因为在动力定位时功率消耗相对较低,以及停在港口时的静态 100 kW 功率消耗。

4.5.7　营运概况工具——讨论

营运分析可用于不同的目的,在船舶全寿命周期的不同阶段,从早期概念设计到现有船舶的航线规划。所有例子的共同之处在于,营运概况为设计者或船舶操作人员提供了更坚实的基础,用于具有巨大经济和环境影响的决策。

用于生成营运概况的专用工具降低了此学科的阈值,同时为创建营运概况时使用大量数据提供了机会。能够根据数年的统计数据建立营运概况,使结果具有很高的可信度。

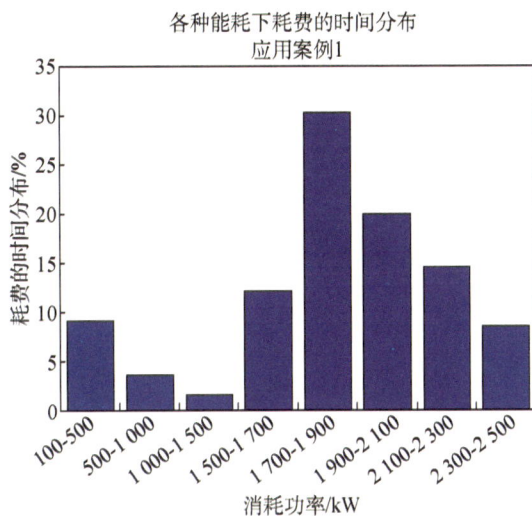

图 4.29　海上支援船在航行期间不同功耗的直方图

下一个有希望的步骤是将营运概况分析工具与在 HOLISHIP 项目中开发的自动优化工具相结合,通过评估船舶全寿命周期的大量营运概况来优化船舶的船体、航线和其他相关变量。

4.6　利用智能总布置图设计给定任务的船舶概念

船舶的总布置图是用于体现船舶基本尺度和特征的主要文件。它由造船工程师根据先前的知识和经验制定。船舶设计是一个创造性的过程,它通常在现有的船舶,经过验证的设计,在每一代船舶中逐步加以精心设计。每一代人都会对其进行更新,以响应实际的外部参数,例如燃料成本以及管理机构和船级社的最新要求。自然地系统和设备的技术发展也被纳入船舶设计(Papanikolaou,2014)。

在本章中阐述的 HOLI SHIP 项目和智能总体安排的目标是改进传统的埃文斯螺旋设计(埃文斯,1959),其中船舶概念的总布置图(GA)通常以绘图的形式表达。目标是快速创建第一个总布置图(GA)版本,这是一种功能和创新的设计方法,大大促进了设计师的工作。智能总布置图(IGA)生成的船舶模型将被优化,同时它们遵守安全条例,如国际海事组织的规则。它包括船舶设计的各个方面,如重量分析、航运、稳定性、强度、推进。船舶模型中的信息量将被增加。IGA 的目标之一是提高输出,并确保所有需要的二维甲板图和其他相关文件都可以从基本的总布置图(GA)模型中获得。该模型是下一个设计阶段,即基本设计的起点。

为了改进传统的船舶设计过程,特别是概念设计阶段,我们正在开发一种从概念设计到基本设计和详细设计的易于创建和处理船舶模型的新方法。这将随着 IGA 的发展而实现。

IGA 主要是一种设计和分析工具,可用于创建、修改和分析船舶的总体布置,同时考虑可能变化的所有相关因素的影响。该工具可在整个设计过程中支持合格的造船工程师。因此 IGA 包括若干模块或支持工具,例如重量计算器工具和静水力学性能工具,这是船舶设计过程所必需的。GA 不仅包含内部模块,还包含与外部软件模块的接口,例如强度分析和用于优化的流体动力学软件。

IGA 工具的设计是为了让单一的造船工程师制定一个粗略的船舶设计概念,不同学科的专家可以同时添加更精确的细节。它允许在专用平台上优化设计,这将在 HOLISHIP 项目的过程中得到演示。

4.6.1　设计工具要求

造船工程师根据船舶的任务创建总布置图(GA)的初步说明,并确保满足有关规则和规定以及上述的其他要求。整个包装必须在航运市场具有竞争力。创作过程是迭代的,但也需要更多的灵活性来处理设计。

除了船东和管理机构所要求的功能外,造船工程师还需要满足总布置图(模型)的以下要求:

(1) 易于操作的模型;

(2) 模型的修改和替代品的可塑性和灵活性;

(3) 与其他软件程序和计算工具的工作接口。

在 2016 年的一个调查中,受访者被问及他们对总布置图的二维绘图可以替换为三维模型的最有利方式的偏好;见图 4.30(Jokinen.2016 年)。

根据这些结果和进一步讨论,确定了 IGA 的功能。

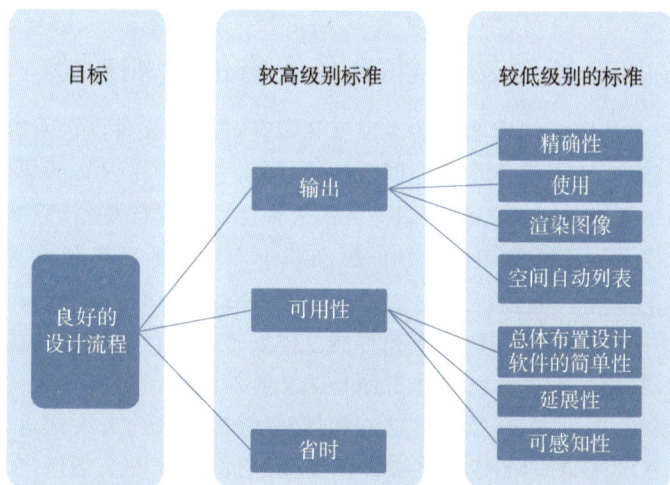

图 4.30　评估总布置图设计过程的标准(Jokinen. 2016)

4.6.2　概念设计阶段的三维总布置图

船舶总体布置的概念设计阶段通常是使用二维软件工具生成的。也可以同时使用其他软件工具;这些工具包括 NAPA®、用于分析静水力性能和流体动力学性能及推进性能的专用工具。重量计算通常使用电子表格完成,除非备有首选专用软件。这方面的主要关键是数据处理没有自动接口以及修改方式的不灵活和耗时。传统二维设计的可塑性普遍较差。该问题也由智能化总体布置(IGA)来解决。

船舶设计过程传统上使用埃文斯螺旋,称为船舶设计螺旋(Evans.1959)。它开发于 20 世纪 50 年代,用于描述顺序进行并逐渐转换设计过程。根据蓝布(2003),传统的设计螺旋是一种相当无效的船舶设计方法。这主要是由于任务结构遵循设计-评估-重新设计逻辑("试验和纠错")。传统设计螺旋的问题在于,设计师们根据基准船(例如,对总体布置)作出初步假设之后他们只寻求对设计进行改进。换句话说,设计在总布置图(GA)的初始配置中变得"停滞",没有探索不同的设计解决方案。

因此埃文斯螺旋是一个相当僵化的设计过程,它并不特别适合目前对船舶设计的需求,也没有利用计算机硬件和软件的先进模式。目前的趋势是采用基于仿真(SBD)的模块化三维设计构建(DBB)方法,这是一种整体且更灵活的船舶设计流程。该方法利用了概念阶段已有的三维建模。这种方法的主要优点包括数据量增加(3D 模型与 2D)以及进行不同功能模拟(虚拟现实、疏散模拟、耐波性等)。(Tibbitts 等.1993;Andrews.2006。)

三维建模允许同时进行不同的任务,精心构思的概念,以创建最终的船型。船舶概念的最终形式,可用于模拟船舶营运,协助船舶设计师和操作者,提高船舶使用寿命期间的性能和安全性。

在 HOLISHIP 项目的这一部分,创建设计过程,并根据智能化总体布置开发数据库结构。开发该过程的方式使相关软件包协同工作,简化概念设计并确保设计质量。它允许有效和精确地创建可塑性船舶概念。这支持了船舶设计师的创新和创造力,这被认为是传统埃文斯设计螺旋(蓝布 2003)的主要缺点。

4.6.3 智能化总体布置工具

智能化总体布置(IGA)是一种设计工具,将帮助造船工程师进行他们的工作。它并不旨在成为自动船舶配置器。智能 GA 将用于创造创新概念,并在从概念设计到详细设计的所有设计阶段为造船工程师提供支持。

智能化总体布置的主要特点是,可以轻松地绘制船舶的总体布置图的新界面,并与外部和支持模块沟通的模型(见图 4.31)。有些模块是内部模块,例如重量估计模块,而其他模块(如结构强度模块)是外部模块。这支持船舶设计师创建具有单一用户界面可行的总体布置。

一旦确定了船舶的任务要求(任务要求模块,外部),就确定船舶模型的初始尺度(初始尺度调整、支持模块)。主要维度和其他与船舶相关的参数存储在数据库中。这与模型、图纸和输出模块相结合,构成了智能化总体布置的核心。此外智能化总体布置由独立的内部和外部(链接的)模块组成,这些模块是智能化总体布置的有机组成部分。

绘图模块是智能化总体布置中的造船工程师的工作工具,它是模型的接口。目的是使界面尽可能简单。

不同的数据库可用于提高绘图模块中的建模速度。这些数据库包括现有基准船舶的船体形状、三维构件/设备和系统等对象。对象信息存储在数据库中。这种面向对象的层次结构允许造船工程师选择要在绘图模块中使用的船体形状和系统。可以在绘图模块中修改对象,并在必要时进行替换。这确保了船舶模型(包括拓扑和 GA)的高延展性。

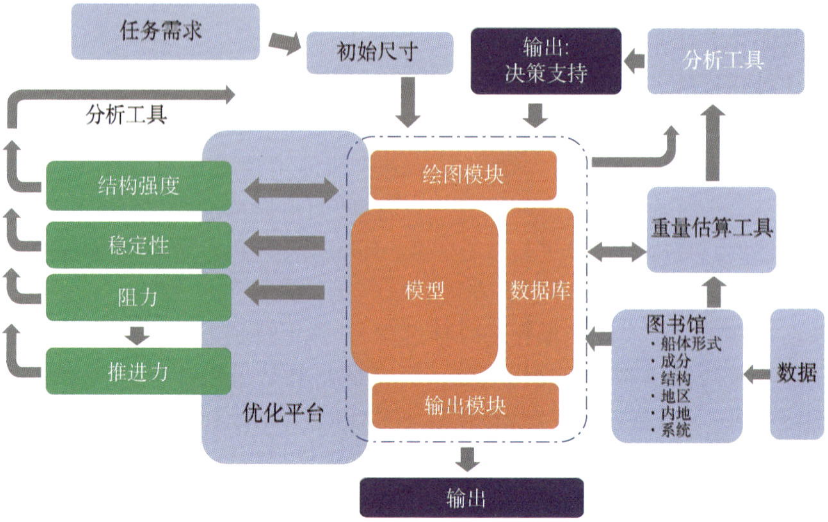

图 4.31　智能 GA 结构（IGA）。智能 GA 的核心显示在虚线内。工具处理的支撑工具和模块位于右侧。链接的(外部)模块在左侧。输出如下所示。所有这些元素一起形成 IGA。这是在优化平台(CAESES®)上工作运行的，如图所示

该数据库不仅支持造船工程师绘图，而且还作为决策中使用的分析工具(进一步改进模型)提供输入。数据库模块通过优化平台链接到外部模块。这些外部模块利用数据库信息(模型的当前状态)，并提供分析/决策工具，提供计算结果(强度、稳性、流体动力学性能等)。

智能化总体布置中的输出模块为第 4.4 节中突出显示的利益相关方提供输出。输出包括二维的总体布置图、有关船舶特性(例如主尺度、强度、稳性、性能和价格)的表格和曲线或其他数据。

以下小节详细介绍了智能化总体布置和优化平台中的模块。

4.6.4　内部模块

智能化总体布置的一些功能与设计工具集成为内部模块，而那些被视为链接工具的功能将在稍后讨论。

重量估算工具

船舶空船重量(LW)估计是船舶设计中最重要的任务之一，尤其是在概念设计阶段。在船舶设计的早期阶段，根据船舶的主要细节、体积和面积相关的因素来估计空船重量。但是在设计继续进行并定义主要构件时，可以进行更准确的计算。

不同的重量组有不同的因素影响船舶的重量。在本项目中，模型和决策工具与图 4.32 中所示的权重估计工具（WET）相关联是很自然的。

WET 基于所选船舶的参考资料。这些统计数据用于方程，以便计算不同权重组或子组的估计值。图 4.32 演示了重量估算工具的结构。结果取决于统计和基体船舶选择的质量。

船舶结构重量的估计是最重要的重量组。通常情况下，机械和辅助设备重量是其次的。其他重量组对船舶设计的影响较小，在一定程度上取决于船舶类型；然而所有重量组在定义总重量时仍然至关重要。

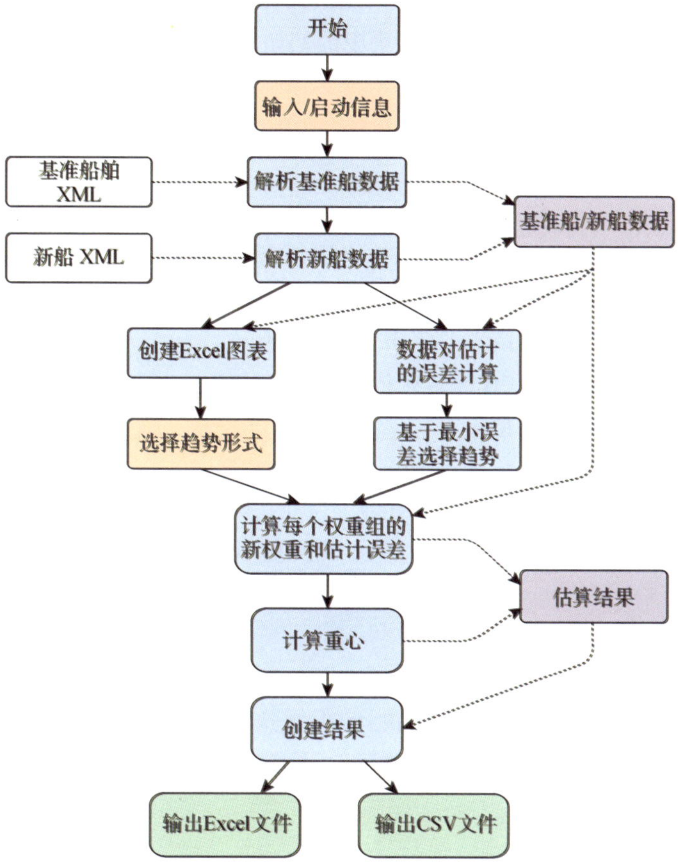

图 4.32　权重估计工具的结构。蓝色表示工具的功能，橙色是来自用户的输入，灰色表示输入文件，紫色表示数据结构，绿色表示输出。实线箭头表示工具的执行顺序，而虚线表示信息流（卡瓦 2017）

数据库

　　智能化总体布置由多个库组成，例如存储不同的船体形状、三维组件（主机、烟囱、客舱模块等）和钢结构。这些数据库根据船舶设计师的选择提供预定义材料。这些实体可以是具有特定特征的元素，如重量和主尺度，也可以是接受定义的参数。

　　这些库为设计人员提供服务，但数据还包括权重信息。需要定义数据及其传输到重量估算工具和其他模块的方式。

为船舶供电

　　内部工具可用于定义主要供电解决方案。它用于定义推进系统的主要部件及其重量。这可以用于结合阻力预测来定义燃料消耗。

分析工具

　　分析工具用于分析并提供数据，以供设计人员支持设计工作。该工具分析了项目船的特性，但也将这些特征与支持数据库中分析的数据进行比较。分析工具为船舶设计师提供有关所选比率、数字和因子的最新信息，并将此信息与基准船数据进行比较。顶级比率包括 L/B、B/T 和弗劳德数，以及不同舱室类型的处所和体积分析。

此外，分析工具计算船舶的设备数量。此值用于定义相关的甲板舾装及其重量。然后在优化过程之前，将此值用作重量估算模块中的初始值(具有处理该权重组其余重量的特定因素)。

分析工具支持造船工程师的决策，并让他/她继续设计一艘可行的船舶。所有与参考资料的关键偏差都会引起了设计师的注意。

输出工具

如前所述，不同需要不同的利益相关方必须对替换总体布置的船舶模型感到满意。然而传统的总体布置图构成了产出的一部分。此外其他类型的输出也可以从智能化总体布置导出。输出模块从模型中创建所需的输出，其中包括：

二维格式的总体布置图，是作为传统的总体布置方案；

用于可视化目的的三维模型；

用于市场营销目的的三维总体布置图。

所有这些输出形式都是船舶概念输出所必需的。通过使用智能化总体布置，所有这些形式都建立在相同的模型基础上，从而避免了冲突的风险。

4.6.5 连接模块

如上所述，智能化总体布置工具对外部软件如强度、流体力学性能和静水力学性能分析工具是开放的。这些工具通常用于船舶设计，但在这种情况下，它们与模型相关联，因此所有数据在不同的软件程序中都保持最新状态。这些模块可以直接与智能化总体布置集成，也可以通过优化平台进行集成。

4.6.5.1 强度与结构重量

利用基于规则的计算器计算船舶的强度，并将其集成到智能化总体布置工具中。它定义了船舶首次估算的船体构件的尺寸。

该模型接收从主框架部分计算的单位权重，并将这些单位权重分配给其他结构构件。这对于纵向结构来说相当简单，但是对于其他结构可能需要更多的精力。

主框架部分定义了第一阶段的单位权重。这些单位重量用于整个船舶的结构。还有一些进一步的要求，例如防撞舱壁必须按照规则进行加固。下一步是船舶的两端。然而我们的目标是使这个过程尽可能简单，以最快和最有效的方式计算钢材的重量。

4.6.5.2 静水力学与流体动力学

通过优化平台连接的外部模块计算船舶的稳性。它从智能化总体布置接收所需的信息并返回计算值。为了达到一个概念的最低可行水平，必须满足安全规则所要求的稳性。这个模块是多米诺骨牌，如果与优化平台集成，就可以使用它。

用德国汉堡船模试验水池开发的V-Shallo平板编码法估算了船舶的阻力。这是通过使用响应面法建立的替代模型并通过计算流体力学计算加以验证的。替代模型及其使用直接集成到力学分析软件优化平台中，IGA工具与其优化平台接口。

4.6.6 优化平台集成

智能化总体布置与力学分析软件优化平台集成，作为外部/链接模块之间的接口。为了使概念设计得到优化,必须将其完全集成到优化平台中。这是整个 HOLISHIP 项目的一个关键特性。当然在开始优化过程前,船舶概念设计必须由设计者完成,并且必须是拓扑上合理的。比较不同的解决方案,如船舶的电力驱动或柴油发动机驱动进行选择前进入优化循环阶段。然而这两种选择都可以优化,并在以后相互比较。

其中一个考虑因素是营运概况及其与优化平台的集成。可以认为,初始概念的营运概况对于优化空间的整个范围都是有效的。然而如果有任何疑问,主要的特定变化对结果有重大影响,营运概况必须在优化循环内,这可能导致相当复杂的计算。

如图 4.31 所示,优化平台需要从智能化总体布置导入的船舶模型。该模型包括结构和系统的拓扑结构、重量、材料和成本,以及其他与船舶有关的参数。例如这些参数用于静水力性能计算,以及在船舶全寿命周期的性能和成本方面有数百种变化的计算。

主要细节的优化基于定义的船舶外部操作场景和船舶的内部技术极限和限制。在给定约束条件内自动生成变化。船舶本身由合格的船舶设计师设计,但优化是由计算机在分批模式下进行的,而无需设计人员操作。

基于客滚船案例研究的模型优化的全面实施将在本书即将出版的第 2 卷中进行论证。

参考文献

Andrews DJ (2006) Simulation and the design building block approach in the design of the ships and other complex systems. The Royal Society, pp 3407-3433. https://doi.org/10.1098/rspa.2006.1728.

Béchard V, Côté N (2013) Simulation of mixed discrete and continuous systems: an iron ore terminal example. In: Winter simulations conference (WSC), pp 1167-1178.

Bonabeau E (2002) Agent-based modeling: methods and techniques for simulating human systems. In: Proceedings of the national academy of sciences, pp 7280-7287.

CAESES, Friendship. https://www.caeses.com/products/caeses/.

European Centre for Medium Range Weather Forecasts (2018) https://www.ecmwf.int/.

Evans J (1959) Basic design concepts. Naval Eng J 71: 671-678.

Jokinen M (2016) Feasibility of 3D dimensional modelling for design of ship general arrangement. Master's thesis, Aalto University, Mechanical Engineering, Marine Technology, Espoo, 68 p.

Kahva E (2017) Weight estimator tool with uncertainty analysis for ship concept design. Master's thesis, Aalto University, Mechanical Engineering, Marine Technology, Espoo, 59 p.

Lamb T (2003) Ship design and construction. In: D'Arcangelo AM (ed).

Papanikolaou A (2014) Ship design—methodologies of preliminary design, 628 p, 575 illus., SPRINGER Publishers, e-book ISBN 978-94-017-8751-2, Hardcover ISBN 978-94-017-8750-5.

Shippax (2017) Clarkson Research Services Limited (CRSL), MDS Transmodal Siprelle AJ, Phelps RA (1997) Simulation of bulk flow and high speed operations. In: Proceedings of the 29th conference on winter simulation. IEEE Computer Society, Washington, DC, USA, pp 706-710.

Tibbitts BF, Comstock E, Covich PM, Keane RG (1993) Naval ship design in the 21st century. SNAME, Washington DC, USA, pp 637-671.

Yrjänäinen A, Florean M (2018) Intelligent general arrangement. In: Proceedings of the 13th international marine design conference IMCD 2018, 10-14 June, Espoo, Finland.

安蒂·耶里亚宁（Antti Yrjanéinen）于 1991 年毕业于赫尔辛基理工大学，获得船舶设计科学硕士学位。他在造船业承担了广泛的任务，并获得了国际经验。目前，他是 Elomatic 海洋咨询和全寿命周期服务部的负责人，位于赫尔辛基办事处。他还在 Elomatic 的销售组织中也有职位。航海是他最喜欢的爱好，也是探索芬兰群岛的一种方式。

特隆德·约翰森（Trond Johnsen）于 2006 年获得挪威科技大学工业经济与技术管理理学硕士学位。他曾在挪威海洋技术研究所（MARINTEK）担任过多个职位，共同执行研究和创新项目 与海事行业的主要参与者。MARINTEK 于 2017 年成为 SINTEF（斯堪的那维亚最大的独立研究所）的一部分。目前，他是 SINTEF Ocean 的研究部经理，领导海运运输系统小组。该小组专注于物流模拟和优化以及数字化和自主运输。

乔恩·德伦（Jon S. Dehlen）拥有挪威科技大学的工程控制论理学硕士学位，他于 2013 年毕业，并获得了奥勒松大学学院自动化技术的工程学士学位。他曾在以前的职位上从事过工业自动化和控制工程以及用于工程和培训目的的模拟解决方案的工作。目前，他在 SINTEF Ocean 担任研究职位，主要从事海上物流系统的仿真和分析。

霍尔格·克莱默（Holger Kramer）博士是 ISL"海事经济学和运输学"系的联席主任，已经在该领域工作了 20 多年。此外，他还是欧盟运输政策事务的协调员。他为欧洲委员会、德国交通运输部、海事和物流部门的各个地区当局以及私营公司进行牵头管理的研究和项目，涵盖短途海运，港口发展与合作，欧洲和德国的研究和咨询活动。港口和航运政策，造船，区域物流中心和区域基准。在 ISL 任职之前，他曾在欧洲议会任议员助理，负责港口地区的发展，并在欧洲委员会（总督府 VII 运输部）任职，负责跨欧洲运输网络和欧洲海港政策的发展。他的职业生涯始于德国造船厂"Bremer Vulkan Verbund AG"，担任不来梅和布鲁塞尔"战略业务发展"部欧盟事务总监助理。

第5章 船舶设计的系统方法

罗曼・勒内纳(Romain Le Néna)，艾伦・圭根(Alan Guégan)，
贝诺・拉芬(Benoit Rafine)

摘 要 设计复杂的系统，如航空航天或运输系统，是一项艰巨的任务。它通常需要几个团队在较长时紧密协作，而要证实这些系统的需求得到满足是一个真正的挑战。在机载电子化和数字化的推动下，船舶的复杂性最近有所增加。HOLISHIP项目专用工作包背后的理念是使系统工程方法从航空航天和其他行业适应造船业的挑战。为了在船舶设计中支持系统工程方法，开发了一个称为SAR(System Architecture & Requirements management 系统架构和需求管理工具)的系统结构和需求管理工具。本章对这种方法和SAR工具作一个扼要的描述；它详细阐述了最初发表的资料(圭根等的"船舶设计的系统工程方法"，2017。)和(圭根等的基于船东营运需要的合规矩阵模型，2008a)。

关键词 系统整体船舶设计；多目标优化；系统结构；系统工程

5.1 由营运方案驱动的船舶设计

5.1.1 作为技术要求补充的营运方案

目前的设计方法都是以技术规格书为基础，列出所有的技术要求，提出需求参考描述性好、明确性强、对各子系统和设备配置良好的假设。从实用的角度看，编制一个与数百台设备相关的数千项要求明确的技术规格书是一件非常困难的事情，特别是在早期设计阶段。此外项目的成本及其成功与否也直接受到技术规格书的影响。

从这一论述中，正在出现一种新的办法，可能被称为"面向方案的办法"；见(圭根等.2017年)和(伊萨德等.2015)。此方法建议定义一组满足需求的方案清单。方案的数量和详细程度取决于设计阶段，并可与所有利益相关方轻松地讨论。这种方法的优点是，在与客户定义完全一致的情况下，仅定义与设计阶段需求相对应的必要方案。由于所有讨论都基于可理解的方案，因此验证跟踪清晰且易于检查。

在软件和系统工程中，场景是一系列营运或事件步骤，通常定义参与者和系统之间的交互以实现目标。参与者可以是人或其他外部系统。在系统工程中，方案的使用级别高于软件工程，通常代表任务或利益相关方的目标。然后详细的要求可以作为合同附件记录在案。

5.1.2 技术要求

在传统的系统工程方法中，该方法具有预测性，从项目开始，就会以合同要求参照达成

一致，进行设计和施工，以满足所有的要求。

在 SAR 管理工具中，需要一份要求清单，使项目适应涉及技术规格书的现有预测方法。然后通过营运方案定义链接和完成需求。

需求管理是通过系统工程的标准来规定的，例如参考(ISO/IEC/IEEE. 2007)给出定义。

要求是标识产品或流程操作、功能或设计特征或约束条件的声明，该特性或约束条件明确、可测试或可衡量，且对产品或流程的可接受性是必需的。

以下类型的要求由法国国际系统工程协会[与国际系统工程理事会(INCOSE)相关的组织]确定：

（1）航行时
　　　— 示例：船舶应能够在 SS4 中以 5 节的航速时下放刚性充气救生艇(RHIB)。
（2）流程与管理
　　　— 示例：每月提交一份月度报告，以评估设计进度。
（3）停航时
　　　— 示例：船舶应配备蓝色闪烁灯。
（4）约束条件
　　　— 示例：该船舶应符合法国船级社(BV)军用舰艇入级和建造规则第 467 条。

需求定义应至少包含一个简短的标题，以快速识别需求的主题和完整的文字说明。SAR 管理工具用户应记住，特别关注此工具中的营运要求：营运需求证明了获得新系统的合理性。

在经典技术规格书中，要求分配给系统模块。在这种方法中，已选择通过将营运方案定义为操作技术规格书的基础来突出系统的营运目的。因此方案、需求和系统模块之间的链接是通过用户关注创建的利益共同体而建立的，参阅第 5.3 节。

技术规格书是定义方案清单的输入。对于每个方案，将关联一批营运要求。负责营运方案的设计人员将负责识别和关注与其方案关联的所有要求。

表 5.1 给出了一个适用于多用途近海船舶(MPOV)的营运需求框架示例。

表 5.1　营运要求规范框架示例

标识符号	描　述
R001	最大速度 22 海里/小时
R002	导航雷达范围：20 纳米
R003	船舶应配备导航声呐
R004	特种操作人员：6 人
R005	船舶应配备蓝色闪烁灯
R006	船舶应配备高频无线电
R007	船舶应配备 2×300 W 扬声器
R008	其他

上面的示例将用作模板来构建营运技术规格书,然后再列出合规性矩阵。表 5.1 考虑了与营运方案和一般任务特别相关的所有要求

方案由一般任务定义与营运要求相关联。可以将一个营运要求分配给多个方案,并且可以通过若干个要求来补充方案。

5.1.3　从需求推断营运方案

当船舶设计启动时,船东和造船厂都对船舶的营运活动有了设想。技术规格书中提出的要求是建立在对营运方案的共同理解的基础上的。

营运方案的定义可在 (ISO/IEC/IEEE 2011) 标准中找到:

描述一个想象中的事件序列,包括产品或航线与其环境和用户的交互,以及其产品或航线之间的交互。

为了从要求清单以及造船厂和船东的知识中推断出营运方案,有必要:

(1) 描述船舶的环境(天气状况、其他船舶、船员等);

(2) 描述船上的特定功能:有效载荷、船员人数、技能和组织等;

(3) 列出最相关的营运情况;

(4) 针对每种营运情况描述一系列这些子件与船东经验相匹配,并考虑到造船厂将建造船舶的特征。

使用 SAR 工具,船舶设计人员可以列出技术要求清单(在 SAR 工具的"需求管理"部分),然后将这些要求与在 SAR 工具的"方案管理"部分中自由描述和修改的方案联系起来。

通过在同一工具中链接需求和方案,船舶设计人员能够将需求跟踪到相关方案。这是对于标准船舶设计工具而言,这是一项新颖的功能,其受到系统工程的最新进展的启发。(Issad 等. 2015)

表 5.2 提供了一个从表 5.1 需求清单中推断出来的方案示例。在方案的描述中,可以在上下文中找到需求 R001、R002、R004、R006 和 R007。在 SAR 工具中,这些要求都与方案 S003 相关联。

表 5.2　营运方案说明示例:控制捕鱼活动

标识符号	标题	描　　述
S003	控制捕鱼活动	一艘渔船报告发现一艘多用途近海船以 22 海里/小时速度驶向渔船,并用导航雷达接近它。多用途近海船通过其高频建立联系的尝试失败后,打开了闪光灯,进入了渔船附近的海域,通过扬声器建立了联系。渔船减速,使 MPOV 的特别行动队登上渔船来控制捕鱼活动。

5.2　船舶系统结构建模

第 5.1 节描述了营运方案;本节介绍如何使用 SAR 工具,通过使用 SAR 工具提供的气泡图工具来描述船舶的系统结构。关于气泡图工具的更详细描述参见 (Guégan et al. 2017) 文献。

5.2.1 多层次的体系结构模型

复杂系统(如多用途船舶)中大量的组件和接口使得系统体系的结构难以可视化。在现有方法(例如 SysML 语言)的基础上,我们开发了一个工具,允许用户:

(1)映射组件及其接口(包括与船外环境的接口);

(2)将组件分组形成更高级别的"组件",或将较大的组件分解为更小的组件;

(3)根据自动程序对船舶组件故障进行上下传输接口属性,从而大大改善系统结构师的工作。

图 5.1 提供了体系结构映射的一个示例。船舶在与燃料供应(燃料在港口装载)、大气(用于燃料燃烧)和海水(允许螺旋桨输出推进力)的接口中,作为"宏观部件"发挥作用。

船上的组件也会显示出来。这使设计人员能够跟踪组件之间的所有内部接口(在本例中是微不足道的,但在实际的船舶设计中更具有挑战性)。

图 5.2 更详细地显示了燃料回路。气泡图工具使用户能够非常轻松地浏览详细级别的组件,并生成诸如此类的综合视图,其中只有接口(此处为燃料供应和主机)中的组件与感兴趣的组件(此处为燃料回路)显示。也可以显示全局模型(见图 5.3),但对于实际的船舶,由于组件及其接口的数量,该视图变得难以快速处理。

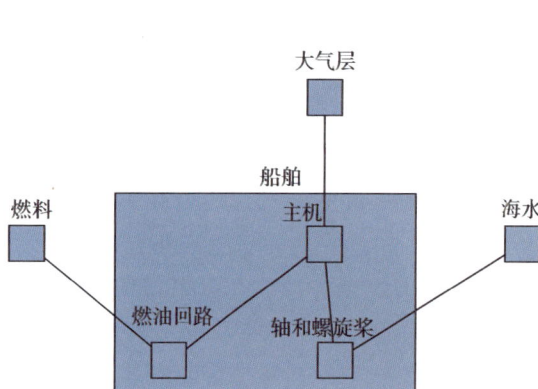

图 5.1 高级别体系结构映射

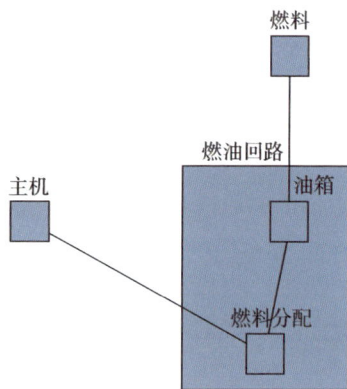

图 5.2 燃油回路的体系结构映射

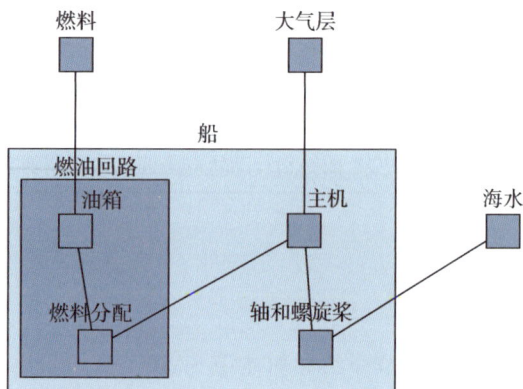

图 5.3 全船体系结构映射(显示所有组件)

5.2.2　结构分析——电路和网络、功能链

通过引入电路(网络)和功能链的概念,未完善多级体系结构模型。回路包括海水回路、淡水回路、蒸汽回路、配电、船载以太网等。

结构建模工具气泡图(BUDA)允许用户指定每个接口支持的回路类型,并突出显示支持给定回路的接口。BUDA 与许多其他建模工具相比其优势是,回路特性通过一个自动例程在设计级别之间共享。图 5.4 显示了在 BUDA 中如何突出显示船舶的燃油回路。

结构建模工具 BUDA 还允许用户指定参与特定营运模式或特定功能链的组件。功能链以与电路相同的方式突出显示,带有圆圈和粗实线。此外与不应参与功能链但具有与功能链有接口的组件的接口会自动以虚线突出显示。

这使用户能够识别功能链故障的潜在来源,例如如果变速箱已接合,冷起动可能会受到影响。功能链属性也通过自动例程在设计级别之间共享。图 5.5 显示了在 BUDA 中如何突出显示参与"冷启动"阶段的组件。

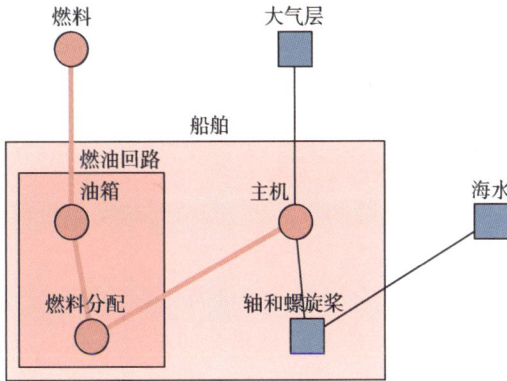

图 5.4　燃油回路(粗实线)及其部件(圆圈)

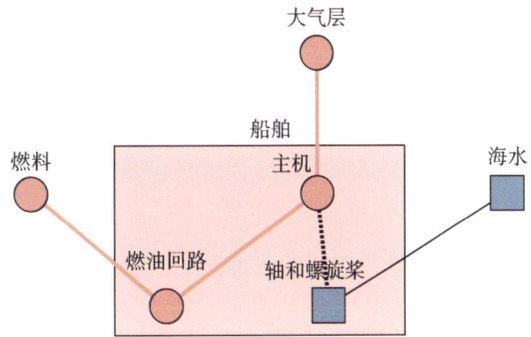

图 5.5　主机冷起动(粗实线和圆圈)。在冷启动阶段不运行的项目显示为矩形。如果此类项目具有与支持"冷启动"的功能链的接口,则此接口将突出显示为虚线

5.2.3　系统结构作为性能的基础和可靠性、可用性和可维修性(RAM)分析的基础

系统结构提供了船舶的总体视图,在多种分析中被证明是有用的。例如:

(1)组件及其接口可以在单个模型中实现,而该工具提供的综合视图可确保模型易于处理;

(2)应明确识别由电路供电的组件,可用于评估船上的能量平衡。

(3)明确标识每个营运阶段的组件。这对于评估营运方案非常有用。

最近出版的国际船舶设计会议(IMDC)出版物(Corrignan et al. 2018)提供了一个示例,说明如何在设计过程中使用 BUDA 以帮助性能评估和可靠性、可用性和可维护性(RAM)分析。BUDA 为船舶的系统结构提供了简单而详尽的模型,为设计过程和营运方案评估奠

定了基础。BUDA 和操作方案管理工具构成一个基本的系统工程环境，这是第 5.3 节所述协作设计过程的基础。

5.3　以"利益共同体"管理设计流程

5.3.1　船舶设计：一个协作设计流程

船舶设计是一项具有挑战性的工作，涉及众多具有各种技术背景和经验的团队的协作。预计该协作开发过程将提供具有以下特性的船舶：

(1) 船舶应能以船东规定的性能(包括排放和燃料消耗)支持海上营运；

(2) 船舶的制造应尽可能简单，并在所有情况下与船厂的工业能力兼容；

(3) 总体而言，营运支出和资本支出应符合船东的要求；

(4) 船舶应符合安全规定。

近年来，船舶设计流程面临着新的挑战：

(5) 新的技术任务往往分配给单艘多用途船舶，以降低成本；

(6) 船舶比以往任何时候更多地与各种类型和规模的外部和内部资产(陆上通信中心、周围船舶和飞机、无人机、USV、UUV、卫星等)进行互动；

(7) 预计今天的船舶将集成具有高连接性和模块化的复杂子系统；

(8) 最重要的是，远程协作已成为惯例，船东、造船工程师和设计者、造船厂和设备供应商相距数千公里。

多年来，我们引入了新颖的设计方法，其中一些方法在(安德鲁斯和埃里克斯塔德.2015年)中进行了评审。HOLISHIP 项目通过开发与数值建模和仿真工具相关的系统工程方法来应对这些挑战。目前的工作对 HOLISHIP 项目的贡献是开发一种工具，能够同时处理系统结构和要求(SAR 管理工具)。

HOLISHIP 合作伙伴必须解决设计过程的协作性引起的问题。首先，技术数据是由大量具有各种技术领域技能的人员生成的。从本质上讲，在设计过程中处理的数据是异构的。电路图与船体结构图、流体动力学模型、认证文件等并行管理。

其次，由于子系统之间存在相互作用，因此设计过程本质上是迭代的：不能预先定义其环境中每个子系统的行为，而设计是通过连续调整进行的。

在一般情况下，设计过程具有定义明确的同步阶段，并考虑到其迭代性质。然而在船舶设计的过程中，仍会每天根据所涉及的工程师的工作，产生技术投入；设计过程中产生的技术信息流本质上是异步的，这是我们必须解决的第三个问题。SAR 工具的目标是在设计过程中为设计团队提供支持，并帮助他们以更高的效率解决这三个问题。

在实践中，设计团队处理异质性、迭代的过程和异步性的特点是以正式活动和阶段(例如设计评审)为特征，但它也依赖于更非正式的沟通：团队成员的会议，他们每天通过电话、电子邮件或在茶歇时间共享信息。总之感兴趣的团体围绕对设计过程特别重要的主题展开讨论，例如特定营运方案、系统安全性和能耗。

借助 SAR 工具，我们寻求为设计产生兴趣的团体提供支持。互联网上社交网络的发展产生了创新的软件结构，非常适合管理异构、异步、不断发展的数据，以利于感兴趣的团体。

在当前版本的 SAR 工具中,用户能够处理系统体系结构（BUDA）、需求和方案（要求和方案管理工具）。除了这些基本工具之外,从一开始就选择了 SAR 工具的体系结构,以便能够连接更多特定域的工具。下一节将介绍该体系结构的特点和优点。

5.3.2　协作软件结构

奈飞（Netfix）和亚马逊（Amazon）等公司管理大量来自许多渠道（客户、全球供应商等）的数据。数据生成是异步的,数据在不断发展,而且高度异构,从产品目录到视频和个人（用户）数据。

这些公司的业务严重依赖软件,其首要质量是扩展的稳定性。近年来出现了一种名为"微服务"的新型软件结构（Newman. 2017）。与他们所说的相反,微服务体系结构的支持者将他们的软件切成非常小、非常专业（受上下文限制）的软件。这些基本软件中的每一个都提供基本服务,如用户确认、视频流和目录管理,并且每个软件都被视为数据的使用者和生成者。

生成和使用的数据作为"消息"共享,这些消息由信息队列（MQ）服务管理,其作用是将数据从给定的生产者发送给任何需要的用户。有几个 MQ 软件可用,包括在 SAR 工具中使用开源兔 MQ 解决方案。

MQ 是管理异步性和异质性的方式,原理如下:

（1）生成或使用数据的微服务可以自由地在 MQ 中创建或订阅"队列";

（2）简化的规则集指示如何从队列中存储和检索消息。最常用的是一个简单的规则,其中任何订阅了给定队列的使用者可以自由地从队列中读取数据;一旦使用者检索了数据,数据就会从队列中删除,其他潜在使用者不再看到它;

（3）数据封装在"消息"中,其特征是"标头"部分,该部分的消息包含的数据类型,以及一个称为"数据"的部分,则保留生产者生成的任何类型的数据;

（4）MQ 管理队列:应将哪些消息发送到哪个队列,删除或存储哪些消息,等等。

实现这些原则的软件有能力去管理:

（5）异构数据:只要满足格式标头数据,消息就可以传输任何类型的数据;

（6）异步性:生产者可以随时生成数据,使用者可以在准备使用数据时接收数据,因为消息被缓存在队列中,并且 MQ 会在适当的时候向使用者发送消息;

（7）迭代:设计过程的迭代是"内置"的,因为数据中的任何更新都可供任何潜在的"消费者"使用。

最初,微服务体系结架的设计目标是提供大规模可扩展的软件. 可伸缩性是通过服务的规模小、可互换和分布广泛来实现的。例如可以在部署在世界各地多个服务器上的几个实例中实现单项服务。在 SAR 工具中,我们使用的不是微服务的扩展能力,而是它们能够非常有效地管理异步、异构数据流的"副作用"。下一节描述如何在 SAR 工具中使用微服务。

5.3.3　SAR 工具的结构

图 5.6 中勾勒出 SAR 工具的结构。SAR 管理工具和相关用户手册在 HOLISHIP 可交付使用的 D2.3（Guégan et al. 2018b）中进行了描述。

体系结构围绕消息队列服务进行组织。每个技术域都由图 5.6 左侧显示的特定工具

（或"微服务"）（需求、方案和体系结构管理工具）提供支持。设计团队可以使用这些工具来指定营运方案或设计系统体系结构。每次更改模型、方案或要求时，特定领域的工具都会向消息队列发送消息。

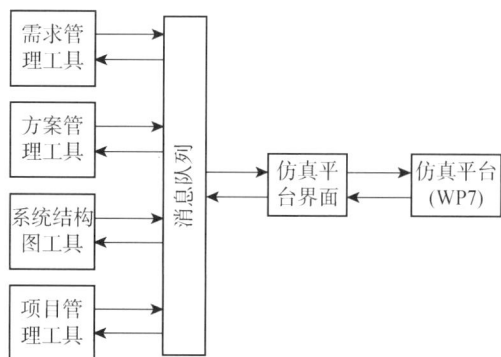

图 5.6　SAR 工具的结构

图 5.6 左下方的"项目管理工具"接收来自消息队列的所有消息。其作用是：

（1）处理用户（设计人员）和他们订阅项（体系结构组件、方案等）的列表；

（2）根据从 MQ 收到的消息向用户生成通知，以通知他们订阅的项已经更改。

SAR 工具与 HOLISHIP/CAESES 设计"仿真平台"的接口（见图 5.6 右下方）。（参见本书第 8 章）。通过这个接口，可以通知"仿真平台"在体系结构、需求或方案中发生了一些变化，因此需要额外的模拟。与项目管理工具一样，与"仿真平台"的接口服务接收来自特定领域工具的所有消息，并根据这些消息向负责模拟的人员生成警报。

以下部分介绍了 SAR 工具如何有助于创建感兴趣的团体，从而使设计过程受益。

5.3.4　以人为中心的设计过程

使用我们在 SAR 工具中实现的软件结构，每个设计人员都可以在特定领域的设计工具中进行其设计活动，比如体系结构管理工具（BUDA），并了解其同事和合作伙伴在其他技术领域所做的工作，例如方案是否发生变化（方案管理工具）。每个设计人员收到的信息都是通过订阅他感兴趣的设计工件而专门调整到他指定的需求上的。

在目前的设计方法中，设计工件是通过可追溯性链接进行连接。例如需求 R001 可以分配给体系结构模块 B006 和方案 S002。通常的做法是使用需求管理工具来跟踪需求或其分配模式中的更改，无论是将需求分配给一个新模块，还是由谁实现了这一更改等等。然而分配过程只是设计活动的一个痕迹，以及人员（来自设计团队）已经确定了设计人员之间关系这一事实。

SAR 工具的目的是以一种更自然的方式来追踪设计工件之间的关系：当设计团队中的某个人订阅了两个或两个以上的设计工件时，这意味着这些工件在某种程度上是相关的。设计团队的订阅模式反映了设计工件之间的关系。在上面的例子中，人们会期望负责需求 R001 的设计人员已经订阅了模块 B006 和方案 S002。

这种方法的优点有很多：

（1）各个设计师的订阅模式产生了许多类型的感兴趣团队。例如，订阅了方案 S002 的所有个人在 S002 周围组成了感兴趣的团队，也就是为实现方案 S002 做出贡献的设计团队的所有成员；

（2）设计团队的每位成员都能够识别可能受到其自己设计工件变化影响或可能对其范围产生影响的所有其他成员。例如负责电路的专家根据谁订阅了"电力预算"项目就知道谁需要船上的电力。如果出于任何特定的原因任何用户需要更多的电力，则项目管理工具会向电气专家发出通知；

(3) 系统与其环境之间的接口清单可从订阅该系统的设计专家名单中提取。同样应从已订阅该项目的人员名单中获得应邀参加船上任何指定项目的设计审查或第一次检查人员的名单。

这些优点使 SAR 工具成为支持设计过程的一种强有力的方式，因为它允许建立在个人订阅模式基础上的感兴趣团队的出现。甚至可能会发生这样的情况：今天的一些可追溯性链接最终可能被设计团队的订阅模式所取代。如上所述，可追溯性链接只是人员执行设计活动的痕迹。我们期望如果具有订阅模式的设计活动的可跟踪性足够鲁棒，那么实现设计工件之间的显式可跟踪链接将变得多余，因为设计工件是通过其订阅者链接的，如图 5.7 所示。

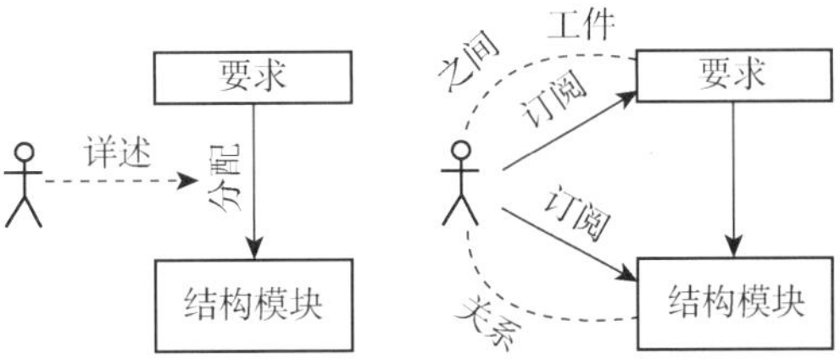

SAR 工具可能是一种以需求为中心的

图 5.7　当前的分配过程(左)：要求通过（明确的）设计团队指定的可追溯性链接将需求分配给模块。在提出的过程中，SAR 工具是通过那些（明确的、实线）订阅它们的人与人为对象之间的关系（虚线）

设计过程转变为以下过程的方式：在该过程中，人们被"隐藏"在分配过程的后面，而在该过程中，设计团队的每个成员将参与多个感兴趣的团队。测试最后一个假设将是多功能近海船应用案例的目标之一，该案例将在本书的第 2 卷中介绍。

参考文献

Andrews D，Erikstad O (2015) State of the art report on design methodology. In：Proceedings of the 12th international maritime design conference，Tokyo，Japan，11-14 May.

Corrignan P，Le Diagon V，Li N，Torben S，de Jongh M，Holmefjord KE，Rafine B，Le Néna R，Guégan A，Sagaspe L，de Bossoreille X (2018) System engineering based design for safety and total cost of ownership. In：13th international marine design conference—IMDC，Helsinki，10-14 June.

Guégan A，Rafine B，Descombes L，Fadiaw H，Marty P，Corrignan P (2017) A systems engineering approach to ship design. In：8th international conference on complex systems design & management—CSD&M，Paris，12-13 December.

Guégan A，Le Néna R，Rafine B，Descombes L，Fadiaw H，Marty P，Corrignan P (2018a) Compliance matrix model based on ship owners' operational needs. In：7th transport research arena—TRA 2018，Vienna，16-19 April.

Guégan A，Rafine B，Le Néna R，Fadiaw H (2018b) D2.3 system architecture and requirement management tool user. In：HOLISHIP H2020 project.

ISO 10628-1 (2014) Diagrams for the chemical and petrochemical industry—Part 1：Specification of diagrams. International Organization for Standardization (ISO)，Geneva，Switzerland.

ISO/IEC/IEEE 29148 (2011) Systems and software engineering—Life cycle processes—Requirements engineering

ISO/IEC/IEEE 42010 (2007) Systems and software engineering—Recommended practice for architectural description of software—Intensive systems.

Issad M，Kloul L，Rauzy A，Berkani K (2015) ScOLa，a scenario oriented modeling language for railway systems. INSIGHT 18(4)：34-37.

Newman S (2017) Building microservices. OReilly Media & Inc.，Newton.

Rafine B，Le Néna R，Guégan A，Descombes L，Fadiaw H，Marty P，Corrignan P (2017) D2.2 compliance matrix model. HOLISHIP H2020 project.

罗曼·勒内纳(Romain LeNéna)是美国海军集团研究部复杂系统建模部门的研发项目工程师。他毕业于 ENSTA Bretagne(法国布列斯特国立高等专科学校)，并获得了船舶设计和近海工程学硕士学位。他在海军集团任职之前，一直在一家名为 d2m engineering 的设计办公室担任船舶设计师。Romain LeNéna 在担任船舶设计师期间的主要经验，是船舶设计在民用和国防造船业以及近海和海上可再生能源领域的工作。

艾伦·圭根(Alan Guégan)是海军集团公司 Sirehna 的设计与工程方法部门的负责人。其活动范围从软件设计工具的开发到系统工程的技术评估和咨询。艾伦(Alan)的身份是系统可靠性(庞巴迪运输公司 RAM 部门前负责人)，系统架构师(海军集团海军能源项目技术负责人)和基础物理学(流体动力学博士学位)。他目前正在研究大型系统工程项目的组织和认知方面(请参阅 IMDC 2018,CSD&M 2018 的通讯)。

贝诺特·拉芬(Benoit Rafine)出生于法国格勒诺布尔，1978 年获得了航空航天学博士学位。他于 1994 年参加了巴黎高级研究中心。1980—1997 年，他在 Le Brusc 实验室担任声呐系统部经理。1997—2002 年，他在 DCNS 的圣特罗佩兹网站担任技术经理，该网站专门研究鱼雷等水下兵器。2002—2006 年，他在 DCNS 的 Toulon Le Mourillon 网站担任商务经理。2006—2012 年期间，他是海军系统专家。自 2012 年以来，他担任 DCNS Research 的复杂系统建模经理，该公司于 2017 年更名，现在为海军集团研究中心(Naval Group Research)。

第6章 船舶设计中的流体动力学工具

乔钦·马齐(Jochen Marzi)，里卡多·布罗格利亚(Riccardo Broglia)

摘　要　船舶水动力学是船舶设计中的一门重要学科。它在很大程度上决定了新设计所固有的两个基本特性：一个是船舶的安全性，另一个是效率。尽管 Holiship(www.holiship.eu)项目中预期整个船舶设计旨在优化平衡这两个要求，但水动力因素将形成一组可实现优化的边界条件。本章介绍了需要进行水动力分析的关键要素，以最优化的方式满足各种要求，并介绍了在新船的不同设计阶段可获得充分结果的相关工具。重点放在项目期间已集成或将集成到 HOL-ISHIP 设计平台中的工具，以及如何在船舶设计的不同阶段使用这些工具。

关键词　流体动力学；性能分析；阻力；推进耐波性；机动性；多目标优化；CFD；势流 RANS

6.1　船舶设计中的水动力挑战

作用于船体上的水动力是影响船体整体性能和效率的主要因素。对于许多船型，水动力效应通常是能源消耗的主要原因。以下数据来自 IMO 的第二次温室气体研究（IMO 2009；Marzi and Mermiris. 2012），事实上燃料中所含的 50% 以上的势能在发动机转换的过程中丢失，只有 43% 的燃料能用于实际用途。在这一部分中，超过 85% 用于抵消航行时船体上的水动力，如图 6.1 左侧所示，这适用于典型的货船。然而对于图 6.1 右侧所示的一艘游船（PAX）来说，情况完全改变了。这是基于欧洲目标（Marzi and Mermiris. 2012）项目分析得出的结论，大约 25% 的可用（燃料）能源用于邮轮上的辅助设备和酒店负荷。货船的推进能量的份额从 43% 下降到 25%。只是比较"有用的能量"，即不包括热量和废气损失，邮轮上仍有约 50% 的有用能量用于推进，其余能量用于酒店负荷。对于货船来说，几乎所有的

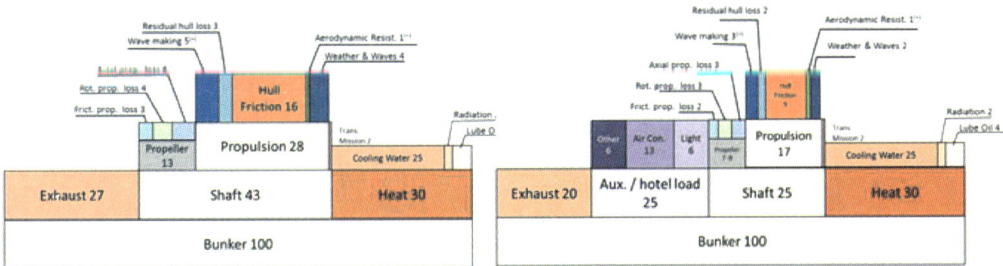

图 6.1　货船（左）和邮轮（右）上的推进能量使用情况，依据：IMO(2009)和指标（Marzi 和 Mermiris. 2012）

"有用的能量"都分配给了船的推进器。

这表明对于大多数实际应用,流体动力学在确保船舶营运的适当能量效率方面起着重要作用。尽管在复杂的情况下客船总体消耗的份额较小,但普通乘客数量(PAX)客船的能耗总量仍然在货船的能源消耗范围内,酒店负荷的额外消费是仅仅基于推进动力要求。

在商业船舶竞争激烈的市场中,效率是关键的销售参数。因此对大多数船舶营运商来说,新船舶设计的营运成本(OPEX)是替代设计变量的决定性因素。因此在海上试验期间,给定发动机额定转速可达到的速度仍然是船厂与其客户签订合同的首要条件。通常在客户拒绝接受新交付的船舶之前,只允许有少量的利润。虽然机械方面的技术发展对于减少损失很重要,但在阻力和推进效率方面的简单流体动力学性能是影响和改善船舶性能的重要参数。这强调了水动力(性能)分析和优化的重要性,并阐明了模型在预先评估新设计性能时所扮演的重要角色。传统和经验实验研究的重要性得到进一步加强,因为在编写本报告时,只有通过模型试验才能证实已达到海事组织规定的能效设计指数(EEDI)。

虽然效率是每一艘新船设计的优先事项,但安全同样重要,以确保在所有有关条件下的作业。船舶设计的这一章同样复杂,涉及不同的学科。同样流体力学在确定作用于船体上的外力以及船体在自然环境中的行为起着至关重要的作用,甚至其在极端海况和破损情况下的生存能力。

但同样重要的是,必须解决集成系统的非常重要方面。如果流体动力学是每个设计过程的核心,那么确保所有相关分析工具在一个复杂的整体设计环境中确保集成设计过程中使用正确的流体动力学数据是至关重要,这可以在不浪费时间和一致性的情况下使用。在HOLISHIP项目中,确定了适用于各种设计任务的大量流体动力学工具,并将其集成到HOLISHIP平台中(详细信息参见第8章)。因此完全满足集成整个平台的先决条件是所有工具的必要条件,如下所述。

6.1.1 船舶阻力

船舶阻力由不同的部分组成:(i)压力或相关形式的波阻力,(ii)黏性阻力(iii)由于风浪而增加的阻力。这些设备提供了商船所需的70%电力。由于阻力成分不同的原因,或与(船体)压力有关,或与(表面)摩擦有关,因此需要用不同的工具来处理,而且必须在船全寿命周期的不同阶段加以考虑。与压力有关的分量是取决于船体形状的一个设计特征,这是由船体形状在非常早期阶段决定的。另一方面,黏性阻力在很大程度上取决于表面质量和尺寸。后者也是一种设计特征,而前者既取决于初始生产质量,也取决于船体涂层和运行期间的维护。特别是后者与船舶的运行阶段明显相关。同样的道理也适用于由于风和浪增加的阻力,风和浪可以通过天气路径而受到影响,在某种程度上也可以通过设计来实现。图6.2显示了设计和分析工作中常用的船舶阻力分解。

根据不同的物理定律影响船舶阻力的各个方面,例如:流体的重力和黏度,几乎没有任何单一的实用方法可以用来预测船舶总阻力。虽然最先进的现代雷诺平均纳维尔-斯托克斯方程(Reynolds-averaged Navier-Stokes,RANS)在理论上提供了计算船舶总阻力的潜力,但这通常局限于明确定义的标准条件,如试验条件下的新船。由于时间要求,RANS方程应用于完整的设计和优化问题,这通常需要分析数百种变量甚至包括所有相关阻力分量。通常用于船体优化的自由参数数量对于利用复杂CFD方法来进行完整分析来说实在太多了。

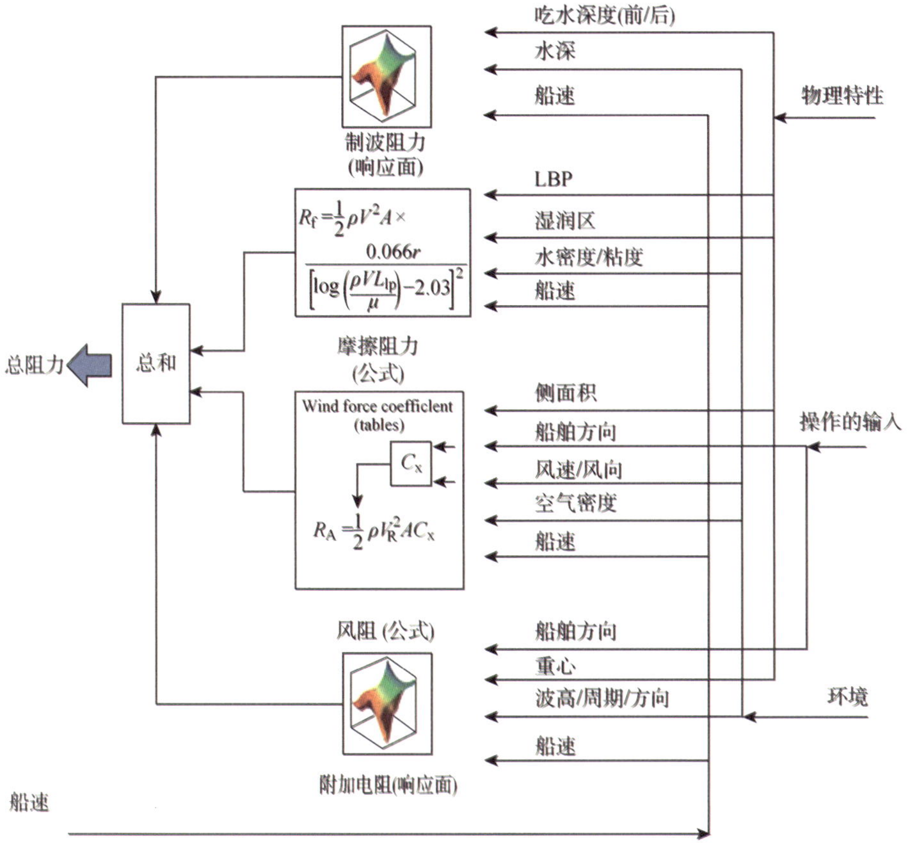

图 6.2　船舶阻力分解

在船舶的全寿命周期中,施加的其他因素还包括船体污垢、在航道中增加的阻力,这些阻力仍然需要在更简单的经验方法基础上进行叠加。

在一艘新船的设计中,当需要考虑大量不同的设计方案时,情况变得更加复杂,而且需要进一步简化的方法。目前不同复杂度和保真度的合理组合对于早期设计和优化任务来说仍然是最有希望的。

作用于固体上的流体动力通常表示为速度、体积、流体密度和系数的乘积。因此船舶阻力通常表示:

$$R_{\mathrm{T}} = c_{\mathrm{T}}\,\frac{\rho}{2}\,v_{\mathrm{s}}^2 S \tag{6.1}$$

其中,ρ 是水的密度,v_{s} 是船的速度,S 是湿的表面面积,系数 c_{T} 是(总)阻力系数。

按照经典的造船方法,通常将阻力分解为更简单的分量,然后将其叠加。根据傅汝德(Froude)的假设,船舶的总阻力由表面摩擦和剩余阻力两部分组成:

$$R_{\mathrm{T}} = R_{\mathrm{F0}}(Re) + R_{\mathrm{R}}(F_{\mathrm{N}}) \tag{6.2}$$

其中,第一部分(摩擦分量)仅取决于雷诺数 $Re = v_{\mathrm{s}}L/v$,而第二部分(剩余)仅取决于弗劳德数 F_{N},其定义为 $F_{\mathrm{N}} = \dfrac{v_{\mathrm{s}}}{\sqrt{gL}}$。在前面的关系中,$v$ 表示水的运动黏度,L 为长度(通常是这艘船的长度)。根据相似定律得出,雷诺数和弗劳德数都是主要参数,这是将初始(仍在使用)物理模型测试结果缩放到全尺寸船舶所必需的。雷诺数用于缩放随尺度变化的黏性效应,而弗劳德数用于尺度重力效应,可以简单地用尺度因子来确定。虽然最初的傅汝德方法存在一些固有的缺陷,但随着时间的推移,已经开发出了更精确的方法,可以解释最初包含在残余分量中的黏度有关的压力效应。一种便捷的方法是 Hughes-Prohaska 型因子法或一种特定的全尺度相关因子法,它被用于多个船模试验水池的全尺度预测全量程的数据。根据相似性的概念,最好使用这些系数公式来表示:

$$c_T = (1+k)c_{F0} + c_R \tag{6.3}$$

对于休斯-罗伊斯卡形状因子方法,其中 k 是来自非常低速的实验形状因子,其中残余阻力趋于零,或者来自船体的浸没叠边模型的数值预测,其中 k 将会根据 $c_{F0} = 0.074 Re^{-1/5}$ 从总阻力与平板摩擦力估算之间的差值获得。残余阻力系数 c_R 可以从模型试验中获得。替代方法使用相关因子方法:

$$c_T = c_{F0} + c_R + c_A \tag{6.4}$$

在上面的公式中,c_{F0} 基于国际拖曳水池会议(ITTC. 1957)公式 $c_{FITTC} = \dfrac{0.075}{(\log Re - 2)^2}$,需要预测船舶和模型尺度,$c_R$ 是从模型试验中得到的残余阻力系数,以及允许系数 c_A 是基于模型试验水池的分析。预测 c_A 值的方式通常在模型测试报告中描述。

对于模型测试方法的详细描述以及模型测试数据的分析和利用,有大量出版物。在 (Schneekluth and Bertram. 1998)或(Molland et al. 2017)中有很好的概述介绍,它引导读者了解复杂的问题。

在船舶的早期设计阶段很少进行模型试验,设计人员首先需要依靠预测方法来估算新船的阻力和随后的功率要求。如上所述,使用 RANS 方程或类似方法解决控制方程的问题是完整解决方案的理论选择;然而这样做所需的时间和精力将是广泛的,并且在早期设计阶段几乎不可用。另一方面在处理新设计时,需要快速简单的解决方案来获得阻力值和功率的需求值。最简单的方法是使用母船作为预测的基础。对于这种比较方法,早期广泛使用的示例是用于功率的需求值 $P_D = \dfrac{\Delta^{2/3} v_s^3}{A_c}$ 的海军常数公式。这里,Δ 表示船舶的排水量,A_c 是从"几何相似"确定的船体形状系数。

经验方法

根据傅汝德假设或后来改进的摩擦阻力预测之后,剩下的任务集中在兴波阻力的预测上,而兴波阻力本质上是船体形状的函数。这比前面提到的完整 RANS 方程提供了一种更简单的预测方法。随着时间的推移,许多统计预测方法得到了发展。其中大多数是基于对现有船舶的分析,本质上反映了它们发展的时间。从构成这些方法基础的典型船体形式的比较中可以明显看出这一点。早期的例子是起源于 20 世纪 50 年代的 60 系列的图谱,例如 Todd 和 Forest(1951)、Todd 和 Pien(1956)。这种方法是基于当时遵循的战前设计的经典船体的理念。后来其他的方法也被开发出来,例如 Guldhammer 和 Harvald(1963),他们在 10 年后出版了这本书。其次至今仍被广泛使用的 Holtrop-Mennen 方法,该方法起源于 1982 年(Holtrop and Mennen. 1982)。Hollenbach(1998)开发了一种更新的统计方法,用于单螺旋桨和双螺旋桨船的阻力和动力预测的方法,后者基于最近的典型船体并至今广泛使用。当然所有解决方法的共同点是对大量实验数据的统计评估，这些实验数据既可以从文献中获得，也可以直接以标准化形式从模型试验水池获得。这种分析的质量很大程度上取决于方法开发过程中确定的主要参数。当时这些主要限于主尺度和所有船舶参数和参数之间的比例。

一旦有足够多的数据和有关信息先进数据分析工具就可以提高船体形状参数质量的参数信息可用。在 HOLISHIP 项目中，已经尝试为双螺旋桨滚装船和滚装货物的客渡船定制 Hollenbach 方法。这通过此类船舶的最新数据库资料来重新评估参数影响。从这些改进中得到的结果与测试模型数据相比有显著的改善（Gatchell，2018）。这方面工作有望在未来为不同基础类型的船舶提供更完善的统计方法。

经验工具存在于许多独立的解决方案中。在 HOLISHIP 项目中，几种有前途的方法被集成到与核心系统的紧密耦合中，核心系统是提供所有输入必要信息的集成平台。

势流编码

虽然几乎所有船舶的早期设计阶段都采用了这种经验或统计方法，但是在接下来的步骤中，阻力分析的大部分工作是分配给快速灵活的势流方法，如找到主尺度和基本船体形状。以船体的详细几何描述为基础，这些工具可以捕捉到船体的主要几何特征，特别是球鼻首和其他大型附件。船体模型由几何的曲面板构成。此外由于它们的 CPU 时间相对于复杂的黏性流求解方法是合理的，所以在早期的优化设计阶段过程中，通常采用势流求解器作为流体动力工具（见 6.3 节和 6.4 节）。

这种方法的结果是船体上压力的详细分布以及船舶周围的波浪高度，如图 6.3 所示，以及包括阻力在内的集成。

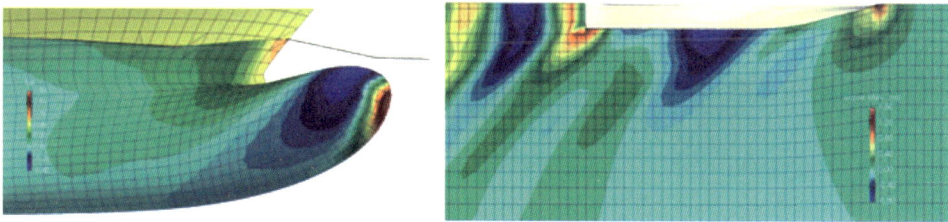

图 6.3　滚装客渡船球鼻首的压力分布和船体周围的波浪高度

这些详细的等高线图向经验丰富的设计师展示了大量的信息，他们将这些信息作为决策的基础，对船体形状进行可能的修改，以提高阻力特性。今天单独考虑一个纯粹的水动力问题，仍然是一个非常明智的方法，因为它允许直接处理可能出现的问题。这可能是球鼻首的体积大小和体积分布，它的位置与前肩、水线进水角等有关。然而在 HOLISHIP 项目的自动化优化环境中，基于数百种设计变量的结果进行可视化检查的个人决策是令人却步的。因此为自动化决策准备信息的其他方法需要使这些工具适合用于优化过程。在大多数情况下，这些工具对设计备选方案的阻力进行可靠的排序，R_T 通常用作正式优化的标准。在许多情况下，这是一个相关且有效的选择，但需要对结果进行一些预先的有效性检查。对于自动优化过程，事先检查一些极端的几何解决方案是有意义的，以确保流代码和面板网格不会产生错误，这仅仅是因为在几何修改期间违反了它们固有的约束条件。为了预防这种情况的发生,我们建议对每一种设计变量不仅计算阻力,而且计算一些监测数据,这些数据可以表明预测是否会离开其置信域。在这种情况下,一个好的选择是最小和最大的波浪高度或船体压力分布的极值。

将流程的代码集成到设计系统中对快速可靠的分析是非常重要的。在 HOLISHIP 项目中,CAESES 平台将几何参数内核作为基础。在过去使用不同类型的面板网格生成法来为势流代码提供输入数据,已经实现当前协调工作的第一步,从而可以在平台中生成单面板网格格式,然后通过不同的代码将其使用。第一个例子是 HSVA 静水通用格式代码 ν-Shallo 和 NTUA 的耐波性和增加的阻力码 NEWDRIFT 的常见格式(见第 6.4 节)。

黏性流编码

虽然面板代码可以很好地了解总阻力的特性,并可用于确定和优化船体的主要参数,但此类预测的总体精度往往不足以作出全面的功率预测。由于破碎波、流动分离、黏度对压力阻力的影响,特别是尾流拓扑结构的影响,只能近似计算,或者根本不考虑,因此需要进一步的分析来获得船舶阻力的具体信息。更复杂的 RANS 方程的 CFD 模拟有望取得进展。当然就工作量和时间需求而言,这比势流预测的要求更高。然而随着设计过程中时间的推移,一旦整体解决方案被进一步限制,使用更复杂的方法是可以实现的。在设计过程中,在具有固定的主要参数和船体特征的情况下,RANS 预测还应用于(i)预测给定设计的可靠阻力(和推进力)和(ii)分析特定细节的影响,如船体附体、开口(通常在复杂和非常规船舶上)。图 6.4 显示了 RANS 方程预测(使用 HSVA 的内部代码 FreSCo+)和(Marzi and Gatchell,2012)与散货船设计吃水和压载吃水时的模型试验结果进行比较。结果表明,该数值方法能够较好地捕捉到压载过程中船首破波、船体二次波形成等微小细节。另一个优点是现代 RANS 方法能够全面预测阻力,从而避免了前面讨论过的阻力分离造成的摩擦和压力相关的部分。

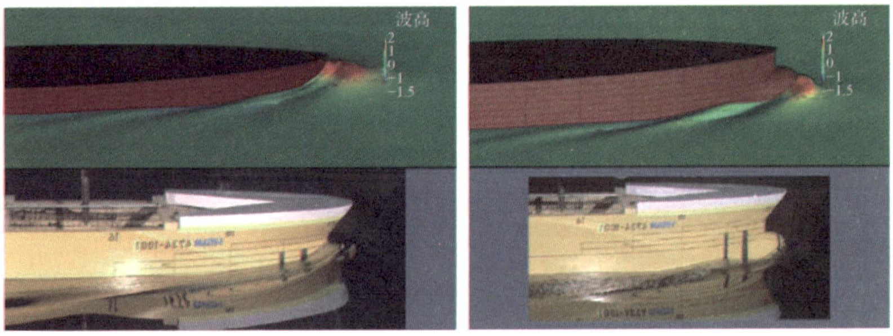

图 6.4　散货船在设计吃水(左)和压载吃水(右)时的船首波浪形成、RANS 方程预测和模型试验的比较

在新船设计过程中应用 RANS 方程需要非常小心。除了指定计算所需的适当参数外,最重要的是提供适当的计算网格。工业经验表明,预测质量有很大的差异,这在许多情况下可以归因于网格生成过程中发生错误或不一致。因此需要仔细检查网格的生成策略。MARNETCFD 最佳实践指南(Marnet-CFD,2003)对该主题提供了很好的介绍,应该密切关注。根据应用的方程和时间的推移,用户应该逐步建立自己的最佳实践建议。

6.1.2　推进

虽然船舶阻力通常占船舶在水中运动所需能量的 70%，但螺旋桨或更好的螺旋桨、推进装置的效率则占其余部分。对于已知的舰船阻力 R_T，有效功率是：$P_E = R_T v_s$，其中 v_s 是船舶速度。因此，P_E 表示以给定速度牵引船舶（无推进力）所需的功率。然而对于带螺旋桨的船舶，输出功率 $P_D = 2\pi Q n$ 是决定性的，其中 Q 是螺旋桨的扭矩，n 是转速。输出功率与发动机的发出功率有关，同时考虑轴和齿轮的效率以及功率输出（如有）。从纯流体力学的角度来看，输出功率和有效功率之间的关系描述了推进系统的质量和效率：

$$\frac{P_E}{P_D} = \frac{R_T v_s}{2\pi Q n} = \eta_D \tag{6.5}$$

这里，η_D 描述了总推进效率，这是在运行条件下船舶推进装置质量的主要量度。就提高能源效率而言，新船的设计目标肯定是 P_D 的最小化。这提供了两种可能性，即阻力 R_T 的最小化或 η_D 的最大化。在实践中，设计师将尝试兼顾两者。

为了捕捉整个系统螺旋桨和船体对总效率的个别影响，早先已经建立了对主要贡献者的分解。主要贡献者：

（1）敞水效率：推进器/螺旋桨将旋转动力 P_D 转换成推力。在具有均匀流入的孤立视图中，螺旋桨的敞水效率定义：

$$\eta_0 = \frac{T v_A}{2\pi Q_0 n} \tag{6.6}$$

其中：T 为螺旋桨产生的推力，v_A 为来流速度。螺旋桨力矩的下标 O 表示"敞水"状态。

（2）推力减额：测量船体后面的螺旋桨推力通常表明这明显高于船体的纯阻力。这主要是由于水流的加速作用，旋转螺旋桨对船体造成吸力效应。由此引起的船体压力分布变化通常会产生更高的阻力。这种吸力效应导致螺旋桨推力（与敞水条件相比）减小，是在实际工作条件下发生的螺旋桨-船体相互作用之一。推力减额系数 t 表示：

$$R_T = (1-t)T \quad \text{或} \quad t = 1 - \frac{R_T}{T} \tag{6.7}$$

（3）尾流：船体对推进器也有影响。推力减额是螺旋桨与船体相互作用的一部分，而尾流是由于船体减小来流速度和流动量作用于螺旋桨来流而产生的。由于船舶的排水量和黏性边界层导致流动速度下降和动量损失。速度损失用尾流分数 w 表示，定义：

$$(1-w) = \frac{v_A}{v_S} \tag{6.8}$$

其中，v_A 为螺旋桨平面内等效均质速度。由于形状和边界层的原因，实际速度分布往往极不均匀。在第一步中，螺旋桨平面内速度的积分得到平均 v_A 值，它代替了均质来流速度 v_S。

船舶设计中的实用程序

由于船舶设计中的实际原因，长期以来人们对螺旋桨性能的预测一直存在着不同的影响因素。因此上文定义的 η_D 被分为与上述敞水效率 η_0 的相关分量，使用上面介绍的推力推导和尾流分数得出的船体效率 $\eta_H = (1-t)/(1-w)$，以及相对旋转效率 $\eta_R = Q_0/Q$，其中 Q_0 是螺旋桨力矩。在敞水条件下保持船体后面操作时的力矩 Q。总推进效率为 $\eta_D = \eta_0 \eta_H \eta_R$。对于所有这些单独的效率，存在大量的数据，这些数据是通过模型试验和统计分析得出的。文

献中给出了用于初步设计目的的个别适当范围的效率,例如 Schneekluth and Bertram
(1998)、Krüger(2004)、Rawson and Tupper(1993)or Molland et al(2017)。

设计过程中的其他高级阶段当然会利用更复杂的程序来预测螺旋桨性能。由于尾流分数 w 的预测必然需要分析船舶边界层,因此使用 RANS 方程是不可避免的。但是当在诸如 HOLISHIP 项目的集成环境中使用适当的螺旋桨模型(参见第6.2.4.1节)时,也可以在合理时间内在相对较早的设计阶段中进行 RANS 方程推进力预测。

标准程序

对于螺旋桨的选择,在螺旋桨制造厂商进行详细的设计以适应新船型的特定尾流之前,通常采用系列模型来确定螺旋桨的敞水性能。瓦赫宁根 B 系列(B 系列螺旋桨.2017)是最受欢迎和著名的螺旋桨系列之一,它提供了广泛的螺旋桨参数,如叶片数、盘面积比、螺距直径比 P/D、桨毂直径等,以寻找最佳的螺旋桨敞水域性能。有各种各样的工具用来产生这样的 B 系列螺旋桨。

随着时间的推移,除了遵循不同设计理念的其他螺旋桨系列外,还对原 B 系列进行了广泛地改进。欧盟项目的目标对现有的螺旋桨系列进行了广泛的改进,例如最初由 Stone Manganese Marine 开发的 Meridian 系列。现代的设计和分析工具可以进一步提高螺旋桨的效率,从而有助于节省能源。

6.1.3　适航性

任何新船设计的首要品质必须是适航性。这个相当笼统的术语描述了船舶在海上的能力,以及它在所有设计条件下执行设计任务的能力。一旦超过这些条件,船舶仍应能够安全地返回避难港。这些紧急情况要求对船舶的生存能力进行特别考虑。但在正常运行条件下,船舶的性能将受到波浪和风等环境因素的强烈影响。除了在平静的海面条件下,船舶还会受到这种力的影响,这些力会造成运动在波浪中、速度损失,还会由于风力、甲板上浪、大量喷溅和猛烈撞击而造成速度损失。一个新的船舶必须在结构设计过程中考虑所有这些影响,但是它们确实对流体水动力性能产生影响,因此在早期设计阶段必须考虑,以确保新的设计能力能够安全、高效地运行在目标环境中。

船舶运动是海上作业最明显的后果。运动幅度过大在任何方面都是不可取的。它们会使船上的任务变得危险甚至不可能,降低船员的工作效率、乘客舒适度以及安全性,还包括其他影响,如由于船首相对运动过大而导致甲板上浪,以及局部波浪发展导致局部进水,甚至产生大量喷雾,这些都会产生类似的影响。

从效率的角度来看,增加与兴波阻力和速度损失相关的额外功率是一个重要特征,需要在早期设计阶段中加以考虑。这一点变得更加重要,因为静水性能的船体形状优化更为先进,只有在观察波浪中的运行情况时才能发现更多的改进潜力。

船首和某些设计中,由于大型运动和突然变化的垂直加速度(通常由敞口框架部分引起),在恶劣条件下也可能发生弯曲和船尾撞击(冲击)。由此产生的高压力会对结构造成严重的损坏。

因此即使对于商船,在船舶设计中,耐波性的考虑也变得越来越重要。对新船耐波性能分析是水动力学设计过程的重要组成部分。

工具

由于问题的复杂性和时间/频率依赖性,需要快速有效的方法进行耐波性预测。目前各种基于势流的方法,包括(非线性)条带理论代码和面板方法,都可以用来解决设计阶段最重要的问题。第 6.2.3.2 节将给出一个用于耐波性预测的面板方法示例。虽然 RANS 方程在瞬态耐波性预测方面也取得了重大进展,但必须指出在设计阶段进行黏性计算所需的时间太长,无法将其纳入有效的设计中。但是它们适用于特殊分析,例如对危急情况的分析和对较简单方法预测结果的验证。

6.1.4　操纵性

操纵性是船舶的另一个重要水动力质量,这个术语一般描述了船舶遵循规定的航线和/或执行规定操纵或改变方向的能力。然而在船舶流体动力学的背景下,预测船舶操纵能力是最具挑战性的问题之一,流动主要由与船体和附体分离的强烈旋涡结构相互作用的附体以及复杂的分离所控制。各部位、船体、舵和旋转螺旋桨之间的水动力相互作用显著增加了流动的复杂性,特别是对船尾的流动。所有这些都使得对局部和整体水动力和力矩的精确评估变得非常困难。

传统上评估船舶转向能力是通过简化的数学模型(所谓的基于系统的模型)来解决的,这些模型强烈依赖于专用操纵实验测试(即振荡运动或圆形平面运动测试)的信息,或部分来自势能理论。通常用简化的数学模型求解船舶在水面上的三维运动。需要增加操作速度和开发一个通用平台,以分析整个船舶系统在现实操作情况以及更好地调查相关的现象与横向耦合运动(特别是跟运动),对一些船型(集装箱船、滑行艇)鼓励向四自由度和六自由度动力的发展。Martelli 等(2014)中,提出了一种六自由度操纵模型,结合发动机模型,他们分析了配备非常规推进构型的双螺旋桨船推进系统性能;Awa 和 Yoshimura(2014)中提出了一种改进的四自由度模型来捕捉横摇运动与横荡运动的非线性耦合。Lin 等(2010)提出了一种基于势能理论的改进数值方法,用于预测船舶在静水中和波浪中的响应。相对于以前的模型,它允许更好地估计实际几何形状上的负载,而不需要计算费用昂贵的 Navier-Stokes 求解法。

因此,它特别适用于新颖的设计或非常规的几何形状,能够包括与旋转螺旋桨相关的影响;然而经验上的修正(如黏性阻力或考虑到螺旋桨伴流对方向舵造成的流动加速度)仍然是需要的。过去的几次分析清楚地证明,船尾区域的水流细节不能简单地用简化的操纵数学模型来概括,而船尾区域对准确预测一艘船的操纵能力至关重要。虽然对于单个测试案例,带有平面运动机构的特定拖曳水池测试可以改进对特定船舶操纵性的预测(Lewis.1988),但仍需要设计一个能够捕捉这些船舶性能的"通用"模型。在 Dubbioso(2011)中,采用简化的操纵模型来分析具有两种不同尾部附件配置的油船的操纵能力。特别是对一个标准的双舵双螺旋桨船和一个非常规的双螺旋桨单舵船进行了研究。据观察半经验回归法不能完全评估在(不寻常的)单舵配置情况下的操纵能力,很大程度上高估其拙劣的操纵性。与此相反较好的捕捉双舵结构(航向稳定)的动态特性。

这些结果清楚地表明了简化方法的局限性,尽管它们仍然非常有用,特别是在早期设计阶段,因为它们比任何 Navier-Stokes 方程都更快、更容易地使用。另一方面,CFD 虽然对 CPU 时间要求很高,但已被证明足够成熟,可用于船舶操纵性能预测。其成功的关键在于能够准确预测流场的细节,从而能够准确分析船舶在操纵过程中的行为。此外还可以对不同的螺旋桨-舵布置或控制装置上的其他修改进行详细检查,并对可能出现的危险情况进行修改。要了解目前的技术状况,有兴趣的读者可以参考最新的海洋流体动力学 CFD 研讨会(Stern et al. 2011;Simonsen et al. 2014)。从数学角度出发,将刚体运动方程与非定常雷诺-平均纳维-斯托克斯方程耦合求解。在计算上,困难产生于相对运动物体的存在,因此必须仔细考虑一些棘手的问题。在 RANS 方程中可以方便地实现滑动网格或动态重叠网格方法,使船舶在固定的背景下运动,并允许船舵相对于船体运动。此外由于内存和 CPU 的要求,只有使用高效的并行代码才能获得合理准确的结果。然而尽管存在这些困难,基于RANS 方程的 CFD 技术现在已经达到了令人满意的准确度,可以应用于分析与操纵有关的问题(规定的或预测的操纵)。由于对用时的要求极高,且使用所需的专业知识水平较高,迄今为止基于 CFD 的工具仅适用于特殊分析,以及通过简化的数学工具或方法验证预测结果。第 6.2.4 节将给出一个的研究与操纵有关的特定问题的方法。

6.2　不同类型的流体动力工具

船舶设计过程通常包括不同的项目阶段。从空白纸开始,对船体尺寸和排水量进行初步估计,很快就会有船体的草图和在给定速度下的动力需求。随着时间的推移,这将逐渐向更切实的数据方向发展。虽然在过去为一艘新船提供初步设计的估计数值和提供合同设计验明结果之间或多或少地存在区别,但近年来这些界线在逐渐消失。在早期设计阶段提供实际信息的需求变得越来越紧迫,设计过程必须适应这些需求。HOLISHIP 项目的构思是考虑到开发和提供设计解决方案的必要性,这些解决方案以快速、集成和整体的方式提供结果更大的灵活性和更高的准确性,这当然包括水动力分析工具。

尽管近年来(更多的)高保真分析工具在性能和灵活性方面取得了显著的改善,但从最复杂的黏性流预测开始以确定新船舶设计所需的推进力仍然毫无意义,设计甚至连主要尺度都不知道。这表明仍然需要考虑基于统计数据的非常快速和简化的整体评估方法,以对一艘新船进行初步评估。

一旦知道了主要尺度,就可以根据现有形状创建第一个船体形状,并通过转换进行调整,或者完全重新开发。此时 CFD 工具进行更详细的分析,更重要的是开始进行格式优化。在设计的早期阶段,仍可使用大量的参数来确定船体形状,因此需要快速工具"覆盖地面"并确定最有前途的方案。通常不可能使用复杂而耗时的黏性 CFD 代码(RANS),需要耗时较少的分析方法,如势流代码。考虑到速度和灵活性,尤其是集成到整体平台等设计环境中并与参数化 HullModel 相结合时,这些方法通常能够在合理时间内评估大量设计的备选方案或参数。在确定主要尺度时,目前的势流分析已经可以在设计过程的最开始阶段使用,从而模糊了统计方法和 CFD 分析之间的界限。

采用成熟的黏性流代码标志着流体力学分析工具上了第三个层次,在进行了主要设计选项的研究并决定确定准确的数字后,将进一步应用先进设计阶段中的这些工具。例如用于功率需求。

6.2.1　基本注意事项

水面舰船会产生随船的速度(排水量)而变化的波浪。产生这些波需要能量,而能量通常来自于"兴波阻力"的损耗。在航行过程中,兴波阻力是船舶总阻力的重要组成部分,特别是在高速航行时,而另一个主要因素——摩擦阻力,将在低速航行时占主导地位。兴波阻力是由两波系统相互作用产生的,这两波系统是由船首和船尾(理想流体中的驻点)处的波浪波峰和沿船身产生的典型加速流所形成的船体主波系统。这被 1887 年开尔文描述的移动压力点产生的二次波系统所取代,该系统由纵波以 19.47° 角(在深水中)穿过推进平面的发散和一系列与纵向相交的凸横波形成。最后的波浪能是对作用在压力点上兴波阻力的测量。波长 λ 与船舶速度 v_s 的关系:

$$\lambda = \frac{2\pi}{g} v_s^2 = 2\pi F_N^2 L \tag{6.9}$$

其中,$F_N = \dfrac{v_s}{\sqrt{gL}}$ 是无量纲弗劳德数。

实际船舶的整个波浪系统是由多个压力点组成的,这些压力点都以相同的速度运动并产生各自的波浪系统。对整个波浪系统的主要贡献是船首、前、后肩和船尾,根据上述公式产生长度为 λ 的波浪。这些波系相互干扰,当一个波系的波峰与另一个波系的波谷相互干扰时,便可获得有利的情况。

选择船舶的"正确"长度

对于一次波系统,当船舶长度为 $\lambda/2$ 的奇数倍时,即

$$L/\lambda = 1.5, 2.5, 3.5, \cdots = 1/2\pi F_N^2 \text{ 实现了船首波和船尾波的干扰。} \tag{6.10}$$

表 6.1　有利和不利弗劳德数

有利干扰		不利干扰	
L/λ	F_N	L/λ	F_N
1.5	0.325	1.0	0.399
2.5	0.525	2.0	0.282
3.5	0.213	3.0	0.230
4.5	0.188	4.0	0.199
$\cdots$	$\cdots$	$\cdots$	$\cdots$
$(2j+1)/2$	$\sqrt{\dfrac{1}{2\pi L/\lambda}}$	j	$\sqrt{\dfrac{1}{2\pi L/\lambda}}$

而不利的弗劳德数是由于船长等于波长的整数倍而产生的,因此得出以下有利和不利的弗劳德数(见表 6.1):

当第一组具有正干扰的弗劳德数通常表示为"波谷弗劳德数",后者通常被称为"波峰弗劳德数"。在可能的情况下,应选择与"波谷弗劳德数"对应的船舶长度。

当然这并不总是可能的。因为设计的其他边界条件和一艘船的不同营运状况可能以不

同的速度航行，而不是所有的速度都能符合有利的 F_N。然而在这些情况下，仍然有可能调整前向和后向的干扰，找到正干扰后肩可以实现抵消效果。在这种情况下球鼻首可以发挥重要作用，它将把最大的首波仰角向后移动。通过调整前肩的位置可以得到积极的效果。早期的一个例子是 20 世纪 20 年代德国跨大西洋客船"欧罗巴"号和"不来梅"号开发的线型。这些都是第一批使用实用型球鼻首的船舶（与今天的标准型相比仍然很小）。Marzi 等（2014）重新审视了两艘船的设计，并证实了 Kempf（1930）指出的球鼻首对船体其他波系的正干扰。图 6.5 显示了 Kempf 提出的概念考虑与当前势流计算的比较。

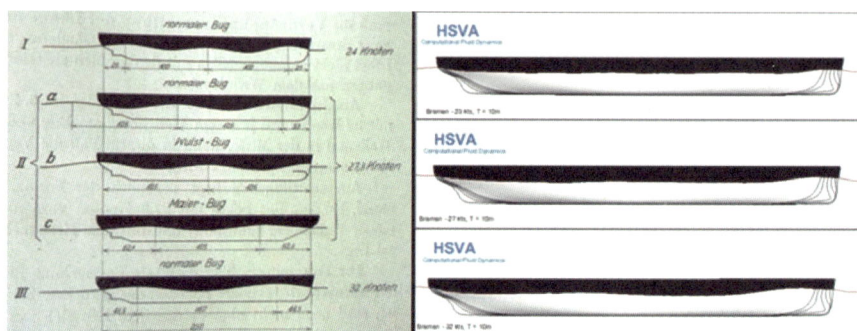

图 6.5　根据 20 世纪 30 年代波浪干扰的理论考虑因素与跨大西洋班轮"Europa"号当前势流量预测

对于一个新的船舶项目，通常不可能仅根据水动力的考虑自由选择长度。HOLISHIP 图中所展示的优化示例表明，现代设计优化不可避免地是多目标优化，需要花费很多的时间考虑到许多（通常是互相矛盾的）边界条件。但是如果整个过程都是在认可的知识基础上开始，那么对于一个新开发的设计来说，它是一个很好的起点。因此在可能的情况下，设计师应尽可能根据过去的最佳实践，特别是船舶的长度，为新设计选择主要参数，以便使它在大多数情况下采用有利的弗劳德数航行。

一旦这些先决条件得到满足，就可以进行下一步的水动力设计优化，这将包括应用经验方法和 CFD 工具来进行专门的船体形状优化。

6.2.2　验证工具

验证工具——由于其简单的特性，用于非常早期的设计阶段，以获得阻力、需求功率的初步估计，有时甚至评估耐波性和操纵性。在上世纪大量的经验方法被用于各种各样的应用，在 Schneekluth 和 Bertram（1998）以及 Molland 等（2017）的文章中可以找到很好的概述。

在初始阶段，Holiship 项目也在设计平台中集成了一套精选的经验方法。其中包括：

（1）Holtrop-Mennen 法（斯特拉斯克莱德大学提供）：用于阻力和推进力预测的方法。根据 Holtrop and Mennen（1982）提出的准则计算了船舶阻力的六个分量（摩擦阻力、附体阻力、兴波阻力、球鼻首阻力、浸入式船尾阻力和模型-船舶相关系数）。然后利用该方法进行功率计算，得到轴功率的估计值；

（2）改进的 Hollenbach 方法（HSVA 编制）：双螺旋桨滚装渡船（ROPAX）在均匀龙骨、

吃水条件下设计静水阻力预测。该方法将原始 Hollenbach 方法和现代滚装渡船的新数据库结合使用。利用人工神经网络和粒子群方法，对原 Hollenbach 方法的主要参数和系数进行了调整，使其适合于 RoPAX 船舶。这个成功的示例为将该方法进一步扩展到其他船型提供了途径；

（3）Wageningen B 系列（斯特拉斯克莱德大学提供）：该工具使用 Wageningen B 系列多项式近似来预测螺旋桨推力和扭矩特性。该工具的主要目的是在初步设计阶段，在仅知道已安装螺旋桨的一些主要尺寸和比例的情况下估计螺旋桨的特性。此外还考虑了雷诺数修正（如果 $Re > 2.0 \times 10^6$）。

CASES 软件连接器概念非常灵活，并将来会允许包含更多的方法。

6.2.3 势流量代码

在船舶设计中，势流代码仍然是 CFD 分析的主要工具，与更复杂的黏性分析工具相比，势流代码的相对速度为快速研究更多的设计方案和评估其相对潜力提供了主要优势。在早期（设计）阶段，大型部件或整个船体的优化发挥着重要作用，它们是必不可少的手段。

在过去的几十年中，许多势流代码已经被开发出来，专门用于船舶设计。在项目结束时，将在整体设计平台中实现各种功能。下面给出几个例子来说明应用程序的广度。除了这里显示的内容外，还可以考虑使用其他工具。

6.2.3.1 静水阻力

ν-Shallo—HSVA

兴波阻力流代码 ν-Shallo（Marzi and Hafermann，2008）是一种完全非线性的自由表面势 CFD 方法，用于计算自由表面船体周围的无黏性流。采用平板网格法对船体和水面进行离散化。允许计算大量不同的流量情况，包括（无限的）深水条件、浅水、单体船/常规船、多体船（双体船）、小水线面双体船、三体船、不对称船（单体船和双体船）和潜艇。

计算的标准输出是船体上的压力分布、船体周围的波浪高度以及诸如力、纵倾和升沉等积分结果。如 Jensen 等（1986）所说用 ν-Shallo 在配点法中迭代处理非线性自由表面边界条件的原理，如 Söding（1993）所说用贴片法处理船体边界条件和压力积分。

由平行流的叠加和朗肯点源的分布产生的空间势函数来描述流。

$$\phi = -Ux + \sum_i m_i \frac{-4\pi}{r_i} \tag{6.11}$$

在这个方程中，m_i 表示每个点源的强度，r_i 是点源和计算电势的位置之间的距离。速度和加速度通常可以计算为势 $V = \nabla\phi$ 的导数。

在这种方法中，点源位于流态之外，以避免方程的奇异性。源分布在船体湿表面和自山表面以上。流代码确定了未知的源强度、平衡漂浮条件（平衡和升沉）、船舶湿表面和自由表面的位置。

用三角形和矩形块对船体表面进行离散，从初始输入网格开始，在迭代过程中对其进行修改，以捕捉实际自由表面的位置（见图 6.6）。

点源位于每块板湿表面的中心附近，并根据板格的大小和形状在主体内移动。方尾上没有板格，只是保持打开（即强制执行干方尾条件）。

在船体周围的自由表面上分布着一个配点网格。网格的总长度和宽度以及间距都是根

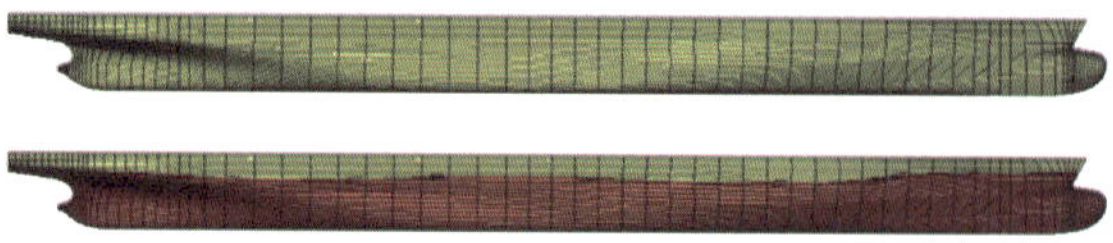

图 6.6　ν-Shallo 平板网格初始(顶部)和迭代期间(底部)

据弗劳德数自动确定的。同时根据弗劳德数预设最里面一行配置点的横向距离,在船尾有部分被淹没或水位过高的情况,则需要在方尾后面附加排列一排配置点。在初始设计阶段中,假设一个未受干扰的自由表面。对于自由表面上的每个配置点,从上一步开始插值自由表面边界条件中使用等流量的速度和加速度。开始假设这个迭代时船的速度与平行流动时相同。

点源产生于自由曲面网格上每个配置点的上方。它们所处的位置取决于未受干扰的自由表面的纵向间距(见图 6.7)。为了加强辐射条件,每行上游配置点上方没有点源。相反在每一行配置点的下游都有一个额外的点源。

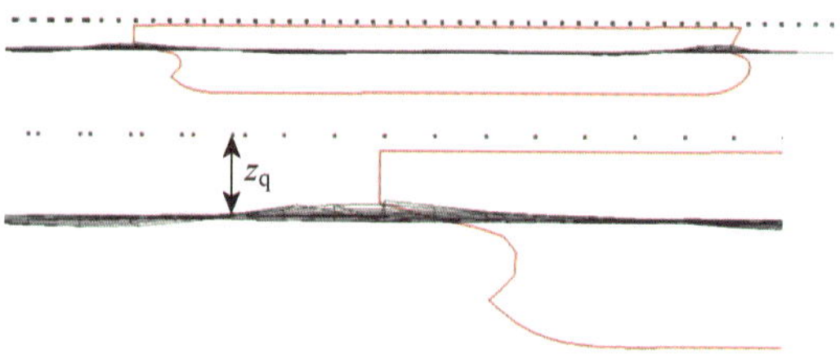

图 6.7　自由表面上的源分布,异化高度 z_q

建立一个线性方程组,将点源的强度作为未知数处理。有两种类型的方程:在自由面上的每个配置点上,应用 Jensen 等(1986)所示的运动学和动力学自由表面边界条件的组合,线性化围绕自由水面位置和流势的近似解。

在被淹体上的每个贴片上,建立了一个方程,要求通过贴片的总流量必须为零(Söding. 1993)。

由此导出了一个系数矩阵和相对较弱的对角线优势的线性方程组。为解决未知源强度问题,采用消元法和迭代法相结合的求解方法。然后很容易在每个配置点和板格角上确定势及其导数。利用电势及其在贴片角上的导数,计算贴片角上的压力,从而确定贴片角上的压力。同时在压力积分中考虑了伯努利方程中的流体静力学。此外确定物体上速度的平方,计算摩擦形式因子的近似值:

$$k = \int_{S_{wetted}} \boldsymbol{v}^2 \, \mathrm{d}S / U^2 S_{initial} \tag{6.12}$$

这形状因子解释了湿表面的变化以及速度分布的不均匀性。需要注意的是 k 不能与用 Hughes-Prohaska 方法与实验中确定的零弗劳德数近似的形状因子进行比较。根据垂直力来估计纵倾和升沉,船体网格也随之移动。

根据伯努利方程计算了配置点处的波高。波浪沿船体的高度可以通过将最内层的配置点沿水面局部坡度投影到船体上来确定,也可以通过伯努利方程来确定。

实际应用

在早期设计阶段,当有大量的自由参数可用时,势流代码是进行船体优化的理想工具。球鼻首的形状和大小是它们应用的主要例子。图 6.8 (Marzi and Gatchell. 2012)展示了一个集装箱船球鼻首优化的例子,使用了定义球鼻首的几个参数(长度、尖端高度)的系统变化。

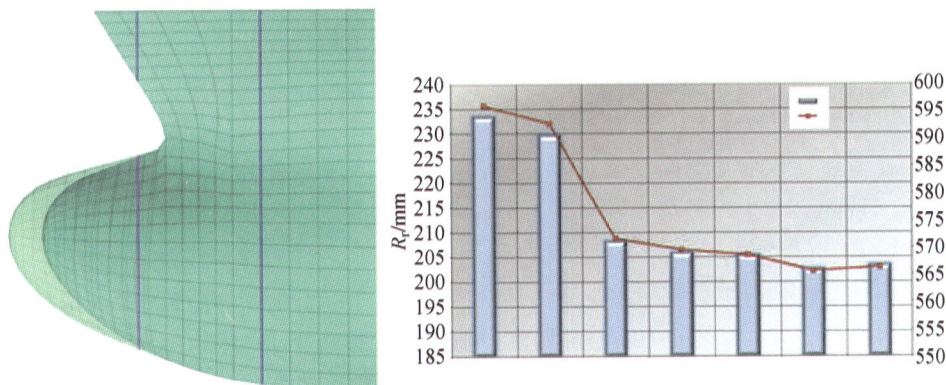

图 6.8　球鼻首优化-兴波阻力的评估

随着时间的推移,已经建立了许多不同的过程链来进行全自动或半自动优化。在 Holiship 项目中进行的最新开发已将 Nuv-Shallo 集成到 Holiship 设计平台中(见第 8 章),可以用作总体设计优化中的子模块。用户界面如图 6.9 所示。

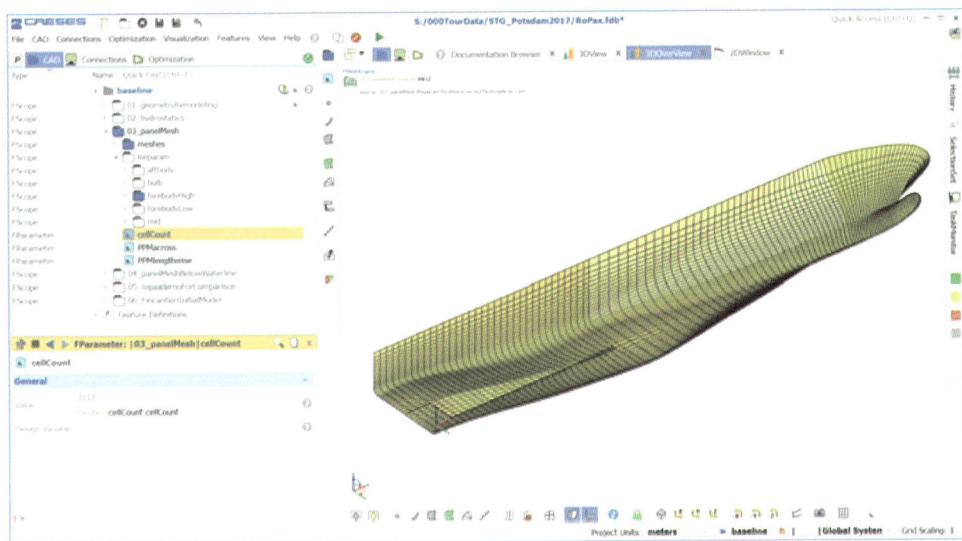

图 6.9　整体设计平台(CAESES)中的 ν-shall 界面

WARP(CNR-INM)

兴波阻力程序(WARP)求解程序是基于线性势流理论,用于估算水下航行器以及单体船和多体水面舰艇的兴波阻力。最简单的线性公式(开尔文线性化)是通过假设实际流量受到自由流的轻微扰动而获得的,其势函数由 $\varphi = Ux + \bar{\varphi}$ 给出,它为拉普拉斯方程提供了 Neumann-Kelvin 问题。Dawson(Dawson, 1977)提出的进一步线性化是基于这样一个假设,即船体附近的流动在双模型流动周围受到扰动,其势函数由 $\varphi = Ux + \varphi_d + \bar{\varphi}$ 给出。Neumann-Kelvin 问题通常适用于细长船体和高速度船体。而双模式通常更适合于较宽的船体和低速行驶。

一旦解决了水流动问题,兴波阻力就由体表上的压力积分和横波切割法来评估。根据局部雷诺数,用平板近似法估计摩擦阻力。通过对流场求解程序和运动方程的迭代,得到稳定的两自由度平衡(即升沉和纵倾的预测)。

该工具已被证明为初始设计阶段提供了合理的结果,并与计算和实验结果进行了较好的验证。注意所使用的势流公式和计算网格,特别是对于非常低和非常高的弗劳德数,以及在任何时间预期会发生流分离。

实际应用

利用兴波阻力程序对几种军用舰船的静水力性能进行了预测,并将实验数据和 RANS 仿真结果进行了比较,验证了结果的可靠性。例如本文报告了 DTM5415 海军战斗人员(见图 6.10)对大范围前进速度的总阻力、下沉和纵倾的预测。

计算网格包括:船体表面 150×30 个板格,自由表面分别在上游、侧面和下游的贴片上使用了 30×44、30×44 和 90×44 个板格(网格和计算域的扩展见图 6.11)。

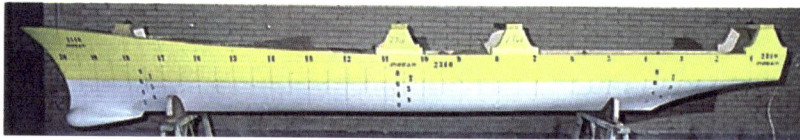

图 6.10　DTMB 5415(CNR-INM 2340 型)

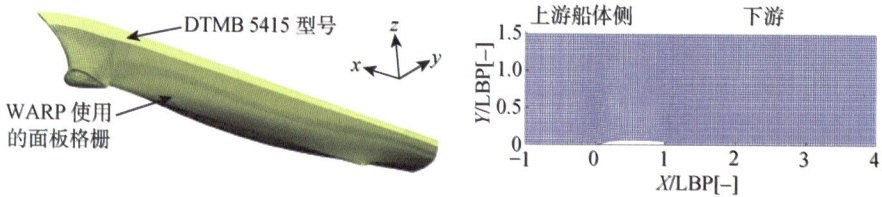

图 6.11　WARP 的计算面板网格

在图 6.12 中,将 WARP 的计算结果与实验数据(Olivieri et al. 2001)和 RANS 仿真(Serani et al. 2016)进行了比较。阻力(至少在低速和中速下)和纵倾的情况一致,而对升沉量的估计则略有不同。这里报告的同一艘船舶将在 6.3.1 节中展示形状优化的示例。

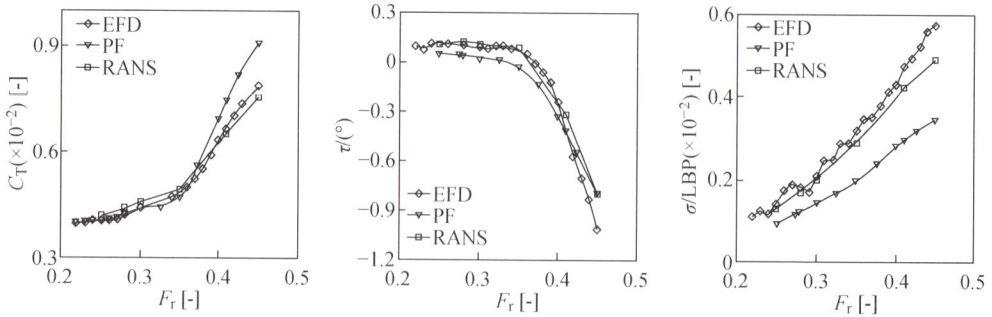

图 6.12　WARP 与实验和 RANS 估算相比较的总阻力系数,纵倾和下沉预测

另一个实际应用的例子是小水线面双体船(SWATH)的静水力预测估计(见 Pellegrini 等.2018);其几何形状如图 6.13 所示。在这种情况下,模型是固定在压载条件下的。同样的模型将被认为是使用自适应多保真元模型(AMFM)算法优化 hullform 的一个例子,其中 WARP 作为低保真度求解程序(第 6.3.2 节)。

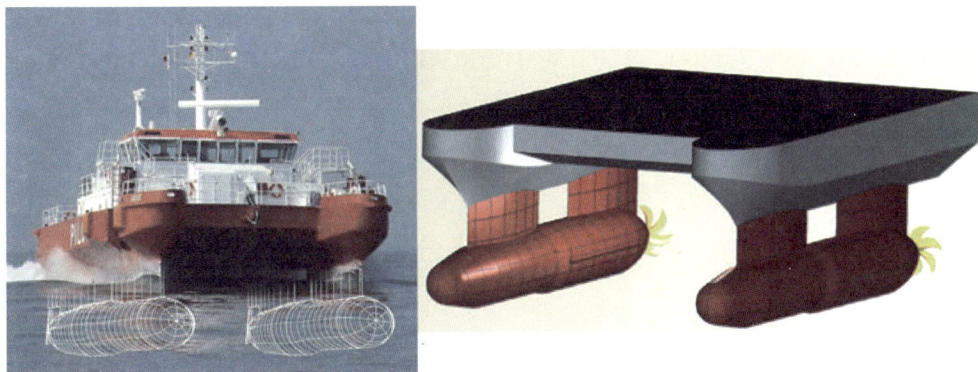

图 6.13　小水线面双体船(SWATH):左,实船(右),CAESES® 模型

图 6.14 显示了 Xnavis(第 6.2.4 节中描述)计算的解与原始 SWATH 几何形状以设计速度 $F_N = 0.489$ 前进的解的比较,显示了波浪高度、船体压力和水动力阻力。值得注意的是,无论是在船首还是在船尾,Xnavis 计算的波高都高于 WARP。

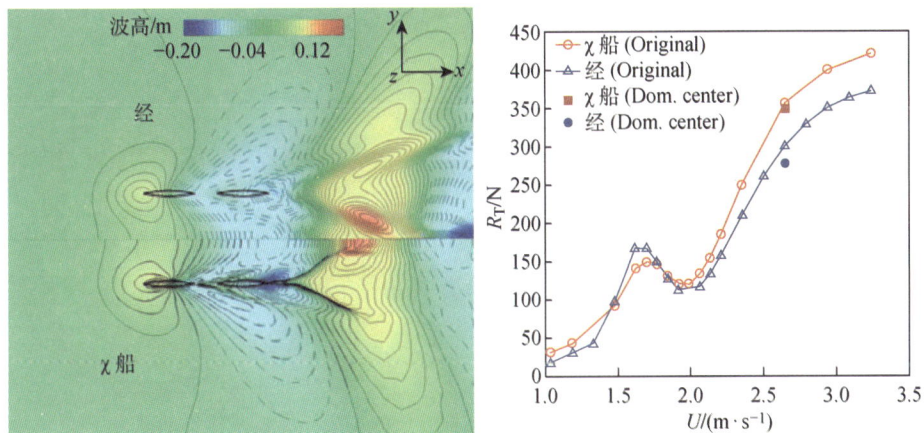

图 6.14　针对 SWATH 的兴波阻力程序(WARP)与 Xnavis 计算结果关系。左:波形;右:总阻力

从单相水平集方法估计的波高显示,在船尾支柱的后缘和随后的高公鸡尾巴处有一个大的波谷,存在包括碎波现象在内的陡波。波型与船体上的压力场有关。差异明显是由于在兴波阻力程序中没有考虑一些黏性影响(例如边界层分离)。同样黏性效应也导致了阻力估算差异的原因,其中 Xnavis 计算出的水动力阻力在 2 m/s≤U≤3.2 m/s 时高于兴波阻力程序计算的阻力。

正如已经指出的那样,势流求解程序能够以较低的计算成本提供合理的水动力学的结果,因此作为船舶设计优化的水动力工具是一个可行的选择。在 6.3 节中报告了这个框架中兴波阻力程序使用情况。

6.2.3.2　耐波性和附加阻力

船舶和海上结构物耐波性分析的势流三维板格代码(NTUA)

NEWDRIFT 是一种基于格林函数法的频域三维板格代码,可用于评估受入射规则波影响的船舶和浮动结构物的运动、波浪荷载和平均二阶力(Papanikolaou. 1985;Papanikolaou and Zaraphonitis. 1987、1992)。图 6.15(升沉 RAO)和图 6.16(纵摇 RAO)(Papanikolaou et al. 2000)对比了用 NEWDRIFT 计算的一阶运动和 CEHIPAR 的实验测量结果。CEHIPAR 是一艘高速圆舭单体船,船首规则波速度为 20 kn($F_N = 0.3$)。

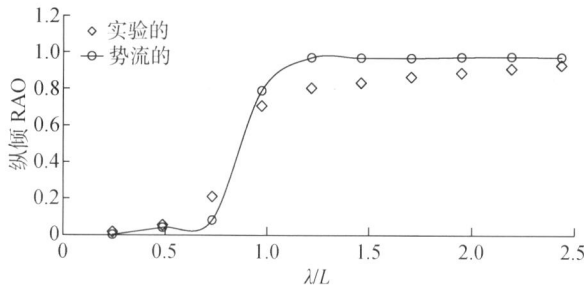

图 6.15　航速 20 kn($F_N=0.3$)条件下首规则波中高速圆舭单体船的升沉运动(船舶和海上结构物耐波性分析的势流三维板格代码的结果与来自 CEHIPAR 的实验测量结果对比)

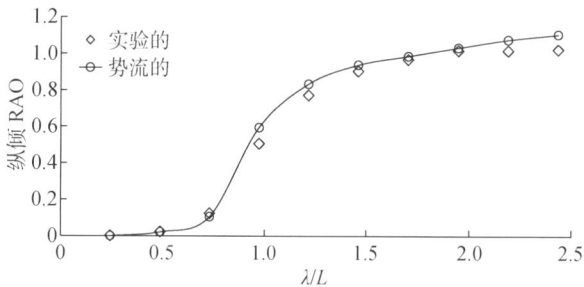

图 6.16　航速 20 kn($F_N=0.3$)条件下首部规则波中高速圆舭单体船的纵倾 RAOS(船舶和海上结构物耐波性分析的势流三维板格代码的结果与来自 CEHIPAR 的实验测量结果对比)

NEWDRIFT＋是在原有的 NEWDRIFT 代码基础上开发的,增加了计算船舶兴波阻力的软件工具。NEWDRIFT＋代码已用于 HOLISHIP 项目所需的优化研究。特别是 NEWDRIFT＋中包含了 Maruo 计算波浪中附加阻力的远场方法(Liu et al. 2011)。本书还考虑了一种半经验短波修正方法,该方法对实际波谱所表示的航道附加阻力具有很好的修正效果,并提出了一种适用于快速初步计算的改进经验公式。增加阻力的数值预测与实验结果的比较如图 6.17 和图 6.18 所示。摘自 Liu 和 Papanikolaou(2016)。采用远场法和简化的短波半经验法以及 Marin 的 Sta2 方法和 Jinkine 和 Ferdinande(1974)的方法,由 Newfloft

＋推导了数值结果。"kvlcc2"油船的试验结果来自 Guo 和 Steen(2010)和 Takahashi(1988)的 s175 船。

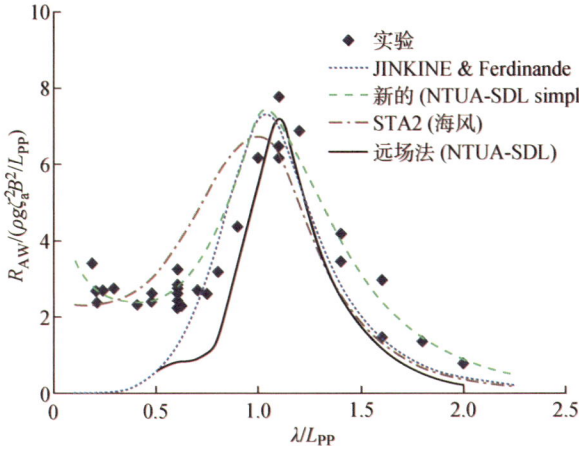

图 6.17　KVLCC2 船在首波中的附加阻力，$F_N = 0.142$

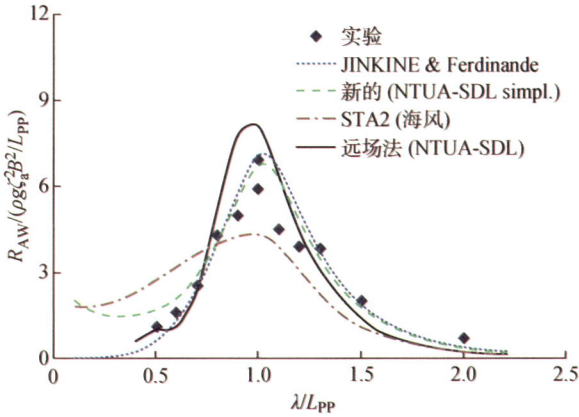

图 6.18　S175 集装箱船在首波中的附加阻力，$F_N = 0.15$

　　NEWDRIFT＋已用于 FINCANTIERI 滚装客渡船的各种优化研究中，这些研究成果在一系列论文(Harries et al. 2017)和(Marzi et al. 2018)中提出，其中附加阻力以及静水阻力的预测已用于计算推进力。

AEGIR(纳瓦泰克有限公司)

　　AEGIR 是一种基于三维势流高阶边界元法的时域耐波编码。AEGIR 是专门为单体和多体舰船量身定做的。它包括线性辐射、衍射、付汝德-克里洛夫力和运动方程以及非线性付汝德-克里洛夫力的模型和数值方法。它还实现了线性和非线性物体边界条件，线性和非线性稳态解，可适用方尾条件。数值解决方案基于几何的非均匀有理 B 样条(NURBS)表示。关于耐波预测的公式，数值实施和验证的更多细节可以在 Kring(2008)和 Datla(2009)等的文章中找到。

(NURBS)几何图形的表示。有关耐波性预测的公式、数值实施和验证的(更多详细信息请参见 Kring et al. 2008 and Datla et al. 2009)。

图 6.19 和图 6.20 给出了一个典型输出的例子,给出了不同置信区间下的升沉运动极坐标图,以及具有 Bretschneider 谱的不规则波下多船体的升沉运动、平均和标准偏差。一般来说,Aegir 还能提供船舶运动(纵荡、横荡、升沉、横摇、纵摇和首摇)以及船体上的力和力矩。非定常计算可以在具有多种海况和规则波和不规则波谱中进行,也可以改变航向和弗劳德数。

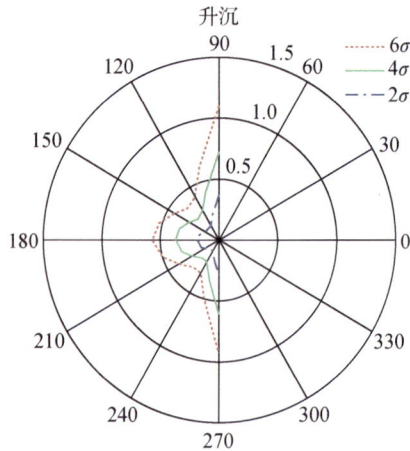

图 6.19 Bretschneider 图谱中不规则波中具有不同置信区间的双体船升沉运动的极坐标图

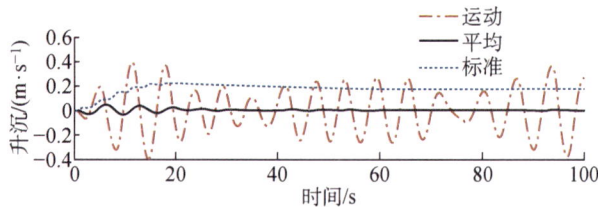

图 6.20 Bretschneider 图谱的不规则波中具有不同置信区间的双体船升沉运动

6.2.3 螺旋桨代码

QCM(HSVA)

QCM 是 HSVA 在 Nakamura(1985)提出的准连续方法的基础上开发的一种螺旋桨设计方法,该方法最初用于开阔水域,后来扩展到"在船体后面"的情况,在计算中加入一个船体尾法(Hoshino. 1985)。这可以从模型试验中得到,现在更多地是从 CFD 预测中得到。

QCM 可以对任意螺旋桨几何形状进行建模,超出了本书中第 6.1.2 节中提到的常规系列螺旋桨的典型限制。它结合了连续加载方法和离散加载方法的优点,假设加载分布在弦向上是连续的,在翼展方向上是逐步恒定的,还保留了离散加载方法的简单性和灵活性。

将本方法计算的螺旋桨敞水特性与实测数据进行比较,结果表明该方法计算的螺旋桨敞水特性与侧斜螺旋桨的敞水特性具有较好的一致性。该方法已被确定为 HSVA 等机构的标准螺旋桨设计和特性的预测工具。如今该代码主要与 RANS 代码 FreSCo＋（参见第 6.2.4 节）一起以耦合模式使用，用于数值推进预测。

　　HSVA 的 QCM 代码是使用不同建模方法（如平板、涡流或其他离散模型）的更大范围势流螺旋桨代码的一个例子。随着时间的推移，HOLISHIP 平台将集成不同的螺旋桨代码，要么用于独立分析，要么与 RANS 代码结合用于船舶推进预测。

6.2.4　黏性流代码

FreSCo⁺（HSVA）

　　FreSCo⁺（Hafermann，2007）是汉堡哈尔堡技术大学和 HSVA 的联合开发，源于框架 6 项目 VIRTUE。该代码是作为通用 RANS 方程创建的，其中考虑了船舶专用的应用程序。FreSCo⁺ 解决了不可压缩的、不稳定的 Navier-Stokes 方程。运输方程采用以单元为中心的有限体积法离散化。采用面的方法，用于任意多面体单元的完全非结构化网格。因此该代码可以使用来自不同网格生成器的网格，如完全非结构化的自动网格生成器，如 Nurneca 的 HEXPRESS。这样可以将典型网格所需的时间从几周缩短到几天。控制方程以分离的方式求解，使用体积比压力校正方案来满足连续性方程。为了避免压力和速度的奇偶解耦，沿着 Rhie 和 Chow（1983）描述的路线采用了三阶压力平滑法。完全隐式算法在空间和时间上具有二阶精度。积分的近似值是基于中点规则的。扩散项采用二阶中心差分近似，而对流通量采用高阶迎风偏置格式（如 QUICK）、一阶迎风格式和二阶中心差分格式之间的混合来估算。利用 Krylov 子空间方法迭代求解得到的线性方程组。各自的解算器由 PETSC 库提供（Balay et al. 2018 年）。代码在空间中有效地并行化。为了解决湍流问题，需要合计对湍流量求解附加的输运方程。实现了几种湍流模型：κ-ε（Standard，RNG，Chen）、κ（Standard，BSL，SST）、Menter 的单方程模型和 Spalart-Allmaras 湍流模型。为了模拟具有自由表面的流动，使用一定体积的流体方法。对于具有分离和复合流体流动拓扑的复杂瞬态模拟，FreSCo⁺ 还采用（DES 分离涡流模拟）模型，该模型用于空气动力学分析。

应用示例

　　作为专门为船舶应用程序开发的一个通用的 RANS 方程，FreSCo⁺ 能够解决各种典型和特殊的海上流动问题。标准用例当然是阻力和推进力的预测，在第 6.1.1 节和第 6.1.2 节中讨论过。在新的船舶设计时，典型的应用包括耐波性和操纵预测以及一系列详细的流量调查。

　　图 6.21 两个示例：左侧显示了首波中散货船的耐波性和附加阻力预测结果。与实验数据的比较表明，两者吻合很好。右侧的第二个示例在全面分析中显示了首侧推开口处的流量（压力分布）和格栅正确方向的详细信息。在这种情况下建议进行全面预测，因为边界层的影响（尽管靠近船首）会使流动的主要方向恶化。由于雷诺数差异很大，这在模型尺度上会有所不同。格栅的方向和首侧推边缘的形状可以影响阻力。

　　使用 RANS 代码来确定改造解决方案的选项也是一个非常好的选择。图 6.22 显示了两种这样的改造应用。左边是在 target 项目（Marzi and Mermiris，2012）中分析的 6 500 TEU 集装箱船慢速航行时球鼻首改造的详细研究。原来的设计航速度为 24 节，必须适应低于 14 节的慢蒸汽条件，以适应营运商的新服务时间表。与原始设计相比，这种优化使新

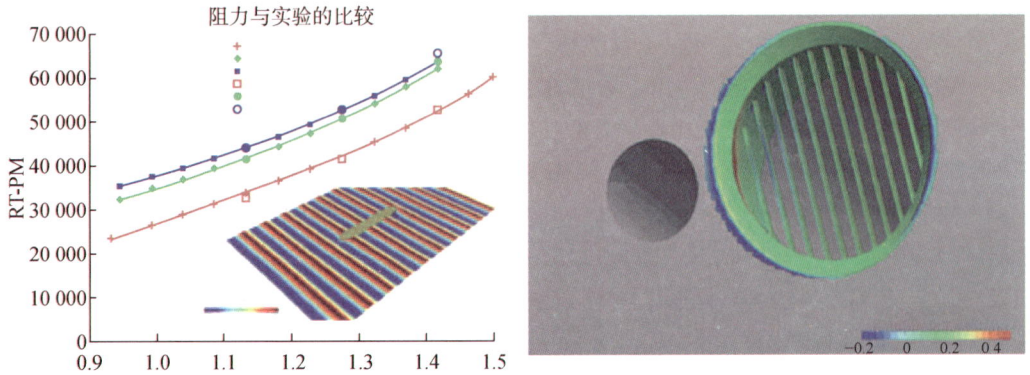

图 6.21 FreSCo⁺ 的应用:(左)散货船首波中的附加阻力;(右)首侧推开度上气流的细节

图 6.22 FreSCo⁺ 应用左图:慢蒸条件下球鼻船首;右图:节能装置 PSS 对散
货船推进性能的影响

的服务速度范围的功率降低了 10% 以上。使用 FreSCo⁺ 确认通过平板代码(v-Shallo)预测
获得的初始优化结果。右侧部分显示了为 GRIP 项目(Xing Kaeding. 2015)中的散货船设
计的预涡流定子(PSS)节能装置的 CFD 预测。图 6.22 显示了由于 PSS 引起的轮毂涡流的
变化。随后在这两种情况下进行的实尺试验后来证实,试验条件下的节能效率高达 6.8%。

所有这些都是重要的应用程序,可以在不同的设计阶段中使用。如前所述,在需要考虑
大量全局设计变量的早期设计阶段,大型、耗时的 RANS 方程将很难成为选用的方法。然
而一旦整体设计问题的解决方案空间被充分缩小,详细调查特定在任何方面将被证明是有
益的,因为它可以帮助避免维修复杂昂贵的小部件,如首侧推。在以后的设计阶段考虑到如
上所示的 PSS 节能装置,RANS 方程显然是分析其在改造中的效果的首选工具,特别是在船
舶全寿命周期的各个阶段。

Xnavis(CNR-INM)

Xnavis 代码是一个通用的非定常 Navier-Stokes 方程求解程序。RANS 方程的数值离

散化是在有限体积公式框架内实现的,其中保守变量位于单元中心。连续性方程中对流通量和速度表面积分的计算可以通过代码中几种可用的近似方案来完成,范围从一阶 Godunov 方案,二阶总变差减小方案,三阶有序的非振荡方案,三阶加权非振荡方案和经典的 frthorder 加速方案(更多细节参见 Di Mascio et al. 2001、2007、2009)。采用经典有限体积二阶公式对黏性通量进行离散化,通过伪时间积分耦合动量和质量守恒方程,利用欧拉隐式近似因式分解、局部伪时间步长和有效多重网格格式,该方法可加速收敛到无散度解。在求解中实现了多个湍流模型,即单方程 SPAlart-Allmaras 湍流模型和双方程 κ-ε 模型;该代码还能够进行大涡模拟和分离/延迟分离涡流模拟。自由表面效应通过完全非线性水平集单相方法进行模拟(Di-Mascio et al. 2007;Broglia and Durante. 2018)。

该代码基于计算域的块结构离散化,(动态)重叠网格功能也得到了实现。在"嵌合体"方法中,通过修改出现重叠区域的边界条件和内部点处理来实现网格重叠的可能性;动态重叠网格方法可以方便而准确地处理复杂的几何形状和相对运动的多个物体。嵌合体技术要求定位其他块中可以提取近似解的区域,即需要找到"供体"单元。一旦供体被识别,将搜索八个供体单元中心的凸集,并使用三线性插值法来处理,从一个模块分析到另一个模块。如果发现重叠的单元,只有当供体单元比被分析的单元"小"(更精细)时,单元才会标记为"孔"。然而与标准的 Chimera 方法不同的是,标记为孔的单元不会从计算中删除;相反通过在 Navier-Stokes 方程中添加一个强制项,以"body-force"的方式在标记单元点上强制执行内插解(更多详细信息,参见 E di Mascio et al. 2006;Zaghi et al. 2015)。

高性能计算能力是通过高效的共享和分布式内存并行实现的(Broglia et al. 2014)。螺旋桨效应可以通过螺旋桨的真实几何图形的表示来考虑,也可以使用螺旋桨盘面模型来建模(见 Broglia et al. 2013)。

该规范已广泛地应用于若干水动力学相关问题,例如水面舰艇和潜艇的机动性(Broglia et al. 2015a,b;Dubbioso et al. 2016、2017;Muscari et al. 2017a,b),军用螺旋桨(Muscari et al. 2013;Dubbioso et al. 2013;Broglia et al. 2015a,b)和多体船的流体动力学(Broglia et al. 2011;Zaghi et al. 2011)。

应用示例

本文介绍了 Xnavis CFD 求解法具有高水平能力,可用于预测水面舰艇静水力学性能的实例;被调查的模型是 Azimut Benetti 集团的豪华游艇 Grande 95RPH(见图 6.23)。

图 6.23　Azimut Benetti Grande 95RPH

对于直航推进半排水型船需要进行静水力性能分析(Broglia and Durante. 2018);该船的航速为 18 节至 34 节(即 Froude 和 Reynolds 数在[0.6:1.2]和[1.91×10^8:3.60×10^8]范围内)。计算是在不使用任何壁面函数的情况下进行的;(块体结构,嵌合体)计算网格约占半船控制体积的 18.5 M(模拟考虑了纵向对称性)。

流场的特征在于局部高压值(见图 6.24),这些值产生高能量水层,因此产生相当复杂的波动模式。然而它表明最先进的流体动力学工具能够正确地再现射流形成的复杂现象和随之而来的波浪破坏动力学以及多次飞溅和弹跳,从而可以准确预测在整个速度范围内的阻力、升沉和纵倾曲线。

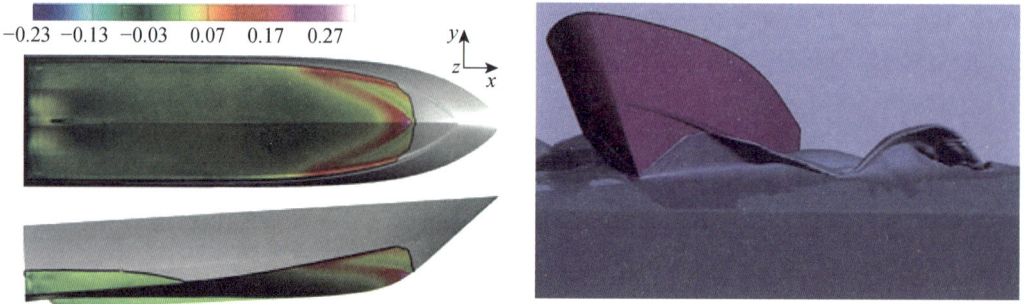

图 6.24   高速半排型船:左侧为船体表面压力分布,右侧为波型。摘自 Broglia 和 Durante(2018)

在图 6.25 中,总电阻 R_T(由重力 mg 无量纲化,m 为排水质量),升沉(即重心位置,当重心向上移动时为正)和纵倾(当船向上旋转时为正),显示估计值与弗劳德数的关系。只要有实验值(符号)就有计算值(实线)。与实验结果比较是令人满意的,能很好地预测整个速度范围的阻力(最大误差约 6%)及水池。在中、低转速下,纵倾预测效果较好。在较高的速度下,计算估计提供了一个不断下降的纵倾,而 EFD 测量显示了一种平稳状态。

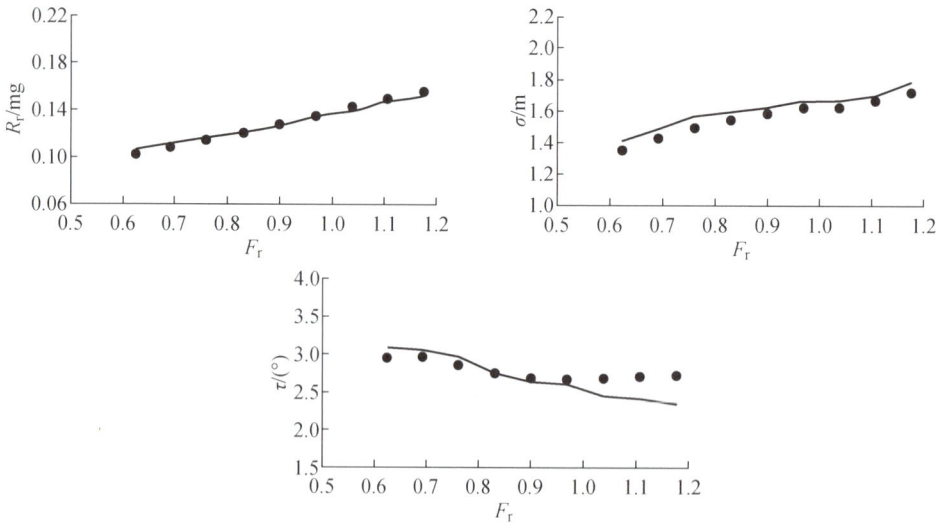

图 6.25   高速船舶阻力、升沉和纵倾预测。摘自 Broglia 和 Durante(2018)

另一个显示基于黏性流体动力工具能力的例子是对类似于油船的(自由运行)机动性预测;比较两种不同的船尾附件配置(见图 6.26)是一个挑战(另见 Broglia et al. 2015a,b;Dub-

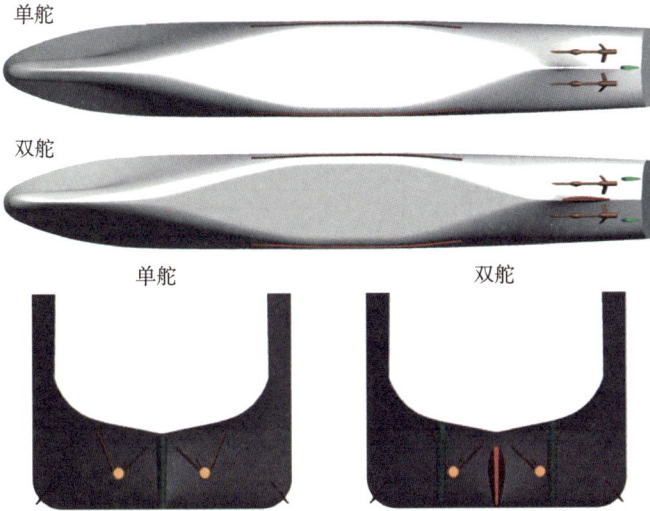

图 6.26　船舶几何形状:单舵和双舵配置

bioso et al.2016 年)。由于异常的配置,通过简化数学模型进行预测可以提供相当不准确的结果(Dubbioso, 2011)。此外必须强调的是,特别是对于严格操纵过程中产生的螺旋桨侧向力可能相关(完全附加的船体所承受的总侧向力的 15~25%),这需要将旋转螺旋桨包括在内。在实际几何形状中或使用螺旋桨模型时,应适当考虑横向力。在本文报告的结果中,由于只有螺旋桨的整体效应与精确预测操纵能力有关,因此使用了合适的螺旋桨模型(Broglia et al.2013)。

本书采用非定常 RANS 模拟方法,对船舶操舵后的运动轨迹进行了预测。类似于传统自由运行测试,模拟分两个阶段执行:(i)接近阶段,其中执行三自由度(DoF)模拟(保持首摇、横荡和横摇)以使船舶同时实现动态姿态和稳定速度(给出了螺旋桨工作点);(ii)进化阶段:当船舶姿态达到合理稳定状态后,以规定的转速旋转舵,使其达到规定的偏转角。在此阶段,进行了时间分辨的六自由度仿真;船舶可以自由地沿着由刚体运动的 6DoF 方程与 CFD 估计的外力积分所提供的轨迹前进。

在图 6.27 中,显示了运动学参数(速度降、漂移角和首摇率)的轨迹和时间历程,报告了两种配置结果。$tU_0/L_{PP} = 0$ 是操舵开始的时间;以此时模型的位置作为参考的大地固定系统的原点。船以 $tU_0/L_{PP} = 0$ 的速度(即逼近速度)归一化。在图 6.27 中,操舵的开始时间($tU_0/L_{PP} = 0$)和结束时间($tU_0/L_{PP} = 0.8$)用垂直蓝色虚线表示,可以看出水动力工具估计能够准确地捕获轨迹和运动学信息。

实验与数值结果的一致性令人满意。为了正确地估计数值模拟的质量,表 6.2 中报告了运动学和动力学参数的验证分析。从表 6.2 可以清楚地看出,CFD 工具能够为过渡和固定相提供高度精确的结果。这两种配置的操纵能力都得到了很好地获取;即与简化的数学模型相反,基于 CFD 的求解软件能够正确预测常见和不常见的船尾配置的船舶操纵情况。特别是 CFD 结果突出表明,两种方向舵配置对操纵附件的效率更高,方向舵驱动后偏航率和漂移角的斜率都更高,轨迹图中前进和回转直径也更小。较大的速度下降(约为 12%)是由于舵效应较高,导致船舶的响应速度更快。

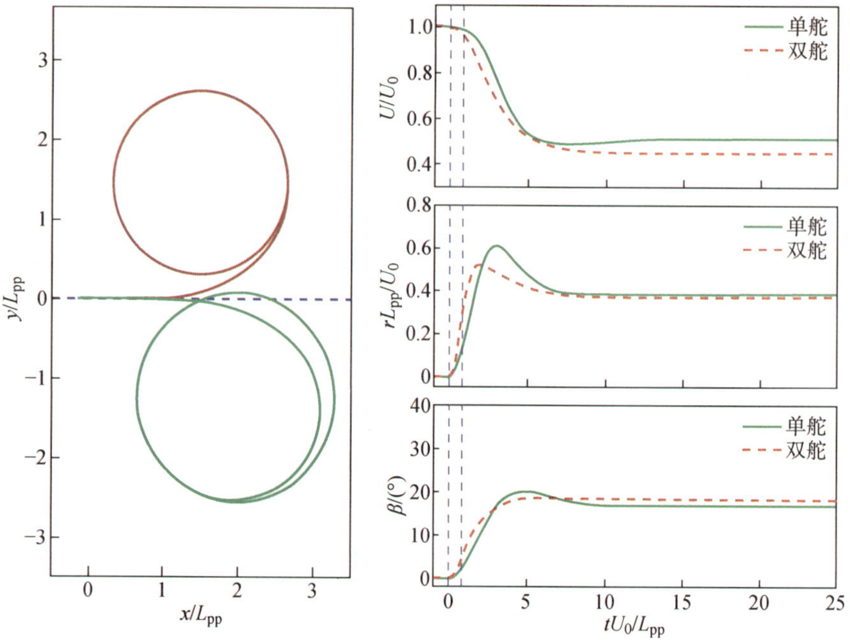

图 6.27　轨迹和运动学参数预测:单舵和双舵配置

表 6.2　单、双舵试验结果与实验测量结果对比(Broglia et al. 2015a、b;Dubbioso et al. 2016)

参　数	单　舵		双　舵	
	S	$\varepsilon\,[\%D]$	S	$\varepsilon\,[\%D]$
推进	3.02	3.63	2.59	3.99
转换	1.02	0.67	1.06	6.70
战术的	2.48	5.33	2.56	5.04
偏航率峰值	0.611	N/A	0.523	N/A
漂移峰值	20.01	N/A	18.66	N/A
回转	2.60	0.13	2.31	7.71
速度下降	0.51	7.16	045	1.65
首摇率	0.384	2.52	0.373	0.20
漂移	17.00	6.19	18.15	22.96

6.2.4.1　推进和螺旋桨模型

　　很明显,通过对旋转螺旋桨的计算,可以更准确地预测螺旋桨区域内极其复杂的物理现象,但增加的计算资源将是相当大的。因此当不需要流程的细节,一个方便的选择可能是简化的半经验模型,这些模型不会显著增加整体复杂性和资源需求。在许多航空和船舶 CFD 场景中,基于驱动盘概念的模型在内将螺旋桨的存在考虑。根据该模型,机体力场分布在有限厚度的驱动盘上。利用轴向和切向力的分布,以便在通过螺旋桨时模拟加速度和涡流引起的感应流。最简单的方法仅考虑平均效应,通过在时间和空间上平均的叶片载荷来获得模拟叶片在流场上的动作力场。时间平均值取自一个旋转周期,而空间平均值是通过在整个螺旋桨盘面上沿圆周方向分配叶片载荷而获得的。体力取决于实际速度场,而实际速度场又取决于叶片的作用。因此任何现实的模型都应该考虑到它们之间的相互影响。此外,由于这种相互影响的非线性需要迭代过程。为了显示 CFD 计算中使用的各种螺旋桨模型之间的主要差异,下面介绍两种模型。第一种是基于螺旋桨叶片上规定的循环分布,并仅考虑它们的几何形状(最大值))和主要尺寸(如弦分布、螺旋桨数量、直径等)。在第二种模型中,螺旋桨几何形状被认为是真实的几何形状;螺旋桨载荷和对流场的后续影响通过考虑有效尾流的 BEM 计算来估算。

修正的 Hough 和 Ordway 模型

在该模型中,螺旋桨载荷根据 Hough 和 Ordway(1965)提出的思路计算:在假设循环最佳分布的情况下,计算给定推进力、推力和扭矩系数(J,K_T,K_Q)、方位角平均值的轴向、径向和切向力分布。对原始模型的修改(Broglia et al. 2013),包括考虑减少螺旋桨盘面的轴向流量和螺旋桨产生的侧向力;事实证明用于预测自由运行时,这种改进可以提供更好的结果。通过计算每个时间步的推进系数、给定的螺旋桨转速以及使用螺旋桨盘面流入段的瞬时平均轴速度,计算出轴向流量的减少量。然后根据螺旋桨特性曲线计算出新的 $K_T(J)$ 和 $K_Q(J)$ 值。在假定侧向力与适当的偏流角成比例的情况下,用简化模型来计算流入的非轴对称性产生的侧向力。为此我们考虑了在航空领域开发的 Ribner(1945)的半经验方法。关于这种方法的更多细节和验证(可以参考 Broglia et al. 2013,2015a,b and Dubbioso et al. 2016)。

组合 RANS/BEM 方法

组合模型基于边界积分方程模型的耦合来求解螺旋桨载荷,并且 CFD 黏性工具用于计算船体周围的流场。这里描述的方法是在 CFD 代码 Xnavis 中实现的(Salvatore et al. 2015;Calcagni et al. 2017);文献中提供了其他几种实现方法(如对于 QCM / FreSCo⁺ 求解程序)。这里描述的组合方法中使用 BEM 工具是 PRO-INS 求解程序,用于分析船用螺旋桨的势流。非空化流动和空化流动在均匀和非均匀的起始流动中运行(Salvatore et al. 2011)。根据螺旋桨表面上的速度标量势,在与螺旋桨键一起旋转的参考系中计算时间推进解决方案。在势流假设下,质量和动量方程分别简化为速度势的拉普拉斯方程,$\nabla^2 \varphi = 0$,而速度场则表示为 $\boldsymbol{U}_p = \nabla\varphi$。

格林定理的应用导致标量势 φ 的积分公式:

$$E(\boldsymbol{x})\varphi(\boldsymbol{x}) - \oint_{S_B}\left(\frac{\partial\varphi}{\partial n}G - \varphi\frac{\partial G}{\partial n}\right)\mathrm{d}S - \int_{S_W}\Delta\varphi\frac{\partial G}{\partial n}\mathrm{d}S \tag{6.13}$$

其中,S_B 表示螺旋桨固体表面,S_W 是尾随尾流,n 是这些表面的法线单位。该符号表示尾流面上 φ 的不连续性,G,$\partial G/\partial n$ 是无界三维空间中的单位源和偶极子。最后,$E(x)$ 是在整个流体域中定义的场函数,表征 x 在流场($E=1$)内,在固体边界面($E=1/2$)或固体内部的情况($E=0$)。$\partial\varphi/\partial n$ 是通过螺旋桨表面的边界条件确定的。压力分布来源于应用伯努利定理的标量势分布:

$$\frac{\partial\varphi}{\partial t} + \frac{1}{2}\mid\nabla\varphi + \boldsymbol{U}_1\mid^2 + \frac{p}{\rho} + gz_0 = \frac{1}{2}\mid\boldsymbol{U}_1\mid^2 + \frac{p_0}{\rho} \tag{6.14}$$

其中，U_1 表示进入螺旋桨平面的流入速度。

载荷来自于螺旋桨叶片上的标量压力分布，其中黏性诱导的切向应力项对应于在相同湍流条件下运行的平板。在 proins 工具中，考虑与传动轴同轴的规定形状的螺旋桨尾流面。RASE/BEM 之间的耦合基于体积力和有效流入项的估计/交换。螺旋桨叶片表面的水动力由边界元法确定，并以体积力 Q 的形式分布在螺旋桨旋转过程中的实际位置上。将来自体积力的合适源项添加到 Navier-Stokes 动量方程中，允许在螺旋桨存在下的不稳定解。然后使用 RANSE 的速度分布来确定起始螺旋桨平面的总流量。在每个时间步，通过从 RANSE 总速度中减去 BEM 的准确螺旋桨诱导的速度，即 $U_R = U - \nabla\varphi$，计算代表船体扰动的螺旋桨的流入量。得到的分布（有效流入量）用于评估 BEM 的边界条件，$\dfrac{\partial\varphi}{\partial n}$。该过程迭代到收敛。

这种方法可用于稳态和非稳态模式；稳定的相互作用程序意味着有效流入量 U_R 和体积力项 Q 的方位角平均分布。

两种方法之间的准确度不同，如图 6.28 和图 6.29 所示，其中报告了直行推进水面舰艇自推进计算的结果。在第一个图中，简化模型的驱动盘和混合式 RAN/BEM 模型的虚拟螺旋桨叶片上的轴向速度显示了两个模型之间的精度水平不同。可以看出当简化（方位平均）螺旋桨模型以及叶片通道产生的任何不稳定（如叶片和/或舵上的不稳定载荷、船尾拱顶上的压力波动等）时，旋转螺旋桨的细节完全丢失。

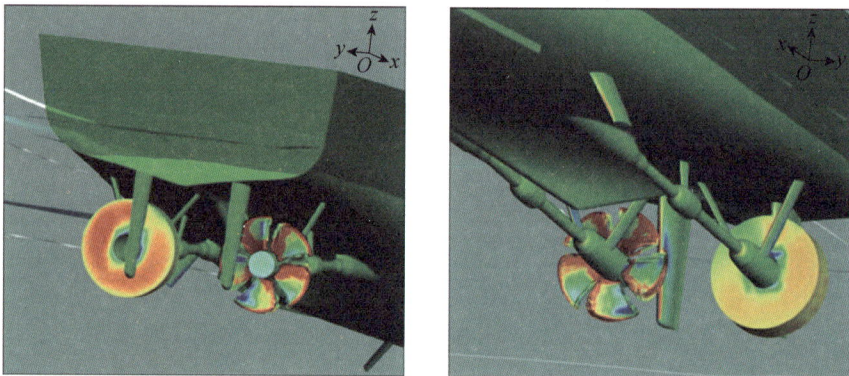

图 6.28　正前方推进的水面舰艇（自航试验）。左舷采用简化的驱动盘模型，右舷采用混合（非定常）RANS 方程/BEM（边界元法）的螺旋桨模型

图 6.29　直线前进的水面船舶（自航试验）。左侧：混合（非稳态）RANS 方程/边界元法（BEM）螺旋桨模型；右侧：简化的驱动盘模型

相反,使用更精确的螺旋桨模型,可以考虑与旋转螺旋桨和叶片通道有关的所有不稳定因素,如图 6.29 所示,其中使用 Q 因子的等值面来可视化螺旋桨尾流结构。更复杂的模型显然能够提供精确的旋桨叶片叶梢涡流的细节,包括对舵和船体影响的可能性,即允许对船体/舵/螺旋桨相互作用进行深入的非定常研究。另一方面,简化(和方位角平均)模型只能提供螺旋桨对流量强制执行的加速度和涡流(平均值),任何有关叶梢涡流的细节以及其他不稳定的影响都会丢失。

显然,通过将螺旋桨包含在实际几何形状中,可以获得准确的物理现象(见图 6.30),即通过使用完全不稳定的 RANS 方程(例如,参见 Muscari et al. 2013,Dubbioso et al. 2013;Broglia et al. 2015a,b,Canlca et al. 2010,Castro et al. 2011,Mofidi and Carrica. 2014 et al),但在计算方面的努力可能会很高。

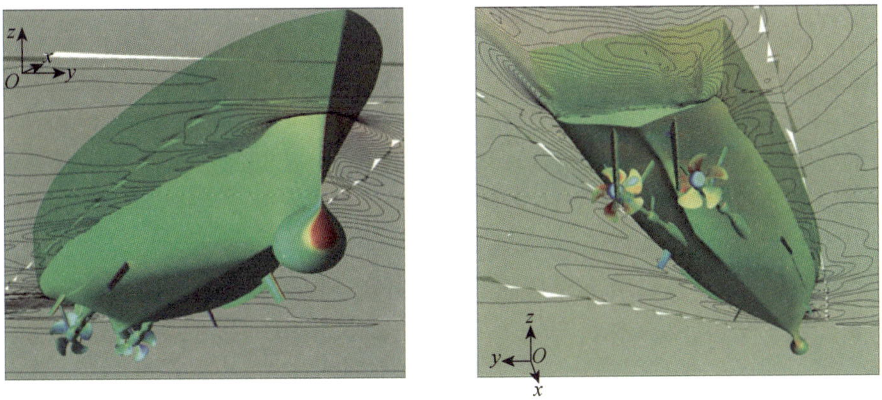

图 6.30　稳定回转操纵的水面船舶;完全不稳定的 RANS 方程模拟:船体和螺旋桨表面的压力分布

6.3　基于仿真的设计优化和自适应多保真元模型

在过去的几十年中,由于高性能计算系统(硬件)和精确的物理求解程序(软件)的可用性,复杂海洋工程系统,特别是船体的设计过程有了显着的改进。传统且昂贵的建模和测试程序(不可避免地与参数研究相关,而不是真正的优化过程)已被更先进和更灵活的仿真设计(SBD)方法所取代,该方法集成了计算机模拟、设计修改方法和优化算法(参见,Campana et al. 2006;Martins et al. 2013 提供的实例)。

SBD 通常是一个迭代过程,结合设计修改方法、数值模拟和优化算法来识别新的优化设计。为了获得精确的最终解决方案,需要高保真度的物理程序(如用于 CFD、结构分析等的程序),这导致了计算费用的昂贵。此外这些程序与优化算法的集成(可能需要大量的函数评估才能收敛到最终的解决方案)使得计算成本非常高,SBD 是一个技术挑战。为了降低SBD 的计算过程的成本,元模型方法已经被开发并成功地应用于多个工程领域(如 Jin et al. 2001)。除了元模型,还开发了多保真度(或变保真度)近似方法,目的是在一定程度上将高保真度(HF)程序的精度与低保真度(LF)程序的计算成本结合起来(Alexandrov et al.

2001)。将元模型方法与多保真度近似相结合可能会进一步降低计算成本。使用高保真度和低保真度评估,可以使用加法和/或乘法校正方法构建多保真元模型(Zheng et al. 2013)。高保真度和低保真度的评估可以结合物理模型、计算网格的大小和/或实验数据与数值模拟的组合来确定。多保真元模型已用于设计优化(参见 Zhou et al. 2015;Benamara et al. 2017)和不确定性量化(参见 de Baar et al. 2015;Shah et al. 2015)。

6.3.1　确定性无导数全局算法的局部混合

在 SBD 中,解决了一个反向问题,即设计优化的结果是在给定一组设计技术规格书(即约束函数)的情况下,使成本(由适当的目标函数定义)最小化。一般来说,目标函数和约束函数通常由偏微分方程组提供。因此这些函数(通常由合适的近似解计算)可能受到残差的影响,并且它们的导数不是直接提供的。此外局部极小值在设计空间的存在不能被排除在先验之外。基于这些原因,开发了无导数全局优化算法,为设计问题提供了全局近似解(Campana et al. 2009)。这些方法的鲁棒性和通用性使得它们不仅能成功地应用于设计优化,而且能识别和预测复杂的水动力系统。当全局技术与 CPU 时间昂贵的程序(用于流体动力学、结构分析等)一起使用时,优化过程的计算量很大,其有效性和效率仍然是该算法和技术的瓶颈。此外尽管全局优化方法是对资源探索和开发研究之间的一个很好的折中办法,但它们仍然可能陷入局部极小值,无法证明收敛到全局极小值。如果要探索的研究区域是先验的,局部优化方法可以给出局部最小值的精确近似值。然而它们的收敛性可能在计算成本上很昂贵,而且信息通常不是先验可得的。基于这些原因,全局优化算法与局部搜索方法的混合被证明是一个有用的选择。值得注意的是,文献中大量的无导数全局和局部方法都是概率性的。这些方法利用了随机系数,并已被开发出来,以维持最佳搜索的多样性。这一性质意味着只有通过广泛的数字才能获得统计上显著的结果。当 CPU 时间昂贵的计算机模拟被直接用作分析工具时,这种方法在工业应用的 SBD 优化中可能过于昂贵(通常难以负担)。因此确定性方法已成功开发并应用于 SBD 优化,包括水动力学问题(Campana et al. 2006;Campana et al. 2010)。这里作为一个例子,简要回顾了四种无导数全局和混合全局/局部优化算法,并将其应用于美国阿利-伯克级驱逐舰的水动力船体形状优化,即 DT-MB 5415 模型(另见 Serani et al. 2016),对其性能进行了评估,并与原算法进行了比较。具体来说有两种算法是众所周知的全局优化方法:(i)直接(分割矩形 Jones et al. 1993)算法和(ii)粒子群优化(PSO)方法的确定性版本(DPSO,Serani et al. 2014)。另外两种算法是分别集成到(i)和(ii)中的全局/局部混合技术。具体来说混合直接方法与基于线搜索的无导数优化(DIRMIN-2,Campana et al. 2015)和基于线搜索的无导数优化(LS-DF_PSO,Serani et al. 2015)相耦合。

考虑以下目标函数:

$$f(\boldsymbol{\alpha}): \mathbb{R}^N \rightarrow \mathbb{R} \tag{6.15}$$

和全局优化问题

$$\min_{\boldsymbol{\alpha} \in \mathcal{L}} f(\boldsymbol{\alpha}), \quad \mathcal{L} \subset \mathbb{R}^N \tag{6.16}$$

其中 $\boldsymbol{\alpha} = \{\alpha_j\}$ 是设计变量向量,$\mathcal{L}$ 是 $\mathbb{R}^N$ 的一个封闭有界子集,由每个设计变量 $\{\alpha_j\}$ 的下限 (l_j) 和上限 (u_j) 标识。目标函数 $f(\boldsymbol{\alpha})$ 的全局最小化要求找到向量 $\mathbf{a} \in \mathcal{L}$,以便:

$$\forall \boldsymbol{b} \in \mathcal{L}: f(\mathbf{a}) \leqslant f(\mathbf{b}) \tag{6.17}$$

那么,$\boldsymbol{\alpha}=\mathbf{a}$ 是函数 $f(\boldsymbol{\alpha})$ 在 $\mathcal{L}$ 上的全局最小值。然而全局最小值的准确识别可能相当复杂;因此启发式程序提供的近似解通常被认为是可接受的,用于实际目的。对于式(6.16)的解,这里显示了确定性无导数全局算法(DIRECT and DPSO)及其全局/局部混合(DIRMIN-2 and LS-DF_PSO)。

直接算法

DIRECT 是一种抽样确定全局无导数优化算法和修改的 Lipschitzian 优化方法(Jones et al. 1993)。在该方法中,问题的搜索域 $\mathcal{L}$ 被转换为单位超立方体 $\mathcal{D}$。作为一个猜测,在单位超立方体的中心(c)处评估 $f(\boldsymbol{\alpha})$;然后将超立方体划分为一组较小的超矩形和 $f(\boldsymbol{\alpha})$,在它们的中心进行评估。一般在算法的第 k 次迭代中,从当前分区开始,通过对前一个分区的一组有前途超矩形进行细分,建立新的分区。hyper-rectangles 处有"优化"的识别是基于某种程度的 hyper-rectangle 本身价值 $f(\boldsymbol{\alpha})$ 和其中心(c_i)。继续细化分区,直到执行指定数量的函数计算,或者满足另一个停止条件。最终分区所有中心 $f(\boldsymbol{\alpha})$ 的最小值以及相应中心,为问题提供了一个近似的解决方案。

直接算法的局部混合:DIRMIN-2

DIRMIN-2 是直接算法的全局/局部混合和 DIRMIN 的变体(Lucidi and Sciandrone 2002;Campana et al. 2015)。与 DIRMIN 不同的是 DIRMIN-2 在每次迭代中只执行一个无派生的局部极小化,从划分潜在优化的超矩形最佳点开始。当 DIRMIN-2 本地最小化时使用数量函数评估达到激活触发 $\gamma \in (0,1)$ 时,最大数量的比率($N_{f\max}$)功能评估。局部极小化一直进行到函数计算数量超过 $N_{f\max}$ 或者步长低于给定的公差为止。

DPSO 算法

众所周知,粒子群优化最初是在 Kennedy and Eberhart (1995a,b)中引入的,PSO 属于用于单目标无导数全局优化的启发式算法。为使 PSO 更有效地在 SBD 中使用,Campana et al (2009)将算法的确定性版本(DPSO)表示为:

$$\begin{cases} \boldsymbol{v}_i^{n+1} = \chi[\boldsymbol{v}_i^n + c_1(\boldsymbol{p}_i - \boldsymbol{x}_i^n) + c_2(\boldsymbol{g} - \boldsymbol{x}_i^n)] \\ \boldsymbol{x}_i^{n+1} = \boldsymbol{x}_i^n + \boldsymbol{v}_i^{n+1} \end{cases} \tag{6.18}$$

上述方程更新了第 k 次迭代时第 i 个粒子的速度 $\boldsymbol{v}_i^n$ 和位置 $\boldsymbol{x}_i^n$,其中 χ 是收缩因子,c_1 和 c_2 是认知和社会学习率;$\boldsymbol{p}_i$ 和 $\boldsymbol{g}$ 是认知和社会吸引器(在变量空间中定义)。具体来说,$\boldsymbol{p}_i$ 是第 i 个粒子找到的最佳位置,而 $\boldsymbol{g}$ 是整个群中找到的最佳位置。使用 Serani et al (2014)提出的设置:粒子数(N_p)等于 $4N$,在具有非零初始速度的变量域和边界上使用 Hammersley 序列采样进行初始化。系数由 Clerc(2018)提出,其中 $\chi=0.721,c_1=c_2=1.655$。

DPSO 算法的局部混合:LS-DF_PSO

将粒子群算法与基于线性搜索的无导数方法相结合,可以得到改进后的粒子群算法的全局收敛性,从而以合理的代价强制收敛到平稳点。Serani et al (2015)提供了一种强有力的方法来迫使点的子序列收敛到一个平稳点,该点满足目标函数的一阶最优性条件。该方法 LS-DF_PSO 首先将 DPSO 方案与基于行搜索的方法结合使用。具体来说,使用正跨度集合,其中搜索方向集合(d)由单位矢量 $\pm e_i = 1, \cdots, N$ 定义,如下式(即 $N=2$)所示:

$$D_{\oplus} = \left\{ \begin{pmatrix} 0 \\ 1 \end{pmatrix}, \begin{pmatrix} -1 \\ 0 \end{pmatrix}, \begin{pmatrix} 0 \\ -1 \end{pmatrix}, \begin{pmatrix} 1 \\ 0 \end{pmatrix} \right\} \tag{6.19}$$

在每次 DPSO 迭代之后,如果群没有找到新的全局最小值,则执行本地搜索。局部搜索的初始步长(ζ^k)设置为可变域范围的 0.25 倍,并且在每次局部搜索迭代时减小 $\vartheta = 0.5$。局部搜索在每个方向上继续,直到步长大于 $\mu = 10^{-3}$。如果局部搜索在不提供新的全局最小值的情况下停止,则将实际全局最小值为静止点。线搜索方法不允许违反框约束。

本节所示的 SBD 应用实例是 DTMB 5415 模型的水动力船体形状优化(见图 6.10)。在这里,单速单目标优化旨在降低静水中总阻力(18 kn 时,对应于弗劳德数 $F_N = 0.25$)。这艘船可以自由升沉和纵倾。采用正交基函数展开法对船体和声呐罩进行了改进。几何约束包括垂线间长(L_{BP})和固定的排水量(Δ),船宽(B)和吃水(T)在原始船体的 $\pm 5\%$ 之间变化。固定的 L_{BP} 和 Δ 自动满足几何缩放,而 B 和 T 的约束处理采用线性惩罚函数方法。形状修正 δ_s 是利用半船体上曲线坐标 ξ 和 η 的 $N = 6$ 正交基函数定义的:

$$\delta_s(\xi, \eta) = \sum_{j=1}^{N} \alpha_j \psi_j(\xi, \eta) \tag{6.20}$$

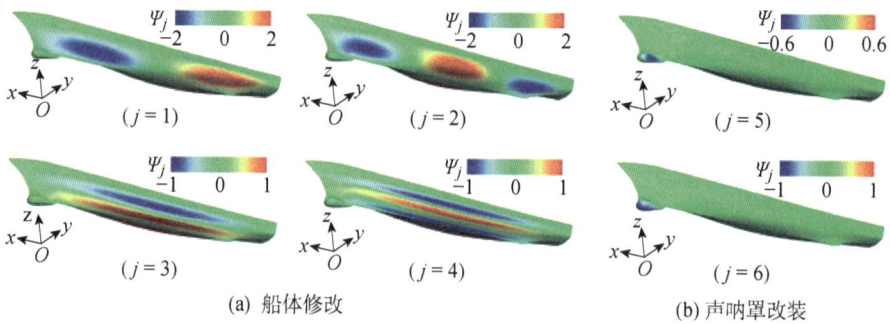

图 6.31 正交函数 $\psi_j(\xi, \eta)$

其中 $\alpha_j \in \mathbb{R}(j = 1, \cdots, N)$ 是设计变量,并且:

$$\psi_j(\xi, \eta) : S = [0, L_\xi] x [0, L_\eta] \in \mathbb{R}^2 \to \mathbb{R}^3, \quad j = 1, \cdots, N$$

$$\iint \psi_i(\xi, \eta) \cdot \psi_j(\xi, \eta) d\xi d\eta = \delta_{ij} \tag{6.21}$$

船体采用四个函数和设计变量,声呐罩采用两个函数/变量。相应的基函数如图 6.31 所示。

使用 WARP 流体动力学工具进行模拟(参见第 6.2.3.1 节)。对于船体形状优化过程,将函数评估数量的限制设置为 1 536,即 256 N。优化工作是针对(i)函数评估数量较少(192)(相当于 32 N,占全部预算的八分之一)和(ii)1536 项函数评估的全部预算(相当于 256N)。对于情况(i)优化程序分别使用 DIRECT 和 DIRMIN-2 实现 13.7% 和 15.5% 的阻力降低,并且分别使用 DPSO 和 LS-DF_PSO 降低 13.5% 和 16.0% 阻力。两种全局/局部混合算法的性能优于其全局版本。特别是,LS-DF_PSO 算法是目前解决 SBD 问题最有效的算法,以最快的收敛速度实现了最佳设计。对于第(ii)种情况,优化程序分别使用 DIRECT 和 DIRMIN-2 实现 16.0% 和 16.2% 的阻力降低,使用 DPSO 和 LS-DF_PSO 实现 16.2% 的阻力降低。

目标函数向最小值收敛的时历如图 6.32 所示,验证了全局/局部混合方法 DIRMIN-2 和 LS-DF_PSO 的有效性和鲁棒性。更详细地说尽管所有的解决方案都非常接近,但 LS-DF_PSO 总体上实现了目标函数最显著的降低。图 6.33 给出了相应优化设计变量的值,并将优化后的形状与原始形状进行了比较。

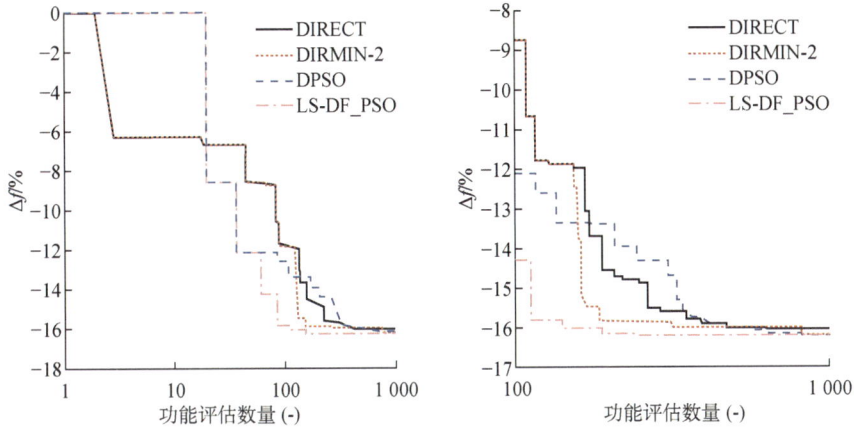

图 6.32   目标函数收敛时历（左）和前 100 次函数评估后的细节（右）

(a) 优化设计变量的目标函数收敛性

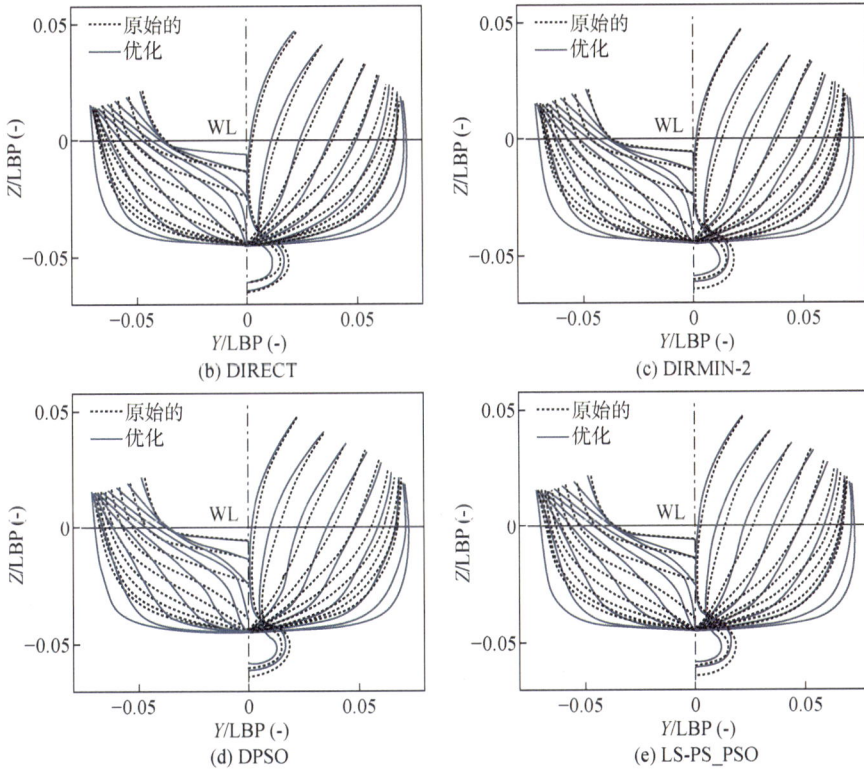

(b) DIRECT

(c) DIRMIN-2

(d) DPSO

(e) LS-PS_PSO

图 6.33   1536 次函数评估后的优化结果

通过不同算法获得的解决方案的一致性表明，可能已经实现了全局最小区域。在横向和发散的船尾波方面，在图 6.34 中可见，最终形状的波浪高度模式的减少。

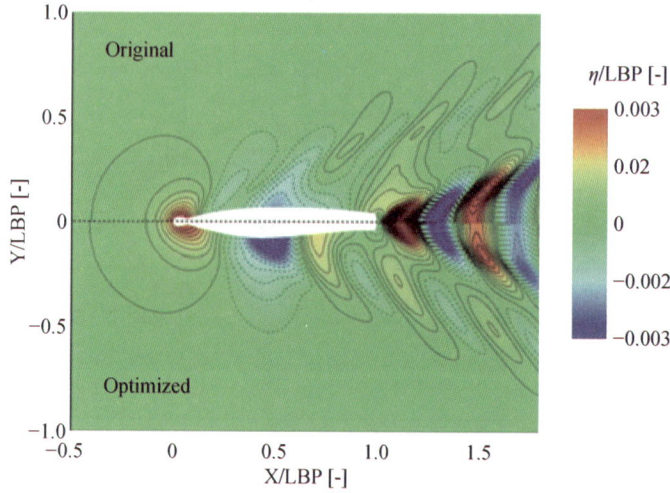

图 6.34　经过 1 536 次函数评估后的优化结果，与原始波形比较在 $F_N = 0.25$ 时优化船体形状

6.3.2　自适应多保真元模型

在自适应多保真元模型中，多保真近似被构建为低保真训练的元模型和高保真和低保真模拟之间误差的元模型的总和，即使用高保真模型来提高低保真度预测的准确性（Pellegrini et al. 2016）。元模型的使用允许降低低保真度和/或高保真度估计，并提供所需的不确定性评估，从而可以指导对训练新集的低保真度或高保真度元素需求。

考虑目标函数 $f(x)$，其中 $x \in \mathcal{R}^N$ 是设计变量的矢量。相关联的多保真元模型 $\hat{f}(\boldsymbol{x})$ 定义为：

$$\hat{f}(\boldsymbol{x}) = \hat{f}_L(\boldsymbol{x}) + \tilde{\varepsilon}(\boldsymbol{x})$$
$$\varepsilon(\boldsymbol{x}) = f_H(\boldsymbol{x}) - f_L(\boldsymbol{x}) \tag{6.22}$$

其中上标（ ̃ ）表示通过合适的元模型进行预测，例如随机径向基函数，并且 $\varepsilon(x)$ 是高保真度模拟和低保真度模拟之间的差异（误差）（分别为 f_L 和 f_H）。$\tilde{f}_L$ 的训练集用 $\mathcal{L}$ 表示，而 $\tilde{\varepsilon}$ 的训练集用 ε 表示。注意根据 ε 的定义，它是 $\mathcal{E} \sqsubseteq \mathcal{L}$。用 $U_{\tilde{f}_L}$ 和 U_{ε} 表示 $\tilde{f}_L$ 和 $\tilde{\varepsilon}$ 的预测不确定性，在不相关的不确定性假设下，与 $\hat{f}(\boldsymbol{x})$ 相关的不确定性是 $U_{\hat{f}} = \sqrt{U_{\tilde{f}_L}^2 + U_{\tilde{\varepsilon}}^2}$。然后根据 $U_{\hat{f}}$ 的以下最大化问题将新评估添加到训练集：

与 $\hat{f}(\boldsymbol{x})$ 相关联的是 $U_{\hat{f}} = \sqrt{U_{\tilde{f}_L}^2 + U_{\tilde{\varepsilon}}^2}$。然后根据 $U_{\hat{f}}$ 的最大化问题将新评估添加到训练集：

$$\boldsymbol{x}^* = arg\ \max_{x}[U_{\hat{f}}(\boldsymbol{x})] \tag{6.23}$$

一旦找到 $\boldsymbol{x}^*$，训练集 $\mathcal{L}$ 和/或 $\mathcal{E}$ 将更新为

$$\begin{cases} \text{If } U_{\tilde{f}_L}(\boldsymbol{x}^*) \geqslant \beta U_{\tilde{\varepsilon}}(\boldsymbol{x}^*) & \text{add}\{\boldsymbol{x}^*, \tilde{f}_L(\boldsymbol{x}^*)\} \text{ to } \mathcal{L} \\ \text{其他} & \text{add}\{\boldsymbol{x}^*, f_L(\boldsymbol{x}^*)\} \text{ to } \mathcal{L} \text{ and } \{\boldsymbol{x}^*, \varepsilon(\boldsymbol{x}^*)\} \text{ to } \varepsilon \end{cases} \tag{6.24}$$

其中 $\beta \in [0,1]$ 是任意调整的参数,其考虑低保真度和高保真度估计之间的计算成本比。需要注意的是,仅在第二种情况下需要 HF 估计。采样程序框图见图 6.35。

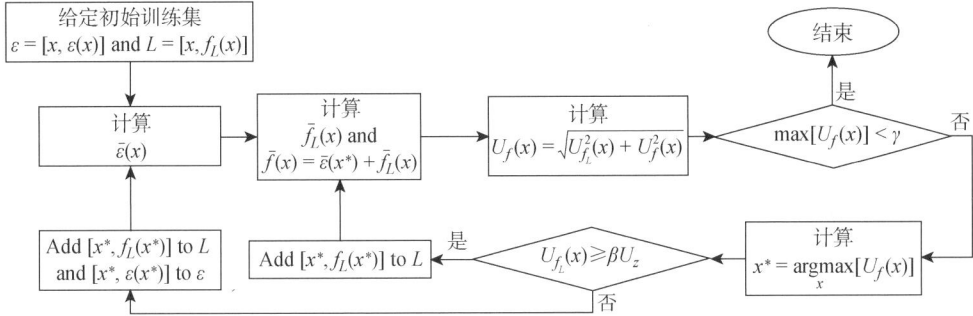

图 6.35　多保真元模型,自适应采样过程

多目标确定性粒子群优化(PSO)的混合全局/局部公式与无导数线搜索型局部算法(见第 6.3.1 节)相结合,用于最终的多目标优化[即方程的解决方案](6.23)。多目标确定性全局/局部混合算法(MODHA,Pellegrini et al. 2017b)结合了多目标确定性 PSO(MODPSO,Pellegrini et al. 2017a)公式和线搜索型无导数多目标(DFMO,Liuzzi et al. 2016)局部优化算法。

多目标确定性粒子群算法(MODPSO)公式如下:

$$v_i^{n+1} = \chi \left[v_i^n + c_1(\boldsymbol{p}_i - \boldsymbol{x}_i^n) + c_2(\boldsymbol{g}_i - \boldsymbol{x}_i^n) \right]$$
$$\boldsymbol{x}_i^{n+1} = \boldsymbol{x}_i^n + \boldsymbol{v}_i^{n+1} \tag{6.25}$$

其中,$\boldsymbol{p}_i$ 是聚合目标函数 $F(\boldsymbol{x}_i) = \sum_{m=1}^{M} f_m(\boldsymbol{x}_i)$ 的个人最小值,并且 $\boldsymbol{g}_i$ 是第 n 次迭代($\mathcal{S}$)中非支配解集 $\mathcal{S}$ 的第 i 个粒子最近点。DFMO 是一种约束非光滑多目标问题的无导数算法;它嵌入一种考虑到多个目标存在的在线搜索方法。在每次迭代中,$\mathcal{S}$ 的适应性通过超体积度量来评估 $\boldsymbol{s} \in \mathcal{S}$ 的收敛和聚类(Diez et al. 2015)。如果第 n 次迭代的超体积值没有从先前的迭代中提高因子 ϑ,则开始局部搜索。DFMO 从 $\mathcal{S}$ 的所有点开始,具有 ηN_p 评估的预算。将 MODPSO 的粒子数设置为 8 MN,使用在可变域上的 Hammersley 序列采样和具有非零初始速度的边界进行初始化。对于 DPSO 设置 MODPSO 系数,MODHA 参数设置为 $\theta = 1.0$ 和 $\eta = 10$。评估问题的数量,其中一个问题评估涉及每个目标函数的一个评估,设置为等于 2 000 MN。

作为上述算法的一个例子,本书报告了一个小水线面双体船(SWATH,图 6.13 左)的船体形状优化,以减少阻力和增加有效载荷(参见 Pellegrini et al. 2018)。自适应多保真度元模型将 Xnavis RANSE 工具(第 6.2.4 节)和 WARP(第 6.2.3.1 节)势流求解器分别视为高保真度求解器和低保真度求解器。SWATH 的几何参数是由计算机辅助设计(CAD)环境集成到 CAESES® 软件中生成,该软件由 FRIENDSHIP SYSTEMS 公司开发(见图 6.13 右)。使用了 27 个设计变量;由设计变量控制的重要几何参数是总长、支柱的间隙、浮体前端曲率和直径,轴间距离保持不变。使用 CAESES® 的 Sobol 引擎产生了 27 个几何参数的伪随机变化,提供原始设计空间参数的均匀分布。

通过展开（KLE，Diez et al. 2015）对参数模型进行设计空间维数的减少。假设 $S=$ 3 000个随机设计是均匀分布的。图 6.36 显示了在 $S=1\,000$、$2\,000$ 和 $3\,000$ 个样本时，设计变异性与降维空间 N 相关的 KLE 结果。与 S 相比，结果是收敛的。设计变量的数量减少到 $N=2$，保留了原始可变性的 85%。图 6.37 中通过 x、y 和 z 分量显示了相应的 kle 模式。值得注意的是，图中的每一行表示一个（新）设计变量同时修改形状。两种模式都由形状修改向量的 x 分量控制。

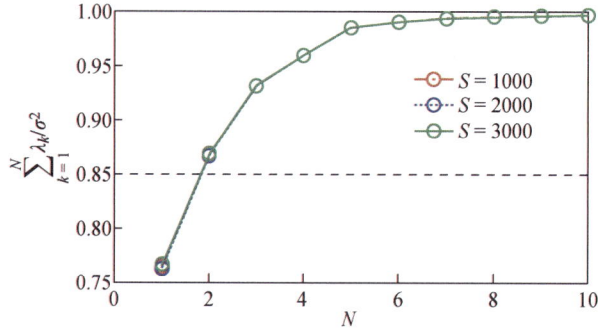

图 6.36　降维空间 N（KLE 值累加和）分解的标准化方差

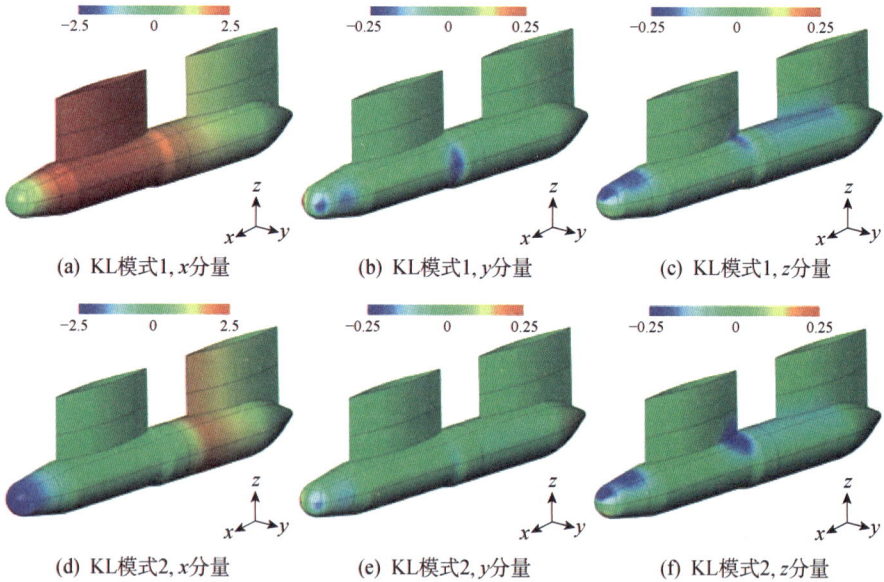

图 6.37　小水线面双体船的 x，y 和 z 分量显示的前两个 KLE 模式

采用前面描述的混合全局/局部多目标确定性算法进行最终多目标优化。优化问题解决了在工作速度下流体阻力的最小化和排水量（有效载荷）的最大化，对应于 $F_N=0.489$。优化由两个（可选）问题组成。问题 1 解决了水动力阻力（R_T）的最小化和位移量（Δ）的最大化问题，受最小水平面面积的约束，即

$$最小化\quad \{\Delta R_{\mathrm{T}}(\boldsymbol{x}), -\Delta \nabla(\boldsymbol{x})\}^{\mathrm{T}}\quad \mathrm{with}\quad \boldsymbol{x}\in \mathcal{D}\subset \mathbb{R}^N$$

$$满足\quad \frac{L_{\mathrm{OA}}(\boldsymbol{x})}{L_{\mathrm{OA},\max}}-1\leqslant 0$$

$$和\quad -\Delta A_{\mathrm{WP}}(\boldsymbol{x})\leqslant 0 \tag{6.26}$$

$$和\quad \boldsymbol{x}_l\leqslant \boldsymbol{x}\leqslant \boldsymbol{x}_u$$

问题 2 讨论了水动力阻力的最小化和水线面面积的最大化,同时受最小排水量的约束,即:

$$最小化\quad \{\Delta R_{\mathrm{T}}(\boldsymbol{x}), -\Delta A_{\mathrm{WP}}(\boldsymbol{x})\}^{\mathrm{T}}\quad \mathrm{with}\quad \boldsymbol{x}\in \mathcal{D}\subset \mathbb{R}^N$$

$$满足\quad \frac{L_{\mathrm{OA}}(\boldsymbol{x})}{L_{\mathrm{OA},\max}}-1\leqslant 0$$

$$和\quad -\Delta \nabla(\boldsymbol{x})\leqslant 0 \tag{6.27}$$

$$和\quad \boldsymbol{x}_l\leqslant \boldsymbol{x}\leqslant \boldsymbol{x}_u$$

其中,$\Delta(\cdot)$ 表示相对于原始船体和总长(L_{OA})的变化,$L_{\mathrm{OA,max}}$ 是允许的最大船长。

元模型训练仅基于流体动力阻力计算。灵敏度分析值的子集用作 AMFM 的初始训练集,从而产生五个高保真度和五个低保真度评估。最大预测不确定性的收敛值(γ)($\max[U_{\Delta \widetilde{R_{\mathrm{T}}}}]$)设置等于在初始迭代时计算的函数范围的 5%。最大数量为 20 次迭代用于自适应采样过程。

图 6.38 显示了 $\max[U_{\Delta \widetilde{R_{\mathrm{T}}}}]$ 的收敛性,以及 HF 和 LF 的计算,与 AMFM 迭代次数的对比。值得注意的是对于前四次迭代,LF 评估能够显著降低最大不确定性。在第 12 次迭代中,由于高频评估显著地改变了元模型训练和相关预测,最大不确定性增加。最后用 14 次高频评估和 25 次低频评估训练 AMFM。经过 20 次迭代后,最大总不确定度小于 6%,接近 5% 的期望值。

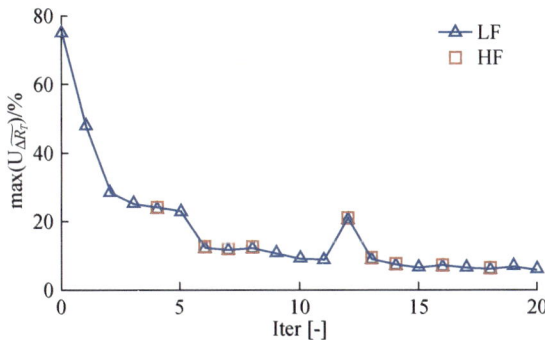

图 6.38　最大总体不确定度与迭代次数的关系

图 6.39(左)显示了问题 1 的非支配解集。这减少到单个点,表明这两个目标是开发的。该解决方案以下称为解决方案 **A**。图 6.39(右)显示了问题 2 的非支配解决方案集。为了确定元模型预测验证的一个好的候选方案,选择了方案 **B**。

表 6.3 总结了 RT 的元模型预测和实际 RaNSE 评估的比较,显示出显著的一致性。

图 6.40 和 6.41 分别显示了原始船体与 **A** 和 **B** 的比较。**A**、**B** 自由面高程略低于原始高度,**A**、**B** 船体压力梯度均低于原高度,前缘压力较高。图中还分别显示了 **A** 和 **B** 与原始船体

的几何比较。两个优化的船体都比原来的长。此外 **B** 显示了一个较长的后支柱,从而增加了 AWP 的增加。最后图 6.42 强调了 **A** 和 **B** 之间的区别。**B** 的浮体的首部比 **A** 短,而后支柱更长。值得注意的是这两个船体之间的差异仅归因于第二个 KLE 模式。

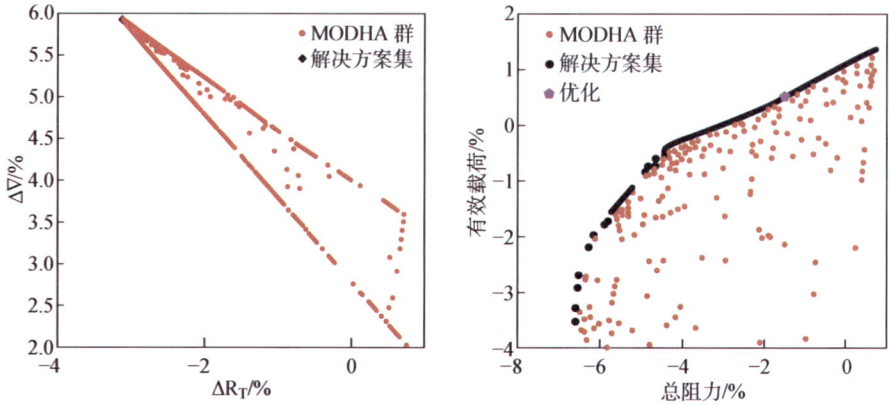

图 6.39　问题 1 和问题 2 的非支配解集

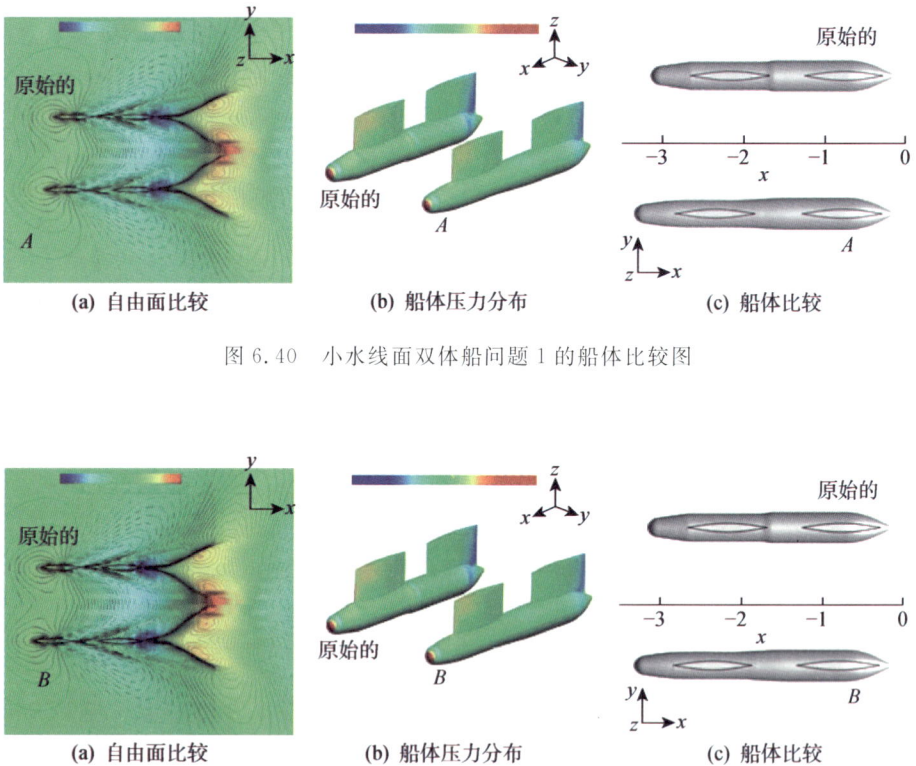

图 6.40　小水线面双体船问题 1 的船体比较图

图 6.41　小水线面双体船问题 2 船体对比图

表 6.3 元模型预测与实际 HF 评估的比较

解决方案	AMFM ΔR_T（%）	HF ΔR_T（%）	几何约束			KLE 变量值	
			$\Delta \nabla$	ΔA_WP（%）	ΔL_OA（%）	x_1	x_1
A	−3.12	−3.21	5.92%	0.00	−1.57	0.00	0.493
B	−1.51	−1.61	4.945	0.55	−2.56	0.00	0.290

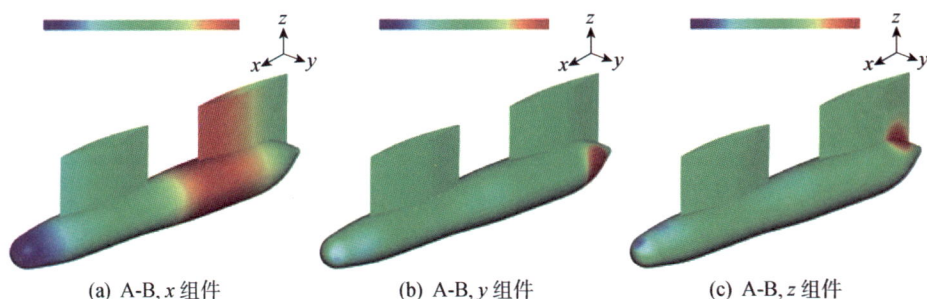

(a) A-B, x 组件   (b) A-B, y 组件   (c) A-B, z 组件

图 6.42 小水线面双体船的方案 A 与方案 B 船体对比图

6.4 HOLISHIP 集成概念（适用于 CFD 代码），滚装渡船（RoPAX）的水动力性能优化

基于友好系统 CAESES 环境的整体集成平台允许在整个流程中包含几乎任何新的或现有的 CFD 代码，这些代码通常由船体（几何）形状定义和优化、（预处理）CFD 网格生成、（计算）组成。CFD 预测和结果的后处理，通常以流程可视化和图形的形式。Harries et al（2017）and Marzi et al（2018）给出了使用 HOLISHIP 平台进行全局优化的例子，用于滚装渡船（RoPAX）的全局优化。两篇论文都描述了滚装渡船（RoPAX）的整体优化，这也在本卷后面的第 8 章中强调。从项目合作伙伴 FINCANTIERI 在早期研究项目的背景下提供的给定设计开始，描述合作工作的目的是根据不同学科优化船舶设计。除了水动力性能外，还包括船舶稳定性、能量模拟和成本评估。

表 6.4 FINCANTIERI RoPAX 船舶，主要参数

网柱间长/m	102.85
船宽/m	27.6
分舱吃水/m	7.10
舱壁甲板高度/m	9.80
总吨位（GT）	约为 36 000
载重量（DWT）/t	5 000

虽然第 8 章和前面的描述重点是对不同学科的整体优化,但下面更强调的是流体动力学;本章例子强调了在早期设计阶段使用势流法进行船体水动力优化的不同步骤。

该船的主要参数见表 6.4。滚装渡船(RoPAX)的营运概况具有两种不同的航速,这两种航速是由于在目的地之间昼夜航行所致。该船以两种不同的航速营运,即 21 节和 27 节,分别对应于弗劳德数 $F_{N1}=0.270$ 和 $F_{N2}=0.347$;这些都是基于第 1 节中给出的船长考虑因素进行比较。6.2.1 表示这些船长都不是隐含的有利船长。然而为了使两个航速点的弗劳德数与 $F_{N1}=0.252$ 和 $F_{N2}=0.325$ 相对应,需要将船长增加 $23.2\sim186$ m(L_{PP}),这显然不是一种选择,因此基于局部形状变化和适当形状的更复杂的解决方案是可行的。必须寻求球鼻首的弯曲以获得最佳形式。

6.4.1 流体力学

船舶的水动力性能在很大程度上决定着船舶的能源利用效率和船舶的稳定性。对于任何一艘新船来说,规定航速所需的推进功率都是一项关键的合同条款,因为它决定了燃料消耗,从而决定了成本和排放。低阻力和高推进效率是基本的先决条件,优化船体形状和螺旋桨/推进器性能使用不同的 CFD 工具是强制性的。各种各样的进一步分析工具对耐波性性能在海上航道附加阻力,由于风、操纵或船舶附体的影响和节能装置的预测增加船体摩擦阻力的影响形成一个完整的水动力分析的基础。

应用于特定设计的仿真范围适合于特定的需求。CFD 预测通常需要大量的计算工作,这在实际的设计优化过程中几乎是不可容忍的。这样的分析被依次实现并生成响应面(代理模型),这些响应面可以在设计和优化过程中使用。

虽然在最初的设计阶段,一个简单的航速-阻力-功率预测通常是确定船舶主要性能的第一步,但功率需求通常是最重要的。因此需要结合势流和 RANS 预测。图 6.43 描述了如何使用 HOLISHIP 设计环境来完成此工作。

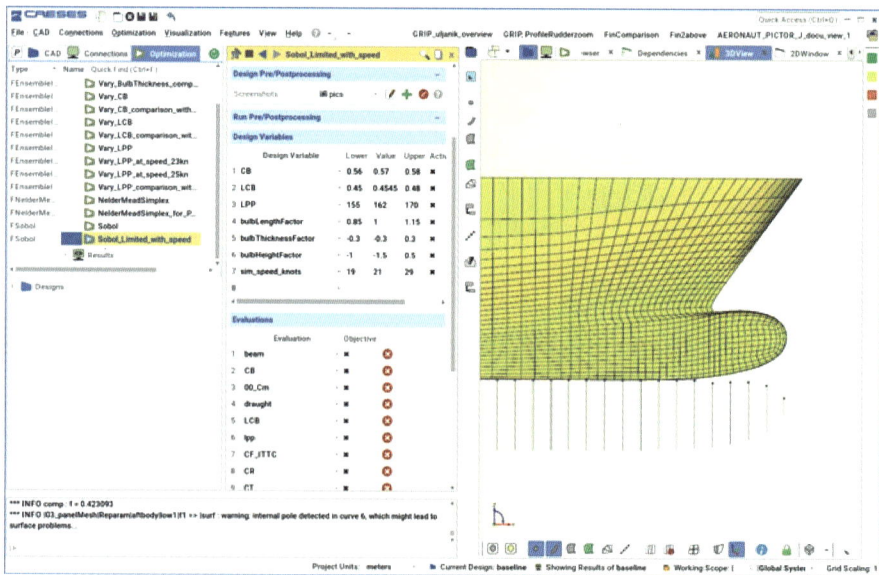

图 6.43 设计优化:CAESE 中的形状参数

6.4.2　船型

优化的起点是从一个 CAD 系统对船体模型进行适当的描述。通常 CFD 代码及其网格生成器允许使用各种不同的三维几何交换格式,例如 IGES、STEP、stl 或其他格式。尽管它们很灵活,但它们在固定几何形式上都有一个迫在眉睫的缺点。然而形状优化意味着必须改变船体的几何形状,以便为给定的目标函数找到一个最佳值(见 6.3.1 节)。这意味着需要一个参数化的船体模型,该模型允许修改优化过程中认为必要的船体几何形状或其一部分。CAESES 中的几何核心构成了整体平台的核心,使其能够灵活地生成参数化的船体模型,从而实现对船长、宽度、吃水深度、方形系数等总体参数和局部参数的控制。在滚装渡船(RoPAX)示例中,这些参数还包括三个控制球鼻首形状的参数:长度、高度和厚度参数。图 6.43 显示了 CAESE 中的参数设置。

在优化过程中,选择了合适的球鼻首参数以达到最大的优化效果。图 6.44 为图 6.43 中的中纵剖面上所示球鼻首长度参数的变化对球鼻首形状的影响。

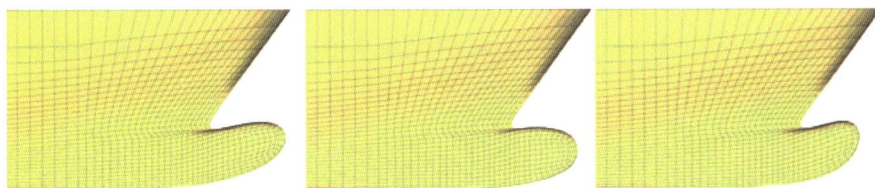

图 6.44　形状参数"空泡长度"的影响

用于形状优化的水动力工具是 ν-SHALLO,已经在第 6.2.3 节中介绍过。使用 CAE-SES 的软件连接器,只使用平板网格和控制文件形式的输入的代码的集成是简单的,如图 6.45(见第 8 章)。

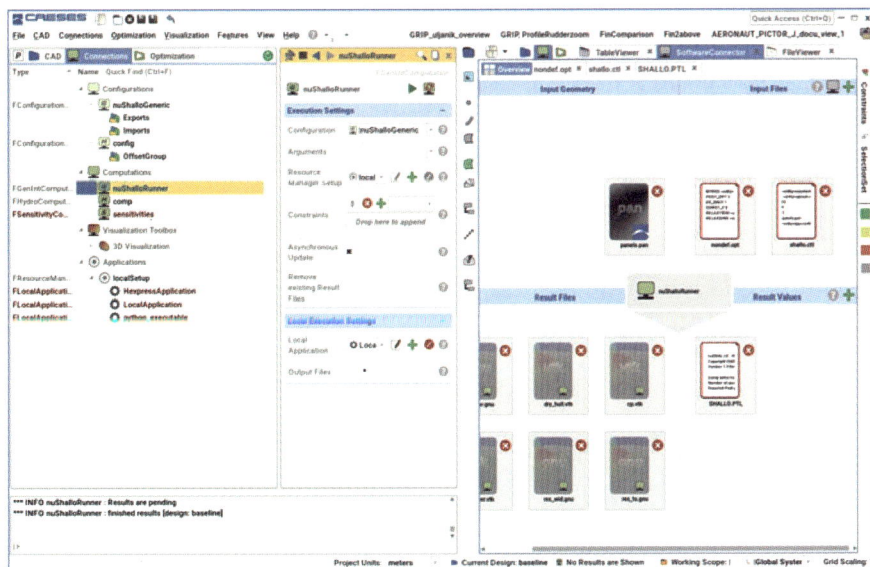

图 6.45　使用 CASES 软件连接器进行 ν-SHALLO 集成

6.4.3 组织计算

传统的船型优化(hullform)是在设计过程中作为独立任务进行的。当然这仍然是可能的,但在一个集成和整体设计环境中工作的真正好处只有在充分发挥整体方法在整体平台上的潜力时才能获得。该平台没有开发复杂的分析来确定大量设计参数的影响,而是提供了一个可定制的环境,可以适应所有单独的评估需求。

尽管与更复杂的预测相比,势流计算速度更快,但它们确实需要时间,而且当分析大量设计变量时,直接 RANS 集成此类预测可能过于繁琐。为了克服这些问题,HOLISHIP 平台/AESES 提供了一些方法来预先计算数据以备将来使用,并将它们存储在代理模型响应面中。对选定的一组自由设计变量进行了试验设计,这些自由设计变量构成了一个特定于任务的总体设计空间的船体水动力学子集,以建立替代模型。关于这方面的进一步详情见第 8 章。

在目前的滚装渡船(RoPAX)设计实例中,建立了两个输出功率响应面,一个用于渡船低速 21 节,另一个用于高速 27 节。两个实验设计(Sobol)在 ν-shallo 中运行,每个实验包含 360 个设计变量。结合 ν-SHALLO 和 FreSCo$^+$ 结果来估计优化期间所有轮渡变量的功率需求,应用前面描述的响应面方法。在 CAESES 中使用人工神经网络,通过将训练集中未包含的其他变量与直接模拟的相应结果进行比较来检验其准确性,发现典型偏差约为 1%。

6.4.4 结语

这种优化产生了大量的输出数据。通常在自动化过程中要分析几百种设计变量,而仅靠大量的数据很难检查每个细节。然而在仅仅依靠积分结果和根据阻力数据(取决于所选择的形状参数)来判断优化过程的结果之前,最好检查一下结果的整体质量。对于选定的少数案例,应将详细结果可视化并检查。对于平板计算,船体压力分布和波型是预测质量/可行性的良好指标。无论如何最好检查那些看起来最优解的结果,以确保它们不是 CFD 优化过程中出现的任何数值误差的结果。在某些情况下当参数形式变化导致极端变形的曲面离散化/平板严重变形时,可能会出现这种情况,这将违反数值边界条件并产生不现实的数据。

图 6.46 和图 6.47 显示了在优化滚装渡轮过程中获得的船体变化的有效示例。图 6.46 显示了两种航速(21 节和 27 节)下两种设计船型船首的压力分布,而图 6.47 则显示了波形。

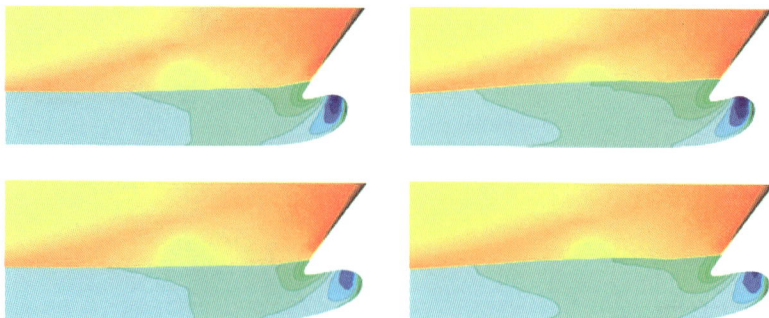

图 6.46 船首优化:表面压力:形式 1(顶行)和形式 2(底行)。速度 21 节(左栏)和 27 节(右栏)

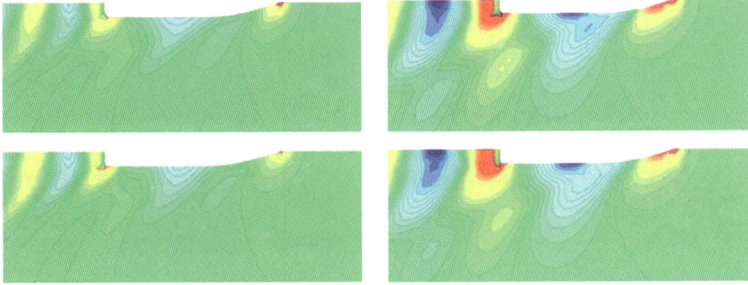

图 6.47　船首优化:波形:形式 1(顶行)和形式 2(底行)。速度 21 节(左栏)和 27 节(右栏)

压力分布和自由表面高度是合理可行的。在这里考虑的第一个设计变量中,相对较短的球鼻首显示了一个较强的低压区(深蓝色斑块),在它的一侧水流加速。在更远的下游,压力的陡升导致在船首处出现一个突出的首波,而在更高的速度下这一波更为突出。这一结果表明,一个较长的球鼻首应提供改善的结果。第二种形式的变量选择了这一视觉比较第一个方案中较长和略薄的球鼻首。结果表明侧向的压力下降稍微平缓,而下游的压力上升不那么明显,这导致了首波的减少。

这四种情况下的波型都表明了一个明显的主波系统,即船首和船尾波以及船体中部的波谷对于更高的速度来说更为明显。在两种速度下都能清楚地看到第一种变型的更高首波。

预测阻力

通过对预测阻力的比较,上述考虑与表 6.5 中的数值数据相符。

表 6.5　预测阻力,表 1 与表 2 的比较

形式	v_s=21.0 节时/kN	v_s=27.0 节时/kN
1	542.66	1 121.43
2	513.99	1 056.81

对于这两种速度,第二个版本都有改进:慢速度 5.2%,高速度 5.75%。

全局优化成果

在对上一次详细检查结果有信心后,可以检查全局优化结果。在使用基于 CAESES 的 HOLISHIP 平台进行的自动化优化过程中,评估数百个设计变量。给定主要设计参数长度、宽度、吃水深度和方形系数,以及确定球鼻首形状的参数,可以进行不同的分析。下面的散点图显示了航速为 21 节和 27 节的船舶总阻力与长度的依赖关系。毫无疑问这些情节表明了一种不同的行为。对于较低的航速,摩擦阻力变得更为重要。这种粗糙与湿表面将更好地为较短的船型,如图 6.48 和图 6.49 左部所示。尽管这种关系不那么明显,但它正朝着更高的速度转变。在这里压力效应和更好的兴波阻力显得更加重要。因此一艘更细长的船似乎是有利的。

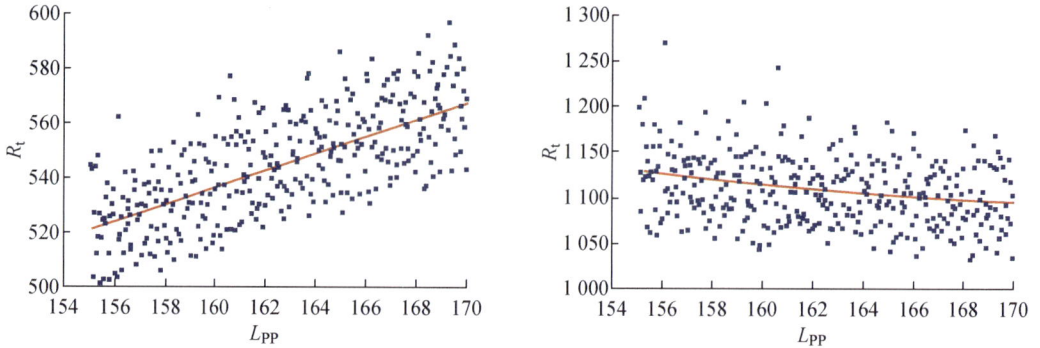

图 6.48　分别在航速 21 节和 27 节时在两挂间长（L_{PP}）船体上阻力散点图

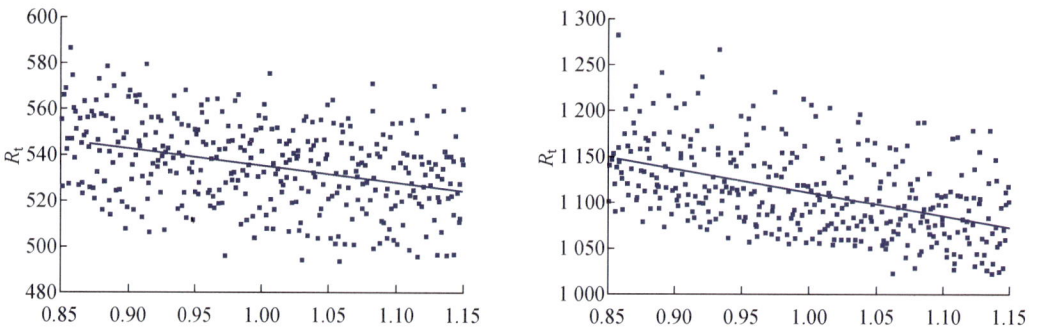

图 6.49　分别在航速 21 节和 27 节时,球鼻首上阻力散点图

对于球鼻首长度,可以看到更均匀的性能。在这两种航速下,较长的球鼻似乎更优越,这与球鼻本身兴波与船体首波的干扰得以改善有关。

用黏性流动程序验证和扩展结果

如前几节所述,势流计算只能达到合理的精度水平。由于模型中没有考虑黏性效应,平板代码预测结果与实际船舶性能之间往往存在较大的差异。此外势流代码将仅限于预测船体的阻力。然而在设计中需要的是达到一定航速的功率要求,即设计航速或航速范围的PD。虽然过去已有几个经验模型被用来评估与船体状况有关的各种螺旋桨效率,但更合适的方法是使用 RANS 代码进行黏性流预测,以评估整个船螺旋桨系统的性能。由于黏性预测通常更耗时、成本更高,一种实用的方法是运行有限数量的黏性流预测,并使用它们对之前生成的整个设计空间的平板代码结果进行缩放。这也有助于验证和确认早期的预测。

图 6.50 显示了航速为 21 节预测波型的比较。下半部分显示平板代码结果,如前所示上半部分表示相同船型的相应 RANS 预测。虽然两种预测的总体波形非常吻合,但仔细观察就会发现细节上的差异。从船首开始 RANS 预测表明船首波有轻微地前移。在肩波的下游,仅在平板预测中模糊地显示的肩波在黏性预测中更为明显。这两种效应都可能与势流预测中自由面网格相对粗糙度有关。另一个差异出现在船尾:虽然 RANS 计算表明横框稍有湿润,但势流模型无法捕捉到这种效应。相反透明横框是在缺少先验未知压力条件的情况下应用于此位置的运动边界条件的结果。

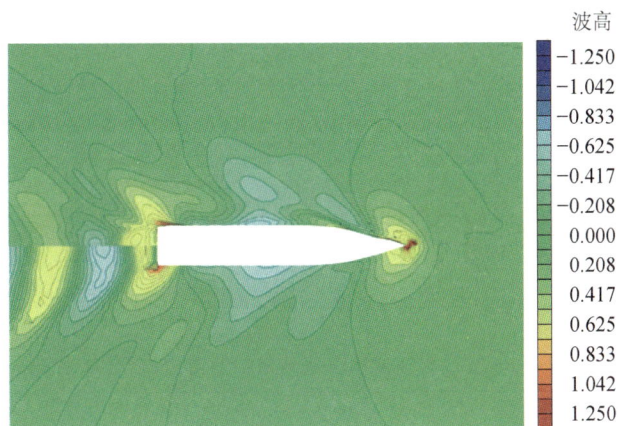

图 6.50　预测波型对比:势流(上)与 RANS(下)

黏性和非黏性预测之间的这些差异表明,在使用平板代码创建的响应面中获得的结果不应直接用于预测功率需求。相反应根据有限数量的 RANS 预测建立校准系数,以缩放阻力的潜在流量结果,最后使用螺旋桨模型将螺旋桨的影响添加到当前黏性流量预测中。

基准设计船舶的功率曲线如图 6.51 所示。连同预测的阻力,很容易确定平板代码阻力和功率要求的校准系数。

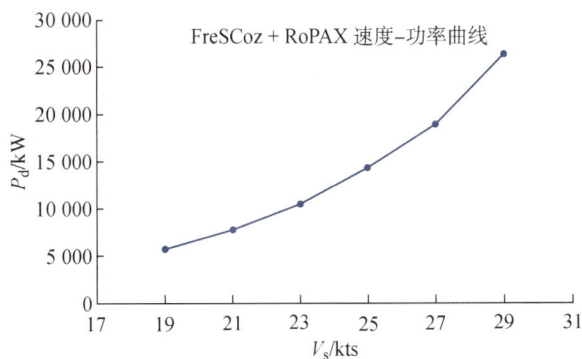

图 6.51　滚装客渡船基准设计的速度-功率曲线(FreSCo[+])

这可以稍后用于缩放整个数据集,即根据平板代码结果为实际功率需求 PD 生成的响应面。根据在形状优化过程中应用的船体形状修改的类型,必须使用 RANS 预测设置多个"锚点"。如果船型修改包括对船尾船体形状的重大改变,包括拓扑变化或浮态的重大变化,即艉框架浸湿或干净,则有必要进行多次 RANS 预测来支持这种情况。如果仅应用较小的变化,且主要局限于船舶的前部,有限数量的支持性 RANS 预测就足够了。

6.4.5　讨论

前面的小节描述了在整个船舶优化过程中分析和优化滚装客渡船船体静水力性能的必要步骤。这种优化的结果是显而易见的:功率要求最低的船舶将是首选的解决方案。自从

20 年前在船舶设计过程中引入强大的 CFD 方法以来,这种优化策略一直是一个标准。在大多数情况下,设计条件是以航速和排水量的形式给出的,优化后得到了该条件下的船型。本例已经表明,船舶的正常营运需要在多个设计点上达到最佳性能。这需要包含一个专门的优化目标函数,该函数将两个条件的重要性联系起来。这可以是两个测速点相对耐力的简单线性组合,但也可能是一个复杂得多的条件,其中还包括接近港口时的操纵性能。此外还需要考虑实际营运条件下的性能。到目前为止,只有静水阻力和推进已考虑了优化。真实的船将在一个自然的航道中营运,最重要的是船的运动在航道中增加阻力和动力的要求。NTUA in (Harries et al. 2017)已经进行过这样的预测,结果如表 6.6 所示。

表 6.6 增加了 Jonswap 谱两种速度和一系列航向的阻力结果($H_s = 3$ m,$T_P = 6.7$ s)

原始设计		最佳@21 kts			最佳@27 kts	
航向/(°)	附加阻力/kN	附加阻力/kN	误差/%		附加阻力/kN	误差/%
135	245.7	232.4	-5.4		211.2	-14.0
150	208.5	205.2	-1.4		193.4	-7.1
165	149.3	146.6	-1.8		127.0	-14.9
180	128.8	110.0	-14.6		99.1	-23.1

为了进行全面优化,需要(i)分析预期营运航区的环境条件,(ii)考虑额外的装载工况(如压载工况、纵倾,取决于船舶类型)和(iii)对整套形成之前在静水分析中产生的变体。这将需要大量的预测,即使用快速的势流代码也会相当耗时和价格昂贵。因此在这种情况下,建议使用与之前应用的响应面类似的响应面方法。

对于优化过程中的最终评估,需要将这些结果放在上下文中。到目前为止只考虑了水动力方面的问题。在以下的各章节中,将重点介绍一些其他的设计要求。通常它们会表现出一些相互矛盾的行为,而寻求最优的水动力性能,船舶很可能会产生不同的结果,而不是最便宜的建造成本或其他设计参数的最优解决方案,例如稳性、能耗、装载能力。如果是客滚船(RoPAX)则为车道长度。

设计优化必须考虑特定设计的所有相关方面,并将它们结合在一个整体优化过程和环境中。本章着重于在研究船舶的水动力性能及其优化时需要考虑的特定方面。仅此一点就需要在优化过程中包含大量的分析工作。然而整个船舶设计优化需要考虑更多的学科,所有这些都需要在优化过程中被引入和考虑。以下章节将介绍进一步的设计原则,并提供如何将它们集成到 HOLISHIP 提供的整体环境中的示例。

6.5 结论

船舶流体力学是船舶设计过程的核心。一方面它们在船舶设计中对提高能源效率的整体追求中起着关键作用,船舶阻力和推进力平均占商船所有可用能源消耗的近 85%,即使对于诸如邮船这样的复杂船舶,它们仍然要负责约占船上可用能源消耗的 50%。另一方面它们在很大程度上决定了船舶在不利条件下的安全性和生存能力。这些基本要求一直要求在新船设计的早期阶段就开始进行彻底的水动力性能分析。在过去这样的分析是繁琐和非常耗时的,大型部件只能使用模型测试来完成,通常在后期设计阶段。在过去的几十年中,各种各样的 CFD 工具得到了发展和进一步的改进和验证,目前已经形成了高质量的、经过验证的、性能良好的方法和工具,可以从一开始就用于集成设计过程。除了传统的经验方法外,这些方法允许在进行各种各样的预测时考虑船体的实际几何形状及其细节。这反过来又为船体、其形状和水动力性能在许多方面的真正优化铺平了道路。

今天,可用的 CFD 工具涵盖了从简单和快速的势流代码用于预测兴波阻力或螺旋桨流瞬态性能,在时间和频率域到相当复杂的黏性方法准确预测稳态或瞬态问题。在 HOLISH-IP 项目中进行的巨大集成工作确保了所有这些方法都可以很容易地用于船舶设计人员和船舶设计过程的各个阶段。

鉴于当今设计要求的范围不断扩大,考虑到新船舶的全寿命周期,不仅要求在单个营运点,而且要求在整个可能营运条件下显著提高水动力性能。这反过来又要求在流线型整体设计过程中使用灵活、快速和准确的 CFD 预测工具。Holiship 项目提供了这样的条件,确保了完整和一致的设计过程,以及优化和证明新设计的水动力性能所需的工具。

在本章中,已经介绍了各种不同复杂程度和保真度的 CFD 工具;这些工具可以在 HOLISHIP 设计平台中使用,以实现优化设计。这包括在早期设计阶段所需的阻力和推进力预测,以及更复杂的耐波性、操纵性或新设计的特殊要求所产生的专用特殊预测流代码。大多数方法都有自己的开发历史,而且往往很长,并且在过去作为独立的工具应用于特殊分析。将它们集成到新的 HOLISHIP 设计平台中,在设计过程中释放出方法固有的全部潜力。

参考文献

Alexandrov NM, Lewis RM, Gumbert CR, Green LL, Newman PA (2001) Approximation and model management in aerodynamic optimisation with variable-fidelity models. J Aircr 38(6): 1093-1101.

Balay S, Buschelman K, Gropp WD, Kaushik D, Knepley MG, Curfman Mclnnes L, Smith BF, Zhang H (2018) PETSc Web page. 200 I. http://www.mcs.anl.gov/petsc

Benamara T, Breitkopf P, Lepot I, Sainvitu C, Villon P (2017) Multi-fidelity POD surrogate-assisted optimisation: concept and aero-design study, structural and multidisciplinary optimisation, pp 1-26.

Broglia R, Zaghi S, Di Mascio A (2011) Numerical simulation of interference effects for a high-speed catamaran. J Mar Sci Technol 16: 254. https://doi.org/10.1007/s00773-011-0132-3

Broglia R, Dubbioso G, Durante D, Mascio AD (2013) Simulation of turning circle by CFD: analysis of different propeller models and their effect on manoeuvring prediction. Appl Ocean Res 39: 1-10. https://doi.org/10.1016/j.apor.2012.09.001

Broglia R, Zaghi S, Muscari R, Salvadore F (2014) Enabling hydrodynamics solver for efficient parallel simulations. In: Proceedings of international conference on high performance computing & simulation (HPCS), pp 803-810, Bologna, Italy. https://doi.org/10.1109/hpcsim.2014.6903770

Broglia R, Dubbioso G, Durante D, Di Mascio A (2015a) Turning ability analysis of a fully appended twin screw vessel by CFD. Part I: Single Rudder Configuration, Ocean Eng 105: 275-286. https://doi.org/10.1016/j.oceaneng.2015.06.031

Broglia R, Dubbioso G, Zaghi S (2015b) Numerical computation of the JBC with and without energy saving device, Tokyo 2015: a workshop on CFD in Ship Hydrodynamics. NMRI, Tokyo, Japan, December 2-4.

Broglia R, Durante D (2018) Accurate prediction of complex free surface flow around a high speed craft using a single-phase level set method. Computational Mechanics, 62(3): 421-437. https://doi. org/10. 1007/s00466-017-1505-1

B-Series Propeller (2017) https://www. wageningen-b-series-propeller. com/

Calcagni D, Salvatore F, Dubbioso G, Muscari R (2017) A generalised unsteady hybrid des/bem methodology applied to propeller-rudder flow simulation. In: Proceedings of VII international conference on computational methods in marine engineering, Nantes, France.

Campana EF, Peri D, Tahara Y, Stern F (2006) Shape optimisation in ship hydrodynamics using computational fluid dynamics. Comput Methods Appl Mech Eng 196(1-3): 634-651.

Campana EF, Liuzzi G, Lucidi S, Peri D, Piccialli V, Pinto A (2009) New global optimisation methods for ship design problems. Optimisation Eng 10(4): 533-555.

Campana EF, Fasano G, Pinto A (2010) Dynamic analysis for the selection of parameters and initial population, in particle swarm optimisation. J Glob Optimisation 48(3): 347-397.

Campana EF, Diez M, Iemma U, Liuzzi G, Lucidi S, Rinaldi F, Serani A (2015) Derivative-free global ship design optimisation using global/local hybridization of the DIRECT algorithm. Optimisation Eng 17(1): 127-156.

Carrica PM, Castro AM, Stern F (2010) Self-Propulsion computations using speed controller and discretized propeller with dynamic overset grids. J Mar Sci Technol 15: 316-330.

Castro AM, Carrica PM, Stern F (2011) Full scale self-propulsion computations using discretized propeller for the KRISO container ship KCS. Comput Fluids 51: 35-47.

Clerc M (2018) Stagnation analysis in particle swarm optimisation or what happens when nothing happens. Online at http: //clerc. maurice. free. fr/pso

Datla R, Kim HY, Stebe JR (2009) Evaluation of a CFD program AEGIR™ for bare hull resistance and seakeeping prediction capability. Technical Report NSWCCD-CISD-2009/010, Naval Surface Warfare Center—Carderock Division, July 31.

Dawson CW (1977) A practical computer method for solving ship-wave problems. In: Proceedings of the 2nd international conference on numerical ship hydrodynamics, pp 30-38, Berkeley.

de Baar J, Roberts S, Dwight R, Mallol B (2015) Uncertainty quantification for a sailing yacht hull, using multi-fidelity kriging. Comput Fluids 123: 185-201.

Di Mascio A, Broglia R, Favini B (2001) A second order Godunov type scheme for naval hydrodynamics, pp 253-261. Kluwer Academic/Plenum Publishers.

Di Mascio A, Muscari R, Broglia R (2006) An overlapping grids approach for moving bodies problems. In: Proceedings of 16th ISOPE, San Francisco, California (USA).

Di Mascio A, Broglia R, Muscari R (2007) On the application of the single-phase level set method to naval hydrodynamic flows. Comput Fluids 36: 868-886.

Di Mascio A, Broglia R, Muscari R (2009) Prediction of hydrodynamic coefficients of ship hulls by high-order Godunov-type methods. J Mar Sci Tech 14: 19-29.

Diez M, Campana EF, Stern F (2015) Design-space dimensionality reduction in shape optimisation by Karhunen-Loève expansion. Comput Methods Appl Mech Eng 283: 1525-1544.

Dubbioso G (2011) Manoeuvrability behaviour of twin screw naval vessels. Technical report, Doctoral Dissertation, The University of Genova, Genova, Italy.

Dubbioso G, Muscari R, Di Mascio A (2013) Analysis of the performances of a marine propeller operating in oblique flow. Comput Fluids 7586-102; ISSN 0045-7930, https://doi.org/10.1016/j.compfluid.2013.01.017

Dubbioso G, Durante D, Mascio AD, Broglia R (2016) Turning ability analysis of a fully appended twin screw vessel by CFD. Part II: Single vs. twin rudder configuration. Ocean Eng 117: 259-271. https://doi.org/10.1016/j.oceaneng.2016.03.001

Dubbioso G, Broglia R, Zaghi S (2017) CFD analysis of maneuvering characteristics of a submarine model. Ocean Eng 129: 459-479.

Gatchell S (2018) Stability and hydrodynamic tools—level 1. HOLISHIP internal report D3.2.

Guldhammer HE, Harvald SA (1963) Ship resistance, effect of form and principal dimensions. Copenhagen.

Guo B, Steen S (2010) Added resistance of a VLCC in short waves. In: Proceedings of 29th international conference on ocean, offshore & arctic engineering, OMAE.

Hafermann D (2007) The new RANSE code FreSCo for ship applications, STG.

Harries S, Cau C, Marzi J, Kraus A, Papanikolaou A, Zaraphonitis G (2017) Software platform for the Holistic design and optimisation of ships. STG Jahrbuch.

Hollenbach U. (1998) Estimating resistance and propulsion for single-screw and twin-screw ships. Schiffstechnik.

Holtrop J, Mennen GGJ (1982) An approximate power prediction method. Int Shipbuilding Prog 29: 160-170.

Hoshino T (1985) Application of quasi-continuous method to unsteady propeller lifting-surface problems. The Society of Naval Architects of Japan.

Hough G, Ordway D (1965) The generalized actuator disk. Dev Theor Appl Mech 2: 317-336.

IMO (2009) International maritime organization, IMO MEPC 59/INF.10, Second IMO GHG Study 2009: Update of the 2000 IMO GHG Study.

ITTC (1957) Report of the committee on skin friction and turbulence stimulation. In: Proceedings of the 8th international towing tank conference.

Kennedy J, Eberhart R (1995) Particle swarm optimisation. In: Proceedings of the fourth IEEE conference on neural networks, Piscataway, NJ, pp 1942-1948.

Jensen G, Mi Z-X, Söding H (1986) Rankine methods for the solution of the steady wave resistance problem. In: Sixteenth symposium on naval hydrodynamics.

Jin R, Chen W, Simpson TW (2001) Comparative studies of metamodelling techniques under multiple modelling criteria. Struct Multidisciplinary Optimisation 23(1): 1-13.

Jinkine V, Ferdinande V (1974) A method for predicting the added resistance of fast cargo ships in head waves. Int Shipbuilding Prog 21(238).

Jones D, Perttunen C, Stuckman B (1993) Lipschitzian optimisation without the Lipschitz constant. J Optimisation Theor Appl 79(1): 157-181.

Kempf G. (1930) Formgebung für Schnelldampfer, Jahrbuch der Schiffbautechnischen Gesellschaft-STG, vol 31.

Kennedy J, Eberhart R (1995b) Particle swarm optimisation. Proc IEEE Int Conf Neural Netw 4: 1942-

1948.

Kring D, Milewski W, Connell B, Petersen B (2008) AEGIR^{TM} time-domain seakeeping program: main executable and I/O user notes, Aug 13.

Krüger S (2004) Grundlagen der propulsion. Vorlesungsmanuskript TUHH, Hamburg, Germany.

Lewis EW (ed) (1988) Principles of naval architecture, vol 3, SNAME.

Lin R-Q, Hughes M, Smith T (2010) Prediction of ship steering capabilities with a fully nonlinear ship motion model. Part 1: Maneuvering in calm water. J Mar Sci Tech 15(2): 131—142.

Liu S, Papanikolaou A, Zaraphonitis G (2011) Prediction of added resistance of ships in waves. J Ocean Eng 38.

Liu S, Papanikolaou A (2016) Prediction of parametric rolling of ships in single frequency regular and triple frequency group waves. J Ocean Eng. https://doi.org/10.1016/j.oceaneng.2016.03.023 Elsevier.

Liuzzi G, Lucidi S, Rinaldi F (2016) A derivative-free approach to constrained multiobjective nonsmooth optimisation. SIAM J Optimisation 26(4): 2744-2774.

Lucidi S. and Sciandrone M. (2002) A derivative-free algorithm for bound constrained optimisation, Computational Optimisation and Applications 21 (2), pp. 485 119-142.

MARNET (2003) MARNET-CFD best practice guidelines https://pronet.atkinsglobal.com/marnet/publications/bpg.pdf

Martelli M, Viviani M, Altosole M, Figari M, Vignolo S (2014) Numerical modelling of propulsion, control and ship motions in 6 degrees of freedom. Proc Inst Mech Eng Part M: J Marit Environ 34(4): 625-639.

Martins MA, Lages EN, Silveira ES (2013) Compliant vertical access riser assessment: DOE analysis and dynamic response optimisation. Appl Ocean Res 41: 28-40.

Marzi J, Hafermann D (2008) The ν-SHALLO user guide, Release 1.8.2, HSVA.

Marzi J, Gatchell S (2012) Towards the ship of least energy consumption, IMDC 2012, Glasgow.

Marzi J, Mermiris G (2012) TARGETS improves energy efficiency of seaborne transportation, IMDC 2012, Glasgow.

Marzi J, Voss JP, Gatchell S (2014) CFD analysis of 80-year old model tests for transatlantic liners. In: RINA historic ships, 25-26 Nov 2014, London, UK.

Marzi J, Papanikolaou A, Corrignan P, Zaraphonitis G, Harries S (2018) HOLISTIC ship design optimisation. In: IMDC 2018, Espoo, Finland.

Mofidi A, Carrica PM (2014) Simulations of zigzag manoeuvres for a container ship with direct moving rudder and propeller. Comput Fluids 96: 191-203.

Molland AF, Turnock S, Hudson D (2017) Ship resistance and propulsion: practical estimation of ship propulsive power. Cambridge University Press, Cambridge.

Muscari R, Di Mascio A, Verzicco R (2013) Modeling of vortex dynamics in the wake of a marine propeller. Comput Fluids 73: 65-79. https://doi.org/10.1016/j.compfluid.2012.12.003

Muscari R, Dubbioso G, Ortolani F, Di Mascio A (2017a) Analysis of propeller bearing loads by CFD. Part II: Transient Maneuvers Ocean Eng 146: 217-233. https://doi.org/10.1016/j.oceaneng.2017.09.050

Muscari R, Dubbioso G, Ortolani F, Di Mascio A (2017b) Analysis of the asymmetric behavior of propeller-rudder system of twin screw ships by CFD. Ocean Eng 143: 269-281. https://doi.org/10.1016/j.oceaneng.2017.07.056

Nakamura N (1985) Estimation of propeller open-water characteristics based on quasi-continuous method. The Society of Naval Architects of Japan.

Olivieri A, Pistani F, Avanzini A, Stern F, Penna R (2001) Towing tank, sinkage and trim, boundary layer, wake, and free surface flow around a naval combatant INSEAN 2340 model. Tech Rep, DTIC.

Papanikolaou A (1985) On Integral-Equation-Methods for the evaluation of motions and loads of arbitrary bodies in waves. J Ing Archiv 55: 17-29.

Papanikolaou A, Schellin TH (1992) A three dimensional panel method for motions and loads of ships with forward speed, Vol. 39. J Schiffstechnik-Ship Technol Res 39(4): 147-156.

Papanikolaou A, Zaraphonitis G (1987) On an improved method for the evaluation of second-order motions and loads on 3D floating bodies in waves. J Schiffstechnik-Ship Technol Res 34: 170-211.

Papanikolaou A, Zaraphonitis G, Maron A, Karayannis T (2000) Nonlinear effects on vertical plane motions of ships with forward speed in waves. In: Proceedings of 4th international Osaka colloquium on seakeeping performance of ships, Osaka, Japan.

Pellegrini R, Leotardi C, Iemma U, Campana EF, Diez M (2016) A multi-fidelity adaptive sampling method for metamodel based uncertainty quantification of computer simulations. In: Proceedings of the VII European congress on computational methods in applied sciences and engineering, ECCOMAS.

Pellegrini R, Serani A, Leotardi C, Iemma U, Campana EF, Diez M (2017a) Formulation and parameter selection of multi-objective deterministic particle swarm for simulation-based optimisation. Appl Soft Comput 58: 714-731.

Pellegrini R, Serani A, Liuzzi G, Rinaldi F, Lucidi S, Campana EF, Iemma U, Diez M (2017b) Hybrid global/local derivative-free multi-objective optimisation via deterministic particle swarm with local line search. In: Proceedings of the 3rd International conference on machine learning, optimisation and big data (MOD 2017). Springer LNCS.

Pellegrini R, Serani A, Broglia R, Diez M, Harries S (2018) Resistance and payload optimization of a sea vehicle by adaptive multi-fidelity metamodeling. In: AIAA/ASCE/AHS/ASC Structures, Structural dynamics, and materials conference, AIAA SciTech Forum, (AIAA 2018-1904).

Rawson KJ, Tupper EC (1993) Basic ship theory, 4th edn. Butterworth-Heinemann, Oxford.

Rhie CM, Chow WL (1983) Numerical study of the turbulent flow past an airfoil with trailing edge separation. AIAA J 21(11): 1525-1535.

Ribner H (1945) Propellers in yaw, NACA-TR-820.

Salvatore F, Greco L, Calcagni D (2011) Computational analysis of marine propeller performance and cavitation by using an inviscid-flow BEM model. In: 2nd international symposium on marine propulsors, SMP'11, Hamburg, Germany, 15-17 June.

Salvatore F, Calcagni D, Muscari R, Broglia R (2015) A generalised fully unsteady hybrid RANS/BEM model for marine propeller flow simulations. In: Broglia R, Salvatore F, Muscari R (eds) Proceedings of VI international conference on computational methods in marine engineering, Rome, Italy, 15-17 June, pp 613-626.

Schneekluth H, Bertram V (1998) Ship design for efficiency and economy, Butterworth-Heinemann, ISBN: 9780750641333.

Serani A, Diez M, Leotardi C, Peri D, Fasano G, Iemma U, Campana EF (2014) On the use of synchronous and asynchronous single-objective deterministic particle swarm optimisation in ship design problems. In: Proceedings of the 1st international conference in engineering and applied sciences optimisation, Kos, Greece, 4-6 June.

Serani A，Diez M，Campana EF，Fasano G，Peri D，Iemma U (2015) Globally convergent hybridization of particle swarm optimisation using line search based derivative-free techniques. In：Yang X-S (ed) Recent advances in swarm intelligence and evolutionary computation，vol 585 of Studies in computational intelligence. Springer International Publishing，pp 25-47.

Serani A，Fasano G，Liuzzi G，Lucidi S，Iemma U，Campana EF，Stern F，Diez M (2016) Ship hydrodynamic optimisation by local hybridization of deterministic derivative-free global algorithms. Appl Ocean Res 59：115-128.

Shah H，Hosder S，Koziel S，Tesfahunegn YA，Leifsson L (2015) Multi-fidelity robust aerodynamic design optimisation under mixed uncertainty. Aerosp Sci Technol 45：17-29.

Simonsen CD，Stern F，Quadvlieg F (2014) Proceedings SIMMAN 2014 workshop，Workshop on V&V of ship manoeuvering simulation methods，Copenhagen，Denmark.

Söding H (1993) A method for accurate force calculation in potential flow. Ship Technol Res 40.

Stern F，Agdrup K，Kim SY，Cura-Hochbaum A，Rhee KP，Quadvlieg F，Perdon P，Hino T，Broglia R，Gorski J (2011) Experience from SIMMAN 2008-the first workshop on verification and validation of ship maneuvering simulation methods. J Ship Res 55(2)：135-147(13).

Takahashi T (1988) A practical prediction method of added resistance of a ship in waves and the direction of its application to hull form design. Trans West Jpn Soc Naval Architects 75：75-95.

Todd FH，Forest FX (1951) A proposed new basis for the design of single screw merchant ship forms and standard series lines SNAME.

Todd FH，Pien PC (1956) Series 60——the effect upon resistance and power of variation in LCB position. SNAME.

Xing-Kaeding Y (2015) Design of customised ESDs，GST conference，Copenhagen.

Yasukawa H，Yoshimura Y (2014) Roll-coupling effect on ship manoeuvrability. Ship Technol Res 61(1)：16-32.

Zaghi S，Broglia R，Di Mascio A (2011) Analysis of the interference effects for high-speed catamarans by model tests and numerical simulations. Ocean Eng 38(17-18)：2110-2122.

Zaghi S，Di Mascio A，Broglia R，Muscari R (2015) Application of dynamic overlapping grids to the simulation of the flow around a fully-appended submarine. Math Comput Simul 116：75-88.

Zheng J，Shao X，Gao L，Jiang P，Li Z (2013) A hybrid variable-fidelity global approximation modelling method combining tuned radial basis function base and kriging correction. J Eng Des 24(8)：604-622.

Zhou Q，Shao X，Jiang P，Zhou H，Shu L (2015) An adaptive global variable fidelity metamodeling strategy using a support vector regression based scaling function. Simul Modell Pract Theor 59：18-35.

乔钦·马齐(Jochen Marzi)博士于 1985 年毕业于汉堡大学，供读于船舶设计专业，1988 年在汉堡哈尔堡技术大学获得博士学位。此后就职于德国不来梅港(Bremerhaven)的一家造船厂研究机构，首次与欧洲联合项目接触。Jochen Marzi 于 1996 年加入 Hamburgische Schiffbau Versuchsanstalt（HSVA），担任高级 CFD 工程师和项目经理，从事研究和咨询工作，领导了多个大型欧洲项目，例如FP 6 中的 VIRTUE IP 和 Horizon 2020 中的 HOLISHIP。他现在是 CFD 部门的负责人，负责协调 HSVA 的欧洲研究部，并积极参与多个涉及 CFD，船舶设计和能源效率的研发项目。Jochen Marzi 从 2007 年初开始担任 HS-

VA 在欧洲海事应用研发委员会(ECMAR)的代表。他从 2009 年至 2011 年担任董事长。

里卡多·布罗格里亚(Riccardo Broglia)博士于 1993 年毕业于罗马大学"La Sapienza"航空工程专业,并获得博士学位,1997 年从同一所大学毕业。从那以后,他在 CNR-INM(前身为 INSEAN)工作,加入 CFD 工作组。主要研究领域是用于船舶水动力应用的 CFD 工具(基于 RANS)的开发,被任命为多个国家和国际研究项目的负责人,包括目前正在进行的 H2020 的 Holiship。他曾在罗马大学任副教授。是 ITTC CFD 的操纵性委员会和特别委员会的成员。

第 7 章 概念和合同前船舶设计阶段的参数优化

乔治·扎拉波尼蒂斯(George Zaraphonitis)，蒂莫里昂·普莱萨斯(Timoleon Plessas)，
安德里亚斯·克劳斯(Andreas Kraus)，汉斯·戈登施瓦格(Hans Gudenschwager)，
格里戈尔·舍伦伯格(Gregor Schellenberger)

摘 要 船舶设计是对船东及所有利益相关方的要求和限制条件之间的矛盾作出的微妙妥协。
船舶需要进行优化，以实现成本效益、营运效率、乘客和船员的安全和舒适，以及对环境造成最
小的影响。船舶设计被认为是艺术和科学的结合，其高度依赖于优秀的、有着许多基础和专业
科学及工程背景的造船师的创造性、灵巧性和经验。参数化建模对于有经验的造船师来说是一
个很有使用价值的工具，尤其是当它们作为正式优化程序的核心，促进设计空间的理性探索与
识别一系列"最优"或"近乎最优"的设计方案时，同时满足给定的设计限制条件。本章阐述并讨
论了这种设计程序的实施以及被专门开发用来为中型客滚船(RoPAX)进行概念设计和合同前
设计的参数化建模。

关键词 船舶设计；概念设计；合同设计；设计优化；参数化设计；参数化建模；优化

7.1 介绍

采用所谓的参数化设计程序，机械工程系统、部件或对象的设计和优化可以通过详细设
计人员定义的设计参数集或优化算法实现"自动化"。对于大型集成系统，如飞机、船舶，参
数化建模的实现是一项非常复杂和艰巨的任务，需要特别的专注力和大量的努力，以确保其
完整性、精确性、稳定性和功能性。参数化建模应具备灵活性和通用性，以便尽可能多地适
用于设计备选方案，足够详细地描述设计的所有基本特征，同时尽可能简单，以避免在开发
和应用相应的软件工具中时产生不必要的复杂性和影响。这些要求对于合同前设计或合同
设计阶段船舶设计的参数化建模尤其重要。在船舶设计的这些阶段中，参数模型需要比概
念设计阶段更加精确和详细，同时所需的评估工具也需要具有更高的精度，因此计算要求也
更高。在这个阶段设计工作将基于之前在概念设计和相关优化过程中所获得的结果。

参数化建模(如有)可作为正式优化程序的核心，有助于根据一组适当的设计标准，对设
计空间进行理性探索，并识别一系列"最优"或"近乎最优"的设计解决方案(所谓的目标函数
或功能函数)，同时满足一组给定的设计限制条件。船舶设计优化的要求相互矛盾是与生俱
来的，这是由设计的限制条件和优化标准造成的，反映了各相关方的利益：船东和营运商、船
舶建造方、船级社、管理机构、监管机构、保险公司、货主/货运承揽人、港口营运商等。船舶

需要进行优化,以确保成本效益、营运效率、乘客和船员的安全和舒适,以及(最后同样重要的是)尽量降低环境影响(最大程度地降低石油外流、温室气体排放等)。船舶设计中使用的优化方法绝不是一个新的发展。事实上这些方法可以追溯到 20 世纪 60 年代的一些开创性工作中。例如 Evans JH and Khoushy D(1963)、Leopold R(1965)、Mandel P and Leopold R(1966 年)、Mandel P and Chryssostomidis C(1972)and Nowacki H et al(1970)。Nowacki H 对优化方法的引入以及计算机辅助船舶设计的发展进行了全面的回顾。

系列船型的船体线型和内部布置的参数化建模以及适用的评估工具的发展,并将他们之间用优化算法进行相互连接以形成综合性的优化平台,是 HOLISHIP 的关键目标。工程项目中将会出现一系列应用案例[①],用于验证和演示当前正在开发的设计和优化程序及工具的潜力。同时还在船舶概念设计和合同前设计阶段各选择了一个其他的应用案例(一艘中型客滚船的优化设计),作为开发和测试所运用的程序和工具的"试验台"。随后文中除了简要讨论所采用的程序和工具外,还将选择从这项特定优化研究中获得的结果加以介绍和讨论。

7.2　参数化概念设计优化

在早期的概念设计阶段,设计师的第一个"猜测"必须同时满足许多的约束条件。船舶设计的第一个概念通常基于设计师的经验和对现有类似船舶有目的的修改。在尝试使用计算机的设计平台支持该过程时,存在着两个主要挑战:

(1) 回答特定问题必须简单、可靠和快速。

(2) 即使在船舶设计过程的最初阶段优化系统变得复杂,包括了许多方程和不等式的限制,并且难以求解。

可以选用以下方法来面对这些挑战:

(1) 可以引入一个编译器,将一组设计方程式/函数/软件应用程序(应用程序)重写为一个优化问题。这个方法的优点是,设计师可以用他/她自己熟悉的方式编写一组设计方程式或限制条件。这种编译器由 Gudenschwager (1988)进行描述。

(2) 优化问题可以通过重复线性化和应用改进后的单纯形算法来解决(Söding. 1983)。该算法的优点是以比较精确的方式来解决问题的速度非常快、可靠性非常强,在设计的早期阶段,使用的大多数参数和方法仍然靠估算的情况下能够给出足够好的结果。

7.2.1　优化方法

任何优化系统必须按照下列步骤进行定义:

(1) 方程式/不等式限制条件的公式化,涉及所研究的设计问题的所有方面,形式为:

　　　a. 简单的方程式/不等式;

　　　b. 函数、软件应用程序(应用程序)。

(2) 优化目标的定义。

①　即一艘大型客滚船、一艘首尾同型渡船、一艘海上支持船、一艘调查船、一艘邮轮、一艘多用途远洋船、一艘商船、两艘大型货船和一座海洋平台。

（3）设计参数的选择。

（4）方程式/不等式中使用的参数分类：

      a. 已给定值的或定义好的参数（"常数"）；

      b. 必须通过计算才能确定的参数（"未知数"、"变量"）。

（5）检查已定义的关于适用优化问题的充分性：变量的数量是否超过可用方程的数量？

在定义了系统之后，优化问题可以用一种扩展的编程语言以可读的方式进行编码。扩展程序代码是以下编译过程的源代码。作为第一步，由一个诸如 DELPHI 编译器（Guden-schwager. 1988）将扩展语法转换为标准代码，为使用优化工具对定义的系统优化作准备，如修改后的 OPT 优化算法（Söding. 1983）。

通过求解相应的带有等式和不等式限制条件的非线性优化问题，寻求解决方案。当使用改进的 OPT 算法时，该算法在由变量极限描述的设计空间中进行数值搜索，以寻找有效的最优解。该算法采用非线性系统连续线性化的线性优化方法来求解这一问题。当解决方案在预先设定的公差范围内时解决方案有效。该方案可能是观测区域内任何局部或全局的最优值。我们需要结果的一致性进行检查。对于不可解的系统，用户必须检查约束条件和定义以及优化系统的目标。建立一个优化系统应该从简单的系统开始到复杂的系统。必须根据计算行为仔细检查使用的函数。

表 7.1　需求和约束条件

项目特定信息	船厂特定信息
吃水、宽、长和高度的限值	船坞、吊机能力等因素对船舶尺度和船体重量的限制
货物单位重量/尺度	对部件重量的估算
乘员人数	每吨钢材重量的成本
舱室数量/尺寸	
公共处所的尺寸	
服务航速	
航行区域，营运概况	
货物容量	
最低甲板自由高度	
坡道的几何要求	
规则、规范等	

7.2.2　早期概念设计问题的形成

7.2.2.1　变量和参数

根据概念设计的水平，变量的数量和使用的设计工具的复杂性有很大的差异。一开始设计师就在寻求主尺度和总布置、重量和推进功率的最初设想。该级别的粗略估算公式必须基于少量的可用数据。这些数据来源于船东的要求和其他项目的特定信息以及船厂的特定信息;见表 7.1。

所寻求的主要参数可以作为设计变量引入,如船长、船宽、吃水、型深、排水量或方形系数、重心等。即使在一个初步的简单方法中,计算过程中也会出现许多附加变量(阻力、螺旋桨直径、尾流分数、钢材重量、机械、设备、载重等)。这些都可能"隐藏"在计算程序中,但是通过引入附加变量,将优化问题公式化可能对设计者来说会更加容易理解。在概念设计过程开始时,详细的形式定义来进行计算是不可能的,只有粗略估计是必要的,也是可能的。但即使在这一阶段,变量的数目、等式的数目以及不等式限制条件的数目加起来可能达到 30个或更多。

7.2.2.2　等式和不等式限制条件

船舶必须同时满足船东(或任务)的要求和基本的船舶建造原理及监管要求。所有这些要求都必须用等式或不等式限制条件来进行表述:

(1) 干舷≥要求值(国际载重线公约);

(2) 乘员和船员的处所面积≥要求值(船东);

(3) 货物容量/车道长度≥要求值(船东);

(4) 总吨位在要求的范围内(船东);

(5) 船舶重量=排水重量(阿基米德原理);

(6) 重心垂向高度≤要求值(完整稳性和破舱稳性);

(7) 重心的纵向中心=浮力的纵向中心(正浮);

(8) 阻力=推力减去推力减额;

(9) 主机功率≥给定航速的推进功率加上辅机功率;

(10) 舱室容量≥航行用的燃油,续航用的淡水、灰水和黑水,保证稳性或最低吃水的压载水容量;

(11) 能效设计指数(EEDI)≤要求值(国际海事组织海上环境保护委员会 IMO-MEPC的规定)。

7.2.2.3　目标

早期概念设计的合理目标(目标函数)可以是推进功率、主机功率、燃油消耗、钢材重量、空船重量、建造成本、营运成本、所需运价(RFR)或每日成本、净现值(NPV)、环境影响等。为了评估目标以及检查限制条件,需要进行一系列计算。如前所述计算的复杂性和所用工具应与设计水平相对应。由于信息和可用时间有限,早期设计中的计算方法必须要简化。为了评估目标函数和限制条件,必须使用估计公式来处理一系列设计属性,其中一些公式如下所示:

(1) 船体几何形状、运输能力;

(2) 重量、构件尺寸;

(3) 动力、机械;

(4) 干舷和载重线;

(5) 稳性;

(6) 成本和融资;

（7）全寿命周期和关键性能指标。

不同主题和不同计算水平的处理示例将在第 7.2.3 节中介绍。

7.2.3　工具的适用性

本文介绍了用于概念设计优化的工具在钢材重量、功率估计和稳性方面的适用性。更详细地讨论了稳性，以举例说明不同设计水平所用的不同方法。

7.2.3.1　钢材重量估算

由于船舶的复杂性，船舶实际重量的估算是一项困难的工作，存在着许多不确定性；即使是在详细设计阶段，有更详细的信息可用时，这项工作仍然十分艰巨。直到今天船舶的准确重量是在船舶下水后通过对已建成的船舶进行吃水测量来确定的。然而在设计的早期阶段，船的许多细节是未知的，不可能准确地预测重量。通常的做法是将重量分成不同的组，如结构、机械、设备和舾装，并分别估算这些部件的重量。

根据以下各项有多种方法可以估算船舶的钢材重量：

（1）主尺度和参数；

（2）容积和面积；

（3）船舯剖面图和一些纵向布置的信息；

（4）几个剖面图的结构布置和一些纵向布置的信息；

（5）整体结构的布置；

（6）参数化结构模型。

在早期的概念设计中，钢材的重量可以根据船舶主要尺寸的估算公式计算出来（Schneekluth. 1980；Papanikolaou. 2014）。通过观察船舶的甲板层数，可以更好地估计重量，而每层甲板由各自的长度、宽度和高度来确定的。这样一层甲板的单位体积重量可以根据相似的船舶估算出来。即使估算出的结果不是单位体积的重量，只要该相似船舶的单位体积重量系数是用相同的方法计算出来的，该程序也会给出合理的结果。如果可以使用参数几何模型，则估算可以依据实际的甲板面积和体积。

在概念设计的后期，一种常用的方法是确定船舯剖面的结构，并精确计算这部分船舶的每米纵向钢结构的重量，必须加上横向肋位和舱壁。舱壁的数量、位置和面积在本阶段应该可以得出了。船尾部的每米重量可以通过船舶剖面面积的变化和结构变化的修正系数来计算。在优化日程中，这种方法的主要挑战是舯剖面的结构布置。它必须以自动化的方式执行，这需要一个参数化的结构模型，以适应正在进行的设计。

建立参数化结构模型的一种方法是将 Napa Steel® 与波塞冬（用于船体结构强度评估的 DNV GL 软件）结合起来，对布置进行第一次检查（参见例如 Papanikolaou et al. 2010）。另一种方法在本书第 9 章中说明。有了这样一个模型，基本上不需要费力考虑多个剖面，甚至船舶完整的模型。建立和检查设计变量的参数化模型对于早期设计来说可能需要很长时间。因此要强调的是，对于早期概念设计来说，使用参数化结构模型就足够了。

7.2.3.2　功率估算

作为对所需推进功率 P 的一个初步估算，英国海军部的公式在早期概念设计中仍在使用。它将一般主尺度和航速相当的类似船舶的推进功率 P_0、排水量 Δ_0 和航速 v_0 与新设计船舶相应的数值相关联。

$$P_{新} = \left(\frac{v_{新}}{v_0}\right)^3 \cdot \left(\frac{\Delta_{新}}{\Delta_0}\right)^{\frac{2}{3}} \cdot P_0 \tag{7.1}$$

这种简化方法并不适用于优化,原因是给定速度下的功率在这里只是一个排水量的函数。

一个更好的方法是使用经验公式,如 Holtrop(1984)或 Hollenbach(1997)使用的公式。上述公式利用船舶的主尺度和船体形状系数来估算总阻力、推力、推力减额和尾流系数。推进效率值可以从标准螺旋桨系列的数据中找到,如 Wageningen B(Oosterveld and van Oost-anen. 1975)。这些方法的速度足以达到最优化的目的,而其精度在早期设计阶段通常也足够精确,尤其是在使用类似船舶的(模型试验的海上试验)结果对方法进行校准时。

另一种方法是现在使用计算流体力学(CFD)方法。这种方法的缺点是,在早期概念设计中,即使是势流计算也需要很长的时间进行优化,同时势流计算需要对船体几何结构进行完整的定义,而这在早期阶段通常无法获得。如果有类似船舶的参数化模型,可以快速有效地从主尺度检索几何形状,但计算时间长的问题仍然存在。在这里参数化模型也可以为概念设计提供一个合理的解决方案。这些参数化模型的建立和使用在第 7.2.3.3 节和第 7.3.3 节中进行解释。

如最近的基准研究(Ponkratov. 2016)所示,计算流体力学(CFD)方法—势流以及雷诺平均纳维尔-斯托克斯方程(RANSE)仍需要一些正确使用的经验,以便得出可靠的结果。如果将这些方法用于特定类型和主尺度的船舶,那么对于经验不足的用户也有可能获得合理的结果,但是程序的设置和调整必须由计算流体力学(CFD)专家来完成。如果有足够精度的参数化模型可用,在没有任何深入的计算流体力学(CFD)知识的情况下,也可以在优化中使用和实施该模型,但设计者仍然必须充分了解数值模拟模式背后的方法的预期精度和局限性。

7.2.3.3　稳性估算

由于客船的稳性关系着非常重要的安全问题,船舶设计过程中最重要的步骤之一就是验证船舶的完整稳性和破舱稳性。以下监管机构规定了完整稳性和破舱稳性的最低标准,这些标准是强制性的,或最近才对从事国际航线的客滚船进行实施的:

(1) 完整稳性规范(国际海事组织 IMO 2008);

(2) 海上人命安全公约(SOLAS)第 II-1 章第 6、7 和 8 条(IMO 2014);

(3) 海上安全委员会(海安会 MSC)98 次会议第 421 号通函第 6、7 和 8 条(SOLAS 2020,IMO 2017);

(4) 2003/25/EC(欧盟委员会)号指令(斯德哥尔摩协议,欧盟委员会. 2003)。

早期设计除了主尺度外,并没有关于船体形状和分舱的信息,对于稳性的评估只能使用基于非常有限数量的输入参数的经验公式进行。作为评估船舶完整稳性和破舱稳性的初稳性 GM 方法被广泛推荐用于早期设计阶段(参见 Lamb. 1969;Schneekluth. 1980;Papanikolaou. 2014)。因此从定性的角度来看,必须满足以下不等式:

$$GM_{达到} \geqslant GM_{要求} \tag{7.2}$$

要求初稳性的典型值 $GM_{要求}$ 要么是基于某些船舶类型的绝对 GM 值(例如,对于客运船舶:GM=1.5~2.2 m,Schneekluth. 1980)的经验值,要么是与船宽相关(例如,对于渡船:

$$\frac{GM}{B} = 0.09 \sim 0.102, \text{Lamb. } 1969)。必须注意的是,这些 GM_{要求} 的数据和经验公式与大约$$

50 年前使用的船体形式和规范相对应,因此在某些情况下,它们可能会导致不现实的结果。

达到的初稳性 $GM_{达到}$ 可以用龙骨上方稳心高度 KM 与龙骨上方的重心高度 KG 之差来求得:

$$GM_{达到} = KM - KG \tag{7.3}$$

KM 可通过经验公式来估算,或估算其组成部分、龙骨上方浮心高度 KB 和横向中心半径 BM 之和。KG 可以根据船舶质量空船重量的重心和满载船舶的载重量重心的经验公式。这种方法非常粗糙,只适用于概念设计阶段的最早阶段。因此为了获得更可靠的与完整稳性和破舱稳性相符合的结果,采用了概念设计阶段的一种新方法:为了确保在优化过程中符合稳性要求,提出了一个最大允许 KG 值,它可以直接与重心计算结果进行比较,无需详细说明流体静力学数据:

$$KG_{最大} \leqslant KM - GM_{要求} \tag{7.4}$$

$$KG \leqslant KG_{最大} \tag{7.5}$$

$GM_{要求}$ 对应于满足所考虑的稳性要求所需的最小 GM。

完整稳性

现行的完整稳性规则[海安会决议 267(85),IMO 2008]于 2008 年获得通过,目的是在一份单一文件中提供关于基于现有 IMO 文件对不同类型船舶和海上浮动结构物最低稳性要求提供必要的信息。本规范包含所有船舶的强制性稳性标准和某些船型的推荐性稳性标准。表 7.2 列出了客滚船的强制性要求。从表 7.2 可以看出,只有一个标准仅使用初始稳定值 GM 作为要求值。所有其他标准取决于横倾力臂曲线 GZ 的特性,以及所达到的值与要求值的比较,例如在 GZ 曲线下达到的面积与要求面积的比较。因此出于对概念阶段的完整稳性更准确的考虑,将固定的 GM 值或宽度相关的最小 GM 值定义为要求值是不够的。

表 7.2　客船的完整稳性标准(IMO 2008)

标准	要求
最小完整稳性 GM	$GM \geqslant 0.15$ m
最大复原力臂 GZ	$GZ_{最大} \geqslant 0.20$ m
最大复原力臂位置	$\phi_{GZ最大} \geqslant 25°$
GZ 曲线下方的区域	$A_{30°} \geqslant 0.055$ mrad
	$A_{40°} \geqslant 0.090$ mrad
	$A_{30°-40°} \geqslant 0.030$ mrad
气候标准	$b \geqslant a$
风力矩造成的最大横倾	$\phi_0 \leqslant 16°$
乘客拥挤造成的最大横倾	$\phi_{乘客} \leqslant 10°$
转向速度过快造成的最大横倾	$\phi_{转向} \leqslant 10°$

mrad:弧度(角度单位)

对于符合规则的客滚船完整稳性计算,必须提供以下信息:

(1) 船体包括水密/风雨密上层建筑的线型;

(2) 无保护开口的位置;

(3) 风的参数,舭龙骨面积,导流尾鳍和舵面积;

(4) 乘客数量;

(5) 服务航速。

为了克服早期概念阶段信息缺乏的问题,提出了一种基于利用相似船型参数化描述的方法。该模型适用于调整全局参数垂线间长 L_{pp}、船宽 B、吃水 T、型深 D 和方形系数 C_B。在此模型的基础上,生成了多个船体线型,并进行了稳性分析。进行稳性分析所需的其他信息被视为母型设计的绝对值或相对值。因此生成了符合 IS 规则(IMO. 2008)规定的所有完整稳性标准的最大 KG 曲线(见图 7.1)。在概念设计阶段,这就足以在设计吃水下产生单个最大 KG,并将其与设计装载条件下获得的 KG 进行比较即可。然而所有信息都可用于在限制范围内的任何吃水条件下得出 KG 的最大值。结果可以转移到参数化模型(响应面、回归公式)中,以便更准确地预测船舶设计的主要细节对完整稳性要求的影响。

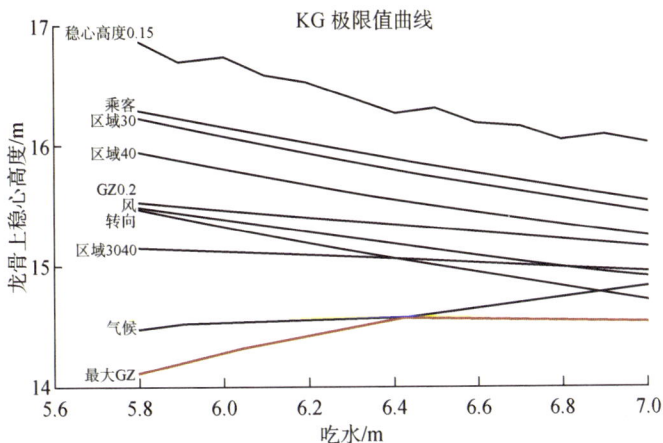

图 7.1　KG 最大值曲线与每个完整稳性标准包络线(红色)的对比

例如,FINCANTIERI S. p. A. 公司为欧盟项目 GOALDS[①] 设计的客滚船(此处称为"基准"设计)作为母型设计。利用 Friendship System 开发的 CASES 中的该船船体线型参数化描述以及 25 个参数,在 CASES 中建立了一个用于自动稳性分析的过程链。船体线型以 IGES 格式传输到 NAPA。在 NAPA 软件中,生成稳性船体,并初始化进行稳性计算所需的设置。因此通过文本文件格式返回一个文本文件,其中包含有关所考虑的吃水的 KG 最大值的信息。设计空间探索方法(如 Sobol)可用于创建尽可能覆盖设定极限值(例如,由于参数化模型的限制)的设计。在概念设计阶段的稳性分析时,四个全局参数在表 7.3 中给出的极限值范围内变化。

---

① GOALDS (2009~2012):基于目标的破舱稳性,欧盟委员会资助的项目,FP7-DG 研究,赠款协议 233876。

表 7.3　"FINCANTIERI"号客滚船船体线型参数(基准值)和设计变量的参数极限值

参数名称	单位	下边界	上边界	基准值
垂线间长	m	150.00	180.00	162.845
型宽	m	27.60	30.60	27.600
吃水[a]	m	6.00	7.10	7.000
方形系数	—	0.54	0.60	0.570
纵向浮心位置	$\%L_{pp}$	0.454 5		0.454 5
型深	m	15.40		15.40

a 此处吃水 T 表示最大吃水。在本研究中,由于客滚船的吃水差异较小,因此根据 SOLAS 假设,设计吃水、最大吃水和最深分舱吃水都是相同的。

　　通过对 110 个设计变量的样本进行非线性回归分析,根据非常有限的船舶设计参数,推导出设计吃水时 KG 最大值的预测公式:

$$KG_{最大} = 47.083 - 12.685 \cdot \frac{B}{T} + 5.485 \cdot B - 0.053\,7 \cdot B^2 -$$

$$19.88 \cdot T + 0.904 \cdot T^2 + 2.486 \cdot C_B \tag{7.6}$$

　　为了评估预测值的准确度,可将稳性计算得出的 KG 最大值准确值与回归公式中的预测值进行比较。如图 7.2 所示,结果在小于 15 cm 或 $KG_{最大}$ 的 1% 范围内。

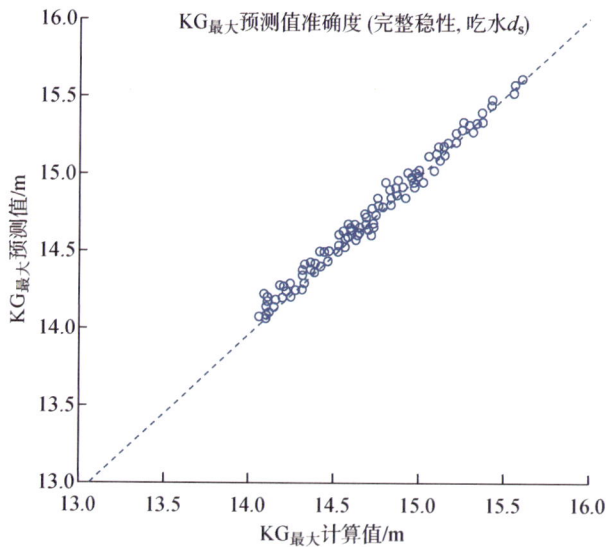

图 7.2　对满足完整稳性要求的 $KG_{最大}$ 的准确值和预测值(通过回归分析)进行比较

　　从图 7.3 中可以看出单个参数对最大允许 KG 值的影响。在这些图中所选参数(见表7.3)在回归分析(实线)的极限值范围内变化,超出范围的则作为外推(虚线)。从这些图中可以看出,$KG_{最大}$ 的值与船舶长度无关,对方形系数和吃水的变化也基本没有影响。$KG_{最大}$ 的主要驱动力是型宽,这符合船舶理论中众所周知的规律。

　　流体静力学信息也可从设计空间探索中获得,并可通过应用于设计变量数据的非线性

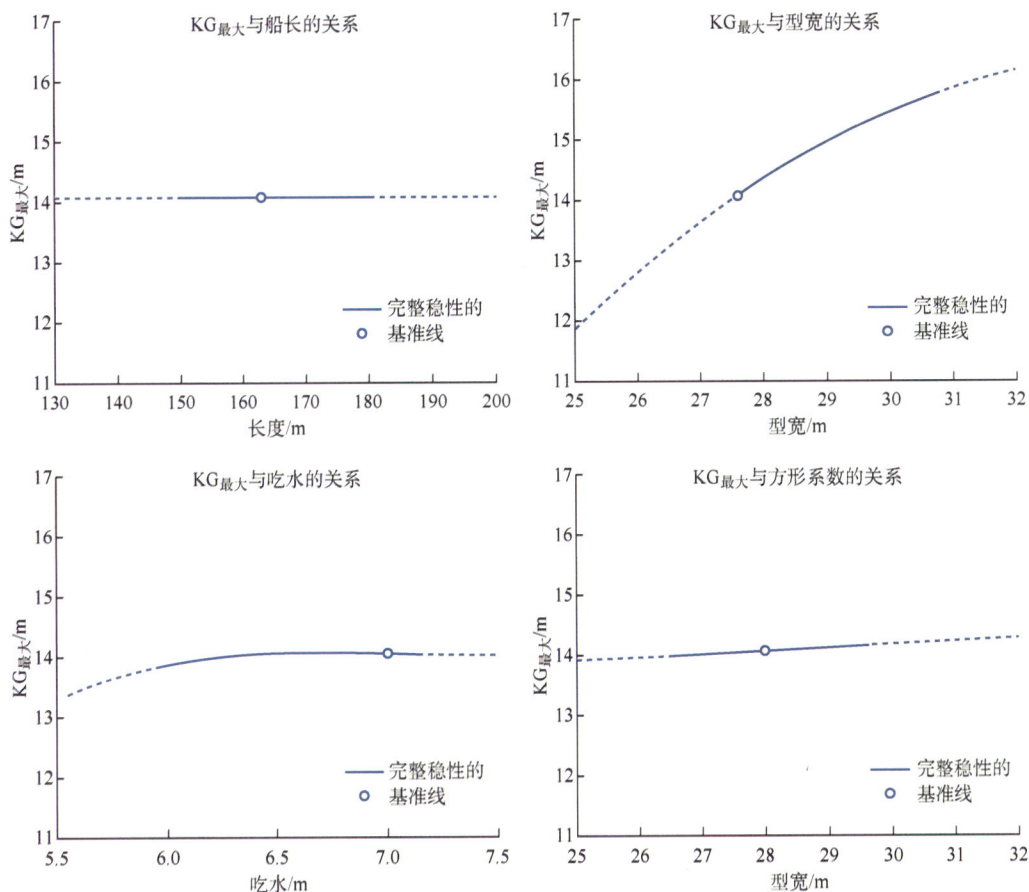

图 7.3　船舶设计参数变量对完整稳性相关的最大允许 KG 值的影响

回归公式来表示。例如作为船舶设计主要参数的龙骨上方的横稳心(KMT)高度推导出吃水为 d_s 时船舶设计主要参数的函数表达式如下：

$$\mathrm{KMT} = -24.155 + 5.832 \cdot \frac{B}{T} - 1.102 \cdot B + 0.019\,64 \cdot B^2 +$$

$$7.79 \cdot T - 0.385 \cdot T^2 - 6.126 \cdot C_{\mathrm{B}} \tag{7.7}$$

该公式的预测值与准确计算结果吻合度较好(见图 7.4)。

破舱稳性

客滚船破舱稳性的计算必须根据 SOLAS 的要求进行。此外欧洲水域国际航线上的客滚船可能需要根据指令 2003/25/EC 即"斯德哥尔摩协议"(欧洲委员会 2003 年)进行甲板上浪计算。最近国际海事组织决议 MSC.421(98)提出了更严格的破舱稳性要求。该决议将于 2020 年生效，并将取代现行的 SOLAS 公约，即 SOLAS(2009)。新的稳性要求提供了要求的分舱指数 R 的更新公式，从而提高了客船，尤其是中小型客船的生存能力；他们进一步引入了客滚船在滚装处所破损时生存性指数的一个修正公式。SOLAS(2009)和 SOLAS(2020)第Ⅱ-1 章的内容都与破舱稳性计算有关，如下所示：

- 第 6 条：要求的分舱指数 R；

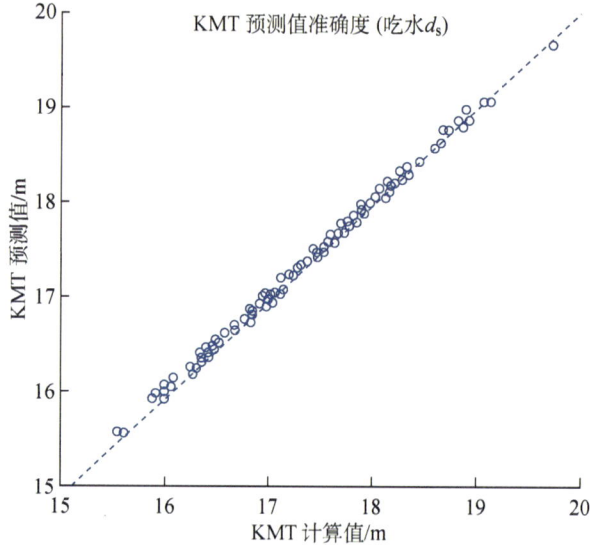

图 7.4　KMT 准确值与预测值的比较

- 第 7 条:达到的分舱指数 A(概率);
- 第 8 条:轻微破损(确定性);
- 第 9 条:底部破损(确定性)。

在本研究中,主要关注破舱稳性规则的概率部分。轻微破损对于这种类型和尺寸的船舶来讲通常不是一个重大问题。如果选择了非典型的底部布置,则应对底部破损进行分析。对于基准设计,这是由部分双层体布置造成的情况。

但是,与通过概率破舱稳性要求确定的 $KG_{最大}$ 值的要求相比,第 9 条规定不具有决定性。

如果达到的分舱因数为 A,三处吃水 d_s、d_p、d_l(分别为最深分舱吃水、部分分舱吃水和空载工况分舱吃水)时部分因数计算为 A_s、A_p、A_l 的加权平均值不小于要求的分舱因数 R,则与概率破舱稳性要求相关的船舶分舱是足够的:

$$A = 0.4 \cdot A_s + 0.4 \cdot A_p + 0.2 \cdot A_l \geqslant R \tag{7.8}$$

此外,客船的部分分舱因数必须满足以下要求:

$$A_l \geqslant 0.9 \cdot R \tag{7.9}$$

式中,A_l 表示吃水 d_s、d_p、d_l 的部分分舱因数。最深分舱吃水 d_s、部分分舱吃水 d_p 和空载工况吃水 d_l 在 SOLAS 中进行了定义,并应代表吃水范围内的典型装载工况。每个部分分舱因数是考虑到的所有破损情况下的作用(即幸存的破损情况)总和:

$$A = \sum p_i \cdot s_i \tag{7.10}$$

式中,i 代表所考虑的每个舱室或每组舱室,p_i 表示忽略任何水平分舱的情况下,仅所考虑的舱室或舱组可能被淹没的概率,s_i 表示所考虑的舱室或舱组被淹没后的生存概率,包括任何水平分舱的影响(SOLAS 2009)。

破舱稳性计算结果主要受初始浮态(即吃水、纵倾和初稳心高度)、内部分隔(即舱壁和甲板的数量和位置)以及开口位置的影响。此外,A 级舱壁、逃生路线和横贯浸水布置需要在破舱稳性分析中进一步考虑。对于客船还必须考虑风、乘客拥挤和救生艇下水造成的额外横倾运动。

在早期的概念设计阶段还无法获得这些详细信息。因此为了在破舱稳性计算中考虑一个典型的内部布置,采用了一个类似船舶的参数化模型(母型船设计)。例如 NTUA 提供了基准设计("FINCANTIERI"号客滚船)内部分舱的参数化模型,用于根据 SOLAS 2020 进行破舱稳性分析。为了推导下列结果,横向和纵向舱壁以及甲板的位置根据主要尺寸进行标定。但是主车辆甲板(第 3 层甲板)的高度保持不变,以考虑装载码头处固定和活动坡道的高度。然而由于主车辆甲板(即舱壁甲板)的高度对破舱稳性有很大影响,因此在进一步的研究中,也可以将其视为自由变量。

我们通过计算来评估 KG 的最大允许值,以达到在所要求的分舱因数 R 分别为 90%、95%、100% 和 102.5% 吃水时相应的 A 分舱因数。对于最深分舱吃水 d_s,非线性回归分析的结果显示以下关系:

$$\mathrm{KG}_{\max}^{A=0.90R} = -52.71 + 7.042 \cdot \frac{B}{T} - 1.01 \cdot B +$$
$$0.0124 \cdot B^2 + 14.528 \cdot T - 0.859 \cdot T^2 - 4.878 \cdot C_B \quad (7.11)$$

$$\mathrm{KG}_{\max}^{A=0.95R} = -76.71 + 7.568 \cdot \frac{B}{T} - 0.3794 \cdot B +$$
$$18.366 \cdot T - 1.1432 \cdot T^2 - 3.968 \cdot C_B \quad (7.12)$$

$$\mathrm{KG}_{\max}^{A=1.00R} = -92.325 + 5.114 \cdot \frac{B}{T} + 24.999 \cdot T -$$
$$1.833 \cdot T^2 - 2.072 \cdot C_B \quad (7.13)$$

$$\mathrm{KG}_{\max}^{A=1.025R} = -129.196 + 5.049 \cdot \frac{B}{T} + 36.788 \cdot T - 2.8076 \cdot T^2 \quad (7.14)$$

基于上述公式的参数化研究表明,船长和方形系数对最大允许 KG 值基本上没有影响,反而是船宽和吃水对其影响很大。虽然船宽增加对最大允许 KG 值有很大的正面影响,但对于吃水的增加则相反(见图 7.5)。

根据 SOLAS 的要求,在吃水 d_p 和 d_1 下满足破舱稳性要求的最大允许 KG 值是根据最深分舱吃水 d_s 的描述推导出来的:

$$d_p : \mathrm{KG}_{\max}^{A=1.00R} = -75.911 + 6.236 \cdot \frac{B}{T} - 0.142 \cdot B + 18.619 \cdot T -$$
$$1.24 \cdot T^2 - 2.45 \cdot C_B \quad (7.15)$$

$$d_1 : \mathrm{KG}_{\max}^{A=1.00R} = -64.187 + 5.741 \cdot \frac{B}{T} - 14.173 \cdot T -$$
$$0.8892 \cdot T^2 - 0.412 \cdot C_B \quad (7.16)$$

对预测准确度的分析表明,三处吃水的预测结果基本一致。基于 110 个设计变量的最大预测误差小于 8 cm(见图 7.6)。船宽和吃水对完整稳性和破舱稳性要求的影响如图 7.7 所示。

最深分舱吃水处的最大允许 KG 值取决于所要求的因数 R,根据客船的 MSC 第 421 (98)条通函,R 仅取决于登船的总人数(见表 7.4)。

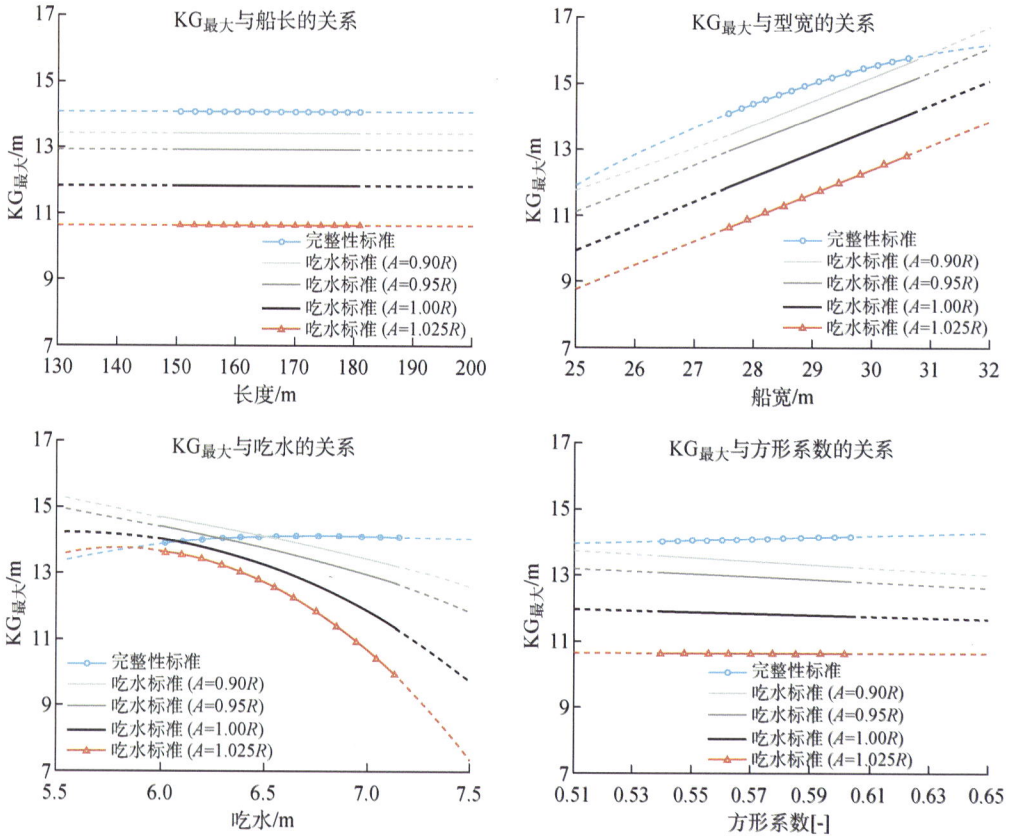

图 7.5　船舶设计主要参数变量对 $\mathrm{KG}_{最大}$ 的影响

表 7.4　所要求的分舱因数 R 的计算公式 $\big[\mathrm{MSC}\ 通函\ 421(98)\big]$

登船人员	R
$N < 400$	$R = 0.722$
$400 \leqslant N \leqslant 1\,350$	$R = N/7\,580 + 0.669\,23$
$1\,350 < N \leqslant 6\,000$	$R = 0.036\,9 \times \mathrm{Ln}\,(N + 89.048) + 0.579$
$N > 6\,000$	$R = 1 - (852.5 + 0.038\,75 \times N)/(N + 5\,000)$

不同的船东对登船人员要求不同,为了预测 $\mathrm{KG}_{最大}$ 值,人们进行了分析以确定与所要求的分舱因数 R 与 $\mathrm{KG}_{最大}$ 值的关系。分析结果表明,对于基准设计,$\mathrm{KG}_{最大}$ 值是 A 因数和 R 因数之间关系呈准二次型函数形式。根据 $A = 1.00R$,$A = 0.95R$ 和 $A = 0.90R$ 处的 $\mathrm{KG}_{最大}$ 值和根据对 110 个设计变量的回归分析,得出了吃水 d_s 的以下二次函数:

$$\mathrm{KG}_{最大} = (a \cdot \delta A^2 + b \cdot \delta A + 1) \cdot \mathrm{KG}_{\max}^{A = 1.00R} \tag{7.17}$$

其中:

$$\delta A = \frac{A - R}{R} \tag{7.18}$$

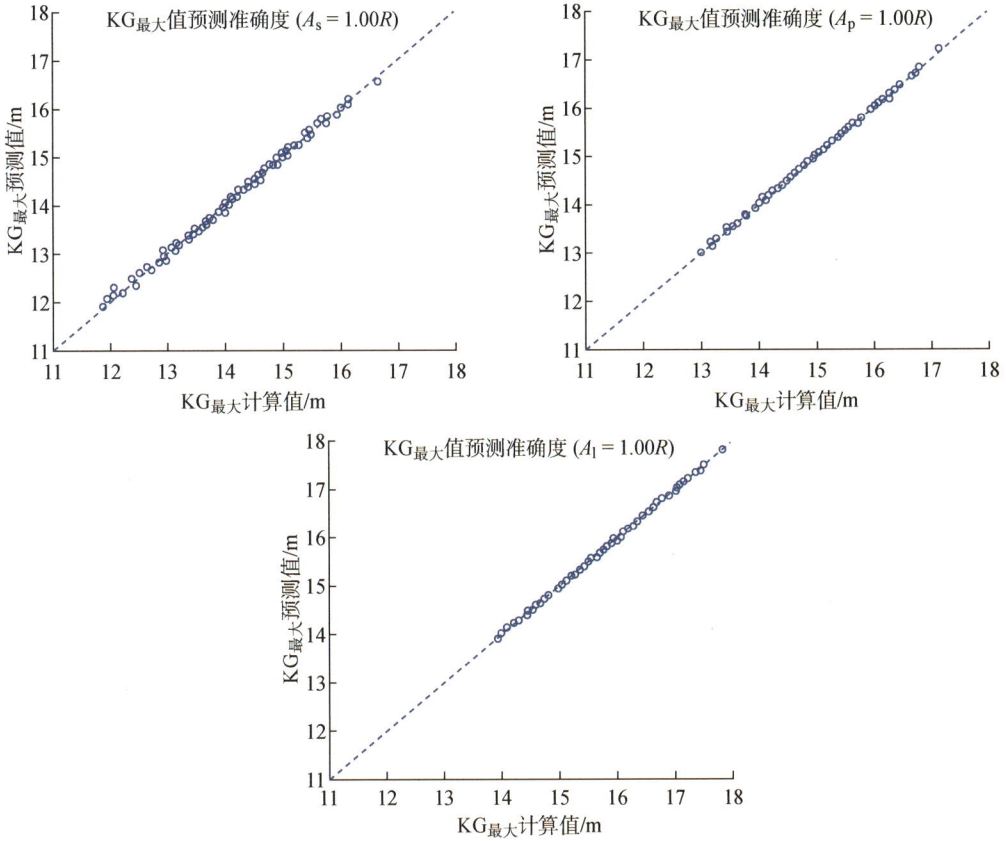

图 7.6 吃水 d_s, d_p, d_l 处 KG$_{最大}$值的预测准确度

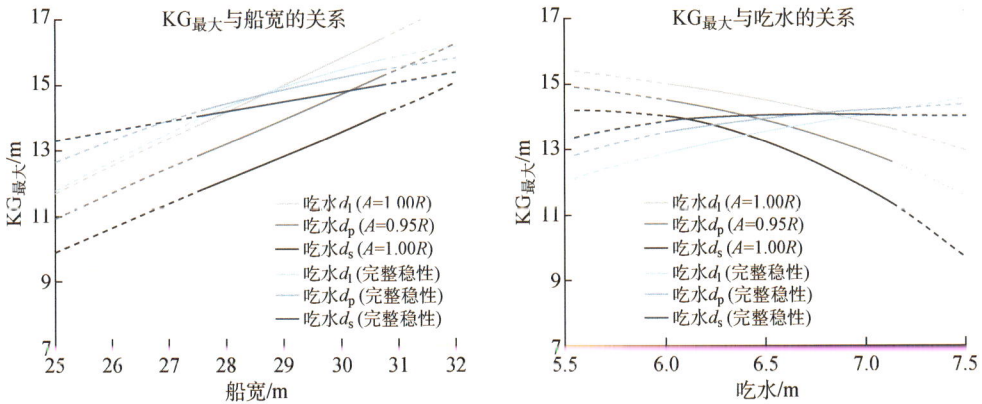

图 7.7 完整稳性和破舱稳性要求在吃水 d_s, d_p, d_l 处的参数研究

$$a = -95.724\ 9 \cdot \frac{\mathrm{KG}_{\max}^{A=0.90R}}{\mathrm{KG}_{\max}^{A=1.00R}} + 98.513\ 8 \qquad (7.19)$$

$$b = -19.5725 \cdot \frac{\mathrm{KG}_{\max}^{A=0.90R}}{\mathrm{KG}_{\max}^{A=1.00R}} + 19.851\ 4 \qquad (7.20)$$

预测准确度结果较好,110 个样本在 $A=0.95R$ 下的预测误差小于 6 cm。对于 $A=1.025R$,准确度是不足的(见图 7.8,灰色十字)。但是可以假设上述公式在 $0.90R \leqslant A \leqslant 1.01R$ 范围内显示了可接受的结果。

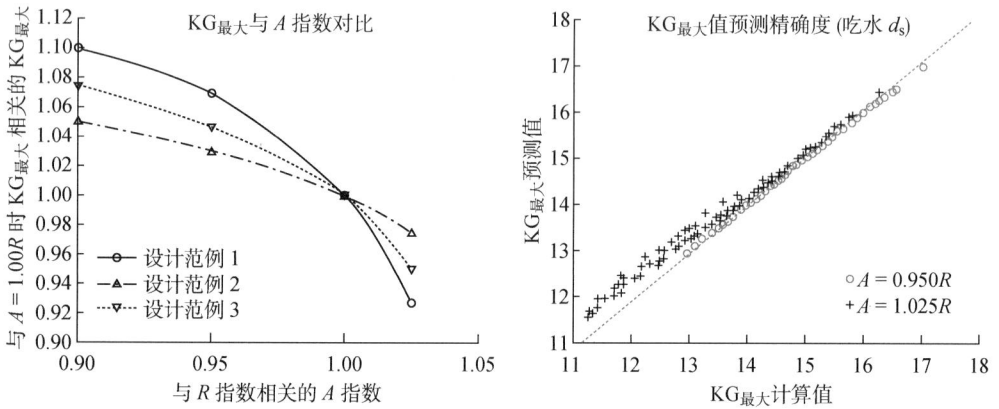

图 7.8 $KG_{最大}$ 与 A 指数(左)及吃水 d_s(右)时基于二次近似方程的预测精确度的关系的典型曲线

完整稳性和破舱稳性的组合 $KG_{最大}$ 值

根据上述公式可计算出最大许用的 KG 值,并与相应装载工况下的船舶重量和重心结果进行比较:

$$KG_{最大} = 最小(KG_{最大值}^{完整稳性}; KG_{最大值}^{破舱稳性}) - 余量 \qquad (7.20)$$

计算模型和预测公式不准确性应考虑适当的余量。在早期概念阶段,通常只考虑吃水 d_s 时的满载工况就足够了。表 7.5 给出了准确度分析的两个实例。结果表明该方法在所有吃水情况下均具有较好的预测准确度,最大误差约为 1.1%KG。

表 7.5 两个案例的准确度分析

参数	基准值			案例 1		
船长	162.850			165.000		
型宽	27.600			28.500		
吃水	7.100			7.000		
型深	15.400			15.400		
方形系数	0.568 0			0.560 0		
浮心纵向位置	0.454 5			0.454 5		
	预测/m	NAPA/m	误差/m	预测/m	NAPA/m	误差/m
KMT	15.483	15.414	0.069	16.370	16.344	0.026
$KG_{最大}$(完整稳性)	14.086	14.038	0.048	14.670	14.647	0.023
d_s $KG_{最大}(A=0.90R)$	13.310	13.290	0.020	14.121	14.117	0.004
$KG_{最大}(A=1.00R)$	11.469	11.346	0.123	12.512	12.417	0.095
$KG_{最大}$(总计)	11.469	11.346	0.123	12.512	12.417	0.095

		预测/m	NAPA/m	误差/m	预测/m	NAPA/m	误差/m
d_p	KMT	—	15.556	—	—	16.528	—
	KG最大（完整稳性）	14.261	14.042	0.219	14.624	14.662	−0.038
	KG最大（$A=1.00R$）	12.706	12.612	0.094	13.632	13.641	−0.009
	KG最大（总计）	12.706	12.612	0.094	13.632	13.641	−0.009
d_1	KMT	—	15.976	—	—	17.027	—
	KG最大（完整稳性）	14.172	13.949	0.223	14.300	14.256	0.044
	KG最大（$A=1.00R$）	13.700	13.719	−0.019	14.597	14.609	−0.012
	KG最大（总计）	13.700	13.719	−0.019	14.300	14.256	0.044

7.2.4　应用范例

为了初步说明 HOLISHIP 的发展，在项目开始时选择了一个实际的设计范例作为测试平台以及展示平台。选择了 175 海里的理想航线，这条航线相当于从比雷埃夫斯（靠近雅典）和赫拉克利翁（在克里特岛）之间的轮渡航线，其中白天的行程以 27 节航速行驶约 6.5 小时，而夜间的回程以 21 节航速行驶约 8.3 小时。考虑到在港口的调度、加油和装货时间，渡船可以在 24 小时内完成往返。这类船舶还可以在许多其他连接欧洲港口的海上航线上使用，例如从那不勒斯到巴勒莫（170 海里）、从热那亚到阿雅克肖（185 海里）、从马赛到阿雅克肖（189 海里），或从基尔到哥德堡（230 海里）。

表 7.6 列出了船东关于运输能力的最重要的要求。作为本研究的起点，使用了一艘设计用于短途国际航线的典型客滚船船。该设计最初由 Fincantieri S. p. A. 在欧盟项目 GOALDS 的背景下开发，将其用于优化研究，旨在探索在破损情况下提高客船安全水平的成本效益的潜力（Zaraphonitis et al. 2012）。该船是一艘机动的双螺旋桨船，配备两台柴油发动机，每根轴加上一个齿轮箱与离合联轴节，配有三层车辆甲板，即主车辆甲板和上车辆甲板（第 4 层甲板和第 5 层甲板）以及主甲板（第 1 层甲板）下方的车库。船舶的主要参数见表 7.7。该研究结果已在一系列国际会议上提交或被同意出版（Harries et al. 2017；Marzi et al. 2018a,b；Zaraphonitis et al. 2018）。

表 7.6　船东的要求

乘客数量	≥2 080	车道长度/m	≥1 950
客舱	>300	有效负荷/m	≥3 500

表 7.7　基准设计的主要参数

垂线间长/m	162.85	载重/t	5 000
型宽/m	27.6	乘客人数	2 080
分舱吃水/m	7.10	车道/m	1 950

根据船东要求和建造成本优化后的客滚渡船计算,得出的主要尺寸接近基准值。然而,推进功率(PD)的优化导致了船舶更细长。在图 7.9 中最小推进功率、最低建造成本和最低营运费用下的垂线间的最佳长度(L_{PP})表示为设计航速的函数。结果趋向于最小长度,以及由此而得出在所有航速尺度下最小的船舶。图 7.10 显示了最低日成本结合营运成本和资金成本后的最佳 L_{PP}。根据不同的航速分布,在 21 节和 27 节航速下航行所占的百分比不同,考虑了不同的营运概况。结果再次表明对于更高航速,船长会更长。结果的范围是有限的,且由于考虑到营运成本,范围高于建造成本优化值。该实例表明,作为进一步优化的起点可以快速有效地获得主要参数的概念。在这里,造船厂、船东、营运商、社会的观点对优化结果都产生了影响。

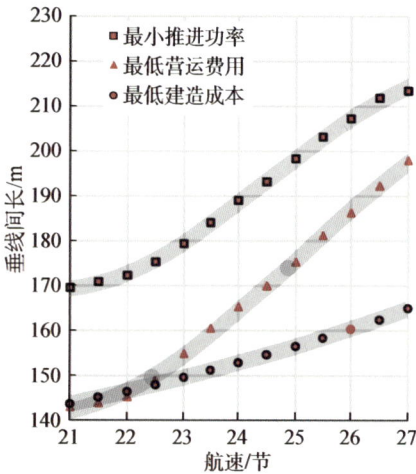

图 7.9　作为不同目标的速度函数的最优垂线间长

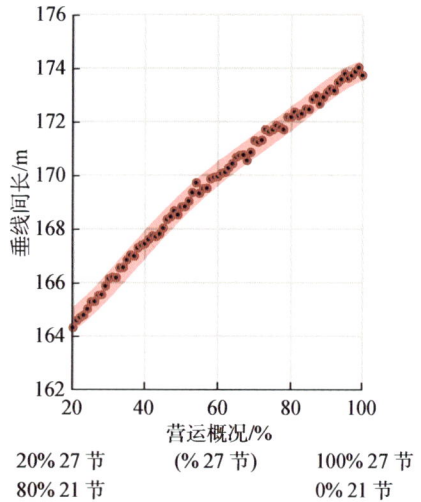

图 7.10　以营运概况作为函数的最优垂线间长

7.3　合同前期参数化船舶设计与优化

在 HOLISHIP 项目的过程中,使用适当的计算机辅助船舶设计(CASD)软件工具的不同类型船舶,包括客滚船、艏艉同型渡船、平台支持船、散货船和集装箱船的一系列参数模型,正在开发或即将投入使用。其中一些完全是由 Friendship Framework 在 CAESES 软件中开发的。在其他情况下,船体线型是在 CASES 中生成的,随后转换到 NAPA 中,并在 NAPA 中设计内部布置的详细参数模型并进行了计算。一系列软件工具,能够评估每个已与 CASES 结合的备选设计(例如,用于评估其他线型的水动力性能的势流或黏性流解决方案、用于评估符合完整稳性和破舱稳性要求的 NAPA 宏指令是否已经与 CAESES 集成)。用于钢结构评估和优化,机械、设备和控制系统建模和模拟或船舶全寿命周期评估的其他类型的工具目前正在开发中,并将在项目过程中与 CASES 集成。CASES 和 NAPA 中参数化模型的开发以及所需评估工具的集成将为设计师提供一个强大的设计平台,使其能够以最小的工作量对大量设计进行细化和评估。更重要的是,这种设计平台在本质上适合用于优化活动的框架,旨在根据选定的设计目标和限制条件确定最有潜力的设计解决方案。事实上除了一系列用于复杂几何参数化建模和外部软件代码集成的强大工具外,当前研究中使用 CASES 的一个更重要的优点是提供了许多优化算法,能够开发完全集成的参数化设计和优化平台,每一种算法都专门用于相应的现有船型和尺寸以及所考虑的设计阶段。

本研究中使用的中型客滚船应具有大约 2 000 名乘客的运输能力,运输拖车的车道长度约为 2 000 米。该船舶的主要参数见表 7.7。在下文中将根据规定的营运概况,概述为具有上述运输能力的船舶而开发和应用的设计平台,并给出选定的优化结果。

7.3.1　船型参数化建模与水密分舱

Friendship Systems 公司开发的 CASES 软件,设计了典型双螺旋桨单尾鳍客滚船的船体线型参数化模型,并可供 HOLISHIP 的合作伙伴使用。每个设计的尺寸和船体线型的细节由一系列设计参数控制,用户可以指定其他参数:

(1) 船舶的主要参数(垂线间长、型宽、设计吃水、型深);

(2) 设计吃水时的方形系数(C_B)和船舯剖面系数(C_M)以及相应的浮心纵向位置(LCB);

(3) 入口和车道的长度;

(4) 局部船体线型细节,如球鼻艏的尺寸和形状、船尾的形状(强横梁的高度和形状)和尾鳍的细节。

图 7.11 给出了由上述参数化模型创建的船体线型的典型示例。船体作为一系列软件工具的输入,这些工具已经与 CASES 集成,并用于评估每个设计方案。如前所述使用一系列专门开发的宏指令,在 NAPA 中对船舶的水密分舱进行详细定义。船体以 IGES 文件的格式从 CASES 中导出,然后导入到 NAPA 中。作为传递几何图形的另一种方法,还可以从 CASES 中提取曲线的定义作为细化 NAPA 船体的输入,精确地模拟 CASES 中开发的原始几何图形。水密分舱的参数化模型是在基准设计的详细 NAPA 模型的基础上开发的,该模

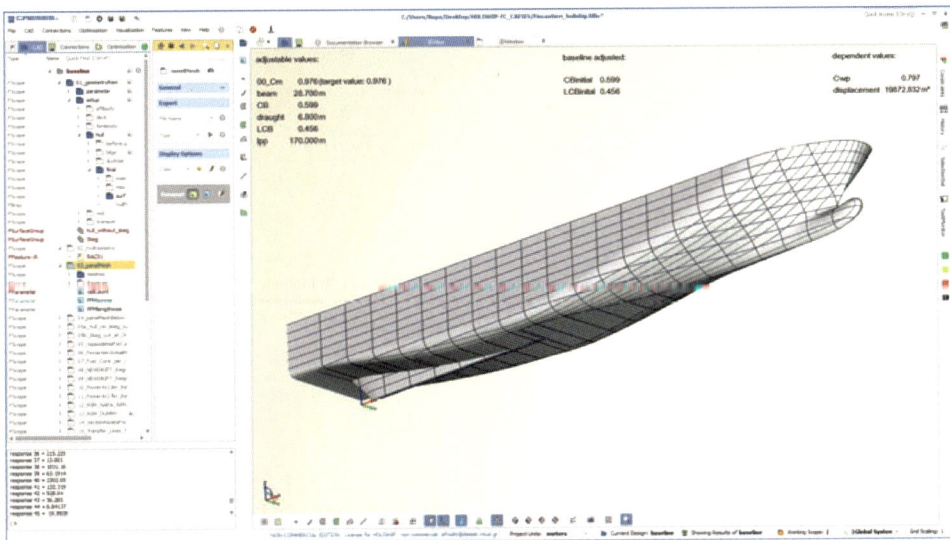

图 7.11　船体线型参数化模型截图(原图模糊,细节无法翻译)

型已经可从 GOALDS 项目获得(Zaraphonitis et al.2012)。该模型由 NTUA 进行参数化，因此当船体的主要参数(船长、型宽、吃水、方形系数、棱形系数、入口和车道长度)或任何形状细节进行修正时，模型自动调整。

参数化模型可以(或优化算法)使用户控制主要横舱壁的位置，从而控制水密区的长度，指定甲板高度，或均匀地增加或减少纵向舱壁、舱室和其他舱室与船舶中心平面的距离。然而在目前的参数化模型中，水密舱室的拓扑结构保持不变。第 5 甲板前的所有水密舱室包括所有类型和尺寸的舱室都是自动生成的，并用于在 NAPA 中进行所谓的船舶建模。此外，根据概率原理(SOLAS.2009,更新版)，所有开口和交叉连接都是自动创建的，用于每个设计方案的破舱稳性计算。典型设计方案的水密分区的设置如图 7.12 所示，该水密分区由 NAPA 的参数模型创建。一旦三个车辆甲板的定义完成，就可以通过专门开发的 NAPA 宏计算其体现运输能力的车道长度和最大运输车辆数。然后自动生成装载工况，为完整稳性和破舱稳性计算提供依据。

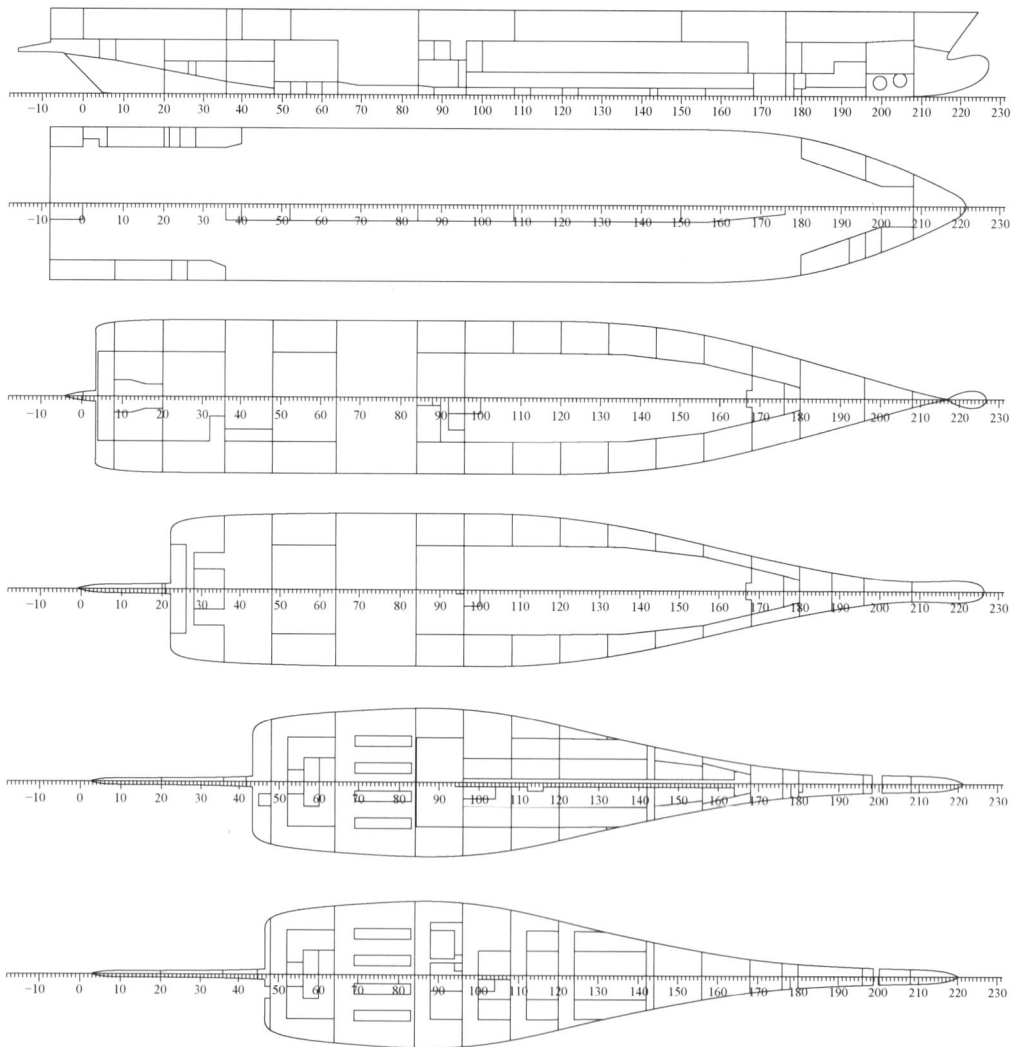

图 7.12　由 NAPA 中相应的参数化模型创建的备选设计方案的水密分舱

7.3.2　评估工具

　　HOLISHIP 项目的目标是开发、扩展和改进一系列具有足够复杂性和精确性的软件工具,从而能够在每个重要方面对每个备选设计方案进行评估。其中一些工具是为在概念设计阶段使用而开发的,而另一些工具则适用于合同设计。其中几个工具在 CAES 中的开发和集成已经完成。然而由于项目仍处于相对早期的细化阶段,其他工具仍在开发中。

　　现有的且已经与 CASES 集成的是一系列流体动力工具,两者都可以解决势流和黏性流问题。这些工具可以很容易地用于计算带附体船模的静水阻力和推进功率,评估船舶在航道中的响应和附加阻力。对于静水分析,本文给出的结果是基于 HSVA 内部工具的集成,即平板兴波阻力程序 ν-Shallo(德国 HSVA 平静水域船舶兴波阻力分析非线性势流三维面元程序)和 RANSE(雷诺平均纳维尔-斯托克斯方程)程序 Fresco+(Gatchell et al.2000;哈夫曼.2007)的集成。为了预测波浪中的附加阻力,采用了 NTUA 的 NEWDRIFT+程序。这是一个基于格林函数的三维平板程序,用于评估速度势和最终运动、波浪载荷和频域中的平均二阶力。该程序是对原始 NEWDRIFT 程序的进一步开发,通过添加软件工具,根据远场方法计算波浪中的附加阻力,并对短波体系进行经验修正(Liu and Papanikolaou.2016)。此外,一系列 NAPA 宏指令已经可以用于评估完整稳性和破舱稳性。完整稳性评估是基于 IMO 完整稳性规范(2008)规定的要求,而对于破舱稳性,则适用经修订的 SOLAS 2009 和斯德哥尔摩协定的要求。Harries et al(2017)和 Marzi et al(2018a)更详细地描述了这些工具在设计平台中的集成。

　　另一方面,一系列用于船舶结构分析、对已安装推进装置和辅助机械的建模和仿真以及每个设计方案的全寿命评估的软件工具仍在开发中。在这些工具可用之前,将使用专门为此处介绍的应用程序案例开发的更简单的工具,目的是使设计工作闭环,并展示所采用的设计程序和所开发的优化平台的潜力。FINCANTIERI 在 GOALDS 项目制定过程中提出的简化程序,用于与基准设计相比,估算每种设计方案的空船重量、重量重心和建造成本产生的变化。为了评价每个设计方案的经济潜力,计算了其净现值与基准设计的差异。所有这些简化计算都是由专门开发的 NAPA 宏指令执行的。

7.3.3　参数化模型

　　上述几种评估工具需要大量的计算机资源。例如,仅仅计算与本文研究的船舶主尺度和复杂度相同的船舶达到的分舱因数,典型工作站需要大约 40 分钟(如果计算仅限于一侧,则需要 20 分钟)。为了在优化过程中节省时间和加快计算速度,CASES 提供了用于预先计算数据的方法以供以后使用。基于这些预先计算的结果,并及了参数化模型,使得在几乎为零的计算时间内对感兴趣的数量进行足够精确的估计。除了大大减少所需的计算时间外,使用参数化模型还大大提高了整个过程的可靠性,同时避免了所有软件工具不能在同一台计算机上使用,甚至由一个合作伙伴操作的情况下(很常见)需要进行远程计算从而解决可能产生的知识产权问题。

　　对于本文提出的优化研究,使用了三种不同类型的参数化模型。第一个用于评估静水阻力,然后评估所需的推进功率。为此对 CASES 中参数化模型开发的一系列船体线型,在 21 节和 27 节航速的条件下,使用 ν-Shallo 在 HSVA(德国汉堡船模试验水池)中进行了系统计算。通过实验设计（DoE），在指定的变化范围内变化选定的设计变量，获得了这些船体形状。利用 FreSCo+ 对选定的案例进行了测试，并将所得结果用于测定势流进行校正。根据所得结果，在 CASES 中建立了响应面，用于预测静水中的总阻力。图 7.13（以 21 节的航速）和图 7.14（以 27 节的航速）展示了这些响应面得出的结果与 CFD 的结果的比较。从这些图中可以观察到，响应面得到的估算值与 CFD 计算结果有很好的相关性，在所有情况下其差异都小于 ±1%。

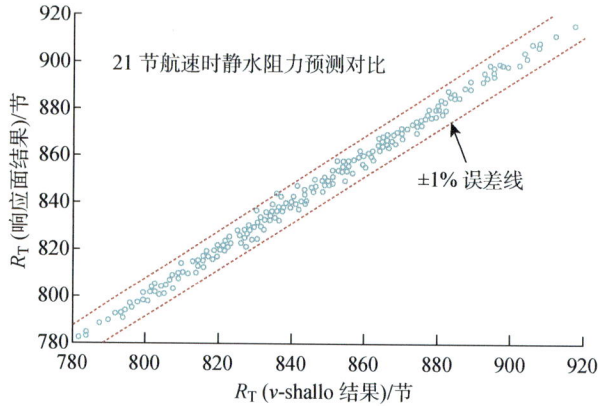

图 7.13　21 节航速时静水阻力预测对比

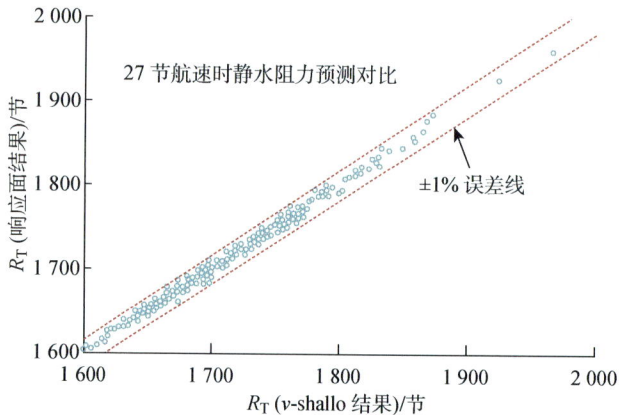

图 7.14　27 节航速时静水阻力预测对比

参数化模型还可以用于预测波浪中的附加阻力。在这种情况下，在 NTUA 中使用 NEWDRIFT+ 对具有 $h_s = 3$ m 和 $T_p = 7$ s（逆浪）的 JONSWAP 光谱进行了系统计算。再次，如同计算静水阻力那样，通过 CASES 中的参数化模型，在相同的变化范围内使用相同的设计变量设计了船体线型。所得结果用于在 CASES 中创建响应面，以及在 MATLAB 中建立线性回归。图 7.15 给出了响应面和通过 NEWDRIFT+ 得出的估算值的比较。从图中可以看出，响应面得到的估算值与 CFD 计算结果有很好的相关性，几乎所有情况下的差异都小于 ±2.5%。通过对线性回归结果的比较，得出了类似的结论。

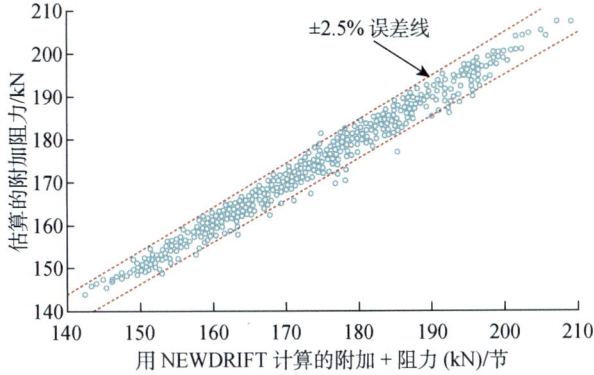

图 7.15　用 NEWDRIFT＋（希腊 NTUA 船舶设计实验室用
于船舶和海上结构物耐波性分析的势流三维平板程序）计算
和用响应面估算的 27 节逆浪航速时附加阻力的比较

　　最后，采用非线性回归方法对各设计方案达到的分舱指数进行估算。由于根据概率进行的破舱稳性评估相当耗时，为了在优化过程中加快计算速度，在 CASES 和 NAPA 中开发的综合模型被用于计算，以提供足够的数据，用于开发参数化模型和快速而合理准确地估计 SOLAS 2009 规定的三种吃水（分舱吃水、部分装载吃水和轻载工况吃水）时的 A 因数和相应的部分装载时的 A 因数。根据经修订的 SOLAS 2009 计算的实际的 A 因数与使用响应模型获得的估算的 A 因数的比较，如图 7.16 所示。

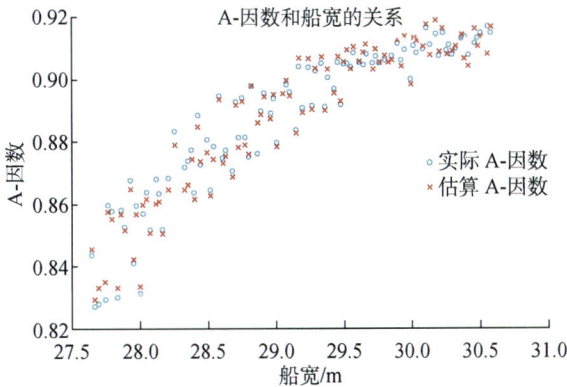

图 7.16　实际的和估算的 A 因数与船宽的关系

7.3.4　样本优化的公式化

　　从基准设计和概念设计优化的结果开始进行优化研究，以确定最佳的客滚船设计，满足船东的要求和规定的限制条件。更具体地说本研究的目标是确定垂线间长、船宽和设计吃水等主要参数的最佳组合，利用净现值来表示船舶的经济潜力最大化，同时最大限度地减少其对环境的影响。

选择 175 海里的航线,相当于比雷埃夫斯(靠近雅典)和赫拉克利翁(在克里特岛)之间的渡船航线。在 27 节航速的情况下,白天的行程大约需要 6.5 小时,而在夜间的回程在 21 节航速的情况下则需要大约 8.3 小时。表 7.6 列出了船东关于运输能力的最主要要求。该船将全年运营,考虑到旺季为 7 周,每周 7 次往返;中等旺季为 24 周,每周 5 次往返;淡季为 22 周,每周 3 次往返,合计每年 235 次往返。在计算年收入时,假定适当的乘客、轿车和货车在这三个时期的搭载率。由于运输工作的需求总是有限的,因此假设运输能力较大船舶的搭载率会逐渐降低。例如与基准设计相比有 10%(相应为 20%或更多)运输能力的增加,假定的每年运输乘客或车辆的增加则仅限于 7.5%(相应为 10%)。

反映船舶经济潜力的适当优化标准的一个选择是,在选定的营运方案下,将 NPV(净现值)最大化。然而在 HOLISHIP 项目中目前正在开发的详细全生命周期分析工具完成之前,考虑到财务数据的内在不确定性,NPV 在此被一个更易于处理的 Delta NPV(增量净现值)的变量所替代,对应于每个设计变量与基准设计相比的净现值差额。此外我们还引入了一个其他的优化标准,目的是将每次往返的燃油消耗最小化。大家都知道,燃油消耗的最小化与首要目标(即尽量使净现值最大化)有着内在联系。然而我们决定将这两个目标纳入优化中,以促进对提高经济竞争力设计的探索,同时将环境影响降至最低。

通过引入一系列限制条件,以便识别出可行和不可行的设计方案。最重要的限制条件是要求符合 IMO 完整稳性规范(2008)以及经 IMO MSC.421(98)决议修订的 SOLAS 2009 第 B 部分第 6 条和第 7 条提出的的完整稳性和破舱稳性的要求。为了防止作为对破舱稳性评估的参数化模型和 KG 估算中可能出现的不准确性,引入了适当的安全裕度:完整稳性要求应满足 0.20 米的 GM 裕度,这意味着所有装载工况下的实际 GM 试验值应至少比完整稳性标准值大 0.20 米。对于 A 因数和三种吃水的分因数,引入了 0.02 的安全裕度;即所有可行的设计都需要满足以下不等式的限制条件:

$$A - R \geqslant 0.02 \tag{7.22}$$

$$A_i - 0.9R \geqslant 0.02 \tag{7.23}$$

式中,A_i 是分舱、部分装载吃水和空载工况吃水条件下的部分 A 因数。我们引入额外的限制条件,以确保每个可行的设计变量在车道长度和载重吨方面具有足够的运输能力。应该强调的是,基准设计是按 2012 年生效的 SOLAS 2009 规则制定的。与此同时国际海事组织通过了对规则进行的重大修订,大大提高了客滚船在破损情况下船舶的安全水平。任何新设计都应符合 2017 年 6 月通过的国际海事组织决议 MSC.421(98)所提出的更为严格的破舱稳性要求。因此可以预见,尽管与基准共享相同的拓扑结构,优化的结果应该是明显不同的设计。换言之基准虽然在几年前开发时是一艘有效的客滚渡船,但现在必须将其视为不可行的设计,因此如表 7.8 所示设计空间向具有更大船宽的船舶延伸。

表 7.8　自由变量和变化范围

自由变量	下限	基准值	上限
垂线间长/m	155.0	162.0	170.0
船宽/m	27.6	27.6	30.6
设计吃水/m	6.5	7.1	7.1

如前几节所讨论的,资源密集型模拟首先是在前期的(且处于不同的地点),然后由专门的参数化模型取代。使用这些快速但具有足够精确的参数化模型,每小时可以在标准台式计算机上研究大约 200 个设计方案。为了进行比较,如果必须使用 CFD 工具进行流体力学性能评估和使用 NAPA 进行破舱稳性计算,则每个设计变量需要大约一小时的时间。

7.3.5　结论及讨论

利用已建立的综合模型,优化分两个阶段进行:首先,进行设计空间探索,通过实验设计(Sobol)在 CASES 中生成 500 个变量。船体线型被转移到 NAPA,以创建其水密分区,然后,使用上述工具和程序对其进行评估。随后,进行多学科和多目标优化,其中如前所述,设计备选方案的净现值增量应最大化,而每次往返的燃油消耗应最小化。在 CASES 中使用遗传算法非支配排序 GA II(NSGA II),得出 1 130 个可行设计方案和 799 个不可行设计方案。

所选结果以一系列散点图的形式呈现在下面(为了更清晰,只显示了可行的设计方案)。图 7.17 和图 7.18 分别是显示了与基准(表示为净现值增量)和船舶垂线间长和型宽分别比较的每个备选设计的净现值差异的散点图。此时应注意基准设计是不可行的,因为它不符合新的破舱稳性要求。这些图表表明,净现值增量通常随垂线间长增加而增加,随型宽的减小而降低。这是由于长度和型宽变化对推进功率产生影响,最终影响燃油消耗。本研究引入了一个限制条件,根据该限制条件,所有可行的设计都应具有正的净现值增量。这一限制如图 7.17 所示,所有可行设计方案的垂线间长都在 167.8 m 以上。图 7.19 中绘制了 A 因数裕度(即达到的分舱因数和要求的分舱因数之间的差异)作为型宽的函数。所有可行的设计方案的型宽都有明显的增加(至少比基准设计的型宽宽 1.1 m)。毫不奇怪,这是由于新的破舱稳性要求(而基准设计方案不必满足这一要求)。图 7.20 给出了 A 因数与型宽的关系图。为了更深入地了解型宽对破损后生存能力的影响,该图中包括了可行和不可行的设计方案。可行的设计方案以实心蓝色圆圈表示,可以清楚地看到其周围是一片由不可行的设计方案的"云"。图 7.21 中的图表显示了载重吨与每次往返航程中船舶推进所用燃料之间的关系,不包括海上或港口的任何其他燃料消耗。图 7.22、图 7.23 和图 7.24 是说明净现值增量与每次往返船舶推进燃料消耗、载重吨和资本支出(即与基准设计方案相比,相应建造成本的增加)之间关系的散点图。

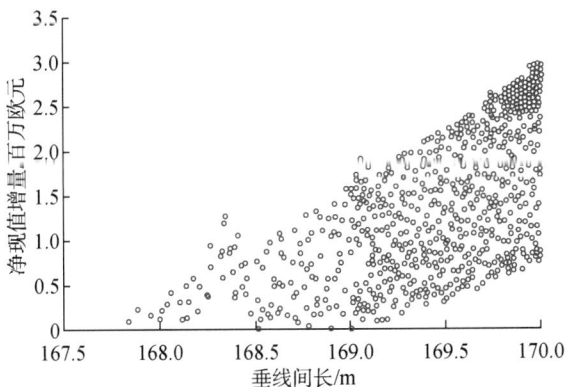

图 7.17　净现值增量与垂线间长的关系

图 7.18 净现值增量与型宽的关系

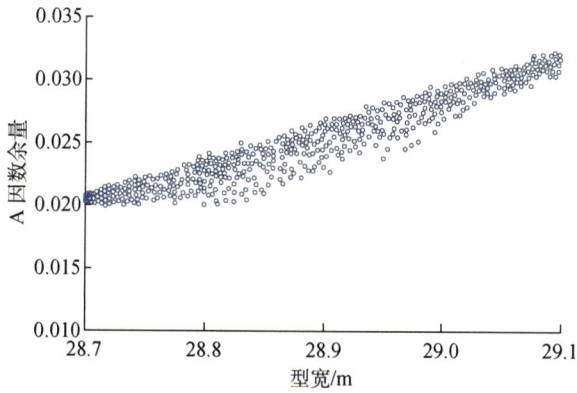

图 7.19 A 指数余量与型宽的关系

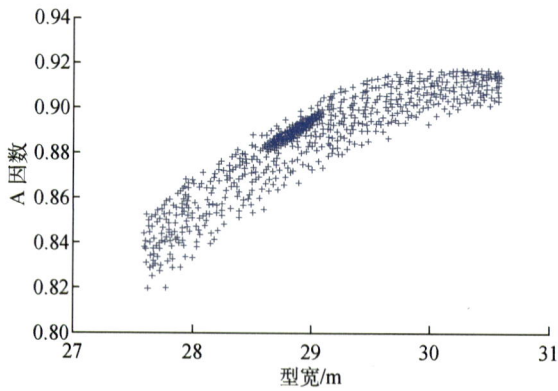

图 7.20 A 因数与型宽的关系

被选择出来做进一步研究的最有前景的设计,是一个净现值增量最大化的设计。该设计方案中的垂线间长为 170 m,即考虑的最大长度;型宽为 28.7 m,即满足破舱稳性要求的

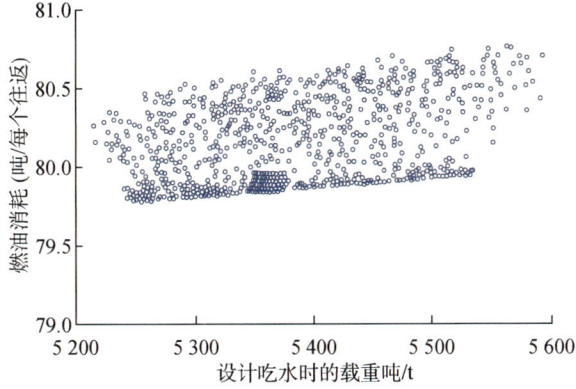

图 7.21　单次往返燃油消耗(仅用于推进)与载重吨的关系

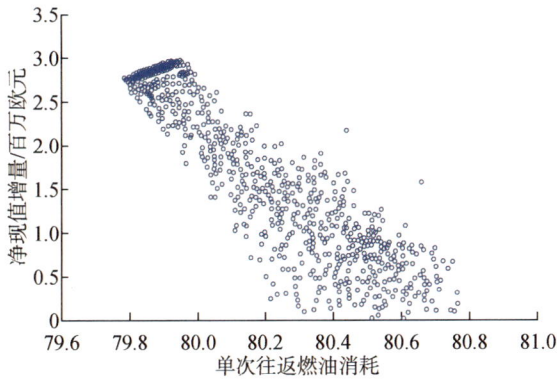

图 7.22　净现值增量与单次往返燃油消耗的关系

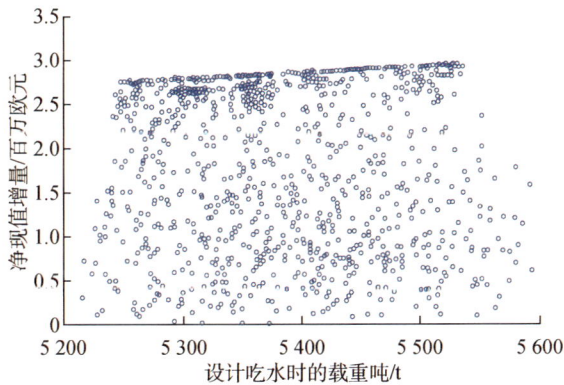

图 7.23　净现值增量与载重吨的关系

最小型宽,设计吃水为 6.8 m;在 21 节和 27 节航速下的推进功率分别为 14.7 兆瓦和 40.3
兆瓦。与基准设计方案相比,其净现值和建造成本分别增加了 296.4 万欧元和 881.4 万

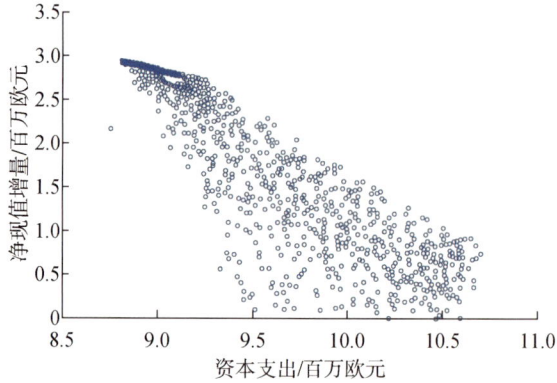

图 7.24　净现值增量与资本支出的关系

欧元。

　　该设计已通过平板程序 v-Shallo 和 NEWDRIFT＋对静水阻力和波浪中附加阻力进行了重新评估，在 NAPA 中对概率破舱稳性进行了重新评估，并将结果与参数化模型得出的预测结果进行了比较。与 CFD 工具得出的结果相比，参数化模型结果中总阻力的误差在 21节航速时为 -0.64%，在 27 节航速时为 2.6%（见图 7.25）。计算得到的达到的分舱因数等于 0.88078，比近似值（0.8865）低 0.64%。所要求分舱指数等于 0.86637，留有合理的安全裕度。

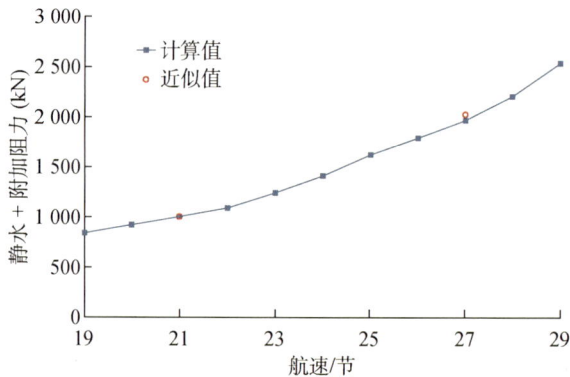

图 7.25　用 CFD 工具得到的总阻力和参数化模型得到的
总阻力进行优化设计的比较

参考文献

Evans JH，Khoushy D（1963）Optimized design of midship section structure. Trans SNAME 1963：71.

European Commission（2003）Directive 2003/25/EC of the European Parliament and the Council of 14. April 2003 on specific stability requirements for Ro-Ro passenger ships. European Commission.

Gatchell S，Hafermann D，Jensen G，Marzi J，Vogt M（2000）Wave resistance computations—a comparison of different approaches. In: 23rd Symposium on Naval Hydrodynamics, 17-22 Sept, Val de Reuil, France.

Gudenschwager H (1988) Optimierungscompiler und Formberechnungsverfahren: Entwicklung und Anwendung im Vorentwurf von RO/RO-Schiffen. IfS report 482, University of Hamburg, Hamburg, Germany.

Hafermann D (2007) The new RANSE code FreSCo for ship applications, STG Jahrbuch.

Harries S, Cau C, Marzi J, Kraus A, Papanikolaou A, Zaraphonitis G (2017) Software platform for the holistic design and optimisation of ships, STG Jahrbuch.

Hollenbach U (1997) Beitrag zur Abschätzung von Widerstand und Propulsion von Ein- und Zweischraubenschiffen im Vorentwurf. IfS report 588, University of Hamburg, Hamburg, Germany.

Holtrop J (1984) A statistical re-analysis of resistance and propulsion data. In: International Shipbuilding Progress, vol 31, No. 363.

IMO (2003) Resolution MSC. 143(77)—Adoption of Amendments to the Protocol of 1988 relating to the International Convention on Load Lines, 1966.

IMO (2008) Resolution MSC. 267(85)—Adaption of the International Code on Intact Stability, 2008(2008 IS Code), International Maritime Organization.

IMO (2014) SOLAS, Consolidated Edition 2014, consolidated text of the International Convention for the Safety of Life at Sea, 1974 and its Protocol of 1988, International Maritime Organization.

IMO (2017) Resolution MSC. 421(98)—Amendments to the International Convention for the Safety of Life at Sea, 1974, as amended, International Maritime Organization.

Lamb T (1969) A ship design procedure. Marine Technol: 362-405.

Leopold R (1965) Mathematical optimisation methods applied to ship design. MIT, Department of Naval Architecture and Marine Engineering, Report 65-8.

Liu S, Papanikolaou A (2016) Fast approach to the estimation of the added resistance of ships in head waves. J Ocean Eng 112: 211-225.

Mandel P, Leopold R (1966) Optimisation methods applied to ship design. SNAME Trans 74.

Mandel P, Chryssostomidis C (1972) A design methodology for ships and other complex systems. Phil Trans R Soc Lond A 273: 85-98.

Marzi J, Papanikolaou A, Brunswig J, Corrignan P, Lecointre L, Aubert A, Zaraphonitis G, Harris S (2018) HOLISTIC ship design optimisation. In: Proceedings of the 13th International Marine Design Conference, 10-14 June, Helsinki, Finland.

Marzi J, Papanikolaou A, Corrignan P, Zaraphonitis G, Harris S (2018) HOLISTIC ship design for future waterborne transport. In: Proceedings of the 7th Transport Research Arena—TRA 2018, 16-19 Apr, Vienna, Austria.

Nowacki H (2010) Five decades of computer-aided ship design. Comput Aided Des 42(11): 956-969. https://doi.org/10.1016/j.cad.2009.07.006

Nowacki H, Brusis F, Swift PM (1970) Tanker preliminary design—an optimisation problem with constraints. SNAME Trans 78.

Oosterveld MWE, van Oossanen P (1975) Further computer analysed data of the Wageningen B-Screw Series. Int Shipbuilding Prog 22(251).

Papanikolaou A, Zaraphonitis G, Boulougouris E, Langbecker U, Matho S, Sames P (2010) Multi-objective optimization of oil tanker design. J Marine Sci Technol. Springer Verlag, Tokyo.

Papanikolaou A (2014) Ship design, methodologies of preliminary design. Springer, 628p, 575 illus., e-book. ISBN 978-94-017-8751-2，Hardcover ISBN 978-94-017-8750-5.

Ponkratov D（2016）Workshop on ship scale hydrodynamic computer simulation. Lloyd's Register，Southampton，25 November.

Schneekluth H（1980）Entwerfen von Schiffen，3rd edn. Koehler.

Söding H（1983）Beschreibung der Subroutine OPT. Institut fuer Schiffbau，University of Hamburg，Hamburg，Germany.

Zaraphonitis G，Skoupas S，Papanikolaou A，Cardinale M（2012）Multi-objective optimization of watertight subdivision of RoPAX Ships considering the SOLAS 2009 and GOALDS s factor formulations. In：Proceedings of 11th International Conference on the Stability of Ships and Ocean Vehicles，23-28 Sept，Athens，Greece.

Zaraphonitis G，Marzi J，Papanikolaou A，Harries S，Brunswig J（2018）HOLISTIC ship design for life cycle. In：The 6th International Symposium on Ship Operations，Management and Economics（SOME），Athens，20-21 Mar 2018.

乔治·N.扎拉波尼蒂斯（George N. Zaraphonitis）教授自 1998 年起一直在雅典国立技术大学（NTUA）造船与海洋工程学院讲授船舶设计课程。他自 2017 年起担任 NTUA 船舶设计实验室主任。从 1993 年到 1998 年，他在 Eleusis 造船厂和比雷埃夫斯的 Martedec S.A.工作。他的研究兴趣包括船舶设计和优化、船舶安全、先进海洋船舶设计、船舶流体动力学。他主持和参与了大量的国家和国际研究项目，发表了 100 多篇论文。

蒂莫里昂·普莱萨斯（Timoleon Plessas）是造船和海洋工程专业，在雅典国立技术大学船舶设计实验室获得博士学位。他的研究活动集中在船舶设计和营运的多目标优化。更具体地说，它侧重于开发全寿命周期优化方法和集成软件工具，这些方法和工具兼顾到了船舶的全寿命周期，并在优化过程中包括了设计和营运两个方面（整体优化）。

安德里亚斯·克劳斯（Andreas Kraus）在柏林工业大学学习了造船和海洋工程。1984 年硕士毕业后，他继续在柏林工业大学担任教学和研究助理，并获得了博士学位（1989 年）。他在德国豪尔德茨沃克公司（Howaldtswerke-Deutsche Werft AG）项目部工作了 10 多年，负责多个研究和开发项目。2000 年，他加入不来梅应用科学大学，担任应用船舶流体动力学教授。此外，他还参与了一些项目，这些项目大部分与航运业密切合作。

汉斯·戈登施瓦格（Hans Gudenschwager）在汉诺威莱布尼兹技术大学学习造船工程。1983 年硕士毕业后，他继续担任教教学和研究助理，并获得了汉堡大学造船博士学位（1988 年）。1989—1997 年，他在 Bremer Vulkan AG 的项目和技术研究部门工作，负责船舶设计中的 CAD（计算机辅助设计）应用。1997—1999 年，他在不来梅港 Schichau Seebeckwerft 工作，担任理论和项目部负责人。1999 年，他加入不来梅应用科学大学，担任船舶设计和计算机辅助船舶设计 CAD 应用教授。他参与了许多项目，这些项目主要与航运业密切合作。

格里戈尔·舍伦伯格（Gregor Schellenberger）在汉堡哈伯格工业大学（硕士）和密歇根大学（MSE）学习造船和海洋工程。毕业后，他在埃姆登 Nordseewerke（ThyssenKrupp Marine Systems 公司）的船舶理论和项目部工作了 10 多年。作为团队领导，他负责民用和军用项目的设计，主要是特种船舶（小水线面双体船、近海巡逻舰、船坞运输舰）。2011 年，他加入不来梅应用科学大学，担任船舶流体静力学、稳性和特种船舶设计方面的教授。从那时起，他参与了几个较小的项目，这些项目主要与航运业密切合作。

第 8 章　CAESES——流程集成及设计优化的 HOLISHIP 平台

斯蒂芬·哈里斯(Stefan Harries),克劳斯·阿布特(Claus Abt)

摘　要　本章重点介绍欧洲研发项目 HOLISHIP 中采用的方法,以便灵活地集成和利用软件工具和系统来设计、分析和优化的主要是船舶海事资产。这些工具和系统来自不同的开发人员、公司和研究机构,因此它们大多作为独立的应用程序来使用。集成的目的是建立(软件)综合模型,该模型包含许多(甚至是全部)在处理特定的船舶设计任务时应该考虑到的重要方面。不同于在自上而下的方法中提出一个全方位的单一(整体)设计系统,HOLISHIP 项目中所寻求的是支持自下而上的方法,即适用于在最先进的计算机辅助工程(CAE)系统的保护下的特定的目的的专用模型的临时组合,即 CASES®。这 CAE 系统已在第 1 章中详细阐述。本章将讨论工具集成的方法,并给出如何用代理模型来替代耗时的仿真。我们将以设计和优化一艘滚装渡船和一艘平台供应船为例来进行说明。

关键词　流程集成及设计优化(PIDO);计算机辅助工程(CAE);仿真驱动设计(SDD);综合模型;代理模型;参数化模型;工具耦合

8.1　介绍及动机

设计与优化紧密相连。一旦一个工程师团队实现了一个可行的设计,即能够进行并满足所有要求的设计,就有人开始思考如何进行改进。寻求改善的原因是市场竞争,也因为人们天生就要努力做得更好(Nowacki in Birk and Harries. 2003)。

船舶和海上结构物等海事资产是在恶劣环境中运行的非常复杂的系统。它们由人类经营、它们庇护人类、它们存在的意义在于服务人类。因此,需要将许多系统、子系统和部件结合在一起,以达到一种兼具安全性、经济吸引力和环境友好的设计。

大多数系统和子系统是紧密相连的,通常需要处于平衡状态。对于一个漂浮物体来说,最重要(也是最明显)的一个平衡是,它的总重量不可以大于它在所需吃水处排水的重量。另一个平衡需要在推进系统(包括主机和电机组)和在所有可能情况下运行资产所需的能量之间建立。

由于海事资产的复杂性,需要大量的经验,而且仍然有许多典型的分析是通过经典的设计迭代一个接一个地进行理想化的:一个由设计师和工程师组成的团队做出合理的分析和假设,然后进行修正和完善。重复这个过程,直到找到一个单一的或少量潜在的设计,这基本上构成了一个相继的且迭代的过程。由于并非所有专业都具备内部专业知识,因此外部供应商经常参与进来为设计工作提供支持。

如果有一个早期的项目即将完成新的设计任务,那么这种传统方法尤其成功。它还能至少是逐步地随着时间的推移带来实质性的进展。然而在要求越来越高和不断变化的市场下,对于全新的任务和设计挑战,只有很少的经验(至少是局部地)可用,这种传统方法就往往太慢且太过麻烦。

因此我们提出了一种不同的方法,它将许多(甚至是全部)重要的海事资产设计规则都同时考虑在内。只有当许多可能有差异的用于设计、分析和仿真的专用系统和工具紧密结合在一起,形成一个总体的计算机辅助工程(CAE)环境,这样才能:

(1) 保存、转换和共享数据;

(2) 控制交互和逻辑依赖性,以及;

(3) 支持手动和自动快速创建变量。

欧洲研发项目 HOLISHIP 旨在建立这样一个 CAE 环境,即所谓的 HOLISHIP 平台,将来自不同机构和地点的系统和工具以及专业知识汇集在一起,尤其是与很多船舶行业的利益相关方及其多相 CA_x 解决方案。

人们采取了一种相当温和的方法,即根据需要灵活地组合传统的系统和工具,而不是提出一个全面的"超级系统",来解决许多应用案例(AC),并快速有效地添加更多工具的可能性,以及超越 HOLISHIP 联盟的原始合作伙伴。

本章解释了如何实现流程集成和设计优化,提供了哪些方法,以及如何从该方法中获益。[1]

8.2　流程集成与设计优化

8.2.1　概述

今天已经有相当多的用于流程集成和设计优化(PIDO)的商业软件系统可用。通常它们是提供以下几种技术的通用系统:

(1) 多工具集成;

(2) 流程自动化;

(3) 流程捕捉和重组;

(4) 设计空间探索/实验设计(DoE);

(5) 开发/确定性和随机优化;

(6) 多目标多学科优化(帕累托边界);

(7) 稳健优化和敏感度分析;

(8) 可视化数据分析;

(9) 数据挖掘;

(10) 代理模型;

(11) 多保真和多物理建模;

---

[1]　自然,人们希望这能为人类出海这么多年来所做的有创造性的和出色的设计工作增加价值。本章的目的绝不是建议流程集成和设计优化作为实现进一步改进的唯一方法。

（12）仿真数据管理；

（13）产品全寿命周期管理。

Walsh(2018)总结了设计空间探索通用术语下的可用系统。Bostrom N(2014)认为，其中几种方法，如 DoE 和替代模型，属于更广泛的人工智能(AI)领域。PIDO 的一个主要主题是实现如 Schrage(2000)所论述的大型模板的高效生成和系统评估。

为了在 HOLISHIP 中进行系统和工具的集成，我们选择了 CASES®。这是因为 CAESES® 除了提供上述许多 PIDO 技术外，还提供了一个综合的计算机辅助设计(CAD)软件包用于建模，并根据需要转换几何形状，以供各种分析和仿真系统使用。从这个意义上说，CAESES® 是一个紧密结合了 PIDO 和 CAD 的计算机辅助工程(CAE)环境。

8.2.2　背景

CAESES® 由总部位于德国柏林/波茨坦的 FRIENDSHIP SYSTEMS AG 公司开发和授权。该公司于 2001 年成立，是柏林技术大学的子公司，为模拟驱动设计(SDD)提供系统和咨询服务。

CAESES® 的理念，特别是关于船体线型参数化建模的理念，可以追溯到 20 世纪 90 年代的研发项目(Harries. 1998)，但实际代码是 2004 年从零开始开发的。CAESES® 的第一个版本于 2007 年发布(当时命名为 FRIENDSHIP 框架)。此处给出的描述和截图基于 2018 年发布的 CAESES 4.3 版本。

CAESES4.3 版本包含大约 100 万行的书面代码和超过 600 万行的生成代码。它主要是在 C＋＋ 下开发的，使用 Qt(公司名，www.qt.io)作为其跨平台 GUI(图形用户界面)，通过 FRIENDSHIP SYSTEMS(公司名)将传统的 CAD 内核与若干商业 CAD 内核结合，最显著的就是 Solid Modeling Solutions(公司名，www.smlib.com)的 SMlib，与 Sandia National Laboratories（美国桑迪亚国家实验室，dakota.sandia.gov)的 DAKOTA 的链接。作为一个优化工具包，而且还包含了 20 多个开放源码库，CASES® 既可以在 Windows® 也可以在 LinuxTM 上运行。此外，它允许远程和在跨平台环境中使用相关的软件。

8.2.3　CASES 内在功能概述

CAESES® 采用了与其他 PIDO 环境不同的方法。它不仅提供了各种耦合机制和广泛的优化策略，还为变量几何的鲁棒模型提供了参数化 CAD。其整体功能如图 8.1所示(带有蓝色组件的绿色框)。

最初，CASES® 是为满足流体动力学目的的功能性形状的模拟驱动设计而开发的，例如船舶的船体线型、螺旋桨和节能装置，涡轮机的叶轮、蜗壳、扩压器和总管以及内燃机。在典型的设计和优化过程中，对几个组成部分(如图 8.1 中所示的所谓的 CAESES® 五大部件)加以合并：

（1）变量几何：开发参数化模型，并创建形状变量作为所选参数集的实例。

（2）预处理：对变量进行预处理，以便进行模拟。

（3）模拟：对于所有关心的变量，进行一次或多次模拟。

（4）后处理：对变量及其数据进行后处理(例如，将流场可视化用于比较)。

（5）优化和评估：根据选定的优化策略(如 Sobol、MOGA)生成和评估变量，反复重复从

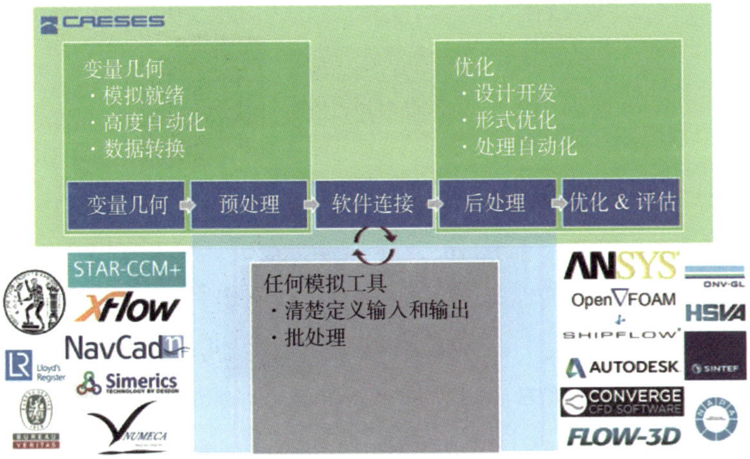

图 8.1　Caeses® 功能概述和一系列经常选择的软件系统以及 HOLISHIP 联盟的工具和系统供应厂商

变量几何到后处理的程序。

凭借其各种 CAD 内核，CASES® 提供了构建复杂参数模型所需的边界表现（BREP）和构造性实体几何（CSG）技术（Harries. 2015a）。这也支持将几何数据从一种格式转换为另一种格式，为不同的工具提供其所要求的输入。CAESES 的传统是基于计算流体动力学（CFD）的模拟驱动设计，该系统还允许根据网格生成器的需要生成水密三网格，参见 Harries（2014）的概述和 Albert 等（2016）的详细案例。

最后，CAESES® 提供了一种全面的功能技术来编写额外的分析脚本，例如比较要求的 EEDI 与达得的 EEDI，并封装更高级别的对象，例如，Harries et al（2018）阐述的 Wageningen B 系列螺旋桨。功能可以访问 CAESES® 中所有可用的对象。它们是经过解释的代码，可以在不同的项目中重复使用，但也可以在进行调整后用于不同的项目。功能可以包含（内部）优化，甚至可以被套用。为了方便功能的开发，CAESES® 不但允许从选定的（几何）模型中进行交互式创建，也允许在提供诸如自动完成实体、错误检查和断点等编译器功能的同时，逐行地编写代码。

8.2.4　HOLISHIP 中采用的基于 CAESES 的集成方法

实际上，几乎所有用于分析和模拟的工具都可以在批处理模式下运行。通常它们支持在专用图形用户界面（GUI）中以交互方式设置计算。所需的所有输入数据要么易于存储，要么可以记录在一组输入文件夹中。输入数据通常包括配置和几何图形。当进行实际计算或完成计算时，中间结果和最终结果都存储在一个或多个输出文件夹中。

通过在批处理模式下运行工具，可以随后重复这些计算。使用相同的输入数据，生成一模一样的输出数据。但是如果输入数据发生变化，例如通过提供需要分析的新几何图形，则会生成不同的输出数据。数据的输入和输出及其封装如图 8.2 所示。

在 CAESES® 中，可以以批处理模式执行的每个工具都可以通过其输入和输出轻松耦合。输入文件中的任何数据项都可以标记，如果需要可以用其他值替换。或者一个文件完全可以用其新版本替换。这通常是针对几何图形文件的，因为许多数据项都会发生更改，例

(a) 标准工具执行: 工具以交互 (图形用户界面) 或以批模式运行

(b) 该工具可以基于以下方式的批处理模式运行 (如使用记录输入)

(c) 集成了输入文件和输出文件的集成工具 (即输入和输出由CAESES® 处理)

图 8.2　通过 CASES® 中的输入和输出文件集成工具

如 iges 文件中的 NURBS 图画的所有顶点位置都会发生变化。此外输出文件中的任何数据项都可以识别和读取以供进一步使用。

为了建立集成, 所有输入文件和输出文件都要对 CAESES® 公开。它们被作为模板使用, 这意味着只需分别替换和检索少量的数据项, 而大多数数据项只是按给定的方式保存, 从而使集成变得轻松和灵活。未更改的数据项构成分析的输入和背景信息, 并被视为特定设计任务的常量。应该注意的是只有那些应该改变的、设计本身需要的和/或应该传递给另一个工具的数据项才被管理。图 8.3 说明了模板的使用和数据流。见第 8.4 节图 8.16a 和

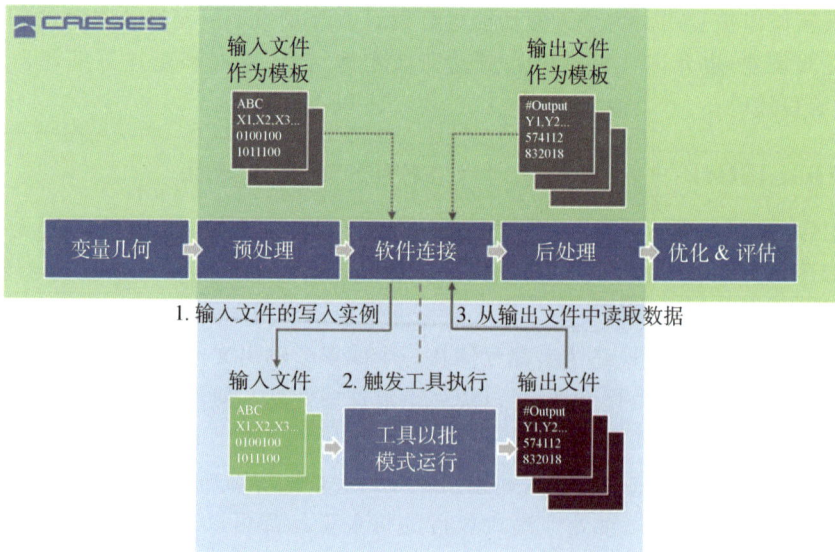

图 8.3　通过模板文件将 CAESES® 中的工具作为流程链的一部分进行连接

图 8.17 分别关于数据依赖性和数据存储。有关如何设置工具集成的更多详细信息，见第 8.5 节。

8.2.5　集成工具

通过模板将工具集成到 CAESES® 中并不是一项非常困难或冗长的工作。然而它需要对 CAESES® 和要耦合工具的知识。一个由设计师和工程师组成的团队可能对在他们的设计工作中使用某些工具非常感兴趣，但可能会想将如何设置以及访问这些工具的细节问题留给其他人。因此易于处理的集成工具将增加受益于贴心专家满意用户的群体。从这个意义上说集成工具可以解释为技术应用程序或群组工作软件，如图 8.2c 所示。

根据集成任务的复杂性，单个工作群组软件可以只解决一个小任务，也可以连接多个任务以实现更大的“作业”。图 8.4a 中显示了五个群组工作软件，它们一起提供了从描述船体线型、营运状况和主机的一组给定参数中达到的速度的估计值。显然序列中的每个群组工作软件都解决了一个小（子）任务。几个群组工作软件，即图 8.4a 中的群组工作软件 1-3，也可以如图 8.4b 所示进行组合。

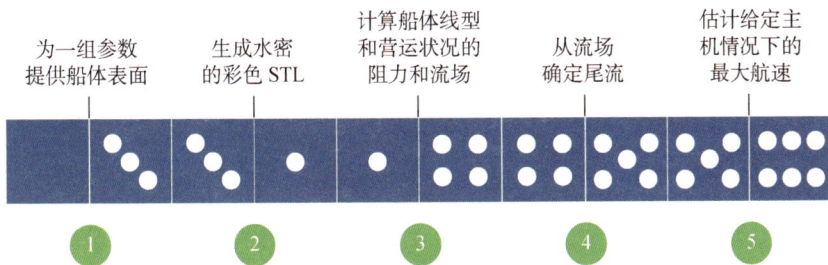

为一组参数提供船体表面　生成水密的彩色 STL　计算船体线型和营运状况的阻力和流场　从流场确定尾流　估计给定主机情况下的最大航速

① ② ③ ④ ⑤

(a) 几个较低级别的技术应用程序 (以群组工作软件显示) 串联在一起，以支持更复杂的模拟

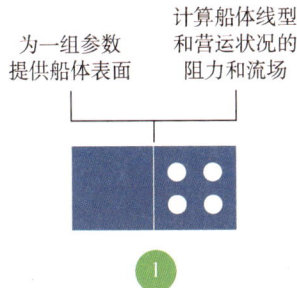

为一组参数提供船体表面　计算船体线型和营运状况的阻力和流场

①

(b) 结合复杂模拟部分的较高级别技术应用程序

图 8.4　易用性技术应用程序

群组工作软件的提供商需要在易用性和灵活性之间进行折中。较低级别的群组工作软件可能更通用，可以进一步组合。如果它们按照需要提供完整的功能，更高级别的群组工作软件可能会更方便。

此外，重要的问题是工具可以或者应该在什么级别上集成。一方面，你可以集成一个工具，以便在 CAESES® 中支持所有可能的命令和工作流程。Flowtech 公司的 SHIPFLOW 是这样紧密集成的一个突出例子，SHIPFLOW 的实际图形用户界面建立在 CASES® 的（子集）之上（www.flowtech.se）。另一方面，如果你只想为一个明确定义的任务（如作为更全面优化的一部分)执行一个工具,那么你可以非常轻松地将其耦合。处于两种情况中间的是工具集成,这些工具集成是特定于任务但足够通用的,因此可以进行适当范围内的分析。

在 HOLISHIP 中,选择用于特定任务的集成,参见第 8.4 节。这是因为任何集成都可以松散地开始,然后根据复杂性的需要逐步发展。同时非常重要的是,许多工具都非常强大,并且不断得到进一步开发。因此瞄准一个无所不包的超级系统是不切合实际的。相反我们想法是通过引入其他工具和/或扩展已经耦合的工具的集成来提供解决任何新设计挑战所需的功能。

图 8.5 给出了滚装渡船的综合模型,作为用于设计和优化的特定任务集成的示例(Harries et al. 2017)。将几种工具加以组合,以调查渡船在阻力和推进力、耐波性、完整稳性和破舱稳性方面的性能,以及对载重量、车道长度、成本和 EEDI(能效设计指数)的估算。

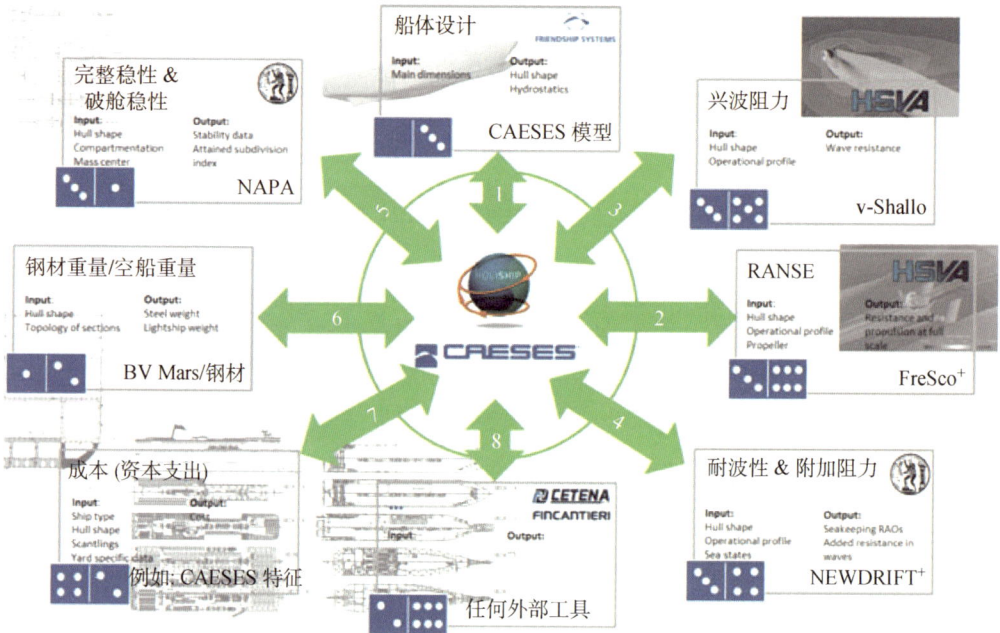

图 8.5　基于 CAESES® 的滚装渡船的设计与优化的 HOLISHIP 综合模型

具体来说,CASES® 中的参数化 CAD 功能用于创建船体线型(图 8.5 中的第 1 项)。然后由 HSVA 将船体的水密三网格转移到 FreSco＋,以便使用 stl 文件对基线(第 2 项)进行黏性流动模拟。接下来是通过 HSVA(第 3 项)的 v-Shallo 对一大组变量的静水阻力的势流分析,CASES® 通过专用平板格文件对 v-Shallo 提供离散化输入。然后用 NTUA(第 4 项)的 NEWDRIFT＋来确定在波浪中的耐波性能和附加阻力。同样 CAESES® 提供了必要的几何输入,这里的板格分布取决于写入不同板格文件里的水线,并写入了另一个板格文件。为确保完整稳性和破舱稳性,NAPA Oy 的 NAPA 以批处理模式运行(第 5 项)。为此 CAESES® 将每个变量的几何图形作为一个 iges 文件移交给 NAPA,NAPA 导入并随后处理。

通过 CASES® 中编写的外部工具和功能进行其他分析,这些工具和功能组合或后处理各种模拟(第 6 和第 7 项)的输出。综合模型的可扩展性如第 8 项所示。

在图 8.5 的综合模型中,也显示了一些群组工作软件。它们用来说明各种工具在某种抽象级别上是组合在一起的,群组工作软件两侧的点数表示接收到的输入和交付输出的增值。让我们以参数模型中的船体几何为例:几何图形由三个点表示,见图 8.4a。即使不同的数据和文件格式被用于由 CAESES® 处理的实际数据传输,几何图形仍显示为参数模型(第 1 项)的输出以及各种模拟工具(第 2-4 项)的输入。有关用于输入各种工具的几何数据,见第 8.4 节中的图 8.18。

8.3　变量几何

8.3.1　几何模型

在海事资产的设计和优化中,几何往往起着核心作用。与陆上设施和工厂不同,船舶和海上平台的几何形状决定了关键性能方面,例如承载能力,也包括能耗、耐波性、舒适度和生存能力。因此具有复合曲率的复杂的三维弯曲形状,形成了基准而非例外。

原则上,任何可在批处理模式下运行的用于几何建模的 CAD 工具,甚至是 CAESES® 本身的实例,都可以与 CAESES® 耦合,以构成设计综合模型的一部分。但是由于 CAESES® 已经提供了一个全面的 CAD 功能,专门用于船体线型、推进器、附属设备等的参数化建模,使得几何参数既可以以标准(如 iges、STEP 文件)①的格式也可以以定制格式(如板格文件和偏移文件)进行导出。CAESES® 可以同时作为集成平台以及主要的 CAD 引擎。

对于设计和优化,几何图形的有效变化和高质量尤为重要。效率与创建变量所需的努力有关。理想情况下,当为设计评估生成一个变量时,更新几何图形只需要几秒钟,而不是像在纯交互建模环境中那样需要数小时的人工工作。高质量意味着一小部分参数已经控制了几何形状,并且所产生的每个变量都是公平的,并且可能是可行的,因此任何后续的、耗时的模拟对于其启动都是有意义的。

有两种 CAESES® 分别支持两种独特的方法并组合使用(产生混合模型):

(1) 完全参数化模型(FPM 和);

(2) 部分参数化模型(PPM)。

前者应用从零开始构建的层次模型,其中任何变量构成与所选参数值相关的实例,而后者则采用现有的 CAD 模型并(仅)对其进行参数化修改。

这两种方法中功能更强大的是完全参数化建模,因为它可以包含并组合数学表达式、if-then 子句、级联依赖项、所有可能的曲线和曲面实体、内部优化(例如捕获方程限制条件)、进行布尔运算等。通常完全参数化模型构建起来要求更高也更耗时,但是通过在同一模型中处理不同的参数,它可以在早期设计到微调的各个阶段应用。例如在早期阶段,主尺度可能会发生变化。随后一旦确定了主尺度,局部参数就可以进一步调整,比如控制球鼻首或螺旋

---

① CAESES® 支持以下标准:输入格式:iges、iges(已弃用)、SAT(ACIS)、STEP、PARASOLID、stl、DXF(子集)、Offset(NAPA/SHIPFLOW)、PFF(无螺旋桨格式);输出格式:iges、iges(已弃用)、iges(STAR-CCM+)、SAT(ACIS)、STEP、STEP(STAR-CCM+)、PARASOLID、TETIN、stl、stl(彩色)、stl(多体)、stl(提取颜色)、stl (OpenFOAM)、stl (STAR-CCM+)、GridPro、Convergence、Wavefront(Obj)、VTK 格式、偏移置、Plot3D(平板网格)、PFF、GeomTurbo (NUMECA)、DXF(子集)、FSC(CAESES 脚本)。

桨周围区域的参数。

部分参数化建模更容易、也可以更快速地实现。以现有的基准值，即通常被称为"死"几何体的 CAD 模型，以及可能源于任何 CAD 工具的 CAD 模型为起点。随后在基准值上实施了许多转换，从而导致具有初始拓扑新几何特征的变量。缩放将是最简单但却是非常重要的 PPM 转换。起源于动画和游戏的一种突出方法是自由形式变形（FFD）。在造船中，拉肯比变换是 PPM 的一个流行的代表，在 PPM 中，截面的协调摆动允许船舶排水量的进入和减少以及移动。部分参数化修改可以限制在几何的某些部分，而且重要的是，在 CAESES® 中可以合并几个变换。然而基准值的本质和拓扑结构始终保持不变。

对完全参数化和部分参数化建模的详细讨论以及更多的参考文献可以参考 Harries et al(2015a)。欲了解更多信息参阅 Harries(2010)，其涵盖了一艘巨型游艇的完全参数化模型，以及 MacPherson et al(2016)的对巡逻艇的部分参数化模型的讨论。

在接下来的章节中，我们从 HOLISHIP 项目中选取了两个例子，用于说明完全参数化模型和部分参数化模型，以及混合建模，以便了解它们在设计综合中的作用。

8.3.2 以一艘滚装渡船为例的完全参数化模型

如图 8.5 所示，滚装渡船被用作各种工具集成的展示案例，并在 Harries et al(2017)以及 Marzi et al(2018)中进行了深入讨论。在 CAESES® 内构建了一个完全参数化模型，利用 Fincantieri 的一个设计作为参考。

这艘源于以前的一个研发项目的船体，是作为一个包含许多小表面补丁的 iges 文件使用。不同于将该 CAD 几何图形作为部分参数化模型输入，人们开发了一个遵循设计理念的完全参数化模型，而其目的不是为了复制精确的几何图形。

首先，从初始设计中提取出突出的形状特征。所有平面和可展开表面均根据专用 CAESES® 特征进行重新建模（如第8.2.3节所述）。CAESES® 的这一功能可以从给定的船体中识别出此类表面的"轨道"。这些曲线是用适当参数化的 B-样条曲线来近似的。将船体的主要尺寸作为全局参数引入，将所有控制点与船体的总体尺寸联系起来。此外还引入了相对测量，使主要尺寸的任何变化都能产生一种新的形状，这种形状仍然是可行的且合理的。

图 8.6 说明了由平行中体的相对位置及其长度变化产生的不同形状。可以看到用绿色显示的直纹表面跟随用蓝色标记的平行舯体的变化而变化。

虽然直纹曲面每个仅需要两个参数化轨道，但其余的船体表面在形状上会稍微复杂一些。艉部的舭部区域以及艏部的表面，如图 8.6中的银灰色所示，均使用所谓的元表面进行建模。

元表面是 CAESES® 中的强大实体，专门为三维曲线形状的完全参数化建模而开发。这种表面的概念是扫过一个特定的建造模式，在这里是一个参数截面，沿着主方向的是船体的纵轴。重要的是作为每个纵向位置构造模式输入的参数不是作为离散值给出的，而是同样作为参数控制曲线提供的。这顺利地定义了扫描部分的逐渐变化，另见 Harries et al (2015a)。

对于滚装渡船，从给定的 Fincantieri 设计中再次提取这些（纵向）曲线，见图 8.7a。然后引入其他参数以实现模型的进一步可变性。从元表面导出的不同参数值时的水线如图 8.7b、c 所示。所产生的形状的差异可以在底部平面附近看得最明显。

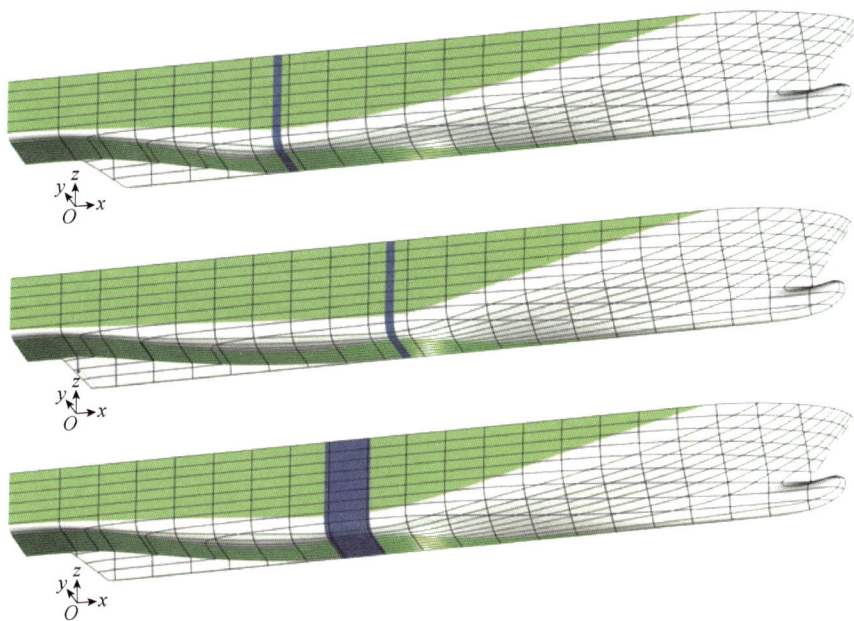

图 8.6　平行中体位置和长度的变化

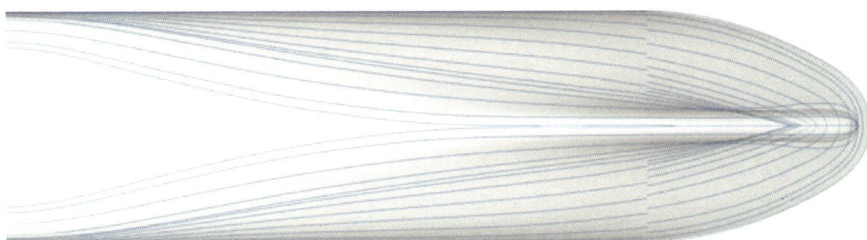

(a) 从 iges 文件中提取的曲线, 作为元表面的输入

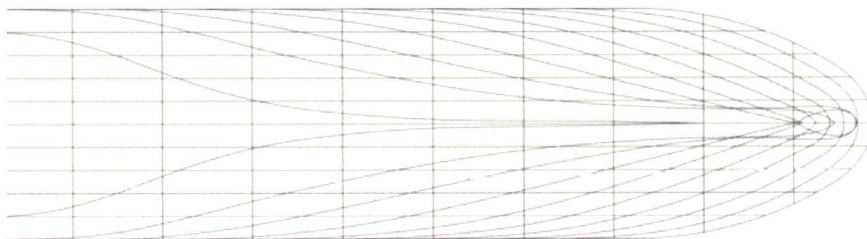

(b) 由水线得出的表面

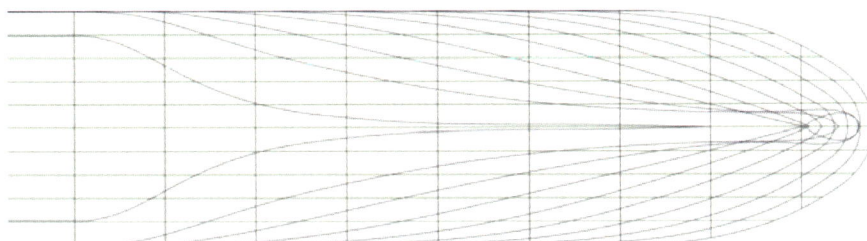

(c) 平行中体明显加长时由水线得出的表面

图 8.7　参数化模型的元素和生成的形状

模型由大量参数组成，以支持各种全局和局部形状变化。除了改变船长、型宽、高度、设计吃水、平行中体的位置和长度等主要尺寸外，还可以调整形状细节，如球鼻艏的高度、长度、容积、排水量中心和倾斜度。图 8.8 显示了由于修改单个球鼻艏参数而导致的形状变化。最后如图 8.9 所示，完全参数化的尾鳍支持位置、锥度等的设置，而其他的参数则控制船尾形状。

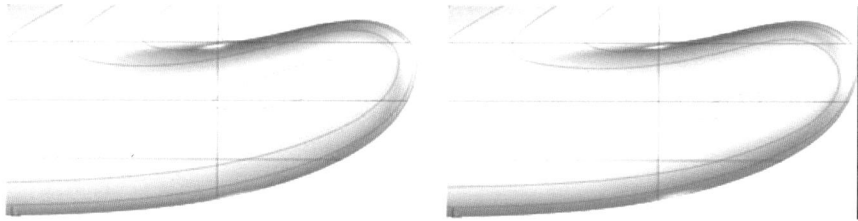

图 8.8　球鼻艏排水中心的参数化修正

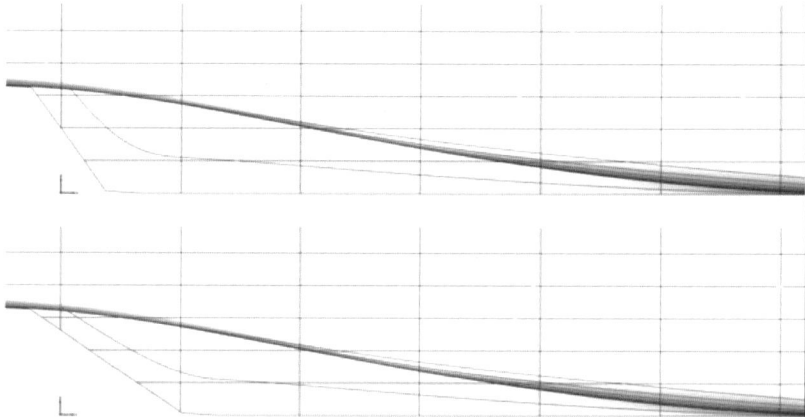

图 8.9　靠近艉封板处尾鳍角的参数化修正

　　直纹表面的参数化轨道和用作元曲面输入的纵向曲线直接影响船体形状，而有些参数还不容易获得，这通常是造船人感兴趣的。最主要的是排水量和纵向的浮心。原则上可以将横剖面曲线用作的元表面输入，如 Harries（1998，2010）所示。然而这里采用了一种更为可靠的方法：首先生成了跟踪轨道和元表面输入的"自然"船体线型。然后计算其相关排水量和浮心。如果它们不符合期望值，则进行拉肯比变换，调整船体线型以符合目标排水量（或给定主要尺寸的棱形系数）和浮心。在 CAESES® 中，拉肯比变换进行内部优化，实际上对用户是隐藏的，这样可以确保在摆动截面时两端的平滑过渡（Abt 和 Harries. 2007b）。

　　此外，CAESES® 允许在参数模型中进行进一步（套料）优化，由用户在功能中有意识地引入以控制某些参数。例如在现有的滚装渡船模型中，使用一维搜索算法（这里称为布伦特法）来满足给定的船舯系数。为此舭部半径被用作一个内部变量，以获得所需的船舯系数，而在每次迭代中，拉肯比变换会自动调整排水量，以确保其他设置保持不变。图 8.10 描述了不同船舯系数的两种船体形式，所有其他参数保持不变。

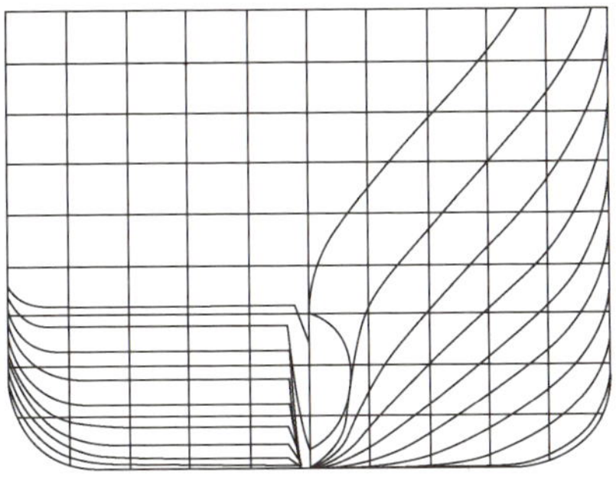

(a) 较小船舯系数($C_M = 0.965$)，形成较大舭部半径 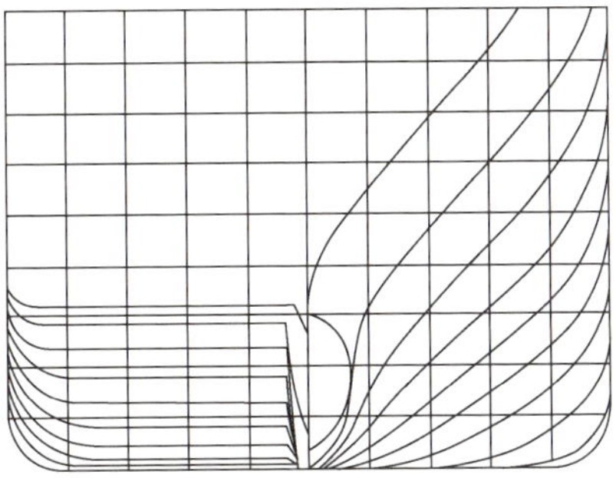　　(b) 较大船舯系数($C_M = 0.985$)，形成较小舭部半径

图 8.10　所有其他自由变量保持不变的船舯系数的两种不同设置示例

上面描述的建模技术已经构成了一个非常强大的完全参数化模型。它的用户无论是人工还是优化算法，都能高效地处理全局和局部参数。对全局参数的直接控制可以对设计空间进行广泛的扫描(探索)，同时在关键区域(如船尾体和球鼻首)进行局部细微调整也得到了良好的支持(开发)。

最后，在自动优化中应用参数模型的情况下，该模型可以建立在数十个(甚至数百个)参数上。当然在单个优化活动中，它们并不都会发生变化。相反大多数参数是为特定的设计任务设置的然后保持不变，而只有少数参数(通常不超过 10 到 20 个)被选择用作变量。然后将这些参数视为自由变量，参见第 8.4 节和第 8.6 节。

8.3.3　以一艘平台供应船为例的部分参数化模型

部分参数模型通常在日常工作中用于快速调整给定的几何形状或方便地研究与现有基准值没有太大偏差的变量。为此 CAESES® 不依赖于导入几何图形的格式(例如来自 iges 文件的 B-样条曲面或来自 stl 文件的三元网格)提供大量方法，使以前在另一个 CAD 系统中构建的几何图形(所谓"死"几何)进行部分参数化更改。可用的部分参数化模型方法中更突出的是：

(1) 自由变形(FFD)；

(2) 笛卡尔变换；

(3) 径向基函数(RBF)和；

(4) 变形。

有关部分参数化建模的详细讨论和更多的参考资料见 Harries et al(2015a)。

在造船中，典型的修改包括缩放、排水量和浮心的变化以及局限于某些区域的变化，例如修改球鼻艏以适应营运状况的变化。在 CAESES® 中，提供了许多专用的基于功能的模板，这些模板为设计者提供了对关键参数的控制，而无需理解基础数学。

模板项目包含预定义的功能设置，用于分析导入的船体线型和对原始形状图像进行的转换。生成变量的过程通常包括下列四个步骤：

(5) 从 iges 文件或类似文件导入基准的几何图形；

(6) 选择设计草案进行分析；

(7) 初始化，最后；

（8）修改自由变量。

图 8.11 描述了使用该模板的平台供应船（OSV）的船体形状。这里基准几何图形来自 NAPA，由一组用 CAESES® 后处理的 B-样条曲面组成（例如，为了形成水密定义，故意不在显示屏上显示甲板）。确定了重要的形状特征，并以不同的颜色显示。

应该注意的是，基准几何图形的导入并不是这个过程中的一个重要步骤。即使使用了标准，交换几何图形的数学表示也有可能由于发送和接收软件工具之间的错误解释而产生错误。虽然 B-样条曲线是曲面形状的精确表示，但修整操作是近似值①，取决于公差和实际使用的算法。边界表示（BRep）是处理几何实体之间拓扑关系的基础，例如配置和布尔运算。不幸的是这种操作的结果在不同的 CAD 系统中是不同的。有时偏差很小，但有时操作根本无法成功执行。

在船体线型中，设计形状通常是 B-样条曲线或 NURBS 曲面的形式（例如当使用从 NAPA 中导出的 iges 文件时）传递，有时仅作为一个曲面（例如来自 MARIN 的 CAD 工具 gms）传递。CAESES® 提供修复和优化导入的 CAD 模型的专用功能，以便这些模型为后续任务做好准备。

在给出的示例中主尺度发生了变化见图 8.12，排水量体积和浮力纵向中心发生了微小的变化见图 8.13。后两者是通过拉肯比变换实现的参考第8.3.1节和第8.3.2节，供用户选择的参考吃水。

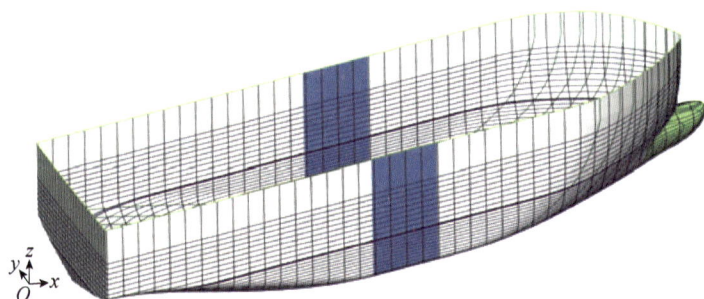

图 8.11　从一个 iges 文件导入的基准，包括一组 B 样条曲面

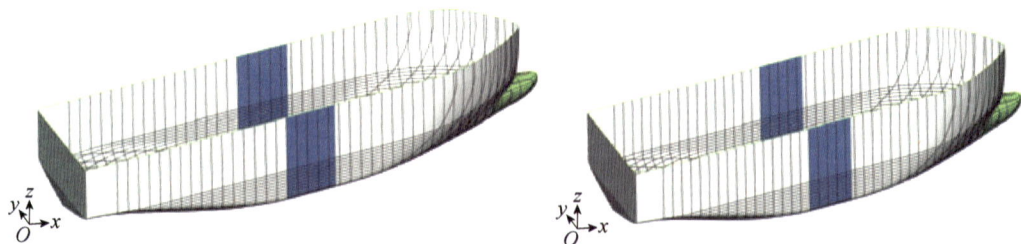

图 8.12　一艘平台供应船的加长和缩短版本

---

①　父曲面域中的等参配置曲线除外。

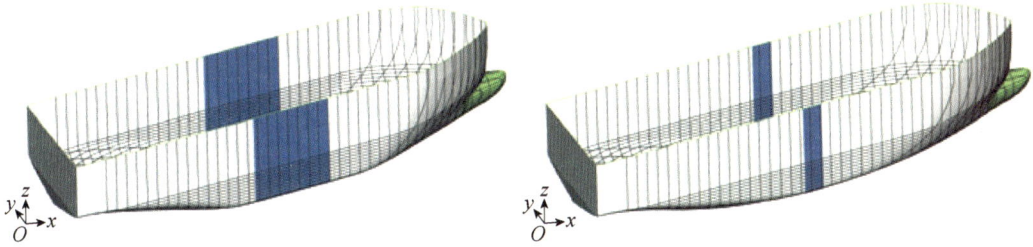

图 8.13　两种船体线型,平行中体加长和缩短(蓝色显示),但排水量和纵向浮力中心相同

根据给定的输入、基准几何和设计吃水、初始化变量,特别是船舶的主尺度。互补修饰符在开始时设置为零。这些自由变量允许控制球鼻艏和平行舯体的位置。虽然图 8.11 描绘了导入的基准,但图 8.14 显示了修改后的版本以及显示的用于交互控制相关参数的信息。

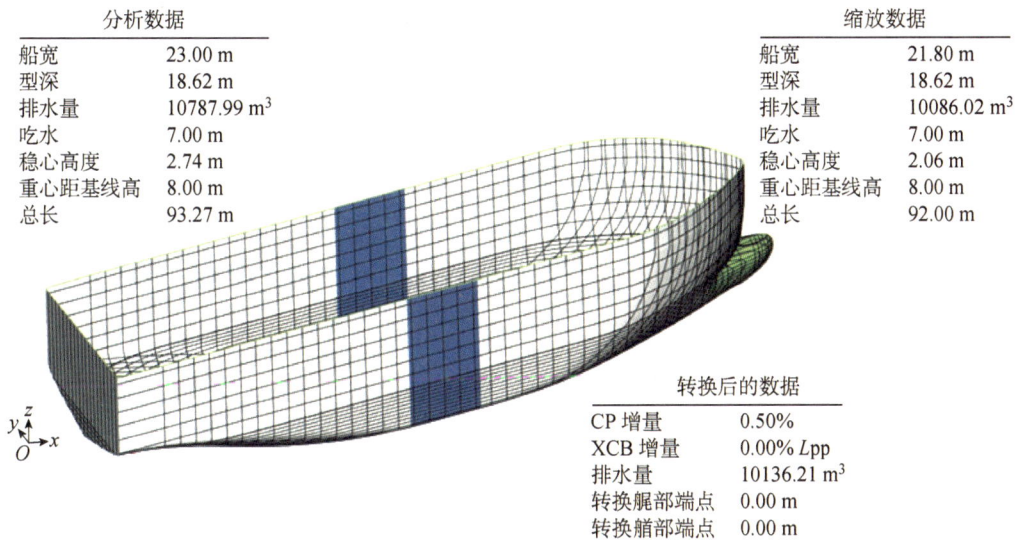

分析数据		缩放数据	
船宽	23.00 m	船宽	21.80 m
型深	18.62 m	型深	18.62 m
排水量	10787.99 m³	排水量	10086.02 m³
吃水	7.00 m	吃水	7.00 m
稳心高度	2.74 m	稳心高度	2.06 m
重心距基线高	8.00 m	重心距基线高	8.00 m
总长	93.27 m	总长	92.00 m

转换后的数据	
CP 增量	0.50%
XCB 增量	0.00% Lpp
排水量	10136.21 m³
转换艉部端点	0.00 m
转换艏部端点	0.00 m

图 8.14　用于交互式形状调整的改进型船体和控制监控器

本文讨论的部分参数化模板构成了设计空间探索的基础,在设计空间探索中,研究了主尺度的各种组合。对于给定的主尺度,在内部优化回路中(再次)调整互补参数,特别是对于船舯部和球鼻艏。这些套料优化的目的是为当前任何一组主尺度的流体静力学性能提供非常有竞争力的形状。更多细节由 de Jongh et al(2018)提供。图 8.15 显示了球鼻艏形状的可能修改的方案。

8.4　数据管理

8.4.1　层次模型

CAESES® 采用面向对象的观点进行建模和数据管理(Abt and Harries, 2007a)。使用

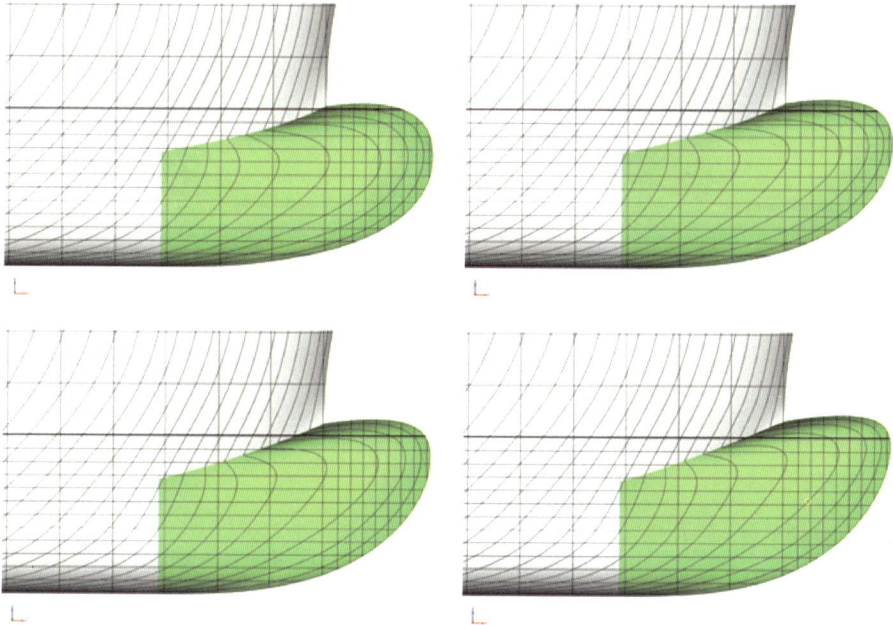

图 8.15　球鼻艏形状改变单个设计变量的变化

get 命令，可以询问 CAESES® 对象的属性、数值和状态。反之亦然，可以使用 set 命令为所有对象指定数值。该系统允许无限制地引入参数和自由变量。参数主要是实数或整数值，它们要么被指定为从其他对象（例如，模拟的输出值）派生出来的一个特定的值，要么从数学表达式（通常涉及其他参数）计算出来。如果参数不依赖于任何其他对象，则它们将在层次模型的最低级别形成条目。模型最底层的参数可以用作优化中的自由变量，见第 8.4.2 节。

图 8.16 展示了一个层次模型（以抽象形式），其中包含许多对象（为简单起见，这里只展示了 12 个）。原则上每个对象都有一个到多个（低级）提供方，反之亦然，它也作为一个或多个（高级）对象的提供方。当一个对象接收到数据时，它被认为是"客户端"。当它提供数据时充当"提供商"。

在图 8.16a 中，对象 i（称为 Obj. i）有两个直接提供商，而它只作为一个后续对象（为简单起见）的提供方，即对象 $i+1$（称为 Obj. $i+1$）。图 8.16a 显示了一种状态，其中所有数据都是"最新的"，这意味着自从整个模型经历了一个完整的更新之后，数据没有发生任何更改。一旦模型的一个部分发生更改，依赖于它的所有对象都会将其状态更改为"过期"，见图 8.16b。CAESES® 不一定会更新模型，因为这可能需要大量资源，如涉及 CFD 模拟。相反系统等待对象需要传递数据的请求，然后根据需要更新模型。图 8.16c 和图 8.16d 描述了这种所谓的延迟评估（也称为延迟获取）。

只要不建立循环依赖关系，就可以在层次结构中灵活地引入、删除、复制、重命名和移动对象和参数。但是在建立对象之间的关系时，CAESES® 会检查并排除这种情况。

重要的是，对象可能依赖于外部模拟。这意味着如果要求对象提供其数据，例如某个参数的值是某艘船舶在特定吃水和航速下的阻力，则该对象将检查其当前状态。如果它是最新的（例如，对流动模拟的任何输入没有改变，特别是船体线型本身没有改变），则可以随时

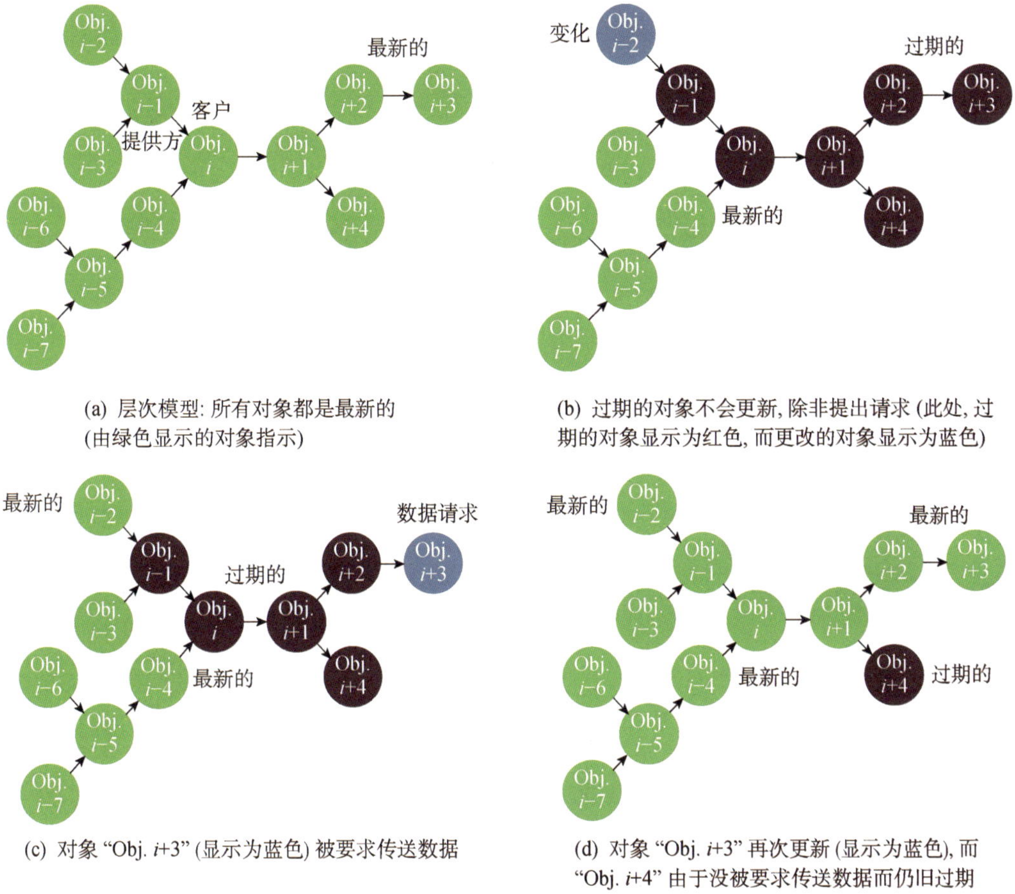

(a) 层次模型: 所有对象都是最新的
(由绿色显示的对象指示)

(b) 过期的对象不会更新,除非提出请求 (此处,过期的对象显示为红色,而更改的对象显示为蓝色)

(c) 对象 "Obj. $i+3$" (显示为蓝色) 被要求传送数据

(d) 对象 "Obj. $i+3$" 再次更新 (显示为蓝色),而 "Obj. $i+4$" 由于没被要求传送数据而仍旧过期

图 8.16　CAESES® 中的惰性评估:仅在需要时才更新对象(由另一个对象或例如图形显示等动作更新)

提供所要求的信息。但是如果已经过时(例如,由于对吃水进行了更改),则开始进行必要的分析。例如船舶阻力,除非故意加以抑制,否则这可能会导致进行全面的 CFD 模拟,但也可能只是触发代理模型的调用(见第 8.7 节)。

8.4.2　参数与自由变量

CAESES® 允许在进行一个设计和优化项目时灵活定义参数和自由变量。CAESES® 中的自由变量不同于以下参数:任何数学表达式、从模拟中获得的数值或仅仅是一个数字。而自由变量只能是数字(或选择集中的特定实例)。这是因为在优化过程中,它们由设计引擎控制,即它们根据为探索(如 SOBOL)或开发(如 MOGA)所做的策略选择而发生变化。因此它们需要在任何层次模型的最开始处(如图 8.16 的左端所示)。

任何参数都可以转换为自由变量,反之亦然。后一种情况就很简单了,因为自由变量从没有一个可供开始的提供商。然而在前一种情况下,它可能导致与任何提供商的关系(如果给定)被切断,因为只有数值本身可以与自由变量相关联。这不会造成任何重大问题,但仍需要加以考虑。

8.4.3 自下而上的集成方法

应该注意的是,所采用的集成方法并不旨在保存定义某个设计任务综合模型的所有数据项。相反即使特定于工具的数据是更广泛存储库的一部分,但是它们既不需要共享也不需要让设计团队感兴趣而故意被排除在公共数据库之外。

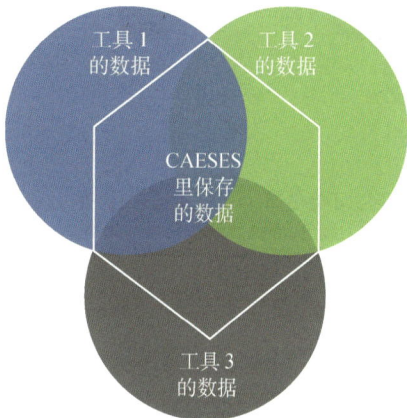

图8.17 CAESES® 内的数据存储,
用于使用三个外部工具进行设置

例如,黏性流代码可能允许设置松弛因子,专家已针对松弛因子调整了某种类型的分析。虽然这对于CFD分析来说是非常重要的,但是只要模拟收敛并且确保结果的质量,它可能就不会成为设计团队关心的主要问题。

图8.17以图形方式描述了一个综合模型(抽象形式),其中将三个外部工具组合在一起。所有数据的一个子集都保存在CAESES® 中。该子集通常大于所有单个交叉点的总和,如白色六边形所示,白色六边形包含集中保存的数据。

不共享所有可能的数据项的原因是为了支持工具的高效和可能的临时耦合,而不必首先进行冗长的数据定义。当然这有优点也有缺点。这种所谓的自下而上方法的优点是,随着项目的推进要共享的数据可以增加。我们发现在一个复杂的项目之前抽象地、完全地定义数据不仅耗时,而且在涉及到许多不同的工具和学科时也会面临相当大的困难。自下而上方法的缺点是数据库不能很容易地从一个项目循环到下一个项目,这在理想情况下可以采用全面的自上而下的方法①来实现。无论如何它们仍然可以被复制,然后对其进行修改和改编。

8.4.4 数据的变换和充实

可以通过与参数相关联的表达式将各种工具中的数据项组合在一起,或者需要其他的计算或更全面的处理,则可以使用CAESES的高级功能技术,见第8.2.3节。

在组合工具时,通常交换数据的格式不同。例如船体线型有时需要作为一个工具的iges文件和另一个工具的水密的STL文件来交付,而第三个工具要求特定的平板格文件或带有偏移点的ASCII文件见图8.18。然后CAESES® 可以充当中间人,将数据转换为适合每个要输入的工具的格式。

图8.18描述了两种不同船体的各种输出,一种是细长型,另一种是第8.3.2节中介绍的滚装渡船的稍短而宽的设计。图8.18给出了船体的几何形状、两个不同的板格网格、纯截面数据和线框模型。这里所有这些输出构成参数模型的组成部分。

此外,CAESES® 还可用于生成原本会缺少的数据。例如假设基准仅可用作偏移量数据。然后利用CAESES® 对这些点进行最佳拟合,从而生成一组平滑曲线,随后对这些曲线进行平滑化以提供表面的清晰度。从这些丰富的数据中,新的表示形式,比如水密三网格,

---

① 然而,海事资产种类繁多和设计方案的不同将需要付出巨大的努力来定义统一的数据库。

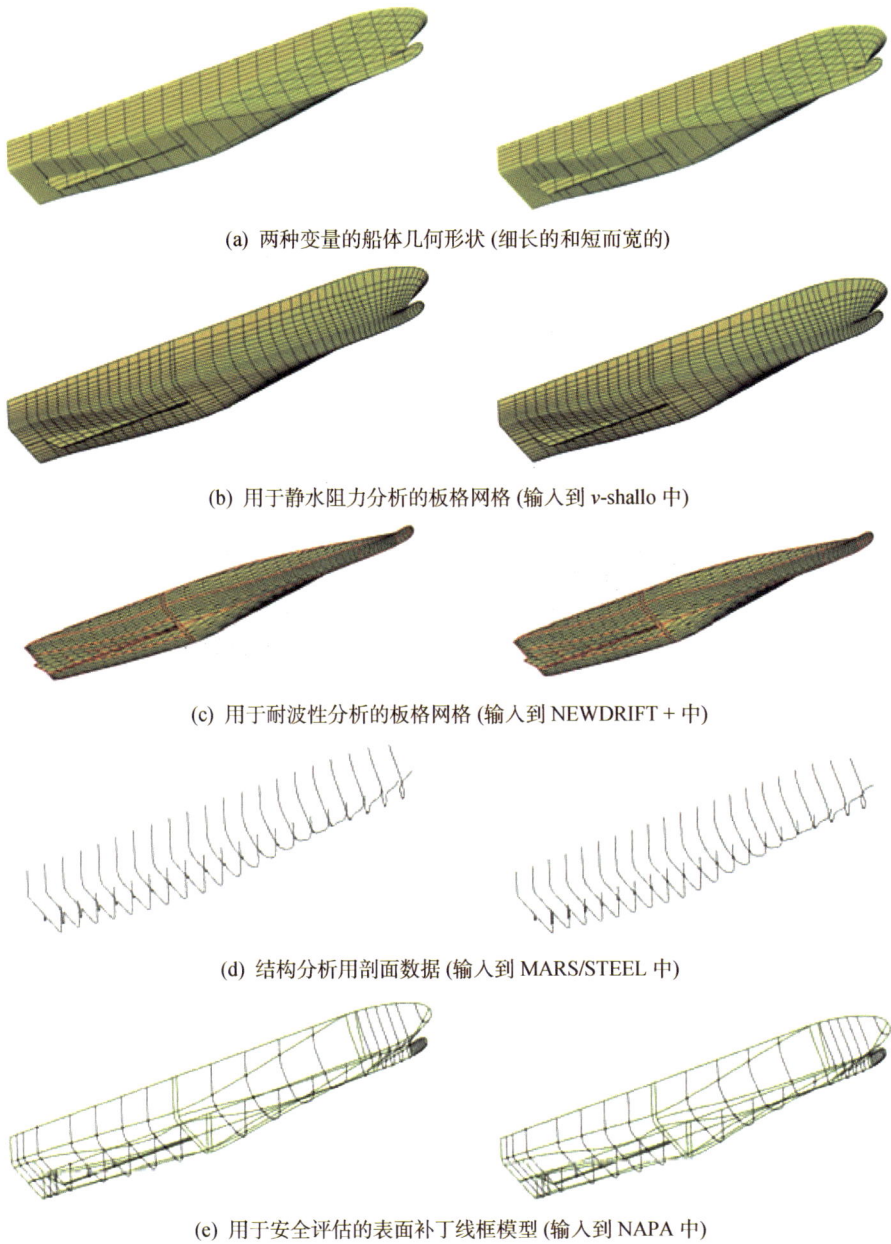

(a) 两种变量的船体几何形状 (细长的和短而宽的)

(b) 用于静水阻力分析的板格网格 (输入到 *v*-shallo 中)

(c) 用于耐波性分析的板格网格 (输入到 NEWDRIFT + 中)

(d) 结构分析用剖面数据 (输入到 MARS/STEEL 中)

(e) 用于安全评估的表面补丁线框模型 (输入到 NAPA 中)

图 8.18　用于提供各种模拟工具的不同数据集(所示为客滚渡轮的两个实例)

将根据需要进行导出。

8.5　软件连接

8.5.1　软件连接器

为了准备要连接到 CAESES® 的工具,熟悉该工具的人员首先将其作为独立应用程序运行。将提供所有输入并批处理模式所需的输出文件，见第8.2.4节图8.3，然后将这些文件加载到 CAESES® 中，并用作第8.2.5节中所述的模板。

图 8.19 显示了 CAESES® 中抽象的和具体形式的所谓软件连接器，以 HSVA 的波阻代码 ν-Shallo 为例。软件连接器提供四个象限，其中两个象限用于不同类型的输入文件，而另两个象限用于不同类型的输出文件，同时支持二进制和 ASCII 格式。

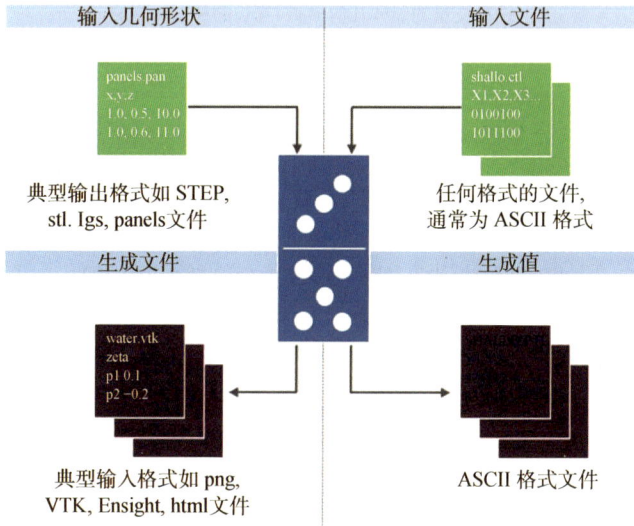

(a) 软件连接器的的抽象视图

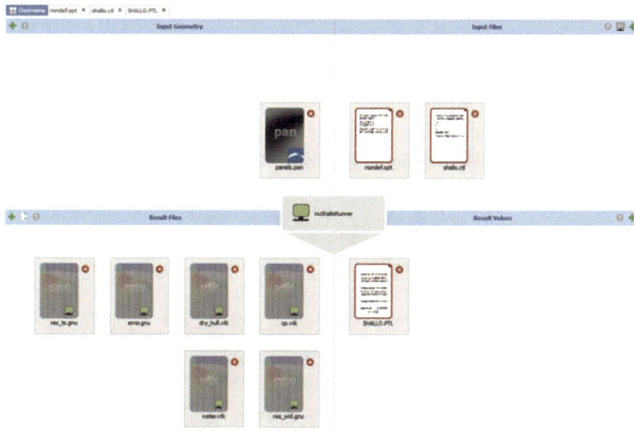

(b) CAESES® 中 ν-Shallo 的软件连接器

图 8.19　通过模板的工具集成

某些类型的输入文件可以直接处理，即那些与 CAESES® 支持的导出格式相关的文件，例如 STEP、stl、igs、板格网格。同样对于要求集成的工具中输出的某些类型的文件，CAESES® 提供了解释程序，例如 png、VTK、Ensight、Tecplot and html。此外输入文件中的任何数据项都可以被标记，被替换为整个综合模型中的参数或自由变量。类似地任何 ASCII 格式的输出文件都可以被 CAESES® 解析。为灵活起见，可以在模板中使用各种标识符见第8.2.4节。典型的标识符是特征名称（所谓的锚字符串）、行号和列号（也作为锚字符串的偏移量)、数据项在文件中的相对位置(例如,第一次或最后一次出现)。

在软件连接器中还指定了要集成工具的可执行文件的路径。该工具可以在本地运行,也可以在不同的计算机或 HPC 集群上作为远程计算运行,无论是通过公司内部网络在内部运行,还是通过互联网外部在云上运行(见 albert et al.2016)。CAESES® 允许使用命令参数和逻辑限定条件。如果不满足重要的先决条件(例如,网格质量低于某个阈值),后者将抑制工具执行,因此可能不值得运行冗长的 CFD 模拟。

有关将工具连接到 CAESES® 的其他方法的讨论见 Abt et al(2009)。

8.5.2　单一工具的集成

图 8.20 说明了从 ν-Shallo 输出文件中提取数据的过程。一旦执行流场解算器,就会编写一个 ASCII 文件,这里是 SHALLO.PTL。CAESES® 解析器从文件中提取几个重要的模拟结果,如图 8.20 的左下部分所示。图 8.20 右侧突出地显示的行,描绘了对某个锚定字符串的搜索,即 CR(剩余阻力系数),并读取其旁边的值。由于通常不会预先知道流模拟收敛所需的迭代次数,因此要搜索锚定字符串的最后一次出现见 图 8.20 的左上部分,并且参数 nuShallo_CR 被分配给为 CR 找到的值。这样结果被告知平台,并可用于综合模型中的进一步处理。

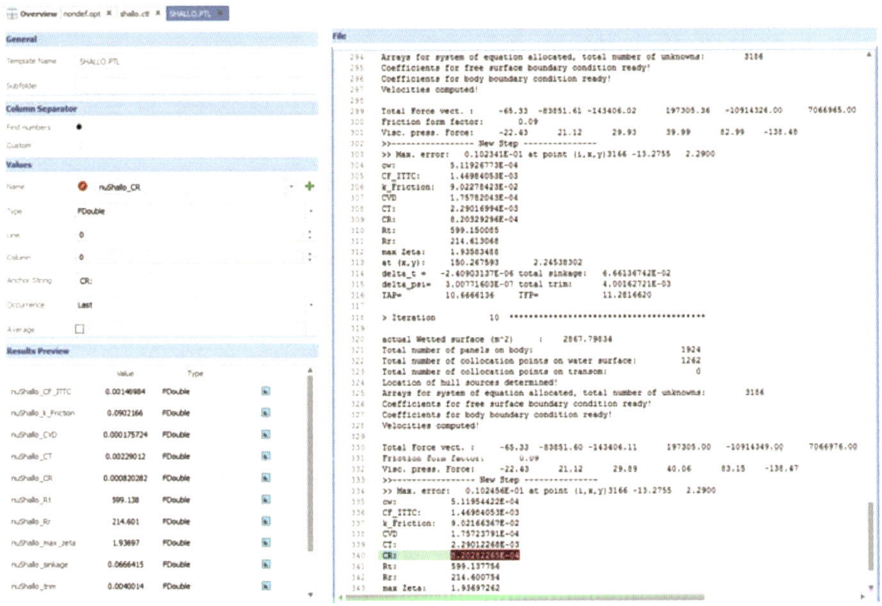

图 8.20　ν-Shallo 的输出文件,用作识别由软件连接器提取的数据的模板

有关单个工具集成的详细说明见 Harries et al(2015b)和 MacPherson et al(2016)。

8.5.3　多个工具的集成

对于要集成的每个工具,必须在 CAESES® 中设置专用的软件连接器。每当使用新工具时此操作通常是临时完成的。然而也可以从以前的项目中导入软件连接器,因此通常只需要进行少量调整即可。

有些工具连接起来相当流畅，而其他工具可能涉及大量文件的处理。NAPA 是一个只需要一个脚本的工具示例，如果研究船体变量则为当前几何图形提供一个 iges 文件。OpenFOAM 是一个使用许多输入文件（即几何图形的水密的 stl 文件和相当多的控制文件）系统的例子。不过集成的原则与输入和输出文件的数量无关。

原则上 CAESES® 项目可以根据需要包含尽可能多的软件连接器，允许多个工具的灵活组合，以简化包含多个连续运行工具的过程，或建立如图 8.5 所示工具的综合模型。如果这些工具彼此独立，则可以通过 CAESES® 并行运行（异步更新）。然而通常情况下，一个工具需要另一个工具的输入，因此必须遵守预定义的执行顺序（同步更新）。这可以通过以下方式实现，将一个工具的输出（部分）转化为另一个工具的（部分）输入，即通过建立供应商-客户关系。如图 8.16 所示，对象知道它们所处的状态，即最新的或过期的。如果一个工具（如工具 A）需要来自另一个工具（如工具 B）的输入，并且该输入仍然是最新的，则不必执行工具 B，但可以容易地利用其数据。但是如果工具 B 已经过期（或者到目前为止还没有运行），那么工具 B 将在工具 A 之前被触发。如果工具 B 再次依赖于另一个工具，比如工具 C，那么它将是第一个要运行的工具，通过层次模型建模，直到找到第一个最新的对象。

关于图 8.16 所示的综合模型，Harries et al(2017) 对此作了进一步的阐述。而结合工具为 CFD 建立过程链，将网格生成和流动分析结合在一起的示例，见 Albert et al(2016)。

8.5.4 与其他框架的连接

工具的集成不仅可以连接一个或多个独立的工具，还可以连接已与工具耦合的任何其他框架。前提条件是这些其他框架本身可以以批处理模式下运行，并且它们允许设置参数、启动集成的应用程序和提供结果文件。由于 CAESES® 可以很容易地在批处理模式下运行并且允许设置和获取数据，因此一个最直接的方案是运行 CAESES® 项目，在第 8.2.5 节来看这是一个群组工作软件，来自另一个 CAESES® 项目。在一个组合项目中嵌套多个 CAESES® 项目将构成一个元项目，正如第 8.9.1 节中进一步讨论的。

或者可以使用其他框架，例如通用的 PIDO 环境（如 Esteco 的 FRONTIER 或 Noesis 的 OPTIMUS）或 CAE 系统（如 ANSYS 工作台）可以被用来建立进一步的集成级别。一个非常普遍的应用是 CAESES® 充当参数化建模的一个纯几何引擎。更复杂的情况是，一个框架调用一个或多个通过 CAESES® 提供的工具，如图 8.21 所示。此处 DLR 的远程组件环境（RCE）负责组合工具。德国航天中心（DLR）是 HOLISHIP 财团的一部分，在 RCE 中，可通过互联网在不同站点和/或公司之间实现安全数据传输。

如图 8.21 所示，在站点 1（例如，在德国汉堡）提供的第一个 RCE 实例将负责过程控制。它与执行 CAESES® 的第二个 RCE 实例相连接，例如作为几何引擎。这可以在连接到互联网的任意一方处获得，比如在站点 2（例如，在德国柏林/波茨坦）。第一个 RCE 实例从第二个 RCE 实例收集数据，然后将这些数据传输到另一个站点（例如，荷兰瓦格宁根）的第三个 RCE 实例。第三个 RCE 可以连接到 CAESES® 的另一个实例，该实例将提供已经嵌入的其他工具。数据传输的顺序由与图 8.21 所示的每个步骤相关联的数字来表示。一旦在 RCE 实例 2 和 RCE 实例 3 之间生成、处理和移动了数据（步骤 1-步骤 10），RCE 实例 1 可以触发一个新的序列，再次从步骤 1 重新开始。当然这个简单的设置可以扩展到其他工具，这些工

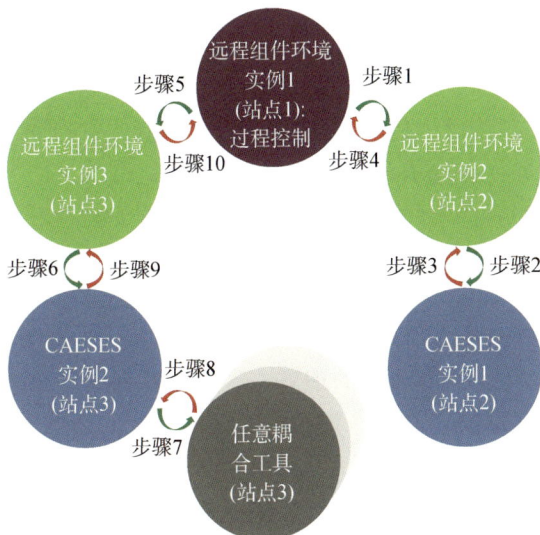

图 8.21　RCE、CAESES® 和其他工具之间的连接

具既可以直接集成在 RCE 环境中，也可以再次通过 CAESES® 间接集成。如果适当且稳定地扩展，则可构成与物联网（IoT）相关的强大工程生态系统的基础，另见第8.9.2节。

8.6　优化

8.6.1　概述

一旦建立了综合模型，设计人员就可以交互地使用它们，或者让它们自动地大规模运行。设计人员只需要手动调查少数变量，无论是为了了解系统行为，还是检查所有工具是否能够顺利地协同工作。在形式化的优化活动中，对成百上千个变量进行研究，大多数情况是在夜间、周末进行，如果涉及耗时的直接模拟，甚至要在几天的进程中完成。使用代理模型见第 8.7 节，将繁重的计算工作提前，使实际优化阶段的速度大大加快，然后可以在几分钟到几小时的时间内实现。

从数学上讲，优化就是在一组（不等式和等式）限定条件下，找到一个或多个目标的极值（最小或最大）。综合模型中由设计团队控制并且被有意识地选择修改的所有元素构成自由变量集见第8.4.2节。然后由设计团队决定这些自由变量的上限和下限，即允许每个自由变量变化的范围。

如果提出多目标设计问题，就像工程中的典型情况一样，通常就没有单独的最优解，而是一组非支配的解（帕累托边界），即没有一个目标可以在不损害一个或多个其他目标的情况下得到进一步的改进。目标从所有可行的解决方案中，特别是从帕累托最优解决方案中，设计团队根据客户的偏好最终提出最有利的设计方案。

一般，可以区分两种主要的优化策略（Harries. 2014）：

（1）设计空间探索和；

（2）开发。

一般，优化策略旨在扫描设计空间（探索）或改进目标（开发），同时尽可能少地进行代价高昂的评估（模拟）。如果许多评估是可以负担得起的，如通过使用第 8.7 节中讨论的代理模型，一些策略（将遗传算法作为探索和开发的结合在一起）不仅建立一个局部的观点，还建立一个全局的观点。对于已成功应用于海事资产优化的战略的深入讨论，见 Birk and Harries（2003）。

本质上，多维设计空间，通常涉及自由变量的数量为 10 阶，但有时甚至是 100 阶，需要对许多变量进行评估，以建立一个透彻的理解。这意味着很快就要产生和评估成百上千的设计方案。乍一看这么多变量可能是一种相当粗糙的方法。然而除了找到更好（其至可能是最好）的解决方案外，还可以获得许多重要的好处：

（1）看到因果关系（例如自由变量和目标之间）；

（2）了解对立目标之间的权衡（在多目标设计方案中）；

（3）确定什么应该被选为目标，什么应该被视为限制条件（有时这远非小事）；

（4）产生大量切实可行的变量（特别是对于严重受限的设计问题）；

（5）确定特别难以满足的限制条件（可能会放宽）；

（6）了解整体改进潜力；

（7）感受设计任务，以外；

（8）降低与作出设计决策相关的风险。

应该注意的是，这里讨论的探索和开发策略通常是基于处理浮点数。通常在一次优化过程中，产品的拓扑结构将保持不变。通常在单独的优化中连续处理不同的配置，例如单螺旋桨与双螺旋桨船舶，或由柴油机的直接驱动轴系与柴油电动全回转推进器。一旦对少量不同拓扑的许多变量进行研究，就可以比较各种设计集群，从而最终确定最佳拓扑和最有利的总体设计。

当然这种实用方法也有局限性，例如加强材料的数量、材料和类型应在结构优化中进行优化。类似这样的离散变更将通过布尔数学体系、字符串和/或整数变量来正式获取。不幸的是这很快引发了组合爆炸。

因此，作为变通办法，有时将定义拓扑的变量也简单地视为浮点数。然后将采用实数变量的标准优化策略，其中四舍五入到最接近的整数值，或者使用将实数变量与离散项相关联的查询表（Zeitz et al. 2014）。

8.6.2　探索

在开始推动改进之前，通常最好对设计空间有一个了解，即至少大体上回答以下问题：

（1）哪些自由变量影响力特别大，哪些可能根本不那么重要，可以被排除在进一步研究之外？

（2）是否存在许多可以找到好的设计的孤立的区域（这可能表示许多局部极值），或者相对于自由变量而言目标和限制条件是否相当平滑？

（3）更好的变量是占位于设计空间的中间或是朝向选定的边界？

（4）哪些限制条件是积极的，即不被遵循的，哪些约束条件实际上没有造成任何问题，并且可以排除在研究之外？

在设计空间中系统地或随机地传播变量的策略组称为实验设计（DoE），见 Siebertz et al (2010)详细说明。仅当自由变量的数量 n 很小时，才可以研究变量的完全填充矩阵，因为网格按 g^n 缩放，g 是 n 维设计空间每个方向上的（规则）网格点的数量。例如每个轴（$g=3$）有三个变量，在八维空间（$n=8$）中，已经需要 6 561 个变量。因此有一些更复杂的探索策略，它们试图用尽可能少的变量产生尽可能多的见解。

流行的 DoE 是 Sobol(1976)开发的 Sobol 算法。这是一种模仿人们在海滩上行为的准随机方法：除非他们彼此认识，否则他们倾向于躺在离其他人最远的地方，以保持最大的隐私。每一个新到的人或人群都会直观地识别出最大自由空间的区域。图 8.22 说明了一个二维问题的 Sobol（前五个变量）算法。

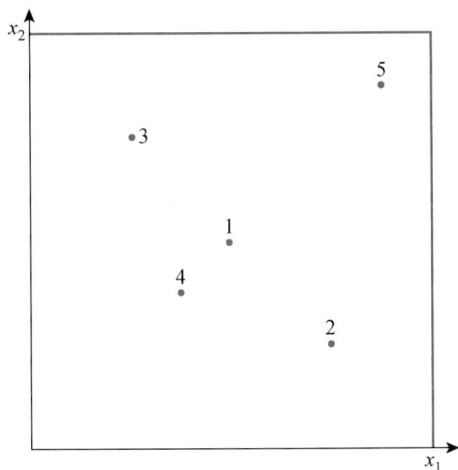

图 8.22　二维设计空间中五种变量的 Sobol 序列

Sobol 程序的优点在于，当重复进行时它在设计空间中产生相同的扩展，如果需要进一步的变量，可以对其进行扩展（Harries，2014）。如果最初选择的变量数量不能合理地回答上述问题，那么就直接用易于融合的其他变量来补充探索。最后像 Sobol 这样的探索通常用于生成构建代理模型所需的数据集，如第 8.7 节所述。原因是在产生的变量中没有意外的偏差。

8.6.3　开发

一旦探索导致了一系列设计，表现得非常好，一个真正的优化就可以开始了。这意味着有意识地推动更好的解决方案。为此找到了好的或最好的设计方案，可以说通过迭代地改进一个或多个目标来"利用"DoE 中可能与基准一起使用的方法。有许多策略可供选择，必须指出的是没有单一的策略最适合所有优化问题。因此 CAESES® 提供了一系列的开发策略①。一些策略在本地搜索，主要是（确定性）搜索策略，而其他策略则更为全局性，如遗传算法，尽管付出了相当大的努力，但增加了鲁棒，见 Birk and Harries(2003)。

确定性探索的基本思想是蒙上双眼的人试图找到最近的山谷（最小化），人们将使用第一自由变量的有意义变量来探索第一方向。如果发现有改进，将会向前迈进一步。否则将采取相反的方向，除非那里也没有发现任何改进。接下来是进入设计空间的第二个方向的类似步骤，依此类推。搜索通常以局部最小值（或接近最小值）结束。这是相当快的，但是取决于起点。不平等的约束条件通常在探索过程中通过外部惩罚的函数处理（有时通过障碍），除非某个策略已经带有内部机制（如 search）。这个想法很简单：只要违反约束条件目标就会被人为地恶化，这样的探索就不会有动机停留在不可能的领域（或首先离开可行域）。毫不奇怪周围有许多探索策略，其中一些仅使用客观值，而另一些使用渐变信息。遗传算法的基本思想是：目标被解释为一种适应度。决定了一个人的生存机会和生育子女的机会。遗传算法从一个初始种群开始，可能从之前的 DoE 那里获得。那一代中最优秀的个体被选中生育后代。与自然界的标准方法类似，两个个体配对，交换部分自由变量（他们的 DNA）和随机接受（更小或更大）突变。这就产生了属于下一代的新个体，目标和限制条件是为这一代设计的，不可行的个体（设计）将被排除在合格父母之外，最好的候选者再次被选中进行繁殖，导致了第三代的产生等。同样，许多不同的策略和变化已经被提出并正在使用。

8.6.4 评估

一旦进行了探索和/或开发，作为设计和优化的整体平台，CAESES® 允许通过表格、视图、相关图和设计浏览器扫描结果，以便直接比较变量。图 8.23、图 8.24 和图 8.25 显示了滚装渡船的一些评估工具，Harries et al(2017)and Marzi et al(2018)更深入地讨论了这些工具。

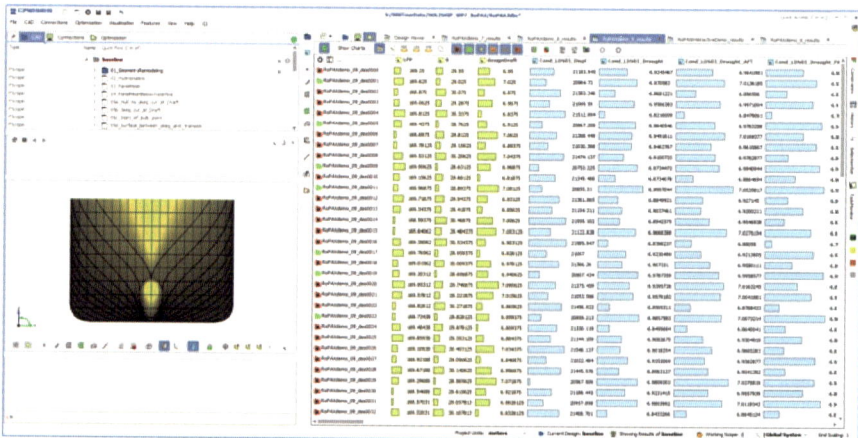

图 8.23　自由变量、目标限制条件和其他相关参数的设计表

①　以下开发策略由 CAESES® 内部提供：Nelder-Mead Simplex、T-Search、Newton-Raphson、Brent (1d)、NSGA II、MOSA。此外，Sandia 国家实验室通过 DAKOTA 提供了一系列先进的战略，如响应面上的局部优化（多次启动），全局优化。

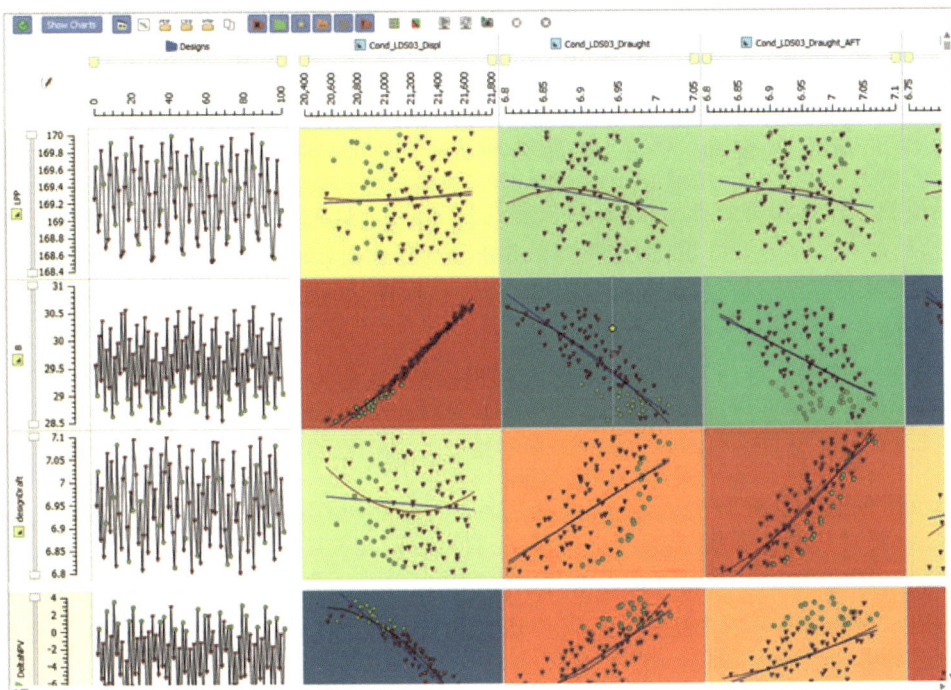

图 8.24　将目标和限制条件与自由变量相关联的图表

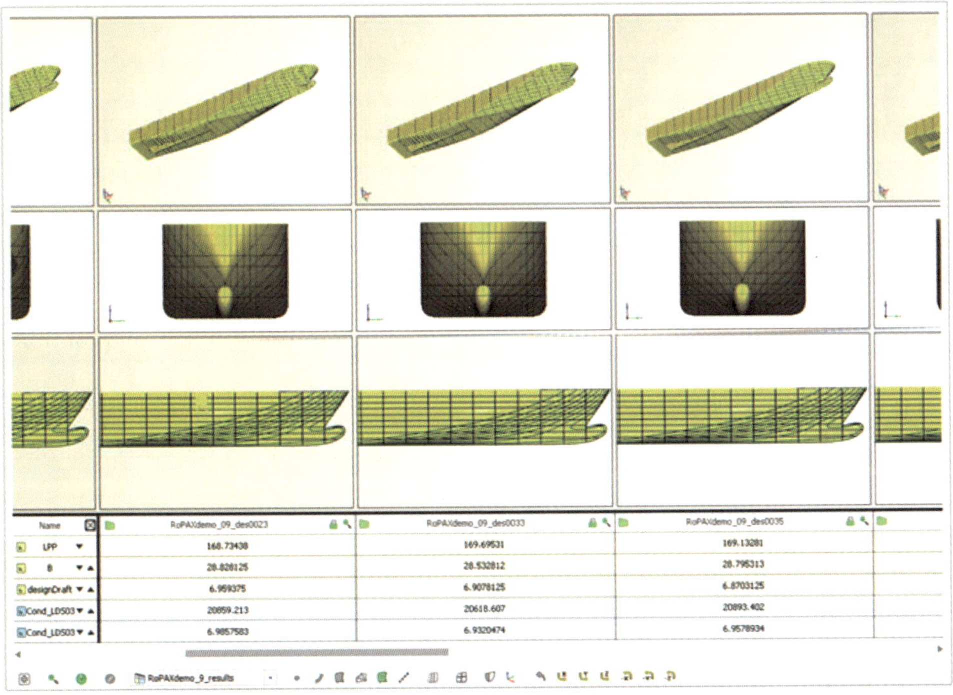

图 8.25　用于变量图形比较的 CAESES® 设计浏览器（摘自数百个变量）

8.7　直接模拟与代理模型

8.7.1　代理建模思想

　　模拟的工作量和资源各不相同,从只有几秒钟的 CPU 到数小时甚至数天的数字运算。通常,他们需要的是专业知识,而这些知识并不是在任何时候或在每个设计团队中都是可用的。此外,资源密集型模拟(如黏性 CFD 和破舱稳性评估)通常需要特殊的硬件,甚至可能需要高性能计算环境和相关许可证。

　　解决这一困境的可能方法是用所谓的代理模型(也称为元模型或响应面)取代直接模拟。其概念如下:在实际设计工作开始前,预先进行充分的模拟。然后利用这些模拟建立一个近似模型,即代理模型,该模型稍后将在可接受的精度水平内取代直接模拟。显而易见,进行直接模拟的努力是不可避免的。然而它会及时转换给合适的人。

　　自然,要对其进行直接模拟的变量需要与自由变量相关联,这些自由变量随后将用于设计任务和/或优化活动。否则代理模型将不依赖于这些自由变量,并且无法被有意义地加以利用。因此重要问题是,是否实际上需要进行代理建模,如果需要如何正确地进行建模。表 8.1 给出了一些建议。

表 8.1　用代理模型代替直接模拟的建议

每个变量分析所需资源	被捕获的响应的顺畅行为	本地可用的许可证和/或工具知识	直接模拟	代理模型
少量	是	是	＋	－
	是	否	－	＋＋
	否	需要	＋＋	－
中等	是	是	＋	＋
	是	否	－	＋＋
	否	需要	＋＋	－
大量	是	是	＋	＋＋
	是	否	－	＋＋
	否	需要	＋	－

少量:在标准计算机(个人电脑或工作站)上不足一分钟;

中等:几分钟到半小时;

大量:几个小时到几天(可能在集群或高性能计算机上);

－ 不适合;

＋ 推荐;

＋＋ 强制推荐。

8.7.2　典型的代理模型

　　最简单的代理模型是仅依赖于一个自由变量的数据集的线性回归模型,如图 8.26 所示。这通常是针对实验数据和经验数据进行的。通过数据点拟合一条直线，使得实际值与其近似值之间的根方误差最小。在一维和 n 维回归中也经常使用二阶甚至更高阶的多项式，n 再次表示自由变量的数目。

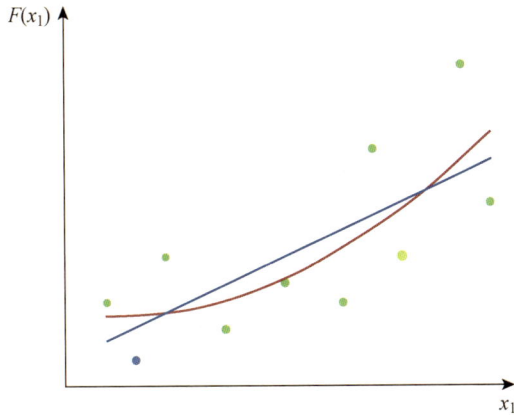

图 8.26　一组数据点的线性(蓝色显示)和二次(红色显示)代理模型

　　生成有意义的代理模型所需的输入随 n 迅速增大。一个(完全填充的)n 线性响应面所需的系数 L 的数量为 $L = 1/2[n \cdot (n+1)]+1$。因此，根据经验如果要捕捉的响应表现良好，则需要大约 n^2 个独立的数据点，并应替换为一个不仅仅是 n 线性模型的数据点。表现良好意味着响应相当平稳，即相对于任何自由变而言，它不会量振荡(或跳跃)。

　　可以很容易地想象，如果模拟需要大量资源，那么自由变量的数量必须足够少。如果您需要一个小时的 CPU 时间来模拟每个变量，则十个自由变量就已经需要 100 小时(超过四天)的数字运算。减少到 5 个自由变量意味着大约 25 个变量就足够了，然后可以在一天多一点的时间内处理完毕。

　　在 n 维设计空间中变量的分布也很重要。如果派生代理模型的变量被放置在不利的位置，例如所有变量都与一个自由变量对齐，那么显然模型将无法捕获任何其他依赖项。设计空间探索通常采用两种策略来智能地传播设计空间中的变量，如第8.6.1节关于实验设计所述的 Sobol and Latin Hyper cube。

　　较多项式回归更为复杂的代理模型是人工神经网络(ANN)、Kriging 和混合模型，它们结合了各种代理模型以提高预测系数，即预测系统行为的准确性。

　　人工神经网络特别适用于不一定顺畅且有大数据集可用的响应。原则上如果连续地输入某种输入，人工神经网络就会模拟人类大脑，通过适当地连接神经元来学习预测系统行为。例如守门员经过数百小时的防御练习，已经学会了预测一个接近球的轨迹。在许多情况下，这种预测足够好的话就可以节省开支，而有时会发生一些不可预见的事情，导致稍微不同的系统行为，并最终带来不同的目标。为了构建神经网络，将要捕获的响应数据集细分为训练集和独立集进行验证。有关航海应用中使用的人工神经网络的详细介绍见 Birk and Harries(2003)中的 Mesbahi。

　　克里金(Kriging)法是一种对训练集进行插值的方法，同时对不同数据点的响应进行加权的方法，用于预测系统在中间点的系统行为。它是由南非采矿工程师 Danie G. Krig 提出的，他想根据几个钻探的样品来预测黄金最可能的分布，见 Press et al(2007)。

CAESES® 通过 Sandia 国家实验室的 DAKOTA 软件包支持许多代理模型。哪一个代理模型对于特定的应用程序产生最佳的行为和准确性有待于测试。这不会造成任何主要的瓶颈，因为用于培训和验证的数据库可以运行一次，然后反复使用。更多细节见 Myers and Montgomery(2009)。

8.7.3 使用代理模型

一旦代理模型经过测试并被证明是足够精确和可靠，它就可以用来代替实际的模拟。速度的优势是巨大的，因为代理模型通常会在几秒钟内（甚至是瞬间内）而不是几分钟、几小时甚至几天的模拟时间内产生结果。

图 8.27 显示了在图 8.5 中给出并由 Harries et al(2017)讨论的滚装渡船综合模型中几个直接模拟的替换。特别是用势流理论进行的兴波阻力和耐波性分析，随着破舱稳性计算的繁重而被取代。这些类型的分析通常每个变量需要几分钟的时间，每种感兴趣的设计加起来总共需要 15~30 分钟的模拟时间。然而随着大量的数字运算被替换，调查只需要一分钟即可完成①。因此运行几百种设计可能只需要花费一到两个小时，一个晚上就可以研

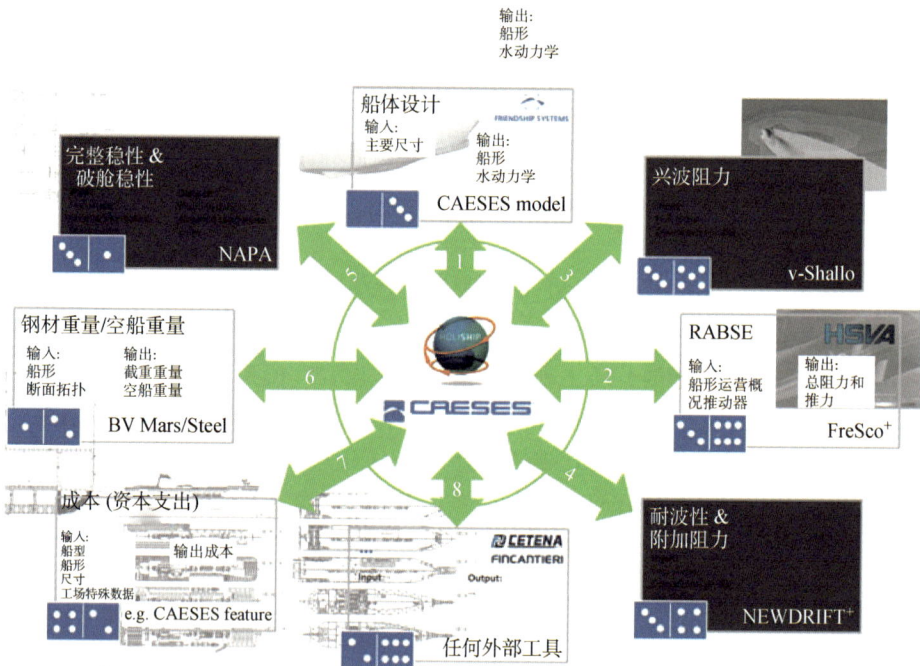

图 8.27　基于 CAESES® 的 HOLISHIP 综合模型，包括用于滚装渡船设计和优化的代理模型

---

①　有人可能会奇怪，为什么在给出的示例中，更为繁琐的雷诺平均纳维尔-斯托克斯方程模拟没有被代理模型所取代。这是因为为了减少总体计算负担，首先用 FreSco＋作为粘性自由表面流动求解器，用 HSVA 计算了客滚渡轮的静水性能，得到附加基线的总阻力和推进效率。随后，利用 HSVA 的非线性势流计算程序 v-shallo 对基线裸船体的非线性波阻进行了势流分析。然后，通过基线的波阻与使用相同面板代码计算的每个变量的波阻之间的差异，利用可比较的离散化来确定每个变量的性能。

究成千上万的设计方案(Harries et al. 2017)。结果对优势和权衡取舍,而且对赖和关注区域也有了深入的了解。此外它还允许提出假设问题并对设计需求的特殊修改做出反应。

图 8.28 给出了代理模型的结果和用 v-shallo 进行静水阻力预测的数据结果的比较。代理模型中的数据绘制在实际模拟数据上。如果代理模型是完美的,那么所有的点都将以单位斜率的直线排列。但情况并非如此,精度在 $\pm 1\%$ 误差线内,该误差在通常与模型试验相关的重复精度内。[①]

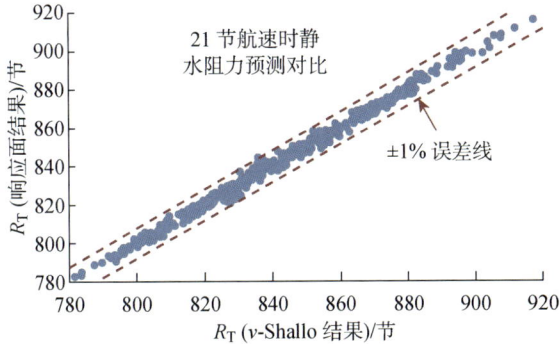

图 8.28　滚装渡船静水阻力模拟数据与代理模型的比较

这一精度水平是否足够,需要根据使用代理模型的设计任务来决定。对于在多学科优化中找到正确尺寸的滚装渡船,这似乎是完全可以接受的,而对于根据其流体动力学对船体进行微调,这可能还不够可靠。有关代理模型的更多的用法,请参见 Harries(2010)。

8.8　应用方案

8.8.1　手动与自动设计

原则上,CAESES® 和 HOLISHIP 平台支持不同的操作模式,即:

(1) 手动(交互式)工作;

(2) 自动化(正式)优化和;

(3) 批处理模式执行。

除非如第 8.5.4 节所述 CAESES® 本身是集成的。两种常见的方案是手动和自动设计。当然手动和自动设计工作都可以在早期阶段完成,例如确定主尺度,在后期阶段,例如微调设计最大程度地提高能效。

---

① 正如应该注意的那样,这并不意味着 CFD 模拟本身的精度在实验数据的 $\pm 1\%$ 之内。有可能会问,为什么在给定的示例中没有用代理模型代替繁琐的 RANSE 模拟。这是因为为减少总体计算的负担。首先使用 NSVA 作为 Fresco⁺ 作为黏性自由表面流动求解器来计算滚装渡船的静水力性能,从而得出总阻力和推进效率。随后附加基准,使用 v-shallo(HSVA 的非线性势流代码)对基准的裸船体的非线性兴波阻力进行势流分析。然后通过可比较阻力和使用相同的板格代码计算出每个变量的兴波阻力之间的差异来确定每个变量的性能。

在自动化流程中进行探索或开发时,生成的每个变量都会收到一个唯一的标识符,在该标识符下存储与该设计相关的所有数据。在项目目录中为每个设计创建一个文件夹,并保留所有输入文件和输出文件以及其他文件(如屏幕截图),除非明确地标记为临时文件。通过这种方式,之后可以在 CAESES® 内或外部对每个变量进行研究,就好像设计团队已经一个接一个地手工执行了所有的模拟一样。因此所有数据都是开放和可访问的。

在进行手动设计工作时,有两种方便使用系统的方法可以更改基准本身的设置和数值。这在构建层次模型并连接到模拟代码时非常常见。然而一旦建立了综合模型,并且达到了一个良好的起点,保持这种状态作为参考就可能有益处。在这种情况下人们可以从基准手动派生变量,对于这些变量所有自由变量和(可能的)任何其他参数和/或关系都可以更改。其优点是不触及基准,因此设计团队能够尝试有希望的变量,并将基准或任何变量用于比较。需要注意的是为了保持较低的存储需求,对于每个变量只有对准线的更改存储在 CAESES® 项目中。在进行自动化优化研究时,第 8.6 节讨论的探索和开发策略已投入使用。

8.8.2 通过网络应用提供

原则上,CAESES® 提供的任何功能和与 CAESES® 耦合的任何工具都可以通过网络作为技术应用程序提供。这些所谓的网络应用,如 Harries(2017) and Harries et al(2018) 所讨论的,使得人们通过网络浏览器访问复杂模型和模拟。网络应用的目标是定义有意义的工作流程,由专家预先配置便于设计人员使用。从这个意义上说,网络应用构成了一个群组工作软件,如第 8.2.5 节中所介绍的。

当然,根据定义技术应用程序的使用案例有限的。从本质上讲用户不必具备与某一工具相关的专业知识,但应能在给定的护栏检测内为特定任务快速得出可靠的结果。

当然,这与在支持一系列工作流程的整体方法中构建和运行综合模型是完全不同的。然而,我们的想法是专用工具可以更广泛地传播,并且潜在地一系列工具和相关服务的未来市场将有助于与设计人员、工具提供商和顾问的沟通。一些技术应用程序可以成为解决更复杂任务的基础。

图 8.29 显示了一个网络应用,其中提供了 HSVA 的非线性势流代码 ν-shallo 可用于分析不同航速下的滚装渡船的兴波阻力。船体的拓扑结构—如第 8.3.1 节介绍的,这是一个经典的单体船,采用球鼻艏、方形船尾、中心尾鳍和双螺旋桨布置是静态的,而主尺度和几个局部参数可以在预定范围内加以改变。如图 8.29a所示,设置可访问参数后,CAESES® 生成几何图形以及合适的板格网格。一旦形状确定,就可以触发流动模拟,产生阻力、压力分布和波场,如图 8.29b所示。

需要注意的是,标准浏览器充当前端,取代 CAESES® 的详细图形用户界面和集成代码。对于图 8.29所示的基于网络的应用程序,计算在远程的服务器上进行运行。或者可以提供一个本地设置,例如使用由设计团队内的专家或外部顾问准备现成的解决方案帮助经验不足的员工。

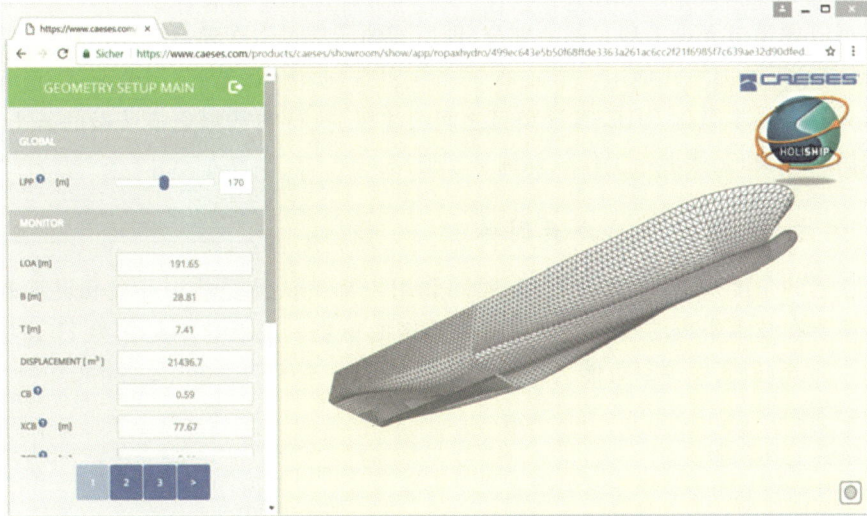

(a) 网络应用的第一页, 允许修改参数化模型

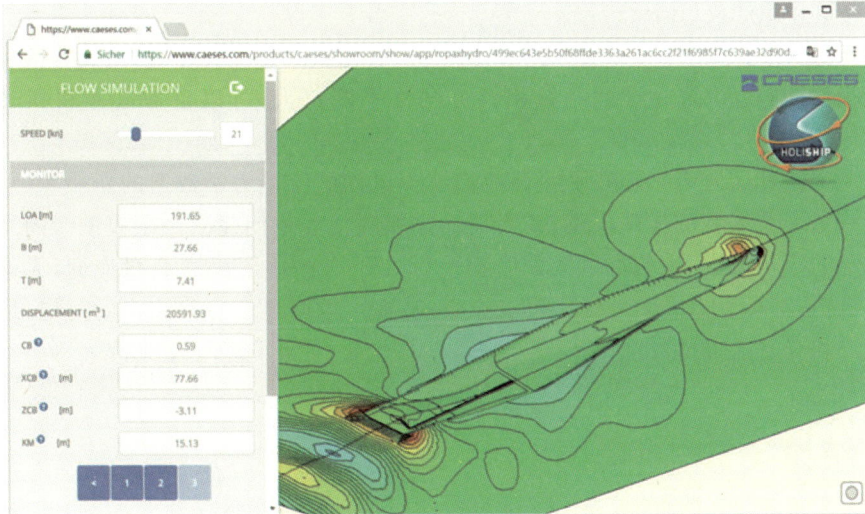

(b) 网络应用的第三页, 允许选择船舶航速并生成 *v*-Shallo

图 8.29　通过一款网络应用进行一艘滚装渡船的阻力分析(http://www.holiship.eu/approach)

8.9　前景

8.9.1　元项目

可以想象,全面解决海事资产设计项目的复杂程度很高。对于每一个集成了许多参数的模拟代码,都需要提供相当多的数据项并产生大量的数据。

通过使用代理模型,可以很容易地降低复杂程度,因为有限的输入通常会带来少量的输出，如第 8.7 节所述。此外当前的 CAESES® 开发工作旨在采用即插即用的方法，在这种方法中项目可以成为包含更大项目的一部分，即所谓的元项目。在随后充当控制平台的 CAESES® 项目中以批处理模式使用一个或多个 CAESES® 实例，如第 8.5.4 节所述，已经成为可能。然而为了进一步简化 CAESES® 项目之间的注册、执行和数据交换所做的努力，为方便快捷地提供、使用和交换群组工作软件铺平了道路。

8.9.2　供应商、顾问和用户共同体

从更长远的角度来看，工具提供商、顾问和用户都被认为受益于开放和灵活的集成平台。当然需要在技术集成的基础上创建一个特定的市场。虽然这不是作为 HOLISHIP 自身发展的一部分，但研发项目可能会提供大量相关方。

市场必须确保：

（1）提供工具和服务；

（2）可以预订和结算；

（3）支付时；

（4）尊重知识产权（IPR）。

此外，还必须考虑使用权和投标技术。这可以使工具的使用民主化，有助于跨公司边界组建临时设计团队，并因此导致利益相关方网络不断扩大，可以更加迅速和同时地协同工作。

如果一个设计团队有兴趣开发一种他们缺少可靠的流体力学数据的新船舶，那么他们可以获得一个现有船型的代理模型，或者请一位顾问代表他们建立一个模型。同样顾问可以预见一定的市场需求，主动提供数值船型系列。另一个例子是，工具供应商，无论是公司还是学术机构，都可以更灵活地提供解决方案，从而可以降低非专家用户的门槛，从而增加其潜在客户和受益人群体数量。

8.10　结论

欧洲研发项目 HOLISHIP 致力于集成和利用与海事资产设计相关的所有学科的模拟工具。这些工具来自不同的提供商，使用他们自己的许用方案，通常在 Windows® 或 Linux™ 环境下运行。大多数工具都经过多年的开发和不断的改进。为了从这一巨大的资源和专业知识库中获益，一种灵活和可扩展的集成方法受到青睐。因此选择 CAESES® 作为通用流程集成和设计优化环境，用于实现工具与和综合模型临时定义的耦合。

采用一种自下而上的方法，根据在手头上的设计任务实际需要时存储和交换数据。与部署单个旧系统不同，这意味着随着设计任务的进展和/或更改，新工具和附加数据可以由工具提供商或用户自己快速引入和（重新）组合。集成要求工具可以在批处理模式下运行。输入文件和输出文件被用作模板，只有那些需要改变、读取、交换或存储的数据项才被解决。仅被一个工具使用的且设计和优化不需要的数据不会集中存储，而只在本地保存和管理。

CAESES® 同时充当 PIDO 环境和 CAD 系统。CAESES® 中的 CAD 技术针对在设计和工程中的可变几何形状，而不是用于生产中的 CAD。系统完全支持参数化模型和层次结构的定义。可以建立工具之间的依赖关系，从而触发自动更新，确保整个手动和自动研究的一

致性。

在 CAESES® 中,参数化模型和一组集成工具构成一个综合模型。综合模型专用于特定范围内的方案,例如设计双螺旋桨滚装渡船或开发用于动力定位下安全起重机操作的平台供应船。它可以交互运行,也可以自动运行。工具是并行触发的,如果一个工具需要另一个工具的输入,则按照它们的依赖顺序触发。此外 CAESES® 支持通过代理模型替代耗时和/或昂贵的模拟。在可接受的精度范围内,这使得一个设计团队能够方便(即使不是所有工具都在本地可用)和快速(仅在几个小时内)地运行大型调查(数千个变量)。

非常重要的是,CAESES® 随时支持正式的优化活动。为此它提供了一系列探索(如 Sobol)和开发(如 MOGA)策略,触发外部模拟工具的执行、收集结果、管理变量、并提供先进的设计评估方法。

感谢:FRIENDSHIP SYSTEMS 公司的海因里蒂·冯扎多(Heinrich von)Zadow 对 HOLISHIP 项目的支持、他对滚装渡船参数模型的研究以及他对本章内容的贡献。

参考文献

Abt C，Harries S (2007a) A new approach to integration of CAD and CFD for naval architects. In: 6th international conference on computer applications and information technology in the maritime industries (COMPIT 2007)，Cortona，Italy，Apr 2007.

Abt C，Harries S (2007b) Hull variation and improvement using the generalised Lackenby method of the FRIENDSHIP-framework. The naval architect magazine，Issue Sep 2007.

Abt C，Harries S，Wunderlich S，Zeitz B (2009) Flexible tool integration for simulation-driven design using XML，generic and COM interfaces. In: 8th international conference on computer applications and information technology in the maritime industries (COMPIT 2009)，Budapest，Hungary，May 2009.

Albert S，Harries S，Hildebrandt T，Reyer M (2016) Hyrodynamic optimization of a power boat in the cloud. In: High-performance marine vehicles (HIPER 2016)，Cortona，Italy，Oct 2016.

Birk L，Harries S (eds) (2003) OPTIMISTIC—optimization in marine design. WEGEMT summer school. Mensch & Buch Verlag，Berlin. ISBN 3-89820-514-2.

Bostrom N (2014) Superintelligence—Paths，dangers，strategies. Oxford University Press，Oxford. ISBN 978-0-19-873983-8.

de Jongh M，Olsen KE，Berg B，Jansen JE，Torben S，Abt C，Dimopoulos G，Zymaris A，Hassani V (2018) High-level demonstration of holistic design and optimisation process of offshore supply vessel. In: 13th international marine design conference (IMDC 2018)，Helsinki，Finland，June 2018.

Harries S (1998) Parametric design and hydrodynamic optimization of ship hull forms. Ph. D. thesis，Technical University Berlin，Mensch & Buch Verlag，ISBN 3-933346-24-X.

Harries S (2010) Investigating multi-dimensional design spaces using first principle methods. In: Seventh international conference on high-performance marine vehicles (HIPER 2010)，Melbourne，Florida，USA，Oct 2010.

Harries S (2014) Practical shape optimization using CFD. Whitepaper. Retrieved from www. friendship-systems. com. Abridged version in the naval architect magazine. Issue Apr 2018，Nov 2014.

Harries S (2017) Living in the cloud—How web-based apps will make high-tech more accessible. The Naval Architect Magazine. Issue Sep 2017.

Harries S, Abt C, Brenner M (2015a) Upfront CAD—Parametric modeling techniques for shape optimization. In: International conference on evolutionary and deterministic methods for design, optimization and control with applications to industrial and societal problems (EUROGEN 2015), Glasgow, UK, Sept 2015.

Harries S, MacPherson D, Edmonds A (2015b) Speed-power optimized AUV design by coupling CAESES and NavCad. In: 14th computer and IT applications in the maritime industries (COMPIT 2015), Ulrichshusen, Germany, May 2015.

Harries S, Cau C, Marzi J, Kraus A, Papanikolaou A, Zaraphonitis G (2017) Software platform for the holistic design and optimisation of ships. 112. Hauptversammlung Schiffbautechnische Gesellschaft, Potsdam, Germany, STG, Bd. 111, Nov 2017.

Harries S, Lorentz K, Palluch J, Praefke E (2018) Appfication of propeller modeling and design via CAESES. In: 17th computer applications and information technology in the maritime industries (COMPIT 2018), Pavone, Italy, May 2018.

Mac Pherson D, Harries S, Broenstrup S, Dudka J (2016) Real cost savings for a waterjet-driven patrol craft design using a CAESES-NavCad coupled solution. In: 15th computer applications and information technology in the maritime industries (COMPIT 2016), Lecce, Italy, May 2016.

Marzi J, Papanikolaou A, Brunswig J, Corrignan P, Zaraphonitis G, Harries S (2018) HOLISTIC ship design optimisation. In: 13th international marine design conference (IMDC 2018), Helsinki, Finland, June 2018.

Myers RH, Montgomery DC (2009) Response surface methodology: process and product optimization using designed experiments. Wiley, Hoboken.

Press W, Teukolsky S, Vetterling W, Flannery B (2007) Numerical recipes—The art of scientific computing. Cambridge University Press, New York. ISBN 9780521880688.

Schrage M. (2000) Serious play: how the world's best companies simulate to innovate. Harvard Business School Press, Boston, ISBN 0-87584-814-1.

Siebertz K, van Bebber D, Hochkirchen T (2010) Statistische Versuchsplanung, design of experiments. Springer, Berlin, Heidelberg.

Sobol IM (1976) Uniformly distributed sequences with an additional uniform property. Zh Vych Mat Mat Fiz 16: 1332-1337 (in Russian); USSR Comput Math. Math Phys 16: 236-242 (in English).

Walsh J (2018) Design space exploration—Markets and opportunities. Ora Research LLC and intrinSIM LLC, 224 pp.

Zeitz B, Harries S, Matthiesen A, Flehmke A, Bertram V (2014) Structural optimization of midship sections for container vessels coupling POSEIDON with CAESES/ FRIENDSHIP-framework. In: 13th computer applications and information technology in the maritime industries (COMPIT 2014), Redworth, UK, May 2014.

斯蒂芬·哈里斯(Stefan Harries) FRIENDSHIP SYSTEMS AG 公司董事总经理,专注于管理、战略和研发。毕业于柏林工业大学造船专业(1992 年获得工程硕士,1998 年获得博士学位)。持有机械工程学士学位(达姆施塔特工业大学,1988 年)和密歇根大学硕士学位(1990 年)。柏林工业大学模拟驱动设计讲师。他的工作得到了科学家、水动力学家和海洋系统设计和操作研究人员的经验支持;发表了大量关于船舶参数化建模和优化的论文。

克劳斯·阿布特(Claus Abt) FRIENDSHIP SYSTEMS AG 公司总经理,专注于产品和技术。造船工程师(1998 年毕业于柏林工业大学,工程硕士),专注计算机辅助设计和信息技术。模拟驱动设计专家,在产品建模、造船和海洋工程的工程咨询和研发方面有二十多年的经验。在国际上,他发表了有关自由曲面的参数化建模、软件集成和数值船体线型优化的论文。

第9章 结构设计优化—工具以及方法

菲利普·里戈(Philippe Rigo)，让-戴维·卡普拉斯(Jean David Caprace)，
兹比格涅夫·塞库尔斯基(Zbigniew Sekulski)，阿巴斯·巴亚特法尔(Abbas Bayatfar)，
萨拉·埃切维里(Sara Echeverry)

摘 要 本章重点介绍船舶结构优化、减轻钢材重量和将生产成本保持在可接受水平的方法。随着船舶等级和尺度的不断演变，船舶性能始终是船舶设计中一个重要的考虑因素，尤其对于新设计而言。由于在优化过程中需要考虑诸多有关船舶的性能，因此多目标优化是常用方法。本章概述了优化方法的发展趋势，对帕累托解决方案的质量评估进行了评论，并描述了海运业使用的现代优化工具(重点是 LBR-5、BESST 和 HOLISHIP 项目)。还阐述了在结构设计优化程序中考虑风险评估的重要性(如船舶与海上结构物发生碰撞)，重点介绍了响应面法及其应用，在早期设计阶段运用该方法可以将船舶和海上结构物的优化算法相结合。

关键词 船舶整体结构设计；多目标优化；帕累托最优解优化算法；集成集质量评估

9.1 引言

性能的提高，包括与船舶结构相关的几个方面，对于不同类型货物和服务的船舶等级和尺度的演变至关重要。结构性能对整体船舶工程和经济绩效的贡献包括以下内容：

(1) 高性能结构，重量减轻，安全性和可靠性更高；

(2) 降低制造成本；

(3) 通过减轻空船重量，从而获得更大的有效装载量，进而获得更好的经济绩效；

(4) 降低全寿命周期的结构维护成本；

(5) 在环境保护、碰撞/损伤容限、降低故障风险等方面承担社会责任；

(6) 高投资回报率。

考虑上述各方面的要求，这意味着实际的船舶结构设计或船舶结构决策问题的多个优化目标之间是相互矛盾的，需要综合权衡。实际上单目标问题比较少见，通常将多目标问题进行理想化和简单化处理。这是简化和/或加快计算速度的一种方法。

一个多目标优化问题的定义是这样的，当目标是同时最小化或最大化几个目标函数与另一个目标往往相互矛盾(如高结构强度和可靠性与低结构重量、结构强度高、可靠性和低生产成本结合材料和劳动力)。在船舶结构设计时，这些问题可能受到约束，所有相关函数可能是非线性的，设计变量可能是离散的。在这种情况下，相同的设计变量的最优值不太可

能产生所有目标的最优值。因此为了确保设计令人满意,需要在目标之间进行一些权衡。

由于船舶结构效率指标可能不同(且相互矛盾),因此采用多目标方法优化船舶结构的整体效率(如重量、成本、挠度、可靠性)是合理的。只有使用最优解原则,例如帕累托最优解决方案概念(Pareto, 1896),这才能在数学上正确地完成。如果没有更好的解决方案同时满足所有目标,则多目标优化问题的解决方案被认为是帕累托最优解。换言之可能有其他的解决方案可以更好地满足一个或多个目标的解决方案,但它们在满足剩余目标方面肯定不如帕累托最优解决方案令人满意。在这种情况下,多目标优化问题的目的是找到一组完整的帕累托最优解;见图 9.1。

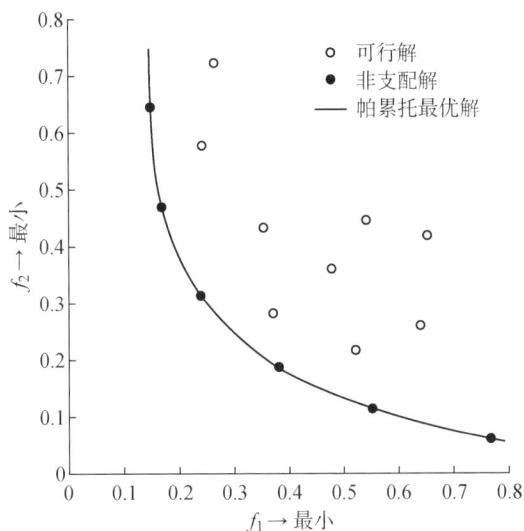

图 9.1 一组 Pareto 最优解的图解说明

通常,由于成本和资源的原因,不可能找到一组完整的、大量的甚至无限的帕累托最优解决方案来解决现实生活中的船舶结构问题。船舶结构多目标优化问题的目的是确定目标的有限子集——可区分的帕累托最优解。因此多目标优化的一个任务是适当地确定一组可能的最佳折中方案或单个可能的最佳折中方案。

如果关注船舶结构本身,可以说船舶结构优化的首要目标是为一个受约束的目标函数找到最优的空间定位(拓扑优化)、形状(形状优化)以及结构单元的尺度(尺度优化)。在形式上,结构材料的选择(材料优化)也可以作为优化过程的一部分;然而结构材料的选择通常不是一个明确的优化任务,而是根据船厂的经验和能力来完成的。只有在极少数情况下,才会直接采用结构材料选择的系统优化程序。

由于以下实际问题:

(1)缺乏非支配解决方案的实际本地化信息设置和;

(2)需要部署大量的计算资源来解决多目标优化问题。实际多目标优化船舶结构的主要工作是确定可接受的帕累托集合近似解,而不是确定该集合的精确解。因此可以认为,在实践中船舶结构多目标优化过程的结果是一组非支配解,称为帕累托集的近似解而不是精确的帕累托最优解集。实际制定船舶结构多目标优化的问题和获得的结果应该遵循这一准则。

9.2 优化方法的趋势

考虑到船舶结构构件的尺寸[①],结构优化的依据要么是船级社以入级规范形式公布的要求,要么是更直接、更充分地基于结构力学的合理方法对设计结构进行能力评估。尽管基于船级社相关规范得到的结果有时会不尽人意,进而对规范产生质疑,但通常情况下,在新概念设计阶段,其在常规船舶上的应用是完全令人满意的。从实用的角度来看,只有根据船级社的要求来确定结构构件尺寸的估计,才能通过优化算法快速、自动地对许多结构变量的尺寸大小进行确定。此外也可以使用更复杂、更合理的方法,如有限元法;然而这将严重增加用于分析所有生成的测试解的计算量。

通常,求解多目标优化问题的方法可以分为两大类:

(1)经典方法,主要是将原来的多目标问题转化为单目标优化问题;这就是所谓的标量化问题;

(2)启发式算法,通常受自然系统启发(如遗传算法、进化策略、禁忌搜索、模拟退火、蚂蚁算法)。

经典方法使用先进的数学方法精确求解已制定的优化任务;通常需要简化任务(例如线性化、连续性)。这些基于矢量目标函数集合的方法已经广泛应用于多目标优化的启发式方法中。

研究表明,该方法具有良好的应用前景,有望为具有大量优化目标的问题开发简单直观的算法。这组方法的缺点是

(1)在非支配解决方案方面只寻求一个点,因此需要为单个优化任务进行大量的计算;

(2)一些解决方案对非主导解决方案形状的敏感性;

(3)多优化目标权重系数的确定依赖于专家或决策者的学识和经验[②]。

启发式算法通过牺牲最优性、准确性、精确性或完整性,以比传统方法更快、更有效的方式解决问题。在这些问题中,尽管给出的解决方案可以得到验证,但是没有已知的快速准确地找到解决方案的有效方法。启发式算法可以单独产生一个解,也可以用来提供一个良好的基准,并辅以经典的优化算法。它们通常不需要先进的数学程序和必要的简化。当近似解是充分的,而精确解的计算量必然很大时,启发式算法是最常用的算法。

在一组启发式算法中,存在进化算法:一类模拟自然进化过程的随机优化方法。到目前为止,已经提出了几种进化优化算法,主要是遗传算法、进化规划和进化策略。基于目标函数集合的方法也用在许多进化多目标算法中。

在进化多目标优化中,基于目标函数聚合的方法被认为效率较低。然而研究人员报道了几年,如果优化标准的数量大于3,则基于支配关系的方法是无效的,因为随着优化标准

---

① 通过船舶结构的构件尺寸的确定,系指确定结构上的载荷和载荷组合、材料特性、结构构件的尺寸及其对结构的影响的过程,目的是确保船舶结构的安全。

② 采用了经典的随机加权系数标量算法。

数量的增加,非支配的数量会增加,变量减少降低了选择算子的有效性(例如:Hughes. 2003;Purshouse and Fleming. 2003;Jaszkiewicz. 2004；Hughes. 2005)。

人们发现聚合方法又有了新的希望,可以:

(1) 开发出比基于控制关系的算法更简单直观的算法,获得多目标船舶结构优化方面的专业知识。

(2) 针对具有大量优化目标的问题,开发有效的算法。

船舶结构多目标优化的尝试并不多。最初没有使用帕累托优势的概念,也没有对解决方案空间进行系统的探索来获得一组非支配解。Moe 和 Lund(1968)提出了油船船体结构成本和重量的两目标优化。计算结果显示了决策变量优化准则的变化。Rahman(1992)和 Rahman 和 Caldwell(1995)提出了内河船舶结构成本和重量优化的结果。Jang 和 Shin(1997)使用进化策略对油船结构在重量和成本方面进行多目标优化。将进化策略应用于多目标优化,可以找到一组非支配解决方案。Jang 和 Shin(1997)可能是在船体结构多目标优化任务中搜索一组非支配解决方案的结果的第一个出版物。Yang 和 Hwang(2002)利用遗传算法对波纹舱壁的重量和结构成本进行了优化,但没有寻找一组非支配解决方案。Klanac 和 Kujala(2004)使用遗传算法对船用夹芯板的重量和成本进行优化。Shin 等(2006)采用进化策略对油船结构在重量和成本方面进行多目标优化。Klanac 和 Jelovica(2007)利用遗传算法对高速车客轮船结构进行了重量和重心高度的优化。Jelovica 和 Klanac(2009)使用遗传算法来优化化学品运输船的结构。Caprace 等(2010)提出了 LNG 船结构优化的结果。在优化问题上,采用非线性优化任务的确定性线性化方法,并将优化目标与适当选择的权重因子进行聚合。最近 Sekulski(2014)使用多目标遗传算法的各种策略来优化高速车客渡轮的结构。

基于多目标进化的(启发式)优化算法已经在船舶结构多目标优化的简单问题上进行了测试,如 Okada 和 Neki(1992)遗传算法,Jang 和 Shin(1997)进化策略,Hutchinson 等(1998)遗传算法,Kitamura 等(2000)遗传算法,Klanac 等(2009)遗传算法,Sekulski(2010)遗传算法,Cui 等(2012)多目标粒子群算法和多目标遗传算法,崔和 Wang(2013)多岛遗传算法,Ehlers 和 Kujala(2013),Pedersen 等(2014)粒子群优化,Na 和 Karr(2016)遗传算法,Fu 等(2012)自适应模拟退火,Sekulski(2014)具有组合适应度函数的多目标遗传算法。迄今为止由于尚未对这些算法在解决船舶结构设计中涉及的优化问题方面的适用性进行系统研究,因此在应用特定方法之前,应该对其在这种结构设计所涉及的问题中的有效性进行系统研究。

从 Colette 等(2015)提交的评论来看,大部分工作都涉及使用随机算法进行船舶结构多目标优化。当涉及到关注多目标优化的工作时,大多数作者报告了遗传算法的使用。更少的团队报告说使用了粒子群优化算法或模拟退火算法。

在船舶结构优化设计中,有多种评价优化效果的标准。一个最佳形状的结构可以与一个经验丰富的设计师所做的设计相比较。然而在这方面有一些困难是可以预料的。因此对于某些典型的简单结构,优化效果达到几个百分点,而对于更复杂和非典型的结构,这种效果可能达到十几个百分点左右。

因为运行优化过程会延长设计阶段的时间并增加其成本,所以结论是,优化只有在制造一系列结构或其构件的情况下才有意义,在这些结构或构件中,即使很小的单位利润百分比也会产生大规模的总体节约,在非典型的高成本结构的情况下,也将确保大量的总体节约(Colette et al. 2015)。

综上所述,可以得出这样的结论:成功地搜索船舶结构的近似集,而不是应用先进的数学程序解决所形成的问题必需的简化,使得在 20 世纪末仅能够使用进化多目标优化算法,并且在大多数讨论的船舶结构优化案例中,采用了两个优化目标:结构的重量和生产成本。

9.3 优化工具

用于求解多目标优化问题的计算工具可分为三类:

(1) 由研究人员开发仅供自己使用的家用计算机代码;

(2) 通用商业代码,旨在解决许多领域中的问题,这些问题可以适用于解决船舶结构多目标优化问题(例如 PTC Mathcad,MathLab,modeFRONTIER);

(3) 专为解决船舶结构多目标优化问题而开发的计算机代码(例如 LBR-5,MAESTRO,OCTOPUS,CONSTRUCT)。

属于最后一组的代码的特征如下:

(1) LBR-5——用于在概念设计阶段优化船舶结构的成本,重量和刚度(例如 Rigo and Fleury. 2001;Rigo 2001a,b,2003)。

(2) MAESTRO 软件结合了高速船结构建模,大规模整体和细化网格有限元(FE)分析结构失效评估;尺寸和拓扑优化。

(3) OCTOPUS——用于概念设计阶段的简化有限元方法(FEM)响应计算,极限强度和系统可靠性评估,结合一组优化求解器(例如 Zanic et al. 2002,2013a,b;Zanic and Prebeg. 2004;Stone and McNatt. 2017)。

(4) CONSTRUCT——船舶早期设计阶段船舶结构的结构评估和优化;该软件应用耦合梁方法评估结构响应和基本失效准则(例如 Klanac and Jelovica. 2007;Klanac et al. 2009)。

9.4 帕累托解的质量评估

我们已经知道,在实践中用于船舶结构多目标优化的算法通常会产生有限的一组非支配解决方案,在帕累托意义上,这些解决方案近似于已制定任务的真实帕累托边界。因此需要一种方法来有效地评估这种近似集的质量和进行比较研究。

在多目标优化问题的情况下,决策者的主要目的是生成一个接近帕累托解决方案的集合。最后决策者将从假定为最佳的近似集中选择最合适的单一解决方案,即所谓的最佳折中方案。为此有必要使用与非支配解的质量相关的信息,而不是直接包含在优化算法中。交互过程可能支持这种选择。Parsons MG 和 Scott RL(2004)讨论了一种方法来帮助设计团队从一组优秀的帕累托解决方案中选择最佳的解决方案,并且只需少量的计算费用。

在开始制定和解决船舶结构多目标优化问题之前,决策者对近似集质量的偏好是未知的。例如不知道在一个高质量的近似集中有多少非支配解是可以预期的。只有当使用启发式算法来生成近似集的假设可以通过缺乏公式化的偏好来证明时,决策者可能有更多的自由去探索解的空间。

可以看出,由于所求解问题的复杂性、复杂模型的复杂性以及大量的计算工作量,使得作者能够满意地得到任何近似集,并认为这样的解是令人满意的。Caprace 等(2010),Rigo 和 Caprace(2011),Richir 等(2007)和 Shin 等(2006)提出了一个单一的近似集,而 Liu 和 Collette(2015),Cui 等(2012),Klanac 等(2009)、Na 和 Karr(2016)、Jelovica 和 Klanac (2009)以及 Sekulski(2014)提出了多个单一近似集。但是他们没有讨论其质量。

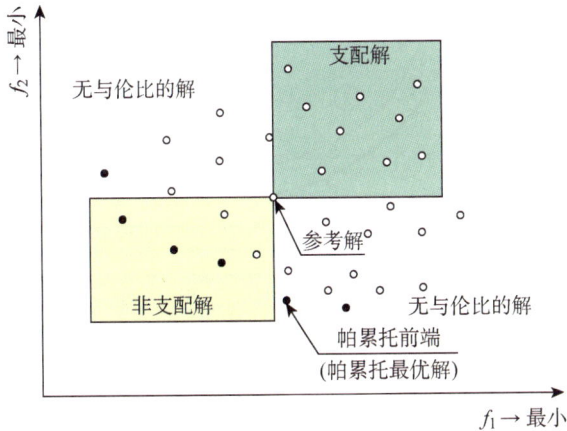

图 9.2　Sekulski(2010)给出的二维目标空间中解之间可能存在关系的图解;突出显示以参考解决方案为主导的解决方案和主导解决方案;由属于该集合的任何其他解决方案主导的解决方案构成了一组帕累托最优解

比较帕累托最优解集合质量的最自然的方法是使用帕累托优势的概念;见图 9.2。这一概念为帕累托最优性概念和最常用的计算算法奠定了基础。利用这个概念,Hansen 和 Jas-zkiewicz(1998)提出了绩效关系的不同变量。这些关系可以得出一个近似集在帕累托优势关系方面优于另一个近似集的结论。然而这些关系无法评估表现优异的程度,因此不能应用于任何一对近似集。利用上述假设,可以说明近似值 A(即近似值集 A)优于近似值 B,如果决策者表示的某些可能的偏好,可以在 A 中找到比在 B 中找到的更好的折中方案,对于其他可能的偏好,A 中的解决方案不会比 B 中的解决方案差。

近似集的大小和内部结构取决于用于运行优化算法的设置。关于使用高质量度量标准来评估近似集的重要性的更详细信息可以在专门文献中找到(Knowles and Corne. 2002;Zitzler et al. 2002;Bosman and Thierens. 2003;Jaszkiewicz. 2004;Zitzler et al. 2008)。正如 Knowles and Corne(2002) and Zitzler et al(2003)所解释的那样。没有单一质量度量标准可以同时评估近似集的不同方面。因此所使用的质量标准应根据调查所需的适当质量进行调整。

Zitzler 等(2000)列出了近似集的以下质量属性(见图 9.3):

(1)收敛到真正的帕累托前沿的解决方案;

(2)跨越目标空间中的权衡面的非支配解的多样性;

(3)它们在目标空间中的传播。

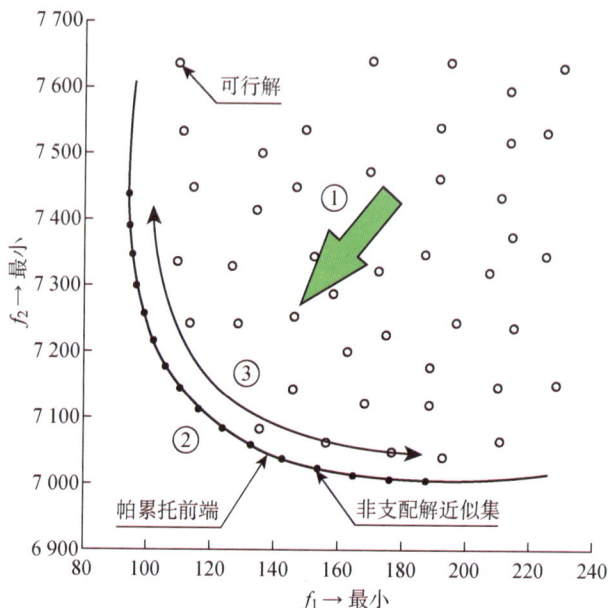

图 9.3　Zitzler 等(2000)近似集质量属性的图形表示:①收敛性②多样性③扩散性

　　根据 Sayin(2000),评估近似集的离散表示有三个方面:(1)覆盖率,(2)均匀性和(3)基数。这些质量属性在实践中可能是相互关联的。在这一点上提到为由 k 个目标组成的船舶结构问题的多目标优化找到一套"好的"解决方案,可以更准确地被认为是具有 $k+q$ 目标的优化方案。这些 $k+q$ 目标分为与特定船舶结构相关的 k 个目标和与近似集合质量相关的 q 个一般目标[例如 Zitzler et al(2000)and Sayin(2000)建议中的, $q=3$]。

　　到目前为止,客观偏好和优先级的存在以及它们在多目标最优船舶结构搜索过程中的应用尚未得到实践。然而有一点仍然是一致的:收敛标准通常优先于多样性标准。因此在大多数多目标优化算法中,通常将多样性提升作为邻近度提升的次要考虑因素,这是正确的。因为正如 Bosman 和 Thierens(2003)所述:目标是沿着尽可能接近帕累托最优前沿的近似集保持多样性,而不是保持一般的多样性;一般而言开发多样性不应优先于开发邻近度。

　　在大多数情况下,船舶结构设计中的多目标优化问题分两步解决:①确定一组妥协/拆衷方案(Pareto 最优)近似集;②从折中方案中选择首选的解决方案/变量/候选方案。这种方法与帕累托支持的决策(PSD)策略相对应。图 9.4 给出了这种方法的一个例子。

9.5　LBR-5:最低成本的结构优化方法

　　为了吸引造船厂,尺寸优化必须在初步设计阶段进行。这确实是评估建造成本、比较建造顺序、寻找最佳框架/加强筋间距和最合适的尺寸,以最大程度降低船舶全寿命周期成本。然而,在项目的这一阶段,极少参数(尺寸)能最终确定,标准有限元法通常不可用,特别是对于设计室和中等规模的船厂而言。因此在这个设计阶段的优化工具可以提供宝贵的帮助。

　　这正是 LBR-5 优化软件 Rigo (2001b)和 Rigo 和 Fleury(2001)的目的。结构分析是在

一个基于结构横剖面拉伸(2D+)的模型上进行的,该模型用傅里叶级数展开求解加筋板微分方程,Rigo(2003)。

LBR-5 结构优化模型由三个关键模块(目标函数、优化算法和结构约束条件)组成,如图 9.5所示,构成了优化工具的框架。围绕目标函数和约束条件模块,有大量的子模块。这些子模块中的每一个都特定于一种约束条件。Rigo 等(2017)介绍了一个邮轮优化的例子。

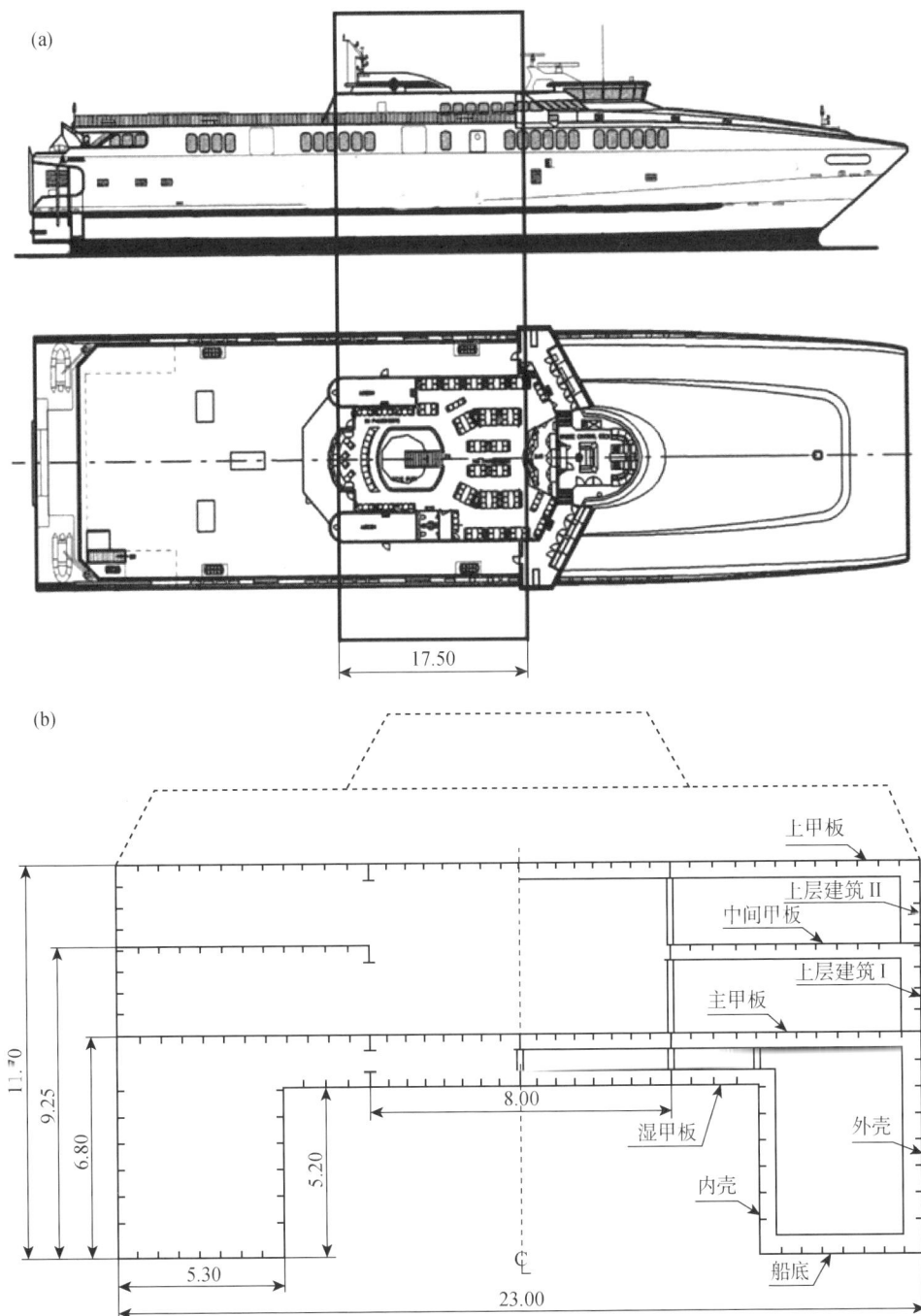

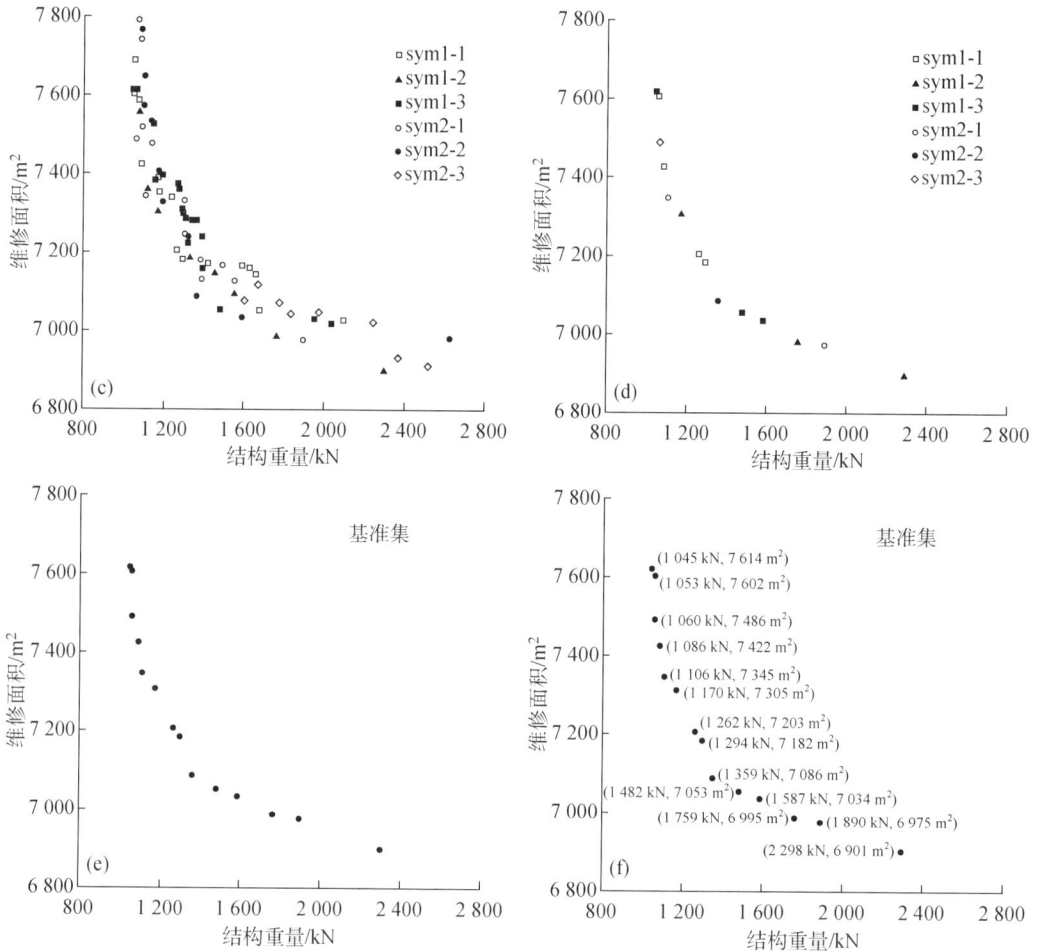

图 9.4 船体结构的多目标优化：a 案例船的纵剖面；b 船中段剖面模型；c 近似集，包含六个计算机模拟 sym1-1，sym1-2，…，sym2-3 中产生的船体结构的非支配变量；d 以近似集为单位的一组非支配解；e 详细说明参考集作为多目标优化任务的解决方案；f 船体结构多目标优化的一组折中/替代/变量集；根据 Sekulski(2014)的数据

9.6 BESST 项目

9.6.1 项目背景动机

随着社会的发展，造船业和航运市场越来越多地面临着相互矛盾的需求，如安全性的提高、降低对环境影响程度、灵活地使用不同的营运状况、降低/改善全寿命周期成本/性能。与此同时，如此巨大的增长需求必须在非常高的竞争水平上得到满足。这就要求在传统船舶设计过程的早期设计阶段，推出一个高效、多学科、多目标的设计优化平台。

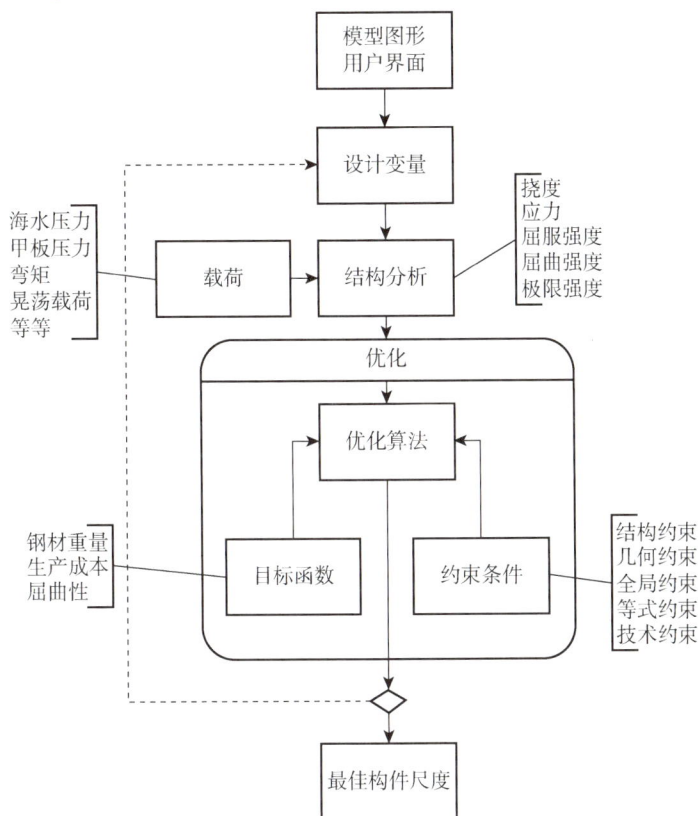

图 9.5　LBR-5 优化软件 Rigo 流程图(2001b，2003)

　　本章介绍了在欧洲 BESST[①] 项目框架内启动的发展。欧洲船舶和造船技术(BESST)的突破是欧洲早期主要项目之一，为该主题领域做出了贡献。它涉及 CAD / FEM 支持的先进结构评估优化，用于早期结构设计。

　　列日大学(Bayatfar et al. 2013)评估了将 AVEVA Marine 12.0.SP6.39[②] 作为 CAD 软件，ANSYS Classic 14.0[③] 作为 FEM 软件和 modeFRONTIER 4.4.2[④]作为优化工具集成的可行性，以获得组件水平的船舶结构尺寸间距的全自动优化软件包。

　　如图 9.6 所示，三维 CAD 模型首先从 CAD 软件转移到理想化模块。然后理想化模块考虑有限元需求生成简化的几何图形。然后将理想化的 CAD 模型转移到有限元软件中，以创建包括所需边界条件和载荷的有限元结构模型。进行有限元分析，并将其获得的结果(即应力、重量)转移到优化工具。优化器评估目标函数值和先前定义的约束条件，并修改设计变量(即板厚、加强筋尺寸、加强筋间距)，以创建新的结构模型，进入优化循环的下一次迭代。这一过程一直持续直到达到收敛为止，一套最佳解决方案将可供设计师/船厂决定最合

---

① http://www.besst.it.

② http://www.aveva.com.

③ https://www.ansys.com.

④ http://www.esteco.com.

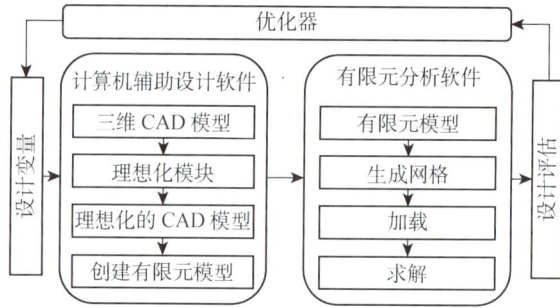

图 9.6　优化工作流程示意图［Bayatfar 等(2013)；重新构建版本］

适的解决方案。

9.6.2　研究模型

　　利用 AVEVA Marine、ANSYS 和 modeFRONTIER 软件,考虑典型的甲板结构,对工作流中的迭代过程进行评估。AVEVA Marine 建立的甲板结构模型(见图 9.7a)包括甲板板、纵桁、横框架、横梁和两纵舱壁之间的纵向加筋板及其加强筋组成。考虑将梁与梁之间的纵向加筋板和梁与梁之间的纵向加强筋作为梁构件。

　　甲板结构用低碳钢制成,其杨氏模量、泊松比和屈服强度分别等于 206GPa、0.3GPa 和 235GPa。图 9.7b 显示了由 ANSYS 完成的典型网格生成,其中 SHELL63 和梁 44 分别被选择为离散板和梁构件。假设边界条件抑制了前后侧沿 x、y 和 z 方向的位移。有限元分析是基于作用在甲板板上的侧向压力进行的,其值为 0.02 MPa。

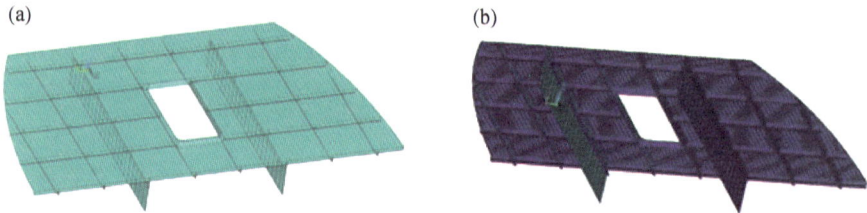

图 9.7　甲板结构模型(a)和典型的网格生成(b)(Bayatfar 等.2013)

9.6.3　优化工作流程描述

　　优化循环中使用的设计变量及其上下边界条件如表 9.1 所示:

　　(1) 在优化工作流程中实现了一组典型的几何约束条件(如下面给出的)(见图 9.8 椭圆轮廓)。纵桁的腹板厚度应小于甲板厚度的两倍;

　　(2) 甲板板厚度应小于纵桁腹板厚度的两倍;

　　(3) 框架的腹板高度应大于纵桁的腹板高度。

　　图 9.8 描述了有关优化工作流程的更多详细信息。如红色轮廓所示,AVEVA Marine 首先推出用于创建 FEM 模型并将其导出到 ANSYS Classic 输入文件(APDL 文件)。然后橙色轮廓显示的自动加载工具将提供的 APDL 文件与包含网格生成,边界条件和加载条件

的文件相结合，以供 ANSYS Classic 读取。

表 9.1　设计变量限值

构件	设计变量	最小/mm	最大/mm
甲板	板厚	5	40
	纵桁剖面	HP80x6	HP430x20
	横梁数量（纵桁之间）	5	15
横向强框架	腹板高度	200	1 000
	腹板厚度	5	40
	面板宽度	50	500
	面板厚度	5	40
纵桁	腹板高度	200	1 000
	腹板厚度	5	40
	面板宽度	50	500
	面板厚度	5	40
纵舱壁	板厚	5	40
	水平桁/垂直桁剖面	HP80x6	HP430x20

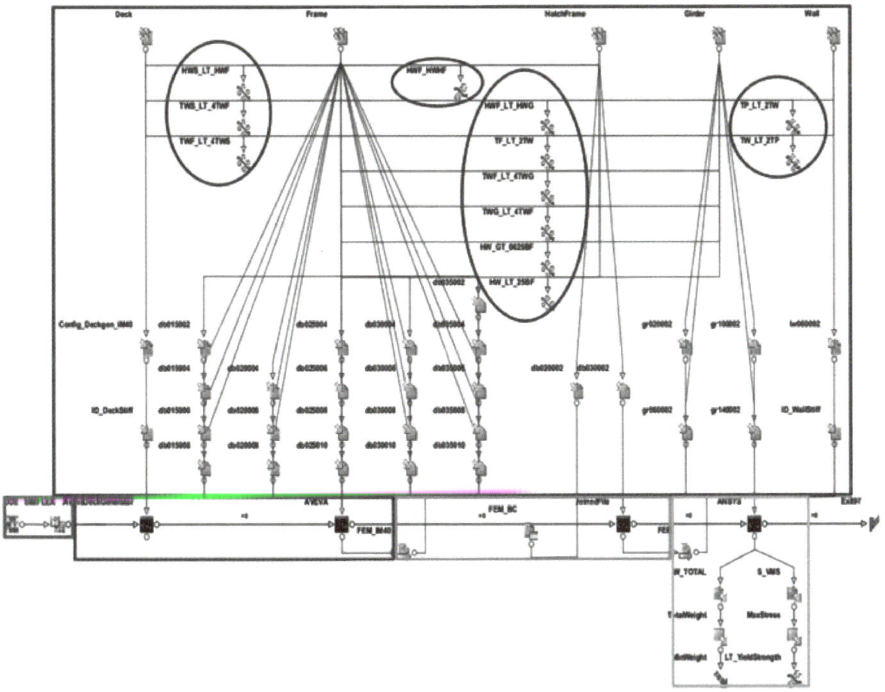

图 9.8　优化工作流程（Bayatfar 等. 2013）

之后，完成有限元分析，并在黄色轮廓所示的结果提取模块中提取所需的结果。在该模块中，定义结构的重量为最小化的目标函数。并且作为结构的约束条件，施加最大 von Mises 应力使其小于材料的屈服强度。

最后，目标函数和先前定义的约束条件的获得结果被转移到优化器工具（以绿色轮廓示出）进行评估，以便修改设计变量并创建新的结构模型来进行优化循环的下一次迭代。这一过程一直持续到收敛为止，一套最佳解决方案可供设计师/船厂决定最合适的解决方案。

9.6.4　结果与讨论

优化工作流程使用 SIMPLEX 算法启动。所有集成软件和工具之间的通信已成功通过自动迭代过程进行测试。在 246 次迭代之后获得解的收敛性。使用配备 Intel Core i7 CPU 860 @ 2.80 GHz 和 RAM 12.0 Go 的计算机，每次运行的总计算时间约为 1 分钟。总运行时间大约需要 4 小时。

图 9.9 显示了目标函数（即结构的总重量）和结构约束条件（即最大 von Mises 应力）的收敛历史。在 209 次迭代后达到最佳值。

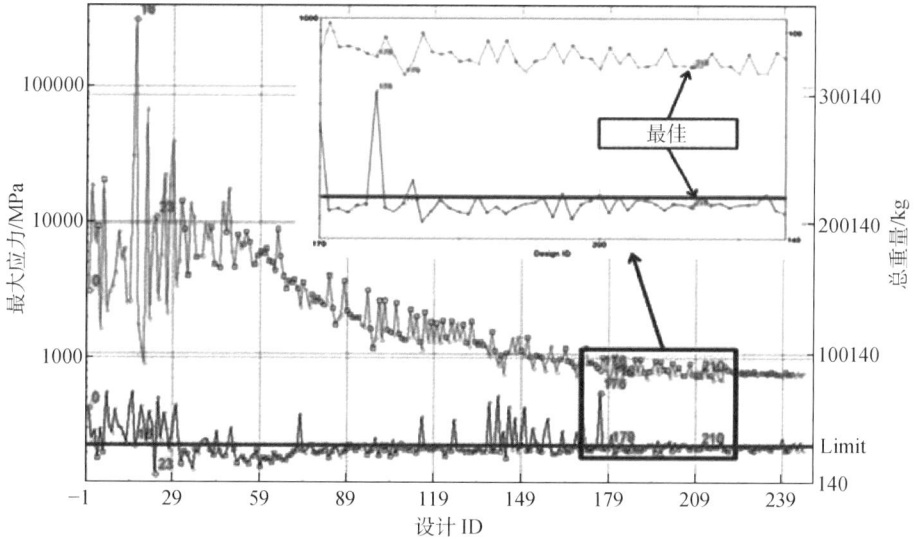

图 9.9　目标函数和最大 von Mises 应力的收敛历史（Bayatfar 等 2013）

换言之，在迭代 210 中实现最佳解决方案，其中结构的总重量是 83 661.9 kg，并且 von Mises 应力的最大值是 220.4 MPa。与原始配置相比，该结构的总重量和 von Mises 应力的最大值分别降低了 44% 和 49%。这可以在表 9.2 中更清楚地看出，通过该表，对于一些迭代，如 0，16，23，176，179 和 210 次，详细给出了优化结果。

（1）16（结构总重量处于最高水平）；

（2）23（von Mises 应力的最大值处于最低水平）；

（3）176（von Mises 应力的最大值处于最高水平）；

（4）179（虽然结构的总重量低于最佳解，并且 von Mises 应力的最大值小于极限，但不符合几何约束条件）；

（5）210（达到最佳解决方案）。

表 9.2　AVEVA 海洋案例研究的详细优化结果

ID		原始配置	16	23	176	179	210
甲板	板厚	22	39	19	9	7	9
	纵桁剖面	HP80x11.5	HP430x20	HP320x13	HP80x7	HP80x6	HP80x6
	横梁数量（纵桁之间）	5	14	9	11	13	11
横向强框架	腹板高度	345	275	305	390	325	335
	腹板厚度	17	18	36	18	17	17
	面板宽度	375	165	275	225	210	225
	面板厚度	11	33	27	31	33	30
纵桁	腹板高度	440	205	760	945	860	855
	腹板厚度	34	34	26	11	10	11
	面板宽度	255	125	445	495	500	480
	面板厚度	14	8	25	18	20	19
纵舱壁	板厚	14	15	27	10	12	8
	垂直桁/水平桁剖面	HP280x10.5	HP180x11.5	HP320x11.5	HP200x12	HP180x11.5	HP200x11
几何约束条件:(TW) F-2xTp		−27	−60	−2	0	3	−1
结构约束条件: 最大应力		430.1	231.4	140	555.2	226.2	220.4
总重		148 808.3	359 144.5	205 599.6	88 160.5	79 589.2	83 661.9

（尺寸、重量、应力单位分别为 mm、kg、MPa）

9.7　HOLISHIP 项目

9.7.1　介绍

本节讨论的是在欧盟项目 HOLISHIP 框架下发展起来的涉及船舶设计过程早期阶段的先进结构评估优化方法。

结构和功能评估——船舶/海上结构优化的目的是缩短设计周期,并促进在集成设计循环内使用混合结构,以提高可生产性和降低全寿命周期成本(LCC),特别是在初始设计阶段和合同设计阶段。旨在开发许多方法和工具,以便它们能够:

全面、系统地满足船东和船厂的要求;

具备完整的船舶/海上产品设计优化软件平台(HOLISHIP)集成能力,服务于图 9.10 矩阵中描述的应用案例(ACs)的结构/功能评估优化。

接下来,主要介绍了设计过程早期阶段结构优化的基本方法。关于功能评估/优化的更多细节将在 HOLISHIP 书的第二卷中提供,该书涉及应用研究(将于 2020 年出版)

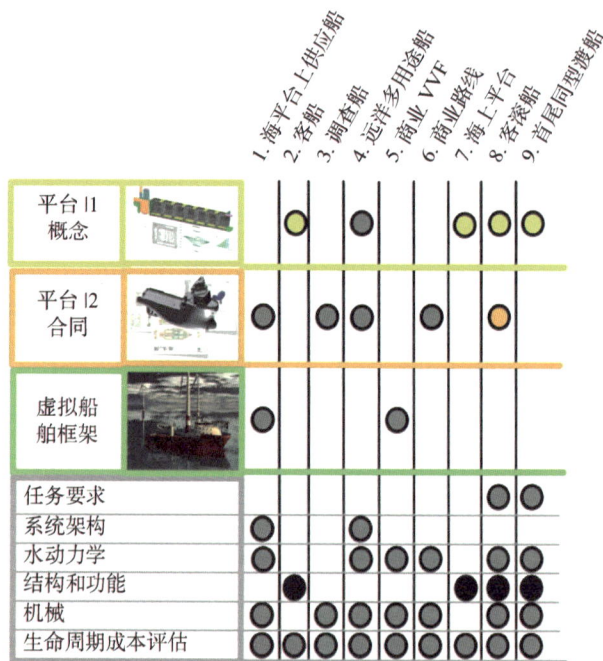

图 9.10　HOLISHIP 项目:使用结构设计优化工具的应用案例

9.7.2　方法

为了全面和系统地发展面向结构/功能设计的方法/工具,以便在初步设计和合同设计阶段采用自上而下的方法作为基础。有关技术要求、挑战和相关目标的信息会在设计过程中从 HOLISHIP 相关的 ACs(即需要在设计过程中使用结构和功能方法/工具的 ACs)中识别和收集。然后通过 HOLISHIP 设计软件集成平台,建立结构/功能仿真方法/工具,对相关 ACs 的高效、最适合、自下而上的服务进行评估。

最近来自滚装船和首尾渡船的 ACs 领导者的反馈表明,降低空船重量是其设计过程-概念/合同阶段的主要需求之一。为了满足这一需求,需要以有效的方式提供集成的创新/先进方法和工具。

9.7.3　概念设计阶段

在概念设计阶段,需要基于规范的简化评估方法/工具,按照图 9.11 所示进行。

本文的主要目的是对船舶的中剖面进行结构优化设计,以实现有效的最小结构重量。

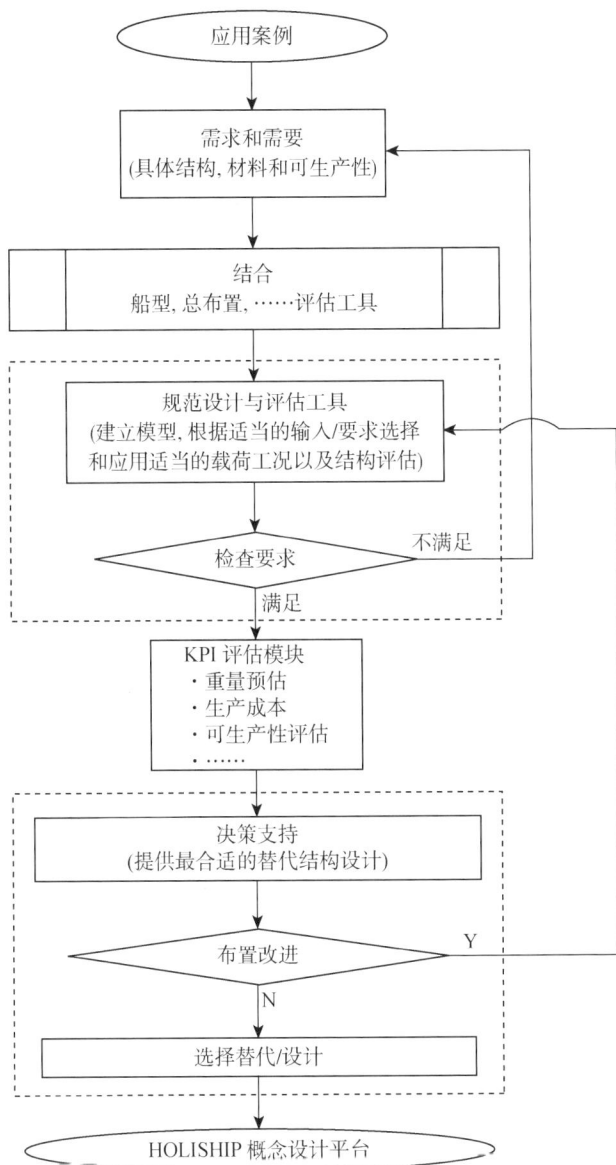

图 9.11 在概念设计阶段时对结构与功能进行评估优化

为此，法国船级社(BV)的结构设计工具(即 MARS® 和 3TEEL®)①和重量和重心估算器被集成到优化工作流程中，该工作流程由作为优化工具的 modeFRONTIER 进行操纵。

方法是使用 MARS® 工具评估甲板和纵桁的结构强度，使用 STEEL® 工具评估主要支撑构件的结构强度。这些工具与重量和重心估算器的集成旨在能够描绘结构设计参数的变化(即板厚、纵桁尺寸、纵桁间距和框架尺寸/间距)，并针对适当的基于规范的载荷工况(例

---

① https://www. veristar. com/portal/veristarinfo/detail/generalinfo/giRulesRegulations/bvRules/bvRules.

如船体弯矩、船体上的压力)进行结构强度分析,以及计算钢结构的重量及其重心。

出于优化目的,MARS® 和 STEEL® 工具以及重量和重心估算器将与 modeFRON-TIER® 自动相互通信。这样,在每次迭代中获得的目标函数(结构重量)和约束条件(例如屈服强度)的值由 modeFRONTIER® 进行评估。这个迭代过程继续达到一组合适的替代结构设计为止。

9.7.4 合同设计阶段

在这个阶段,采用了两种方法。一种方法是扩展概念阶段所做的工作,同时考虑沿船长方向的多个横剖面的重量。在另一种方法中,与先进评估方法/工具的使用相关联,以船体中部空间的结构设计进行优化,目的是得出有效最小结构重量的结论。这将在 HOLISHIP 项目中以一艘客滚船进行演示。

为此,建立了一个扩展的优化工作流程,最初是在欧盟项目 Besst(见前一节)中启动的,其中 Aveva Marine®(作为 CAD 工具)、Ansys Classic®(作为 FEM 软件)和 ModeFrontier®(作为优化平台)以及一些附加的所有必需的工具都集成在一个完全自动化的过程中(无需在 GUI 上进行任何手动干预)。所有这些工具旨在描述结构设计参数(即板厚、纵桁尺寸、纵桁间距和框架尺寸/间距)的变化,并对所需实际荷载工况(如船体弯矩、压力)进行结构强度分析,并且计算结构的重量和重心。

方法(见图 9.12 所示)是建立客滚船货舱的三维 Aveva 理想化参数模型(满足有限元结构要求),并将其导出到 ANSYS® Classic。为了满足有限元分析的要求,模型采用适当的工具进行网格划分。在优化工作流程中拥有一个工具,能够评估/接收船体形状、稳性和水动力评估工具的直接载荷和边界条件,并自动在 ANSYS 有限元模型中实现/应用。然后使用宏执行所需的结构有限元分析。通过后处理模块,提取所需的结果(应力、位移、重量、重心等),并使用 ModeFrontier 提交进行评估。在此评估过程中,针对有效最小结构重量提出的结构设计必须满足优化工作流程中实施的约束模块的要求。此工作流程将自动处理,直到实现一组合适的替代结构设计为止。

9.8 碰撞工况下船舶和海上结构物的高效优化工具

9.8.1 概述

海上结构物遭受非常恶劣环境的影响;因此它们需要定期监测和维护,而这通常是在近海供应船(OSVs)上进行的。这是船舶碰撞风险增加的原因之一,也是海上结构物靠近航道的原因之一。其结果是船上的海上风力发电机倒塌可能造成人员伤亡和生态破坏。因此碰撞风险分析可能是船舶和海上结构优化的重要组成部分,因为风险分析需要在初步设计阶段进行,以便识别发生碰撞场景的最大概率,估计此类事件的后果,并确保海上结构使用寿命期间的安全运行。

本节重点介绍船舶结构优化响应面方法(RSM)和评估海上风力发电机结构耐撞性的分析方法。当优化工具转变在初步设计阶段实施时,例如在大量的设计参数和破坏场景中,寻找最佳的结构阻力或减少损伤时,这种方法非常有用。但这些方法仍处于开发阶段,在未来

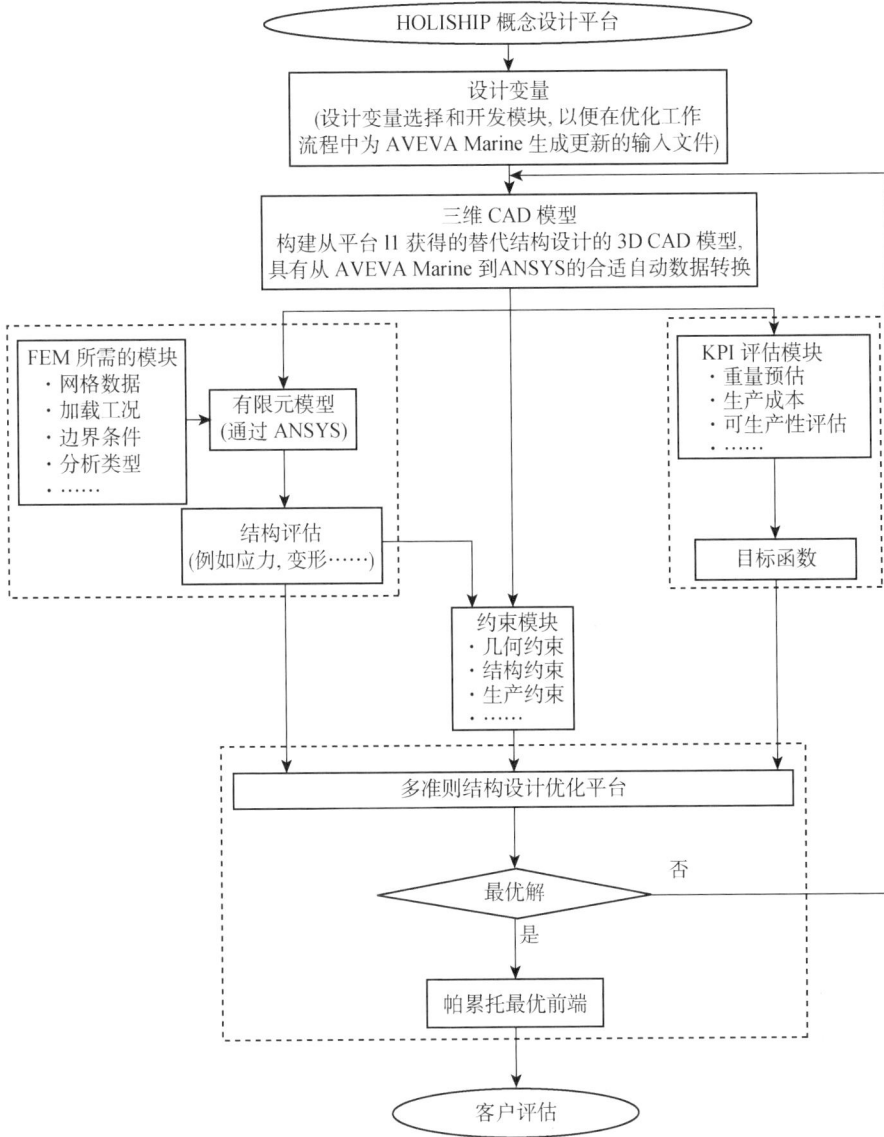

图 9.12　合同设计阶段的结构和功能评估优化

它们将是引入优化过程中的一个很好的工具。

9.8.2　响应面法(RSM)

RSM 是一种统计方法,它探索各种解释变量,以便搜索一个或多个响应变量(例如,结构的动态响应)。目标是确定输入变量和目标计算响应之间多项式的近似函数关系,但 RSM 为高度非线性系统带来一些预测误差。如果存在函数关系并使数据符合用户定义的精度,则可以使用它来代替耗时的数值计算。

RSM 的两个主要步骤是:

(1)实验设计:选择样本点的个数及其在域中的排列方式;

（2）估算器计算：近似函数的计算通常通过多项式拟合和统计检验的适应度。这可以用最小二乘法、克里格法、径向基函数的多项式回归等方法来实现。

在船舶设计领域，已经为 RSM 的准确应用做了一些尝试。Arai 等（2000）以 RSM 的应用为例，对一艘原油船的横舱壁结构进行了优化。孔等（2006）将遗传算法、禁忌搜索和 RSM 相结合，提高了收敛速度。研究的目的是降低船舶结构的振动。在更先进的开发中，Gorshy 等（2009）使用了一种结合 RSM 和粒子群优化的方法来进行船舶多学科设计和优化。通过对某散货船的研究，验证了该方法的有效性。

在最近的研究中，Lee 等（2015）通过对海上装置和船舶结构的案例研究，证实了所提出的神经响应面方法对多目标侧约束优化问题的适用性。第一个目标是在考虑水动力性能的前提下，寻找最优的张力腿平台（TLP）。从图 9.13 可以看出，Lee 等（2015）对仿真工具 AQWA 使用他们提出的方法得到的结果相当准确；机舱加速度和线张力的误差值小于 0.05。第二项研究是在考虑结构性能（极限强度和钢材重量）的前提下，对散货船底部板架进行优化设计；这里它们的误差值小于 0.15。

RSM 的另一个可能应用是作为一个辅助工具来预测单桩海上风力发电机（MOWT）在船舶碰撞时的耐撞性。这项研究是由 Bela 等（2017）利用有限元模拟完成的。RSM 将对此进行补充。通过一系列数值模拟，该方法可以通过求出输入变量与所需响应之间的近似函数关系，快速评估碰撞事件的结构后果。例如为了研究撞击船撞击速度对 MOWT 结构性能的影响，对撞击速度的三个值（如 1 m/s、3 m/s 和 5 m/s）进行了数值模拟。根据这些数值模拟得到的结果（响应），通过使用 RSM 可以确定 2 m/s 和 4 m/s 冲击速度的响应。RSM 的这种应用目前正在研究中，结果的准确性取决于所选实验的设计（全因子、立方体、面心中心复合材料设计等）。

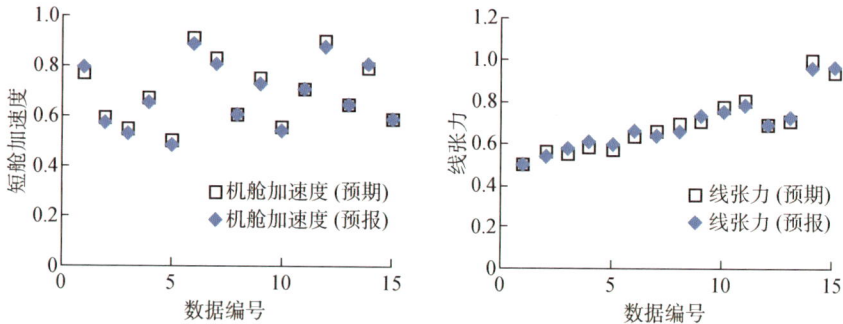

图 9.13　生成的响应面精度（Lee 等. 2015）

9.8.3　分析方法

为了快速计算海上风机组结构与船舶碰撞的耐撞性，基于上界定理提出了一种新的简化分析方法。Jones（1997）在碰撞情况下广泛解释了该方法，它简单地表示在整个碰撞过程中，外部力等于内部力。因为它们还处于开发阶段，所以这些方法还没有应用到优化方案中。

为了计算内部力，必须假设一个运动学上允许的位移场。这种假设可以基于分析结果，也可以基于实验室的实际测试。

Bela 等(2017)提出了船舶与单桩基础海上风机碰撞的数值分析。研究旨在了解 MOWT 在受到船舶撞击时的破坏行为和机舱动力学。研究了不同参数(船舶撞击速度和位置、风向、土壤刚度和撞击船的变形能力)对被撞击海上风机的影响。采用非线性数值模拟的方法对船舶碰撞进行了分析。

目前,类似的分析也用于模拟船与海上风机(FOWT)碰撞。对于这类结构,研究系泊系统在高荷载和位移作用下的响应,以及水下平台的流固耦合以及风荷载对塔架(和滑轮机)的影响具有重要意义。

对于导管架结构,在 Paik 和 Thayamballi(2003)和 Soreide 等(1993)工作的基础上,开发了一种新的简化工具,用于分析受冲击结构构件(加筋板和管状海上结构)的局部破坏。塑性极限分析用于评估不同变形模式(即桩腿冲压和桩靴屈曲)下风力涡轮机导管架构件的局部抗压强度。Buldgen 等(2014)、Le Sourne 等(2015、2016)和 Pire 等(2017)介绍了一些结果。在图 9.14 中,碰撞场景是从侧视图和俯视图显示的,它描述了数值模拟与 Pire 等(2017)开发的分析方法之间的比较,用于评估海上风力涡轮机导管架结构底部被船舶碰撞后消耗的能量。δ 代表结构相对于初始位置的位移(星号 代表研究区域,以导管架为基础)。H_T 是导管架的总高度,55 米。W_b 是底部的宽度,25 米。W_t 是顶部的宽度,6.4 米。H 为导管架的高度,43 米。

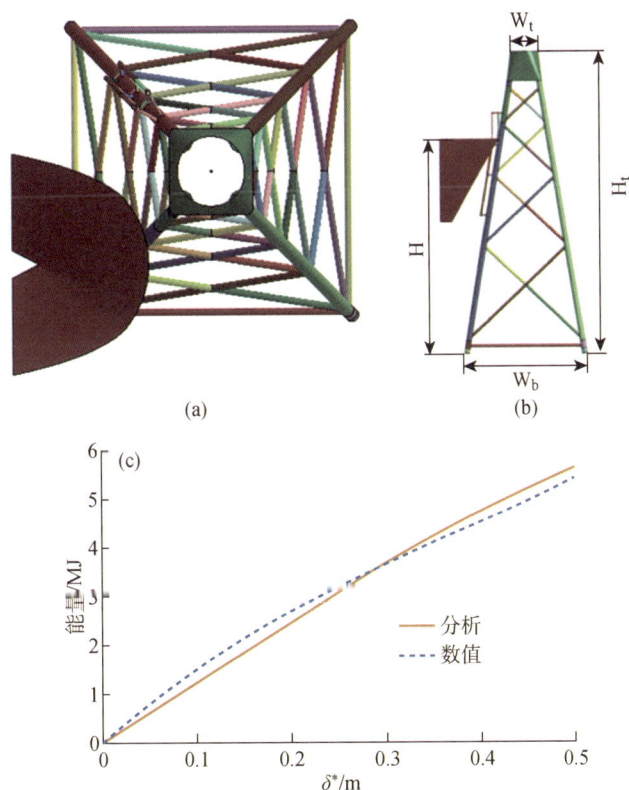

图 9.14 碰撞场景和能量耗散结果对比分析方法和数值模拟 Pire 等(2017)

9.8.4　优化工具的未来

船舶、各式各样的海上结构物的发展趋势日益增多。由于快速可靠的结果在早期设计阶段非常重要，因此正在开发的分析方法将在结构优化方面发挥重要作用。

事实证明，RSM 对船舶设计（和优化）是很有用的，这意味着在船舶设计领域也有可能使用它，并且在必要时可以替代分析方法。在海上风机组结构风险评估中，这些方法可以看作是一个目标函数，例如结构荷载、损伤等效荷载或极限荷载。在这方面该方法目前正在列日大学进行研究。

9.9　结论

在船舶工业中，几个参数在优化设计中占有重要地位。因此优化方法正在不断发展，以满足提高船舶性能的所有需要。由于船舶结构效率指标可能存在差异，因此采用多目标方法优化船舶结构整体效率（如重量、成本、挠度、可靠性）是合理的。

BESST 程序所描述的开发实例表明，由 CAD/FEM 支持的早期结构设计评估优化是可行的，至少在构件级别上是可行的。考虑到更复杂结构的案例研究，结构范围更大（如船体结构的中部），以及实际的载荷工况和约束条件，以及优化工作流中实现的更多目标功能（如生产成本），确实需要进一步地论证。其中一个主要的挑战将是计算工作量，这必须保持在实际水平。

欧洲项目"全寿命周期船舶设计和运行的整体优化"①（HOLISHIP）是前欧洲项目（如"IMPROVE"和"BESST"项目）的一个有前途的延续，同时涵盖所有设计学科。

为了在满足船舶行业不断增长的冲突需求方面取得重大突破，HOLISHIP 致力于创新的整体设计优化方法，其中所有相关的主要船舶产品设计学科都必须纳入先进的参数化建模工具和集成软件平台，从而实现船舶产品的参数化、多目标和多学科优化。

船舶结构优化的未来挑战不在于优化算法本身，而在于一些特定模块的开发及其与设计软件平台的集成（Rigo et al. 2017），例如在初步设计阶段开发快速可靠的模块来评估疲劳和载荷等结构约束条件。

另一个挑战可能是开发接口和/或开放平台，如 CAESES，以方便外部模块的即插即用（集成），并在设计链中集成优化工具，直接链接到主要的 CAD/CAM 工具和有限元软件，以避免数据重复输入和耗时的重新网格划分。与此同时还需要实施多利益相关方和多目标方法，以便更好地向可靠的工业解决方案靠拢。

最后，应解决将全寿命周期成本，特别是维护和营运成本纳入船舶全寿命周期的整体成本评估中。在这种情况下，优化将是维护设计和营运设计的辅助设计工具。

致谢：作者感谢欧洲共同体第七框架计划（FP7 / 2007 2013）在授权协议 nº 233980 下给予的支持，该协议导致了本章 BESST 项目的结果。

---

① http://www.holiship.eu.

参考文献

Arai M, Suzuki T, Shimizu T (2000) On the application of response surface methodology to the optimization of ship structural design. J Soc Naval Archit Jpn 2000(188): 545-552. https://doi.org/10.2534/jjasnaoe1968.2000.188_545

Bayatfar A, Amrane A, Rigo Ph (2013) Towards a ship structural optimization methodology at early design stage. Int J Eng Res Dev 9(6): 76-90.

Bela A, Le Sourne H, Buldgen L, Rigo Ph (2017) Ship collision analysis on offshore wind turbine monopile foundations. Mar Struct 51: 220-241.

Bosman PAN, Thierens D (2003) The balance between proximity and diversity in multiobjective evolutionary algorithms. IEEE Trans Evol Comput 7(2): 174-188.

Buldgen L, Le Sourne H, Pire T (2014) Extension of the super-elements method to the analysis of a jacket impacted by a ship. Mar Struct 38: 44-71.

Caprace J-D, Bair F, Rigo Ph (2010) Scantling multi-objective optimization of a LNG carrier. Mar Struct 23(3): 288-302.

Collette M, Bronsart R, Chen Y, Erikstad SO, Georgiev P, Giuglea V, Jeong HK, Lazakis I, Moro L, Sekulski Z, Sicchiero M, Toyoda M, Ventura M, Zanic V (2015) Design methods. In: GuedesSoares C, Garbatov Y (eds) Proceedings of the ISSC2015, 19th international ship and offshore structures congress, 7-10 Sept, Cascais, Portugal, vol 1, pp 459-518.

Cui J-J, Wang D-Y (2013) Application of knowledge-based engineering in ship structural design and optimization. Ocean Eng 72: 124-139.

Cui H, Turan O, Sayer P (2012) Learning-based ship design optimization approach. Comput Aided Des 44(3): 186-195.

Ehlers S, Kujala P (2013) Cost optimization for ice-loaded structures, analysis and design of marine structures. In: Proceedings of the MARSTRUCT 2013, 4th international conference on marine structures 25-27th Mar, Espoo, Finland, pp 111-118.

Fu S-Y, Huang H-Y, Lin Z-X (2012) Collaborative optimization of container ship on static and dynamic responses. Procedia Eng 31: 613-621.

Gorshy H, Chu X, Gao L, Li P (2009) An approach combined response surface method and particle swarm optimization to ship multidisciplinary design and optimization. In: 2009 IEEE international 324 P. Rigo et al. conference on industrial engineering and engineering management. https://doi.org/10.1109/ieem.2009.5373175.

Hansen MP, Jaszkiewicz A (1998) Evaluating the quality of approximations of the non-dominated set. IMM Technical Report IMM-REP-1998-7, Lyngby, Institute of Mathematical Modeling, Technical University of Denmark.

Hughes EJ (2003) Multiple single objective sampling. In: Proceeding of the 2003 congress on evolutionary computation, pp 2678-2684.

Hughes EJ (2005) Evolutionary many-objective optimization: many once or one many? In: Proceedings of the 2005 congress on evolutionary computation, pp 222-227.

Hutchinson KW, Sen P, Buxton IL, Hills W (1998) Multiple criteria design optimization of Ro-Ro passenger ferries with consideration of recently proposed probabilistic stability standards. In: Proceedings of the PRADS 1998, seventh international symposium on practical design of ships and mobile, The Netherlands, 20-25 Sept, pp 303-312.

Jang CD, Shin SH (1997) A study on the optimal structural design for oil tankers using multi objective optimization. In: Proceedings of the international marine design conference IMDC, Newcastle, United Kingdom, vol 1, pp 217-231.

Jaszkiewicz A (2004) On the computational efficiency of multiple objective metaheuristics: the Knapsack Problem case study. Eur J Oper Res 158: 418-433.

Jelovica J, Klanac A (2009) Multi-objective optimization of ship structures: using quided search vs. conventional concurrent optimization. In: Proceedings of the MARSTRUCT, 2nd international conference on marine structures, Lisboa, 16-18 Mar, London, UK, Taylor & Francis Group, pp 447-457.

Jones N (1997) Structural impact. Cambridge University Press, Cambridge.

Kitamura M, Nobukawa H, Yang F (2000) Application of a genetic algorithm to the optimal structural design of a ship's engine room taking dynamic constraints into consideration. J Mar Sci Technol 5(3): 131-146.

Klanac A, Kujala P (2004) Optimal design of steel sandwich panel applications in ships. In: Proceedings of the PRADS 2004, 9th symposium on practical design of ships and other floating structures, Lubeck-Travemuende, Germany, 12-17 Sept, vol 2, pp 907-914.

Klanac A, Jelovica J (2007) Vectorization in the structural optimization of a fast ferry. BrodogradnjaShipbuilding 58(1): 11-17.

Klanac A, Niemeläinen M, Jelovica J, Remes H, Domagallo S (2008) Structural omni-optimization of a tanker. In: Proceedings of the COMPIT'2008, 7th international conference on computer applications and information technology in the maritime industries, Bedford Hotel, Liege, Belgium, 21-23 Apr, pp 537-550.

Klanac A, Ehlers S, Jelovica J (2009) Optimization of crashworthy marine structures. Mar Struct 22: 670-690.

Knowles JD, Corne DW (2002) On metrics for comparing nondominated sets. In: Proceedings of the 2002 congress on evolutionary computation conference, pp 711-716.

Kong YM, Choi SH, Song JD, Yang BS, Choi BK (2006) Development of the Rsm-based hybrid evolutionary algorithm for low vibration of ship structure. In: Mathew J, Kennedy J, Ma L, Tan A, Anderson D (eds) Engineering asset management. Springer, London.

Le Sourne H, Barrera A, Maliakel JB (2015) Numerical crashworthiness analysis of an offshore wind turbine jacket impacted by a ship. J Mar Sci Technol 23(5): 694-704.

Le Sourne H, Pire T, Hsieh JR, Rigo Ph (2016) New analytical developments to study local and global deformations of an offshore wind turbine jacket impacted by a ship. In: Proceedings of the ICCGS. University of Ulsan, Korea.

Lee J-C, Shin S-C, Kim S-Y (2015) An optimal design of wind turbine and ship structure based on neuro-response surface method. Int J Naval Archit Ocean Eng 5(7): 750-769. https://doi.org/10.1515/ijnaoe-2015-0053

Liu Y, Colette MD (2015) Efficient optimization framework for robust and reliable structural design considering interval uncertainty. In: Proceedings of the MARSTRUCT 2015, 5th international conference on marine structures, Southampton, UK, 25-27 Mar, pp 555-563.

Moe J, Lund S (1968) Cost and weight minimization of structures with special emphasis on longitudinal strength members of tankers. Trans R Inst Naval Archit (RINA) 110(1): 43-70.

Na S-S, Karr DG (2016) Development of Pareto strategy multi-objective function method for the optimum design of ship structures. Int J Naval Archit Ocean Eng 8: 602-614.

Okada T, Neki I (1992) Utilization of genetic algorithm for optimizing the design of ship hull structure. J Soc Naval Archit Jpn 171: 71-83.

Paik JK, Thayamballi AK (2003) A concise introduction to the idealized structural unit method for nonlinear analysis of large plated structures and its application. Thin-Walled Struct 41: 329-355.

Pareto V (1896) Cours D'Economie Politique, vol 1. Lausanne, F. Rouge (ed).

Parsons MG, Scott RL (2004) Formulation of multicriterion design optimization problems for solution with scalar numerical methods. J Ship Res 48(1): 61-76.

Pedersen RA, Molnes DA, Stokkeland LS (2014) Structural optimization for ice-strengthened vessels. In: Proceedings of the MARTECH 2014, 2nd international conference on maritime technology and engineering, Lisbon, Portugal, 15-17 Oct, pp 449-454.

Pire T, Le Sourne H, Echeverry S, Rigo Ph (2017) Analytical formulations to assess the energy dissipated at the base of an offshore wind turbine jacket impacted by a ship. Mar Struct 59: 192-218.

Purshouse RC, Fleming PJ (2003) Evolutionary many-objective optimization: an exploratory analysis. In: Proceedings of the 2003 congress on evolutionary computation, pp 2066-2073.

Rahman MK (1992) Structural design of a midship Cargo hold: rule-based and rational procedures. In: Proceedings of the PRADS'92, 5th international symposium on the practical design of ships and mobile units, Newcastle upon Tyne, UK, May, pp 966-980.

Rahman MK, Caldwell JB (1995) Ship structures: improvement by rational design optimization. Int Shipbuilding Prog 429: 61-102.

Richir T, Caprace J-D, Losseau N, Bay M, Parsons MG, Patay S, Rigo P (2007) Multicriterion scantling optimization of the midship section of a passenger vessel considering IACS requirements. In: Proceedings of the 10th international symposium on practical design of ships and other floating structures (PRADS), October, Houston, Texas, USA, vol 1, pp 339-345.

Rigo Ph, Fleury C (2001) Scantling optimization based on convex linearizations and a dual approach—Part II. Mar Struct 14: 631-649.

Rigo Ph (2001a) A module-oriented tool for optimum design of stiffened structures—part I. Mar Struct 14: 611-629.

Rigo Ph (2001b) Least-cost structural optimization oriented preliminary design. J Ship Prod 17(4): 202-215.

Rigo Ph (2003) An integrated software for scantling optimization and least production cost. Schiffstechnik, Bd. 50/Ship Technology Research, vol 50, pp 126-141.

Rigo Ph, Caprace J-D (2011) Optimization of ship structures. In: Proceedings of the MARTECH 2011, 1st international conference on maritime technology and engineering, 11-12 May, Lisbon, Portugal, pp 925-944.

Rigo Ph, Bayatfar A, Buldgen L, Pire T, Echeverry S, Caprace J-D (2017) Optimization of ship and off-shore structures and effective waterway infrastructures to support the global economic growth of a country/region. Ship Sci Technol 11：9-27. https://doi. org/10. 25043/19098642. 155

Sayin S (2000) Measuring the quality of discrete representations of efficient sets in multiple objective mathematical programming. Math Program Ser A 87：543-560.

Sekulski Z (2010) Multi-objective topology and size optimization of high speed vehicle-passenger catamaran structure by genetic algorithm. Mar Struct 23(4)：405-433.

Sekulski Z (2014) Ship hull structural multiobjective optimization by evolutionary algorithm. J Ship Res 58 (2)：45-69.

Shin SH，Song HC，Jang CD (2006) Optimum structural design of tankers using multi-objective optimization technique. Ships Offshore Struct 1(3)：213-219.

Soreide T，Amdahl J，Eberg E，Homas T，Hellan O (1993) USFOS：a computer program for progressive collapse analysis of steel offshore structures. SINTEF.

Stone K，McNatt T (2017) Ship hull structural scantling optimization. In：Proceedings of the MARSTRUCT 2017, 6th international conference on marine structures, progress in the analysis and design of marine structures, 8-10 May, Lisbon, Portugal.

Yang JM，Hwang CN (2002) Optimization of corrugated bulkhead forms by genetic algorithm. J Mar Sci Technol 10(2)：146-153.

Zanic V，Preberg P (2004) Primary response assessment method for concept design of monotonous thin-walled structures. In：Proceedings of the AED 2004, 4th international conference on advanced engineering design, Glasgow, UK.

Zanic V，Rogulij A，Jancijev T，Brali'c S，Hozmec J (2002) Methodology for evaluation of ship structural safety. In：Proceedings of the IMAM 2002, 10th international congress of international maritime association of mediterranean, Crete, Greece, 13-17 May.

Zanic V，Piric K，Kitarovic S (2013a) Reliability and robustness based design attributes for multicriteria decision making. In：Proceedings of the ASME 2013, 32nd international conference on ocean, offshore and arctic engineering, 6th Sept, Nantes, France.

Zanic V，Prebeg P，Andric J (2013b) Method for structural concept design of 'Open' ships. In：Proceedings of the PRADS 2013, 12th international symposium practical design of ships and other floating structures, Changwon, Korea, 20-25 Oct, pp 280-289.

Zitzler E，Deb K，Thiele L (2000) Comparison of multi-objective evolutionary algorithms：empirical results. Evol Comput 8(2)：173-195.

Zitzler E，Laumanns M，Thiele L，Fonseca CM，Grunert da Fonseca V (2002) Why quality assessment of multiobjective optimizers is difficult. In：Proceedings of the GECCO'2002, genetic and evolutionary computation conference, San Francisco, California, July 2002, pp 666-673.

Zitzler E，Thiele L，Laumanns M，Fonseca CM，Grunert Da Fonseca V (2003) Performance assessment of multiobjective optimizers：an analysis and review. IEEE Trans Evol Comput 7(2)：117-132.

Zitzler E，Knowles J，Thiele L (2008) Quality assessment of Pareto set approximations. In：Branke J，Deb K，Miettinen K，Słowiński R (eds) Multiobjective optimization. LNCS 5252. Springer, Berlin, Heidelberg, pp 373-404.

菲利普·里戈(Philippe Rigo)博士、教授(ANAST，ULG)，比利时国家科学研究基金土木工程师研究主任(1982 年)、博士。(1988 年)，造船工程师师(1992 年)，高等教育论文作者

(99)，密歇根大学(2001 年)客座教授。他领导 ANAST 所有与结构优化，结构分析，船舶生产，成本评估和生产模拟相关的活动。参与了 INTERSHIP(船舶生产设计)，并担任 IMPROVE FP6 项目的协调员。自 1991 年以来，分配到 ISSC 技术委员会。协调 EMSHIP (Erasmus Mundus Master "Advanced Ship Design")高级船舶设计，并在列日组织 ISSC 2018 年大会上受到表彰。

　　J.-D. 卡普拉斯(Jean David Caprace)博士，巴西里约热内卢联邦大学海洋工程系教授。曾是列日大学(ULG)的研究工程师，现在是 ULG 的客座教授(伊拉斯谟·蒙德斯硕士)。在 ULG，负责研究建造和生产问题对船舶和海上结构物优化的影响。参与了 FP6 inter SHIP IP 项目(用于生产的船舶设计项目)。自 2006 年起，他任 ISSC 技术委员会主席。

　　兹比格涅夫·塞库尔斯基(Zbigniew Sekulski)博士，西波美拉尼亚理工大学海事技术与运输学院船舶与海上结构物设计助理教授。1986 年获造船硕士学位，2001 年获博士学位，2013 年获科学博士学位。他的研究涵盖了船舶、海上结构物和水上运输系统的多目标优化。他在科学期刊和国际会议上发表了 40 篇论文。

　　阿巴斯·巴亚特法尔(Abbas Bayatfar)于 2006 年在伊朗获得了海洋工程流体机械结构硕士学位。2011 年，他在列日大学(ULG)获得造船高级理学硕士学位。他的研究和感兴趣领域涉及船舶和海上结构物的设计、尤其是基于有限元的评估和优化，以及设计规范的开发，特别是基于极限状态的设计。自 2009 年起，他作为成员参与了 ISSC 技术委员会 III.1(极限强度)和 IV.2(设计方法)工作。他参与了 BESST 项目，现在参与 HOLISHIP 工作。

　　萨拉·埃切维里(Sara Echeverry)博士是列日大学的研究工程师，也是海上浮动风机耐撞性领域的博士研究生。2014 年毕业于哥伦比亚麦德林波利瓦里亚大学，担任航空工程师，2016 年在列日大学和南特中央理工学院(EMSHIP Erasmus Mundus Master Advanced Design of Ships and Offshore Structures)获得造船硕士学位。具有 CFD 和 FEM 方面的经验，熟悉空气动力学、流体动力学、船舶和海上结构物的知识。

第 10 章　模块化设计

斯坦·奥夫·埃里克斯塔德(Stein Ove Erikstad)

摘　要　模块化设计系指在船舶全寿命周期的设计阶段所做的决策,涉及如何分解和集成船舶的系统元素,以提高设计和制造过程的效率以及船舶的营运性能。在设计阶段,模块化可以同时支持使用产品平台策略实现标准化和多样化,从而为配置的设计过程奠定基础。在建造阶段,模块化与供应链设计、模块化建造、早期舾装和外包相关。在营运阶段,模块化意味着灵活性,为船舶适应不断变化的市场、技术、法规和客户需求提供了机会。

关键词　模块化设计;船舶的模块化;基于配置设计

10.1　模块化设计导论

通过"模块化设计",我们系指将船舶细分为定义明确的部件和组件的显式操作,这些部件和组件可以根据给定的规则和程序重新组合。模块化可能有不同的目标,这些目标与船舶全寿命周期的不同阶段相关。例如,在船舶设计和采购阶段,模块化可能支持针对特定客户需求设计高效船舶配置。在船舶建造阶段,模块化策略可以支持与交钥匙供应商的分布式生产,实现高度的预舾装。在营运阶段,模块化可灵活应对任务、市场、技术和管理的变更。

本章将概述与船舶设计模块化相关的许多方面。首先通过将模块化概念与相关的主题(如产品平台、产品架构和配置的设计)联系起来,模块化概念得到了更精确的定义,并将其置于更广泛的上下文中。紧随其后的是审查模块化设计中船舶全寿命周期的三个主要阶段,在设计阶段的模块化,旨在提供船舶设计的配置平台,其次是模块化建造,最后营运中的模块化,以提供灵活性和处理不确定性。对每一种方法,都讨论了其优点和挑战,回顾了模型和方法,并介绍了工业应用程序。

10.2　定义和界定模块性

从系统的角度来看,模块化基本上是一种处理复杂性的战略方法,无论这种复杂性是结构性、行为性、上下文上的、感知性还是时间性(Gaspar et al. 2012)。这是通过将系统分为可管理的和独立的部分来实现的。模块化作为一个概念被广泛应用于生物学、计算机科学、语言、数学和工程等不同领域。尽管在这些不同领域之间理解和实现模块性的方式上存在很大差异,但仍有一些基本特征可以总结如下:

(1)把较大的系统分成较小的部件或组件;

（2）各部分（相对）自给自足的原则；

（3）根据整体系统架构给出的一组"规则"，将部件重新组合成多个最终产品。

Schilling(2000)中也捕捉到了这些方面，其中模块化被定义为"通用系统的概念：它是一个统一体，描述了一个系统的组件可以被分离和重新组合的程度"。

模块化本质上涉及分解和集成。分解通常遵循系统的层次结构，例如功能分解或组装/部件结构，Simon(1962)将其表示为构建复杂系统的主要策略。集成涉及到将每个部分的复杂性隐藏在定义明确的接口之后，从而控制复杂的交互。这涉及到公理设计理论(Suh, 1990)，其中独立公理指出了功能需求和设计参数之间的一对一映射的优先性。

模块化的定义意味着，简单地将产品拆分以供以后组装的方法不一定要称为模块化方法，例如在面向平面和面向分段的船舶建造策略中。在部件重新组合的方式上需要有一定的灵活性，例如 Sigma 模块化舰船或濒海战斗舰。稍后将更详细地讨论与模块化建造策略相关的内容。

然而，在文献中我们可以找到"模块化"一词更广泛的定义，在一些文献中它还用于系统和元素的所有类型的组装和舾装。在 1974 年关于这个主题的早期参考文献中，使用了以下定义(Jolliff, 1974)：

> 预舾装一组设备（系统或组件），以用于组装和检验，然后再交付船上进行安装和便于安装和拆卸组件（模块）之前进行装配和检验。

该定义还将船舶划分为零件、组件分段，作为船舶建造过程的一部分。这里的目的不是"大规模定制"，而是一个战略划分成适合生产设备分段（起重机起重量和大小、码头、大厅、港口、生产设备等）和建造过程（规划单位、并行生产、采购单位，材料管理等）。

10.2.1　模块化产品架构还是整体产品架构

产品体系结构定义了"将产品的功能分配给物理组件的方案"(Ulrich and Tung, 1991)。因此产品体系结构在定义系统的主要功能和实体以及描述了系统的结构之间的关系。

产品体系结构的基本选择需要在设计过程开始就确定。我们必须在整体体系结构和模块化体系结构之间进行选择。

这可以用一个非常简单的例子来说明。考虑海上运输船的两项基本功能。

功能 1：提供货物支持；

功能 2：在水中提供推力。

在传统的设计中，这两个功能在高层上被分配给单艘船的大分段，如图 10.1 所示。由于这个大分段可以被分成船体模块和机械推进模块，这些模块之间的相互作用是复杂的，没有很好地定义。例如航速的增加通常需要更大的推进系统，而下一步则需要增加船体的排水量。因此这两个模块具有高度的依存度，这是整体体系结构的典型特征。从公理设计的角度来看(Suh, 1990)，我们有一个耦合的设计，它不符合要求功能和对应表单元素之间（接近）一对一映射的独立公理。

一般来说，整体体系结构具有以下特性(Ulrich, 2008)：

使用多个分段或模块实现产品功能；

单个分段或模块可实现许多产品功能；

产品模块之间交互程度很高（复杂）。

图 10.1　传统单体船是整体体系结构的一个例子(Erichsen. 1989)

与整体体系结构相反的是模块化体系结构。在这里将产品的不同功能尽可能分配给单独的产品模块，这些模块之间的交互很小，甚至不存在。

对于海上运输的例子，可以通过将系统分成货物单元（如驳船）和推进单元（如拖船）来实现模块化的体系结构（见图 10.2）。在这种情况下，提高航速只需要改变“拖船模块”，而不影响“驳船模块”本身。（然而，这种功能上的独立性并不完全相反）。

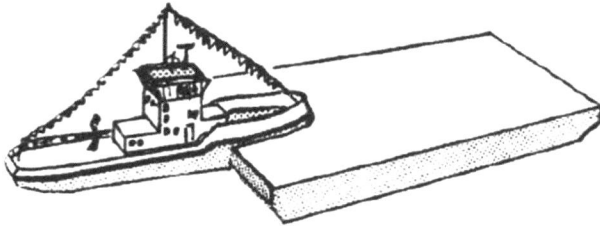

图 10.2　将货物支撑和提供推力功能分配到单独的模块可提供更加模块化的体系结构(Erichsen. 1989)

从业务的角度来看，在船舶的全寿命周期的所有阶段，模块化有很多好处，主要与节约成本有关，这将在下文中举例说明。然而从技术角度来看，通常由于载重量和主尺度的限制(Hölttä-Ottok and de Weck. 2007)，并不总是能够实现完全模块化。

10.2.2　相关的概念

模块化与最近受到广泛关注的其他几个系统概念和技术密切相关。模块提供了产品平台中的基本元素。它们还提供了配置设计策略中的构建块。在这种策略中，定制产品可以通过扩展和结合标准化模块来获得，以满足特定的终端用户需求，即“大规模定制”。这些概念之间的关系如图 10.3 所示。

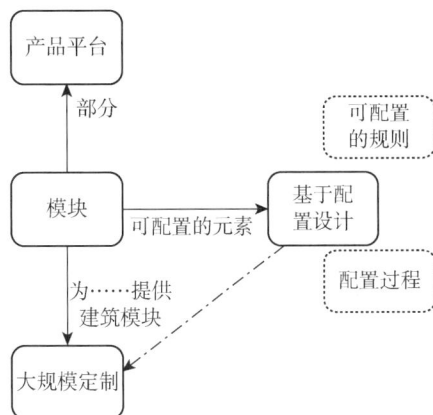

图 10.3　与模块化及其相互关系有关的核心概念(Erikstad. 2009)

10.2.3　模块化类型

通常根据模块的互连方式以及它们如何连接到通用平台的方式来区分不同类型的模块性。Salvador et al (2002)确定了四种主要类型，如图 10.4 所示。

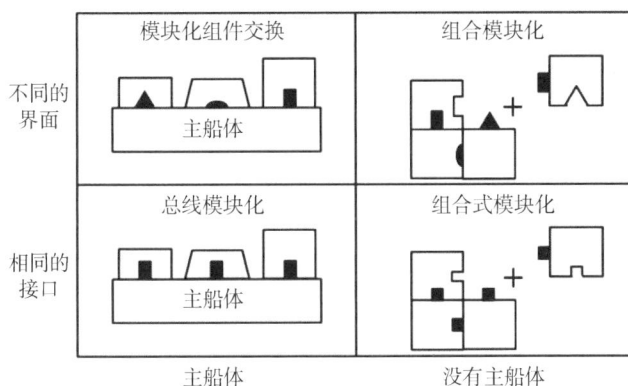

图 10.4　不同类型的模块化(Salvador 等.2002)

在组件交换化模块中，这是插槽模块性的一种子类型(Ulrich. 2008)，其中接口是特定于模块类型的。图 10.5 显示了一个美国海军概念，该概念允许不同的配置和快速改装，但是在适当的接口插槽，为每种设备类型预先定义了位置。它的变体是一组不同的接口的模块，但没有主船体。

在总线模块化中，接口是跨几个模块类型标准化的。当针对不同的目的定制产品时，需要使用设备模块的可以不同选择和组合的模块化。一个例子是美国海军濒海战斗舰，见图 10.6，在那里集装箱任务模块可以在操作中替换。

在分段模块化中，没有其他模块附加的"平台"模块。所有模块都有一个或几个通用接口，这些接口通常允许产品的物理布局具有更大的多样性。在船舶上管道和 HVAC 系统通常表现出分段模块化。我们在船上也看到了这一点，例如在 SIGMA 模块化船上，其中标准化的船体部分是根据特定的需求和任务要求来布置的(见图 10.7)。

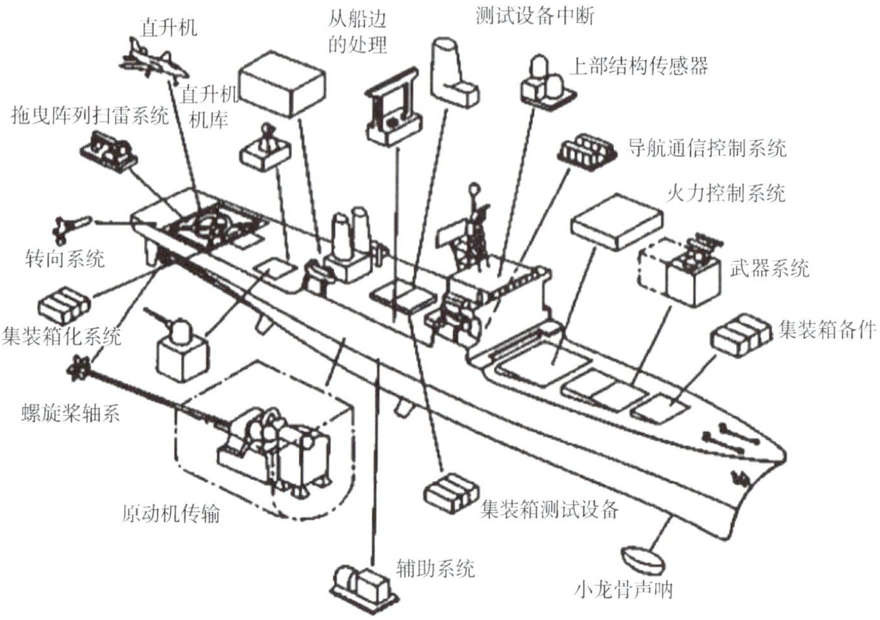

图 10.5　美国海军 TES 概念组件交换模块（Jolliff. 1974）

图 10.6　濒海战斗舰是总线模块化的一个例子，不同的任务模块集成装在集装箱内，可以插入标准接口中以提供多种不同的任务功能（AOC. 2018）

图 10.7　船舶管道系统，截面模块化示意图（Erikstad. 2009）

10.3　设计阶段的模块化

在设计阶段,模块化对于以下方面非常重要:

(1) 使用产品平台策略实现标准化和多样化/定制化;

(2) 通过基于配置的设计过程提高设计的效率;

(3) 通过模块重组,探索设计空间,支持创新。

通常,设计的模块化使船舶设计人员能够重用早期的设计,并且由于模块中隐藏的交互作用,通过简化表示使得结构复杂性易于管理。这种简化对于船舶设计的整体方法是必要的,因为船舶设计人员必须处理大量的子系统和多个利益相关方相互矛盾的设计要求(Papanikolaou, 2010)。

10.3.1　支持产品平台策略

近年来,许多行业从设计个性化"独一无二"的产品转向开发产品平台。"产品平台"可以定义为"结构化的、连贯的资源集合,包括系统和模板层次结构、文本组件、变体、规则和接口定义,可以从中派生出一系列的定制产品"。关于这项技术如何改进产品开发过程,来自不同行业的案例数不胜数(Simpson, 2003)。例如大众汽车已经将平台技术应用于旗下的奥迪、大众、西亚特和斯柯达等品牌。Black&Decker 已经开发了一个通用平台,在不同品牌和不同产品之间广泛使用组件。产品平台有助于降低成本,缩短开发周期,并且能够在标准化和减少组件和配置元素数量的同时保持广泛的产品范围(Wuuren and Halman, 2001)。产品平台技术的影响在造船行业中受到了限制,特别是在船舶层面上,由于船舶配置,特别是核心系统组件的制造都需要高度定制。因此平台技术在船舶设备供应商之间具有较高的适应性。

挪威在这一技术领域的先驱之一是 Ulstein Design。他们开发了一个平台供应和服务船的产品平台,如图 10.8 所示,并利用该平台为客户定制所需求配置的个别船舶。他们的愿景是,在早期的规格说明阶段所反映的设计应该尽可能与下游的详细工程保持一致,并在最终建造中尽可能减少地重复性的工作。

模块化与产品平台相关,因为它是构建产品平台的基础。通过添加、删除、更换或扩展模块,产品平台可以针对特定的市场或客户需求。核心研究的挑战包括有效的策略和方法这些方法可以用来细分模块和每个模块的变体数量,将这些模块重新组合成产品系列以及如何利用这些功能来针对特定的细分市场。平台设计过程中主要是在通用性和独特性之间(Simpson, 2003)进行权衡,或者在削减成本和增加市场份额之间(Ericsson and Erixon, 1999)进行权衡。

10.3.2　基于模块化配置的设计效率

设计阶段模块化的重要驱动因素是减少招标邀请的前置时间和资源开销。如今即使是常规设计,从招标开始可能针对不同要求的客户。然后对特定项目的内容进行"清理",并结合当前客户的特定需求。通常招标文件需要与不同的学科,如结构、机械和电气进行检查。显然质量和响应时间都面临压力。采用模块化设计平台,并配置一个结构良好的系统,这可

图 10.8 Ulstein 设计平台中的精选产品（来源 Ulstein Design）

能使船舶在效率、质量和降低风险方面得到显著改进，并通过间接地赢得更多合同。对于船舶设计而言提高生产率是非常重要的，如图 10.9 所示。

通常，设计配置系统可以定义为："一种（软件）系统，通过应用预定义的规则和模板进行选择、扩展，可以根据客户给定需求对有效的设计解决方案进行结构化定义"（Brathaug et al. 2008）。

将设计工作分解为两个不同的阶段，一个是平台开发阶段，其中模块被开发并集成到产品平台中，另一个是"按订单配置"阶段，在这个阶段中，针对客户的个人需求定制单独的设计，如图 10.10 所示。

配置可以描述为一种常规的设计类型，其中的主要设计元素（模块）是已知的，并且可以将它们组合成满足客户需求的解决方案，而不需要开发新的解决方案。配置在很多方面都与更常见的"复制和编辑"方法相反，这种方法在交付时间较短且仅对现有项目进行改进的项目中使用（见图 10.11）。

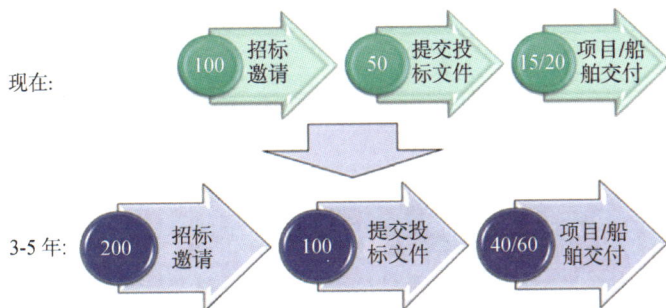

图 10.9　模块化设计平台可以提高招标项目开发的效率和质量，并能提高处理能力和命中率(Erikstad, 2009)

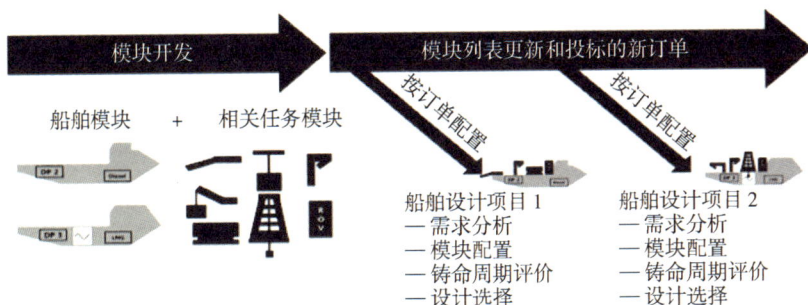

图 10.10　将设计过程划分为平台开发阶段和"按订单配置"阶段(Choi et al. 2018)

在船舶设计中，除了复杂度低、标准化的船舶外，结构设计的适应性相对有限。这可能是与高度定制的复杂性需求以及不同系统之间广泛的相互关系有关。此外非技术因素可能很重要，比如"定制原型"的造船文化，以及标准化平台的传统较少。这将导致对单个项目的关注，而不是流程改进。与许多其他面临类似复杂性水平的行业相比(例如汽车和航空)，特别是在欧洲造船业中。这意味着分担可开发配置产品平台项目的成本更少。

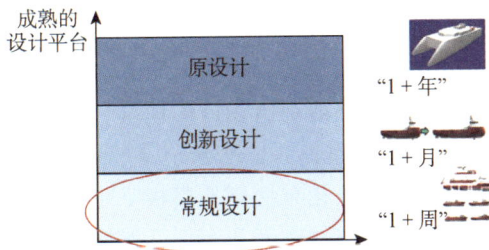

图 10.11　配置了一个基于模块的平台，作为二类时间短的特殊设计流程

产品配置系统包括三个主要要素：

(1) 配置实体的集合。它主要由一组模块组成，并结合船舶和模块级别上的参数集。这些参数将进一步划分为表示客户和功能需求的参数，以及表示设计解决方案的参数。次要表示形式包含三维模型、文本规范和性能文档，所有这些都可以从主要表示形式中派生出来。

(2) 配置过程参数。最好将流程实现于工作管理系统。这支持"插件"类型的外部应用程序集成，以及声明性的、可配置的流程逻辑定义。

（3）一个配置表示，它捕获来自模块平台的、合法的、有意义的产品变体所需的规则和约束条件（见图 10.12）。

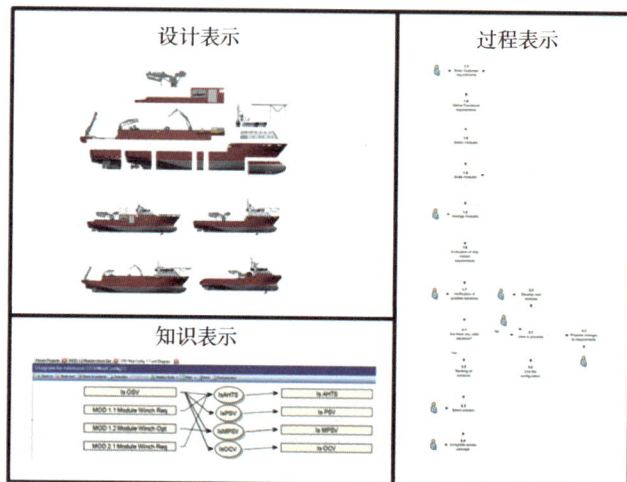

图 10.12　产品配置系统的三个主要元素（Brathaug 等. 2008）

10.3.3　模块化支持设计探索和创新

就像乐高积木一样，模块可以用来探索设计空间，并通过将模块重新排列成不同的空间来创造新的设计解决方案。这方面的一些例子包括基于系统的设计（Erikstad and Levander. 2012）、构件设计（Andrews. 2003）和装配方法（van Oers. 2011）。特别是适用于所谓的"配置驱动型船舶"，即船舶是"由总布置驱动的船舶性能"（Droste et al. 2018），模块配置之间的连接配置由船舶的布局/总布置驱动。

在基于系统的设计（SBD）中，模块是从船舶的功能分解中派生出来。对于大多数功能，可以定义一个或一组相应的模块。每个模块都根据现有船舶的布置面积和空间进行缩放，作为 SBD 模型的一部分从现有船舶总布置中得出。然后可以自由设置大小的模块，也可以使用定义模块化布局拓扑模板来设置模块的大小。该模板规定了模块的位置，而根据船舶的特征自动缩放宽度和高度。然后按比例对船长进行缩放以满足体积需求。例如绞盘模块被放置在甲板模块的前面，并在限制范围内尽可能宽和高，然后按长度进行缩放。

模块结合模板将支持快速和部分自动化的草图设计方案（Vestbøstad. 2011）。关键是模块选择/缩放和布局综合之间的解耦，从而减少了在设计螺旋模型中捕获的"平衡"过程的需求（见图 10.13）。

这是类似于"构建块方法"，见图 10.14 所示。安德鲁斯指出建立模块化平台的重要性，该平台可以以不同的方式配置以支持探索不同的替代解决方案，并提供一个与关键利益相关方理解和沟通的基础这些需求受初始需求的影响（Andrews. 2011）。

van Oers（2007）和（Daniels and Parsons. 2007）等对进一步优化创立了相同的基本原则。定义一组舰船模块，一个优化流程找到了一组最佳平衡的解决方案，见图 10.15。这需要定义一组不同的模块，及它们与船舶平台及其他模块对应的接口。见图 10.16。

图 10.13 三维模型显示根据不同的模板配置替代船,所有模块均使用从功能区域和体积要求得出的相同模块集(Vestbøstad. 2011)

图 10.14 从库中的构建集来配置船舶以便在设计早期阶段进行快速评估和阐明需求(Andrews. 2011)

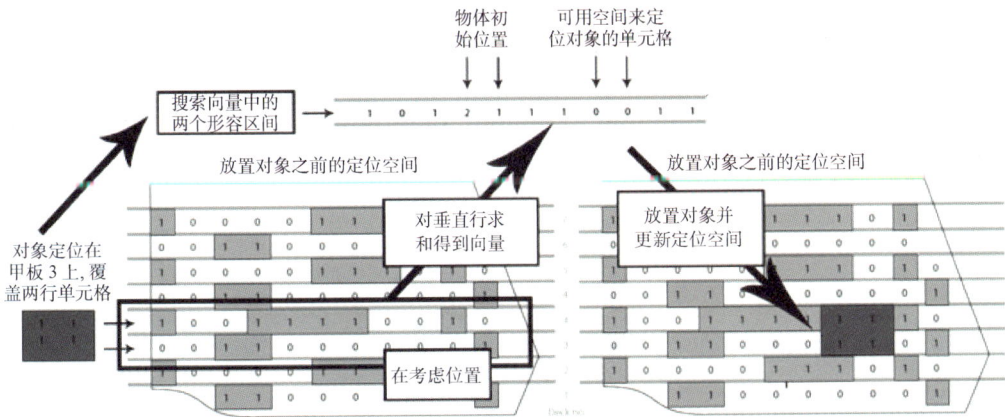

图 10.15 在舰船早期设计中用于布置优化的基于模块化方法

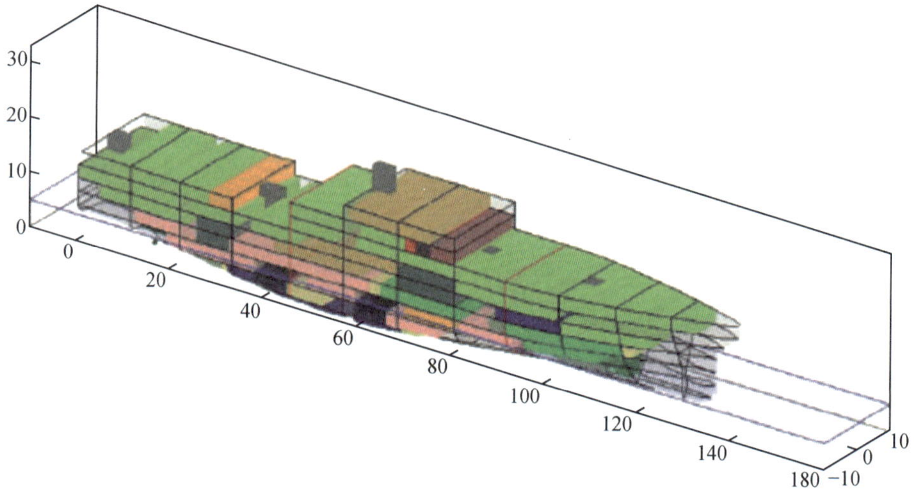

图 10.16　基于模块化架构的编排驱动设计

上面例子是基于参数中的派生模块。相应地模块可以直接从船舶块结构派生出来。"西格玛"级护卫舰是由达门谢尔德造船公司设计和建造的。"西格玛"是"船舶综合几何模块化方法"的缩写。

在西格玛设计中,按不同的数量和组装顺序将船体分段模块化,采用分段模块化方法。尽可能使用现成的设备。模块化方法允许客户用这些标准模块配置船舶,不同版本的 12、13 和 14 节已经卖给了三家不同的海军使用部门。这是一个分段化模块例子,优点是配置模式相对简单,但功能空间方面缺乏灵活性,如图 10.17 所示。

图 10.17　来自达门谢尔德造船厂的西格玛模块化的海军舰船

10.3.4　总结——船舶设计中的模块化

模块化是船舶设计周期的一个重要因素。模块封装的复杂性支持在产品平台和配置的设计中更高效,以及整个设计空间中更广泛地搜索新的解决方案。

10.4　船舶生产中的模块化

在以下生产阶段,模块化非常重要:

(1) 供应链设计与生产外包;

(2) 模块化生产和早期舾装;

(3) 采购包装。

在船舶建造阶段,模块化方法提供了许多改进机会。首先它使技术更加灵活,并且越来越多的应用于全球生产链。一个模块结构在模块化"块"之间具有定义明确的接口,可以打开更大份额的生产外包市场。或者通过启用多个设计变量的标准化重用组件,可以提供一个更高自动化程度的生产系列。这可能会导致通过自动化生产实现生产内包化,在挪威等人工成本高的国家通过自动化实现生产会具有较高的竞争力。

10.4.1　对船舶建造价值链的影响

一个核心问题是造船厂的模块化战略与供应链结构在何种程度上有联系。既然存在这种联系,那么哪个是"原因",哪个是"结果"呢? 从历史上看,模块化与外包之间的联系一直比较薄弱。模块化已被视为工程学领域的设计和制造原则,而外包已在经济学、管理学和战略领域得到广泛应用。

产品体系结构是决定企业外制造商生产单个组件作为最终产品一部分机会的关键因素。许多论文中提到的经典示例 IBM360 系统引入的模块化结构。这就为个体制造商提供了向平台提供组件的机会,从而最终降低生产硬盘驱动器和存储芯片等部件的价格。

模块化对生产价值链的影响也可能导致价值链中不同参与者之间权利平衡发生了变化。举一个对技术规格书控制转移的例子。传统过程中,船厂在某种程度上扮演了分包商的角色,设计和开发解决方案受规范要求的约束。采用模块化、基于产品平台的设计,这已转变为业主所处的地位,已恢复了对技术规格书的控制。少在原则上从平台得出的一组可能设计中进行选择。因此在某种程度上,船厂必须重新控制规范。

10.4.2　早期装备

因此,定义一个基于模型功能的产品体系结构是模块化策略的第一步。十年前挪威就开展一些与挪威海洋工程研究中心的"销售阶段的采购"项目有关的工作。在这个项目中,为船舶的主要开发系统开发了一些图表,如图 10.18 所示。

尽管这些系统图最初是作为基础开发采购包的技术规格,但它们可以作为船舶模块化产品平台的主要体系结构。这个过程会涉及将一组功能实体分组为一个模块,并基于各种关系来定义与其他模块接口,在图中以不同类型的箭头表示功能单元之间的关系。

总体目标是开发一个支持造船厂合理采购流程的方法。这是阿尔斯坦船厂和挪威海洋技术研究所的一个合作项目。核心话题是基于项目性能技术规格的关键设备采购,如图 10.19 所示。

这些技术规格是基于舰船核心系统的功能建模。它们是采购计划的主干,并用于标识各个规格软件包的范围、内容和接口。因此这个项目可为定义所需的体系结构,为服务全球

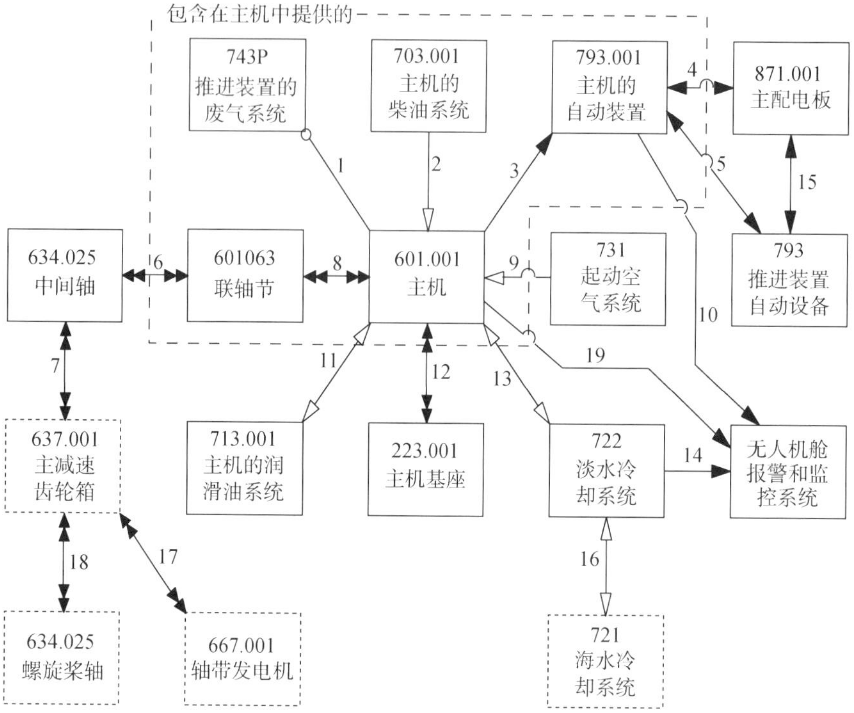

包含在主机中提供的

图 10.18　主推进系统系统框图（Marintek，1998）

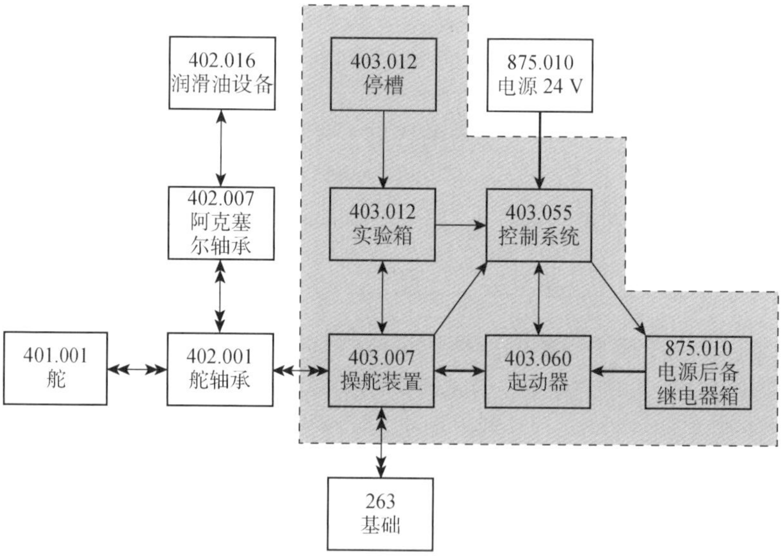

图 10.19　通过功能分组识别采购模块

采购策略的过程提供有价值的输入。

　　在航运业中，产品平台的概念首先被设备制造商采用。Wartsila 就是一个例子，它已开发了销售配置原则和软件。他们的设想是，工程和生产计划以及价格报价的重要组成部分应该是由不同配置规则直接产生的结果(Sortland. 2001)。

航运业的另一个例子是劳斯莱斯甲板机械公司。他们在使用模块化和产品平台原则方面进行了大量的工作。这会导致一些产品生产线被彻底地重新设计,从而大大减少了配置元素的数量,如图 10.20 所示。结果是,客户的产品配置范围显著增加,新产品开发的时间显著缩短,销售项目成本和生产时间也有所降低(Andreassen. 2009),如图 10.21 所示。

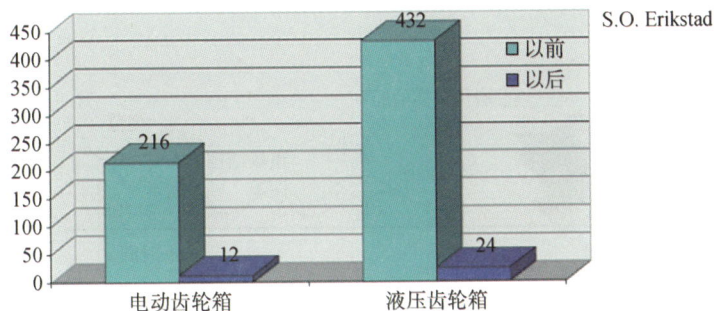

图 10.20　Rolls-Royce 甲板机械公司的 PDM 项目前后的配置要素数量
(Andreassen. 2005)

图 10.21　模块化在游轮客舱制造中发挥了重要作用,传统上客舱是造船项目不可或缺的一部分(Jogeva. 2014)

10.5　模块化操作

从营运的角度来看,模块化的动机可能

(1) 后期修改,例如由于新规定、技术发展或改变营运配置的文件/任务;

(2) 由于故障或损坏,易于更换部件/系统;

(3) 基于组件/模块和"离线"/"离线"维护的维护策略。这种模块的轮换维护可以在航空工业中找到;

(4) "面向服务"的轮换方式,涉及远程监视和操作,通常由系统供应商执行。

10.5.1 模块化的操作灵活性

在营运阶段,模块化是一项核心策略,为船舶提供适应法规、技术、任务、市场、燃料等一系列环境变化的灵活性营运,如图 10.22 所示。一个关键的研究是在设计中使用实际选项,即在新建筑阶段已经就未来营运灵活性进行投资相关的决策。此类投资的例子从提供足够结构性功能和为提供动力支持起重机的升级,对混合动力系统进行投资以及超出造船首份合同所需的额外动力储备。

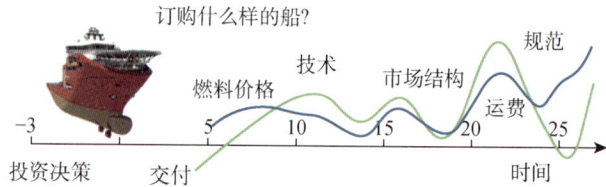

图 10.22　模块化是实现灵活性以应对不确定性的推动力
(Enkstad 和 Rehn. 2015)

模块化在营运阶段起着关键作用。灵活营运的利润取决于花费时间和所产生的成本。一个合适模块化架构通常会比一个具有相同功能的整体体系结构更具有竞争力和投入/产出比。

时间可以决定在多功能性和可改装性之间做出重要选择。舰艇的全寿命周期任务能力可以由一艘能够处理所需任务的多功能舰艇来实现,也可以通过模块化设计来实现。从而在需要时对其进行任务能力的改造。成本配置文件(CAPEX,OPEX)和敏捷性,即对于这两种选择,进入新任务的时间延迟将显著不同。对于不同的市场条件和任务需求,这两种解决方案都是可取的。一般来说,强劲的市场倾向于多用途船舶,而疲弱和高度不确定性的市场倾向于可翻新船舶,如图 10.23 所示。

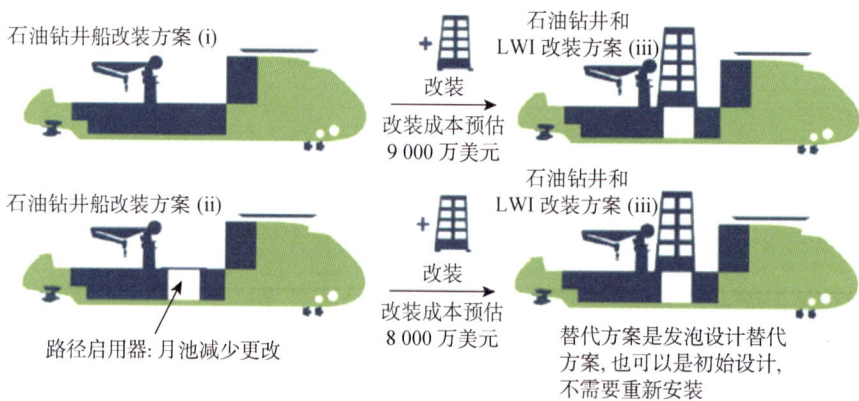

图 10.23　准备安装的模块将影响石油钻井船的总改造成本

此外,对海军舰艇来说,在作战阶段应该保持灵活性。近年来,人们对"模块化适配船"给予极大的关注,特别是美国海军内部(Doeny. 2018)。海军舰艇必须满足国家赋予的广泛任务的安全需求。通常它们具有较高的采购成本,同时需要较长的开发和生产周期。所以大多数海军舰艇方案在任务需求和技术方面都发生了重大变化,因此对总费用和任务能力都产生了相当大的影响。濒海战斗舰(LCS)是使用导弹防御系统的典型例子。美国海军LCS 计划项目的目标是开发一艘近岸战斗舰,它的开发成本较低,并具有迅速从一种作战方式转移到另一种作战方式的灵活性。它由基本模块(海框架),即战舰平台组成。此外还可以插入一系列不同的模块,如提供反水面舰艇、水雷对抗、反潜作战、情报、监视侦察、特种作战部队支援和后勤保障等,这些任务模块尽可能集成到"海框架"的命令和控制体系结构中,图 10.24。

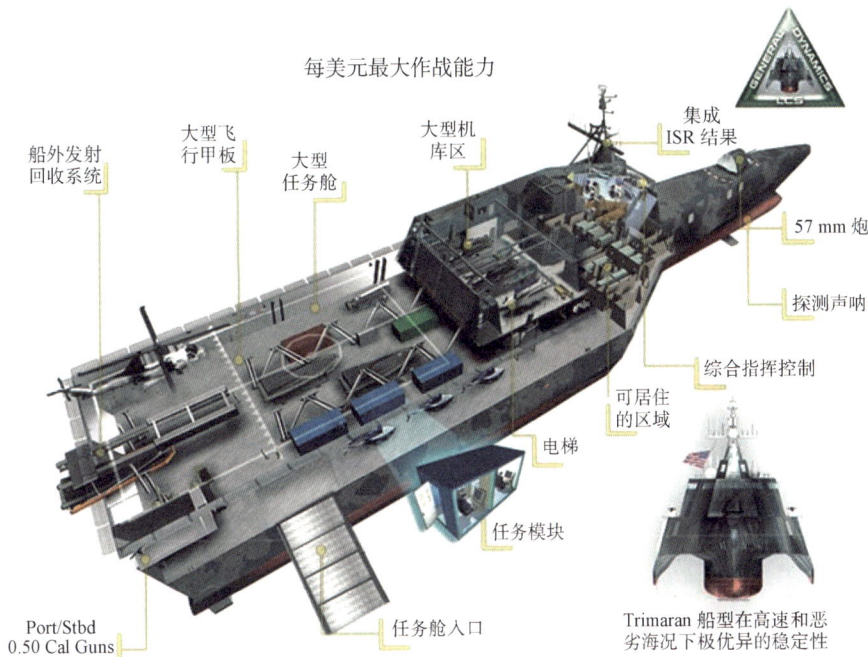

图 10.24　濒海战斗舰通过总线模块体系结构中的可替换任务模块提供操作灵活性

10.5.2　便于改造和现代化的模块

在美国海军,模块化和灵活性的结合被认为是一个减少现役舰船现代化的时间和成本的主要策略,并可以适应不确定未来的作战方式(Schank et al. 2016)。MAS 倡仪涉及许多方面,包括许多减少现代化成本的非常具体的建议,例如:

改善现代化设备的使用,如设计可在船舶的生命周期内更换任何主要设备的合理预期。这必须能够平衡生存能力。

在现代化过程中尽量减少更换基础设备的数量,这意味着按照现有的基础标准设计新设备。从模块化的角度来看,这与接口管理有关。

利用额外电容量和利用现有基础设施新设备,在现代化过程中,通过增加电力裕度尽量减少新电缆和光纤的数量。

增加电源、冷却和数据交换。这特别适用于总线类型的模块化系统，在该系统中可以重新安装具有相同接口的新系统，但是对电源方面有更高的要求。

增加安装前测试、改进计划和协调备选方案。

10.5.3 营运中模块化适应的设计方法

讨论模块化提供的操作灵活性和挑战之后，下一个问题是如何支持用于开发相关操作平台的设计阶段决策。Choi et al（2018）提出了一种模块化自适应船舶平台（MAS）的优化模型。该模型在舰船生命周期内任何一个可能操作场景，选择与之匹配的关联模块，总体目标是最大程度地减少源自相关任务所需功能与舰船操作平台可实现功能之间的偏差。图 10.25 中使用统一建模语言（UML）描述了舰船模块、匹配和任务相关模块之间的关系。

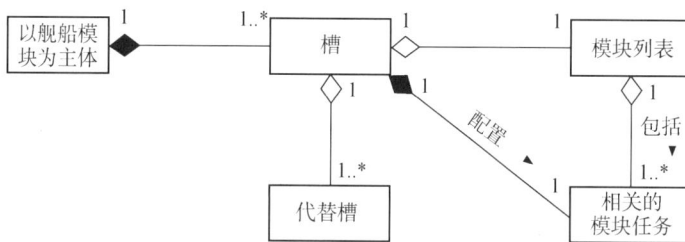

图 10.25 使用统一建模语言中的分类图描述船舶模块、插槽和任务相关的模块
（Choi et al. 2018）

在相应的优化中，这些实体被捕获在目标编程模型中［式（10.1）～式（10.10）］。目标函数（10.1）与期望功能的标准加权偏差最小化。实际任务能力是舰船平台变量（x）、槽变量（y）和模块变量（z）的函数，并与式（10.2）中的预期能力 B_{np} 进行比较。式（10.3）～式（10.9）为获取槽位分配规则、船舶技术和经济性能（稳性、生命周期成本等）和允许模块组合的可行性约束条件。式（10.10）～式（10.12）为模型变量边界。详细的模型可以在 Choi et al（2018）的文章中找到。

$$\text{Min} \quad \sum_n \sum_p \frac{W^-_{np}}{R_p} \cdot d^-_{np} + \sum_n \sum_p \frac{W^+_{np}}{R_p} \cdot d^+_{np} \tag{10.1}$$

$$f^U_{np}(\boldsymbol{x}, \boldsymbol{y}, \boldsymbol{z}) + d^-_{np} - d^+_{np} = b_{np} \quad n \in N, p \in P \tag{10.2}$$

$$d^-_{np}, d^+_{np} \geqslant 0 \quad n \in N, p \in P \tag{10.3}$$

$$y_{sa} \cdot z_{nsm} \leqslant H_{sam} \quad n \in N, s \in S, m \in M_s, a \in A_s \tag{10.4}$$

$$(1 - F_{sa}) \cdot y_{sa} z_{n_1 sm} = (1 - F_{sa}) \cdot y_{sa} \cdot z_{n_2 sm}$$

$$n_1, n_2 \in N, s \in S, m \in M_s, a \in A_s \tag{10.5}$$

$$\sum_{a \in A_s} y_{sa} = 1 \quad s \in S \tag{10.6}$$

$$\sum_{m \in M_s} z_{nsm} = 1 \quad n \in N, s \in S \tag{10.7}$$

$$g_{nj}(\boldsymbol{x}, \boldsymbol{y}, \boldsymbol{z}) = 0 \quad n \in N, j \in \{1, \cdots, N^{EC}\} \tag{10.8}$$

$$k_{nk}(\boldsymbol{x}, \boldsymbol{y}, \boldsymbol{z}) \leqslant 0 \quad n \in N, k \in \{1, \cdots, N^{IC}\} \tag{10.9}$$

$$x_i \in \{0,1\} \qquad \text{if is a binary variable,}$$
$$L_i^X \leqslant x_i \leqslant U_i^X \quad \text{otherwise,} \qquad\qquad i \in \{1,\cdots,|\boldsymbol{x}|\} \qquad (10.10)$$

$$y_{sa} \in \{0,1\}. \quad s \in S, a \in A_s \qquad\qquad\qquad\qquad\qquad (10.11)$$

$$z_{nsm} \in \{0,1\}. \quad n \in N, s \in S, m \in M_s \qquad\qquad\qquad (10.12)$$

该模型已应用于可适应平台供应船(OSV)标准作业平台的模块化设计,并将其与在各个任务中具有相同任务能力的多用途船进行了比较。如图 10.26 所示,尽管灵活平台在供应操作中缩减非必需的能力,但总体任务能力基本相同。如表 10.1 所示,从生命周期成本的角度来看,模块化调整可以通过一个更小的船舶平台来实现,在这种情况下成本支出减少,部分重新配置成本被抵消。因此不可能就模块化和非模块化之间的优劣得出一个普遍结论,这将取决于船舶营运环境的不确定性和可变性以及与模块化平台相关的成本结构。

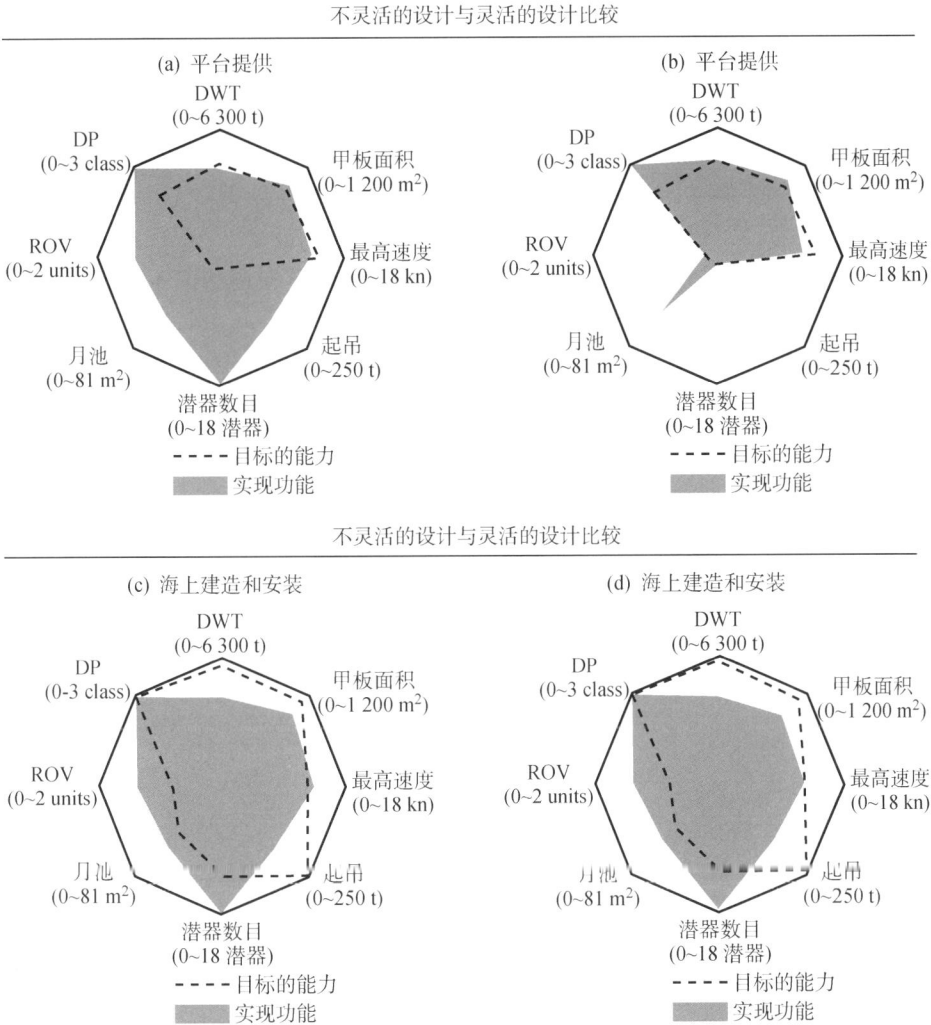

图 10.26　灵活和不灵活任务类型设计能力图(Choi et al. 2018)

表 10.1 灵活(模块化)平台与非灵活平台成本比较

优化平台的生命周期成本

设计	预期生命周期成本	平台购置成本	预计模块购置成本	预计船舶重新配置成本
不灵活的设计	$61.31 M	$32.31 M	$29 M	$0
灵活的设计	$58.91 M	$28.24 M	$29 M	$1.68 M

10.6 结论

在本章中,我们看到不同的利益相关方具有不同的模块化动机。关键因素和激励因素提供了更多的产品定制种类和更高的定制平台,通过部件标准化提高生产效率,增强隔离功能来缩短交货及并行开发和生产的时间,通过外包和供应链的全球化来降低风险、成本和提高效率。

模块化船舶设计(例如濒海战斗舰)可能有助于以成本效益的方式对过时的舰艇进行设备现代化改造、升级和适应变化的外部条件(新市场、贸易、监管制度等)。这可能有助于提高船舶的作业效率及延长船舶的使用寿命。

模块性可能有助于由模块化体系结构定义的接口更有效地回收船舶,还可以重新使用那些经济寿命比船舶本身更长的组件。

在大多数情况下,模块化是有代价的。这些包括优化的物理体系结构的次数较少,并相应地增加了重量和尺度。具有相同技术性能的集成体系结构通常会提高能源效率。因此模块化的设计解决方案是一个复杂的过程,在这个过程中必须仔细平衡成本和收益。

参考文献

Andreassen T (2005) Module-based and parametric configuration and engineering. Web-IT Maritime, Ålesund, Norway.

Andrews DJ (2003) A creative approach to ship architecture. Int J Marit Eng 145: 229-252.

Andrews D (2011) Marine requirements elucidation and the nature of preliminary ship design. Int J Marit Eng (RINA Trans Part A) 153 (Jan-Mar 2011).

AOC (2018) Opens systems architecture. http://www.aocinc.net/capabilities/open-systemsarchitecture

Brathaug T, Holan JO, Erikstad SO (2008) Representing design knowledge in configuration-based ship design. In: COMPIT 2008—7th international conference on computer and IT applications in maritime industries, Liege, Belgium.

Choi M, Erikstad SO, Chung H (2018) Operation platform design for modular adaptable ships: towards the configure-to-order strategy. Ocean Eng 163: 85-93.

Daniels AS, Parsons MG (2007) Development of a hybrid agent-genetic algorithm approach to general arrangements. In: COMPIT 2007, Italy.

Doerry N (2016) Framework for analyzing modular, adaptable, and flexible surface combatants, ASNE Day.

Droste K, Kana A, Hopman H (2018) Process-based analysis of arrangement aspects for configuration-driven ships. In: IMDC18—International marine design conference, Helsinki, FinLand.

Erichsen S (1989) Design of marine transport. Marinteknisk senter, NTNU.

Ericsson A, Erixon G (1999) Controlling design variants: modular product platforms. Society of Manufacturing Engineers, Dearborn, Michigan.

Erikstad SO (2009) Modularisation in shipbuilding and modular production. In: IGLO-MP 2020 working paper, Marintek, Trondheim, Norway.

Erikstad SO, Levander K (2012) System based design of offshore support vessels. In: IMDC12—The 11th international marine design conference, Glasgow, Scotland.

Erikstad SO, Rehn CF (2015) Handling uncertainty in marine systems design—state-of-the-art and need for research. In: IMDC 2015—12th international marine design conference, Tokyo, Japan, pp 324-342.

Fixson S, Ro Y, Liker J (2005) Modularisation and outsourcing: who drives whom? Int J Automot Technol Manage 5(2): 166-184.

Gaspar H, Rhodes D, Ross AM, Erikstad SO (2012) Addressing complexity aspects in conceptual ship design—a systems engineering approach. J Ship Prod Des 28(4): 1-15.

Hölttä-Otto K, de Weck O (2007) Degree of modularity in engineering systems and products with technical and business constraints. Concurrent Eng 15(2): 113-126.

Jogeva M (2014) Modularisation of passenger ship hotel areas. M. Sc., Aalto University.

Jolliff JV (1974) Modular ship design concepts. Naval Eng J 86(5): 11-32.

Marintek (1998) Innkjøp i salgsfasen, sluttrapport ("Procurement in the Sales Phase, final report"), MARINTEK.

Papanikolaou A (2010) Holistic ship design optimization. Comput Aided Des 42(11): 1028-1044.

Rehn CF (2018) Ship design under uncertainty. Ph. D., NTNU.

Rehn CF, Erikstad SO (2018) Versatility vs. retrofittability tradeoff in design of non-transport vessels. Ocean Eng 167: 229-238.

Salvador F, Forza C, Rungtusanatham M (2002) Modularity, product variety, production volume, and component sourcing: theorizing beyond generic prescriptions. J Oper Manag 20(5): 549-575.

Schank JF, Savitz S, Munson K, Perkinson B, McGee J, Sollinger JM (2016) Designing adaptable ships—modularity and flexibility in future ship design. Rand Corporation, Santa Monica, CA.

Schilling MA (2000) Towards a general modular systems theory and its application to interfirm product modularity. Acad Manag Rev 25(2): 312-334.

Simon HA (1962) The architecture of complexity. Proc Am Philos Soc 106(6): 467-482.

Simpson TW (2003) Product platform design and customization: status and promise. In: ASME design engineering technical conferences—design automation conference. K. Shimada, Chicago, IL.

Sortland S (2001) IT and Net-based solutions in product configuration and sales. Web-IT Maritime, Ålesund, Norway.

Suh NP (1990) The principles of design. Oxford University Press, New York.

Ulrich KT (2008) Product design and development. McGraw-Hill/Irwin, Boston.

Ulrich K, Tung K (1991) Fundamentals of product modularity. In: ASME winter annual meeting symposium on design and manufacturing integration, Atlanta, GA.

van Oers B (2011) A packing approach for the early stage design of service vessels. Ph. D., TU Delft van Oers B, Stapersma D, Hopman H (2007) Development and implementation of an optimisation-based space allocation routine for the generation of feasible concept designs. In: COMPIT 2007, Italy, pp 171-185.

Vestbøstad Ø (2011) System Based Ship Design for offshore vessels. M. Sc., NTNU.

Wuuren W, Halman JIM (2001) Platform-driven development of product families: linking theory with practice. In: The future of innovation studies conference, Eindhoven, The Netherlands.

斯坦·奥夫埃里克斯塔德(Stein Ove Erikstad)博士是船舶系统设计教授。他在挪威科技大学获得了博士学位。他于1992年从NTNU毕业,在行业和学术界担任过许多职务。包括挪威船级社(DNV)计算输出系统部,SINTET Marintek 等。最近担任 SAP Fedem 的技术总监(CTO)。他是一位提供咨询服务的公司(proNaivs)的联合创始人。提出了造船业 ICT 解决方案。他担任 NTNU 的专职教授已有十多年。他曾担任工程科学教育学院副院长、系主任,曾是麻省理工学院系统工程部客座研究科学家,他的研究方向专定于船舶设计和营运,以及最近的数字孪生技术。

第 11 章　船舶设计的应用可靠性、可用性和维护原则

文森特·勒·迪阿贡(Vincent Le Diagon)，李宁祥(Ningxiang Li)，
洛伊·克莱因(Loïc Klein)，菲利普·科里格南(Philippe Corrignan)

摘　要　可靠性、可用性和可维护性(RAM)是评估系统性能的最有效工具之一,其计算依据是营运可用性及其生命周期成本。RAM 研究结果可以确定可能造成营运损失的原因,并检查可能系统改进,使之成为成本与收益分析的决策工具。可靠性、可用性和可维护性在船舶设计中并不常见。然而由于环境法规和经济方面的考虑,船舶的复杂性和自动化水平越来越高,未来的船舶自动化趋势明显。这就要求对有许多装备的系统、在复杂的多种营运模式下营运并涉及关键营运的复杂船舶设计进行改进,在这些操作中,故障将对人员、资产或环境造成重大影响。在此背景下,船舶设计的重点领域是确保安全性和可靠性,并计及系统维护和生命周期成本。在这种情况下,本章重点讨论 RAM 分析在船舶设计中的适用性。在确定了 RAM 目标后,概述了现有的分析方法。然后是重要的项目,比如目标船舶设计的特殊性,主要船舶系统分析,RAM 分析过程最合适的方法,RAM 工具的主要功能和可靠性数据的可用性。RAM 分析在全球船舶设计过程中的实际集成将在 HOLISHIP 项目中开发和演示。

关键词　船舶设计;系统工程;可靠性;可用性;可维护性;RAM;生命周期成本

11.1　RAM 目标和方法的描述

11.1.1　RAM 目标

资产系统旨在执行功能,以达到最低的生产或服务水平。然而资产故障会降低系统满足这些目标的能力,同时增加了营运成本。

这就是为什么在设计阶段应该考虑资产故障的原因,以便从优化其性能和生命周期成本的角度评估系统设计。RAM 是评估系统设计性能最好的工具之一。实际上 RAM 建模根据营运可用性或生产能力估计系统性能。RAM 建模的结果将确定产生损失的可能原因,并检查可能的系统替代方案。因此 RAM 研究是进行分析成本与收益的决策工具。

11.1.2　RAM 方法

RAM 建模模拟系统中包含所有资产的配置、操作、故障、修复和维护。RAM 系统建模的输入包括物理组件、设备配置、平均故障间隔时间(MTBF)和平均修复时间(MTTR)、维

护理念、后勤和营运概况。输出决定了系统生命周期内的营运性能。

11.2　RAM 应用程序

即使在早期的概念设计阶段对 RAM 考虑在工程设计中也不是新鲜事（Stapelberg. 2009）。下一节将介绍在不同行业中的通常使用此方法的 RAM 应用程序。

11.2.1　飞机制造工业

最早应用 RAM 分析行业之一是飞机行业。安全是飞机设计中要解决的主要问题之一，这可以通过一个极其可靠的设计来实现。因此 RAM 的主要目的是评估不同关键系统的飞机飞行和安全可靠性。RAM 过程允许定义部件可靠性和资产冗余水平，以满足飞机的最低性能和安全。

11.2.2　铁路行业

在铁路行业中，RAM 分析常被用来估计列车概念设计的生命周期成本（LCC）。RAM 很好地说明了维护需求，特别是对于计划外的维修，以及由此产生的列车生命周期内的相关成本。

铁路公司意识到列车的巨大营运成本是高于购置成本，盈利更多地是由营运支出（OPEX），而非资本支出（CAPEX）的驱动。考虑到这种情况，铁路公司一直在引导他们投资于成本较低的新列车（资本支出＋运营成本），而不仅仅是购置成本较低的列车（仅资本支出）。这迫使列车制造商考虑维修成本对其设计的影响。这是 20 世纪 70 年代铁路行业提高 RAM 分析的主要原因之一。

11.2.3　石油和天然气/海上工业

20 世纪 70 年代经济危机以来，随着石油价格的不断上涨和深海油气田的不断发现，尽管投资和营运成本较高，但海上勘探的吸引力越来越大。实际上海上设施的吸引力在于能够在尽可能少停产情况下生产大量石油或天然气。

为了实现这一目标，通过建立完整的供应链模型，从油井（通过生产平台或 FPSO 或 FLNG 到陆上终端储罐）来进行 RAM 分析。

在整个供应链（储罐、主要流程、海底资产、配电系统、公用事业系统、维护公用事业等），以及交互地对设计、维护和节约理念的修改应用，直到 RAM 模拟中实现最小生产可用性目标为止。

11.2.4　国防工业

综合后勤保障（ILS）是国防工业中得到广泛使用的应用，因为它是一种计划和开发对军队的优化支持的管理方法，以确保在执行军事任务期间正确地使用武器库。ILS 流程中的 RAM 分析是确保部署正确的必要资源，可最大限度地提高武器库的使用率和最大限度地减少任务的营运成本。在构想武器库的过程中，RAM 有助于评估每个元素，以足够的可靠性和易维修性以及安全、经济的方式有效地执行其作战功能(DoD.2005)。

11.2.5 能源行业

任何发电系统的目标都是满足或超过客户对营运和效率的期望。这意味着可靠的操作、最小的计划内停机和提供预期的产品产量。随着时间的推移,随着电力生产需求的增长,发电厂的固定资产的效率随着使用年限的增长而下降,但随着人口的增长而增加。因此,对电厂进行了 RAM 研究,并结合过去几年运行中积累的数据。以评估发电厂的实际能力,以确保即将到来的电力生产需求,这些研究结论揭示了何时何地投资于工厂现代化和新的供应链策略,以增加发电厂绩效,同时降低发电成本。

11.2.6 加工工业

大多数加工工业(如炼油厂、石化厂和发电厂)都会安排定期计划的停产维护,以进行一般性维修和修复工作。对于可以多种配置的工厂——工厂有多条生产线或可以独立停止单元的工厂,由于中间存储容量的存在其他厂商还在继续生产,而 RAM 研究可以用于评估每种配置对年度总体可用性的影响。这种做法允许待优化工厂停工,即对工厂停工的顺序进行编程,以减少由于计划内的停工和维护资源成本而导致的生产损失。

11.3 船舶设计中 RAM 分析的动机

11.3.1 现状与发展趋势

如前所述,RAM 在工程设计中并也不是新鲜事,即使在早期的概念设计阶段也是如此。然而虽然在各个工业部门都考虑到这一点(见第 11.2 节),但在船舶设计中并未普遍解决。实际上,尽管在 80 年代初已经对这一课题进行了一些思考,但很少有关于船舶可靠性分析的文献,文献大多数是关于海上推进系统(Jurjević et al. 2012;Corrignan et al. 2018)或动力定位系统(Ebrahimt.2010)。船舶系统的可靠性主要从安全角度来考虑。事实上入级规范、工业标准(例如国际海洋承包商协会 Association-IMCA)或国际法规强行对许多不同的应用程序和情况、执行和验证,例如船舶控制和自动化系统、基于风险的新技术资格、海外访问系统、气体燃料/双燃料系统、基于计算机的系统(例如动力定位)、操舵装置和废气处理系统。进行 FMEA FMECA 的分析,FMECA 系统分析可靠性的第一步是定性和静态分析,无法确定船舶系统的可用性,其中需要同时处理设备的可靠性、系统体系结构的弹性(在组件发生故障时可能进行系统重新配置)和维修和维护策略。

然而,由于环境法规和经济方面的考虑,船舶的复杂性和自动化程度越来越高。这就要求对有许多配备的系统,在复杂多种营运状况下运行并涉及复杂关键操作的船舶设计进行改进,在这些操作中,故障将对人员、资产或环境造成重大影响。确定的重点领域包括:

在设计团队、系统供应商和船级社之间建立更紧密的合作关系;

确保验证安全性和可靠性;

核算系统维护和生命周期的成本。

自动化航运的发展正在进行中。以船舶机械为重点的前提条件,明确以自动化船舶具有足够水平的可靠性,是确保船舶安全和经济高效运行的先决条件(Brocken. 2016;Bureau Veritas. 2017;Blanke et al.2017)。因此造船厂、造船师和设备制造商越来越关注总拥有成本(即资本支出加上运营成本),而不是传统上只关注资本支出,这使得他们可以自由地向客户提出各种资本支出和营运成本策略。

11.3.2 船舶设计初期 RAM 的预期效益

对总拥有成本的核算应在概念设计阶段就进行财务处理。事实上对资本支出有很大影响的设计解决方案很早就做出了决策。这是推进动力装置以及设备的情况,它们占了船舶资本成本的很大一部分。设备技术、等级选择以及冗余度的选择,不仅对船舶设备成本有很大的影响,而且对总体布置也有很大的影响。

如第 11.6 节所述,RAM 分析需要详细地了解待分析的系统、预期的船舶营运状况这可能会耗费资源和时间,可以实施解决这些问题的各种策略。为了在早期设计阶段进行 RAM 分析,可以采用 EU HOLISHIP 项目中调查的各种策略来解决这些问题。从以前的项目中调整 RAM 模型、为各种通用系统结构创建 RAM 模型、建立设备可靠性数据目录、使用公共数据库中的数据(见第 11.6.3 节)等,都是快速、高效和可靠地执行 RAM 分析的方法。

11.3.3 用于 RAM 分析的主要目标船型

RAM 分析主要适用于复杂的船舶,因为复杂的船舶不仅是由于复杂的技术引起的,还可能是由于许多工程系统其相互作用的集成引起的。以下船型可列于此类别:

(1)具有动力定位作业、锚泊作业等近海供应船的专业船舶;

(2)具有动力定位功能的海上浮动结构物;

(3)客船;

(4)军用舰船。

此外,如前所述自航船舶的设计将要求其系统具有高度的可靠性,特别是在动力和动力推进方面。自航船舶首先以简单的设计和相对简单的设备为目标,即普通货船、集装箱船、散货船和石油和天然气油船(Brocken.2016)。

因此,大多数船型将在未来的设计阶段中从 RAM 分析中受益。

11.4 从 RAM 分析的角度看船舶设计的特殊性

如第 11.2 节所述,RAM 研究通常在不同行业中进行。但是每个案例应用程序都有其自身的特殊性,有时需要相应地调整 RAM 分析。就船舶设计而言,由于以下特性与其他应用程序相比,RAM 分析可能变得更加复杂:

(1)船舶种类繁多,每一种都被设计用于执行不同的操作,如航行、操纵、港口装卸或更具体的特殊作业,如锚泊作业、拖曳/牵引、采油、灭火、勘探等。可以执行的作业越多,RAM 模型的复杂性就越高,当操作的顺序和时间随时间变化时,RAM 模型会变得更加复杂。

(2)组成船舶的系统有时具有多种功能,根据船舶执行的作业其组件被激活或停用。例如,在柴油电力船上,电力供应系统不仅负责为船舶系统发电,同时还负责为推进提供动力。构成电力系统的推进和动力体系结构不同,发电机可能会产生不同的损失,从系统动力的完全损失到动力定位操作的中断,仍要保持船舶推进的正常运行。尽管这些考虑因素对于建模来说很复杂,但很重要。

(3) 某些设备或系统之间的相互依赖和相互作用可能非常强,但并不总是直接的作用,某些设备的丢失可能导致其他组件不可用。一个简单的例子是主柴油发动机和主配电板之间显然是独立的功能关系。然而主配电板提供的辅机是主机的关键功能。因此主配电板配电的损失可能导致主发动机的损失。另一个例子是海水系统,它的故障可以导致多个系统同时损失。

(4) 修理船舶的后勤工作非常特殊,因为船舶总是从一个地点航行到另一个地点。有些船舶在一个特定的区域航行,而另一些船舶则环游世界。此外大型船舶的维修人员可以跟随船舶航行修复船上的故障,而较小船舶很少或没有专门用于船舶维修的资源,因此维修只能在港口或船坞进行。在 RAM 建模中必须仔细考虑所有这些因素,因为它们会显著影响 RAM 结果。

(5) 外部因素,如天气和海况,或者更广泛地说,季节性。

(6) 最后,RAM 研究通常旨在评估系统的可用性。可用性通常由下列公式定义:

$A =$[系统处于正常运行状态的总时间]/[系统处于良好运作状态下的总时间 + 系统处于故障状态的总时间 + 总维修时间];或 $A =$[系统在总给定时间内的总产量]/在没有发生故障时,系统在给定时间内生成最大的产品]。

然后,可用性的概念很难应用到船舶上,因为它们的设计目的是执行操作、任务或服务,而不是生产一种产品,就像在工厂里,你可以将不可用性与生产损失(从而导致收入损失)联系起来。在船舶营运的情况下,很难将不可用性的百分比与超性能联系起来。这取决于哪一艘船舶营运更容易受到不可用性的影响。此外,如果推进无法产生实现其任务所需的速度,船舶的性能也会受到影响。在这种情况下,船舶仍然是可用的(因为仍在运行),但无法满负荷使用。解决这个问题的一种方法是遵循不同的基本原理,以便从 RAM 研究中获得绩效指标。例如 RAM 研究可以不使用可用性概念,而是直接提供任务成功的百分比(在所有可能的任务中)等结果。考虑到在项目过程中要做进一步的决策,这种指标对研究来说更有说服力。

由于这些特殊情况所导致的复杂性,对船舶 RAM 研究相当具有挑战性。它需要非常扎实的假设,而且还需要具有灵活建模的 RAM 工具。

11.5　自航船系统的 RAM 分析

除了结构和船体系统,RAM 分析几乎可以用于任何船舶系统:机械系统、货物系统、导航系统、发电系统、推进系统、动力定位系统等。

然而,RAM 研究的重点应放在船舶最关键的系统上,分析必须满足利益相关方的期望和需求。

首先要确定与安全有关的系统,即紧急情况下必不可少的系统,如应急发电或消防系统。系统功能的丧失可能导致重大安全问题、船舶完整性或失控等情况。推进和操纵系统被认为是与安全相关的系统。

与安全相关的系统,RAM 分析重点放在系统的可靠性上,来评估它们在船舶生命周期中发生故障的概率。如果这个安全标准的概率不能接受，则必须改进设计。RAM 分析的一部分是识别对系统不可靠性影响最大的部件。然后建议进行设计更改，如实现冗余或组件的可靠性改进。最后通过新的 RAM 分析重新对得到的替代设计的安全性进行评估。重复此过程，直到系统可靠性满足安全要求为止。

对安全、环境和船舶任务至关重要的船舶通用系统是推进/操纵和动力系统。在这些系统中，RAM 分析可以为船舶提供真正的附加价值。

近年来，国际社会越来越关注环境保护，特别是空气污染问题。正因为如此，船舶设计师在设计阶段更加重视船舶对环境的影响。发电系统是关注能源消耗和由此产生的污染排放等环境问题的主要系统之一。为了减少发电系统对环境的影响，设计者通常会开发多种解决方案，包括在不同的可能结构中配置不同类型的发电机。

RAM 分析能够评估船舶生命周期内柴油发动机和发电机的利用率。该输出可作为能源效率分析的补充，以估计产生更少空中排放的解决方案。

船舶设计目的是执行特定的任务或提供所需的服务。每次不提供特派服务，就会受到严重收入损失或者是罚款。在这种情况下，需要确定和评估系统对船舶的哪些性能有直接影响。这些系统取决于船舶的类型，也取决于船舶的用途/任务。对于大多数船舶而言，推进系统对船舶执行任务至关重要。例如对于邮轮来说，船舶空调对公司的声誉及业务至关重要。

对于这些系统，RAM 分析将着重于系统的可用性及其对舰艇任务和服务的影响。确定了关键部件，即导致船舶性能低下的最重要因素，并设计改进或维护方法的改进。对改进后的解决方案进行分析，并计算新船舶性能，分析"成本效益"和生命周期成本（LCC），以评估哪些变化值得应用。

11.6 RAM 研究

RAM 研究可以根据研究的范围和目标以多种方式进行。下面将描述进行一般性 RAM 研究的后续步骤，这些步骤可能因研究而异。

11.6.1 RAM 研究过程

RAM 研究的第一步是要分析定义范围。这意味着必须确定要评估系统的障碍。在这个阶段，系统可以分为子系统、组件、子组件等，直到组件级（通常在设备级），甚至可以分为子组件（例如设备的零件）。

收集组件的规格、操作模式和功能，以定义设备之间的系统配置和功能链接，即哪些设备需要运行，哪些设备处于备用模式（冗余）。

11.6.2 临界性分析

开始建模之前的一个重要步骤是临界性分析。该分析包括定义设备故障对系统性能的影响。它是通过故障模式、影响和临界分析（FMECA）来评估设备单点故障对其他设备和系统本身的功能影响。这寻求分析的全面性，这是 RAM 分析的重点。

11.6.3　可靠性数据收集

要进行 RAM 分析收集的主要数据是在工作范围每台设备的平均故障时间(MTTF)和平均修理时间(MTTR)。这些数据通常来自工业可靠性数据手册，然后由不同的利益相关方(主要是营运商，也包括设备制造厂商、工艺专家等)根据他们在类似项目中的经验进行评审。

11.6.4　RAM 假设

应该建立假设，以便定义 RAM 模型中需要考虑的哪些因素。通常假设包括用于模拟实际情况的操作和维护参数及条件。然而有些方面是无法模拟的。因此必须定义一些假设来简化模型(例如由于人为在模型中未考虑错误导致的故障)或由于缺乏信息而修改模型(例如在设计阶段，备件策略尚未定义，但在模型需要时，备件都是可用的)。

为了尽可能获得一致的模型，系统所有方面都应包括在假设中，并在 RAM 模型中加以考虑。这些假设包括设备和故障类型、营运特性、维护组织、备件资源、物流、预防性维护、外部因素和系统生命周期等方面。

11.6.5　RAM 建模、模拟和计算

一旦确定了工作范围和所有假设，就可以在 RAM 工具中对系统进行建模。根据所选择的工具，系统由故障树、可靠性框图(RBD)、Petri 网或功能"模块和链接"之类的模型表示，重新构建组件的行为模式(如运行中、发生故障、正在修复)和系统功能体系结构(如设备之间的冗余)。更简单的方法，每个设备都由一个名为"事件"、与其他元素相链接的"方块"或"砖"的元素表示。元素链接的方式取决于它们的功能及其故障对系统性能的影响。

如今，创新的 RAM 工具能够为其他类型的项目建模，这些项目不是设备的部件，而是会对系统性能产生影响的设备，比如维护工具、备件，甚至是外部因素，如天气。

对于每个设备，可靠性和维护性数据以及 RAM 假设中定义的其他数据(如物流时间和生产资料)都输入到模型中。

确定性 RAM 工具将 RAM 模型转换为复杂的可靠性、可用性公式。该公式可以计算多个性能指标，如每个设备的平均可用性和系统本身生命周期。

蒙特卡罗的工具将模拟整个系统生命周期内的操作周期。RAM 工具将根据为每个设备输入的可靠性数据模拟设备故障和修复。

当该工具执行模拟时，计算和测量系统全寿命周期内的故障序列的影响和系统性能维修情况。

11.6.6　结果

经过建模和模拟后，可以提取几个指标来评估系统性能，同时也可以确定系统需要改进的缺点。

生成的主要结果是系统总体可用性，通常将其与利益相关方预先定义的项目目标可用性进行比较。

第二个重要的结果是按元素对系统不可用性的贡献排序。这种排序也可以在子系统和

装配级别或按设备类型进行。这样的排序显示系统的瓶颈，并较好地说明了设计或操作改进和维护改进的方法。

可以从 RAM 模拟中提取许多其他性能指标，以便进一步分析。例如可以计算和使用每台设备的维修次数，以便在生命周期成本分析中计算与维修相关的营运成本。

另一个输出是每台设备每年的运行时间，这样就可以计算出它们的能耗，最终计算出它们的二氧化碳当量排放，以进行环境分析。

通常，所有确定的设计、操作、维护或物流，其改进方案都要经过一个名为"灵敏度案例"的新 RAM 模拟。"灵敏度案例"之间使利益相关方可以衡量每次改进的性能收益，并决定最佳策略。

11.7　RAM 建模

有几种 RAM 建模方法可以在商业中使用。方法的选择取决于几个标准，例如要建模系统的复杂性、应用程序的类型、所需结果的类型、输入的类型和考虑假设的范围。下面介绍目前在 RAM 研究中最常见的建模方法及其优缺点。

11.7.1　布尔(Boolean)形式

描述

在 RAM 过程中，要分析的系统通过其组件及交互作用对系统功能做出贡献的图形表示来建模。

布尔形式的经典方法是故障树、事件树和可靠性框图(Stapelberg，2009；Prosvirnova，2014)。

传统上最常用的建模方法是可靠性框图(RBD)，它表示并联连接或串联方式连接一系列块中的组件(见图 11.1)。每个方块表示系统的一个组件的故障率和平均修复时间。并行路径是冗余的，这意味着所有并行路径都失败时，并行网络才会失败。相反，任何沿着串联路径的失败都会导致整个串连路径失败。

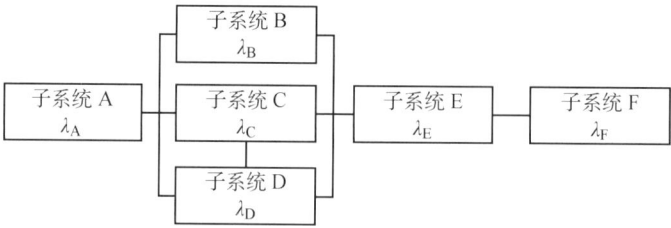

图 11.1　系统可靠性框图(RBD)示意图

优点

该模型易于实现，且速度快。这非常适用于工艺流程系统，因为石油和天然气生产就是这种情况。

缺点

由于可靠性框图的顺序可能不符合流程中设备的顺序,因此这种表示可能会造成混淆(RBD 不是工艺流程图 PFD)。

布尔形式对考虑的事件(故障)施加了非常严格的约束。假定所有事件都是独立的。在其他结果中,不可能考虑事件发生的顺序以及无论系统的当前状态如何,事件任何时候都可能发生。这阻止了对系统的动态建模。不同运行模式的系统通常在不同的设备配置下运行。在这些情况下,必须为每种可能的操作模式创建不同的 RBD 示意图。

对于具有不同产品流程的系统,需要为每个产品流程构建特定的 RBD 模型。

11.7.2 状态/转换式

描述

经典状态/过渡形式是马尔可夫链接和 Petri 随机网(Stapelberg. 2009;Prosvirnova. 2014)。

状态/转换的形式使得组件之间的依赖成为可能,例如冷冗余、资源共享和操作顺序。因此它们可以处理动态模型。然而就实际计算能力而言,这种能力是有代价的。

用于安全分析马尔可夫链接是有限状态的概率。它们用一个图形表示(见图 11.2),其中:

(1)系统状态用圆圈表示;

(2)状态之间的过渡用标有概率的箭头表示。这些概率通常对应于故障率 λ 或修复系统组件的速率 μ。

有些状态被认为是正在研究的系统可操作状态(有些组件在这些状态下可能发生故障),而则被认为是故障状态。

系统验证由马尔可夫链接建模的马尔可夫假设。这个假设表明"系统进化仅取决于系统的当前状态",这意味着流程没有内存。如果与部件故障和维修相关的延误得到验证,则可以验证该假设呈指数分布。

Petri 网是一种描述动态离散事件的建模语言。它也被称为位置/转换(PT)网络。与 Petri 网基本上是一个有向二部图,其中节点表示可能发生的过渡事件(用条形图表示)和位置(用圆形图表示)(见图 11.3)。

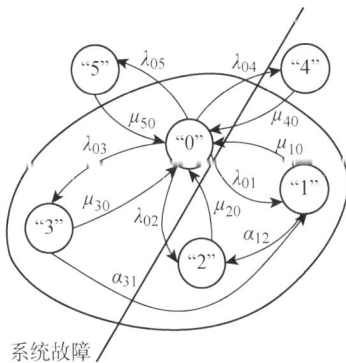

图 11.2 船舶推进系统的马尔可夫模型(Jurjevi et al. 2012)

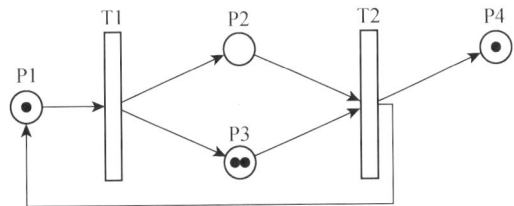

图 11.3 Petri 网表示系统的例子

在使用 Petri 网的 RAM 模型中,位置表示设备状态。状态基本是"运行中"和"故障"。可以添加其他状态,如"部分故障"和"完全故障",以便区分导致模式降级或临界故障。冗余设备增加"待机"状态等。节点基本上表示故障和修复(从"运行"状态到"故障"状态,反之亦然)。可以根据状态之间的转换添加额外的节点,就像冗余设备需要从"待机"状态到"运行中"状态的特定转换一样。

Petri 网还可以用来建模设备以外的组件,例如维护工具和备件。

优点

马尔可夫链接和 Petri 网可用于动态模型。

Petri 网是一种非常灵活的方法,它可以对复杂系统建模。它还提供了将可能集成到 RAM 模型中的物流支持作为维护和备件资源。Petri 网将系统描述为可重用组件的层次结构。

缺点

由于状态呈指数增长,马尔可夫链变得难以处理。它的图形表示对于小型系统很方便,对于大型模型则很难可视化。

形式主义不允许将系统描述为可重用组件的层次结构。对于这两类方法,对于具有许多组件的系统,建模可能比 RBD 耗时。在可靠性框图中很难表示流的传播。对于不熟悉马尔可夫链接或 Petri 网表示的人来说,理解系统也很困难。

11.7.3 基于模型的模型

描述:

自 20 世纪 90 年代以来,随着计算技术的进步,为满足越来越复杂的建模系统需要,人们开发了多种建模方法。这些方法结合了"传统"RAM 方法的原理(如 RBD 和 Petri 网),但采用了更多功能的方法。其结果是开发所谓的基于模型的方法,这些方法保留了"传统方法"的优点,但对被建模的系统更容易理解和表示更简单。

这些方法使用高级建模语言,如 AltaRica(Prosvirnova, 2014)。建模包括将设备表示为"方块",这些"方块"通过功能彼此链接。这样可以简化表示,即使它们包含在方块本身中,设备所有状态并没有在模型中直观地显示出来(见图 11.4)。

优点

与经典方法相比,基于模型的方法具有以下优点:

RAM 模型表示接近所研究系统的功能和物理体系结构。此外它们还可以进行图形化动画处理,并且可以对事件或事故场景进行可视化和讨论。这使它们在设计团队中易于理解和共享。

此外,在系统规范中传播更改以及跟踪更改要容易得多。

RAM 模型结构与其他系统工程学科设计的模型(例如能源性能建模)非常接近,这使得 RAM 分析与其他系统设计过程的集成更加容易。

一般来说,高级建模语言比布尔形式(如故障树或可靠性方块图)具有更强的表达能力。因此可以捕获现象,例如备用冗余和共享组件。

高级建模可以在组件级(通过库的设计)和系统级别(将一个项目的设计模型调整为另一个项目的模型设计)的模型中使用。

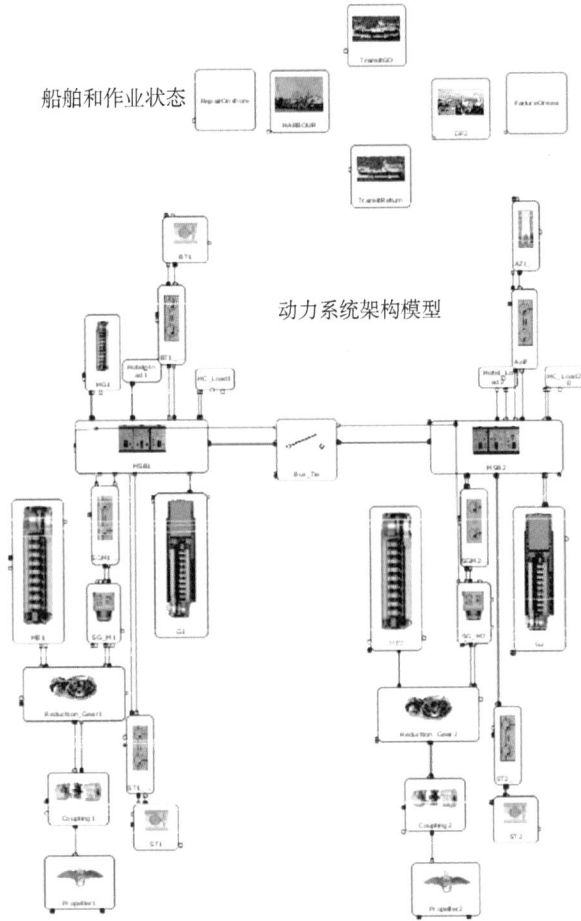

图 11.4　SIMFIA 中的动力系统结构建模(Corrignan 等.2018)

缺点

由于必须进行蒙特卡罗模拟来捕捉系统的动态行为,因此对于非常复杂的系统,这种建模方法非常耗时,也非常消耗计算资源。

11.7.4　最适合船舶设计的建模

如果要建模系统的功能非常简单,而且对船舶其他系统的干扰很少,那么可以使用 RBD 模型。

否则由于船舶的特殊性,最适合船舶设计的建模方法是 Petri 网法和基于模型的方法(见第 11.4 节)。事实上这些方法可以在设计、交互系统和逻辑问题方面为其他复杂度高的系统建模。

在 Petri 网法和基于模型的方法之间进行选择,更多地取决于用户的技巧和经验。由基于模型的方法提供的系统对 RAM 分析人员与船舶建造师/系统工程师之间的沟通是很有帮助的。

11.8 RAM 工具的主要功能

以下章节介绍 RAM 建模和在 RAM 研究中不同步骤中所需的模拟工具的功能。

11.8.1 逐步分析验证

验证的逐步分析允许 RAM 分析人员在模拟之前检查模型正确行为的几个功能很重要。

日志报告所有的故障、动态和修复

这允许模拟全寿命周期，并检查在模拟过程中发生了什么，有无出现异常。每当一个设备发生故障时，就计算这种故障对生产或任务的影响，记录修理开始的时刻，以及设备重新投入使用的时刻。因此如果在特定的生命周期中观察较低的可用性，则可以对其进行分析，以了解停机的原因。

模型中最敏感的部分是为了模拟特定行为而设置的不同条件逻辑，例如只有当多个相同类型的设备同时发生故障时才替换设备。另一个例子是只有当船舶返回港口时才修理设备。

逐步模拟

此功能使用户可以一次模拟一个事件的计算。因此用户可以手动触发设备上的任何故障，并检查接下来会发生什么情况。

这样可以可视化故障对整个系统的影响，并确保备用的冗余设备可以适当接替。它还允许检查故障的正确传播（例如泵的电机故障导致泵停止工作）以及对系统的影响。此外还可以验证操作模式的改变是否正确进行。

11.8.2 类型的计算

精确分析计算

某一设备的可靠性由式（11.1）给出：

$$\boldsymbol{R}(t) = e^{-\lambda t} \tag{11.1}$$

λ 是设备故障率，即一个项目中故障的总数比总观察时间（在项目生命周期中的指定时间段内）。

因此通过建立系统的故障准则，可以通过可靠性框图或故障/事件树的形式表示，可以使用可靠性方程来计算系统的可靠性。模型组件要么是串联、并联或两者的组合。

串联配置的可靠性由式（11.2）给出：

$$\boldsymbol{R}_{\text{series}} = \prod_{i=1}^{n} \boldsymbol{R}_i \tag{11.2}$$

并联配置的可靠性由式（11.3）给出：

$$\boldsymbol{R}_{\text{parallel}} = 1 - \prod_{i=1}^{n} (1 - \boldsymbol{R}_i) \tag{11.3}$$

用式（11.1）、式（11.2）和式（11.3）可以计算系统的可靠性。然而这种方法很难应用于复杂的模型。因此需要使用模拟。

蒙特卡洛模拟

蒙特卡罗模拟试图通过使用随机数对预测事件进行数学建模来复制或近似现实生活中的事件。在实践中这意味着尽管使用概率分布来模拟生产系统中组件的故障和修复特性，但是每个唯一的时间安排和事件顺序将产生不同的性能结果。

通过运行许多试运行的模拟（通常称为生命周期），并将所有这些生命周期的结果聚合在一起，蒙特卡罗模拟可以表示模型的总体性能及可变性。

每个生命周期都有自己的随机数，它决定了该生命周期的时间事件。应提供该生命周期的可用性以及列出每个生命周期、可用性和模拟因子。然后任何给定的生命周期都可以通过输入随机数因子精确地复制，以分析这个特定生命周期中的一系列事件。

11.8.3　结论

RAM 模拟典型结果是系统的可靠性和可用性，以便了解装置的潜在性能。装置还可以细分为更小的系统，包括实用程序，并且可以获知每个组件、设备组和系统的不可用性。这就可以确定装置瓶颈，并且关注提高系统性能的关键指标。

对于船舶设计的 RAM 分析，还可以提供性能指标，例如成功完成任务的百分比，而没有延迟（超过可能的任务总数）等。

还可以从 RAM 中提取设备维修次数和装置生命周期中维护数实用程序动员次数之类的输出结果，以进行进一步分析生命周期成本（LCC）。

11.8.4　敏感性

在第一轮结果之后进入敏感性，以便比较几个设计方案或操作选项，或研究提高系统可用性的潜在解决方案。因此有可能：

在设备或设备组上包括的额外冗余；

考虑敏感设备的备用交货时间；

评估维修队伍的可用性，并最终增加维修团队的人员数量；

更改一组假设；

使用现场数据并与通用数据库进行比较

11.8.5　生命周期成本（LCC）计算

根据观察到的每个系统组件的故障数量，可以确定故障的成本，其中包括维护成本和装置不可用的成本。

维修费用包括下列有关的费用：

（1）设备维修；

（2）备件成本及存储；

（3）维护团队的工资；

（4）船舶调动和工具等。

与装置不可用有关的费用包括：

（5）非生产成本；

（6）为跟上生产进度而花费的额外的生产成本；

（7）不合格的产品成本；

（8）罚款等。

该模型影响每个故障事件的成本，从而能够评估运行和装置的总成本。

11.9 AM 分析的可靠性数据

进行 RAM 分析所需的数据至少有：

（1）工艺流程图（PFD），管道和仪表图（P&ID），装置的总布置图；

（2）设计依据；

（3）设备清单；

（4）了解不同设备故障的影响的因果矩阵：

    —— 每台设备的平均故障时间（MTTF）；

    —— 每台设备的平均修理时间（MTTR）；

    —— 预计进行设备维修的所有准备时间（如设备隔离、施工许可、工具采购、脚手架……）。

公司/业主/经营者所设想的维修理念（例如，故障设备是否立即维修？还是维修工作要推迟到计划的下一站？）

专门针对船舶设计，应提供额外数据，例如：

（1）主单线图；

（2）船舶运营模式说明；

（3）备件策略（哪些备件存储在船上，是否在岸上仓库中存储或根本不存储）；

（4）预防性维修策略（在船上、港口及定期检验中进行）；

（5）设备发生故障时的物流时间：

    —— 维修人员动员时间；

    —— 养护设施（或救援）动员时间；

    —— 备件准备时间（根据备件策略）；

    —— 预防性维修时间（根据预防性维修策略）。

RAM 过程中最重要的一个问题是用于描述设备计划外故障和设备后续维修（即 MTTF 和 MTTR）的数据。重要的是数据是适用的，并且对项目团队有信心。没有这样的信心这项研究所能实现的益处将是有限的。随着研究的进行，来自下列来源的数据应纳入 RAM 模型：

（1）操作人员的履历和维护记录；

（2）通用行业资源；例如（ORE DA. 2009），（IEEE. 1984），（MILHDRK 217F. 1991）；

（3）供应商数据；

（4）RAM 研讨会（与营运人员讨论）。

在一般行业来源中没有可用的数据，则与操作人员讨论是定义设备可靠性数据的理想选择。一旦完成建模并进行模拟，就可以对最具贡献的设备 MTTF 和 MTTR 进行微调和修正，并将结果与一系列数据进行比较。这将给出与设备可靠性相关的置信区间。如果通用数据源中没有可用的数据，则修改数据的另一种方法是将设备分为子组件，并对其进行详细的故障模式和临界性分析。

11.10　结论

本章主要讨论可靠性、可用性和可维护性(RAM)在船舶设计中的适用性。

正如在其他行业中已经被广泛应用的那样,就生命周期成本绩效而言 RAM 分析有望成为船舶设计优化和强大工具。从操作的角度来看,它对定义设备维修策略(预防性维修、备件管理)也很有帮助。

RAM 分析主要适用于复杂的船舶,在这种情况下,复杂性不仅来自技术,还可能来自于许多工程其交互的集成。这自然涉及到船舶类型,如专用船舶(例如具有动力定位作业、锚泊作业的近海供应船)、客船和海军舰艇。然而考虑到目前发展高度自动化甚至自动化货船的趋势,在不久的将来几乎所有类型的船舶都会受到关注。

借助新的建模方法和工具,船舶系统和操作的复杂性和特殊性可以被捕获。然而这种模型可能变得复杂且耗时。因此为了在早期设计阶段进行 RAM 分析,需要实施解决这些问题的策略。RAM 模型为各种通用系统体系结构创建 RAM 模型等可能使用的方法,RAM 以快速、高效和可靠地执行 RAM 分析的方法。这将在欧盟海上供应船设计的 HOLISHIP 项目中进一步研究,以用于设计近海供应船的概念设计。

在概念和设计阶段,RAM 建模依赖于设备故障和修复时间的相关数据。虽然有一般的工业数据源,但目前还没有专门针对船用设备的数据库。建立这样的数据库将有助于在船舶设计中更大规模地使用 RAM 分析。

参考文献

Blanke M, Henriques M, Bang J (2017) A pre-analysis on autonomous ships. Technical University of Denmark. https://www.dma.dk/Documents/Publikationer/Autonome%20skibe_DTU_rapport_UK.pdf

Brocken EM (2016) Improving the reliability of ship machinery: a step towards unmanned shipping. Mechanical, Maritime and Materials Engineering, Marine and Transport Technology, Ship Design, Production and Operations, Delft University of Technology. https://repository.tudelft.nl/islandora/object/uuid:54a835fe-4b47-4827-8cd3-811b48b5a7ec

Bureau Veritas (2017) Guidelines for autonomous shipping, Guidance Note NI 641 DT R00 E.

Corrignan P, Le Diagon V, Torben S, de Jongh M, Rafine B, Le Nena R, Guegan A, Sagaspe L, de Bossoreille X (2018) System engineering-based design for safety and total cost of ownership. In: Proceedings of the 13th international marine design conference—IMDC 2018, Helsinki, Finland.

Davis CE, Graham WC (1982) Reliability analysis of large commercial vessel engine room automation systems, vol 1—Results. Final report for US Department of Transportation, United States Coast Guard, Office research and Development. www.dtic.mil/dtic/tr/fulltext/u2/a135487.pdf

DoD (2005) DoD guide for achieving reliability, availability and maintainability. US Department of Defence, August 2005. https://www.dsiac.org/resources/reference_documents/dodguide-achieving-reliability-availability-and-maintainability

Ebrahimi A (2010) Effect analysis of reliability, availability, maintainability and safety (RAMS) parameters in design and operation of dynamic positioning (DP) systems in floating offshore structures. KTH, Royal

Institute of Technology，School of Industrial Engineering，Department Production Engineering and Management. www. diva-portal. org/smash/get/diva2：556580/fulltext01

HOLISHIP（2016-2020）Holistic optimisation of ship design and operation for life cycle. Project funded by the European Commission，H2020- DG Research，Grant Agreement 689074，http：//www. holiship. eu

Jurjević M，Jurjević N，Koboević N（2012）Modelling of dynamic reliability stages of a ship propulsion system with safety and exhaust emission. Technical Gazette 19（1）：159-165. ISSN 1330-3651，UDC/UDK［629. 5. 054. 03；629. 5. 017］：519. 217，https：/hrcak. srce. hr/file/117661

McAvoy BR（ed）（1984）Proceedings ultrasonics symposium，IEEE. ISSN：0090-5607.

MIL-HDBK-217F（1991）Military handbook reliability prediction of electronic equipment.

OREDA（2009）Handbook on high quality reliability data for offshore equipment collected during OREDA Project，5th edn，vol I. prepared by SINTEF.

Prosvirnova T（2014）AltaRica 3. 0：a model-based approach for safety analyses，computational engineering，finance，and science［cs. CE］Ecole Polytechnique，https：//pastel. archives-ouvertes. fr/tel-01119730v2

Stapelberg RF（ed）（2009）Handbook of reliability，availability，maintainability and safety in engineering design. Springer Publishers，ISBN 978-1-84800-174-9（print）978-1-84800-175-6（ebook）.

文森特·勒·迪阿贡（Vincent Le Diagon），机械工程师，巴黎 ENSAM 的维护管理硕士学位。在风险、可靠性、维护工程、资产管理和基于 CAPEX/OPEX 优化的研究和咨询领域拥有 13 年的关于风险/成本的权威经验。在一家私人公司担任资产管理顾问 7 年后，他于 2012 年加入法国船级社（BV），担任风险评估工程师。他的经验包括参与领导全球多个行业的工业资产管理方法和工具实施项目。涉及核能、采矿、钢铁/冶金、化工、制药、食品，运输，船舶和海洋工程。

李宁祥（Ningxiang Li）毕业于法国工程师学院 ESSTIN 系从事维护专业。自 2011 年以来他担任风险评估和维护工程师，执行资产管理研究和风险评估研究，包括 RCM，LCC，天然气，汽车和化工产品单位的备件项目。自 2013 年以来担任法国船级社宁乡总部的负责人，负责风险评估、可靠性和维护工程。涉及的项目包括石油和天然气的 RCM、FMEA、RAM、HAZID 和 HAZOP 研究，天然气、海洋新能源和海上运输领域。

洛伊克·克莱因（Loïc Klein），国立布尔日高等专科学校的工程学学位的高级工程师。他专门从事研究风险评估和可靠性分析。2018 年他加入在巴黎的法国船级社（BV），担任风险评估和安全工程师。主要进行风险评估、可靠性和维护分析，以及有关气体处理的风险评估研究。他在服务部负责风险评估、安全，船舶和海洋工程的可靠性分析。

菲利普·科里格南（Philippe Corrignan），民用/航空工程学、航空/航空航天专业化学以及晃荡力学专业学位。他的工作主要涉及流体力学和空气动力学、能量学、网络和安全性。在 2007 年加入 BV 之前，他在一家提供研究和咨询服务的私人公司工作 10 年。在海洋领域先是工程师，后为项目经理和实验小组组员，在实验（实验室、现场），测量开发和工业监控系统和管理欧洲研发项目，他现在是法国船级社（BV）船舶与海洋工程服务部，从事工程管理和风险评估工作。

第 12 章 生命周期绩效评估(LCPA)工具

理特奥·马格风卡尔达(Matteo Maggioncalda),保拉·古拉尼(Paola Gualeni),
基亚拉·诺塔罗(Chiara Notaro),卡罗·考(Carlo Cau),
马科斯·博纳佐恩塔斯(Markos Bonazountas),
斯巴罗斯·斯塔马蒂斯(Spyros Stamatis)

摘　要　在本章中,我们将对正在使用中的船舶生命周期内的经济和环境进行评估,并将其作为参考,使用正在开发的 HOLISHIP 项目中生命周期绩效评估(LCPA)工具。首先,在文献综述的基础上,简要回顾了生命周期成本和生命周期评价的概念。理想的目标是将这两个问题结合起来,并在循环经济的视角下融入到船舶设计过程中。然后,参考船舶生命的结束阶段,解释了可能采用的策略,并强调指出在早期设计阶段估计能耗和经济性能的局限性。此外,这个问题越来越引起人们的关注。简要介绍了与生命结束评估有关的法规和规则。讨论 LCPA 工具采用的关键性能指标(KPI)。这些 KPI 被分为两类:环境和经济。然后提出了一种比较不同船舶配置 KPI 的方法,并试图对环境和经济方面进行综合评估。给出了 KPI 与船舶性能的关系。根据可用的详细程度,kpi 计算准确性也会随之变化。最后,简要地讨论了某些参数(例如燃料价格、运费)的不确定性对 kpi 的影响,并探讨了考虑这些参数的方法。HOLISHIP LCPA 的应用结果将在 HOLISHIP 计划的第二卷中介绍。

关键词　生命周期;船舶设计;LCC;LCA;循环经济;LCPACER;KPI;不确定性

12.1 介绍

　　欧盟 HOLISHIP(船舶设计和全寿命周期营运的整体优化)项目旨在通过开发涵盖船舶全寿命周期的集成软件(s/w)工具,对船舶和其他海上资产进行设计和优化,特别是该项目的特定工作着重于工具的开发。该工具能够对船舶和海上资产进行"一体化"全寿命周期成本(LCC)和生命周期分析(LCA)评估,该应用程序适用于 9 个不同类型的船舶的应用案例。

　　这种全面的方法代表着评估技术向前迈进了一大步,因为目前只有一部分船只生命周期的集成数据在通用数据和软件平台上。因此决策过程主要是基于叠加原理对奇异问题的综合最优解,以实现可能的最优设计。另一个问题是造船厂和船东通常倾向于针对各自的目标优化产品。一方面船厂愿意以较低的成本建造出满足客户要求的船舶,从而保证合同中规定的所有技术要求符合设计合同的技术规格中。另一方面船东更愿意调整船队,以降低营运成本和增加收入。然而人们认识到从早期设计阶段开始分析不同的营运状况和船型,可以获得更好的性能、更低的成本和环境影响。分析对环境影响和生命周期成本对船厂和船东都是有利的。

　　该工具一旦发布并集成到 HOLISHIP 平台上,就可以从设计人员、造船厂以及船东的角度,在整个初始设计和合同设计阶段优化船舶设计的经济方面和环境影响。这将通过计算选定关键绩效指标(KPI)来执行,并将对其进行后期处理,获得一个独特的唯一的 LCPA 指数,该指数描述了船舶配置的绩效。

12.2　评估方法

　　HOLISHIP 项目负责评估不同船型在各种可能情况下的经济、环境/能源性能。这些性能可能与不同的营运状况、维护策略或舰艇的其他特性有关。在这种情况下,综合使用生命周期成本(LCC)和生命周期评估(LCA)程序并将其应用于航运领域,方便设计人员可以比较不同的船舶配置。

　　LCC 和 LCA 在许多领域中广为人知并得到广泛应用:分别在 ISO 标准 ISO 15686-5(2008)和 ISO 14040(2006)中进行定义。下面考虑到 HOLISHIP 的具体目的,简要介绍 LCC 和 LCA。

12.2.1　生命周期成本法

　　LCC 的概念诞生于 1965 年的美国,当时美国后勤管理研究所在一份与军事相关的文件中使用了"生命周期成本"这一术语。在这份文件之后,美国国防部在 20 世纪 70 年代初出版了三本指南,其中表达了 Okano(2001)所述的生命周期成本的主要概念。从那时起许多关于生命周期成本计算的实践和理论开始出现,并发行了许多出版物。

　　在当今竞争激烈的全球市场上,并行工程或生命周期已成为解决改进产品设计、减少设计变更和投放市场时间的有效方法(Bernar,2012)。生命周期的主要独特之处在于,在产品开发的每个阶段都要考虑产品的全寿命周期。生命周期工程超出了产品本身的生命周期,同时考虑了建造过程和产品服务系统的问题。理想情况是在循环经济下实现这一目标。

　　生命周期产品设计中需要考虑三个协调阶段,如图 12.1 所示。产品的生命周期从确定需求开始,一直延伸到设计、建造、客户使用、支持和处置或回收。

图 12.1　典型生命周期阶段

　　图 12.2(Asiedu Gu,1998)的表中的各个元素中,可以确定哪些成本仅涉及 LCC 分析(即左起的两列,"公司成本"和"用户成本"),以及与健康和环境保护有关的问题,它们是 LCA 的典型代表(即右侧的最后一列,"社会成本")。

12.2.2　生命周期评估

　　LCA 是对产品或服务在全寿命周期中的环境影响评估(Langdon,2008)。1969 年,可口可乐公司进行了第一项著名的铝罐回收项目的研究。然而在 20 世纪 70 年代,这些方法是基于产品生命的单一阶段,如生产,或一个单一问题(如废水处理)。因此它们在环境效益方面不是特别有效。

　　1979 年,环境毒理学与化学学会(SETAC)作为一个非营利性的专业学会成立,旨在促

	公司成本	使用者成本	社会成本
设计	·市场 ·确定 ·开发		
建造	·材料 ·能量 ·设备 ·工资、薪金等		·浪费 ·污染 ·健康的损害
营运	·交通 ·存储 ·浪费 ·破损 ·保修服务	·交通 ·存储 ·能耗 ·材料 ·维护	·包装 ·浪费 ·污染 ·健康的损害
处置回收		·处置回收利用费	·浪费 ·处置 ·污染 ·健康的损害

图 12.2　生命周期阶段和成本

进在研究环境问题时采用多种方法。在 1980 年代后期,生命周期评估作为一种工具出现,可以更好地了解产品系统的风险、机会及环境影响。在 1990 年由 SETAC 赞助的第一届国际研讨会上,创造了"生命周期评估"一词。LCA 优点是避免将产品的环境成本转移到其他生命周期阶段或产品系统的其他部分,因为它考虑了产品的全寿命周期。

LCA 可以在以下方面提供帮助(Langdon, 2006):

确定所研究产品或服务在全寿命周期中的改进机会;

工业界、政府和非政府组织的决策;

选择相关的环境绩效指标和适用的测量技术;

产品的市场推广机会,例如环保声明、生态标签计划或环境产品声明(EPD)。

12.2.3　海运行业的 LCC 和 LCA

近年来,针对 LCC 和 LCA 出现了不同的方法,在某些情况下产生了混淆和利益冲突。许多混合技术的诞生是为了尝试在 LCA 评估中考虑 LCC 的某些方面,反之亦然。的确方法上的差异和环境、经济和社会优先事项的权重不同导致政策问题和商业观点产生相互矛盾。

虽然拓宽了进行可持续性评估的不同方法,但各种研究的零散发展导致了区别的模糊,因此工具之间的相互协同变得更难确定(Hoogmartens et al. 2014)。这也是为什么将这两个评估综合到一个工具中的很重要的原因,这代表了在 HOLISHIP 项目框架下这项工作的目的。如前所述 LCC 和 LCA 是分析产品生命周期的两种不同方法。然而这两种方法在船舶设计中难以统一应用。最好进行一项同时考虑到经济、环境、能源等方面的分析。

理想情况下,对于航运业中的 LCC 和 LCA,用于航运的船舶设计应考虑到产品全寿命周期,从船舶概念设计到报废/回收。但是目前,只有船舶的生命周期的一部分是集成在通用数据库和软件平台上。因此决策过程主要是考虑叠加原理对奇异问题最优解的综合,以实现可能的最优设计。

另一个问题是造船厂和船东通常以独立的视觉优化他们的产品。因此对环境影响和成本的生命周期分析可能对造船厂和船东都有利。

HOLISHIP 填补了设计和生命周期分析之间的空白，从其他欧洲项目开始（如超低排放船舶联合营运（JOULES）），对不同船舶配置 LCA 模拟进行了评估，以评估航运业的潜在减排。从这个意义上说，将要开发的工具是 JOVLES 工具的拓展（Wurst. 2016）。

12.2.4　成本估算方法和 KPI 的采用

LCC 分析中的一个关键问题是成本估算。成本估计方法可以归纳为三大类：类比估计、参数估计和自下而上估计。大多数现有模型可以直接与这三类方法之一相关联，也可以是两类或全部方法的结合体。三类基本模型如图 12.3 所示。类比成本估算法的特点是根据同类产品与目标产品之间的差异调整产品的成本。这种估计技术依赖于假设相似产品具有相似成本。根据过去两种情况存储设计的相似性和差异性，估算实际设计成本。这种基于案例的方法在早期设计阶段非常有用。有了过去的成本数据，就有可能在最短的时间内得到最相近的数据。

可以利用多个案例来建立基准函数或模型，其中一个主要产品属性与产品成本线性匹配。然后根据主要属性值来估计产品的制造成本。该方法通过使用额外的参数或成本驱动因素（复杂性因素）来进一步增强准确性，这些参数或成本驱动因素考虑了与已建立基准的部分差异（Asiedu. 1998；Hueber et al. 2016）。

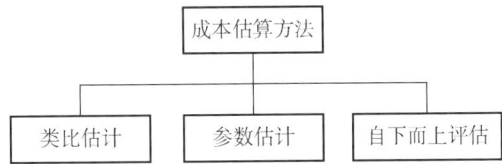

图 12.3　三种主要成本估算方法

参数成本估计的基本原则是建立"成本估计关系"（CER）。成本估算关系是产品或系统的成本与其某些参数之间的数学关系，这些参数称为"成本驱动因素"。使用 CER，可以根据零件的大小来预测零件成本，估算成本关系。这些模型可以使用一个或多个参数或变量，如重量、尺寸和数量来估算这些参数与产品成本之间的数学关系。成本驱动因素必然会对成本变动产生重大的影响，或者会遵循成本变动的趋势。一个成本估算模型可以或者由不同的 CER。该方法的缺点是依赖于历史数据库，因此超出此数据库范围的使用不确定性可能会导致错误的结果。此外它还无法描述技术变更或更改的系统需求（Asiedu. 1998；Hueber et al. 2016）。

在自下而上的估计中，所有的工作步骤及其在材料、工作、基础设施等方面的成本都被加起来以产生产品的最终成本。对于这种估算或计算，必须对流程、流程交互和零件设计细节有深入的了解。这种方法的优点是其提供了详细的层次和系统与组件之间的直接关系。这对成本敏感的产品特别有用，因为可以在设计过程中向设计师提供直接的成本影响因素。另一方面，工程"构建"或自下而上方法的最大缺点是进行估算的巨大工作量和所需产品大量的详细信息。然而其提供了一个容易理解的过程，且唯一适用于新技术或产品开发的方法（Asiedu. 1998；Hueber et al. 2016）。

在这三类方法中，参数成本估计是早期设计中最适合进行初步评估的方法（Shetelig.

2013)。理论上,这三类成本估算方法都适用于设计中的不同阶段,但可用数据的数量和详细程度决定哪类方法是合适的。通常在新造船项目的早期阶段就已经讨论过,HOLISHIP目标是调查高水平性能需求变化针对 LCC 和 LCA 的成本影响,在新造船项目中,成本没有分配或只有一小部分成本被分配。当数据可用时,自下向上参数化方法代表了最佳基础选择,最终与类似方法结合使用。

为了综合分析环境和经济生命周期的结果,正在开发一个全寿命周期绩效评价工具(LCPA)并加以应用。该程序将 LCA 和 LCC 的各个方面合并,评估经济和环境能源的关键绩效指标(KPI),或由软件计算进行成本和排放评估,并将它们合并为一个全球指数,即上述的 LCPA 指数。按照这种新方法,还可以定义与海洋环境直接相关的 KPI,如能效设计指数(EEDI)。这个程序用来比较不同的配置,而不是评估单个 KPI 绝对值,由于缺乏数据和成本预测模型中的不确定性这将更加困难。该方法的详情见于第 12.5 节和第 12.6 节。

12.3 报废阶段

本节概述了船报废阶段,并分析了目前的 HOLISHIP 项目技术状态及其集成,特别是对 LCPA 工具。

12.3.1 生命结束阶段的替代方案

为了分析报废阶段的替代方案,从生命周期的角度引入循环经济概念完成资产总成本的概述。循环经济是一种以建造、使用和处置为基础替代传统线性的经济观点。相反资源被尽可能长时间地处于使用中,在使用时从中获得最大的价值,然后在报废阶段时回收和再利用。因此循环经济的概念与船舶及其零部件的回收和制造密切相关。向循环经济的转型,是欧盟为可持续发展、低碳、资源节约和竞争力的经济作出的重要贡献。在这种观点下,HOLISHIP 可能在实现这种意识中发挥积极的作用。

再利用是循环经济的一项重要战略。如图 12.4 所示,当产品(船舶)到达报废阶段时,有不同的处理方法(Jansson,2016)。

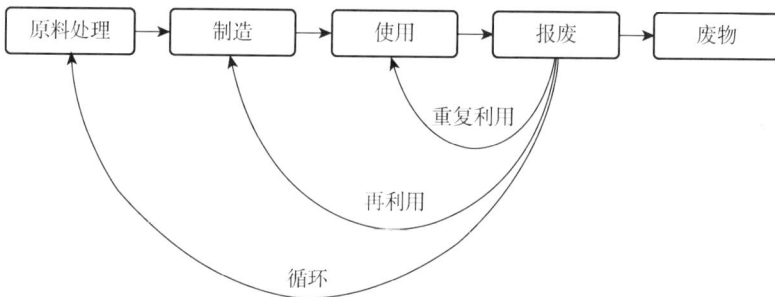

图 12.4 产品的回收、再利用、再利用和最终的废物

有几个方法适合在报废阶段应用:重复使用,即不作任何修改产品的简单重复使用;回收,即提取产品的原材料用于新产品;再利用,系指对报废的部件或产品采取一系列制造步骤,使其恢复到新的零件或性能更好的产品,并提供相应的保修;处置,即当一个物品被认为

是无用的，因此它成为一种废物被处置。

在循环经济中，处置（例如拆船）是最不利的选择，因为它在所有选择中产生的废物量较大。另一方面，就可持续性而言，尤其是再制造、再利用和回收在船舶设计的初步阶段已经考虑到的是最佳的战略。近年来有关部门要求船舶在达到使用寿命结束时遵守这些规定。为此国际海事组织（IMO）制定的《香港公约》对船舶回收利用作出了规定。这涵盖了船舶的设计、建造、营运和准备，以促进安全和对环境无害回收，同时又不影响安全和效率（IMO.2009）。再制造机会在侧重于部件级和特定子系统的修船活动中更为明显（Jansson.2016）。

在设计阶段，预测和量化一艘船在使用寿命结束时的成本、收入和环境影响是困难的，而且还远远不够。再制造和航运业循环经济需要克服的最大问题之一是在设计阶段就要考虑到对船舶的评估和开发。这是因为船舶是人类建造的最复杂系统之一，尤其是客船和军用舰船。

为提高行业盈利能力，减少排放，有必要评估经济和环境绩效，不仅要满足合同的要求而且还要对营运和再制造阶段进行评估。从生命周期的角度出发应用循环经济的概念。在这种情况下，至少在设计新单元时，必须以正确的方式进行众所周知的生命周期成本（LCC）和生命周期评估（LCA）分析。实际上它们在许多行业都得到很好开发和应用，但在航运业中没有得到充分的应用。

12.3.2　报废评估的 KPI 输入

上面已经提到，对报废评估可以作为一个经济和能源问题加以分析。这就是为什么使用经济和环境指标来进行报废评价的原因。

在经济 KPI 方面，还应考虑了处置成本、转售价值、回收成本、再利用和再制造成本。第 12.4 节所选择的指标，列出适当的经济关键绩效指标：

净现值（NPV）：NPV 使用与船舶报废阶段有关的处置、转售成本或回收成本（L）作为输入。因此这是一个有利于报废评估的 KPI。

年平均成本/效益（AAC/AAB）：该指标还考虑了处置、转售成本或回收成本。

维修保养费（M&R 费用）：计算所需的输入是马力（例如机械零件的更换）、船的主尺度和船上船员的数量（油漆和清洁剂）。

就环境指标而言，累积能源需求（CED）和全球变暖潜力（GWP）在报废评估中不能缺少。

特别是累积能源需求（CED）：这个计算的必要输入是用于造船的材料的质量以及造船厂对钢、铝、铜等材料的能源需求。船坞中建船每年使用的能源需求和每年船舶总产量作为输入数据（单位为 GT）。

全球变暖潜能值：可以使用船厂的能源（电力、热力、燃料和其他能源）以及用于建造船舶的有关材料来计算该指标（CO_2 排放当量）（Wurst.2016）。

12.3.3　报废评估所需的数据

HOLISHIP 项目处理的是一个名为船舶设计决策过程。众所周知传统上这是一个线性迭代过程，有效地表示为埃文斯设计螺旋线，在该螺旋线中已知的船舶细节在任何螺旋线上都在不断提高。

在 HOLISHIP 项目中,实现了设计综合模型(见图 12.5)。这是一种系统的方法,这要归功于现代计算工具原则上允许设计者在设计阶段对整个船舶进行虚拟测试。

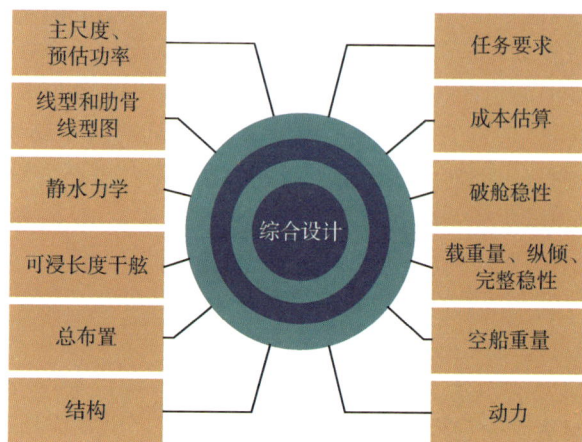

图 12.5　采用 HOLISHIP 设计综合模型(Harries et al. 2017)

计算方法和工具的可用性正在改变设计过程中细节知识增量的观点。似乎从一开始就对船舶进行明确的定义,但自然不可避免的是与以下步骤相比,早期的设计过程对船舶特性的了解程度较低。生命周期绩效评估当然会受到正在开发船舶的细节增加的影响。需要了解如何能够根据特定时刻可用的细节来以可接受的精度估计绩效。

在 HOLISHIP 项目中,由于 LCPA 工具的初步设计性质,开发主要集中在设计、建造和营运阶段。Kameyama 等(2007)强调了这两个阶段在船舶生命周期的重要性,特别提到了排放方面对环境的影响。

至于报废阶段,在处置、再利用、再制造或回收方面可能会发现一些差异。考虑到处置策略的成本和环境影响,不需要知道很多的细节。处置策略的影响可以用船舶的类比来假定,它可以与船舶的一些技术参数相关,例如所安装的主机类型及其功率、船舶主尺度。显然考虑更多船舶设计细节可以发展的更好。但是没有考虑到相关废物的产生,以及与欧洲长期战略的不相容性,都表明应关注船舶生命周期的其他方面。

再利用策略意味着要执行一系列维护程序以延长船舶的使用寿命。它对舰船未来使用寿命的任务要求有很大的影响。事实上有时候同一船东会重复使用该船以满足相同的要求。因此一旦详细了解船上系统,就可以对成本和环境影响进行评估。通常在设计阶段,尚不知道该船是否将继续实现其设计目的,或是否根据不断变化的任务要求对系统进行改装,因为这主要取决于未来的市场和经济情况。由于这些原因在初步设计阶段,将注意力集中在这方面是很有意义的。

最后,再制造和回收成本/收益和环境影响也受到未来市场的影响。然而如果没有非常精确和深入的船舶设计细节,几乎不可能估计这些影响。事实上再制造和回收是根据船上每个部件的材料和技术特性来决定的,这些特性在设计的后续阶段中会得到更好的识别。因此对于类似的设计配置,很难估计经济和环境影响的变化。出现的另一个复杂情况是,当船舶到达最后阶段时,可以采用更多的策略,从而使设计阶段评估复杂化。

12.3.4 报废程序的能源经济评价

根据船舶类型和市场情况,船舶在使用 25～30 年后,接近使用年限;船舶在报废阶段时,通常会被出售和拆除以回收。回收船舶结构最大部分的钢以及其他可重复使用或有回收价值的舾装部件。如果拆船是在环境无害和安全的情况下进行,则拆船是处理报废船舶的一种可持续方法,它通过提供就业机会和 95％的船舶重复使用或回收,带来经济和环境效益(IMO. 2009)。

回收船舶的收入/成本

拆船业的经济性及船舶回收市场供求背后与船东经营的其他三个市场是相关联的:新造船市场、二手船市场和货运市场。拆船市场在一定程度上起到了缓冲作用,特别是在全球海上运输需求趋缓的情况下,通过增加报废来平衡货运市场的供需关系。

再生钢材价格(材料费)

船东一旦决定报废船舶,拆船商提供的价格就会受到二手材料价格的严重影响,尤其是可重复使用钢材的价格。当钢材和其他可重复使用物品的需求增加时,钢材价格就会上涨,报废船舶的盈利也会增加。因此拆船商为船舶报废支付费用的增加了(反之亦然,因为对钢铁和其他可重复使用物品的需求减弱了)(ECDGE. 2007)。

12.3.5 国际规则

国际现行的法规是《1989 年控制危险废物越境转移及其处置的巴塞尔公约》(United Nations. 1989),该公约适用于从一个国家到另一个国家进行拆卸的船舶,将其归类为危险废物。

然而,在实践中《巴塞尔公约》及其在欧盟的转移法《关于装运废物的规例(欧共体)第 1013/2006 号(欧洲议会 2006 年)》很少适用于废物运输船。欧洲议会于 2013 年 10 月 22 日正式通过了新的欧盟拆船条例(EU SRR),并于 2013 年 12 月 20 日(欧洲议会 2013 年)正式生效。欧盟的法规与《2009 年香港国际船舶安全及无害环境再循环公约》(《香港公约》)相似,但该公约尚未在国际上生效。

根据《公约》对船舶及拆船厂实施控制,以促进及早在欧盟及欧盟以外其他国家早日批准《2009 年香港公约》。它的目标是确保在全球范围内的欧盟认可的拆船厂回收船舶。

新的欧盟船舶回收条例意味着,500 吨及以上悬挂欧盟旗帜的船舶将被要求备有装载的危险品清单(IHM)。当停靠欧盟港口时,来自非欧盟国家的船舶也将被要求提供船上所有有害物质的清单(IHM)。悬挂欧盟旗帜的船舶也必须在欧盟认可的拆船厂中报废。

至于限制使用有害物质,《香港公约》第 4 条禁止新安装含有石棉的材料,多氯联苯(PCB)或(EC) 1005/2009 号(2009 年欧洲议会)规定的受控物质的材料,还有那些包含全氟辛烷磺酸(PFOS)及其衍生物的物质。

《香港公约》共载有 21 条条款,列出一般法律条文和工作机制、船舶设计、建造和营运实际技术要求的附件,以及供拆船营运报告和执行机制。

12.4　整体方法选择 KPI

近年来，航运业的法规正在改变其基本方法，接受基于性能的方法可能性越来越大，与有关规定并行。这直接影响船舶的设计过程；关键绩效指标可能是衡量船舶性能、评价船舶设计质量的正确方法。

在船舶设计中使用 KPI 的好处之一是可以很容易地比较不同项目的每个 KPI 假定值。由于 KPI 是度量船舶在某一特定方面或特定领域绩效的指标，所以设计人员可以很容易了解哪一种船舶设计的性能更好，从而在所有不同方面实现良好的平衡。考虑到可以度量的所有主要性能，KPI 可以为技术、经济、环境和安全问题定义 KPI，并且可以根据所考虑的船舶类型进行调整。

KPI 还可以用来评估船舶的生命周期绩效，尤其是经济和环境方面的绩效。作为文献回顾的一个产品开发了两类 KPI，重点放在参数的选择上，这些参数对于生命周期的绩效非常重要，特别是参照 HOLISHIP 项目和应用案例。此列表可根据特定船舶设计的需要和边界条件进行修改和更新，还分析了运输业的主要部门，重点是与航运业相似之处。

经济关键绩效指标

建造成本（BLD）：这是造船厂承担建造该船的成本。应该采用成本估计技术来评估这个数字，但是可以根据船舶已知设计和开发的详细程度采用不同的技术。一般来说在初步设计阶段，成本估算关系是将船舶主要技术参数与建造成本联系起来（第 12.5 节提供了更多细节）。

投资数额（CAPEX）：在这种情况下，资本性支出系指船东从造船厂购买船舶所使用的资金。这种成本受到两个主要因素的影响：一方面根据船舶类型和安装的技术水平，资本支出可以增加或减少。因此这种情况下的成本与造船厂建造成本直接相关。另一方面众所周知，在特定的时刻成本也会受到市场状况的高度影响。因此 BLD 与资本支出之间的比率可能会发生显著变化。那么船东的价格取决于合同订立时的市场趋势，并且在某种程度上与期望的船舶建造成本（BLD 成本）的关系并不那么严格。

营运支出（OPEX）：营运支出是船东为经营业务而支付的持续成本。Stopford（2009）提供了营运支出的一个主要细分：

(1) 营运成本；

(2) 航行成本；

(3) 货物装卸；

(4) 资本；

(5) 利息；

(6) 保养和维修。

维修保养费用（M&R 费用）：它们是 OPEX 中的一部分，也可以独立地用于评估与系统（特别是机械）和结构维护相关的成本。该值直接影响所采用的系统的类型和维护方法。

年平均成本（AAC）：这个参数在设计不会产生直接经济收入的船舶时很有用，如军用舰艇、海岸警卫队舰艇、休闲游艇等。当考虑的替代方案收入相等，并且可以用式（12.1）表示时，也可以采用这种方法：

$$AAC[\in] = A_0 * CR(i, T) + Y + L \tag{12.1}$$

式中：

- i：折现率；
- T：正在调查时的寿命；
- A_0：初始投资成本$\in$；
- CR：投资回收系数，考虑到折现率和被调查的生命周期，它在产品的生命周期内分配初始投资；
- Y：年经营费用（平均）$\in$；
- L：处置或转售价值或回收的成本$\in$，如果是收入，则为负值。

如有必要该参数可通过所需运费率（RFR）（式 12.2）与船舶生产率相关。

$$RFR\left[\frac{\in}{\text{productivity}}\right] = \frac{AAC}{P} \tag{12.2}$$

式中，P 为船舶的年度"生产率"，可根据所考虑船舶类型进行相应地度量。在任何情况下，都应同时考虑船舶的载重量和它执行主要任务的强度（例如航速）。

净现值（NPV）：NPV 可能是最受欢迎的经济指标。它是一个关于盈利能力的指数，通过从一段时间内现金流入的现值中减去现金流出（包括初始成本）现值（PV）来评估盈利能力。可由式（12.3）计算：

$$NPV[\in] = -A_0 + \sum_{t=1}^{T}(R_t) * (1+t)^{-t} - L * (1+i)^{-T} \tag{12.3}$$

其中，R_T 为 t 时期的年现金流量（e）。

其他参数在式（12.1）中定义。

然而，尽管它很受欢迎，有时需要谨慎使用。NPV 的一个缺点是维度依赖。因此从 NPV 的角度来看，单一的大型配置可能比小规模设计更有意思，即使在投资供给有限的情况下，规模更小、数量更多配置可能会产生更大的累积 NPV。为了纠正这个缺点，可以简单地将每个提案除以初始投资，从而得到 NPV 指数（NPVI）（Lamb，2003）：

$$NPVI = [-] = \frac{NPV}{A_0} \tag{12.4}$$

平均年效益（AAB）：这项措施是用来纠正净现值（NPV）的另一个限制，该限制可以比较长期和短期投资之间的不公平。为了克服这个问题，NPV 可以转化为等值的年收益流。可以用当前金额乘以单位预期寿命相应的资本回收率（CR），用于计算净现值的利率。这个均匀量的定义为 AAB：

$$AAB[\in] = NPV * CR(i, T) \tag{12.5}$$

此外，定义一个类似于 NPV 指数的 AAB 指数，可以同时避免 NPV 存在的两个缺点。只需将 AAB 除以投资即可得到单位投资金的平均年收益：

$$AABI[-] = \frac{AAB}{A_0} \tag{12.6}$$

利息、税项、折旧及摊销前利润（EBITDA）：该计量方法用于表示船东的净收益，在扣除利息支出、税收、折旧和摊销之前，作为公司营运盈利能力的一个指标。

投资资本回报率（ROIC），它是在考虑初始资本投资额（CAPEX）后用来衡量经济活动的盈利能力和创造价值潜力的比率：

$$\text{ROIC}[-] = \frac{\text{Net Operating Profit} - \text{Taxes}}{\text{Intitial Investment}\ (A_0)} \tag{12.7}$$

环境关键绩效指标

能效设计指数(EEDI):该指数是在 2011 年 IMO-MEPC 引入的一个参数,它以产生的二氧化碳(每英里货物的克数或吨数)来表示船舶的能源效率。它是针对特定的基准船舶运行工况计算的。其目的是通过对该指数加以限制,国际海事组织将能够推动船舶技术向更节能的方向发展。随着时间的推移,要求的 EEDI 指标可能逐步降低,从而使船舶更加节能(IMO. 2012):

$$\text{EDDI}\left[\frac{g\text{CO}_2}{\text{ton} * \text{mile}}\right] = \frac{\text{CO}_2\ \text{emissions}}{\text{transport work}} \tag{12.8}$$

NO_x 和 SO_x 排放量(航行期间):这些参数测量每单位运输工作产生的 NO_x/SO_x 的克数。这些排放受《防污公约》附件Ⅵ的约束。近年来监管机构根据船舶航行的海域制定了越来越严格的标准。NO_x 排放主要取决于安装在船上的主机类型,而 SO_x 排放主要与用于产生动力的燃料类型有关。

累积能源需求(CED):这个参数是用来评估能源用于建造船舶的能源(材料和造船厂生产)和在船舶营运中燃烧燃料的初级能源转换以及能量用于生产燃料和提供在船舶加油站(油箱)。因此它考虑了整个船舶环境的能源消耗。

颗粒物(PM)(营运期间):颗粒物不仅是许多政府组织关注的焦点,也是国际海事组织关注的焦点,因为炭黑(作为颗粒物组成的一部分)不仅对城市附近的人员健康产生影响,还可能产生辐射影响。因此减少船舶 PM 对环境影响至关重要。当船舶在港口或沿海地区附近作业时,该参数特别重要。

所有的环境 KPI(EEDI、NO_x、SO_x、CED、PM)除以运输流,以便比较不同主尺度的船舶配置,如公式 12.8 为 EEDI 定义的。这样 KPI 就不依赖于船的主尺度和生产率。否则比较不同载重量船舶的环境绩效是不合理的,例如考虑到排放绝对值或能源需求,小型船舶显然会表现得更好。

由于设计新船时需要对关键绩效指标进行评估,因此应当建立关键绩效指标与船舶的主要技术特性之间的关系。目的是在初步设计阶段分析不同的系统配置和船舶营运状况,并测量 KPI 的变化。为此根据设计过程的阶段,采用了细分精度的船舶故障结构(SBS)进行开发。如 Shetelig(2013)所述,所开发的工作代表了参数/自下而上方法的典型例子。

总之,表 12.1 是一个对船舶设计的经济和环境方面进行生命周期分析的所选用 KPI 列表。

表 12.1　生命周期的 KPI 分析

经济关键绩效指标	环境关键绩效指标
建造成本(BLD)	能效设计指数(EEDI)
资本投资额(CAPEX)	氮氧化物(NO_x)
营运支出(OPEX)	硫氧化物(SO_x)
维修保养费用(M&R costs)	累计能源需求(CED)

(续表)

平均年成本(AAC)	颗粒物(PM)
所需运价(RFP)	
净现值(指数) NPV	
平均年效益(指数) AAB	
息税折旧摊销前利润(毛利润)(EBITDA)	
投资(资本)回收率(ROIC)	

12.5　整体方法的方法论

传统上,船舶生命周期中分析的经济和环境方面是分开进行的,通常不考虑船舶的全寿命周期,而仅关注已定义的子域。

所提出的方法并不是要彻底颠覆这种思维方式;也遵循这一传统态度,但也进行了尝试,以便拟订一个能够将成本和环境影响整合在一个价值内的合并指数。

然而,当尝试合并不同评估背景时,由于具体分析的性质不同,总是会出现一些关键问题。在这种情况下讨论不同计算程序的假设时提出了三个问题,总结如下:

第一个问题是用不同度量单位和数量级进行 KPI 数值比较。因此引入无量纲系数,KPI 可以对 KPI 进行适当的比较和排序。

第二个问题,与 KPI 系数所假定数值范围有关。KPI 的系数应该具有相同的范围,此外对于所考虑的每个 KPI,它们都应假定具有可比性的内部变化范围。此外在分析中同时考虑绝对值和相对值也很重要。在决策过程中不同 KPI 的重要性将通过适当的权重因子来表达。

最后,某些环境 KPI 可以具有规则指定的接受阈值。在这种情况下计算过程应该考虑到这些局限性。

根据所考虑的参数及其最优值的特点,定义了 KPI 的三个不同类别(收益、成本和环境)的系数如下。所开发的程序允许对不同的设计配置间进行全局比较,但是如果只考虑一艘船的设计,则不能应用该程序。在这种情况下,设计人员可能会对 KPI 系数不太感兴趣,因为与其他船舶配置进行比较而不是基于更合理选择。

收益参数(如 NPV)

对于这些 KPI,当参数取较大值时达到最优值;对于不同船舶设计的 KPI 按其最大值进行排序和比较;第 i 种情况的无量纲系数可以计算为

$$0 \leqslant c_i^{\mathrm{NPV}} = 1 - \frac{\mathrm{NPV}_{\max} - \mathrm{NPV}_i}{\mathrm{NPV}_{\max} - \mathrm{NPV}_{\min}} \leqslant 1 \tag{12.9}$$

这样,系数定义在 0~1,即使部分或所有解都是负的(表示资本亏损)。此外总有一个系数等于 0(最差)的解和另一个系数等于 1(最佳)的解。

成本参数(如资本支出、营运成本)

对于这些 KPI,当参数取较低值时达到最优值;因此根据不同船舶设计的 KPI 最小值对

其进行排序和比较;第 i 个情景的无量纲系数可以计算为

$$0 \leqslant c_i^{\text{OPEX}} = 1 - \frac{\text{OPEX}_i - \text{OPEX}_{\min}}{\text{OPEX}_{\max} - \text{OPEX}_{\min}} \leqslant 1 \tag{12.10}$$

这样,即使某些或所有解决方案都是负值(代表资本亏损)系数总是在 0 和 1 之间定义。而且总有一个解决方案的系数等于零(最差),而另一个解决方案的系数等于一(最佳)。

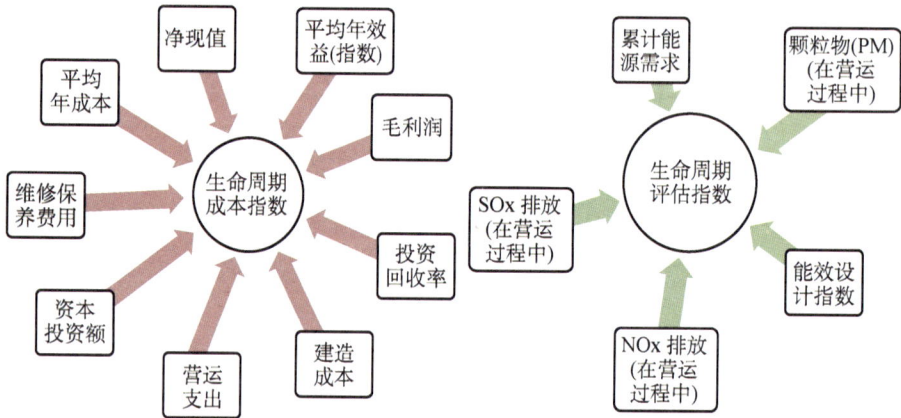

图 12.6　生命周期成本指数和生命周期成本评估指数

环境参数(例如环境影响评估)

它们可以像成本一样处理,因为最佳的解决方案是最小的:

$$0 \leqslant c_i^{\text{CED}} = 1 - \frac{CED_i - CED_{\min}}{CED_{\max} - CED_{\min}} \leqslant 1 \tag{12.11}$$

需要提醒的是,环境参数(如 EEDI)可能受到规则的限制。在这种情况下,在计算过程中不应该考虑使用 $\text{KPI}_i > \text{KPI}_{\lim}$ 的解决方案。

在定义了与所分析的设计配置的最佳值和最差值相关的系数后,当所研究的所有解决方案对某个 KPI 产生相同的值(即 $\text{NPV}_{\max}$ 和 $\text{NPV}_{\min}$)时,计算过程将失败。

出现这种情况是因为基准 KPI 值是内部获取的,并且没有外部参考解决方案来比较结果。如果分母为零,则表示不同解决方案的某个 KPI 一定是相同的,因此在决策过程中不应该考虑该 KPI,因为它不会影响最终结果。

因此,为了让船舶设计人员能够自由地研究他们更感兴趣的方面,在评估船舶设计配置总体评估的最终指标之前,要定义一系列 KPI。

为了检查和跟踪经济和环境绩效,在将两个单独的系数(LCC 指数和 LCA 指数)合并为一个 LCPA 系数之前,可以计算它们。这样在合并这两个系数时,指数的相对权重可以根据设计人员的观点而变化(见图 12.6)。这可以表述为

$$I_{\text{LCC}} = \sum_{i=1}^{N_{\text{LCC}}} f_{i,\text{LCC}} \times c_{i,\text{LCC}} \leqslant 1; \quad \text{式中:} \sum_{i=1}^{N_{\text{LCC}}} f_{i,\text{LCC}} = 1 \tag{12.12}$$

$$I_{\text{LCA}} = \sum_{i=1}^{N_{\text{LCA}}} f_{i,\text{LCA}} \times c_{i,\text{LCA}} \leqslant 1; \quad \text{式中:} \sum_{i=1}^{N_{\text{LCA}}} f_{i,\text{LCA}} = 1 \tag{12.13}$$

最后，计算全局 LCPA 指数如下：

$$I_{LCPA} = f_{LCC} \times I_{LCC} + f_{LCA} \times I_{LCA}；\quad 式中：f_{LCC} + f_{LCA} = 1 \qquad (12.14)$$

这种方法的优点之一是，该过程不受用于计算的选定 KPI 的影响；可以采用其他经济和环境参数来研究不同的设计替代方案，而无需改变组合分析的主要结构。此外安全性能评估可以作为一个单独的 KPI 族引入，其评估指标类似于 LCC 和 LCA。在这种情况下，社会公平问题可以从安全的角度来处理。这可以更深层次比较整体的船舶设计，以进行生命周期可持续性评估。

这种方法的另一个相关方面是，用户可以在决策过程中指定一个变量相关 KPI，以及在最终评估中根据船东、造船厂或任何其他利益相关方的要求，增加或减少 LCC 或 LCA 分析的重要性（见图 12.7）。

另一方面，在过程的各个阶段中自由分配权重对获得的最终结果有很大的影响。改变 KPI 的影响可能导致最终评估

图 12.7　LCPA 作为衡量 LCC 和 LCA 方面的全局指数

中出现很大的变化，因此最佳设计标识也随之改变。这是可以接受的，因为这艘船应该满足船东和船厂的需求。但是在正式评价中执行这一方法之前，应增加一些重量限制，特别是与环境方面有关的限制。

12.6　LCPA 和 KPI 的计算

本节介绍 HOLISHIP LCPA 工具的工作流程。当已知的信息很少时，所开发的工具可以应用于船舶设计的初级阶段。由于这一阶段的详细程度较低，无法可靠地计算报废阶段，如第 12.3 节所述。该结构还允许比较不同的船舶配置，通过 KPI 计算比较 LCC、LCA 和 LCPA 指数。

该工具的主要结构可以通过五个步骤来定义，如图 12.8 所示：

KPI 的选择

在该工具这一部分中，用户将能够选择分析感兴趣的 KPI。此外还将为 LCPA 指数计算分配每个 KPI 的权重。根据所选择的 KPI 运行分析需要特定的数据。系统应能够识别哪些数据应被插入或忽略。如 12.5 节所述，KPI 的选择及其权重对所得的结果有很大的影响。

KPIs 选择　→　基准船舶数据　→　新设计配置　→　LCPA 框架　→　KPI 和 LCPA 指数计算

图 12.8　LCPA 工具

船舶参考数据

正如第 12.2.4 节所讨论的，计算新船的设计成本有三种主要策略，而另一方面，环境参

数是通过直接从营运状况和主机特性计算来评估的,因此它们是基于物理考虑的。在成本估计方面,该工具采用了一种混合的相似参数估计模型。

在实际应用中,由于营运可靠的参数化成本估算过程中需要大量的数据分析,基准船的技术和成本数据,给出了经济 KPI 的预测公式,该数据代表了不同船舶配置的起点。因此参数配置的系数是通过与基准船的类别来定义的,这些系数是可以通过物理和统计得到的。参数公式是在一个类似于研究设计方案的船上校准的,这也是另一个优势。

通过对项目选择的 KPI 进行分析,得出建造成本和营运成本是评价船舶经济绩效的两个支柱。因此,数据的收集是基于为这两种成本类别开发的拆船结构(SBS)(见表 12.2 和表 12.3)。SBS 还将用于定义 LCPA 结构中建模的项目。分析的详细程度也随基准船舶和其他设计备选方案的可用信息程度而变化。

表 12.2　建造成本(SBS)

第一级	第二级	第三级
建造成本	1.1a 结构材料 1.1b 结构劳动力成本	1.1.1 船体
		1.1.2 上层建筑
	1.2a 机械系统 1.2b 机械劳动力成本	1.2.1 主机
		1.2.2 发电机组
		1.2.3 电力传输
		1.2.4 螺旋桨
		1.2.5 操舵系统
		1.2.6 锅炉/余热回收系统
		1.2.7 操纵系统
	1.3a 辅机和舾装系统 1.3b 辅机及舾装人员工费	1.3.1 配电
		1.3.2 发动机辅助系统
		1.3.3 消防安全系统
		1.3.4 锚泊系统
		1.3.5 舱底水系统
		1.3.6 压载水系统
		1.3.7 油漆和涂料
	1.4 有效载荷系统	取决于船型
单独考虑	1.5 造船厂间接成本	1.5.1 设计工作
		1.5.2 船厂营运成本

表 12.3　OPEX 中的 SBS

第一级	第二级	第三级
营运成本	3.1 营运成本	3.1.1 船员数量
		3.1.2 船员工资
		3.1.3 存储
		3.1.4 润滑油
		3.1.5 行政管理
	3.2 航行成本	3.2.1 燃料消耗
		3.2.2 燃料价格
		3.2.3 港口费用
		3.2.4 运河税
		3.2.5 拖船费
	3.3 有效载荷相关成本	3.3.1 货物类型
		3.3.2 货物装卸设备
	3.4 资本	3.4.1 贷款规模
		3.4.2 贷款年限
		3.4.3 利息
	3.5 维修和保养	3.5.1 操作维护
		3.5.2 入坞计划
	3.6 保险	3.6.1 船体、机械和战争险
		3.6.2 私家侦探费用

新设计配置

这里，与基准船数据类似，将 SBS 插入新船的技术数据。本节不需要成本数据（如果已知，但少数的 SBS 项目除外）。成本是基准船值进行外推计算得出的。或根据统计数据和物理/经济因素得出的。

LCPA 结构

这部分是工具的核心。在这里新船的数据将用于预测船舶全寿命周期内的成本和排放量。该船的模型是按照其生命周期的三个阶段建立的（见图 12.9）。

第一阶段：设计和建造；

第二阶段：船舶营运；

第三阶段：报废。

正如第 12.3 节所强调的，第 3 阶段暂时被搁置一边，因为它需要从设计中获得与设计初步阶段不相容的大量细节。

基于输入数据的经济和环境 KPI 的计算取决于以下步骤：

为每个 SBS 创建成本估算关系（CER）；

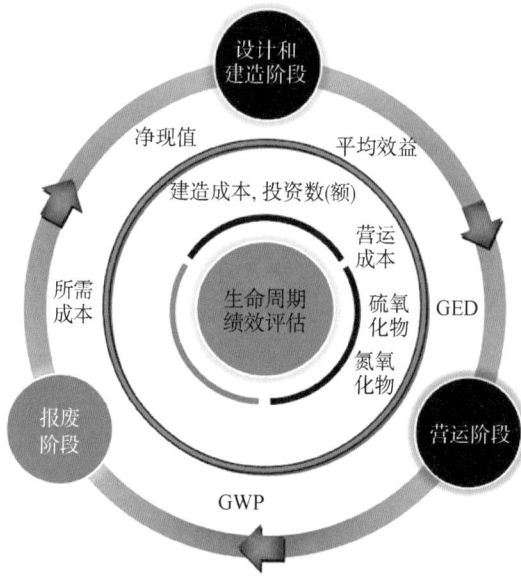

图 12.9　船舶生命周期的阶段和 LCPA 工具

综合经济成本类别,直至确定使用寿命;

根据营运情况和燃料消耗计算排放量。

此程序适用于基准船和新的设计配置。

KPI 和 LCPA 计算

根据工具第一个模块中选择 KPI,以及 LCPA 结构中成本和排放的计算,可以计算分析所有船舶配置的 KPI。在收集所有 KPI 后可以定义系数,并可以针对每种船舶配置评估 LCPA 指数,得到最佳设计,如 12.5 节所述。需要强调的是,这个过程是主观的,因为 KPI 的选择和系数的权重完全取决于用户。此外仅评估成本和排放量,而船舶的其他方面(如安全性)没有在当前版本的工具中体现。

12.7　考虑不确定因素

每次尝试对绩效进行预测时,都会出现建模的不确定性问题。在船舶设计过程中,当处理生命周期绩效评估时,当然会有对未来的预测,这意味着分析时存在参数的不确定假设。在这种情况下,即使是确定的过程也可能导致错误的结果,没有办法确定与问题不确定的关联风险。Plessas 和 Papanikolaou(2018)举出了一个例子:关于一艘油船的 NPV 计算指出,最关键的不确定性参数是在收入方面的投资调查运价、在费用方面的燃料价格,上述各参数范围的随机分布。在本研究中为了研究负净现值的概率,采用了 1500 种随机组合运费率和燃料价格的蒙特卡罗方法(见图 12.10)。

为了进一步说明船舶设计过程中的不确定性问题,值得一提的是可以将这些不确定性分为两类:

船舶设计过程与相关的不确定性:它们都取决于船舶设计中使用模型的准确性(如 CFD

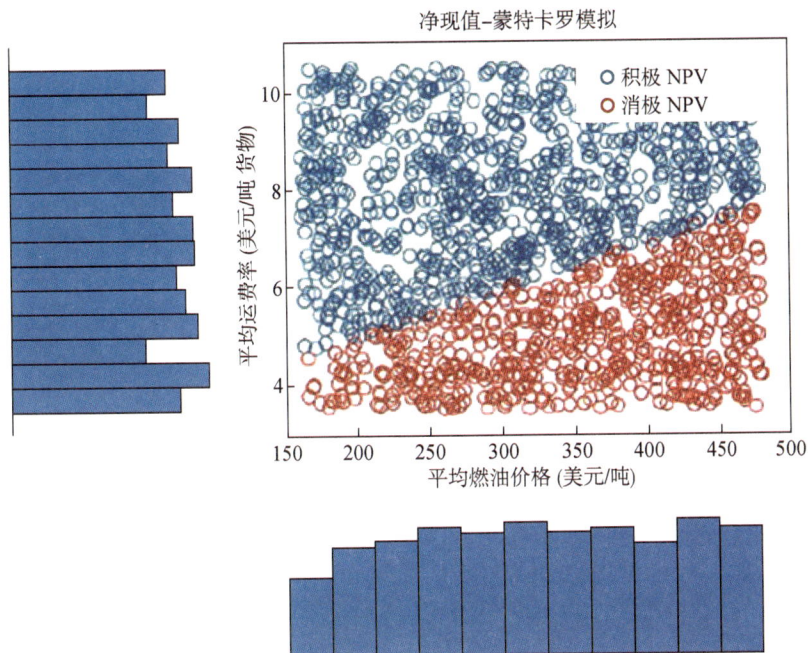

图 12.10　不确定性对生命周期计算的影响

和用于静水阻力计算）统计回归方法也取决于直接影响设计过程的输入因素（如营运状况和装载工况主机性能）。

在设计过程中，与外部参数相关的不确定性能够影响船舶的生命周期绩效，但不涉及船舶技术特性的定义。这些可以是燃料成本、折旧率、船舶营运天数等。

在 HOLISHIP 项目的框架中，LCPA 工具仅对外部参数的不确定性进行建模。在相关结果分析中，适当地处理了与特定船舶性能模型准确性有关的因素（如阻力、强度等）。

除了蒙特卡罗模拟，焦耳项目中使用的另一种方法是分析一个平均值周围的有限数量的代表性营运状况，选择一个极端数据。该方法可以方便地定义与特定船舶设计 KPI 计算的可能最佳和最差营运状况；但是它不能提供不确定参数组合出现的概率。然而这可以用蒙特卡罗方法捕获。

12.8　应用案例的结论和意见

HOLISHIP 开发的生命周期性能评估（LCPA）工具遵循船舶设计过程"整体"构想，将有可能从经济方面的观点和环境影响选出最佳设计方案、激发了船舶设计者、造船厂以及船东的思路。

这种方法的优点之一是，如有必要可以进一步增加其他经济和环境参数，并在不改变综合分析的主要结构的情况下采用这些参数来研究不同的设计方案。

除了进一步的识别和集成 KPI 外，一个重要的问题是是否有足够的数据来实现这些KPI。可以预见的是，由于 20 世纪数据可用性和管理方面的改进，这个问题将得以克服。使用不同的设计来测试这种方法对定义权重（目前可以任意选择）也很重要。

实际上，已开发的 LCPA 工具将被应用于评估不同船型的生命周期绩效，并将在项目的下一阶段作为应用案例进行研究。并将其发布在 HOLISHIP 书中的第二卷中。从这个角度来看，需要提醒的是 LCPA 工具允许比较不同的船舶设计配置，而不是评估单艘船舶的 KPI 绝对值。

有关应用案例的未来工作将验证 LCPA 工具的适用性，并可能有助于扩展它。

参考文献

American Bureau of Shipping，ABS (2014) Summary of EU Regulation No. 1257/2013 on Ship Recycling.

Asiedu Y，Gu P (1998) Product life cycle cost analysis state of the art review. Int J Prod Res 36(4)：883-908.

Bernard A，Rivest L，Dutta D (2013) Product lifecycle management for society. In：Proceedings 10th IFIP WG 5.1 international conference，PLM 2013.

European Commission (2013-2017) Joint operation for ultra low emission shipping (JOULES) project.

European Commission Directorate General Environment-ECDGE (2007) Ship dismantling and pre-cleaning of ships.

European Parliament (2006) Regulation (EC) No. 1013/2006 of the European Parliament and the Council on shipments and waste.

European Parliament (2009) Regulation (EC) No. 1005/2009 of the European Parliament and the Council on substances that deplete the ozone layer.

European Parliament (2010) Regulation (EC) No. 757/2010 amending Regulation (EC) No. 850/2004 of the European Parliament and the Council on persistent organic pollutants as regards Annexes I and III.

Harries S，Cau C，Kraus A，Marzi J，Papanikolaou A，Zaraphonitis G (2017) Software platform for the holistic design and optimization of ships. In：Proceeding of annual general meeting of the German society of marine technology (Schiffbautechnische Gesellschaft，STG)，Potsdam.

Hoogmartens R，Van Passel R，Van Acker K，Dubois M (2014) Bridging the gap between LCA，LCC and CBA as sustainability assessment tool. Environ Impact Assess Rev 48：27-33 (Elsevier).

Hueber C，Horejsi K，Schledjewski R (2016) Review of cost estimation methods and models for aerospace composite manufacturing. Adv Manuf Polym Compos Sci 2(1)：1-13.

International Maritime Organization，IMO (2009) Hong Kong international convention for the safe and environmentally sound recycling of ships.

International Maritime Organization，IMO (2012) Resolution MEPC.212(63)—guidelines on the method of calculation of the attained energy efficiency index (EEDI) for new ships. London，UK.

International Standard Organization (ISO) (2006) Environmental management—life cycle assessment—principles and framework. In：ISO14040：2006(en).

International Standard Organization (ISO) (2008) Buildings and constructed assets—service-life planning—Part 5：life-cycle costing. In：ISO standard，156 86：5：2008(en).

Jansson K (2016) Circular economy in shipbuilding and marine networks—a focus on remanufacturing in ship repair. In：Afsarmanesh H，Camarinha-Matos L，Lucas Soares A (eds) Collaboration in a hyperconnected World. PRO-VE 2016. IFIP Advances in information and communication technology，vol 480. Springer，Berlin.

Kameyama M，Hiraoka K，Tauchi H (2007) Study on life cycle impact assessment (LCIA) for ships. Journal Article，NMRI，Japan.

Lamb T（ed）（2003）Ship design and construction. SNAME，Jersey City（NJ）.

Langdon D.（2006）Literature review of life cycle costing（LCC）and life cycle assessment（LCA）. Davis Langdon Management Consulting，pp 32-59，67-68.

Okano K（2001）An approach to life cycle cost management：a consideration from historical development. Asia Pac Manage Rev 6（3）：317-341.

Plessas T，Papanikolaou A（2018）Optimization of ship design for life cycle operation with uncertainties. In：Proceeding of 13th international marine design conference（IMDC2018），Helsinki.

Shetelig H（2013）Shipbuilding cost estimation. Master Thesis，University of Trondheim，Norway.

Stopford M（2009）Maritime economics，3rd edn. Routledge，Abingdon on Thames，UK.

United Nations（1989）Basel convention on the control of transboundary movements of hazardous wastes and their disposal.

Wurst S（2016）LCPA tool technical specification & user manual—JOULES Project version，BALANCE.

玛特奥·马格风卡尔达（Matteo Maggioncalda），热那亚大学机械工程和海洋工程专业（理学硕士），英国克兰菲尔德大学的高级机械工程（MSC），完成了一篇关于风力发电机组设计的毕业论文。从2017年1月开始，他是热那亚大学的助理研究员，其主要的研究领域是创新的船舶设计方法学、船舶全寿命周期设计。

保拉·古拉尼（Paola Gualeni），那亚大学造船和海洋工程系工程学专业，船舶静水力学和稳性教授。专注的领域是船舶安全以及基于系统思维的创新船舶设计方法。从2013年开始，她是英国伦敦皇家造造工程师学会理事会成员，在2016—2017年她曾担任国际船模试验曳水池会议（ITTC）稳性委员会主席，从2014年开始，她是意大利国家运输技术部科学委员会的成员。

基亚拉·诺塔罗（Chiara Notaro），毕业于热那亚大学船舶设计系。自2009年以来，她一直在意大利船舶研究中心（CETENA）工作。在研究领域，她参与了2个EUCLID CEDA项目。这些项目涉及水下潜艇的可操纵性模拟。她从2007年开始在其工作的公司担任模拟团队的一员，主要致力于船舶模型制作，正式进行和报导活动以及针对意大利船舶工业和海军内部研究活动。她从事咨询服务的主要领域是：船舶系泊研究，撤离研究，船舶设计的创新解决方案和技术转让。

卡罗·考(Carlo Cau)从 1981 年开始在意大利船舶研究中心(CETENA)船舶结构部工作。后来参与各种欧洲项目的管理以及有关生命周期绩效方面的技术活动。他是 MOSAIC 高级材料项目的协调员以及在 CETENA 负责不同的国内研究项目。他曾以船舶专家的身份参与了多个项目的研究,在未来船舶和海上浮动结构物研究方面拥有卓越的见识。他目前领导着处理生命周期的 HOLISHIP WP 6 项目的评估工作,还被任命为欧盟 RAMSSES 项目的协调员。

马科斯·博纳佐恩塔斯(Markos Bonazountas),他在 ICT 和地理信息学领域拥有 40 多年的经验。他于 1969 年获得希腊雅典国立技术大学的工程学学位;1973 年获得德国慕尼黑国立技术大学博士学位。1969 年他获得了雅典数据处理研究所的计算机科学毕业文凭。并在麻省理工学院进修,1975 年获哈佛大学技术学士,1982 年获哈佛大学公共政策专业学位。他于 1984 年获得了 Habilitation 的教授职位。并在 NTOA 土木工程系担任教员,从事环境系统的教学和研究。

斯巴罗斯·斯塔马提斯(Spyros Stamatis),专业的背景为船舶设计和海洋工程(雅典国立技术大学)及能源效率,专门从事环境和经济生命周期分析。他在马尔他 EPSILON 公司担任船舶部门经理,负责在国家和国际层面执行众多项目。他具有众多欧盟水平线 2020 和其他的国家行政管理和技术支持方面的丰富经验。其中包括他提出的国家机构的建议,重点是运输效率、LCA、船舶设计和咨询活动。

第13章 机械和动力系统的建模与优化

斯维尔·托本(Sverre Torben)，马丁·德·琼(Martijn de Jongh)，
克里斯蒂安·艾克兰·霍尔默菲乔德(Kristian Eikeland Holmefjord)，
比约纳·维克(Bjørnar Vik)

摘　要　本章描述整体设计过程中机械系统的建模和优化。然后通过一艘海上平台供应船(OSV)。介绍了动力系统的主要组成部分和典型体系结构后讨论了动力系统建模的整体方法、然后分三步进行优化和验证。

关键词　动力系统；机械；推进；整体设计营运概况；发电、配电；耗电

13.1　介绍

船舶机械和动力系统的设计是一项复杂的多学科任务，需要掌握机械传动、电气系统、液压系统和控制系统等领域的技能。在整个船舶设计过程中，由于要考虑像船体阻力、船体推进相互作用、螺距/转速优化、耐波性能、定位性能以及由于可用空间的大小和形状而对机械部件布置的限制等课题中的附加相互作用，从而增加了动力系统优化的复杂程度。

动力系统的结构、配置和运行对船舶的资本支出、营运成本和排放等关键绩效指标有着重要的影响。考虑到组成系统的部件数量庞大，机械和动力系统的设计空间可能非常大。存在大量提供所需性能的解决方案，由于船舶不同的营运概况，对于给定船舶的最佳解决方案也会有所不同。

关注环境影响、能源效率及相关立法，对动力系统构成有着重要影响。有利于实现高效率和低排放的技术受到青睐。电气技术广泛应用于动力系统中，使其具有较高的整体运行效率。这包括在推进器中使用永磁电机、使发动机最佳运行和降低螺距损失的变频器、确保备用电源的电池、负载均衡甚至整个电气系统无排放运行。可再生能源，如太阳能、风能和波浪能以及废物能源回收系统，是其他能源改善环境影响的例子。液化天然气(LNG)和氢气(H_2)等替代燃料也在某些应用领域提供了潜在的减排潜力，燃料电池也被引入到渡船和邮船等应用领域。

许多新技术(如电气技术、替代燃料)的引入，使人们对复杂动力系统解决方案有了广泛的了解。从整个船舶和生命周期的角度，在这个大的设计空间中确定最佳解决方案可能是一项复杂的任务，仅对动力系统进行部分优化通常不会得到最佳的总体解决方案。在许多情况下，机械系统在船舶的资本和营运支出中占很大一部分，不同的选择可能会在环境影响方面产生不同的绩效结果。

13.2 机械和动力系统的定义/组成

机械和动力系统是由三个功能中的一个或多个组成部分组合而成:发电、配电和耗电。此外这些组件中的大多数都有单独的辅助系统,在进行整个系统的优化过程时必须包括这些辅助系统。表13.1构成整个机械和动力系统的最常用部件。这些部件是由多物理场相互作用组成的,涉及流体力学、力学、电气学、水动力学和排气流。机械和动力系统的建模和优化必须包括所有这些方面,以确保考虑到对高效设计解决方案的相关影响。

表13.1 机械和动力系统部件

发电	配电	耗电
原动机	机械传动	推进
• 往复式发动机	• 齿轮	• 全回转推进器
• 燃气涡轮机	• 轴系	• 管隧式推进器
• 核发动机		• 永磁推进器
• 余热回收		• 吊舱推进器
		• 轴系和舵
储电方式	电力	高耗电设备
• 电池	• 配电板	• 起重机
• 燃料电池	• 变压器	• 绞车
• 超级电容器	• 变频器	• 泵
• 飞轮	• 电缆	• 起重装置
	• 断路器	• 专用设备
	• "储能"	• "储能"
	• 动力输入(PTI)	
发电机	液压动力	住舱负荷
• 发电机组	• 液压单元	• 一般住舱负荷
• 轴带发电机	• 管系	• 专用设备
发电机/电力输出(PTO)	• 阀门	• 辅助系统
可再生能源		
• 太阳能电池板		
• 风能		
• 波浪能		

部件的组成也强烈影响维护要求、排放和自主的可能性。自主式船舶设计将具有非常高的可靠性要求,因为轮机长不会在船上解决运行期间的小问题。更为传统的可靠性要求还规定了在特定高需求区域(如靠近海上油气平台)作业时允许的具体界限。

电力系统可以用一定数量的基本拓扑来定义。最传统的一种是机械式的,一种是将一台原动机直接连接到一个推进装置,而电力系统则完全独立地使用发电机组或其他发电部件。这是一个简单的设置,对电力系统的优化可能性有限。然而它可以成为船舶最有效的电力系统,因为它比更复杂和"电气化"的拓扑结构具有某些优势。这是某些营运状况的最佳拓扑,特别是对具有非常稳定的推进功率需求和低电力需求的长途货运船舶。

电力系统的基本拓扑结构如下:

(1) 机械推进传动系统——纯机械驱动的动力传动系统;

(2) 电气的——纯电力驱动的动力传动系统;

(3) 混合轴——机械的和电气的组合推进动力传动。

每一种基本的动力系统拓扑结构都可以进一步划分为若干不同的包括储能、直流电网、变螺距螺旋桨、发动机的可变转速、不同的燃料类型、全电力和充电系统等的解决方案。例如柴油机电力结构和混合动力轴系结构如下所示。

传统的柴油机电力推进系统如图 13.1 所示。它使用有源的前端(AFE)技术,来获得稳定的清洁电压质量和对负载变化的快速响应。该体系结构广泛应用于平台支持船(PSV)等海上支持船上。安装的发电机数量由最大功率要求和运行概况确定。当以低速航行或在待机状态时,可以关闭某些发动机以获得最佳燃油性能。

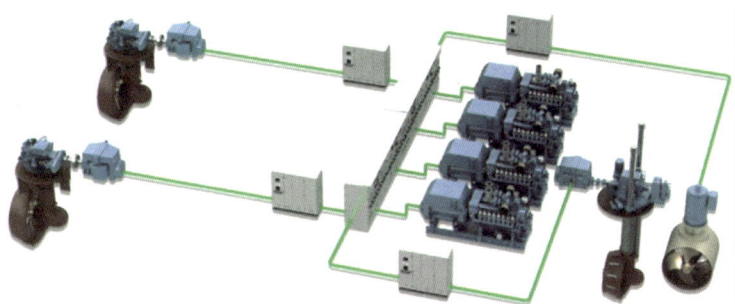

图 13.1　传统柴油机电力推进系统

图 13.2 所示的柴油机电气结构具有单个的集成驱动配电板,该配电板利用公共直流母线为整个船舶提供动力。所有变频器、断路器和主配电板都安装在一个单独的机柜中,以节省空间。由于将多个连接终端在工厂完成安装,因此安装在船上也简单得多,而且配电板内冷却系统安装将更少,因为所有变频器的冷却系统将集中在一个机柜中。住舱和其他负载(230 V、440 V、690 V 配电板等)的船舶服务电源将由同一个机柜供电。额外的电池电源可以有效地集成在直流总线上,在实现低速航行或负载顺畅时转换损耗最小。所有发动机都可以变速工作,以最大限度地提高效率,并且输出会自动调整到所需的功率。

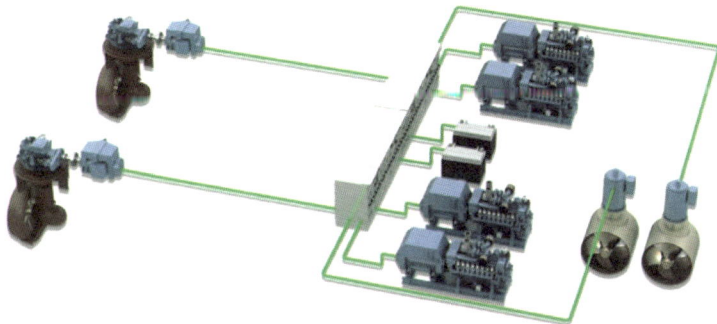

图 13.2　装有集成驱动配电板的柴油机电力推进系统

图 13.3 所示的混合轴带发电机(HSG)结构是一种非常灵活的装置,可以根据船舶的不同营运任务进行重新配置。在发动机转速可变(动力输出)、轴带发电机与辅助发电机组(动力输出)并车、柴油机/电气操作(动力输入)和主螺旋桨电动增压(动力输入)时,它可以在配电板上提供固定的电压和频率。这使得操作具有独特的灵活性,其中优化设计将评估所有不同的操作可能性,以确定最有效的操作。混合轴系解决方案可与普通交流母线和直流母线的设置以及储能相结合,从而通过动力输入/动力输出在主轴线路上提供负载峰值削锋。

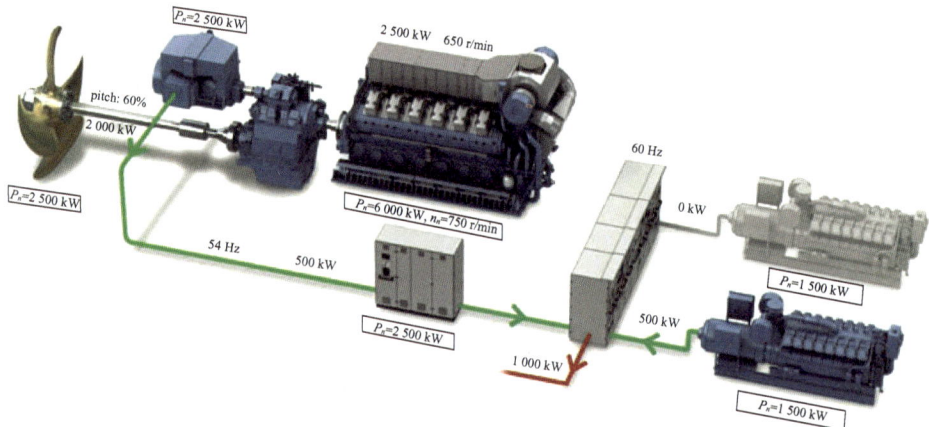

图 13.3 混合轴系发电机系统

13.3 动力系统建模的整体方法

确定最优动力系统结构和组成的设计过程是一项复杂的任务。为了探索整体设计过程中的设计空间,必须建立适当的构件模型和构件间的多物理场相互作用。模型所需的属性取决于设计阶段。在早期的设计阶段,设计的目标是选择整体结构和维度组件,需要在静态或准静态模拟环境中建立低保真度模型。为了在实际动态负载时验证不同操作方案下的设计性能,需要更高的保真度的模型进行实时模拟设置。为了产生真实的负载和系统行为,应包括最重要的控制系统,最好使用在一个软件回路测试或硬件回路测试中设置的实际控制系统。如果实际控制系统不可用,则应进行模拟,因为控制系统对整个动力系统很重要。例如在动力定位下的起重机操作中,必须包括动力定位系统。动力定位系统控制推进器,推进器通常是最大的动力消耗设备。

如果要评估安全功能,电源管理系统(PMS)也很重要。由于操作人员响应是安全的重要组成部分,因此将操作人员添加到设置中也很重要。

机械部件有许多属性,部件的模型应代表与所讨论的设计任务相关的属性,例如在准静态优化过程中,与能效、机械损耗和电气损耗相关的属性通常很重要,而在动态模拟中,旋转机械的惯性和控制系统可用的传感器等特性变得至关重要。

有许多不同的工具可用于创建机械部件和系统的模型。商用工具的一些例子有 MATLAB/ Simulink、SimulationX、Algoryx 和 20-sim。这些工具包含可用于创建组件模型的工具箱和资料库中。基于这些工具和/或基本方程式,开发了公司专用的机械和动力系统模拟工具。HOLISHIP 项目中使用的动力系统优化工具有 TNO 的 GES、法国船级社(BV)的 SEECAT、挪威、德国劳氏船级社(DNV、GL)的 COSSMOS 和罗尔斯·罗伊斯船用设备公司(Rolls-Royce Marine)的 MPSET。

对于基于低保真度模型和准静态模拟的设计优化过程,通过嵌套循环进行了大量迭代以探索设计空间。虽然每个模型的执行速度都非常快,但是大量的迭代决定了这类模拟的性能。可以通过引入限制条件来约束设计空间以减少迭代次数,例如基于规则和规范。

对于使用高保真度模型的运行场景动态模拟,对每个模型的执行都提出了更高的要求。此外在控制系统和操作人员处于回路的情况下模拟必须实时运行。因此模型的可用执行时间受到限制,因此模型的保真度必须与可用的计算能力相平衡。

在许多情况下,可用的高保真模拟模型是使用不同的模拟工具开发的。在这种情况下,可以使用功能模型接口(FMI)等标准来进行模拟,其中来自不同工具的模型可以通过将模拟模型导出为功能模型单元(FMU)来进行组合,并使用实现 FMI 协议的主算法来执行整体模拟并处理 FMU 之间的通信。FMU 可以从上述任何一种商用工具中导出。

优化过程所需的输入是对所设计船舶运行状况的描述。对某些船舶来说,这可能相当简单,在以恒定速度航行很长一段时间,然后在港口进行操控,并在泊位上停留一段时间,在停泊期间保持静止状态。对于其他船舶,如海上抛锚作业船,运行概况将复杂得多,其中将时间花费在运输、拖航、调度和张紧锚泊系泊、动力定位待命、操纵外,闲置时仅需提供住舱区域电力负荷。因此运行概况将为所讨论的船舶定义一系列任务和子任务;该船用于什么用途,以及执行每个任务的时间比例。子任务的定义包括一项任务中的参数,如航速或系柱拉力、作业区域和天气条件等参数。还必须为每个子任务确定主要动力消耗设备的负载情况。根据船舶类型,运行概况可以是一个可重复的时间相关状况,也可以是一个一整年内每项已执行任务总和的年度概况。当能量存储和岸电作为一个电源输入时,以时间相关的方式来评估运行概况是至关重要的,使得能量存储在优化算法中得到充分的利用。图 13.4 显示了一个高水平操作概况示例,而图 13.5 显示了下一级别的细节作为优化过程的运行概况的典型结构的输入。

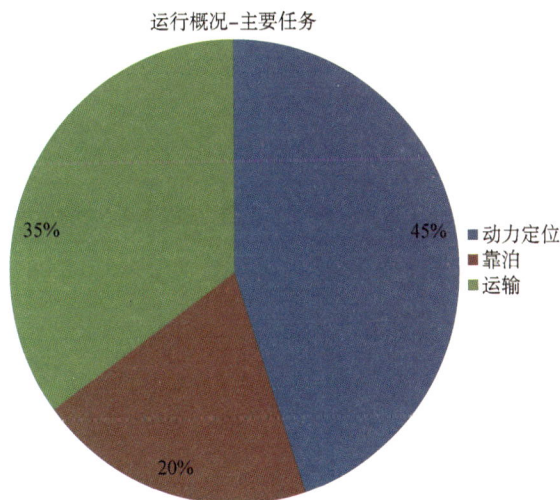

图 13.4　顶级营运概况示例

届时优化方法就可以找出哪种类型的机械装置能够最好地处理任务范围,并进一步分析,以确定主机、发电机组和电池等的数量、大小和运行情况。过程的输出将是这些元件的最佳配置的信息,以便为每个操作模式提供最佳动力解决方案。

对于每个任务和子任务,使用完整的估计能耗作为输入。表 13.2 举例说明了实现完整优化机械和动力系统设计所需的信息量。只要模型考虑到潜在的损失和螺距,任何推进器单元的输入可以是所需的推力,而不是千瓦。每种任务的输入也会激活不同的规则和规范

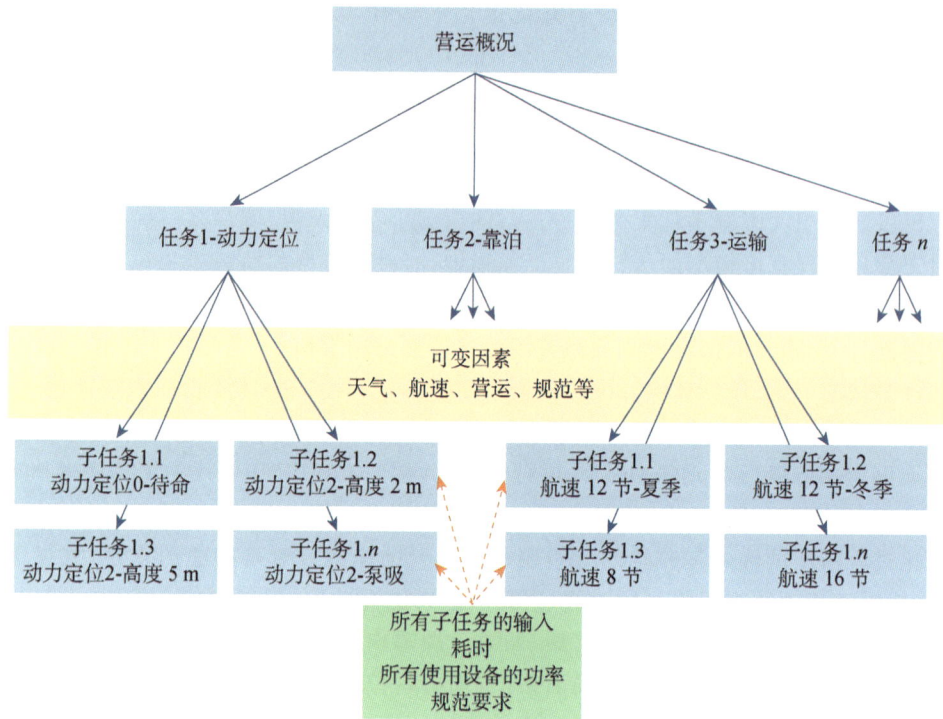

图 13.5 包含任务和子任务的营运概况结构

集，优化过程必须考虑到这些规则和规范集。动力定位子任务是用于任何单点故障冗余系统的示例，这意味着该系统必须能够在不启动新设备的情况下为任何单点故障提供给定的功率和推力。

表 13.2 子任务所需的输入示例

动力定位—子任务 1.2—高度 2 m 及起重作业	
子任务耗时	400 h
舱室区域负荷	300 kw
吊机负荷	800 kw
右舷主推进器	300 kw
左舷主推进器	300 kw
艉部隧道式推进器 1	200 kw
艉部隧道式推进器 2	200 kw
艏部隧道式推进器 1	400 kw
艏部隧道式推进器 2	400 kw
艏部伸缩式推进器	600 kw

13.4　动力系统概念设计的优化与验证

这一节提出了在整体设计过程中对船舶动力系统进行概念设计的一个方法。三个主要步骤：

步骤 1　高级概念设计：从动力系统的角度来看，这一步的目的是根据任务要求定义和确定船舶的主要用电设备。船舶的类型及其任务可以是任何事情，从用一艘首尾同型渡船从峡湾上运送人员和汽车到一艘平台支持船在恶劣天气条件下执行复杂的水下作业。要定义主要用电设备，在此步骤中必须进行船体的基本设计和主尺度调整。典型的主要耗能设备是

（1）推进装置/推进器；

（2）重型用电设备，如甲板机械和泵；

（3）居住区负荷。

步骤 2　动力系统概念设计和优化：该步骤的目的是定义最佳结构、主要组件和控制策略，以向第 1 步中定义的主要用电设备提供动力。该步骤的关键输入是对船舶营运概况的详细描述。优化基于从生命周期角度为船舶定义的一组关键绩效指标。这些应涵盖安全性和可靠性、生命周期成本和排放等领域。

步骤 3　动力系统概念验证：该步骤的目的是验证从步骤 2 在典型营运概况中提出的电力系统概念设计的绩效。这些可能是常规的操作情景和故障情景。此步骤的重点通常是在最苛刻的操作状态中动力系统的动态负荷。

根据步骤 3 中进行的测试和验证的结果，可能需要返回步骤 2 甚至步骤 1 来调整设计，这将关闭概念设计阶段的整体设计循环（见图 13.6）。

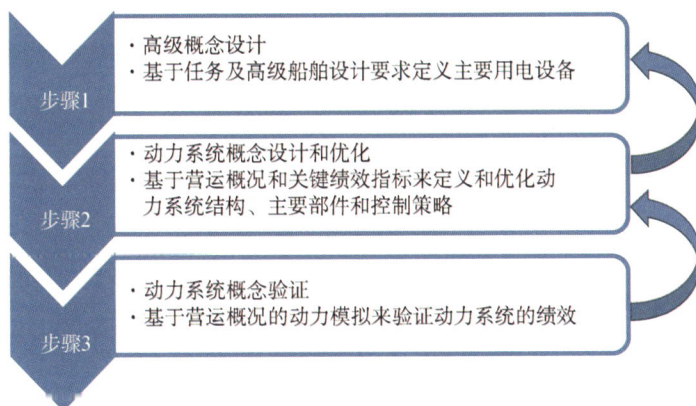

图 13.6　动力系统的三步整体设计过程

以平台支持船（OSV）的设计为例，对这三个步骤作了更详细的概述。

基于基本操作的要求，高级设计过程从设计船舶主尺度开始。这本身就需要使用多次迭代进行多参数优化。传统上这是通过手动评估选项来完成的，通常由非常基本的计算支持。设计师在这一阶段的目标是找到对船舶参数的变化对关联的参数产生积极的影响、即

设计螺旋的优化。

然而,这些手工计算限制了可探索的设计空间的大小,更复杂的船舶要求显示了这些简单计算方法的局限性。

需要定义任务和设计需求来作为输入。其中包括:

(1) 任务定义(主要任务和子任务);

(2) 将营运行状况定义为高级营运配置文件;

(3) 船舶完成其任务的预期环境条件;

(4) 操作限制;

(5) 总体设计要求(空间要求、住宿条件等);

(6) 适用的规则和规范、行业准则等;

(7) 任务设备(如起重机、绞车、住宿服务等)。

由于计算是在高级别上进行的,基准船舶信息对于基准化设计变化非常重要。目标不是评估绝对性能值,而是进行相对比较。这样可以在无需详细的系统信息情况下进行快速评估。

需要参考船舶的以下设计信息:

(1) 船体初始尺寸;

(2) 机械和推进装置的初步定义;

(3) 初步确定用电设备的初始规模。

表 13.3　步骤 1—高级概念设计

步骤 1	高级概念设计
目标	定义动力系统的主要用电设备
输入	船东的技术规格书、任务要求、限制条件
方法	根据输入要求和限制条件,对船体主尺度、推进系统、轮机和设备进行高级设计。利用设计空间探索(DSE)和优化技术
输出	从推进/推进器装置、高能耗设备和居住功能确定电力系统负荷

高级别设计参数的定义不仅基于技术性能。经济和环境因素,如资本支出、营运支出和诸如排放量等环境因素,也被考虑在内。

有了这些基本参数,就可以确定每个推进器和推进装置的推力要求,并由此确定各种推力器的动力需求。这需要在下一步输入更详细的动力系统评估和优化(步骤2,见表13.4)。

步骤1(见表13.3)工作流程的示例如图13.7所示。

但是,基于设计螺旋原理,随着对设计细节的了解不断增加,必须在以后的阶段对步骤1进行重新评估,以检查初始结果是否仍然有效或者要做进一步优化设计。

在确定一个或多个顶级解决方案的第一个高级概念设计步骤之后,将研究如何找到最优动力系统。有大量机械和动力系统部件组合的可能性,它们将能够进行顶层概念设计所需的操作。然而投资成本和营运成本会有很大的不同,而船舶的营运概况是为每种概念设计最优化动力系统的关键。排放量以及系统可靠性在不同的动力系统之间也会有很大的差异。

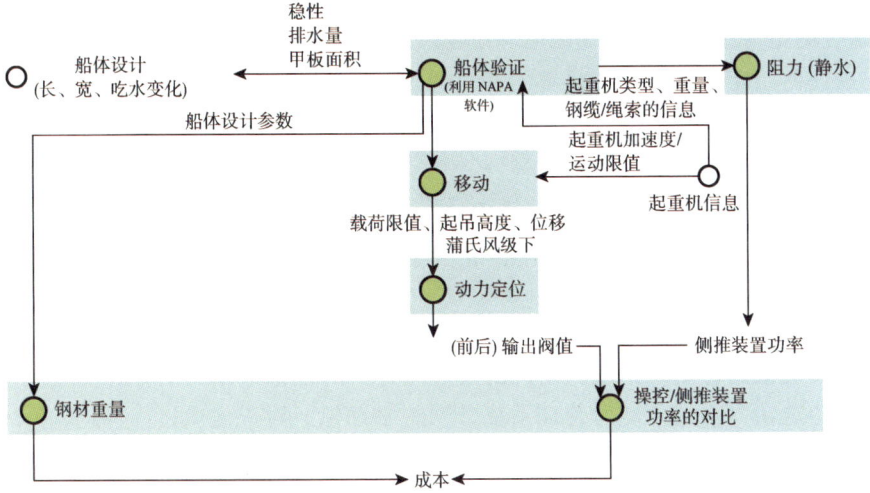

图 13.7　步骤 1 工作流程示例

在图 13.4 中描述了由船舶的营运任务组成的营运概况，以及在执行该任务时在多长时间内完成每个任务的时间组成的运行曲线。如图 13.5 所示，通过考虑环境和操作影响，将任务进一步划分为操作子任务。这纯粹是基于步骤 1(见表 13.3)中定义的用电设备，这些设备独立于发电设备和配电解决方案。为了定义这一点，需要对操作模式进行描述。

船舶及其动力系统的不同运行模式描述了如何操作所有的发电和配电装置，以确保为所有子任务向用电设备提供正确的电量。动力系统可以有许多不同的操作模式来执行特定的子任务。每种模式都涉及多种电源，如发动机、发电机组和电池，以及通过配电系统控制电源从电源流向用户的策略。图 13.8 说明了一个特定子任务如何以多种方式进行操作的。

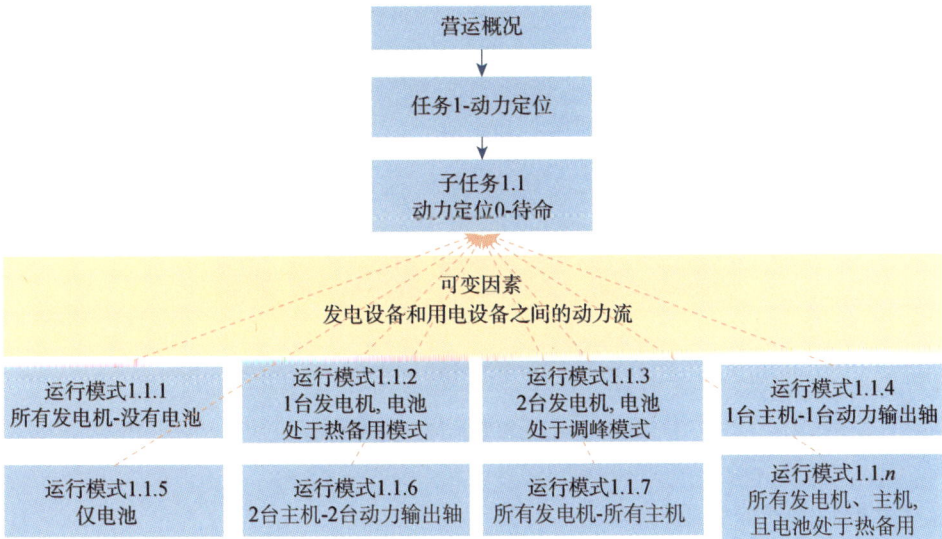

图 13.8　子任务的运行模式

然而,考虑到特定的电力系统组件,其中一种模式是该操作子任务的理想模式。在设计过程中,组合的电源大小和控制优化电源是至关重要的。必须对电源大小进行调整,以确保运行概况中任何给定子任务都有足够的动力,具有足够的安全冗余度,并满足适用的规范要求,例如动力定位。优化整个电力系统时,需要在所有子任务中如何操作组件的控制逻辑,因为这将决定所有操作的关键绩效指标。

在最佳机械和动力系统设计中,原则上应考虑表 13.1 中提到的所有部件和所有可能的体系结构。但是这可能会导致模拟时间过长。为了简化设计和优化过程,经验丰富的船舶系统设计师将定义初始标准,以排除许多明显不合适的解决方案,从而减少评估其余可能性所需的模拟时间。

操作模式是根据控制从电源到用户的动力流背后的逻辑来定义的。在船上这可以通过适用于船舶特定动力系统的动力管理系统(PMS)来确保。对于优化过程,需要一个简化的、更灵活的逻辑,能够自动适应不同的操作模式。这可以称为动力流控制(PFC)。PFC 允许多个系统在用户有限或无输入情况下,或在与排放控制区、法规、噪声要求等相关的特定输入的情况下进行优化。

动力流控制与电源的大小和整体拓扑结构相结合来决定船舶的绩效。该绩效可以用一组关键绩效指标来表征,从而实现船舶及其动力系统的多参数优化。上述过程如图 13.9 所示。

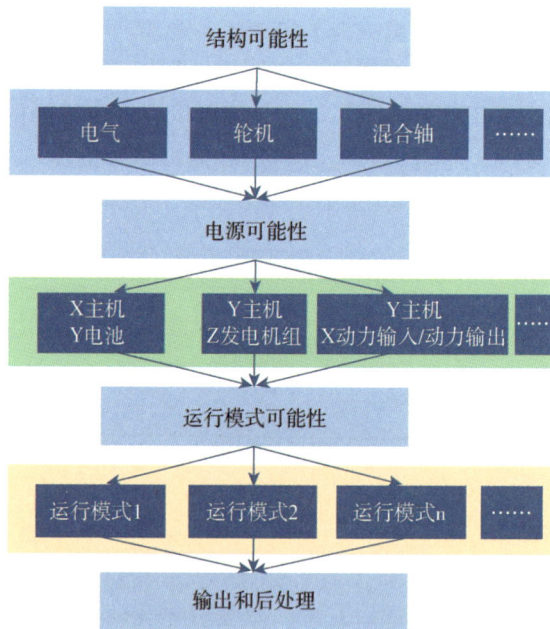

图 13.9　动力系统优化过程概述

总体关键绩效指标概括如下:

(1) 资金成本—动力和推进系统的投资支出;

(2) 营运成本—动力和推进系统的营运成本;

(3) 排放—动力和推进系统对环境的影响;

（4）可靠性、可用性和可维护性—动力和推进系统的可靠性、可用性和可维护性。

不同的关键绩效指标由不同的如运行时间、发动机负荷、燃油消耗、维护要求等的子关键绩效指标驱动。此外整个动力系统优化过程必须允许根据客户偏好对不同的关键绩效指标进行加权。一般来说，油耗和排放是任何特定动力系统的最小化目标，而与可靠性、可用性、可维护性和安全性（RAMS）相关的关键绩效指标对运行设定了限制，投资成本为整个动力系统设计设定了限制条件或目标。

船舶设计师或系统设计师的目标是允许以很大自由度探索设计空间。为了确保这种自由度，必须实现的功能是对优化后的电力系统进行灵敏度分析的能力。重要的是船舶设计师和未来的船东必须认识到船舶应在哪些限制条件下运行。在动力系统优化过程中，输入总是存在一定程度的不确定性，而输入的微小变化不应导致"优化"系统效率的大幅度降低。

对这一点有一个简单的例子，可能是一个小的变化，例如在一个操作任务中，由于水动力学估计误差，导致功耗增加了 1%。如果这点增加导致在最佳负载下增加一台发动机，在低功率负载下增加两台发动机，那么船舶最终可能会得到一个非优化解决方案，而营运成本会大幅增加。这些类型的调查必须在动力和推进系统优化过程中得到便利和可视化。

图 13.10 中展示了步骤 2 工作流程（见表 13.4）的示例。

图 13.11 给出了一个动力系统性能工具数据后处理的示例，该数据与用于可靠性、可用性、可维护性分析和生命周期成本（LCC）评估的其他工具相连接，用于多参数优化和灵敏度分析。

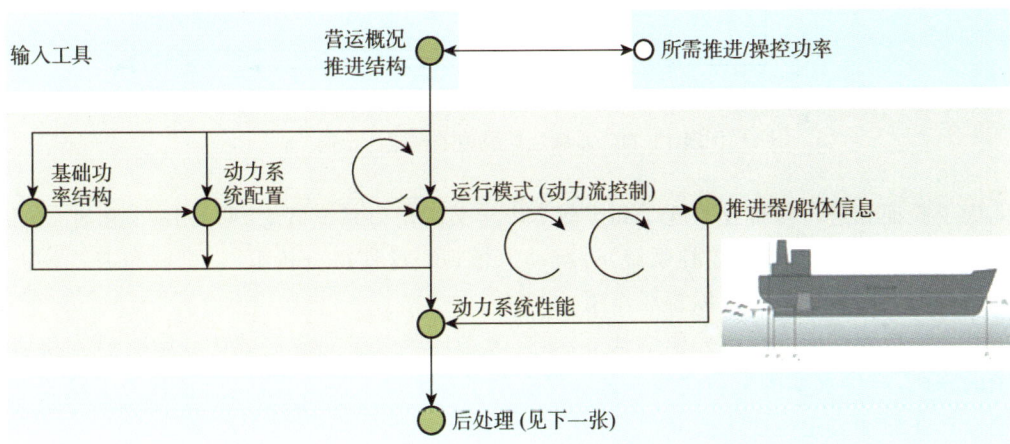

图 13.10　步骤 2 工作流程示例

表 13.4　步骤 2-动力系统概念设计和优化

步骤 2	动力系统概念设计和优化
目标	动力系统结构、主要部件和控制策略的定义与优化
输入	营运概况，包括步骤 1 中的负荷 用户要求、设计和法规限制等 关键绩效指标和优化目标

（续表）

步骤 2	动力系统概念设计和优化
方法	基于输入要求和限制条件的大量替代设计的准静态模拟 使用适当的工具评估关键绩效指标,如投资支出、营运成本、燃油消耗、排放和可靠性 经过多目标优化的绩效 绩效灵敏度分析
输出	给定的营运概况的优化电力系统定义 稳态运行的关键绩效指标 灵敏度数据

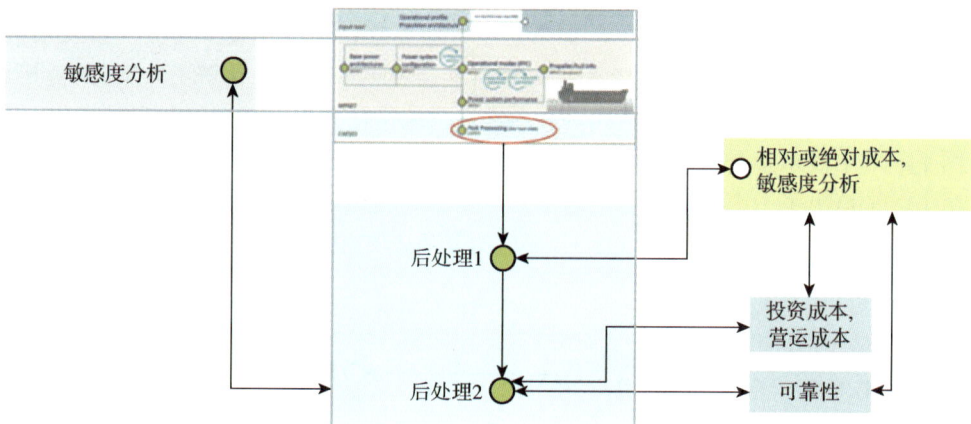

图 13.11　步骤 2 后处理工作流的示例

　　为了验证和进一步优化步骤 1 和步骤 2 中定义的动力系统概念(见表 13.3 和表 13.4),应对营运概况(包括控制和监控系统)进行动态模拟。这使得分析电气、机械和需要分析的数字领域中不同组件之间可以相互作用。

　　动态模拟器应能在关键操作情景下,结合瞬态环境效应如波浪载荷和影响船体和动力系统的阵风,产生真实的负载曲线。这不仅有助于验证动力系统设计,而且有助于验证整个船舶设计在如动力定位能力或其他操作限制方面的绩效。

　　一个更现实的负荷曲线使进一步优化动力系统成为可能,从而使系统不会因给定的负荷曲线和船舶设计而过大。这种优化可能包括测试替代控制策略和确定关键动力系统部件(例如混合动力系统的储能装置)的大小。

　　船舶及其动力系统的稳健性还应通过向任何系统注入故障并分析船舶、动力系统和相关控制系统的响应来加以验证。船舶营运概况的每项任务在稳健性要求上可能有所不同。例如,在 2 级动力定位和 3 级动力定位操作中,如果未发出后果分析警报,船舶应该能在动力系统发生任何单一故障后保持位置。这在很多情况下都可以在动态模拟中进行验证。

　　动态模拟的结果是针对船舶和动力系统的关键操作情景和性能的动态负荷曲线。关键绩效指标还可以像动态条件下的燃油消耗和排放等那样被计算出来。可以根据动态模拟的结果对技术规格加以更新。根据动态模拟的结果,可能还需要重复步骤 1 和步骤 2,从而关闭整体设计循环。

步骤 3(见表 13.5)模拟器设置的示例如图 13.12 所示。

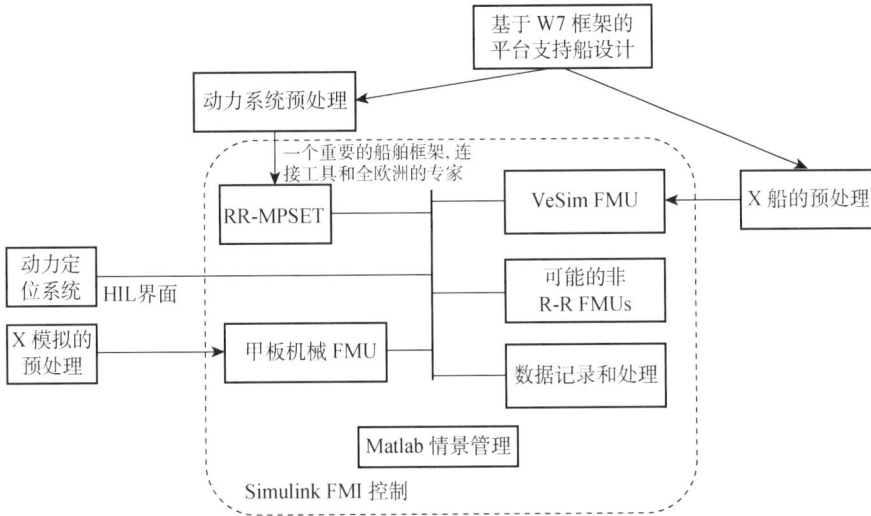

图 13.12　步骤 3 模拟器设置的示例

13.5　应用案例

应用案例将在 HOLISHIP 手册第 2 卷中进行描述。

必须在 HOLISHIP 项目中的两个平台(即整体设计优化平台和虚拟验证框架)实施 AC OSV。这个应用案例包括一个复杂的机械系统。计划通过三个不同的演示案例来演示 AC OSV,以实现整体设计过程的重要部分,并对设计进行虚拟验证。这三个案例涵盖了从早期概念到详细系统评估的设计过程,并且符合上述提出的通用三步流程。

13.6　结论

机械和动力系统的设计优化和验证是整体设计过程的重要组成部分,对船舶基于关键绩效指标如投资成本、营运成本、排放和可用性的总体性能有重大影响。必须考虑多学科如水动力性能、总体布置和控制系统行为的相互作用。此外在许多情况下机械和动力系统由大量的部件和结构组成,这就导致了可能的解决方案有很大的设计空间。本章介绍了如何通过三步过程在整体设计和验证过程中优化机械和动力系统。

感谢:HOLISHIP 由 HORIZON 2020 年运输计划内欧盟委员会的资助,合同编号 689074。HORIZON 2020 欧盟研究和创新基金。

参考文献

20-Sim,Controllab. www.20sim.com

Algory X. https://www.algoryx.se/

COSSMOS，DNVGL. https：//www.dnvgl.com

GES，General Energy Systems. https：//www.tno.nl

HOLISHIP (2016-2020) Holistic optimisation of ship design and operation for life cycle，Project funded by the European Commission，H2020-DG Research，Grant Agreement 689074. http：//www.holiship.eu

Matlab. https：//www.mathworks.com

MPSET from Rolls-Royce Marine. https：//www.rolls-royce.com

SEECAT，Bureau Veritas BV. www.bureauveritas.com

Simulation X. https：//www.simulationx.com

Simulink. https：//www.mathworks.com

斯维尔·托本(Sverre Torben)，1998 年至今在挪威 ODIM/罗尔斯·罗伊斯船用设备公司担任船用甲板机械系统研发相关的各个职位,主要研究方向为深水起重作业的装卸系统和起重机、电气驱动系统以及用于培训和虚拟样机模拟器的开发。目前他是罗尔斯·罗伊斯船用设备公司船舶数字解决方案的关键技术拥有者,同时也是罗尔斯·罗伊斯船用设备公司海洋系统工程副研究员。1994—1998 年在挪威 ABB Kraft 公司任高压开关设备的研发和项目管理。1994 年在 École Supérieure d'Électricité（巴黎高等电力学校）任控制系统与电气工程学硕士。

马丁·德·琼(Martijn de Jonghs)，2007 年至今在罗尔斯·罗伊斯船用设备(Rolls-Royce Marine)公司首席设计师和研发/测试协调员,负责新船舶设计和改装以及船舶设计中的研发/测试计划。2003—2007 任 Smit International 公司的海上工程师和造船师,参与船舶新建项目、合同投标和打捞作业。2003 年荷兰代尔夫特理工大学船舶设计专业硕士学位（理学硕士）。

克里斯蒂安·艾克兰·霍尔默菲乔德(Kristian Eikeland Holmefjord)，2017 年至今罗尔斯·罗伊斯船用设备公司产品销售部的技术专家,负责产品系统设计和系统设计内的研发/测试。2015—2017 年在罗尔斯·罗伊斯船用设备(Rolls-Royce Marine)公司的工程系毕业,从事船舶设计、功率转换器技术和混合动力技术的研究。2014—2015 年他是 SINTEF Energy 公司开发增压水下电力转换器的研究科学家。他于 2015 年在挪威科技大学(NT-NU)获得电气与环境工程专业的电力转换硕士学位（理学硕士）。2010 年他被授予了学徒生产电工证书。

比约纳·维克(Bjørnar Vik)，2014 年至今是罗尔斯·罗伊斯船用设备(Rolls-Royce Marine)公司的模拟和控制专业首席工程师专注于技术。2004—2014 年他曾任 Marine Cybernetics(现为 DNV-GL)模拟器开发和控制系统硬件在环测试的首席工程师。2004—2014

年他曾任国立科技大学工程控制学系的博士后研究员、从事导航集成系统的副教授。1999—2004 年他是国立科技大学工程控制学系的博士后研究员，从事综合导航系统的研究和教学。他于 2000 年获得国立科技大学工程控制论博士学位。

第 14 章　先进的船舶轮机建模和模拟

乔治·迪莫普洛斯(George Dimopoulos)，查拉·格奥尔格普洛(Chara Georgopoulou)，杰森·斯特法纳托斯(Jason Stefanatos)

摘　要　目前船舶轮机正在发展成为更复杂和多学科的系统，并且需要满足规范的要求、效率目标、市场压力和安全限制条件。由于需要新的决策工具来管理日益复杂的技术和系统，因此性能改进已成为一项艰巨的任务。基于模型的系统工程(MBSE)是一种综合的方法，能够通过将重点从孤立的组件转移到整体的系统来分析复杂系统的整体性能及其行为。MBSE利用先进的计算机辅助建模和模拟方法及工具，来开发技术组件的"数字孪生体"，并在集成系统中测试它们的综合性能。这类方法广泛应用于航空、电子、化学/加工和太空探索等行业，并且最近被引入航运业。本章介绍了如何在船舶系统中实际应用MBSE的方法，并在选定的船舶应用中展示了MBSE的优点。

关键词　基于模型的系统工程；复杂船舶系统建模与模拟

14.1　船舶能源系统：需要集成的方法

现代船舶轮机系统趋于高度复杂，融合了多学科技术，在可变任务模式下运行，并且在空间占用、重量、灵活性和安全性方面受到许多限制(Dimopoulos et al. 2014)。由于对船上资源具有完全自主性的严格要求，船舶轮机系统通常比陆用系统具有更高的集成度。此外其设计和运行受到国际或地方法规的约束，如防止污染、海上人命安全、功能安全和冗余(MARPOL. 2010；SOLAS. 2009)。此外，市场对降低船舶营运成本的压力，使得船舶在设计初期阶段就强调提高船舶的能效，从而使船舶系统优化成为一个复杂的技术经济问题。最后，新技术和新燃料作为实现更好性能的选择出现在市场上，导致决策环境更加复杂。

系统工程(SE)为评估复杂技术系统的综合性能提供了一种全新的整体方法(NASA. 2007；Pantelides and Urban. 2004)。其理念是从对系统组件的解耦分析转向对系统整体性的评估，从而在做出技术决策时着眼于"全局"。SE集成了工程、数学、控制、自动化、物流和项目管理等多个学科，以更好地理解和管理系统复杂性。通过结合系统各个部分及其相互连接的知识，SE方法分析了每个组件如何影响整体性能，反之亦然。这种分析可以使用计算机辅助建模和仿真技术进行，通常称为基于模型的系统工程(MBSE)。MBSE方法通常用于许多工业行业，如航空、国防、电子、化学/加工、石油和天然气以及太空探索(NASA. 2007；Pantelides and Urban. 2004；Stephanopoulos and Reklaitis. 2011)。计算机辅助工具广泛应用于船舶和海洋工程(McNatt et al. 2013;Papanikolaou. 2010;Rodriguez and Fernandez Jambrina. 2012),MBSE 在过去十年中被引入商业航运(Dimpoulos et al. 2014),在管理日益复杂的船用系统、船舶和结构的复杂性方面显示出良好的优势。

本章介绍了 MBSE 方法如何在船舶上实际应用,从定义一系列应用领域到描述船舶轮机部件模型的数学公式。从船舶设计和营运中的一系列实际工程问题出发,阐述了 MBSE 解决的问题的范围,概述了主要目标、约束条件和决策参数。在此基础上提出了一个典型的应用 MBSE 解决船舶技术问题的工作流程,从设置案例规格和假设到建立数学模型进行基于模型的分析。本章接着描述了一个通用的数学框架,以对船舶轮机元件及其系统连接的控制机械建模。然后以先进的 DNV GL COSSMOS(复杂船舶系统建模和模拟)建模框架(Dimopoulos and Kakalis. 2010;Dimopoulos et al. 2014;Kakalis and Dimopoulos. 2012)。讨论了船舶机械轮机系统模型库的结构。最后本章结尾介绍了 MBSE 在航运中的应用实例。

14.2 过程建模与模拟

14.2.1 问题类型及应用领域

MBSE 可以支持从早期设计阶段乃至全寿命周期的各种运输应用决策(Dimopoulos and kakalis. 2010;Dimopoulos et al. 2014;Kakalis and Dimopoulos. 2012)。我们将尝试将多个 MBSE 范围归为一组来解决实际船舶设计和运行问题,如下:

(1)设计优化:这类问题利用 MBSE 来确定有关技术经济指标如能效、安全性和成本效益的船舶轮机的优化设计和操作。与其他方法相比,MBSE 能够考虑轮机系统的当前任务范围,从而为造船厂、船东和营运方带来重要利益。这种方法提供了以行业引领设计的能力。

(2)营运绩效分析、基准测试和优化:在这类问题中,目标是评估绩效、对备选技术解决方案及其组合进行排名和比较,并直接量化技术经济和安全绩效指标。因此可以根据船舶的实际操作条件评估新技术的应用。此外性能评估所用的工具也可用于优化策略,典型例子是先进的能源管理分析等。

(3)敏感性分析:在一些工程问题中,需要对解决方案的敏感性进行评估,以形成决策范围。典型的例子是对不同任务概况的投资评估和敏感性分析。

(4)诊断:MBSE 工具可以提供实际服务条件下系统行为的知识,从而具有跟踪故障或正常运行中断事件的能力。

(5)新技术评估:压载水处理系统、脱硫洗涤塔、选择性催化反应系统等。

上述类型的问题可以在现有的船队、新造和改装应用的不同应用领域中遇到(Dimopoulos et al. 2011,2015;Georgopoulou et al. 2015,2016;Kakalis et al. 2013;Stefanatos et al. 2012,2014,2015a、b)。对于现有的船队,MBSE 可以应用于实际使用条件下功率和燃油消耗评估,以优化运行性能为目标。同样的用于优化的 MBSE 工具也可以用来监控性能,分析非最优的船舶上的决策和活动,并确定改进的策略。此外通过对当前和优化策略的分析,MBSE 可以支持船员对最佳实践的认识。总之所有这些解决方案都属于基准测试和竞争性资产管理支持的通用应用领域。船队在服务应用中的具体例子包括油船货物作业(例如卸货和货油加热)监测和基准测试(Stefanatos et al. 2015a),结合先进热力学的能源管理改进(Stefanatos et al. 2012),柴油-电力船舶动力管理策略评估和改进建议(Stefanatos et al. 2015b)等。最后对于现有的船队,MBSE 可以支持开发可靠性评估和诊断的新方法,例如基于模型的故障跟踪、故障事件的模拟、预防措施及其结果的评估,以及对风险和相关影响的量化(Manno et al. 2015)。

对于新造船,MBSE 的一个常见应用领域是解决"按行业设计"问题的方案,其中在考虑船舶的实际营运概况并比较整个轮机配置方案后确定最佳系统设计(Dimopoulos et al. 2011,2015;Kakalis et al. 2013;Stefanatos et al. 2014)。此外在船舶生命周期的这一阶段,建模和模拟工具可以支持船舶子系统的优化,如发动机、辅助设备(发电机组、变频驱动泵、冷却系统等)、货物装卸系统(如液化天然气再液化装置和气体压缩技术)、废热回收、经济器、轴带发电机、蒸汽/动力涡轮机系统、挥发性有机化合物回收系统可以实现优化、硫还原洗涤器和额外燃料消耗估算、混合动力电池推进技术经济评估。最后 MBSE 工具可用于支持环境合规性决策,并分析在新型船舶设计中使用先进技术的潜在效益(Georgopoulou et al. 2015,2016)。

对于改装应用,MBSE 可用于技术经济比较解决方案并优化其效益。所有船型的典型应用领域是利用新安装的环境合规技术对现有船舶系统进行综合评估(Georgopoulou et al. 2015)。对于气体运输船再液化装置,典型的问题包括供应商的选择和最佳选型的技术经济比较(Dimopoulos et al. 2015)。在散货船上 MBSE 可用于起重机作业电池系统的评估。

14.2.2　一般问题描述/工作流

通过 MBSE 管理技术问题的典型工作流包括以下一系列操作(见图 14.1):

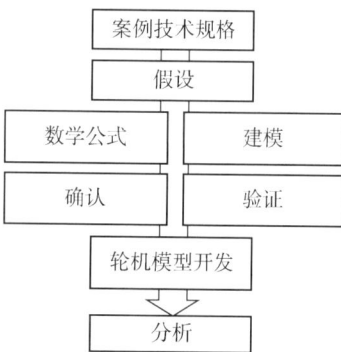

图 14.1　通过 MBSE 管理技术问题的通用工作流程

(1)案例规范:确定相关的系统及其关键组成部分。描述案例目标和要观察的性能方面,并定义一组量化此性能的度量标准。确定系统规格、功能和特征,包括应用范围、名称设置和操作设置以及任何技术和操作限制条件。

(2)假设:考虑案例的范围和要评估的标准,定义案例假设,因为模型的粒度取决于案例目标。这一步骤会影响数学公式的后续活动,例如这一活动可以是稳态(设计/非设计)或动态(瞬态操作)的、简单回归或空间分布域的使用等。

(3)数学公式:开发数学公式,以捕捉描述组件和系统行为的控制机制(机械、化学、电气、热力学、传热、流体流动等)。因此模型假设要被预先定义并且会影响最终的数学公式,例如这一行为可以是稳态(设计/非设计)或动态(瞬态操作)、简单回归或使用空间分布域。此外正确选择数学方程是很重要的,因为它可以提供用相同的单一模型同时评估不同的系统状态机会。这一特性通常被称为模型具有通用性和可重构性的能力。

(4)建模:在适当的基于计算机过程建模环境中对数学模型进行编程。市场上有几个面向方程的建模环境,可以解决高度复杂的微分和非线性代数方程组系统,并提供必要的面向对象和开放式软件体系结构的功能。

(5)确认:通过与实验和/或测量数据的比较,分别确认各个组件模型和子系统中的单个组件模型,此过程可确保模型的保真度,并有助于理解每个组件在设计和操作决策参数方面的行为。

(6)验证:通过若干有针对性的模拟研究(通常在极端条件下)和参数敏感性分析,验证每个模型。这项活动的目的是在广泛的应用中检查模型行为,以及了解其数值稳定性。

(7)船舶轮机系统模型开发:利用单个组件模型作为"构建块"的分层流程图综合,开发相关的船舶机械系统的通用可重构模型。一些平台提供了将其他计算机辅助工具连接到流程图的选项,允许在不同的软件之间交换信息,使用在其他平台上开发的外部模型等。这种功能为在技术系统的虚拟测试中整体方法的实施提供支持,因为它允许集成多学科工具,在其环境和依赖关系中创建技术系统的数字孪生体。

(8)基于模型的系统分析:使用数字孪生设备评估技术系统的性能。在最后这一任务中,该模型用于执行模拟并量化在步骤 1 中确定的性能度量。根据研究范围,评估可包括稳态或瞬态计算、灵敏度分析等。

上述程序步骤适用于从单一系统元件分析到复杂集成系统的各个层次。

14.3　过程建模框架的数学表达式

在 MBSE 中,系统组件通过组合以下类型的方程组进行数学建模:

(1)捕获现象:技术组件的建模从要捕获机制的定义开始。基本定律,如质量守恒、能量守恒、动量守恒和电流守恒,通常存在于大多数数学模型中。此外该模型还扩展到包括要考虑的与特定组分函数相关的特定过程现象的公式:热传导、质量传送、化学反应等。还定义了描述热物理性质的其他公式,如热容量、密度作为温度和压力等其他特性的函数。模型机制可以用不同的方式进行数学表达,分别对应于不同的范围、假设和保真度级别。根据建模方法的粒度和范围,工程师可以选择最适合的模型来反映其预期目的。

(2)尺寸和成本特性:数学公式通常包括一组参数和变量,这些参数和变量表示部件的几何特性、尺寸和成本方面。根据问题的范围,可以使用高级表示或细节表示。

(3)连接性规则:模型包含一组连接性规则,允许其与其他模型进行通信、导入或导出信息。

在接下来的段落中,我们将介绍一组表示关键守恒定律、控制现象和连接性规则的偏微分代数方程(PDAEs)。

14.3.1　守恒方程与物理现象

用 PDAEs 表示的守恒定律描述了不同的机制如何改变定义的控制体积内物理平均值的数量。数量的例子是质量、能量含量、动量或电流。守恒定律可以根据控制体积状态(如固体、液体)、能量形式(如机械、电子)以及由此产生的假设,以不同的方式进行数学表述。

例如,在速度 u 和化学反应(CR)的驱动下,控制体积内质量物种的守恒可能随着质量输运(MT)的时间变化而改变,如下列方程所描述(Dimopoulos et al. 2014):

$$\frac{\mathrm{d}c_i}{\mathrm{d}t} + \nabla (u \cdot \Delta c_i) = \xi_{\mathrm{MT},i} + \xi_{\mathrm{CR},i} \quad \forall\, i = 1, \cdots, N_{\mathrm{species}} \qquad (14.1)$$

该方程组包括控制体积内物种浓度的初始条件和边界条件,如物种进/出的流量和速度。质量输运源 ζ_{MT} 取决于扩散项 $D_i \cdot \nabla^2(c_i)$,扩散项通常由实验导出的扩散系数定义。

在流体流动中,能量守恒可以用以下方程表示(Dimopoulos et al. 2014):

$$\frac{\mathrm{d}u_V}{\mathrm{d}t} + \nabla (u \cdot u_V) = \phi_{\mathrm{HT}} + \phi_{\mathrm{ER}} + \phi_{\mathrm{CR}} + \phi_{\mathrm{CV}} + \phi_{\mathrm{RW}} \qquad (14.2)$$

其中,梯度项用于能量传输,而源项 ϕ 解释了由于对流和/或辐射、(电)化学反应(ER,CR)、体积变化(CV)引起的热传输(HT)以及在控制体积的边界内和/或跨越控制体积边界时产生的工作现象(如旋转轴)(RW)引起的热传输(HT)。初始条件描述观测期开始时控制体的能量含量,边界条件描述输入/输出能量流。体积变化(CV) ϕ_{CV} 和转轴功(RW) ϕ_{RW} 源通常出现在柴油机、活塞式压缩机等往复式部件中。

对于固体(例如,换热器壁),能量平衡可通过傅里叶表达式给出(Dimopoulos et al. 2014):

$$\rho \cdot C_p \frac{\mathrm{d}T}{\mathrm{d}t} = -k \cdot \nabla^2 T \qquad (14.3)$$

其中,T 是固体温度。根据问题的表述,这个方程可以用各种类型的边界条件来补充。例如当传导和/或反应引起的热传输发生在边界时,采用 Robin 型条件,如果界面是绝热的,则采用 Neumann 型条件。

在电网中,能量守恒可以从基尔霍夫定律中导出(Dimopoulos et al. 2014):

$$U = R \cdot I + \frac{\mathrm{d}}{\mathrm{d}t}(L \cdot I) \qquad (14.4)$$

其中,U 是电压,I 是电流,R 是电阻系统,L 是物理电感。

最后,动量守恒方程解释了由于应用边界表面和物体力 ζ_F、压力变化和由于输运现象而引起的平均动量变化。对于流体流动,动量平衡可以用以下方程表示(Dimopoulos et al. 2014):

$$\frac{\mathrm{d}(\rho u)}{\mathrm{d}t} + \nabla \qquad (14.5)$$

在许多工程问题中,由于压力动力学的影响较小,上述方程退化为简化的压降关联式。在力学问题中,ζ_F 源的一种常见形式是重力(泵、管网等),这是由于流体在 z 高度处的高度引起的(Dimopoulos et al. 2014):

$$\xi_F = \rho \cdot g \cdot \nabla z \qquad (14.6)$$

对于旋转轴,角动量平衡可以用以下方程表示(Dimopoulos 等. 2014)

$$2\pi \cdot I_s \cdot \frac{\mathrm{d}\omega}{\mathrm{d}t} = \sum_{\text{内}} M_i + \sum_{\text{外}} M_j \qquad (14.7)$$

当发生化学(或电化学)反应时,考虑一个动力学系统模型,该模型一般可表示如下(Dimopoulos et al. 2014):

$$\sum_i^{N_{\text{物种}}} v_{ij} A_i \; \forall\, j = 1, \cdots, N_{\text{反应}} \qquad (14.8)$$

系统特性(例如反应速率 r、反应焓 ΔH 和反应物种的化学计量系数 v_{ij})通常由实验确定，并影响质量和能量平衡公式中的各自的源项，如下所示（Dimopoulos et al. 2014）：

$$\xi_{CR,i} = \frac{1}{V} \sum_{j}^{N_{反应}} r_{CR,j} v_{ij} \ \forall j = 1, \cdots, N_{物种} \tag{14.9}$$

$$\Psi_{CR} = \frac{1}{V} \sum_{j}^{N_{反应}} r_{CR,j} \Delta H_{CR,j} \tag{14.10}$$

对于电化学反应，其源项为

$$\Psi_{ER} = \frac{j}{2F} \sum_{j}^{N_{反应}} \Delta H_{ER,j} = \frac{1}{V} \sum_{j}^{N_{反应}} r_{ER,j} \Delta H_{ER,j} \tag{14.11}$$

14.3.2　连通性方程

组件模型通常包含连通性方程的接口，从而能够与系统中的其他组件模型进行通信。该接口是内部模型变量（如质量流量、浓度）与系统属性或其他组件模型接口之间的一组等式限制条件。可以确定四种类型的连通性方程：(a)流体流量，(b)机械功率流量，(c)控制信号，(d)电气连接，通常可以表述如下（Dimopoulos et al. 2014）：

$$C_j \langle \boldsymbol{X} \rangle_{出} - C_{j+i} \langle \boldsymbol{X} \rangle_{入} = 0 \tag{14.12}$$

其中，分量端口矢量变量 $\boldsymbol{X}$ 可包括质量/摩尔流量特性、功率流量或电气连接功能：

$$\boldsymbol{X} = \begin{cases} [p, h, \dot{m}, x], & 液体流量 \\ [\omega, M], & 机械 \\ [U, I, f, PF], & 电气 \end{cases} \tag{14.13}$$

对于控制端口连接，任何类型的功能都可以在组件之间交换。

14.3.3　热物理性质

对于工作流体的情况，需要使用状态方程（EOS）来计算热物理性质，如密度、焓和热容。通常，状态方程由热力学性质（温度、压力、组成）的函数系统组成（Dimopoulos et al. 2014）：

$$\boldsymbol{X} = f(p, T, x) \tag{14.14}$$

为确保对系统模型内流体属性进行统一处理，所有系统组件应采用相同的状态方程模型。EOS 的例子包括用于水和蒸汽的 IAPWS-97 模型和标准流体混合物的 Redlich-Kwong-Soave 模型（Infochem. 2009；Wagner et al. 2000）。

14.4　单个组件模型和流程库

14.4.1　模型库

专用于航运应用的 MBSE 模型库的开发提供了在计算机中表示任何类型的船上轮机系统的能力。这类库存在于文献中，其中一个具有广泛的成熟应用的库是 DNV GL COSSMOS 建模框架。

DNVGLCOSSMOS 库包含船舶轮机系统组件模型的一个宽泛应用清单，如表 14.1 所示（Dimopoulos et al. 2014）。每个组件模型包含一组数学方程，如第 14.4 节所述，并根据第 14.3 段的原则制定。这个库中包含了不同复杂度的模型，从空间分布的动态系统到甚至零维的稳态形式,这样可以开发适合其预期用途的不同精度级别的系统模型。表14.1根据其在船舶轮机系统中的用途对部件模型进行分类。接下来的段落将进一步介绍每个模型类别的关键特性。

表 14.1 DNV GL COSSMOS 组件模型库(Dimopoulos et al. 2014)

类 别	组 件 模 型
一次能源转换器	柴油机(存在不同型号粒度的不同模型:查找/均值/详细)、双燃料发动机、燃气轮机(集总热力学/查找)、燃料电池 MCFC 模型(详细/查找)、HT-PEM 模型、锅炉燃烧器、电池
二次能源转换器	蒸汽轮机(背压/冷凝)、压缩机、涡轮机、动力涡轮机、鼓风机、容积式压缩机(滚动/螺杆)、简易泵、离心泵、变速泵、吸收式制冷机、发电机(同步/异步)、热电发电机
流体输送	阀门(气体和液体)、焦耳汤姆逊阀门、流量混合器/分流器、管道、增压室(气体和液体)、储罐
热交换和相分离	汽包/蒸发器、汽包、油气分离器、横流蒸发器、冷凝器、横流热交换器、管式热交换器、板式热交换器、辅锅炉(不包括燃烧器)、烟管锅炉
电气系统组件	变频器、变压器、逆变器、整流器、配电母线、用电负荷
控制和自动化	比例积分微分(PID)控制器、传感器、执行器、测量装置、电源管理单元
动力流	旋转轴、扭矩负载、扭矩合成器、减速器、螺旋桨
质量分离和(生物)化学反应器	管式蒸汽甲烷转化炉、选择性处理单元(SOX 洗涤塔)、用于减少氮氧化物的选择性催化反应器(scr)、压载水处理装置(块)

14.4.2 一次能源转换器

一次能源转换器负责将燃料的化学能转换成其他有用的能源形式,如功能、热能或电能。典型的例子是内燃机,特别是柴油机,这是船上发电最常见的选择。燃料电池将燃料化学能转换成电能。技术选择包括熔融碳酸盐燃料电池(MCFC)和高温质子交换膜燃料电池(HT-PEM)(Dimopoulos et al. 2013 年;Ovrum and Dimopoulos. 2012)。

在 DNV GL COSSMOS 中,有多种不同粒度的能源转换器模型。例如,模型库中包括两种不同复杂程度的独立柴油机模型:

(1) 查找模型相应项目指南或海上试验中给出的现有发动机性能数据的线性插值(Dimopoulos. 2009;MAN. 2011;Meier. 1981;Wartsila. 2011)所示。

(2) 均值模型(Dimopoulos et al. 2014;Meier. 1981)是稳态和半经验模型,它将缸内现象视为具有热附加的等效流量限制。该模型可与其他涡轮机和换热模型相结合,完整地表示出柴油发电机、涡轮增压器、增压空气冷却器和废气通道系统。

(3) 缸内过程的动态唯象模型,包括进气/排气阀、进气口和往复式发动机气缸的子模型(Merker et al. 2006)。

14.4.3   二次能源转换器

二次能源转换器以二次能源形式运行,二次能源形式是从其他系统部件的一次能源转换而来的。典型的例子包括将电转换为功的电机,反之亦然,以及将蒸汽内能转换为机械能的蒸汽轮机。

压缩和膨胀部件在旋转轴和流体之间传递能量。这类船舶轮机系统部件包括压缩机、涡轮机、鼓风机、风扇、泵等。它们的性能可以通过不同的方式来达成,例如使用特性图(压力比、质量流量、等熵效率和转速)和多向压缩和膨胀过程的方块表达式(Hiereth et al. 2007)。在这些过程中发生的传热现象可以通过热传导系数的半经验表达式(Perry et al. 1999),通过动态热传导和对流方程来解决(Perry et al. 1999)。

蒸汽轮机性能模型是利用出版物(SNAME. 1973)中描述的标准方法开发的。考虑冷凝和背压机组的抽汽,该方法已拓展并适用于(Dimopoulos. 2009 and Dimopoulos et al. 2014)现代蒸汽轮发电机中得到了扩展和应用。该模型是稳态的,涵盖设计和非设计性能评估。蒸汽轮机等熵效率通过"基本效率"进行评估,基本效率是蒸汽轮机额定功率输出的经验函数乘以压力/温度入口、排气背压和负载系数的修正系数。函数的完整清单见(Dimopoulos. 2009;SNAME. 1973)。

14.4.4   流体输送设备

流体输送设备包括管道、泵、阀门、储罐等部件。

可以确定四种类型的模型:

(1)流量调节/限制装置的模型,例如阀门。这种模型通常利用阀杆位置的特征定律来估算通过阀门的流量,阀的特性曲线图也可以实现。

(2)流量压力增加模型,例如泵。此类模型通常采用泵性能(功率、扬程、容量、效率)的曲线图,并结合热力学流体特性计算(Perry et al. 1999)。

(3)流道组件的模型,例如管道和导管。这类模型通常采用流体流速和摩擦效应的半经验压降关联式(Perry et al. 1999)。

(4)充气室模型,例如储罐。这些组件模型通常会考虑由于流入/流出、相位或成分变化而引起的充气室中的压力变化效应。因此质量和压力的积累以及壁面传热现象可以用动态守恒方程来解释。

14.4.5   热交换与相位分离

船上的一些系统受热交换现象的影响,例如发动机冷却系统、燃料处理、热回收、蒸汽网络和货物加热/冷却。对于热交换器部件(废热锅炉、蒸发器、过热器),可以根据所需的粒度级别采用不同的建模功能:

(1)沿主要维度(即长度或表面)进行集成或空间分布的域分析;

(2)稳态或动态能量平衡;

(3)金属壁的蓄热效果;

(4)几何特征的影响;

(5)描述每个接触区域传热量的热传输相关性;这里根据流体的相位和性质位,可以采用不同的半经验相关性(Astrom and Bell. 2000;Bejan and Kraus. 2003;Dimopoulos et al. 2014;Shan and Sekulic. 2007);

(6) 最后,使用各种压降表达式,说明集成或详细的几何特征。

14.4.6　电气系统组件

这类组件,包括变频器、母线、变压器、逆变器和电力负载,通常由稳态方程表示,因为发生动态现象的时间度量单位为微秒级。另一方面,像电动机和发电机这样的次级转换器可以是动态模型,其时间度量单位为毫秒级(Seenumani et al. 2010)。

14.4.7　控制和自动化

控制和自动化组件是动态现象模拟所必需的,在动态现象模拟中需要实施特定的控制策略,以调节系统组件的行为。最常见的模型是通用的比例积分微分(PID)控制器,它可以表示任何简单的控制回路反馈机制。执行器模型可以表示信号延迟、开/关动作和上/下限界。测量装置模型可以在模型之间传递信息并应用超出传感器偏差和误差。

14.4.8　动力流

动力流模型描述船舶推进动力系统和旋转机械的要素,例如轴、齿轮箱。这些模型可以是稳态的,也可以是动态的,可以实现动力流效率度量和角动量守恒方程,并假设系统组件具有惯性量。

14.4.9　质量分离和(生物)化学反应器

在废气处理装置等后处理系统中会发生质量分离现象。其主要原理是利用物理机制(如解吸)或化学反应从船舶废物流中选择性地去除有关物质,如废气流中的硫氧化物和氮氧化物。这些系统可以简单表示包括分离效率与热力学性质和化学试剂速率的半经验关联式。为了获得更高的分析能力,可以使用详细的分布域公式和反应动力学模式。

14.5　与其他软件平台的集成

14.5.1　目的

许多工程问题超出了对复杂机械系统的分析,还涉及到它们之间的相互作用,以及对船舶/产品生态系统其他要素的依赖。例如确定某一特定船舶的最佳设计方案,需要对船体优化设计、强度和稳定性分析、轮机选择和优化等进行综合评估,因此,需要将不同的软件集成到一个整体和多学科中,对这些产品进行分析。这可以通过在适当的集成平台/环境下使用的各种软件之间的数据交换和通信功能来实现。先进的 MBSE 工具不仅可以集成不同的组件模型来分析复杂的机械系统,还可以将它们与其他软件平台和外部模型集成。

在航运业,欧共体资助的 HOLISHIP(2018)项目旨在整合各种船舶设计软件工具,以实现船舶整体设计优化。船舶设计是分阶段进行的,每一阶段都使用一套软件来计算不同的方面,例如船体线型、稳性、船舶运动、动力定位、阻力和推进、空船重量和钢结构重量、轮机系统性能、营运和投资成本。这些工具通常用于设计过程的不同阶段,具有不同的详细程度。但是如果能够在单个自动化设计循环下集成不同的软件,则可以在流程的早期阶段定义最佳的拟合解决方案,从而节省时间、精力和成本。COSSMOS 框架被用作本项目的组成部分,提供集成到船舶整体设计过程中的轮机评估功能。

14.5.2　建立具有交换和协同模拟能力的模型

为了使 COSSMOS 与 HOLISHIP 中使用的多学科设计平台和软件的集成和使用,需要协同模拟和模型交换接口。

协同模拟是实现船舶设计整体方法的必不可少的步骤,因为它可以通过组合不同的时间步长和计算功能工具,来构建船舶信息网络物理系统。在模型交换和协同模拟中,模型被视为"黑匣子",包含它们的公式、语义和合适的求解器。每个黑匣子都用作外部对象,在不同软件或集成平台的流程图中进行计算。

根据软件体系结构和功能、可用的连接协议、问题范围和信息交换需求等,可以以各种方式实现不同的多学科模型用于"彼此对话"。模拟平台包括信息交换功能,提供了构建模型的能力,这些模型可以调用外部工具执行完成第一个活动所需的计算。例如外部过程接口(FPI;见 PSE. 2009)和 FMI/FMU 协议。每个协议都包含允许信息交换(获取、发送等)和流式传输的特定库和函数。

模型与模型的连接可以在本地计算机中操作,也可以通过网络远程操作。例如可以通过 Windows 套接字实现本地计算机上的数据流,并在不同软件之间实现主/客户端功能关系。Microsoft Azure 物联网(IoT)功能允许通过网络进行数据流传输。根据信息交换的频率,这种结构可以具体化,从而实际实现并行模拟。

目前,COSSMOS 和 HOLISHIP 协同支持协同模拟接口。这些功能包括用作外部软件调用包装程序和批处理应用程序接口的 FMI/FMU 协议功能,这些功能允许在多学科集成平台下集成 COSSMOS(见图 14.2)。

图 14.2　在多学科设计平台下集成 COSS-MOS 的通用工作流

14.6　说明性应用

14.6.1　混合电力推进系统

混合动力船舶动力系统的概念,即与能量储存装置相结合的推进系统,被认为是各种类型船舶降低潜在燃油消耗的解决方案。通用的混合电力推进配置(见图 14.3)将原动机(发动机)与发电机和能量回收装置连接起来,旨在满足电动机、推进器、辅助设备

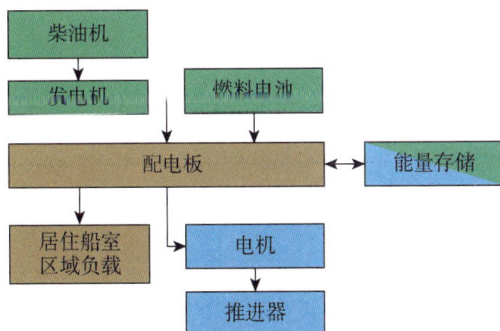

图 14.3　通用混合动力推进系统配置

和居住舱室区域负载的船舶推进和电力需求(Stefanatos et al. 2015b)。除了提高能效外,这种技术对高瞬态功率密集型船舶作业,如平台供应船的动力定位(DP)具有吸引力。在这种情况下,当需要及时覆盖峰值负载时,储能装置可以充当瞬时功率储备和快速冗余的角色。这些系统日益复杂,导致需要先进的模拟技术来优化原动机、发电机和电池之间的负载分配,最终以最低的成本得出满足需求的最佳动力系统管理策略。这些挑战需要在早期设计阶段与其他决策方面一起解决,如技术成熟程度、权重限制、安全性和可操作性限制以及投资成本。总的来说,这个复杂的方案是一个理想的案例,展示了基于模型的系统工程在航运中的应用和优点。

DNV GL 已成功地使用基于模型的方法对第一艘采用电池混合电力推进的商用船"Viking Lady"号平台供应船(Stefanatos et al. 2015b)进行了综合分析和优化。DNV GL COSSMOS 被用于利用从船舶数据采集系统收集的实际信息来量化混合电力推进系统的运行性能。对系统性能进行了分析和优化,使其每年节省15%的燃油,这一点从模型预测和船舶海上试验得到了证实(Stefanatos et al. 2015b)。

"Viking Lady"号的混合电力推进系统(见表14.2)由四台同步三相交流(AC)柴油发电机组成,为五台异步交流电动机和船上的所有居住舱室区域负载供电。反过来交流电动机与变频器耦合以进行速度调节并驱动船舶推进器:两个吊舱推进器、两个隧道式推进器和一个可伸缩的机动吊舱推进器。该系统在 DNVGL COSSMOS(见图14.4)中建模,能够进行稳态和瞬态性能分析。每个部件模型都根据建造方的数据进行了校准,并根据船舶的调试和验收试验进行了验证,包括了所有自动化和控制设备,在稳态和动态条件下都显示出良好的一致性。并且电源管理策略基于船舶实际营运状况。

表 14.2 "Viking Lady"号的电力推进系统的技术规格(Stefanatos et al. 2015b)

		额定功率(kW)	转速(r/min)
发电侧	柴油机	4×2 000	720
	发电机	4×1 920	720
用电侧	推进器电动机	2×2 300	1 200
	侧推器电动机	2×1 200	1 200
	可伸缩侧推器电动机	1×800	1 200
		功率容量(kW·h)	
能量存储	锂电池	450	
		电压(V)	频率(Hz)
输送	配电板	690	60.3

对一组为期两年的船上测量(在安装电池之前)进行了处理,以得出船舶的营运概况。然后 DNV GL COSSMOS 被用于再现营运概况并确定燃料减少策略,包括功率密集型动力定位(DP)模式(Stefanatos et al. 2015b)。

对以年度为基础的所有运行模式进行优化。动力定位(DP)模式优化的主要结果是导致电池覆盖瞬态负载(调峰),并且发电机组在几乎恒定的负载下满足了基本需求。这些效

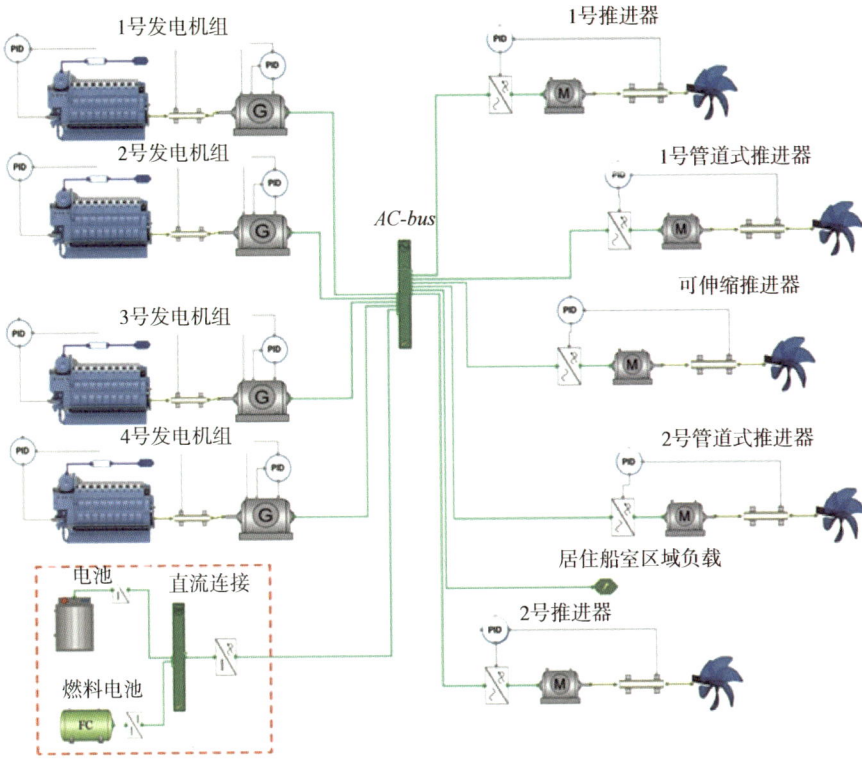

图 14.4　完整的混合电力推进系统 COSSMOS 流程图模型（Stefanatos et al. 2015b）

率很高,可以到约 20% 的获益（Stefanatos et al. 2015b）。此外对所有年度营运中使用混合营运策略可节省约 17.7%（见图 14.5）（Stefanatos et al. 2015b）。优化不仅在节省燃料方面,而且还考虑了原动机和电池使用方式的维护方面。发电机组的恒定负载运行和蓄电池充放电条件的微调可导致维护操作工作量的减少。

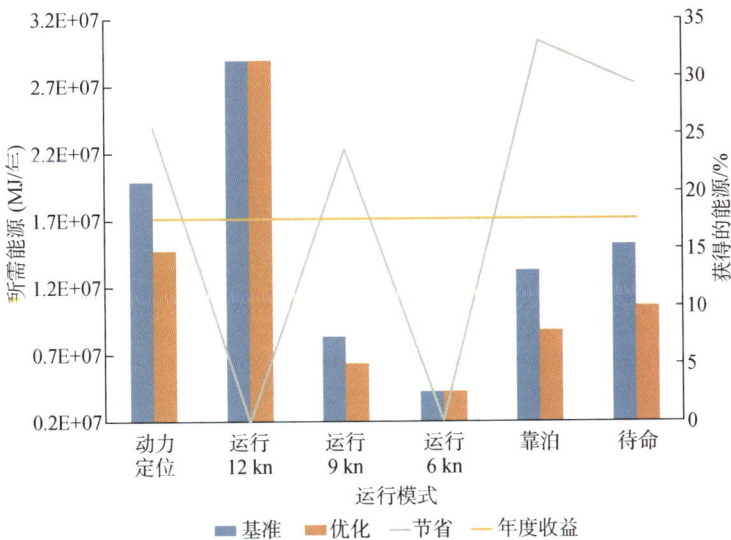

图 14.5　估计混合电力推进技术每年可以节省的成本（Stefanatos et al. 2015b）

14.6.2 脱硫洗涤塔

MSBE 方法有助于支持航运公司决定哪种是最适合其需要的合规性解决方案。由于在地方和全球法规中都实施了严格的环境法规,因此利用集成技术解决新造船和改装船应用中的最佳合规性难题变得非常重要。本段介绍了一个基于模型的船用柴油机废气脱硫洗涤塔分析的实例(Georgopoulou et al. 2015),目的是分析不同洗涤塔设计和发动机负载条件对发动机性能的影响。

在典型的湿法脱硫系统中,废气流从发动机的管道转移到洗涤塔。在塔内,水(开环系统为海水,混合或闭环系统为淡水)从顶部喷射,吸收气体中的硫氧化物并清洁气流。除洗涤系统的寄生负载外,洗涤塔和发动机系统之间的相互作用也会影响船用能源系统的效率。洗涤过程降低废气压力,影响发动机背压和船用能源系统的效率。如果使用强制通风机来恢复压降,则会导致额外的电力消耗。

图 14.6 所示为 DNV GL COSSMOS 中配有海水洗涤塔的船用发电装置的集成模型。该装置包括一台 37000kW 低速二冲程船用柴油机、三台涡轮增压器、一台用于蒸汽生产的废气通道废热锅炉和一台海水脱硫洗涤塔(Georgopoulou et al. 2015)。采用平均值模型对柴油发动机进行建模,基于具有热交换的多变性函数对涡轮机械部件进行建模,将脱硫塔建模为具有化学反应的二维气液传质塔。

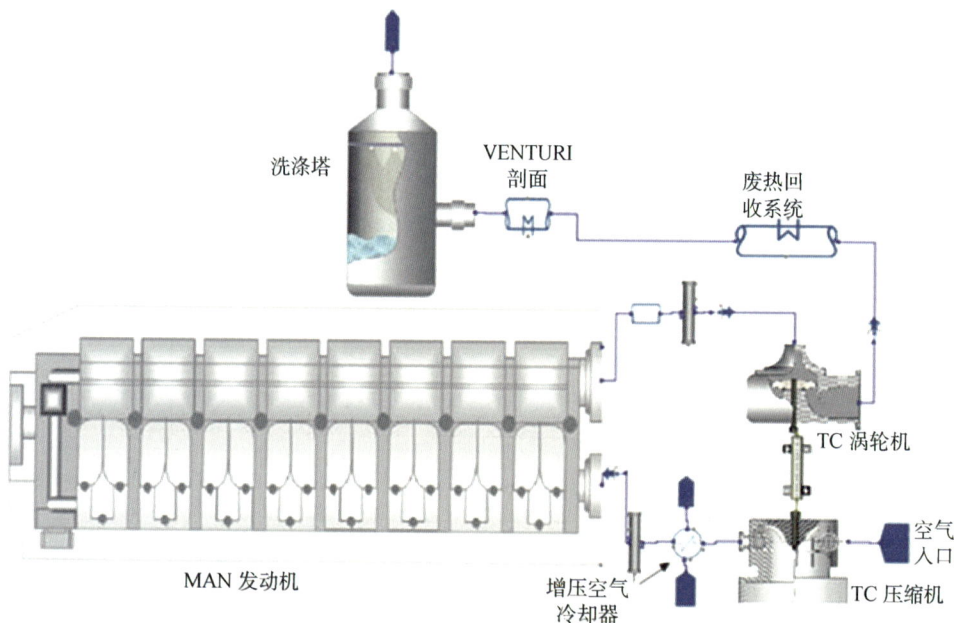

图 14.6　DNV GL COSSMOS 中带废气脱硫装置的船用发电系统(Georgopoulou et al. 2015)

为了证明洗涤塔设计对发动机运行的影响,假设洗涤塔设计特性在发动机额定功率范围内典型的市场设计范围内变化。特别是对高度为 10～14 m,直径为 6～7 m 的各种设计进行评估时,液体流量在标称点的 10% 以内。然后将设计与两个性能指标进行比较:

(1) 由于洗涤塔中的废气压力下降,燃油消耗量相对增加;

（2）硫碳排放比（SO₂ppm/CO₂％v/v），用于将脱硫效率与低硫燃料的绩效相关联（IMO 2009）。

图 14.7 显示了洗涤塔对 90％发动机负荷下发动机燃油消耗和排放影响的模型结果。每一列代表洗涤器特性的组合：高度、直径和 L/G 比。水平线表示对应于 0.1％硫含量的排放率监管限值。与预期的一样，脱硫效果随着海水流速和洗涤塔尺寸的增加而增加效果。另一方面，由于烟气压降较大，洗涤水或塔高的增加对燃料消耗有负面影响。直径的正增大会导致气体/液体通道更宽，从而减少压降及降低其负面影响。

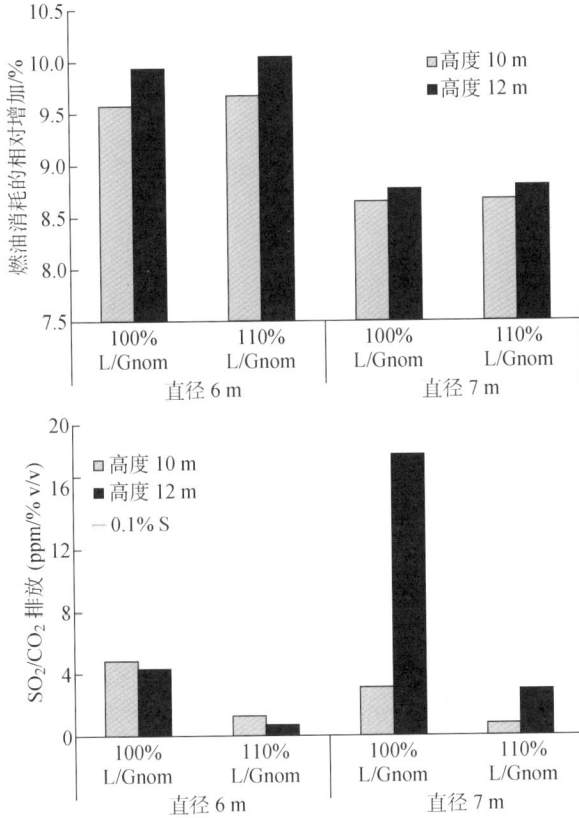

图 14.7　针对不同洗涤塔设计（高度、直径和液/气流量比）的洗涤塔设计性能分析（Georgopoulou et al. 2015）

压力降低对油耗的负面影响可以通过使用强制通风机来缓解，而通风机又会消耗电力。对于这一具体的案例研究，电力负载的平均增长约为 5％（见图 14.8），将总燃料消耗的初始负面影响减少一半（Georgopoulou et al. 2015）。

通过这个案例研究，展示了 MBSE 在分析合规性解决方案中的应用。从模拟中观察到，洗涤系统会降低废气背压，从而使涡轮增压器以较低的压缩比和空气流量下运行。因此在相同的功率需求下，发动机以较高的油耗运转。如果使用强制通风机恢复废气压力下降，这种负面影响甚至会降低一半。该模型在 90％的主机负荷下将总负载的电气冲击增加了 5％左右。当然本案例的目的是定性的，并且结果取决于特定的洗涤塔特性，因此它们并不能适

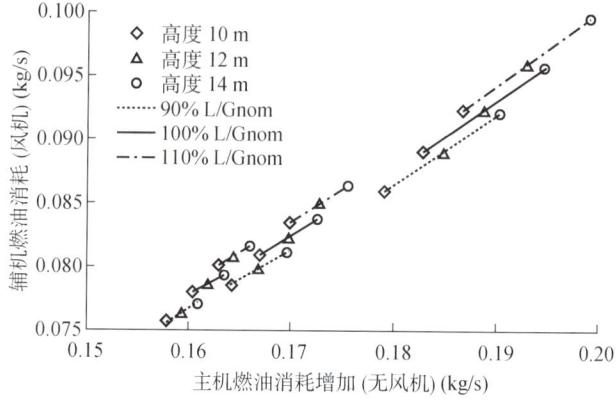

图 14.8 具有不同洗涤塔设计的 FGD 洗涤塔和强制通风机的
船用能源系统的参数分析(Georgopoulou et al. 2015)

用于所有类型洗涤塔和系统。

14.6.3 新造液化天然气(LNG)运输船配置替代方案

因为对于高度复杂的轮机系统和操作,需要在各种方案之间进行优化选择时,基于模型的系统工程可以有效地支持船舶设计的早期阶段。一个很好的例子是液化天然气运输船的推进系统和货物装卸系统,其中许多适用于其性能的技术选择取决于运行条件和燃料价格。本段介绍了 DNV GL COSSMOS 在液化天然气运输船概念开发整体轮机中的应用,包括推进和能量回收技术(Dimopoulos et al. 2015)。根据其实际的典型的营运概况,对不同的技术方案和机械配置进行了评估,从而选择具有最佳部件尺寸的最佳装配的解决方案。

图 14.9 概述了液化天然气运输船的综合推进和货物装卸系统(Dimopoulos et al. 2015)。推进动力可以由电力驱动或机械驱动系统提供。在机械推进的情况下,居住舱室区域负载、辅助设备和蒸发气(BOG)处理所需的电力可由(双燃料或液体燃料)发电机组提供,

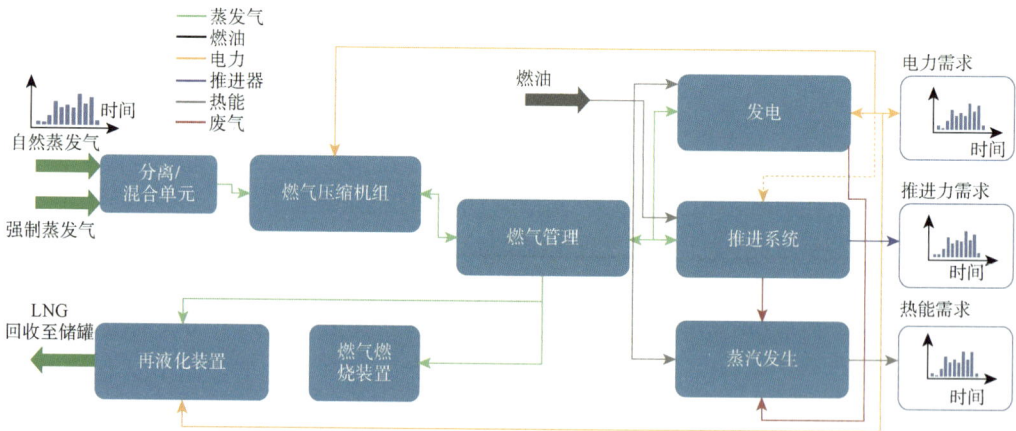

图 14.9 液化天然气运输船通用能源系统(Dimopoulos et al,2015)

也可由主发动机的轴带发电机(动力输出)提供。在电力推进的情况下,电力需求由主发动机提供。热负荷可由常规的燃油辅锅炉覆盖,也可选择由连接在主(和/或辅助)发动机上的废热锅炉覆盖。热需求可能来自蒸汽驱动设备和船上各种加热需求。原动机主要燃烧液化天然气燃料,燃料来自于储罐中的货物蒸发气(BOG)。如果自然蒸发没有足够的 BOG,则会产生强制蒸发,为发动机提供所需的燃料。在供应发动机之前,在压缩机组中对 BOG 进行压缩处理,以达到发动机所需的压力水平(主发动机为高压,辅助设备为低压)。当产生多余的 BOG 时,要么在燃烧装置中燃烧,要么通过再液化装置反馈至储罐。

除了系统复杂性之外,使这些系统评估复杂化的另一个特点是,BOG 组成的变化取决于营运操作概况及其对发动机性能的后续影响。适当的建模和模拟以及物理特性计算可以捕捉这些影响,从而提供对实际条件下系统性能的实际理解。

该船是一艘 17.5 万立方米的液化天然气运输船,从美国东海岸到日本的典型贸易航线,距离为 9 700 海里(nm),货物甲烷含量约为 98%(Dimopoulos et al. 2015)。图 14.10 给出了液化天然气运输船在不同运行条件和航速下的功率、热能和电力需求的模态分析(Dimopoulos et al. 2015)。在 DNV GL COSSMOS 中开发了其综合轮机系统的通用模型(见图 14.11 和图 14.12),这样可以比较电力和机械推进的能力,以评估轴带发电机和废热锅炉的性能,并以最佳方式确定气体燃料压缩机组和 BOG 再液化装置的规模(Dimopoulos et al. 2015)。

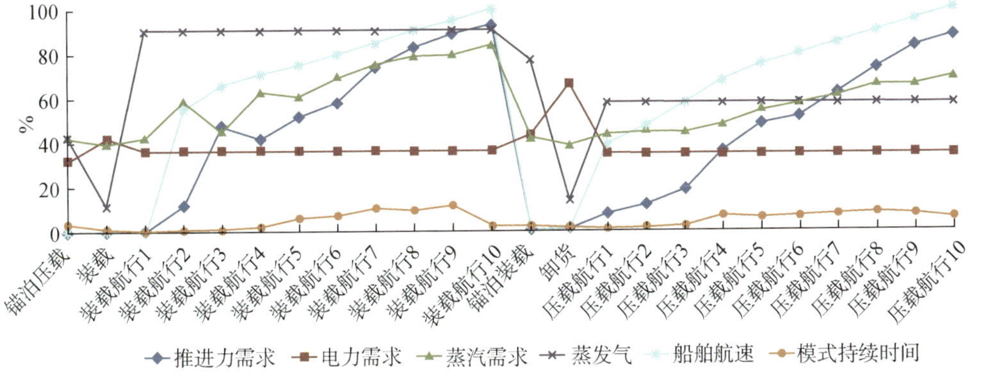

图 14.10　液化天然气运输船在不同运行条件下的功率、热能和电力需求的模态分析(Dimopoulos et al. 2015)

14.6.4　COSSMOS 在 Holiship 项目集成平台下的使用

本段介绍了 HOLISHIP 项目中整体概念设计和优化平台供应船(OSV)的应用案例(De Jong et al. 2018)。其目标是优化船舶主尺度,以实现最佳投资成本和营运成本性能,并符合营运概况和货物装卸(起重机类型和起重能力)的要求。成本要素包括推进器和轮机设备的投资成本、以钢材重量表示的建造成本和以燃油消耗代表的营运成本。

为了实现这一目标,在 CAESES 平台(CAESES. 2018)下集成了不同的软件工具,从而可以分析船舶主尺度、船体设计特征和电力系统结构的各种解决方案。图 14.13 显示了 CAESE 中的问题实现。在每个设计回路中,都使用一个专用的船体参数化模型来探索设计

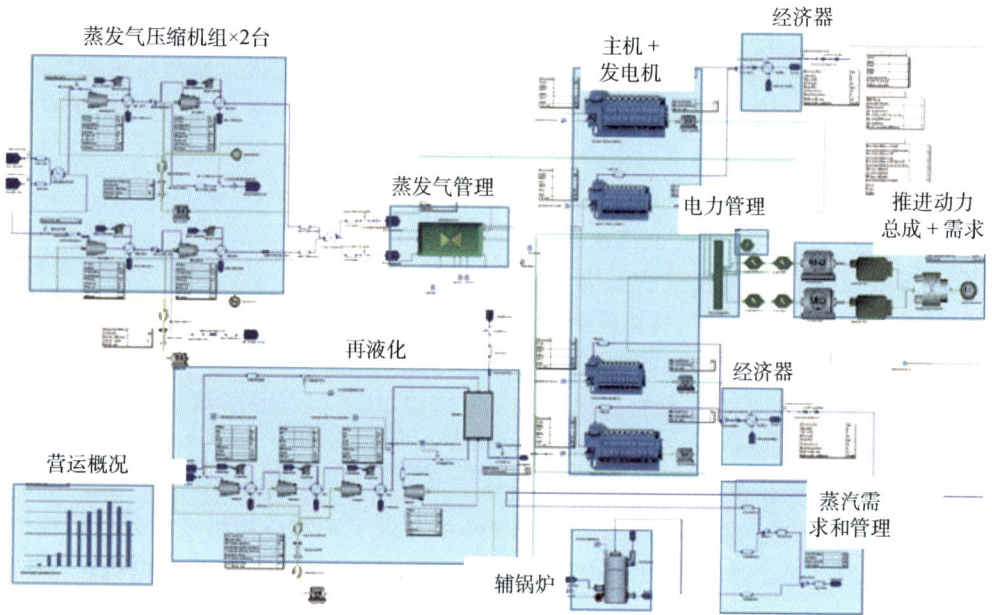

图 14.11　DNV GL COSSMOS 框架中的通用电力推进液化天然气运输船的轮机配置（Dimopoulos et al. 2015）

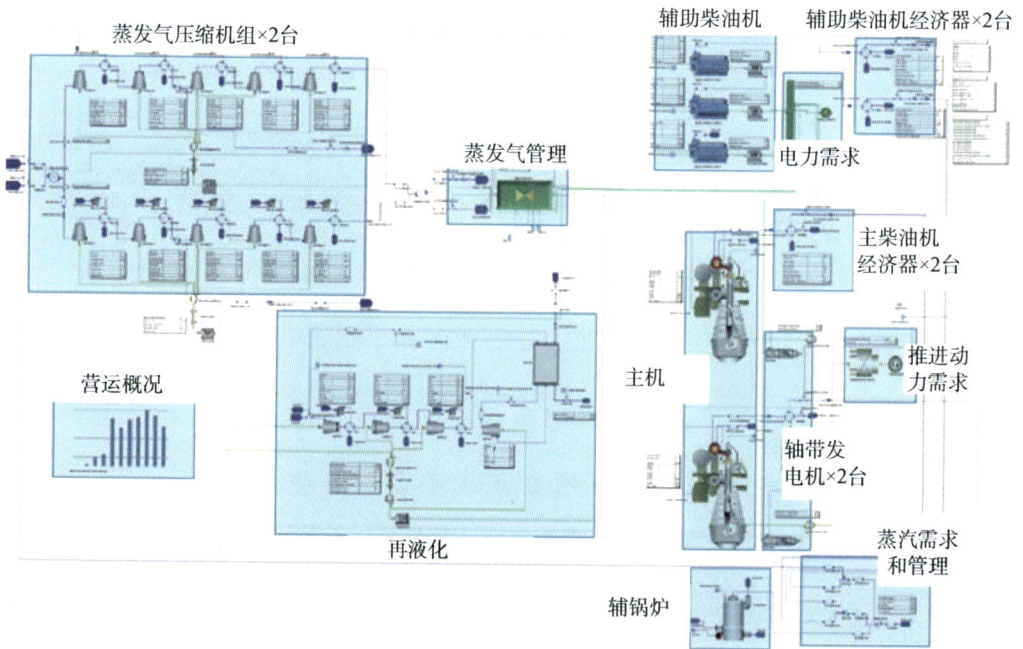

图 14.12　DNV GL COSSMOS 框架中的通用机械推进液化天然气运输船的轮机配置（Dimopoulos et al. 2015）

空间,并生成一个船体线型,以测试其总体性能。然后使用 NAPA 软件工具验证船体性能,并解决任何违反限制条件的问题。进行水动力性能和静水力性能计算,以评估船体性能,并估算所有运行模式(例如,运输、动力定位)下的主要船舶用电设备。所需推进力由定位工具和阻力工具确定。然后将推力转换为所需的装机发电量。用电设备的评估被用来确定推进系统的规模。反过来我们的 COSSMOS 工具被用来评估不同推进系统结构的性能,并在尺寸限制条件下燃料消耗降至最低。CAESES 集成平台利用批处理应用程序通信、文件交换和 CAESES 内置功能来支持设计循环。

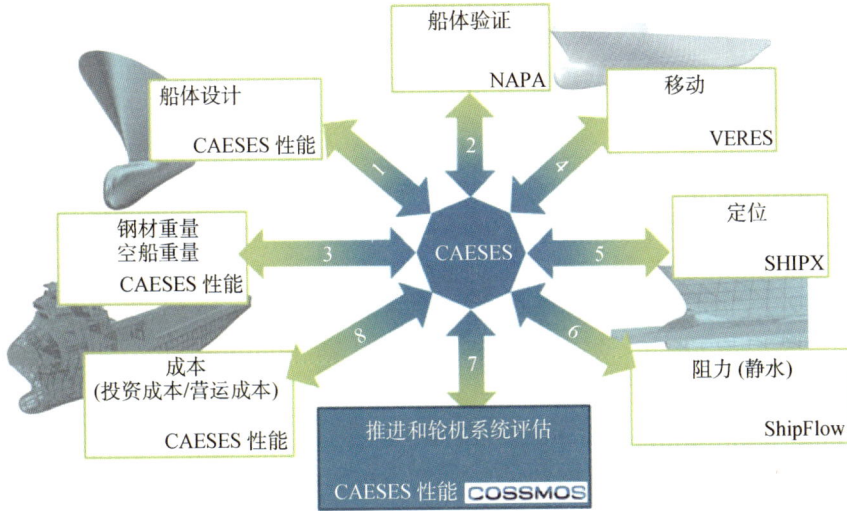

图 14.13 CAESES 平台下的船舶设计软件工具集成,包括用于轮机评估的 COSSMOS

案例的技术规格如表 14.3 所示,包括对其年度营运的高级营运模式分析。图 14.14

表 14.3 HOLISHIP OSV 案例 1 不同操作模式的规格

		航行模式	动力定位模式	靠泊模式
所耗时间	(%)	40%	40%	20%
1 号艉推进	(kW)	1 511	1 500	0
2 号艉推进	(kW)	1 511	1 500	0
1 号艏侧推	(kW)	0	950	0
2 号艏侧推	(kW)	0	950	0
方位推进器		0	880	0
居住舱室区域	(kW)	400	400	400
配电模式	(—)	关闭	分散	关闭
艉部推进器额定功率	(kW)	3 000		
艏部推进器额定功率	(kW)	1 900		
方位推进器额定功率	(kW)	880		

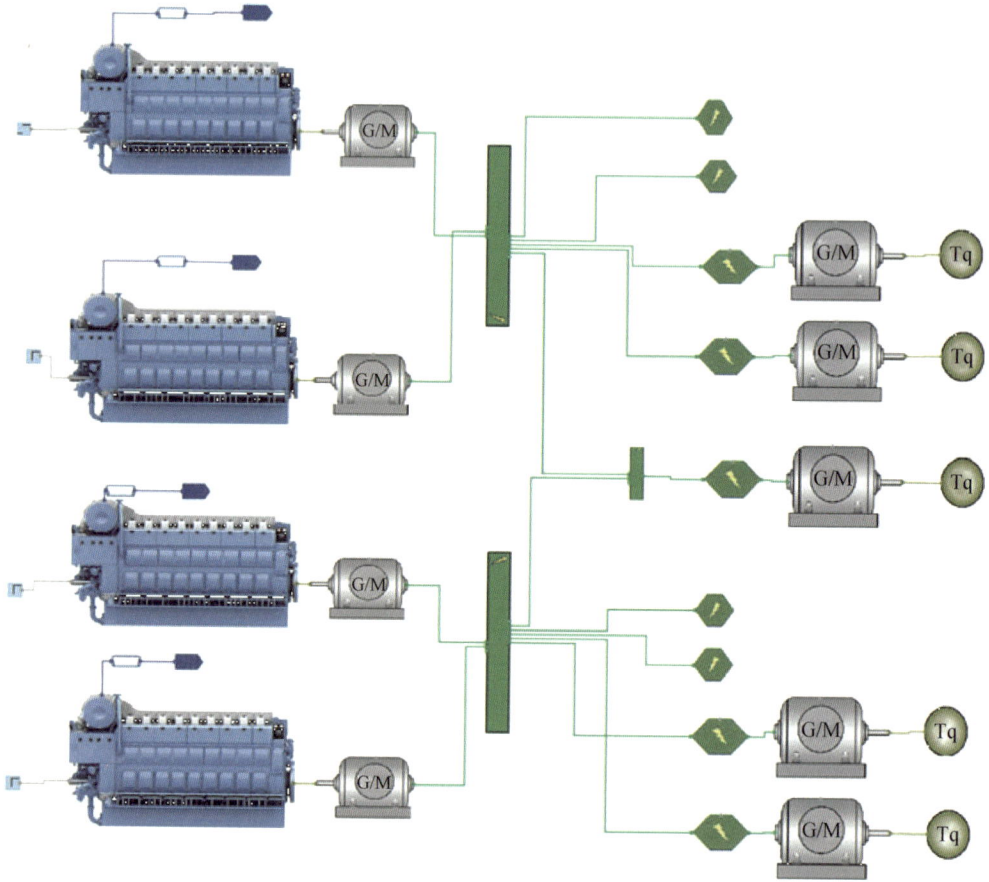

图 14.14 柴油机-电动 OSV 上的整体船舶设计应用案例的 COSSMOS 轮机模型

显示了 COSSMOS 中的平台供应船(OSV)推进系统模型。假定为柴油-电力配置,由四个相同的发电机组、两个艉部推进器、两个艏部侧推器和一个方位推进器组成。机械动力通过电动机提供给推进器,然后由主配电板通过变频器依次提供动力。在运输和港口模式下,柴油发电机可覆盖主配电板中的所有电力负荷,包括居住舱室区域负荷和推进器需求。在动力定位(DP)模式下,配电板分为两部分,每个部分将一对发电机连接到大约一半的用电设备(一个艉部推进器、一个艏部推进器和大约一半的居住舱室区域负荷)。方位推进器的需求可以调度到一个或两个配电板,这个参数是一个电源管理优化变量。

根据表 14.3 的年度模态分析,在每个设计循环中(对应于特定的船体线型),COSSMOS 被用于评估最佳发动机规格和功率管理策略,以实现最低的油耗。对一组四种不同的发动机模型进行了评估,其输出功率从 1 920 kW 到 3 710 kW 不等。图 14.15 和图 14.16 给出了所选解决方案的结果。除了评估由船体参数模型生成的所有单个解决方案外,COSSMOS 还对结果进行了详细分析,包括每个不同发动机模型的性能以及通过系统的能量流。

利用该模型对 BOG 压缩机组进行了选型,得出了最少资金和营运成本的最佳选择。根据在最坏情况下处理最大可能气体流量的能力,确定了压缩机数量及其标称流量的较低成本组合。最佳选择对应于两台额定流量等于最大预测 BOG 流量 75% 的压缩机(Dimopou-

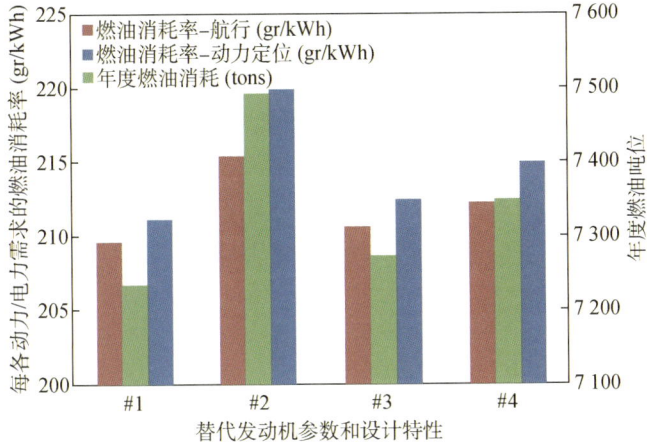

图 14.15　针对不同发动机模型最佳设计解决方案的特异性和年度燃料消耗

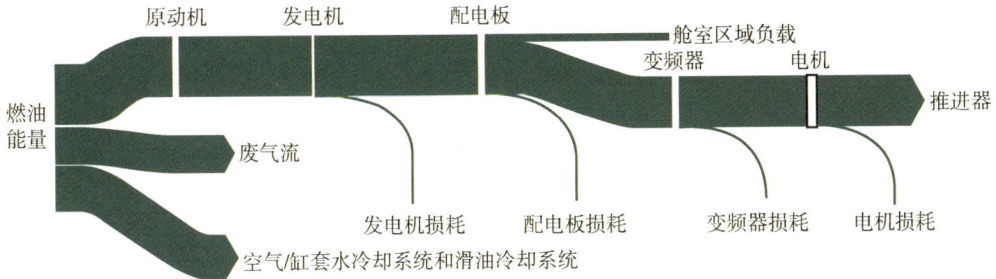

图 14.16　整个推进系统的能量流

los et al. 2015)。然后对不同规格的再液化装置进行了技术经济可行性评价。研究发现，与电力配置相比机械推进（四年中每个系统约 2 500 kg/h 左右）的回收期要低 30% 以上(Dimopoulos et al. 2015)。最后对结构和技术方案进行了分析，结果表明采用机械推进后，总体效率提高了 5% 左右，营运成本每年节省了 50 万美元，并增加了发动机废热锅炉和轴带发电机，总体效益提高至 8% 左右，使船舶机械总能效超过 54%(Dimopoulos et al. 2015)。

14.7　结论

本章介绍了基于模型的系统工程方法在船舶设计和营运中复杂问题的应用。从控制机械设备的数学公式出发，提出了有关如何开发船舶部件模型库通用的工作流程，以便在计算机中创建船舶数字孪生体。利用船舶数字孪生系统，可以实现船舶复杂轮机系统的稳态和瞬态建模、模拟和优化。数字孪生库的通用性越强研究（设计、操作、控制和动力学）的范围就越广，还可以分析用户感兴趣的各个方面，例如效率、可操作性、安全性和成本。此外数字孪生体还可以作为以低成本进行虚拟"实验"的试验台。

在混合动力推进、环境合规性和先进概念设计方面展示了三个案例；所有这些案例都是通过将 DNV-GL-COSSMOS 建模框架用于集成船舶轮机系统来完成的。DNV-GL-COSS-

MOS 是一个能够分析系统和组件级别，并评估和优化满足技术和操作限制条件的集成系统的设计和运行。这些数学建模技术、数值求解算法和模块化计算机工具有望成为分析和优化实际操作环境下船舶轮机系统中变得至关重要。在这个时代，海运业正在进行数字化转型，而这一领域的创新是业务连续性和未来适应的竞争优势。

感谢：作者感谢研发和咨询部门团队的其他成员，菲利浦·哥尼达基斯（Philimon Gonidakis）先生和莱夫特斯·库科洛普洛斯（Lefteris Koukoulopoulos）先生，以及以前的合作者和团队成员，即尼古拉斯·卡卡利斯（Nikolaos Kakalis）博士和亚历山德罗斯·齐马里斯（Alexandros Zymaris）博士的贡献。我们还感谢康斯坦丁诺斯·约翰·雅各布斯（Konstantinos Johann Jacobs）先生在编辑方面所作的贡献。

参考文献

Astrom KJ，Bell RD（2000）Drum-boiler dynamics，automatica：the journal of IFAC. Int Federation Autom Control 36：363-78.

Bejan A，Kraus AD（2003）Heat transfer handbook. Wiley，Hoboken，New Jersey.

De Jong M，Olsen KE，Berg B，Jansen JE，Torber S，Abt C，Dimopoulos G，Zymaris A，Hassani V（2018）High-level demonstration of holistic design and optimization process of offshore support vessel. IMDC 2018 In：Proceedings of the 13th international marine design conference，IMDC. Helsinki，Finland. CRC Press，10-14 June 2018.

Dimopoulos GG（2009）Synthesis，design and operation optimization of marine energy systems. PhD thesis，School of Naval Architecture and Marine Engineering，National Technical University of Athens，Athens，Greece.

Dimopoulos GG，Kakalis NMP（2010）An integrated modelling framework for the design，operation and control of marine energy systems. In：26th CIMAC World Congress，Bergen，Norway.

Dimopoulos GG，Georgopoulou CA，Kakalis NMP（2011）Modelling and optimisation of an integrated marine combined cycle system. In：24th international conference on energy，cost，optimization，simulation and environmental impact of energy systems（ECOS），Novi-Sad，Serbia，pp. 1283-98.

Dimopoulos GG，Stefanatos IC，Kakalis NMP（2013）Exergy analysis and optimisation of a steam methane pre-reforming system. Energy：technologies，resources，reserves，demands，impact，conservation，management，policy，58：17-27.

Dimopoulos GG，Georgopoulou CA，Stefanatos IC，Zymaris AS，Kakalis NMP（2014）A general-purpose process modelling framework for marine energy systems. Energy Convers Manag 86：325-339.

Dimopoulos GG，Stefanatos IC，Kakalis NMP（2015）A process modelling approach to the evaluation of ship machinery configuration alternatives of LNG carriers. In：28th international conference on energy，cost，optimization，simulation and environmental impact of energy systems（ECOS），Pau，France，30 June to 3 July.

FMI/FMU，Functional Mockup Interface standard. Available at：https://fmi-standard.org/tools

Friendship Systems（2018）Friendship systems AG，CAESES. Available at：https://www.caeses.com/products/caeses/

Georgopoulou CA，Dimopoulos GG，Kakalis NMP（2015）Modelling and simulation of a marine propulsion power plant with seawater desulphurisation scrubber. J Eng Maritime Env.

Georgopoulou CA，Dimopoulos GG，Kakalis NMP（2016）A modular dynamic model of ship system components with thermoelectric elements. Energy 94: 13-28.

Hiereth H, Prenninger P, Drexl KW (2007) Charging the internal combustion engine. Springer Wien.

HOLISHIP (2016-2020) Holistic Optimisation of ship design and operation for life cycle, H2020 Project http://www.holiship.eu

Infochem (2009) Multiflash models and physical properties. Infochem Computer Services Ltd., London, UK.

International Maritime Organisation IMO (2009), Resolution MEPC. 184(59)—Guidelines for exhaust gas cleaning system. Available at: www.imo.org.

Kakalis NMP, Dimopoulos G (2012) Managing the complexity of marine energy systems. Position Paper, Det Norske Veritas, Research & Innovation. Available at: www.dnvgl.com

Kakalis NMP, Dimopoulos GG, Stefanatos IC (2013) Model-based techno-economic assessment and optimisation of marine waste heat recovery options. In: 27th CIMAC world congress, Shanghai, China, 13-16 May.

MAN (2011) Marine diesel engines Project Guides, MAN Diesel SE. Available at: www.mandiesel.com

Manno G, Zymaris AS, et al (2015) Hybrid-pair modelling in dynamic reliability: concepts, tool implementation and applications. safety and reliability of complex engineered systems: ESREL 2015. In: Proceedings of the 25th european safety and reliability conference, ESREL 2015, Zurich, Switzerland. CRC Press, 7-10 September.

MARPOL (2010) International convention for the prevention of pollution from ships, 1973 as modified by the protocol of 1978. Available at: www.imo.org.

McNatt T, Ma M, Hunter S (2013) Historical perspective on the structural design of special ships and the evolution of structural design methods. Ships and Offshore Struct 2013: 1-11.

Meier E (1981) A simple method of calculation for matching turbochargers. Brown Bovery Corporation, Baden.

Merker GP, Schwarz C, Stiesch G, Otto F (2006) Simulating Combustion. Springer-Verlag, Berlin.

NASA (2007) NASA systems engineering handbook, national aeronautics and space administration, center for aerospace information. Available at: http://ntrs.nasa.gov/

Ovrum E, Dimopoulos GG (2012) A validated dynamic model of the first marine molten carbonate fuel cell. Appl Therm Eng 35(2012): 15-28.

Pantelides CC, Urban ZE (2004) Process modelling technology: a critical review of recent developments. In: 6th international conference on foundations of computer-aided process design (FOCAPD), Princeton, New Jersey, USA.

Papanikolaou A (2010) Holistic ship design optimization. Comput Aided Des 42(2010): 1028-1044.

Perry RH, Green DW, Maloney JO (1999) Perry's chemical engineers' handbook, 7th edn. McGrawHill Companies Inc, New York.

PSE (2009) Process systems enterprise, gPROMS. Aavailable at: www.psenterprise.com/gproms, pp 1997-2009.

Rodriguez A, Fernandez-Jambrina L (2012) Programmed design of ship forms. Comput Aided Des 44 (2012): 687-696.

Seenumani G, Sun J, Peng H (2010) A hierarchical optimal control strategy for power management of hybrid power systems in all electric ships applications. In: 49th IEEE conference on decision and control, Atlanta, GA, USA.

Shah RK, Sekulic DP (2007) Fundamentals of heat exchanger design. Wiley, Hoboken, New Jersey

SNAME (1973) Marine steam power plant heat balance practices. Society of Naval Architects and Marine Engineers, Jersey City, NJ.

SOLAS (2009) International convention for the safety of life at sea (SOLAS), 1974, as updated in 2009. Available at: www.imo.org

Stefanatos IC, Dimopoulos GG, Kakalis NMP, Ludvigsen KB (2012) Towards a model-based assessment of hybrid marine energy systems. In: 1st International Marinelive conference, Athens, Greece, 3-5 June.

Stefanatos IC, Dimopoulos GG, Kakalis NMP (2014) Model-based performance assessment and optimisation of waste heat recovery systems for containerships. In: RINA design and operation of container ships, London, UK, 21-22 May.

Stefanatos IC, Dimopoulos GG, Kakalis NMP (2015a) Model-based thermoeconomic assessment and selection of alternative configurations for crude-oil tankers discharge systems. In: 28th International conference on energy, cost, optimization, simulation and environmental impact of energy systems (ECOS), Pau, France.

Stefanatos IC, Dimopoulos GG, Kakalis NMP, Vartdal BJ, Ovrum E, Sandaker K, et al (2015b) Modelling and simulation of hybrid-electric propulsion systems: the viking lady case. In: 12th international marine design conference—IMDC 2015, Tokyo, Japan, p 18.

Stephanopoulos G, Reklaitis GV (2011) Process systems engineering: from Solvay to modern bioand nano-technology: a history of development, successes and prospects for the future. Chem Eng Sci 66(2011): 4272-4306.

Wagner W, Cooper JR, Dittmann A, Kilima J, Kretzschmar HJ, Kruse A et al (2000) The IAPWS industrial formulation 1997 for the thermodynamic properties of water and steam. J Eng Gas Turbines Power 122(2000): 150-182.

Wartsila (2011) Marine diesel engines Project Guides, Wartsila Corporation. Available at: www.wartsila.com

乔治·迪莫普洛斯(George Dimopoulos),DNV GL 海事研发和咨询的首席专家,拥有雅典国立技术大学船舶机械系统优化方法专业的博士学位和造船与海洋工程专业的文凭。他的专业领域是复杂船舶机械系统的建模和优化。他在学术界和 DNV GL 研发部门的专业经验是应用计算机和流程建模技术优化船舶系统,以提高性能、安全性、燃油节约、减排和成本效益。

他是各种研发、船舶概念设计和商业项目的首席研究员或项目经理,将前沿研究方法和新技术与现代航运业环境融合在一起。他在科技会议和期刊上撰写或合著了 35 多篇经同行评审通过的论文。

第 15 章　HOLISPEC /RCE：
虚拟船舶仿真

马丁·弗利克凯马（Maarten Flikkema），马丁·范·希斯（Martin van Hees），
蒂莫·维沃斯特（Timo Verwoest），阿诺·邦斯（Arno Bons）

摘　要　在其他运输行业受益于大批量生产的情况下，造船业每个设计仅用于建造少量船舶。因此，原型制造的成本太高，需要其他原型设计和演示解决方案。数值模拟可以为此提供解决方案。为了在原型设计中使用数值模拟，需要为相关组件提供适当的数值工具，以及能够耦合这些工具的框架。HOLISHIP 通过互联网耦合工具提供了一种解决方案，通过互联网将工具耦合起来，这些工具仍保留在所属公司的服务器上，保护知识产权（IPR），但提供对框架的受控访问。HOLISHIP 的发展始于合作伙伴 DLR 为航空业开发的 CPACS / RCE 框架。RCE 是用于连接工具的通信框架，CPACS 是通用数据接口，因此每个连接的工具都使用相同的数据来计算。

关键词　数值模型；虚拟船舶框架；互操作性原型；高保真仿真；低保真仿真；多保真仿真；中保真仿真；设计验证

15.1　引言

数值模型越来越成为船舶设计的标准。模型准确度的提高和计算机能力的不断提高使得高保真度和低保真度工具的使用成为可能。随着计算机能力和模型准确度的提高，数值模拟也可以用于演示和验证的目的。因此 HOLISHIP 项目开发了名为 HOLISPEC/RCE 的虚拟船舶框架（VVF）。

船舶设计的本质不同于飞机设计。交货时间短，创新的可能性有限。这是一个全球范围内竞争激烈的市场，拥有大量相对较小的设计公司。一个设计必须在几个月内完成，通常工程会持续进入建造过程。专业的分包商经常参与设计和工程过程，并采用并行设计技术（多个承包商在一个共享的产品模型上工作）进行详细的工程设计。对于早期设计，来自不同学科和不同位置的工具之间的互操作性是不太可能的。这是 HOLISHIP 的目标之一。

HOLISHIP 并不专注于市场上有几种软件解决方案的并行工程；它的重点是设计的早期阶段，这个阶段软件集成和互操作性水平非常有限，设计师使用其本地可用的工具和知识。此外他们还利用专业服务商提供的服务，例如船体线型优化、可行性分析、CFD 计算等。数据交换在清单、表格和图纸的层面上进行，可以是电子版的，也可以是纸质版的。设计人员管理此信息流并将任务分发给领域中的专家。设计师将这些分析和计算的结果整合到设计中，直至达到项目阶段所需的准确度和确定性水平。

与汽车和航空工业相比,船舶通常只用几个相同设计的船舶进行小批量建造,而汽车和航空工业则生产数百甚至数千个相同的设计。新设计理念是用真实的原型来测试的,因为原型的成本可以分摊到许多汽车和飞机上。对于船舶而言,将原型的成本分摊到小批量船舶上会大大提高其价格。与此同时船东和营运商不愿意在没有适当证明其实际可行性的情况下应用创新解决方案。总结:航运业需要原型设计,但成本太高。

数值模拟可以为这一问题提供解决方案。通过对船舶不同部件的耦合模拟工具,可以对整艘船舶进行模拟。这样就可以进行虚拟海试,测试所有组件及其交互影响。只要对相互影响的所有组件都进行充分的建模,就可以对整艘船或组件集进行此运作。如果演示只集中在船的特定部分,不同保真度的工具耦合可以提高模拟的速度。

为了在原型设计中使用数值模拟,需要为相关组件提供合适的数值工具,以及能够耦合这些工具的框架。许多公司都提供了数字工具,它们都有自己的专业知识。通过框架将这些工具耦合在一起同时需要这些工具对框架可用。然而公司不愿提供框架所需的工具,因为其中包含了大量知识产权。HOLISHIP 提出了一种解决方案,通过互联网将这些工具耦合在一起,这些工具仍保留在公司的服务器上,以保护知识产权,但可以提供对框架有限且受控的访问。为此虚拟船舶框架(VVF)将使用 DLR 工具 RCE,RCE 是一个集成框架,能够将不同服务器上的计算工具连接到工作流中。

当通过互联网进行模拟时,这些工具对于工作流设计者来说仍然是一个黑匣子。不仅要连接工具,还要连接专业知识。原则上 RCE 可以调用各种服务器上的工具不受任何干扰地运行它们。每个工具都将提供输出;然而判断输出需要专业知识。因此 VVF 不仅是连接工具的框架,也是连接专门知识的框架。

为了成为一个成功的软件集成平台,VVF 在设计的最初始阶段就尽可能地支持设计人员使用最先进的工具,以避免在项目的后期出现意外情况。设计数据和分析结果的处理、管理和分发是船舶设计中一个重要的成本因素。数据处理和计算管理是 VVF 应提供的一项重要的服务。

如上所述,虚拟海上试验是虚拟船舶框架(VVF)的众多可能的应用之一。其他应用的例子是在船舶设计早期测试新的操纵配置。通过将水动力模型和机械模型耦合到驾驶室模拟器上,除了数值评估外还可以测试操纵配置的感觉。

在本章中,第 15.2 节描述了耦合模拟的必要性,以及从技术角度实现这一点必需的内容。第 15.3 节阐述了模拟在概念设计中的应用,第 15.4 节讨论了模拟在设计验证中的应用。第 15.5 节提供了进行耦合模拟的可用模型和框架。最后,第 15.6 节提供了示例应用程序。

15.2 为什么需要耦合模拟

船舶设计遵循需求定义、概念开发、设计验证以及营运优化和应用的迭代过程。在设计的每个阶段,都使用不同保真度的模拟工具。随着设计的进展,可以获得更详细的信息提高模拟度。高保真度工具需要更详细的输入和计算时间(以及计算能力)来进行系统更专业部分的模拟,而低保真度工具需要有限的输入,这是快速和通用的方法。因此保真度的变化是基于设计决策期间可用信息和时间与可接受风险之间的平衡(做出有效设计选择所需的准确度）。当有足够的时间将使用最高保真度的工具，主要取决于可用的信息来进行模拟。在实践中，可用的时间和可接受的风险将优先考虑模拟的每个部分的保真度。

在模拟期间能够改变模拟工具的保真度有助于设计人员优先考虑设计方面准确性的优先级。它可以在概念设计阶段使用相对低保真度的模拟工具进行许多快速设计变换，同时在设计验证期间进行精确的高保真模拟。或者以低保真度开始模拟，然后使用先前结果的其他模拟工具来提高保真度。或者使用低保真模拟工具以高保真度模拟高风险方面，同时节省低风险方面的时间。

例如，可以在需求定义阶段使用网桥驾驶室模拟器来研究如何满足营运目标。实时模拟期间的一些模型将简化高保真工具（例如发动机模型），而其他模型可能非常准确（如船舶流体动力学）。保真度将取决于模拟目标。该实时模拟的输入可以基于第一个概念设计，其使用在该要求定义阶段之后的概念设计中也使用的各种保真度的仿真工具。此外在这种模拟过程中的某个阶段，简化模型可以用更高保真度的工具，甚至是真实的组件来代替。例如使用供应商雷达系统甚至真实主机的动力定位控制台进行实时模拟，并且驾驶室模拟器可以在稍后阶段用于验证营运条件下的概念。

信息、工具和专业知识的可用性也起着重要作用。只能使用能够访问和知道如何使用的信息和工具。只要在专家的支持下，有可能访问的信息和工具，就不需要拥有信息、工具和专门知识的所有权。这需要网络通信以共享和使用这些数据、工具和专业知识；需要管理工具的数据一致性、依赖性和执行顺序；并在必要时使专家成为模拟步骤的一部分，从而增加所需的专业知识。

最后但同样重要的是，随着保真度的提高和设计的成熟，三维建模和空间布置变得越来越重要。包含所有这些方面的框架并不简单。它对框架和所有相关方之间的公共信息模型、通信协议提出了具体要求。

上述目标要求需要在船舶设计的最初阶段以尽可能高的保真度进行分析和模拟的能力（例如水动力）转化为以下技术需求：

（1）使用和重新利用来自不同来源的现有工具和数据；

（2）将分析、模拟和设计安排到简化的流程中；

（3）创建流程为预处理、模拟和后处理的完整链提供指导和易于使用性；

（4）进行数据和计算管理，以保持数据一致性，减少人为误差。

这些要求既不特殊也不新鲜；有许多商业上可用的（船舶设计）工具套件和框架，它们提供了这样的功能。缺少的是来自不同提供者的工具之间的连通性。这适用于早期设计阶段使用的工具、水动力学模拟工具和工程系统模拟工具。在图 15.1 中介绍了随机选择用于早期设计的工具，这些工具之间的互操作性是有限的，不同组织的工具之间几乎不存在互操作性。实际上这些工具之间的信息交换是通过脚本手动执行的。

抛开所有挑战不谈，能够以灵活的方式将模拟工具和不同保真度的分析结合起来，将提高决策的效率和效力，实现更安全、更清洁和更智能的船舶。

然而，从维护和可重用性的角度来看，将所有必要的工具集成到一个单一的系统中是没有吸引力的。在不同的应用程序上分配任务有两个主要优点。首先使用不同的应用程序可以在地理上分散的团队成员之间实现并行设计和工程设计。其次不同设计学科的维护可以划分为几个领域专家。因此在不同的应用程序上分配不同的任务避免了难以维护的大量不

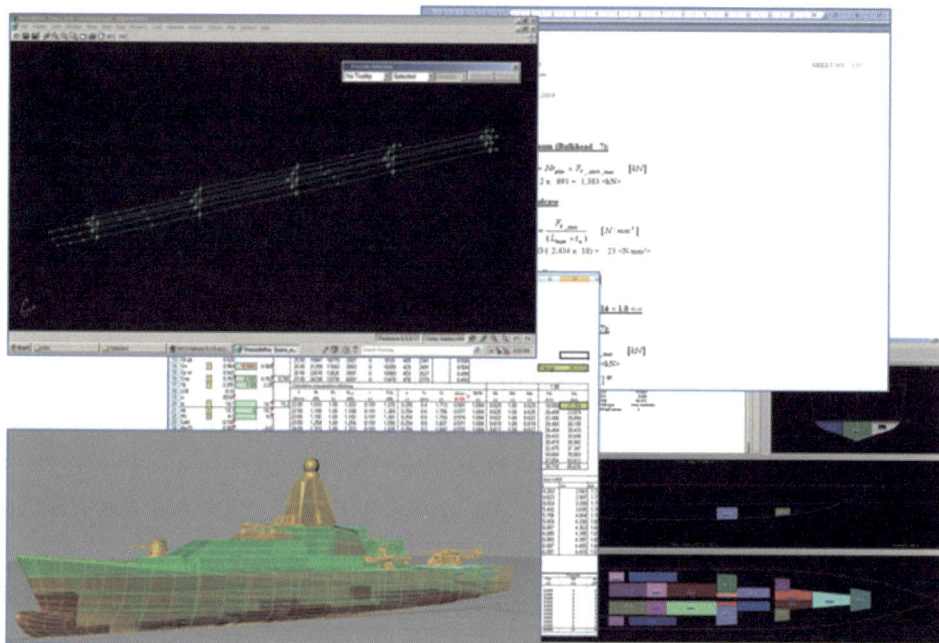

图 15.1　设计初期使用的工具

灵活的设计和工程套件。

　　设计和分析工具开发和互操作性的一个重要方面是软件标准化。软件开发中的标准化是创建工具的关键,这些工具可以在较长的时间内开发、维护和使用。标准化的例子包括编码标准、用户界面的布局、输入和输出的数据表示等。更深层次的标准化与软件的构造模块、软件体系结构和框架(如 microsoft. net 框架)的使用有关。软件开发人员热衷于搜索和使用工具和应用程序之间的相似之处。市场上出现了专门的环境以利于这种探索。例如商业构建块方法,如 MATLAB/Simulink,但也有许多软件提供商创建了可满足其应用程序和客户端特定需求的专有体系结构。例如 Friendship 系统的 CAESES,TNO 的 GES,XMF 和 MARIN 的 QUAESTOR,它们都是 HOLISHIP 的参与者。各方在这些框架中投入了时间、资金和专业知识,VVF 不会取代这些框架。由于这些框架中已经存在高度的标准化,因此每个框架和 VVF 之间的单一接口认为是可行的。

15.3　概念设计中的模拟

15.3.1　引言

　　在设计的最早阶段使用模拟和分析工具的挑战之一是需要几何信息作为输入。根据工具的保真度,输入范围可以从简单的一组参数到船体和附体形状的详细描述。在创建设计概念的任何几何表示之前,应该对设计要求进行研究,并在此基础上确定主尺度。如果有的话,这个过程中使用的工具大多非常特定用于船舶的贸易或用途,有时也被称为概念变化(探索)模型。CEM/CVM 包含低保真版本的分析工具,允许搜索设计空间以获得最佳设计起点。

15.3.2　数据表示和交换

船舶系统的模拟需要有关组件的信息,它们在空间布置中的位置以及它们如何相互连接。在进行任何有用的模拟和分析之前,有效地创建船体形状和内部布置是一项关键活动。为了创建船体形状和细分,提供了许多商业解决方案,它们基于通用 CAD 系统(如 CATIA,AutoCAD 或 Rhinoceros™)或专有的(如 NAPA 或 PIAS)。实际上这些工具能够以不同的格式导出几何信息,这些信息可以用作输入,例如 FEM 或 CFD 计算。这种输入的创建可以在工作流程中自动进行,但是通常需要对这些数据进行附加操作和检查,以使其成为模拟的合适输入。

除了几何输入外,模拟和分析工具还需要操作信息,这些信息通常以参数(表格)形式提供。总之使用(先进)模拟和分析工具的关键问题之一是尽早创建设计概念的几何表示。从这种表示形式,特别是在某些 CAD 系统中,可以为模拟和分析工具提供有用的输入。大多数现代 CAD 系统都包含 API 或脚本语言(如 Python),通过这些语言可以准备和/或操作数据。CAD 和任何其他工具之间的大多数接口是专用的和双向的。

在工具之间的接口中采用双向方式的一个主要原因是,对于数据对象的命名和表示方式尚无共识。HOLISHIP 项目的目标之一是创建一个共享的信息模型。这样在 CAD 和模拟工具之间创建接口就会变得更简单。在 15.5.1 节中,对此进行了更深入的讨论。提出了一个相对简单的 HOLISPEC 信息模型,并在下面的示案例中进行了测试。

15.4　设计验证中的模拟

越来越多的实时模拟指导人们在船舶设计和营运中的决策。船舶设计中基于模拟的设计验证旨在检查所创建的船舶设计是否符合规定的营运能力。船舶设计首先要考虑以下问题:"我们要实现什么?"因此船舶在哪些营运条件下必须执行哪些任务。接下来必须确定其对技术解决方案的影响。船舶设计师将从营运要求中推断出设计要求。根据设计要求,设计人员将开发多种(概念)设计以实现营运要求。为了获得有效、可行和经济实惠的船舶,需要评估许多设计变化及其绩效和成本。

需要采用集成的整体船舶设计方法来进行此类设计研究。在(早期)船舶设计中,通过使用各种计算机应用程序和(实时)模拟来执行任务,这些模拟并非总是在同一计算机上或甚至在同一组织内可用。通常多个专家使用其专有工具参与设计过程。在设计验证中成功模拟的组件包括建模方法和计算工具体系结构虚拟现实环境,协作工程的基础设施以及集成技术和工具。

实时模拟还允许循环中的人员评估船舶设计的营运绩效。通过使用网桥模拟器,可以获得虚拟环境,通过该环境可以在不同的设计阶段(包括人为因素)模拟复杂的船舶和海上作业。除了耐波性和操纵性能的设计验证外,还可以评估危险作业的环境限制。此外可以输入实时计算的流体动力载荷、速度和加速度,例如强度分析和推进及能量系统的性能评估。第 15.3 节给出了船舶设计中船舶系统的一个例子,该系统由 GES 模拟创建和验证。

15.5 可用的工具和框架

15.5.1 远程组件环境(RCE)和通用参数船舶配置方案(CPACS)

在 HOLISHIP 中,提出使用德国 DLR 开发的远程组件环境(RCE)平台,该平台主要用于航空航天工业(Seider et al. 2012,2013)。RCE 是用于创建分布式工作流解决方案的环境。安装在不同服务器上的 RCE 实例可以访问安装在这些服务器上的选定工具。在图 15.2 中,显示了一个配置示例,其具有两个 RCE 客户端,每个客户端在其公司域中,一个RCE 主机在云中上面安装有许多工具作为远程组件。公司 A 和公司 B 可以通过自己的RCE 客户端使用云中 RCE 主机上的工具作为其专有工具的一部分。

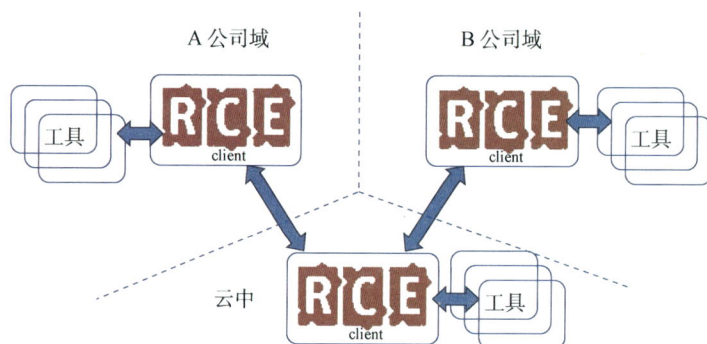

图 15.2 两家公司通过 RCE 共享功能

可以创建涉及许多 RCE 节点的工作流。安装在 RCE 节点上的工具之间的数据交换满足 CPACS XML 模式(公共参数飞机配置模式)的数据,以便在航空业中应用,参见 http://cpacs.de。HOLISHIP 的目标之一是根据 CPACS 的设计理念为海事领域(松散地)开发XML 模式(XSD)。起点是使用数据类型的共享定义的工具可以更容易地连接起来。

CPACS XSD 包含所有用于表示组件的对象类型的描述。它们的拓扑关系以及在某种程度上它们的关系。CPACS 还形成了一个语义网络,在这个网络中,虽然可以理解关系,但关系并没有明确地描述。在最高层次上,CPACS 描述了车辆、它们的使用(任务)、它们的物理环境(机场、航班)、它们的经济环境(航空公司)、它们的(设计)研究和设计过程中使用的工具。

因此,CPACS XSD 不仅描述了飞机设计和分析所涉及的类型,而且还提供了组织所有类型实例的框架,使其可用于在其营运环境中代表车队。CPACS 是一个定义明确且成熟的复杂域 XML 模式,其目的是表示具有足够准确性的飞机产品模型,以表示飞机设计和分析中使用的模拟工具的输入和输出。

鉴于 CPACS 被认为是为海事应用创建类似领域模型的指南,首先从 CPACS 创建了一个分类法,对其进行了详细研究。CPACS 用 957 种复杂类型描述了这个领域。将 CPACS转换为分类法产生了这些复杂类型的大约 4 750 个实例的层次结构,其中存在超过 17.000个参数(单元和所需属性)。显然 CPACS 是对飞机和分析的丰富描述,其中包括设计过程中所有工具和研究的需求。表 15.1 显示了 CPACS 的全局结构。

表 15.1　CPACS 全局结构

CPACS
 标题?
 车辆
  车辆类型
   定位/参考?
   结构
    定位/参考
    空间布置
    结构组件
    组件的布置保持结构完整?
    分析数据准备??
   大型组件和布局
   系统
    组件功能和连接集成系统
    分析数据准备??
   次要几何对象和位置
   全局细节(分析数据准备??)
   分析
    特定分析的数据准备
   几何数据库(车辆中任何物理物体的几何描述)
   组件数据库(车辆中任何非结构性组件的描述(仅在 CPACS 引擎中))
   结构单元数据库(车辆中任何结构单元的描述)
   材料资源库(包括流体)
 车辆应用
 车辆管理
 研究?
CPACS

15.5.2　虚拟船舶框架(Holispec)

在上述简化结构中,CPACS 似乎与航运业中对大型物体所采用的一般方法没有太大的区别。有很多方法可以创建一个复杂人工制品的概念模型,比如飞机或船舶。这些模型试图就人工制品、结构和组装方式、属性和功能等达成共识。更高层次的目标是允许并发,在设计(和制造)过程中活跃的相关域和参与方之间交换和共享概念/设计的特性。表 15.2 提出了一项关于海事应用的类似结构的建议。

表 15.2　Maritime CPACS 全局结构方案

HOLISPEC

    标题?

    船舶

        船舶类型

            定位/参考?

            结构

                定位/参考(平面,点)

                基于面的空间布置(甲板、舱壁、围壁)

                基于舱室的空间布置(液舱、货舱、舱室等)

                结构组件

                    面(船壳,舱壁)

                    组件接口(基座、管道、管路)

                分析数据准备??

            主要组件定位(推进装置、主机、起重机)

            系统

                组件

                接口

                    液体和气体

                    动力

                    数据

                装配

                分析数据准备??

            次要几何对象和位置

            全局细节(分析数据准备??)

            分析

                特定分析的数据准备

        几何数据库(船舶线型、结构单元、组成等)

        结构组件数据库(船舶中定义的)

        非结构组件数据库(船舶中定义的)

        组件资源库(静态数据)

        材料和流体资源库(静态数据)

    任务

    船舶管理

    研究(设计,概念,变化)

HOLISPEC

通用参数船舶配置方案(CPACS)和上述建议等概念模型是基于这样一种假设，即各方准备就如何对一件人工制品进行概念建模达成共识。过去曾有许多尝试实现这一目的，这种需求是真实存在的。ISO 10303 的开发花了 30 年的时间，尤其在 CAD 社区中以中立的方式交换拓扑信息。CAD 数据的交换是该领域中一个非常令人头痛的问题，因此 ISO 10303 被创建成一个中性的表示形式，具有最小的信息损失。这个标准非正式地被称为产品模型数据交换标准(STEP)。STEP 文件 (ISO 10303-21)是代表计算机辅助设计(CAD)中三维对象和相关信息的 STEP 标准的实现。STEP 工具是专有的，并且主要关注与生产相关的信息的交换上，而不是设计的早期阶段的数据交换。步骤虽然极为重要，但与概念设计阶段的关系不大，在概念设计阶段分析工具需要几何信息，而分析工具在确定概念尺寸和主要组成部分的选择用作决策支持。近年来设计的早期阶段也吸引了 STEP 团队的兴趣。

船舶整体设计需要一种方法，通过这种方法可以在分析过程之间表示和交换数据。不同的分析过程需要对描述设计(概念)的(相同的)数据集有不同的视图，例如面向舱室、面向表面、面向系统和功能、面向成本、面向生产和面向装配的视图。相关领域的分析方法需要设计数据，设计数据组织在(可能)上述观点中。在 CPACS 中采用的建模方法的一个问题是，模型中的单元之间的关系不是明确的，而是可以解释为一部分、要求、组成等。将上述视图分离或合并到一个结构中是困难的，该结构将横梁、肋骨、纵桁等明确定义为单独的一类。它正确地建议飞机应该按照特定的顺序和方式组装。这就是工作流程，从子系统或组件中选择并组合一个复杂系统的过程。

如果交换设计概念的信息，对于进行设计模拟的一方来说，从设计数据中检索他们的输入或视图应该是相对简单的。随后他们将用以下行为来丰富设计数据，这些行为基本上只存在于他们的域中。与设计中涉及的社区其他成员的沟通仅限于需要其他域的特定结果。一个例子是耐波性，从它可以推导出起重机基座中的惯性力和力矩，数据必须从流体力学传递到结构中。另一个例子是螺旋桨推力和力矩来计算轴系的载荷和振动，或者作为输入的力矩和转速到柴油发动机模型。

分析和模拟工具需要描述设计(视图)的各种信息子集。水动力学工具主要关注的是船体和附体的形状和操作条件。能源系统设计和分析需要有关系统组件、连接和功能的信息。生命周期成本分析需要零部件、维修、材料、成本因素等方面的信息，因此信息部分来源于设计理念的表达，部分来源于营运环境(世界)。流体静力学和建造需要空间信息，在基于表面和基于舱室的视图之间进行切换。

在图 15.3 中，作者将 CPACS 与 MARIN 之前对工作流程技术(Quaestor)和可扩展建模框架(xmf)①②的研究成果相结合，建立了一个包含尽可能少的类型的信息模型。

蓝色方框表示可以声明一次并多次使用(引用)的存储库单元。橙色方框表示设计单元，即实际上存在于设计中的组件。

如上所述，HOLISPEC 数据模型由 7 个表格组成，每个表格包含 7 种类型之一的单元

---

① 　工作流技术(QUAESTOR)，荷兰船模试验水池(MARIN)，http://www.marin.nl/web/Organisation/Business-Units/MaritimeSimulation-Software-Group-1/Software-Workflow-solutions/Quaestor.htm.

② 　可扩展建模框架(XMF)，荷兰船模试验水池(MARIN)，http://www.marin.nl/web/Organisation/Business-Units/Maritime-SimulationSoftware-Group-1/Software-Workflow-solutions/XMF.htm.

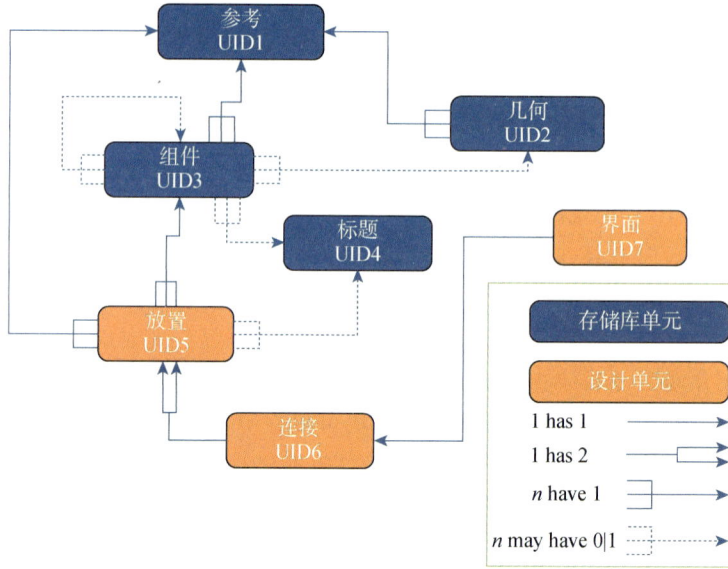

图 15.3　HOLISPEC 信息模型

（实例）。从这些表中，应根据相对简单的查询算法创建不同的视图。模型中各单元之间的关系是单向的：接口单元知道其连接单元；而连接单元不知道它是不是接口，这只能通过查询其 UID 上的接口来找到。同样放置单元不知道其连接；这些只能通过查询其唯一标识符（UID）上的连接来找到它。为了找到所有系统组件，只需从接口收集所有连接引用，从这些连接引用收集所有放置单元，并通过 UID 删除双放置单元。

15.6　应用与案例研究

如前所述，虚拟模拟可以应用于船舶的整个设计过程。HOLISHIP 的主要关注点是在概念测试和最终演示阶段的应用。下面将更详细地讨论这两种类型的应用程序。

15.6.1　概念测试

概念测试包括（子）系统在完整（模拟）工作环境中进行的测试。这些系统可以是或包含新的创新解决方案，需要对其进行论证，以说服船东和营运商在其船上安装该系统。

作为（子）系统的核心，由于（子）系统的测试主要集中在系统的工作上，因此需要尽可能高的准确度对它们进行建模。其他不直接影响有关系统的部件仍然需要进行模拟，以便能够以较低的准确度模拟完整的船舶作业。这被称为多保真度模拟，即各种准确度的耦合模型。这样做的优点是可以选择不在模拟中心的模型运行得更快，从而加快整个模拟的速度。

例如，如果模拟的重点是主机在频繁变化的负载下的动态特性（如在航行中的经验），则需要对主机进行高保真度的模拟。然而可以用一个低保真度的简单正弦曲线来模拟变化的载荷，而不是用一个高保真度来模拟兴波阻力。如果需要不规则波，可以使用任意正弦波的组合。这种做法大大加快了模拟速度，同时对主机影响的机理保持不变。

HOLISHIP 创建一个概念测试演示程序。对于选定的船舶设计双舵配置。两种结构的水动力操纵特性将用 HOLISPEC/RCE 框架计算。通过将这些模拟与驾驶室模拟器耦合，在设计过程中引入人为因素。经验丰富的船长可以用这两种配置在不同的港口之间航行，并说在选定的港口中哪种舵的配置更适合这艘船。眼前这种人类的经验被置于传统操纵图形上，如回转和 Z 形运行，以评估舵的概念最适合在手边的船舶。

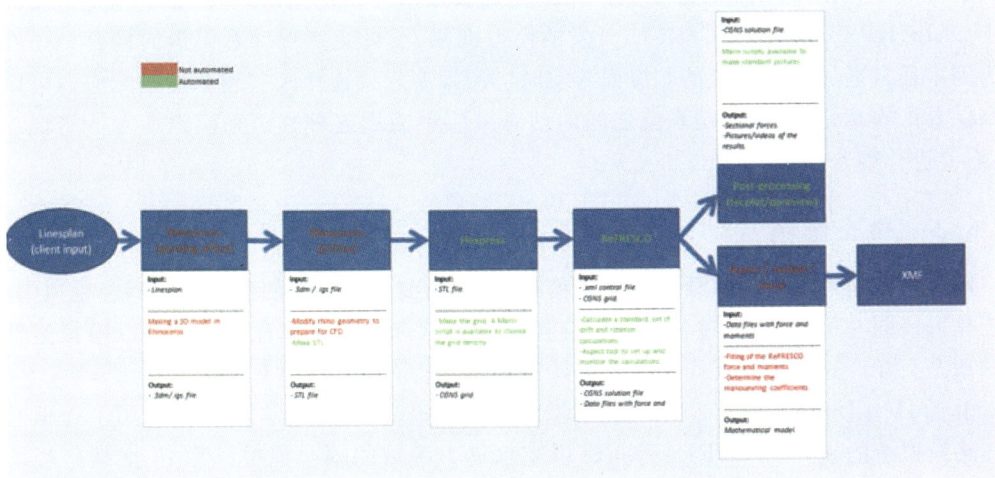

图 15.4　HOLISHIP 演示的模拟流程

对于舵的概念测试，并非对所有的船舶部件都进行模拟的，而且模拟不需要以相同的保真度和复杂性所模拟的那些部件。在 HOLISHIP 演示案例中，将模拟以下组件：

（1）流体动力操纵性：高保真度；

（2）水动力阻力和推进特性：中低保真度；

（3）舵装置响应：高保真度；

（4）主推进器：中等保真度；

（5）桥模拟器：高保真度。

由于某些组件的计算时间比实时的慢，因此将使用响应面，图 15.4 显示了针对加载在驾驶室模拟器中的不同航速和舵角，计算出操纵系数的多维响应面。船速功率关系将用一种相对简单的方法计算，得到加载到驾驶室模拟器中的航速 功率曲线。舵机和主机都将连接到实时驾驶室模拟器和船长的实时操作。

15.6.2　虚拟海上试验

目前的设计验证是在船舶建造完成后进行海上试验。除了可能的生产错误外，在试航期间还可能出现设计缺陷。设计缺陷最好在建造开始前就及早发现，以便设计可以改进。虚拟海试是解决这个问题的方法。

在虚拟海试中，可以实时检测和模拟系统的兼容性。设计缺陷可以通过这些模拟来检查。建造误差是无法避免的，虽然在很大程度上减少了范围，仍然需要进行海上试验，虚拟海上试验将集中于验证性能，如功率关系和操纵性能。在任何可能的情况下，可以利用测试台上的主机（例如）来实现循环测试中的硬件。

为了进行虚拟海上试验，需要耦合高保真度模拟模型。这一部分模拟需要准确的模型，这反过来往往会导致较长的模拟时间，需要较大的计算能力，同时考虑到一些模拟结果可能会导致更新船舶状态而重新计算早期的模拟结果。

硬件在循环中的应用与上面的概念测试示例中使用人员参与循环没有太大的不同。所面临的挑战是在模拟中插入实时应用程序，这需要输入并提供输出，以便在模拟中使用。利用 HOLISHIP（HOLISPEC/RCE）开发的模拟框架，不可能实现动态模拟的耦合。硬件或人为因素通常通过使用系统的响应面与实时应用程序直接连接来实现。这些响应面可以通过高保真度模拟来确定，但是系统之间的动态效应不能用这种方法来模拟。为了实现这一点，需要进行耦合模拟。

15.6.3 耦合模拟

耦合模拟超出了 HOLISPEC/RCE 的功能，但需要用于未来的模拟。在耦合模拟中，各种工具可以同时运行，计算过程中可以交换信息和状态更新。耦合模拟还可以模拟组件之间的动态交互。这类模拟还需要很大的计算能力才能同时运行所有耦合模拟。

由于 HOLISPEC/RCE 应用耦合模拟准确度的提高，使得耦合模拟更适用于虚拟海试和环路模拟中的硬件。MARIN 等正在研究水动力领域的耦合模拟。XMF 框架已经能够耦合各种 MARIN 水动力工具。

15.6.4 概念设计中的模拟：案例研究

为了证明使用第 15.5 节所介绍的信息模型交换设计数据的可行性，设想了一种概念设计工具，其中：

（1）描述了船体的形状、附体和推进器，以及内部细分；

（2）主要部件以及足以进行初步重量估计的有效载荷项的放置；

（3）可用的几何信息包括操作和水动力分析（阻力和推进、耐波性和操纵性）；

（4）与 TNO/GES 中的船舶系统设计与模拟相结合。

通用解源系统（Geintegreerde Energie Systemen，GES or General Energy Systems）是荷兰由 TNO 开发的工程系统模拟工具套件（VanVugt et al. 2016）。并且 GES 已用于各种应用和研发项目中，在其他欧盟项目，如 RETROFIT 改装[1]，JOULES 焦耳[2]，ULYSSES 尤利西斯[3]和 INOMANSHIP 伊诺曼船[4]。

在 HOLISHIP 中，打算使用来自达门公司（DAMEN）"Combi"号货船（见图 15.5a）或液化天然气运输船（见图 15.5b）的数据。

---

[1] RETROFIT 改装：（Retrofitting ships with new technologies for improved overall environmental foorptint）用新技术改装船以改善整体环境，http://www.retrofit-project.eu。

[2] JOULES 焦耳：（Joint Operation for Ultra Low Emission Shipping）超低排放船舶联合营运，http://www.joules-project.eu/joules/index.xhtml。

[3] ULYSSES 尤利西斯：（Ultra Slow Ships）超慢船，https://cordis.europa.eu/result/rcn/156322_en.html。

[4] INOMANSHIP 伊诺曼船：（Innovative Energy Management System for Cargo Ships）货船创新能源管理系统，https://cordis.europa.eu/result/rcn/185049_en.html。shuixl1210@163.com。

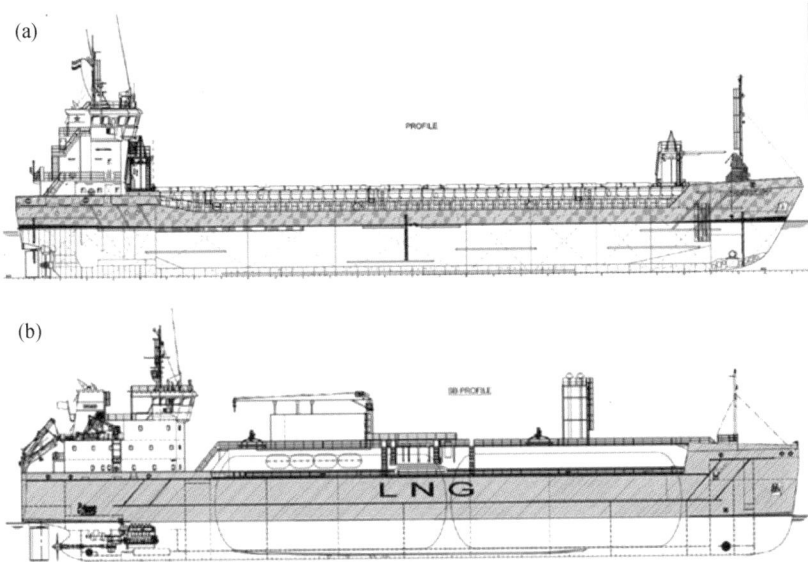

图 15.5　3 850 吨达门"Combi"号货船，达门船厂，b 达门 7 500 m³ 液化天然气船，达门船厂提供

内部的布置是在 Rhino 的 COSMOS(Compositional Ship Modelling Scheme)工作流程中创建的。COSMOS 基于 MARIN 与荷兰皇家海军合作开发的工作流程，是一种用于概念设计精确的船舶和潜艇空间划分和重量管理方法。2018 年，范希斯和范登布鲁克-德布鲁因提供了更多的详细信息。COSMOS 提供了一个基于知识的系统和工作流技术（Quaestor3）与 CAD 系统 Rhinoceros™ 相结合的三维设计环境。

另一方面，通过在营运条件下模拟，来创建和验证船舶系统。因此在进行任何系统模拟之前，所有主要的系统组件及其连接都将在 GES 中定义。作为一个案例研究，将船舶系统设计过程与船舶设计相结合是可行的，因为所有连接和组件都将在 GES 中定义。GES 基于（通用的）系统图，处理创建工作组合组件的选择、连接和建模。GES 包含一个广泛的系统组件和子系统库，可以从中有效地配置系统。随后可以根据组件和连接的情况进行模拟。

在图 15.6 中，展示了在本案例研究中使用的示例 GES 模型。COSMOS 则涉及空间布局、组件的布置、重量管理、流体静力学和水动力性能等。

为了在这两个过程之间交换信息，首先是基于图 15.5 所示的流程为 GES 创建一个信息模型。需要进行一些迭代，才能以 XML 模式的形式创建一个可用的信息模型，该模式在大约 90 行中描述了大多数相关类型和属性。该模型是递归的，因为任何组件都可能存在于其他组件的组合中，并且该模型基于 15.5.2 节中引入的 HOLISPEC 信息模型。

然后根据如上所述方案，通过 RCE 或立即导入 COSMOS，可以将一个 GES 仿真模型导出为 XML 格式。从该数据集中，COSMOS 根据 GES 模型中可用的初始位置上创建船舶拓扑模型中的所有系统组件，基于从 GES 接收的几何数据或基于缩放的几何基元（机柜、泵、电动柴油机等）。这允许船舶设计师基于（运行中的）模拟模型导入系统组件，并（重新）布置它们，以满足空间分配、构建和维护方面的约束条件。由于所有组件都用一个唯一（128 位）数字来标识，因此任何新位置均可发布至 GES，以更新其模拟模型，例如考虑到新位置及其

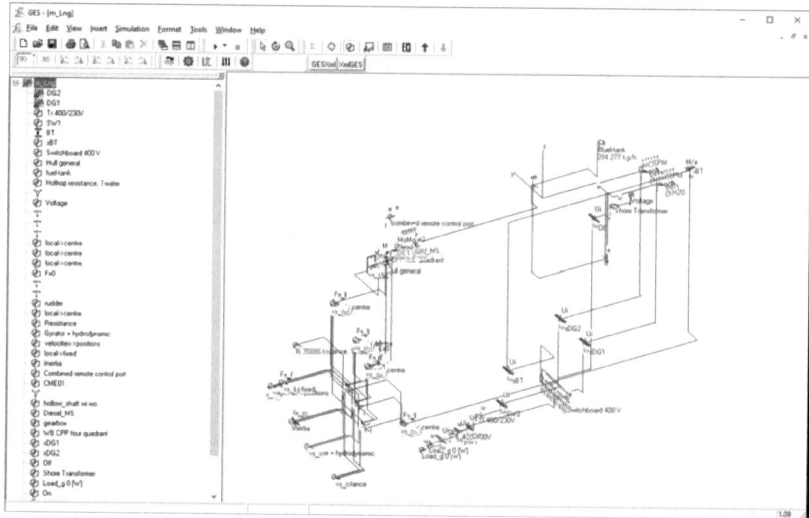

图 15.6　屏幕转储 GES 模型示例

对连接的影响(热损失、管道/电缆电阻等)。三维模型中的元件和连接的存在为质量和流体静力学的计算以及成本估算提供了输入。

通过这种方式,在系统工程和船舶体系结构之间创建了一个快捷方式,从而提高了概念设计过程的效率和准确性。它是概念船舶设计中两个重要学科之间互操作性的明显例子,也是信息建模在其创建中的作用。

这个互操作性的例子要求每个学科都有专家处于循环中,这使得它更像是点对点的集成,而不是工作流程。RCE 主要用于进行数据驱动的计算作业序列,其中输入和输出数据流经 RCE 节点。对于过程的某些部分,可能是水动力预测工具可以使用。然而对结果的判断可能需要处于循环中的专家(设计人员)参与。尽管 RCE 工作流程通常不是这样设计的,但可以为此目的对其进行设置。

从图 15.7 所示的 GES 模型的上加载结果来看,很明显模拟模型中的组件没有定位在实际位置上。此外组件仍然由简单的 DXF 模型表示,这些模型不代表实际组件几何形状。考虑到这些当前的局限性,在 Rhino 中通过 COSMOS,可以在连接不断更新的同时移动这些组件。图 15.8 显示了上述系统中组件重新排列的结果。

一旦在 GES 和 COSMOS 之间建立联合,系统组件及其连接就存在于 COSMOS 中。对 COSMOS 安排所作的任何更改都将通过 RCE 转发给 GES,之后可以重复进行 GES 模拟。COSMOS 应在向 GES 提供性能曲线后对其进行更新。以类似的方式 COSMOS 可以为 GES 提供操作配置文件,以生成柴油机和推进器响应的系统数据,该数据可以在驾驶室模拟器中重复使用以模拟发动机模型。由于每个模拟模型(子系统和系统组件)将具有唯一的 128 位标识符,因此可以基于双方存储的数据重新创建联合(通过 RCE)。

COSMOS 提供的船舶设计早期阶段的组合建模方法与 GES 等系统工程模拟工具相结合具有吸引力,特别是对于重量关键模型设计。在系统布置发生任何变化后,可以更新重量管理和静水力。尽管连接的路由当前仅在 COSMOS 中是正交的,但是连接长度的估计将是相当准确的。可以根据 GES 的结果确定连接的尺度,并且可以将它们对重量和重心(COG)

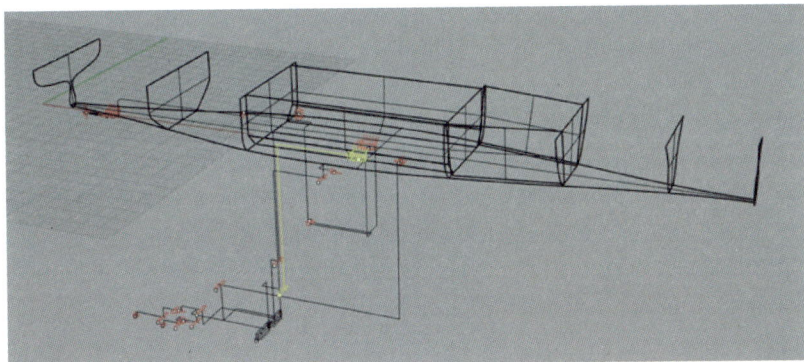

图 15.7 在 Cosmos 中上传 GES 模型，屏幕转储

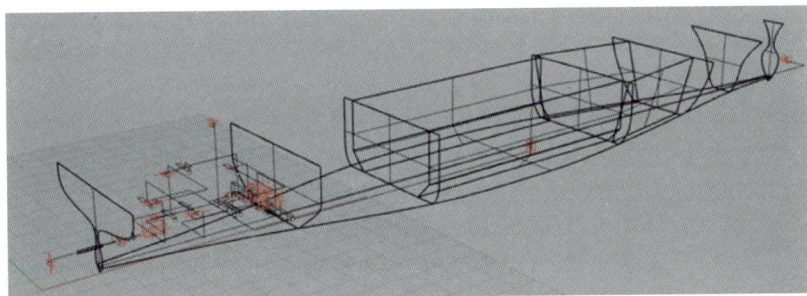

图 15.8 重新排列的 GES 模型中上传 Cosmos，屏幕转储

的贡献添加到工作流程中。

15.7 结论和展望

　　随着 HOLISHP 项目中 HOLISPEC/RCE 的发展，分布式模拟已经取得了重大进展。这是改进船舶设计协作的重要部分。HOLISPEC/RCE 不需要像最先进的设计框架那样在同一网络上使用所有必需的模拟工具，而是允许通过互联网（Internet）安全地进行连接。这开启了共享模拟工具访问权限的可能性，而无需在工具中共享工具或工具中的 IPR。

　　使用 HOLISPEC/RCE 框架，可以使用来自专业合作伙伴的专业工具对船舶设计进行整体模拟。通过这种新颖的创新设计，可以快速测试和演示解决方案。连接到框架的这些工具中的一些具有在协同模拟中运行的内部其他工具。RCE 框架本身不允许进行协同模拟。

　　通过一些能够进行协同模拟的工具和一些能够分布的工具，下一步是允许通过互联网（Internet）进行分布式协同模拟。这增加了复杂性，因为工具应该比仅输入和输出更彻底地集成。而且通过互联网的连接速度需要足以允许这种交互。虽然这些步骤繁多，但这是超越 HOLISHIP 项目的一条前进之路。

参考文献

Seider D，Fischer P，Litz M，Schreiber A，Gerndt A (2012) Open source software framework for applications in Aeronautics and space. In：IEEE Aerospace conference，Big Sky，Montana，USA. http：//elib. dlr. de/77442/1/OpenSourceIntegrationFrameworkRCE. pdf

Seider D，Zur S，Flink I，Mischke R，Seebach O (2013) RCE—distributed，workflow-driven integration environment. In：EclipseCon Europe 2013，Ludwigshafen，Germany. http：//clib. dlr. de/86250/1/20131024_Poster_RCE. pdf

van Hees，van den Broek-de Bruijn (2018) SUPREME：Submarine Space Partitioning in Rhino by Quaestor3，INEC 2018.

van Vugt H，Sciberras E，de Vries L，Heslop J，Roskilly A (2016) Ship power system modelling for the control & optimisation of multiple alternative energy sources on-board a ship. In：5th international conference on computer applications and information technology in the maritime industries COMPIT，Lecce，Italy，May 2016.

马丁·弗里克凯马(Maarten Flikkema)，2006 年毕业于代尔夫特理工大学，主修船舶流体动力学。他的职业生涯始于荷兰船模试验水池(MARIN)试验与监测部门，负责进行海上试验和螺旋桨空化观测。在那里，马丁·弗里克凯马还开发了一种在役绩效监控和分析方法。截至 2013 年，马丁·弗里克凯马负责荷兰船模试验水池内协调 GRIP 和 SONIC 项目的所有欧盟资助的研究项目。在 HOLI-SHIP 项目中，他负责开发 WP5 演示平台。

一些重要术语的释义

术　语	释　义
Attained　subdivision index A 达到的分舱指数 A	达到的分舱指数 A 是衡量船舶在统计上可能受损的情况下存活的概率的标准(SOLAS 公约)。它应小于要求的分舱指数 R,它是达到的分舱指数 A 的最小值,代表所考虑船舶的普遍接受(按规定施加)的生存水平,与该船的大小和船上有碰撞危险的人数。因此,通过直接比较船舶的 A 和 R,可以确定其在发生碰撞时相对于生存能力的相对安全水平。
Constraints 约束条件	船舶设计优化中的约束条件系指数学定义的标准(以数学不等式或等式的形式),该标准是由与安全有关的监管机构(主要针对船舶的国际 SOLAS 和 MARPOL 法规)得出的。高于船舶重心(GM)的最小稳心高度或最大石油流出指数(OOI)。安全约束可以通过第二组标准扩展其实际值具有不确定性,并由市场条件决定(需求和商船的供应数据),按主要材料的成本(对于船舶:钢材,燃料,工艺成本),按预期财务状况(货币成本,利率)及其他特定于案例的约束。应该注意的是,后者标准通常被视为一组输入数据,优化问题的不确定性,可以在概率评估模型的基础上进行评估
Design optimization 设计优化	根据一个标准(单目标优化)或而是一组标准的(多目标优化)的基础上,从许多可行的解决方案中选择最佳解决方案。
Design parameters 设计参数	系指参数列表(设计变量的向量)在优化条件下表征设计;用于船舶设计(包括船的主尺度,(船长,型宽,型深,吃水)除非船东的要求指定,并且可以扩展为包括船的船体线型,总布置(主要)装备的空间和布置结构要素和(主要)网络要素(管道,电气等),具体取决于将船舶设计参数与要优化的通用船舶模型相关联的拓扑几何模型的可用性
Inherent ship functions 固有的船舶功能	固有的船舶功能(或多项功能)系指与某些有效载荷的运输/运输(用于货物运输)有关的功能,即包括上层建筑的船体,以及从港口 A 到端口 B 以一定的航速运输,这需要处置一定的主机功率/推进装置,并需要在船上的油柜中注入所需的燃料
Payload ship functions 船舶有效载荷功能	对于货船,有效载荷功能与提供货物处所,货物装卸和货物处理设备有关。同样,对于客船,有效载荷功能通常系指提供客舱和公共场所
Heuristic methods 启发式方法	基于通过反复试验而获得的知识的方法,通常需要数十年的时间

术　语	释　义
Holism 整体主义	源自希腊文"ökol",意指全部,总计;整体主义和还原主义需要适当考虑复杂系统,被视为系统分析的补充方法
Holism principle 整体原则	(根据亚里斯多德的形而上学):整体不仅仅是各部分的总和,即各部分及其合成功能通过交互而改变,这反映在整体上
Optimisation input data 优化输入数据	在船舶设计优化中,这首先包括传统的船东的技术规格/要求,针对商船是所需的货物容量(载重量和有效载荷),服务速度,航程等,并且可能会辅以影响船舶设计及其经济寿命的各种其他数据(例如财务数据(预期利润,利率),市场状态(需求和供应数据),主要材料(钢铁和燃料)的成本。输入数据集可能不仅包括数量数字,还包括更一般类型的知识数据,例如图纸(船舶的总体布置图)和定性信息,需要对其进行适当翻译才能包含在计算机辅助优化程序中
Optimal ship 最佳船舶	就其全寿命周期而言,最佳船舶是其生命周期整个船舶系统整体优化的结果
Optimisation 优化	从一系列生成的可行方案中确定最佳方案
Optimisation criteria or objective functions 优化标准或目标函数	系指数学定义的绩效/效率指标的清单,这些指标最终可能会降低为经济标准,即初始投资的利润。独立地,可能有一些优化标准(优缺点或目标功能或目标)制定时不直接参考经济指标;参见例如针对特定 X 船功能的优化研究,例如在平静水域和海上航行中的船舶性能,船舶安全性,包括疲劳在内的船舶强度。通常,船舶设计优化标准是设计参数(设计变量的向量)的复杂非线性函数,并且通常由计算机辅助设计程序中的算法例程定义
Optimisation of ship design in a holistic way 以整体的方式进行的船舶设计优化	考虑船舶设计的多目标优化,同时进行船舶的所有(整体)设计系统以及整个船舶的生命周期。它是通过解决和优化多个问题(以自下而上的方式)并逐步改善船舶寿命的各个方面(或整个船舶的生命周期系统),至少是在设计阶段,建造和营运阶段;对整体船内设计进行优化,我们在这里还应该详细了解多目标、多约束条件的船舶设计,甚至针对船舶各个阶段的优化程序。寿命(例如概念设计),而减少的整体数量最少的真正的问题
Optimisation output 优化输出	这包括整个设计参数集(设计变量)为其指定的系统优化用于多标准优化问题的标准/优点函数,以获得数学上的极值(最小值或最大值)。最佳的设计解决方案在所谓的帕累托(Pareto)前端和决策者/设计师可以在权衡的基础上选择。为了探索和最终选择帕累托设计解决方案,可以采用的技术和各种策略
Pareto set of solutions 帕累托解决方案	一组多目标优化的可行解决方案,一个目标无法改善的问题在不损害至少一个其他目标的前提下实现的。因此,多目标代替唯一的解决方案。优化问题具有(理论上)无限的解,即帕累托解决方案集。有决策支持合理评估帕累托的方法根据决策者的偏好提供解决方案,例如通过使用所谓的效用函数的技术

（续表）

术　　语	释　　义
Reductionism principle 还原论原则	还原主义的原则可能被视为是整体主义的对立面,这意味着一个复杂的系统可以通过减少其基本部分。但是,整体主义和还原主义应被视为补充方法,因为它们都需要令人满意地解决实践中的复杂系统,例如商店的设计
Required　subdivision index R 要求的需分舱指数 R	要求的分舱指数 R 是最低要求的达到的细分舱指数 A 的值,代表普遍接受(强加于破舱稳性安全规则中规定,SOLAS)所考虑船舶对应于船舶的大小和船上有碰撞危险人员的数量的生存水平,
Risk（financial） 风险（财务）	损失或低于预期收益的可能性
Risk（general） 风险（一般）	状态的情况超出预期时,丧失可接受状态或能力的可能性
Safety 安全	社会上可接受的风险状态
Survivability　（of　a ship） （船舶的）生存能力	在工程中,生存能力系指系统,子系统,设备,过程或程序在自然或人为干扰期间和之后继续运行的量化能力;船舶的生存能力可定义为船舶在受到环境干扰(例如,航道影响)或由于碰撞,搁浅或(海军舰船)受到武器撞击造成的船体或设备损坏后继续航行的能力

参考文献

Papanikolaou A(2009),Holistic ship design optimization. Journal Computer-Aided Design, Elsevier,https://doi.org/10.1016/j.cad.2009.07.002

CSSC | JN

江南造船
JIANGNAN SHIPYARD

—— 数字化和低碳化转型先锋
The Pioneer of Digitalization and Decarbonization

Green
Power

LPG

PANDA

LPG

VLGC外观虚拟仿真

VLGC电子模型

地址：上海市长兴岛长兴江南大道988号　电话：021-66993388　传真：021-66993488

![CSSC | H&Z 沪东中华造船（集团）有限公司 HUDONG-ZHONGHUA SHIPBUILDING (GROUP) CO., LTD]

全球第四代XDF双燃料推进
17.4万立方米LNG船

长兴厂区船坞夜景

首制23000TEU液化天然气动力集装箱船

　　沪东中华造船（集团）有限公司是中国船舶集团有限公司旗下核心造船企业，年造船能力300万吨，年销售收入230亿元。公司坚守"造舰强军，造船兴国"的企业核心价值观，形成军民融合、大中型水面舰艇和高端船舶为主打的丰富产品线，高技术产品占比90％以上，是目前国内少数在高端特种船领域与日韩船企开展全面竞争的中国造船企业。

　　沪东中华深入贯彻"建设海洋强国和强大国防"的战略部署，落实"中国制造2025"战略，以"绿色造船、数字造船"为发展理念，致力于打造一个中国一流、世界领先，为国防建设和国民经济发展不断作出新贡献、创造新价值的海洋装备产业集团。

地址：中国上海浦东新区浦东大道2851号
邮编：200129　　　电话：021-58713222
传真：021-58712603　网站：hz-shipgroup.cssc.net.cn

象屿 海装
XMXYGSOE

新型63500DWT超灵便型散货船作为南通象屿海洋装备有限责任公司的明星船型，不但满足了HCSR、SOx排放等新的规范规则，还在轻量化、快速性、波浪降阻、上建风阻优化等方面取得了很大突破。与第一代海豚型64000吨散货船相比，新海豚保持了原船主尺度和载重量不变，有效降低了油耗和碳排放，公司交付的首制船的能效设计指数（EEDI），满足了三阶段排放要求。**安全、节能、减排、轻量化**，是新型63500DWT超灵便型散货船的四大亮点。

新型63500BC拥有更高效的操控性、更大的载重量和舱容、更低的综合油耗、更绿色环保的设计，船型总长199.90米，型宽32.26米，型深18.90米，结构吃水13.50米，载重吨位63500吨，续航力20000海里，定员25人。主机选用曼恩（MAN B&W）6G50ME-C9.5，选定额定功率7300千瓦，配备节能消涡鳍。在常用持续功率5694千瓦时，满载服务航速13.5节，每天油耗21.5吨。发电机3台640千瓦，吊机4台30T×28M，货舱舱容78300立方米。

象屿海装的新绿色海豚型63500吨超灵便型散货船有Tier-III（HP-SCR）、EGCS-SCRUBBER等各种版本可供船东选择。

新型63500DWT超灵便型散货船

招商局 邮轮制造有限公司
CHINA MERCHANTS CRUISE SHIPBUILDING CO.,LTD.

船舶智能运营平台

远天涯 · 近咫尺

VOS 智能船操作系统
- 物联网理念：统一的数据协议，支持更多设备与智能应用
- 算力扩展：以岸端扩展，增强智能算法的计算能力与资源
- 算法增强：通过模式识别，声音图像识别等技术的应用，增强和优化智能应用的算法

I 智能集成平台
- 全船网络，连通船舶各个设备与子系统
- 支持数据的安全接入与信息的安全分发
- 提供船岸互联的通信支持

N 智能航行
- 雷达等感知技术
- 控制算法、数据分析
- 船岸数据同步，岸基支持

M 智能机舱
- 监测主机、辅机、轴系等运行状态
- 分析评估设备的运行状态、健康状况
- 为船舶操作及维护保养提供决策建议

E 智能能效
- 在线监测航行状态、耗能状况
- 评估能效状况、航行及装载状态
- 航速优化、纵倾优化

电话：0513-81285956　　联系人：曹经理　　邮箱：isop@cmhk.com　　地址：江苏省南通市海门区新安江路1号
　　　0513-81289512　　　　　　陈经理

秉承"学习、创新、落实、提高"的文化理念

广西中船北部湾船舶及海洋工程设计有限公司主营业务为船舶设计、海洋工程设计，兼营船舶技术服务、船舶修建造工程总承包、海洋工程建造技术服务、船舶设备代理、船舶配件销售等。公司依托强大的专业优势，致力于多元化发展，可为广大客户提供技术咨询、研发设计、产业发展规划、智能制造等系统解决方案，提供机电产品定制设计销售、工业管道设计集成等专业的技术服务。

40米级海事巡逻船

诚信为本　　品牌立业　　创新发展

公司是高新技术企业，具备甲级一般船舶设计资质，获ISO9001、ISO14001、OHSAS180010、知识产权等管理体系认证，省级守合同重信用单位。2人获国防科学技术进步一等奖，多人获得省（部）、市级科技进步奖；先后承担了广西区科研课题12项；公司多名员工是13项国家专利的发明人；公司承担了省、市级地方政府修造船及海洋工程装备发展"十三五"规划、海洋装备生态产业园开发研究报告的编制工作等。

公司是专业研发设计公司，现有专业技术人员40余人，其中正高级技术职称2人，副高级技术职称5人，中级技术职称10余人。公司软、硬件设施齐备，拥有先进的船舶性能设计软件、船舶三维设计软件，具备从船舶方案设计、技术设计、详细设计、生产设计全覆盖的设计能力以及船舶监理、行业规划、工艺技术服务等技术服务能力。

60客位新能源旅游船

98客位旅游客船

100客位旅游客船

北京一号工程船

趸船

海缆运维船

300吨级消防船

广西中船北部湾船舶及海洋工程设计有限公司
地址：广西南宁市青秀区金湖路59号地王国际商会中心33层3317-3321室
ADD：Room 3317-3321,No.59 Junhu Road,Qingxiu Area,Nanning City,Guangxi
邮编（Postcode）：530021
电话（Tel）：0771-5584952
传真（Fax）：0771-5584953

海事巡逻船

中海油研究总院有限责任公司

中海油研究总院有限责任公司（下称"研究总院"）主要为集团公司和有限公司提供常规性和纵深性的技术支持服务，业务范围涵盖油气勘探、开发、钻采、工程、能源经济、技术研发及新能源等各个领域；承担国家重点研发计划、国家自然科学基金、国家科技部重点研发项目、国家发改委科技重大专项和中国海油科技攻关等重大项目的研究。

根据集团公司统一部署，近年来研究总院参与建立中国海洋资源发展战略研究中心、海洋石油高效开发国家重点实验室、国家能源深水油气工程技术研发中心、天然气水合物国家重点实验室、海洋石油国家工程实验室；与五所高校分别共建海洋能源勘探开发、海洋油气成藏与开发、海洋油气开发与开采、海洋工程技术与装备、海洋工程安全与风险防控联合研究院。

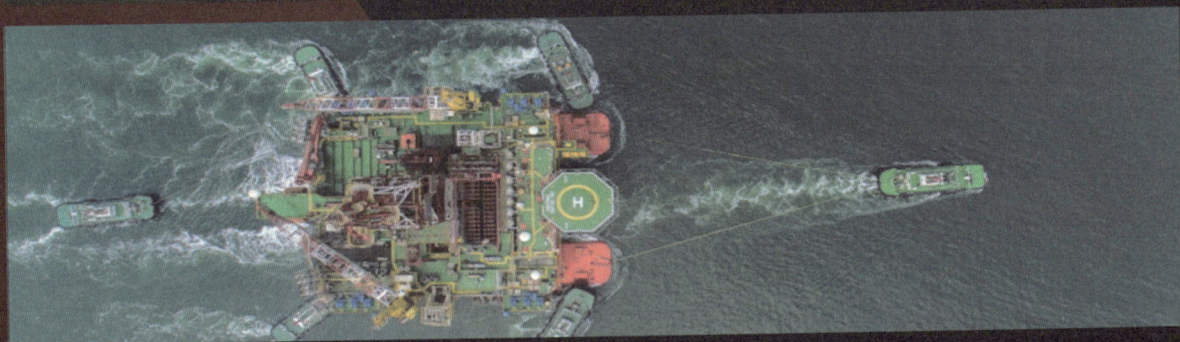

国电舟山普陀6#海上风电场

华东勘测设计研究院有限公司
HUADONG ENGINEERING CORPORATION LIMITED

中国电建
POWERCHINA

华东勘测设计研究院1954年建院，是国家大型综合性甲级勘测设计研究单位，在水电与新能源、城乡建设、生态与环境等领域具有全过程智慧化服务能力。名列中国勘察设计综合实力10强单位、中国承包商50强。承担勘测设计和总承包的海上风电并网容量超过550万kW，占全国海上风电并网总量的80%。拥有多个领先的海洋综合勘探平台、全国海上风电智慧化大数据平台，以精湛的海上风电勘测设计核心技术，创新发展，不断向海图强、筑梦蔚蓝！

地址：浙江杭州余杭区高教路201号　　电话：0571-56628355　　传真：0571-56627963

中电投滨海北H1#海上风电项目
（海上风电领域首个国家优质工程金奖）

江苏竹根沙（H2#）300MW海上风电场

上海交通大学 船舶与海洋工程设计研究所

Marine Design & Research Institute of Shanghai Jiao Tong University

　　上海交通大学船舶与海洋工程设计研究所成立于1978年，由水面舰艇设计、民用船舶设计、船舶建造工艺、海洋工程四个专业合并而成，人员理论水平高，设计经验丰富，是国务院首批批准的硕士点和博士点。

　　船舶与海洋工程设计研究所致力于船舶设计与新船型开发，在石油钻井平台、客船、铺排船等多种船型设计方面取得了优异成绩。尤其是在大型绞吸疏浚装备领域，船舶与海洋工程设计研究所经过大量的实践调研和分析，并在借鉴和吸收世界最先进的特种作业船舶设计的经验基础上，成功自主研发了国内第一座海上大型绞吸疏浚装备，取得了该设计领域的一次重大突破，也为我国同类疏浚装备的设计打下了坚实的基础。此后上海交通大学又成功研发了以"天鲸号""新海旭"为代表的近60座海上大型绞吸疏浚装备，实现了从"被封锁"到"出口管制"的历史性跨越。该成果荣获2019年国家科学技术进步奖特等奖。

https://ship.sjtu.edu.cn/contact.asp

"天鲸号"

"新海旭"

上海船舶研究设计院

上海船舶研究设计院（604院）成立于1964年，隶属于中国船舶集团公司，全院现有职工562人，高中级科研设计人员374人，其中研究员100余人，是目前我国民船设计领域规模较大、船型较丰富、市场占有率较高、人才队伍较稳定的研究设计单位之一。

服务范围涵盖了前期可行性论证、方案设计、基本设计、详细设计，直至生产设计的全过程。研发设计产品主要包括散货船、集装箱船、液货船、矿砂船、滚装/客滚船、多用途船、特种工程船、海洋工程辅助船、海洋工程作业船、海洋平台等船型，以及数字化运行支持系统、高效适应扭曲舵、节能毂帽、螺旋桨、扇形导管和装载计算机等多元产品。

地址：上海市浦东新区祖冲之路2633号
总机：021-38139388
传真：021-64040001

"中华复兴"号内部装饰豪华程度堪比邮轮，中央大厅跨越两层甲板，装饰大气。14个VIP客房参考邮轮采用半封闭式阳台设计，一等舱客房采用阳台飘窗设计，尽览渤海风光。船上还设有大型多功能演艺厅、儿童游乐区、购物中心、超市、水产专卖店、精品店、电玩区、KTV、旅客露天休闲吧、露天星空影院、露天烧烤、露天跑道及观景区等娱乐休闲场所，丰富旅客的旅行体验。

大型豪华客滚船"中华复兴"号

广州碧洋船舶设计有限公司

广州碧洋船舶设计有限公司（BYS）于2006年12月正式成立，公司发展定位于高端船舶产品设计及相关技术咨询服务，公司与华南理工大学船舶海洋工程研究所保持良好的合作关系，在技术上得到有力的支持，为公司的发展提供雄厚的技术储备。公司拥有一批来自全国重点船舶院校老、中、青结合业务精、能力强的技术骨干。公司已研发、设计、建造各类船舶60多艘，改装船20多艘，设计项目涵盖ZC/CCS/ABS/RINA/NK/BV等国内外船级社。主要船型有：客滚船与滚装船、航标船、全压式LPG船、大型重载甲板船等技术含量高的船舶，完成十多套各类船舶的装载仪制作，完成各类船型船舱段及整船的结构分析。广州碧洋船舶设计有限公司遵循"技术创新、质量保证"的设计理念，不断提升新船型研发、设计创新能力，基本实现从方案到详细设计的全三维设计手段。

琼州海峡系列客滚船

220车内河汽车滚装船

10T旋转吊/30门吊沿海航标船

12.5T沿海航标船

地址：广东省广州市天河区能源路2号节能与环保大楼B506-507
电话：020-87031050　　传真：020-87031050　　手机：13500018396
电邮：yangqiwu@scut.edu.cn　　QQ：1343493387

16000t重载甲板船

江苏科技大学海洋装备研究院

MARINE EQUIPMENT AND TECHNOLOGY INSTITUTE

METI

Marine Equipment and Technology Institute, Jiangsu University of Science and Technology

海洋装备研究院是江苏科技大学的专职科研机构，是由学校全资国家级高新区合作共建的事业法人单位，专门从事海洋装备的研究、设计和开发，也是江苏高校（高技术船舶）协同创新中心的工作实体机构。

研究院汇聚了国内一流的高技术船舶与海工人才队伍，拥有8个高水平科研创新团队，在海洋结构物设计技术、先进制造技术及装备、船舶与海工配套系统、新型航行器设计开发、海上特种材料技术及应用、海洋绿色能源技术及装备等方面形成了稳定的科研方向。近三年来，研究院承担了国家科技部"973计划"、"863计划"、工信部重大科技专项、国家海洋局创新发展示范项目、江苏省重点研发计划等一批国家级和省部级重大科研项目，研发了观察型和作业型水下机器人、多功能水面无人艇、LNG汽化器、船舶焊接电磁感应热处理系统、太阳能制氢—金属储氢—燃料电池供电集成系统、海水淡化集成装置、全氟酮灭火剂等一系列具有自主知识产权的产品和成果。

研究院拥有中—乌技术转移中心、江苏省海洋装备军民融合研发中心、中国船舶与海洋工程产业知识产权联盟秘书处、江苏省船舶工业行业协会秘书处等多个功能平台，并拥有国内技术领先、服务完善的船舶与海洋装备增材制造(3D打印)研发中心。

江苏科技大学海洋装备研究院
地址：江苏省镇江市梦溪路2号
网址：HTTP://JUSTMETI.JUST.EDU.CN
电话：0511-84401505
传真：0511-88911369
E-MAIL：METI@JUST.EDU.CN

海洋装备增材制造(3D打印)研发中心
网址：WWW.SMCPRINTING.COM
地址：江苏省镇江市润州区南徐大道101号
电话：13952861596
传真：0511-88911369
E-MAIL：SMCPRINTING@126.COM，SMCPRINTING@163

江苏省海洋工程装备和高技术船舶先进制造业集群
（江苏省船舶工业行业协会）

　　江苏省船舶工业行业协会秉持小机构、大合作、产业化的运营理念，采用"协会+高校+科研院所+企业"的模式运行，统筹集群内高校、科研院所、企业等各类主体的人才、技术、品牌、市场等优质资源，推动集群内成员之间开展交流合作、协同创新、产业培育、打造资源共建共享的海工与高技术船舶先进制造业集群。

　　自江苏省船舶工业行业协会2004年成立以来，江苏科技大学一直作为江苏省船舶工业行业协会会长单位，目前有企业会员单位111家。江苏科技大学是该省唯一一所以船舶为主要办学特色的高校，也是江苏省重点建设高校，被誉为"造船工程师的摇篮"。学校以服务国家海洋强国、造船强国为己任，努力建设国内一流造船大学。先后与国家国防科技工业局、中国船舶集团公司、中国舰船研究院等单位建立了全面合作关系。江苏省船舶工业行业协会充分利用江苏科技大学科技人才等优势，形成品牌效应，先后与我省一批骨干船舶企事业单位建立了长期合作关系，为船舶与海工企业输送了大批人才，帮助企业建立院士工作站、研究生工作站等，邀请专家教授进企业，帮他们解难题，实现政产学研深度融合。这些年来，位于南通、泰州、扬州的船舶企业一直成为全国船舶与海工装备制造的"标杆"。

　　江苏省船舶工业行业协会充分利用机电专业委员会、船舶经济研究所、知识产权研究中心和江苏海装数字化设计制造技术服务平台、江苏（高校）高技术船舶协同创新中心、中国船舶与海洋工程知识产权联盟等平台开展服务活动，并成立了由高校、科研院所、企业等单位的专家、教授、企业家在内的技术委员会和专家咨询委员会，集聚行业资源，融合汇聚行业创新成果，共同推动集群发展。

中国船协副会长、江苏船协会长葛世伦教授(左二)与中国工程院吴有生院士交流

江苏船协组织专家教授深入企业调研

组织江苏船企参加德国汉堡海事展

地址：江苏省镇江市梦溪路2号科技楼（江苏科大内）四楼　　　邮编：212003　网站：http://jasi.just.edu.cn
电话：0511-84405976　　　　电话/传真：0511-84445397　　　E-mail：jiangsuship@sina.com

大连理工大学
Dalian University Of Technology

　　大连理工大学船舶与海洋工程水动力研究所致力于高技术船舶与海洋工程前沿水动力学研究，聚焦深远海和极地，在海洋环境及环境载荷研究、高性能船舶和海工装备水动力性能研究及开发，以及基础理论方法方面均取得了系列成果。研究所所长为张桂勇教授，现有教师13人，其中教授三人，长江学者特聘教授一人，青年千人一人，优青/青年长江一人，青年托举人才和博新计划入选各一人，硕士及博士研究生100余人，牵头辽宁省"兴辽英才计划"高水平创新创业团队。先后荣获高等学校科学研究自然科学奖一等奖、二等奖、国防科学技术二等奖、海洋工程科学技术二等奖、第十五届中国青年科技奖、世界华人计算力学协会研究员奖等奖励奖项20余项。研究所依托于"船舶制造国家工程研究中心"和"工业装备结构分析国家重点实验室"，具备船模试验水池等完备的科研硬件和软件条件，具有开展船舶与海洋工程水动力相关研究的扎实基础。

http://naoe.dlut.edu.cn/info/1128/2355.htm

极地船舶冰力模型实验与数值模拟

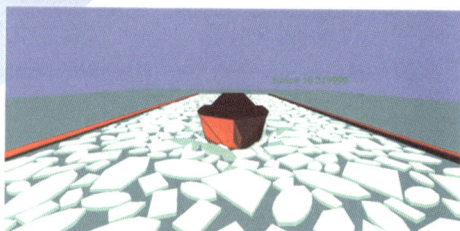

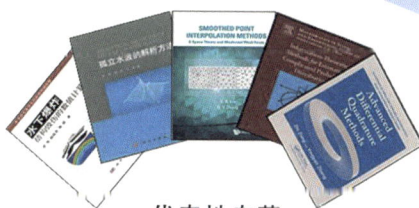

代表性专著

船模拖曳水池实验室

海潤恭生　船行世限

重庆交通大学航运与船舶工程学院

http://ssna.cqjtu.edu.cn

重庆交通大学开办航海类、海洋工程类专业迄今已有60多年历史，培养了2万余名各类各层次毕业生，遍及我国各大航运与船舶企事业单位。学校2006年12月成立航海学院，2015年5月更名为航运与船舶工程学院。经过多年的发展，航运与船舶工程学院已成为西南地区一流的高等航海和海洋工程人才培养基地。

学院是西南地区唯一的航海类、海洋工程类普通本科院校，坚持以"海洋强国"等国家战略为引领，以社会需求为导向，按照"立足重庆、面向海洋"的办学定位，秉持"学以致用、求实创新"的办学理念，彰显"航船并重、海河并举"的办学特色，弘扬"海润有生，船行无限"的学院精神，培养适应现代航运业与造船业发展需要的高素质应用型人才，为我国航运业和造船业的发展作出突出贡献。

实验教学船	风浪流综合试验水池	船模试验循环水槽	自动化机舱
重庆市船舶工业产学研战略联盟	重庆市特种船舶数字化设计与制造工程技术研究中心	重庆市航海实验教学示范中心	重庆市航海类专业人才培养模式创新实验区

学校简介:

　　天津大学是船舶与海洋工程专业的重点高校之一；是国家"985""211""2011""双一流"重点建设学科；国家特色专业、国家卓越工程人才计划专业、国家重点学科，2019年获评国家一流本科专业。

　　学科师资队伍实力雄厚、结构合理。拥有双聘院士2人，国家高层次人才特殊支持计划国家教学名师1人，国家"973计划"首席科学家1人，国家特聘专家2人，国家杰青2人，长江学者1人。专业拥有高水平的教学、科研、教学管理、实验与实践综合培养平台。首届教育部海洋工程类（主要专业为船舶与海洋工程专业）教学指导委员会主任单位。学生培养质量好，今年毕业率和就业率都达到100%。

深水结构实验室

船模拖曳水池和船体振动实验室

大型冰力学与冰工程实验室

深海管线系统模拟试验室

http://www.tju.edu.cn

舟山市质量技术监督检测研究院
Zhoushan Institute of Calibration and Testing for Quality and Technology Supervision
国家大宗商品储运产业计量测试中心（筹）
National Metrological testing Center of Commodity Storage and Transportation Industry

国家大宗商品储运产业计量测试中心（筹）是经国家市场监管总局批准，依托于舟山市质量技术监督检测研究院建设的具有第三方公正地位的国家级大宗商品储运产业计量测试机构。

中心承担产业相关的容量、温度、力值、油品分析等200余项计量测试，1000多个产品（参数）的检验检测和舟山保税燃料油容量计重第三方公证检验等任务，为大宗商品储运企业提供全溯源链、全寿命周期、全产业链的计量测试服务；中心已服务省内外六十多家石化企业，累计完成8000多万立方米的金属罐容量检定工作，具有丰富的大宗商品储运产业计量测试服务经验。

地址：舟山市定海区北蝉新港开发区弘禄大道49号

电话：0580-2086481

邮箱：shi3050758@163.com

网站：www.zszjy.com

十年磨一剑，做祖国大型船舶电力心脏的守护者

上海交大黄文焘团队荣获2019年度"上海市科技进步一等奖"

　　大型船舶综合电力系统担负着全船能量集中供应与统一调控的重任。在复杂多变海况与恶劣运行环境下，综合电力系统易受各种类型扰动而导致故障频繁，这会严重影响大功率变频装置与高精密仪器的可靠运行。同时，大型船舶的电力系统安全稳定问题也远比同等规模陆地电网严峻，亟需突破。近年来我国民用船舶电力系统得到了大力发展，但保障船舶可靠运行与安全航行的大功率变频、能量管理等核心装备仍有70%依赖于国外技术，严重制约我国船舶向大型化、高技术化方向发展。因此，为促成我国由造船大国向造船强国转型升级，提高装备性能和系统调控水平，引领电力推进船舶尖端发展的需求应运而生。

- ◯ 瞄准前沿高端技术，实现船舶综合电力系统优质稳定运行
- ◯ 产学研结合，解决船舶电力系统关键装备"卡脖子"问题
- ◯ 为我国船舶工业的崛起贡献力量

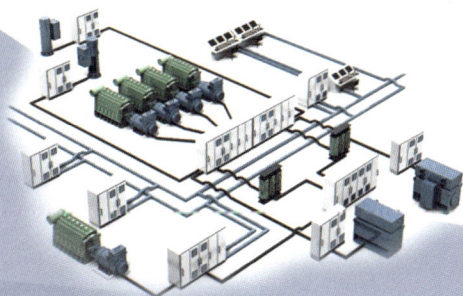

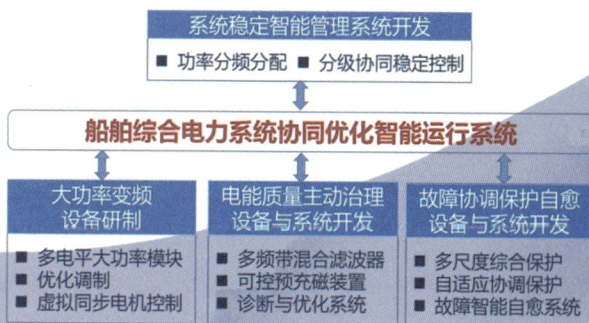

系统稳定智能管理系统开发
- 功率分频分配　　■ 分级协同稳定控制

船舶综合电力系统协同优化智能运行系统

大功率变频设备研制	电能质量主动治理设备与系统开发	故障协调保护自愈设备与系统开发
■ 多电平大功率模块 ■ 优化调制 ■ 虚拟同步电机控制	■ 多频带混合滤波器 ■ 可控预充磁装置 ■ 诊断与优化系统	■ 多尺度综合保护 ■ 自适应协调保护 ■ 故障智能自愈系统

船舶综合电力系统协同优化智能运行系统

2020年上海工博会现场

上海交大电院电气工程系
电力系统经济运行与继电保护课题组合影留念

设备调试以及"东方红3号"迎着朝阳出海测试

关注 船海書局® 微信公众号

去芜存菁，我们只奉献精华。